江 山 著 作 集 13

自然神論

江 山 著

內容提要

　　本書以神為論目，區分了原始自然神、自然神、原神、宗教神、理性義理神、自然義理神等不同類型，旨在說明人類探知自然本原的曲折方式和歷程，更希望以此進路明瞭真正的神即自然本原、自然本根本身，他者不過是錯覺與歪曲。本原的自假或陽假與形式化，便有了在的世界，而此祇是本原神意志的自證而已。其動機在於，通過在的複雜化、多樣化還原證成自己的真。其中，陽假必然會致使諸在的特殊聚斂與煉化，以便化生出殊異之在，它可以記憶出本原的絕對，並成為能動、自覺的參與者，以靈秀之責去領袖諸在，以實現、實踐還原證成的終極。

　　世界是內部的，世界亦是還原證成的。這就是世界原、因、果的必然性和真理。人之所以為人，便是它有智動的能力與覺悟，既可以洞穿陽假諸象，又能利用陽假的依憑去自足、完善，以至使物化物、以物解物、使物善於物。這樣的化解也包括自己，而此，正是自覺之真義。

　　本書所依，緣於陰本，會意陽動，由之相動、域動、能動、特動、智動，連環銜接，顯現必然的過程與價值。其間，智動必有以智去智、化除自我、化域求和的旅路，而其終極便是還原證成、體用不二。

《江山著作集》序

二十餘年來，本人一直致力於與中國文化、哲學、歷史、制度相關論域的研究，亦以同態的心情關注相同論域的西方、印度。早期的困惑在於情緒的不舒暢：何以中國落後了！最先讓我疑惑不解的問題，是中國為什麼沒有產生宗教？繼而，中國為什麼不能產生如李約瑟所說的西方式的科學技術體系？復後，西方的民主、法治、憲政體制亦讓人自愧弗如。最後，西方的道德理性主義哲學及其知識論、方法論依然讓我汗顏無地。有一段時間，我使自己和我的母本文化完全失落了。上個世紀80年代中葉偏晚以前，我一直在痛苦地掙扎著。此後，深刻的閱讀和思考，終於慢慢地改變了這種困局，一些深層的想法得以漸漸集結，以致最終不再被當下狀態困擾，有了一種別開生面、創化待來的境界。

這裡收集的著作，正好成就於上言困局的末期以後。大體上，批判的選擇性已非常明顯，而更多則致力於創化與開新。

近二十年來，我對中國文化的理解與以前已大為不同，此乃深層記憶的恢復讓我有了堅實的信念：面對後現代的人類，我們必須認真對待和重新思考包括中國文化在內的東方文化。

中國文化對人類的後現代將有獨到的價值和意義貢獻。

這便是，西方文化早在混亂過渡期，便已然斷裂了自然本根倫理，不得已而開始了人域化、封閉化、人為化的建構歷程。

這種己域化的文化，因由劇烈的己域衝突和社會的強盜化誘發而生成，因之，在過去幾千年的演繹過程中，它將己域衝突的解決及人域的公平、正義作為了全部文化的中心價值。

由於沒有或缺失自然本根倫理的支援，由於自然被客體化、外在化、物理化，人本身被迫失落，被迫漂浮，因而，人的意義和價值追尋亦成為了文化動因。

　　不幸的是，劇烈的生命衝突與競爭，復特別容易使這種追尋功利化、工具化，一切主體意識之外物，為著生存的需求，全部被利益化、權利化。

　　衝突與競爭的劇烈，同樣會逼使人的責任倫理的收縮、自限，以致自我個體成為社會結構中的單元。因為，祇有個體自己才可能對自己負真實的責任。

　　社會構成單元的個體化，使社會形態、社會行為及制度文明、文化體系的演繹，有了強力的動機與目的，它粉碎了社群倫理的固有形態，如熟人倫理、地域倫理、宗親倫理之類，重新構築了以功利和得失為目的的契約倫理；同理，為著功利與生存的需求，社會單元個體化亦被制度所建構，成為制度設定的主體或法律資格者。

　　最終，以主體為核心，融並權利、契約而成的制度形態得以成立，是為主體構成性法律體系。

　　主體構成性法律體系，復會強化文化的功利化、工具化，而文化的功利化與工具化，往往是拿人來承載的，結果是人的工具化與木偶化。個中邏輯理由是，祇有工具化、木偶化的人，才可能有公平、正義的作為。這意味著，人的變態與扭曲是必然之事。

　　進而，由於人力的局限性和缺失自然本根的支援，致使這種文化體系的建構通常是與解構交錯進行的，即文化有著極強的相對性表徵。一般言，解構極方便破壞人的心靈與觀念家園，積久之下，它會產生懷疑、反抗、祛魅、迷茫、斷裂。這樣的懷疑、反神、祛魅情態，在西方

常行不衰，其中，時效之長、劇烈之激者有兩次，一為混亂過渡期，一為晚近以來的當下。這是而今出現了現代性的迷茫之因為所以。

人祇能憑藉自為的力量和方式去建構界域性極強的文化形態，亦是西方文化之表徵。界域化的結局是，文化類型本身成為了衝突的原因。在相對性的體質原則作用下，所有的類型都會自視其為絕對，於是，虛假觀念支持下的文化理念衝突會消耗掉無數的生靈與人生真實。

人性的自利性、功利性、政治性、倫理性及理性諸樣態，已在過去的文化歷程中，被西方文化解釋得淋漓盡致、完備恰當，其卓越建樹主要表現在四個領域：救濟與安頓精神的宗教體系，滿足智慧和工具需求的道德理性體系，實現秩序和正義的法治、憲政體系，理解外在並求索物利的科學技術體系。

然而，現時代和現代性經歷之後，人性的他樣態或高級樣態——人的公共性、自然性已然呈出，這便給己域化、界域化、人為化、封閉化的西方文化構壘了絕壁，如何破解，已成困局。

當此之際，包括印度文化、中國文化的東方文化，卻有雍容自在的氣度與品格。此乃因為，東方文化所獨具的自然本根倫理，是其靈魂質要。東方文化源於自然本根，並得以衍繹、遵循、建構、宏大，不墜、不輟，其公共性、自然性的內質一以貫之，沒有斷裂，亦未曾封閉於界域之中，以致可以接續起後現代的人類文化歷程。是以，中國文化便有了必得去重新理解和說明的需求。

本《著作集》所收入的書，是這一新型需求的系列表達。它既包括一般意義上的中國文化批判性的著作，也包括文化價值討論的著作，同時也有制度文明的專著、中國法價值體系的專著、中國法文化體系的專著、後現代法律發展趨向的專著。總之，這些著作自成一體，言之有據，是中國本土學人自磨自琢三十餘年的心得所在。

本《著作集》得以集結以繁體在臺灣出版，實在乃機緣所致。

時值2006年歲末，適逢本人去臺灣大學講學，有機會結識臺灣知識界、文化界、出版界、學術界諸多朋友。諸位朋友和機構的協力得促成此舉，是以感懷致謝。自《著作集》前面9本書完全出版以來，又有4年的時間過去了，現在再續前緣，出版新撰著作和整理舊稿共計4本，懇請讀者諸君笑納。

本《著作集》後4本書的出版，繼續受惠於我的朋友宋具芳女士，是她的慷慨讓此願成為事實；還有賴郁芬女士、魏憶龍先生，經他們續緣，我幸以結識臺灣世界宗教博物館的心道法師和了意首座，他們惠我之竊思偶得，決定以世界宗教博物館之名出版我的書，善莫大焉。為此，我要特別感謝我的朋友和道友，感謝宗博出版社編輯團隊，他們為這些書的出版付出了辛勤的勞動，令我非常感佩，所有這些，我都感懷致謝。

足　无

識於北京昌平

二〇一二年十二月

自　序

　　《自然神論》終於寫完了，我自覺履行了一項天命，有一種輕鬆感。這種輕鬆不源之寫得好或成功，而是我完成了一項事業。

　　說及此書的緣起，要倒回到2001年下半年的某一天，那天晚上我做了一個夢，夢中獲得了這個同名的題目。起初很多年，我並不知這個題目應該寫什麼，有點找不著北的感覺，還以為要去研究世界各文化域中的自然神現象，所以一直也不著急，沒當大事放在心上。最近五六年，我忽然有了感悟，好像當年夢中所得的題目並不那麼簡單，它是要我另作企圖，去說清楚本原的因為所以，去匯同東西方最為結紐的文化差異，去解釋世界的內部性和還原證成的不可逆性，去透悟物理、本然的不二大道。於是，我肅然自責，全力去進入狀態，力爭有所創獲。問題是，有好的作意，卻無擔當的天能，我一頭撞入後，始知辛勞與力不從心。巨幅的世界景觀，長程的无有歷程，紛繁的知識體系，多樣化的解釋及說法，不受領域、學科限制的境致，沒有任何一樣讓我省心省力，我幾乎是無奈至極，也可說為以命拼搏。

　　從那夢中領命到此落筆成稿，整整一個屬相年輪已逝去。若以動筆計，也已過去了兩年半（其中有近一年時間在整理過去的思想劄記），其間，我所獲得的是我的本原化，那原意志幾乎融化了我心身。我想，此足以面對此生了。

　　本書致力於說異求同，洞穿物理本然的不二之道，這個說、這個道始終是在世界內部化和還原證成的前提上展開和說解的。我想，到位與否，完整與否，先且不論，至少這一理路可以讓世人重新審視我們的文

化與義理，我們為之堅守和習慣的那些意識形態及文化體系可能應該有反省的必要，否則，人何以堪？我們不是為了衝突、紛爭、窩裡鬥來到這個世界的，所有的爭鬥、搶奪、佔有，那是動物習性的延伸，我們已成人，還將成為非人，應該認真對待這些動物性的殘餘。我們以智慧見長，我們早已開始拋棄了力能主義，而智慧又並非自我的私產，它是世界的公共產品。公產公用，我們可從中開發出類的智慧，這既可解我們的生存、存在之困，又可凸顯人之所以為人的真理之需。認同同類，必先有智慧的同化，這是還原證成的先導。

故知，我們正在進入一個轉型期，這個彎道的過去是人如何成為人，諸多的思想家、哲人們為我們的這個目標提供了許多可資憑藉的精神資源；這個彎道的未來，卻是人要成為非人，而這樣的轉型，可以說一無依賴。我們要探索，要覺悟，要思考。與東方文化相比較，斷裂了自然本根的西方文化更面臨著當下轉型的苦痛和困窘。美國人理查德·塔納斯的一段話正好有此意：「西方思想的演變發展是受到這樣一種巨大的推動力推動的，這種推力就是通過把自己與自然的原初統一脫離開來而鑄造獨立自主的理性的人類自我的一種推動力（斷裂自然本根）。……目前，我們正體驗到某種在很大程度上好像現代人之死，實際上在很大程度上好像西方人之死的情形。也許『人』（man）的他自己的終結即將出現。但是，人（man）並不是目標」[1]。

無論如何，痛苦也好，順利也好，轉型是不可逆的，沒有這樣的轉型，人類的前途堪憂。這種想法或說法興許有點自我本位，卻也不失為價值和意義的開啟。人類的演化之要，不在於我們保住了什麼形式，而在於我們始終覺悟著我們即是原意志本身。為此，我們要感謝本書中提到的那些偉人和賢哲，他們讓我們明白了人之所以為人的因為所以，讓

1　[美]理查德·塔納斯：《西方思想史》，第482～486頁，上海，上海社會科學院出版社，2011年，括號中的文字為本人所加。

我們有了放棄的輕鬆，懂得了所來與去往的因由，也因而有了為人的責任。這是人的福祉和快樂的淵泉。

本書的寫作，照樣有許多的朋友和學生提供了無私的幫助和支持。特別值得感謝的有一禾女士，她為全書的錄入付出了辛勤的勞動，在此，我敬致謝意。

足无謹識

二〇一三年八月

目　錄

下　編

上　編

緒　論
自然與自然的神化

第一節　自然：它的由來、意義、精巧、雅致、
高妙、博厚與奇特

　　自然，這個熾熟可煮耳的範疇，依然要我們去思索、琢磨、探究，去釐析和定義。何以至此？其因由所以不外乎：一者：此範疇所指之對象與我們的生死存亡息息相關，須臾無有自然，便須臾無有我們；二者，自然具有膨脹性，古來之自然延至今日，已非身感體受之所限，複雜而又多維態的自然，讓我們的觀念全然變衍，已無法肯定不移；三者，自然既是涵你我於其中的世界的稱謂，也是一概念、範疇，以範疇言，它其實是人性自覺的產物，在人性覺悟無法故步自封的前提下，我們對自然的感悟定然是自足與還原證成的……以此言，自然的重新思考和言說，就成為必然的了。

　　如此言表，自然實有二層義，一是無所不包的大千世界，另一則是我們所言說的「這個」大千世界。居多情形下，我們所說的自然是言說中的自然，或說，其實是概念、範疇、觀念意義上的自然，或說即「這個」世界。

　　言說中的自然，並非一恒有的概念，亦不早於人類之先，而恰恰是與人類之「自我」觀念相對應的範疇。祇是，這裡的「自我」非指個體之己我，而當指血親之群我。或可這樣說，在人類出現之初，有相當長的時期，人類並沒有自然的概念。原因是，生成這個概念的載體還沒有必要，也沒有能力去生成「自我」的觀念。「自我」不能從這個可以被稱謂自然的世界中分離出來，自然就不能成為一個觀念和概念。

　　然而，「自我」的事實並非不存在。幾乎在動物狀態下，甚或在植物的狀態下，諸生命者都有「自我」的感覺和行為。問題在於，這樣的感覺和行為無論怎樣強勢、強烈，還是不能讓「自我」成為觀

念，而祇是事實。因為，這樣的感覺和行為是受本能支使的，它源之於在之起源的先天缺陷：各自為在、攝養以為在。或說是在的各自化和必得攝在以為養的強制力作用於初級神經系統的結果，亦即，它們完全是被動和受使的，沒有任何主觀能動的價值徵兆。受本能驅使，亦是人類的固有情態，且這樣的事實亦是一個漫長和持續的過程，不過，變化還是發生了。

說不清何時、何地、何人開始了這樣的變化，祇能說它是一個漸慢漸進漸顯的過程，這個過程的後續是，「自我」有了觀念的意義和價值。現在，觀念——經由大腦處理過的定勢思維及知識——變成了「自我」之意識形態和制度設定的基礎，因之，「自我」的行為和意志不再完全是本能使然，而是成為了某種定勢思維和經驗的合成物。

至此，「自我」觀念可謂脫穎而出，成為了對自身定位的質要。一當這樣的定位成立，便意味著人對世界獨立的開始。也恰恰是這一獨立，才讓「自我」之外的世界，成為了可觀察和理解的對象，這便是自然之由來。

「自我」分離於自然，反過來它又成為了規定自然之為何、之何為的依據，可說，有何種「自我」，便有何種自然。這便是人類自然觀演繹的內核。[2]

我們已知，觀念是思維和智慧的產物，或說，不同的思維形態會產生不同的觀念形態，而不同環境和條件下發生的思維形態，亦是不同觀念形態的生成業因。這裡，至少有兩種不同需要理解和解釋。

2　上述兩種自然之外，還有一種自然，即與人為相對應的自然。這也是一種觀念意義上的自然概念，且受著言說與觀念自然的影響。在這一自然概念中，人以「自我」為中心和尺度標準，將人為世界與自然世界劃分開來，以明示人為的重要與成就，而其實不過是一種自娛自樂的告慰而已。就人本身乃自然之組成言，應說一切人、事均乃自然，此意不證自明。當然，特定情形下，割裂人為與自然也有一定現實意義，祇是它的意義不及於哲學的思辨，故本書不予討論。

　　其一，以思維形態言，人類思維形態有過程和階段的差異。以「自我」是否從自然世界中分離出來為標準，可判斷前後兩類不同的思維形態，其前，「自我」混含於自然之中，世界沒有或很少有觀念意義上的差別，故可視為一種「物我一體」的思維類型：本能為主導，智能尚不足謀求分殊；其後，「自我」開始獨立，並成為裁斷世界、事物的標準，可其「自我」非其自主的「自我」，而是他因、被動的「自我」，這個他因、使者又在自然之中，是神秘、不可知的他者，它有意志和能力，是「自我」的主宰、決定者，「自我」祇能通過猜測、摹仿、效法的方式去尊崇、追隨這個他者，以求「自我」的生存機會，是為「猜測哲學」的思維類型。

　　這是兩個漫長的階段，尤其是第一個階段，幾乎沒有起始的前限。不過，再漫長也有終結之時，當猜測哲學將近尾聲之時，「自我」終於有了全新的意義和出脫，它可以基本上依據自為、自限的標準和意義去定義世界、解釋世界、建構世界，是為「解釋哲學」。屈指算來，解釋哲學作為一種思維類型，其生成的時間較短，滿算不過五千年而已。當下，我們還在這解釋哲學的形態之中，祇是接近尾聲罷了。

　　其二，以地域差異言，人類的思維形態亦有界域化表達的必然。這樣的差異受地理環境、人種構成、經濟或生存方式及主觀社會心理需求等前件影響，並因之造就，所以往往會反差強烈，終至必得用大於思維形態的範疇才足以表達，這個大於思維形態的範疇便是文化。這裡，文化不必是思維本身，但思維的質地一定是文化的內質。

　　思維形態的地域化，以及其所延伸的群域化，最終會致使自然的意義異質。依異質化樣態言，人類有兩個主要的異質樣態顯示了特定意義，一是東方思維模式，它視自然，特別是其本根、本原、本體

為世界的終極決定者，而世界與自然本根、本原又同一不二，即體即用，世界沒有外在，沒有他者，任何具體的在、具體的自然均得經由形式化的過程而至還原本原自身。這種思維模式和世界觀的要害在於：世界、自然是內部化的，沒有外在或他者；世界，特別是在界是過程化的，其前途是還原證成本原的終善，每個在均是參與者，而非旁觀者。進而，在這一還原證成的過程中，「自我」由於有了在的自覺和本原的體悟，使它不祇是一般的參與者，更是諸在還原證成的責任者、義務者、領導者。其所為的還原證成，恰正是通過化除「自我」實現的。

二是西方思維模式，它視自然為外在、外物，與「自我」分離二致，是其征服、掠奪、奴役、功利的對象，這一對象中也包括同類的他人，「自我」（在一些重要的哲學體系中，它被包裝成了靈魂、理念、絕對精神）不幸被拋進了這個外在的自然世界中，受著物質和感覺的壓迫、折磨，痛苦不堪，而「自我」又無力自拔，必得一個他者將其從中拯救、提拔出來，方為解脫。依據這一世界觀，自然因是外在、外物，且是「自我」的痛苦之源，因此，就使有一天「自我」被他者拯救出來進了「天堂」，自然仍然會被擱置留守，任其自生自滅。這是一種拋棄式的解脫。而在一些較極致的西方哲學思考中，「自我」的個體化一直延伸到了「天堂」世界之中，「自我」的依然故我，且以慾望的最大滿足為「天堂」的質地解說，亦是其宣揚的主旨。

大要言，思維形態的地域或群域差異，恰正是解釋哲學的承載方式。其中，個性化或特殊化正好為解釋的多樣化出具了前提。不過，人既為同類，且其智能的所源與所向又質定於公共之造，這就不免個性化、地域化、群域化祇可能是解釋的初級形式，其成熟態應當是超越個性和特殊性的。

　　自然由「自我」反生出來，是人性顯露的一種特殊方式。這是人由世界過程的中間插隊進入，且又是智慧的在者的特殊前件所設定的。因為中間插入，所以容易忽視世界的完整和全部；因為有智慧，所以必然會有觀念和理解。這個中間的始點便是「自我」，這個智慧的發端亦會因此而成。是以，自我中心之觀念便自然而然，世界亦因此被判別、對待。所幸，智慧恰是本根、本原意志（簡稱原意志）的形式之顯，終究它會還原本原、本根的真實、完滿，這樣的還原證成、完滿與真實，正是解釋哲學的未來，這種由此而往的思維形態可稱為同構哲學，它是自足還原的思維形態。

　　物我一體——猜測哲學——解釋哲學——同構還原哲學，當是人類思維履歷的過程。在這樣的歷程中，某些「自我」與自然的分割、斷裂，並非真實和真知，祇是思維的錯覺和誤判而已，隨著歷程的充裕，解釋的回歸定然是不移的前途。

　　先且放下觀念或言說中的自然，就無所不包的自然言，自然實可謂為世界的別稱。世界者，依據我們容易把握和理解的便利，可分殊為三個層次：體界、相界、在界，亦可表述為體界、存界、用界，或簡說為原、因、果。世界的殊別，其實並非果真如此，而是解說的便利所需。世界本無所謂分殊，體用不二、即體即用恰是真實之所然。不過，世界確有隱與顯的別致，其在、其用、其果正是顯之所在，而體、相或原、因亦正是隱之所在。世界的顯，是本原、本根、本體形式化的結果。既已形式化，縱令它是本原、本根、本體本身，亦即是有了隔閡、阻滯、變異、異化的後果。這便意味著，世界因為形式化而有了殘缺、缺陷和不完整。故知，殘缺、缺陷、不完整正是在界的必具表徵，不可否認和隱蔽。世界之有問題、有缺陷，恰是世界形式化的必然，是我們理解這個世界的基設，問題在於，面對這一基設會有什麼樣的邏輯演繹。

　　設若我們僅以在或形式本身為世界之解說的起點，而不顧及或根本就否認原、因的絕對性，則很容易放大形式和在的絕對性，進而將缺陷、殘缺視為痛苦、壓迫予以敵視。對智慧者言，形式與在的絕對，即是自我的絕對，這便是存在主義、自我中心主義的由來所以。反之，若以原、因、果或體、相、在的完整為世界的理解，則會看淡形式與在的意義，會理解在的虛假與鋪張，而尊寵本原的絕對。

　　很顯然，前一種演繹是斷裂與分割，它不可能導致完整與全義，後一種演繹則否，它的意涵可表之如此：說世界即自然，乃在於，說自者，是視全部世界為自身、為內部，沒有外在，沒有他者；說然者，是說如此而已，故自然意即世界的本原、本根與它的形式之間並無差別，不過表達的形、質不同而已，亦即同一不二也。又或說，然者，成就也、成全也、完善也，故自然者，即自身如此、自我完善、自我成全、自我實現。此表明，世界的三界同構，恰是自然本身，在是原的形式化，是自然之意；在的缺陷與殘缺亦不外自然所指；更重要的是，在既是原的形式化，它便必有還原為原的必然性。這樣的必然，正是自然之過程化的價值所在，其中，在會在過程中出現構成的特化，這樣的特化會突破形式的禁錮、隔閡、阻滯，進而化除形式，還原證成本根的完滿、全義。以此，自然的真諦即：自身無外、形殘出缺、還原證成、自然而然。

　　世界因其所自和所然，故說為自然——自身如此。自然即世界，世界即自然，由此而為說。通觀世界之所自與所然，不難理解世界的質地品性，這種品性或屬性可由兩層表述之。

　　依體、相、在或原、因、果的內在關聯性、必然性言，世界具有本然性。即，世界的內部化、與其還原證成的過程邏輯是本身自然的，非外力強加，亦非可以忽略不見。不正視和理解、把握世界的本然性，便不得世界之完整與全義。

　　依在為諸相所同構，果為諸因所暫且同一言，在是原與因的物化，故有物理。所謂物理即構成之理，原與因被限制之理，諸相化合、消長、含攝、予奪之理，它成就諸在的形式、構成、運動、變化、衍繹之所以，亦成就諸在、諸物之功能、價值的表達。

　　物理為在界或物化之特定，不及於體界與相界，但卻是體、相的延伸。故說，物理是物之理，亦是物物之理。進而故知，僅知物理，不足以理解和把握世界。因為它祇是世界的部份或局域之理，而要完整、全義地理解和把握世界，還必須要有世界之本然性的覺悟和理解。世界是本然性與物理性的同一與同構，分割別致必不得要領。

　　在祇是自然的局域之所，應是我們的經驗與常識，祇是，這應然之事並不為我們所會意。在「自我」的籠罩下，我們更願意理解和關注近前的事、物、境、意，我們更願意依現象產生知識和經驗。於是，以「自我」為中心，我們的經驗和知識呈出了放射狀的建構與羅置，各種「自我」中心的學說、理論以及它的變種理論、學說，依然是當今世界觀念的主流，所謂主體性、人類中心主義、存在主義、人道主義、人本主義、自由主義、個人主義……盡該如此。所幸，在東方的性智覺之外，西方的物理之義也已指向了諸在、諸物的背後，通過分子、原子、質子、電子、中子、誇克、超弦諸形式的同一解說，人們已漸慢地有了物理的把握：原來，複雜多維、變化萬千的物化世界，竟然同質同因！

　　由相而超弦，由超弦而誇克、電子，由誇克而質子、中子，由質子、中子、電子而原子，由原子而分子……由輕元素到重元素，由無機到有機，由金屬到生命，由神經到智慧，由生命到人類，無一不是諸相同原、結果同因、諸相互助、互養、同構、自足的衍繹自化。諸相的量維與作用方式的差異、導致了諸在、諸物、諸形式的異彩紛呈。無論其美、無論其大、無論其小、無論其巨、無論其微、無論其

異、無論其特、無論其暴、無論其靜、無論其溢、無論其固、無論其熾、無論其寒、無論其堅、無論其柔，在在同因同原，這就是自然。觀萬物諸在，其藏用顯仁之往復，其深玄希幾之神通，均包含了無盡的精巧、雅致、高妙、博厚與奇特，應有盡有，無所不有。

　　物理性的還原求解，已成為當今人類知識和智慧運動的主流，不可一世的現代物理學恰是這種主流的先鋒之潮。問題是，幾乎完全相同的結論並非祇有物理才能得出，現代物理學如此鋪張、如此消耗所獲得的結論，早已在一千至幾千年前就被東方哲人明確地表達過：

　　天地與我並生，而萬物與我為一。[3]

　　乾道變化，各正性命。[4]

　　有物混成，先天地生，寂兮寥兮，獨立而不改，周行而不殆，可以為天下母，吾不知其名，字之曰道，強為之名曰大；

　　一陰一陽之謂道；

　　道生一，一生二，二生三，三生萬物，萬物負陰而抱陽；

　　反者道之動，弱者道之用，天下萬物生於有，有生於无；

　　道生之，德畜之，物形之，勢成之，是以萬物莫不尊道而貴德；

　　人法地，地法天，天法道，道法自然。[5]

　　聚則成形，散則為氣。

　　故天地之塞吾其體，天地之帥吾其性，民吾同胞，物吾與也，……知化則善述其事，窮神則善繼其志，……存吾順事，沒吾寧也。[6]

3　《莊子・齊物論第二》。
4　《易大傳・乾・象傳》。
5　老子：《道德經》。
6　張子：《西銘》。

五行，一陰陽也；陰陽，一太極也；太極，本无極也。五行之生也，各一其性。[7]

天地絪縕，萬物化醇，男女構精，萬物化生。[8]

我用自己的原質，再三把群有（萬物）創生，群有皆不由自主，是因受原質的時空。……在我的監督之下，原質產生了動靜之物……宇宙才會周而往復。[9]

諸緣集聚則有，諸緣離散則无。（《華嚴經》）

一念三千，十法互具，五蘊世間。（天臺宗）

一切萬有，乃因緣和合而生。（三論宗）

阿賴耶識變現即為大千世界。（唯識宗）

一切萬法，有為無為，由一如來藏變現，萬法互相融通，為一大緣起，以一法成一切法，以一切法起一法，相入相即，圓融無礙。（華嚴宗）

誠一於理，無所間雜，則天地人物，古今後世，融徹洞達，一體而已。（程伊川：《中庸解》）

所以然者，萬物一理故也。（程伊川：《粹言·論學篇》）

《西銘》理一而分殊，……分立而推理一，以止私勝之流，仁之方也。（程伊川：《粹言·論書篇》）

散之在理，則有萬殊；傳之在道，則無二致。絪縕交感，變化無窮。形受其生，神一發其智，情偽出焉，萬緒起焉。（程伊川：《易序》）

7　周敦頤：《太極圖說》。

8　《易大傳·繫辭下》。

9　《薄伽梵歌》第九章。

《中庸》始言一理，中散為萬事，末復合為一理。（程明道：《明道語錄》）

氣聚而成形也。……氣聚成形，則形交氣感，遂以形化，而人物生生，變化無窮矣。……自萬物觀之，則萬物各一其性，而萬物一太極也。蓋合而言之，萬物統體一太極也。分而言之，一物各具一太極也。所謂天下無性外之物，而性無不在者……（朱子：《太極圖說附解》）

如此之類，豐茂於東方的思想體系與文化之中，所異者，是獲得的路徑差異。東方哲人從5000年前即已開始依性智覺的覺悟和本然性的邏輯去追根尋原，還原自然本根的完善，揭櫫世界內部性的完整。這樣的完善與完整，以其內部無外，自足同構的基設而體悟，以生命的修為而證成，故而真實有效，亦有了時空的超越。

第二節　自然的神化

自身如此、內涵無外、形殘出缺、還原證成、自然而然，即是自然本根的意志和必然。所謂體用不二、即體即用便是此意。東方哲學所知會的本體、本根、本原，不要說人域世界的他地異域，即便東方自身，亦非是一蹴而就所獲得的真如覺悟，它實有一由簡而繁、由表而裡、由淺而深、由假而真的演繹過程。這一漸慢過程中，視之為本體而有義理的價值與意義，是很晚近才有的事，約略不會越出5000年之外。[10] 此前及此後的相當時程中，地球上大多數地域，均視世界之絕對者為神、神靈、神秘。

---

10 此結論來源於伏羲演「八卦」的事實。「八卦」為人類智能義理化的開端，其時代約為距今5000年前。

　　世界的神秘化，是人類演繹過程中的不二之境，它無法逃避和超越。其所以者，得歸結為前述的人類思維形態的邏輯。人類源之於物我一體，無有自我之觀念與意識，一切聽命於自在法則與本能，當然就不會有關於世界之絕對者的思考。一當步入猜測哲學之境，自我便開始以最簡單的方式呈顯出來，亦便有了試圖去掌控環境、生存的慾求，然而，在衹能依賴力能去滿足慾求，而其力能又非常有限的前提下，這樣的自我衹能委曲求全、變形表達。諸多可欲不可為之事，諸多紛呈不可解之事，諸多神秘不可喻之事，無不壓迫著人類嫩稚的心靈。慾求的熾盛與能力的低下所形成的結紐——諸不可為、不可解、不可喻的背後，其實是有主宰者的意志與強力，於是，這樣的困頓——最終糾結為了一個核心概念：神。可見，所謂神即諸不可喻、不可知、不可解之背景的稱謂。它可以是位格的，也可以是義理的。依邏輯，人類的早期歷史中，位格化居多。神的出現緩釋了早期人類的智力困苦與觀念窮困，也開拓了人類生存的空間。人被神所覆蓋、掩蔽、收藏，成為了被動者、使動者，這反致更利於自我的行為和嚮往。至少，當人類相互間出現了競爭、衝突之時，如果一定要分出強者和弱者的話，它很容易使強弱雙方各自獲得心靈的安頓：強者的肆意與成功是神的獎賞，弱者的失敗與困厄是神的懲罰，此外還可以祈求神的慰藉。至於說打著神的旗號去為所欲為，彰顯個體或群體自我之惡慾之類，那就更是人神交結中的卑劣現象。

　　猜測哲學的思維能動，開啟了人類智慧成就中的神靈觀念、神秘主義思維和主宰者理論，亦是人類開始演繹其文明、文化體系的端點。從此，神成了人為世界的主宰者、絕對者、支配者，乃至於締造者。它是一切之一切的總原因，也是一切之一切的總意志，一切之一切的總解釋。從中，人類和它的自我獲得了蔭護，也成全了思考的簡單嚮往——無需複雜的腦功能作為，即可滿足其生存、存在的需要。

　　猜測哲學為所有的人提供了觀念和感覺的範本，結果是地球上無有例外地有了相同或鏡像的神靈意識與觀念，而且，愈是早期，這樣的觀念和意識現象愈是絕對化。除卻絕對性之外，這些早期的觀念還有線性化、感覺化、短程化、物化的表徵。主宰者、絕對者無所不在，可以直接決定、干預人們生存、生活的方方面面，這些干預和決定的真實性、即時性、顯性化同樣確定，因之，人們必須認真對待神靈和它的意志，必須始終保持高標度的尊敬和虔誠，必須用最好的物利去討好、奉承神靈，否則，後果不堪設想。

　　神靈觀念的線性化、感覺化、物化、短程化，結果必然是泛神論，用泰勒的表達，即萬物有靈論。[11] 萬物有靈亦即自然或世界的完全神化。現在，自然的精巧、雅致、高妙、博厚與奇特都成了神的傑作和神意。此表明，人類因於自我的需要所塑造出來的神靈觀念，不僅蔭護了自我的萌芽，更是人類觀察、理解、解釋自然和世界的開始，亦是這觀察、理解、解釋的根據。於是，解釋與理解的神化也就成了人類智慧運動的必由之路。當我們祗能以神為標準和依據去理解世界、理解自然的時候，神就是我們的全部思想和學說以及文化、文明本身。這是自然和世界被神聖化的原因。在神聖化的背景下，即便我們的思維能動和智力能力有了自圓其說的可能，卻也無法逃離被神標的結果。其間，既有慣性的力量，亦有的確說之不清的缺失。是以，我們慣於以神、神聖的名義去綱領我們的思想、理論、觀念、學說，我們亦由此獲得安頓和落實。

　　神及其觀念的起源是自然化的，是自然的博厚、神秘、強勢施於智能初級的人類，而其印證、承對不足以同態，以致畏懼、順從的現象。當然，也正是這樣印證和承對的困頓、不足，才開啟了人類的智

11　[英]愛德華·泰勒：《原始文化：神話、哲學、宗教、語言、藝術和習俗發展之研究》，413頁，連樹聲譯，上海，上海文藝出版社，1992年。

慧之門，由是便有了人類的還原證成之路。以此我們便知，所謂神，在其發端和前期，均是自然的，故說為自然神。

自然神之說，其原由所以當如此。可見，這裡的神，是一個依慣性借用的概念，它有全方位本根指稱所具有的全部意義。或說，它的確包括所有具有主宰、支配、締造、位格的屬性，亦指意非外在的本原、本根、本體。以此為說，便於我們理解自然本根主題的連貫性、完整性。

依概念的質地言，最早期的自然神，其所出是地域性或群域性的，特別是血親群乃其滋生的單元。彼時，每個血親群域的神並不具有解釋完整自然、完整世界的功能，它們祗需要直接解釋各群生存事務本身即可，並且，這些神幾乎全都被物化，即圖騰化。血親群從有靈的萬物中選取一個特定的物——多數為有機的動物、植物，少數為無機的他物——認可其為本群的最高主宰者，即可實現生存的需求。這樣的神——不具備完整世界的解釋功能，以及被特殊物化的神——雖然每個群體都有，卻缺失功能與價值的通約性，是以祗能定義為原始自然神。

其後，有些地區若干群被政治地域化的潮流所掩息，有些地區雖沒有政治上的地域化，而其文化的地域化卻趨勢明顯，結果，原始自然神漸行退出舞臺，讓位給了後來者。問題是，這樣的後來者由於地域差異、社群行為方式差異等原因，不再保持原有的形式同一性，而有了體質、形貌分致的可能性。一些地區，其自然的意義和價值依然有效，祗是固有的圖騰、拜物對象被高度抽象並廣普化，從而具有了地域的意義和價值，其中，某些自然物——那些被所有群域所共同熟知的自然物——如太陽、月亮、天空、星辰、雷電、風、洪水之類，被擬作為了新的神謂，諸他實物神，如豬、狗、馬等大多隱退，或置

於了新神之下。這些新神是自然化的，依然未離自然物的窠臼，祇是更抽象、更廣普罷了，是為自然神（狹義）。

自然神之外，還有一類神與之同時或稍晚時間生成，這便是原神。原神者，某血親群集團之自然神的擴大化。其生成條件是，社會形態和構成體系被迫強盜化，種族征服、競爭激烈，其博弈過程中，成功者會自動將其所信奉的群域自然神擴大化，使之成為與世俗社會界域相當的統治者。由於原神是征服與競爭的標誌，所以它得以力能為其神性，故亦可說，原神是強盜社會中成功者或強者的神。

以此便知，自然神、原神當為人類精神形態中的第二代神。

至於第三代神，則可分出至少三種類型。

其一，強盜社會中，其強者以其征服的成功製造出了原神，可此原神並不能為所有人接受，它的暴力傾向與力能至尚的表徵，它的非道德化統治於其弱者群體十分的不舒服，難以一統天下。為此，強盜社會中的弱者必得要另闢路徑，建構起自適的精神體系。結果，他們在原神觀念和體系發生動搖的時候，乘機建構出了新一代神，這便是宗教神。宗教神為弱者人群所衷情，故其功利性與倫理性表達明顯。

其二，原神的強勢不可永恆不變，特別是這個神系是由強盜中的強者們所建構的，它幾乎從一開始就隱藏了被懷疑、被反叛、被祛魅的危機，延至英雄時代末期，這樣的危機終於爆發，最後，原神體系祇得崩潰。在原神體系行將坍塌之際，強盜社會中的強者群體的精神體格其實也已自我成長成形，他們所具有的自我意識及其智慧的判斷、選擇能力大抵可應付生存而有勺餘。智慧的高度發達與自我意識的全新理解，正是原神體系崩潰的真實原因。現在，人們可以依自為的理論、學說、道理、觀念去理解世界、解釋世界，神之於世界解

釋、規定的終極性被懷疑、被放棄，於是，世界由神性的變為了人性的，人力解釋的。最終神被迫退出了歷史舞臺，人類自我編劇、策劃、導演、演繹、觀看的文明、文化劇全面開展了。在這全力人為、人性化的解釋和理解中，強者中的哲人們抓住了一個核心概念：理性。[12] 他們全力使之抽象、超拔，最後演繹出一個近似於神的絕對概念：理念（相），並依之構築了哲學體系。這個體系是人性之善的抽象與義理化。其大意是，每個人都是自我的，當諸自我必得發生關聯關係時，完善的自我得善於決定何種方式才最有利於自我。這種方式的要害是：出讓適當的好處、利益予相對者，才能自利最大化。基於這種導致善好的思維能力，哲人推定，一定是有一種最本質的善駐守於每個自我之中，並引導自我做出這樣的選擇與判斷，因此，這個每個自我都共有的善，便是世界的本源。世界本源概念的確立，有助於人們在失去神的絕對之後的自我解說訴求，同時，它以善為核心，這恰好也規定了人類自為的價值取向和文化基設，因而是合理與終極性的。以此，當稱此種哲學為理性義理神論。其學理核心，即理性義理神。理性義理神論亦稱道德理性主義哲學，自柏拉圖創建以來，一直是西方哲學和思辨思維的主流，不僅於哲學界、思想界發展興旺，亦對自然哲學、主體構成性的法律體系、制度文明[13]諸域有明顯影響。

其三，東方社會——約開始於公元前3000年前——因於某些先哲的慧悟，在自然神的基礎上做出了跳躍式的思考，他們從物化的自

---

12 理性作為一個概念，至少經歷了三次跨越。起先，它的本意是，關係人之間的妥協與合意；其後，它被表達為合理的選擇與判斷能力；最後，柏拉圖定義為世界之善的最高範疇，它可以主宰和決定世界。祇是很不幸的是，另外一個與之對抗的世界——物質世界——不受其驅使，反致會禁錮、囚禁理念的特使靈魂，以致出現了二者相合的感覺世界。對人類言，其價值和使命便是要讓靈魂擺脫物質的囚禁，返還到完善的理念世界。

13 希臘的自然哲學學說，主體構成性的法律體系均發生在柏拉圖之先，其中早已表現了強勢的理性精神，這是不待言的，此處說的影響是就柏氏以後的歷史而言的。

然神中抽象出義理化的範疇，以之為解釋世界源起、演繹、變化歸宿的總根總原。伏羲的「八卦」學說佔了這種義理化解釋的先機。八卦從自然世界中抽象出了八個符號，作為世界構成、存在方式的八條基本原則，然後以之去理解世界、把握世界。這實在是一個破天荒過的創舉和開啟。從此，人與自然的關係不再是使與被使的關係，而是人類主動參與之過程的實現。再往後，我們也看到了約產生於前1600年前後的印度的自然義理神論。它們直覺出世界有其本原、本根，名為大梵、神我，一切有形的在均為這神我、大梵的衍化，或說他們視物的世界為這根、原的形式、假象，從而一攬子解決了自我的偏妄、虛假，並指明了所有自我回歸真如、神我大梵、道、理的不歸路。自然神的抽象與思辨化，使自然神得以脫去物器的沉重，實現了義理的輕揚與超越，是為自然的義理神。後世，依此自然義理神的絕對，演繹出了諸流派與學理體系，然其質要卻始終如一：世界是內部化的，故體用不二；世界也是還原證成的，故即體即用。自然義理神論有印度和中國兩個地域樣態，而中國的自然義理神論又可進而分解為五個分支類型。

上述第三代神幾乎都是義理化的，即人為解說而成立的神論體系，與前兩代神有本質差別。尤其是後兩種義理神論，已經完全沒有了位格、控制、統治的意義和功能。主旨在於世界的本根、本原、本體的思考、辨析、體悟，是以，可視為人類智慧作為的初級成果，它將有助於人類的自我成就和自我超越，為更高級的思考鋪設基礎。義理神的興起正好與人類思維形態的第二個類型——解釋哲學同步，故得置於解釋哲學之中，才能更好理解。

本書研究自然神，實是試圖還原東方思想的真本質要；此外，東方思想的世界內部化與還原證成的價值判斷不祇是東方的智慧，更是世界之為世界、人之所以為人的要害之所在，理解現代物理學，更能

確知其判斷的真實與透徹；因此最後，以自然神為主線，順便清理諸
與自然本根之價值意志相關的思想及觀念，將有助於重新設定人類自
我超越的平臺和場景。

第 一 章

解釋世界與解釋哲學

第一節　解釋哲學

第二節　解釋的成就與珍圭

　　自然本根，實乃自然神的真義。故知，自然神之說，恰是訛傳和習俗用語。習以為常，正是以神為說的理由之一；此外，文化和智識的誤判，亦是以錯為說的因由。

　　自然本根，亦稱自然本原、自然本體。鑒於指意的確定，多用其簡稱：本根、本原、本體。如前所言，完整的世界當以三界同構為說：體界、相界、用界，或體、存、在，或原、因、果之合。不過，檢討人類固有的思維程式和文化鋪陳，我們看到的通常很少有完整或全義的理解、解釋，已有的思考和文化更容易流於支離、偏狹。設若說法不夠周延，祇及於相在、存用、因果之間、之中，則其解釋多會滯於世界的物理性，而忽缺世界的本然性，其所論說的自我理則和功利道理常易漂浮無根，甚或自為臆說；或若刪繁就簡，力極體用的現行張設，置相、存意會而已，則其解釋難免偏頗，徒有世界之本然性的會悟和道德性的把握，而缺失了世界之物理性的理解。這樣的判別，也正是人類文化樣態的某種分野，且是這樣的分野支撐起了地域或社群文化的強硬個性，強化了界域的林立。於是，我們有必要思考，在智慧必得類化作為，方有人類之真正意義和價值顯現的需求之下，差別著的文化建構和智慧作為並非智慧類化的真實，雖然它有其故有的合理性和必然性。

　　現在，我們遭遇了兩種不真實。其一，解釋的世界或思維的世界針對世界本身的不真實；其二，局域性的解釋針對類化解釋的不真實，或說個性化的解釋針對普世性解釋的不真實。故知，解釋的不真實恰恰是我們的現狀。問題在於，人是一種解釋的動物，它因解釋而存在，沒有解釋便沒有行為；人也是一種因解釋而有價值和意義的動物，沒有解釋便沒有能動。此意甚明，人類的不完整，恰正是其解釋的不完整所致。

不過，我們並沒有進入終局，我們正在過程中。同樣的事理還有：我們的能動來之於我們對價值和意義的不間斷證明和證明的成功。因此，我們還得去解釋、去證明我們的真實。

我們是一個類，有類的共同性，這便是智能的趨同性、心性的完整性，而同與完整，恰正是由我們對世界的把握、覺悟、理解的完整來表達的，失去了對世界完整的把握，就不可能有真實的智慧。其間，任何個性化的智慧表達，除非其表達本質上是完整的，否則會阻礙智慧對世界完整性或世界全義的領悟與還原。類的智慧——不以個體、群體的得失為圖謀，而以類的得失、超越為價值實現的智慧——是人類把握世界之完整和全義的初步。唯其有了世界之完整和全義把握，我們才知其所以為人的真實。為此，我們得解釋世界的本根和世界之同構、自足的本義。

那麼，又當如何理解本根和本義呢？竊意應作如下思考。

其一，依據歷史常識可知，我們關於世界的體系化解釋和理解實開始於解釋哲學的思維形態和歷程中，所以，通過還原解釋哲學相關的論說，便可會通世界本根的某些意義和意境。

其二，世界不僅為體、相、在三界的同構，且更有體的絕對與在的相對的關聯，通過相對、有限、暫且的理解，恰是感悟無限、絕對、永恆的由路，以此，在之為形式，體之為本原即有證說；

其三，解釋的源發在於自我，無論其所來，還是其所往，其所形成的解釋和證明的鏈條無可截斷，祇要你去證明其因為所以，便會發現證成的終極恰是自我的化除和本根的還原，是以得以本根為說；

其四，人類具有一種唯一性，即還原印證的嚮往和能力，捨人類而外，無一物、無一在可為此為，當此唯此唯一之中，我們的嚮往和能力其實是潛證了一個命題：承載這種嚮往和能力的大腦是世界的公

產，其所為的嚮往和還原，正是其公共價值之所在，若非此，則為竊用、私用，故知，唯此唯一的本意是本根的還原證成，其所謂證成，即在向體的還原，即體用不二。

以上，是本章的循理思路，意在論說自然本根及其本根倫理。

第一節　解釋哲學

人類之有解釋哲學，顯足了人之所以為人的特殊與質地。

解釋哲學是一種思維形態，其意義是，通過學理——邏輯、推演、論證、類型化、比較、分析、歸納、覺悟——的模型和方式去設定世界、規定世界、解釋世界，從而獲得人類行為的依據。

此種思維形態中，首先是解釋之為解釋的功能和價值的實現，它與猜測哲學的思維形態不同，其標準、結論源自於人的理智能力和性智覺悟，而非主要是對外因的猜占、摹仿；

於是便有第二，它是人類自為的，甚至於自主的智慧現象，個中，自為的意義在於，人本應是世界的參與者、組成者，甚或自覺者，故當有其恰當的參與方式，若不能顯現為參與者、自覺者，則人的價值終將失落，與之相對，任何有外因主使、支配的世界模型與觀念均將失落人之所以為人的真實意義和價值；

第三，解釋起步的端點是自我，端點處自我的虛假和簡陋與解釋的終極之間，有巨大的解釋落差和遞進空間，其中，充滿了相對作為的可能性，也包括路徑的曲折、觀念的錯誤、解釋的偏差，問題在於，此種相對性和可能性並非無意義，它恰好說明，終極完善非是外

力可為的，也不是一蹴而就的，若非歷劫迂迴、艱難砥礪，便不是真正的還原證成，這樣的歷程和落差正需要解釋去填充，需要人力去創化，不可以簡化、不可以他求；

第四，解釋的直接功能在於提供人們行為的依據和方式，這裡，「離開了解釋便不生成行為」的原則，其實也是人在其自為階段——尚未進入自主階段之前——的一種生存之道，它顯示出過渡狀態中的人的安全、謹慎的精神特徵，同時，人們對解釋的依賴，反而會激化解釋的複雜化、多樣化，最終所成就的，是智慧的自我超越與自覺性的顯現，而此，恰是智慧煉化的必經之旅。

解釋哲學解釋了什麼？似乎難以斷然論定，因為，在各種地域文化、群域文化的籠罩之下，你很難說各處各群所解釋的是同一對象，更遑論同一的結論，不過，有些檢別方式可以幫助我們清理問題，看看人類在過去究竟解釋了什麼？

先來看解釋哲學為什麼解釋？

解釋哲學發生的時代約於農業文明中期稍後，其最早跡象的考定祇能在東方進行。根據現行可資判別的資料，約紀元前3000～前1000年之間，是解釋哲學的發生期。要約言，解釋哲學的源頭有兩處，其一是約西元前3000年左右中國的伏羲時代，傳說中的伏羲法天地、演八卦是其始。伏羲的生活年代已無從實證，約定在西元前3000年前後，是依據傳說世系推定的結論。這個時代約居考古學上的仰韶文化中後期。很顯然，伏羲是中國西部集團中具有超越智慧的首領，他據其對天地萬物的觀察和感悟，發現了世界的重大秘密，這便是，用極為簡單的幾條原則即可解釋世界、把握世界。這幾條簡單的原則被稱為「八卦」。它們是乾、坤、艮、坎、巽、震、兌、離，換言之即天、地、山、溝、風、雷、水、火。其中，可解析的意思當是：天地

為綱，山溝定形，風雷成動，水火致變。伏羲予世界理解和解釋的簡約化，目的至確：便於人類參與世界的變動與過程，以求價值的公共和意義的完整。可說此意出具了人類關於世界解釋的內部化和還原證成的初型。後世，經黃帝的政治實踐和周公的陽動意識形態建構，以至孔子的道德本質論建構，最終成就了中國文化的主流，實可說逆向證明了「八卦」之道的解釋意義和價值。

其二，大約形成於前1600年前後的吠陀哲學，[14] 當被視為人類解釋哲學的又一源頭。吠陀哲學脫胎於前此的印度自然神論學說，其精要是拋棄了位格化的諸自然神，如伐龍那、密多羅、因陀羅、阿耆尼之流，而以大梵或梵天、生主籠而統之。

大梵概念的出現，可謂直奔世界本原、本根、本體之所在，其所覺悟和解釋的是世界的同一性和內部性，是本根的絕對性和永恆性。所謂大梵「是存在於一切事物之內的，他自內指導萬物，他是內在的引導者，是永恆不滅的」。（「太初宇宙，混沌悠冥，茫茫洪水，渺無物蹟。由空變有，有復隱藏，熱之威力，乃產彼一」（《梨俱吠陀》x.121.1.7）即其意。）可見，解釋哲學的開始，由之於人類對世界本根、本原、本體的感悟、覺悟。亦可說，此乃人類有能力解釋世界之時，其能力所啟恰開竅於對本原的記憶與追索，唯其之於本原、本根的記憶與追索，方能啟發智慧，方能固定住人之所以為人的向性與根柢。這樣的記憶與追索實則亦是本然性的還原之為，唯智慧覺悟可為此還原之為。若非如此，則人與他者，如動物當無所別致。此表明，本根之維，乃解釋哲學得以啟發的由來，否則，難為解釋之說。

14　前2000年～前1000年為印度歷史中的吠陀時代，傳世經典《梨俱吠陀》屬這個時代的代表作。其中前期，印度文化中所盛行的是諸自然神，它們有意志、有人格，從吠陀時代的中後期開始，這些自然神開始隱退，《梨俱吠陀》的晚期作品開始使用大梵（生主、梵天）這一義理神概念去統領大千世界。

其次來看解釋哲學解釋了什麼？

解釋哲學之為解釋哲學，是人類試圖以自己的方式和說法去為自己解惑、解困，以便謀求到所為的依據，而困惑其實也是有原因的，那便是因為人類有智慧，在非性智的前提下，智慧越多，困惑越多。於是，我們不難發現，困惑是智慧的必具後果，而其解困惑者又是智慧，這便難免發生以錯釋錯、將就所錯的現象，且多會膠著徇行，難得進取。解釋哲學正是在這樣的樣態中婉曲探索，漸得漸失，直至演成氣候的。

縱觀幾千年來的解釋哲學，其所發生的端點和解釋內涵實不外兩個字：自我。自我者，乃有主位傾向的意識觀念，非智慧不能為，亦非解釋哲學不能為。不過，自我具有界域的彈性特徵，其特定要看相對者而定。若相對者為他人，則自我即個體自己，稱為己我；若相對者為他群，則自我即本群自己，可稱群自我；若相對者為人之外的他者、他物，則自我即人類自己，稱人我；若相對者為三界無外，則自我即自然本根，所謂神我大梵。這意味著，自我的解釋具有多樣化、複雜化的特點；抑且，諸般自我之中，非自然本根不為自我之完整和全義，他者均是自我的殊化、歧義、肢解意。何以如此呢？這是因為，以自我為起點的解釋論證，會受到感覺和環境交互作用的影響，這樣的作用會牽引自我的論證方向；此外，針對自我的解釋除非有性智覺悟的把持，否則，祗能在感覺智和理智的框限下展開，結果，這樣的解釋無能不是特殊化的。究其原因，不外乎，感覺智和理智恰是環境和習俗等因素影響下才有效的智慧，所以，在諸多因素的共同作用下，有關自我的解釋難免歧義化。所幸，無論何種歧義，依長效過程理論，實為正常現象，一當被性智覺所融化，無論何種歧義化的自我解釋，均將歸於自我解釋的完整：自我者，本根之別稱也。

　　故知，自我，有肉體自我，有物理自我，有理性自我，有性智自我，有本根自我。諸般自我共同支撐起了解釋哲學的豐富內涵，更丈量出了人之所以為人的價值階位。解釋哲學究竟解釋了什麼呢？不正是要把自我證成為本根的完善和完整嗎？

　　復次來看解釋哲學如何解釋。

　　以自我發端的解釋哲學，固然以解釋自我為動機，然，若祇就事論事，為自我作孤立解釋，定然難以成為解釋哲學。解釋哲學之為解釋哲學，不僅在於為人們的行為提供了說法和依據，亦在於它可以幫助人類擴展智慧的邊界，提升智慧的意境，解釋思維的困頓，理解世界的之所以、是因為、當如何、怎麼樣、就應該諸類問題。於是，自我的疑惑必得演繹為世界如何生成變化、世界如何構成、人類如何是道德的、自我與他者的關係、如何實現自我、社會應怎樣合理、物利如何最大化、慾望如何安頓、世界本根的證成之類的理論與思想體系。可說，所謂解釋哲學，恰是這樣複雜化的思考與論理的成就，若非如此，也當不得解釋哲學之名。

第二節　解釋的成就與珍圭

　　略觀解釋哲學之大概，不難發現其所成就的三大文明、十大體系和四路論證的恢弘與駁雜，故當先說及一二。

　　所謂三大文明指，器物文明、精神文明、制度文明。

　　器物之造就，本欲為生存之便利，不意其結果卻是，它鋪張了人類的智慧，延伸了人的行為能力，開拓了人的存在視界，更更張了人

與自然的關係，認知了世界的本質。說器物為文明，當然不僅在於器物有功用價值（所謂「使物用於物」），而是智慧之於形、在之為的超越與化解，所謂「以物解物」、「以物化物」、「以相養在」之指向。非至此，當不得器物文明的精要。

精神之興起，本為大腦之功能所在。考其所源，不外乎震懾於神秘，猜占神靈，妄求生存之法，而其發展卻是始料所不及的。先且不說理性思辨化、本根覺悟的深度思考與學理體系，即便依神靈、神秘之路徑，以及由之後進的宗教體系，亦是洋洋大觀，自成博大精深之勢：予世界以解釋、予人類以心靈告慰、予精神以背景依賴和保險、予善性以神聖。當然，理性的思辨化、道德本位的學理建構、心性覺悟的還原證成之類，應是人類精神的極致佳品，它們不祗是標示了人為靈秀的真實階位，更凸顯了人之所以為人的道德還原證成的價值終極。

制度的本意是初民之間吃得恰當與合理（故說「法律起源於吃」[15]），逮至解釋哲學之後，本意的異化與修飾已然面目全非。現代人類及其社會，若無有制度為之限定和設計，定然不知其所為；非但如此，為與不為之外，人類社會當如何去向，人類之間當如何合理，人與自然之間當如何相處，人類當如何成己、成物，等等事業，亦無法缺失制度的設定與引誘。正是基於此意，說制度為文明，意即它與精神文明、器物文明一樣，是人類文明體系的重要組成者。

所謂十大體系是指，解釋哲學之中，人類智慧相互於世界，其所感、所思、所悟、所得的重要學理建構與思想成就。這些學理建構是體系化的，亦是真理化的，代表了人類的真理嚮往價值，亦承載了解釋哲學的骨架構成。這些學理建構非一人一時之特產，也非一派一

---

15 參見拙作《法哲學要論‧第二講 法及其體系》，第177～183頁，臺北，臺灣元照出版有限公司，2008年。

域之獨有，說為十大，類型化的別稱而已，而其實，這些體系都博大精深，難以簡單言表。其規模與體系宏闊深廣，其邏輯與結構周延自洽，其影響與價值持久廣普，是它們的共有特徵。

十大體系當是：宗教神論體系、主體構成性的制度（法律）體系、道德理性主義哲學體系、物理化的自然哲學體系、王道大一統的政治哲學體系、道德理想主義哲學體系、心性還原的理學體系、自然而然的義理哲學體系、以智去智的奧義哲學體系、自然的方技理論及技術體系。

這十大體系的主要內涵將會在本書的第七、八、九、十章中論及，此處先略說一個概貌，以為鋪墊。

一、宗教神論

宗教神論是指，文明帶西段地域原神體系崩潰以後，強盜社會中的弱者社群為了自我的救贖與拯救而人為建構出的精神體系，典型者如猶太教。後世，強盜社會的更衍改變了原狀性的強者、弱者二元結構，劇烈的世俗變幻更加強化了人們對相對超越的精神背景的依賴，是以有了更加普適性的基督教體系。至於伊斯蘭教，則是基督教成立後，更大範圍地域的強弱兩判所必然出現的現象。一般說，宗教之間、教派之間可能有很多衝突和紛爭，然，以非宗教的心態觀之，凡宗教者必有如下表徵：a.宗教神係人為建構，非自然而然，b.宗教的真實價值在於功利——或為拯救，或為人格，或為權利，或為種族，或為自我，c.人神兩在、世界分裂、界域對抗、外因依賴，如此之類。

總之，外因化、外部化、被動免責是其要。所以，界域對抗、自我中心、功利主導、存在絕對便有了合理性。不過，宗教神論還有意外之處。宗教神的質要是外部化、外因化，問題是，此外因恰也是人世間道德倫理之依憑所在，也是人世間人事得失、交流過程的依據之

所在，這說明，人域世界不是孤立自為的，它得與他域同構，特別是當人們智窮術急亦無法解惑之時，外因的引入有時可卻燃眉之急。人是暫且，且是過程的參與者，雖不為宗教神論所弘揚，恰也不失為一隱約內置的命題，多少有某種還原的意味，故當慎思之。

二、主體構成性的制度（法律）體系

主體構成性的法律體系是指，以主體為生成原因，法律和政治機構為結果和手段，且必得回向服從主體之慾求、意志、利益諸目的的社會構成體系，其社會事務構成包括政治、外交、戰爭、經濟、法律、民事諸領域。這裡，主體是法律設定的人格，它的本質是特權，也是人類的人為分割和對抗。

與宗教神論源發於強盜社會中的弱者群體不同，主體構成性的法律體系，以及道德理性主義哲學、自然哲學體系所起源者，恰是強盜社會中的強者人群。強者的征服成功，不祗是意味著對他人、他群、他地域的佔有、掠奪、奴役，更在於反神祛魅後的自我解放和心性放肆，結果，世界的人為構築、與自然世界的斷裂、與他群的斷裂均成為了所必為之事。在這樣的構築與斷裂中，自我成為了全部解說和制度設計的中心，因著自我中心的精神提拔便是下文將要說及的理性主義哲學，而其制度性的設計，便是自我的主體化。

主體之興，源之於家父共同體。在強盜社會中，相互間的生存競爭，使生存事務變成了超高壓現象，在每個人必得以拼搏才有可能苟活的環境中，非但個體化的生存實現不可能，就是家族化的生存亦難以成立，於是，若干家族聯合起來，組成生存共同體便成了必然的選擇。不過，在早期的社會結構中，受制於雄性佔有和力能至尚的原則，任何家族均是由家父統治的——這一傳統由狩獵社會的積習而來——故，一當若干家族得聯合起來組成共同團體去應對外部世界，與

他群競爭之時，其共同體的實際組成者並非全體個體，而祗是每個家族的首領家父。是這些家父們依據身份平等原則，共同合意組成共同體，並制訂規則，產生管理結構。家父共同體，也叫生存共同體，其原始動機是對抗外部的他群，延後，共同體本身的政治事務、經濟事務、民事事務、宗教事務之類亦繁複多樣，是以生存共同體漸進成為了政治性的實體：城邦。依發生學的因果關係論，家父是生存共同體，進而是城邦的組成者，當然就成了這一政治現象所以發生的原因了，他們的共同意志生成城邦和城邦的法律制度，反過來，城邦的法律又予這些組成者以人格的特權設定，這一設定結果便是後世興盛不衰的主體，即法律人格。所以，說主體是家父，或家父是主體，在其起源期是一正確的命題。故亦知，城邦、城邦法律、城邦機構均是主體意志的表達。

法律、城邦機構不但受意於主體意志，亦得設定其為特權人格，更會以服從於主體的慾求和利益為其存在的目的。這是主體性構成法律體系的要害所在。此一制度由於祗設定特殊的人才有法律人格，有此人格的人才有特殊的權利，有此特權的人才享有法律待遇，而其他人反被設定為物，得受主體佔有、使用、分配、奴役，所以，它本質上是一種分割世界、強化界域、製造衝突的特權制度。不過，這一制度的另一面卻暗藏玄機，即主體的構成質素必得要求人的同質化、同型化[16]——此質素為理性能力——一當歷時彌久，在他因素的共同作用下，人的同質化、同型化非但會消解人們之間的特權，更會還原人之所以為人的價值，設定出人類的公共化、自然化的基礎。

16　人的同質化、同型化是西方理性文化的邏輯結局，即自我與功利的異化。參見拙作《公共社會論》第二章、第三章第一節、第六章諸處，臺北，宗博出版社，2013年。

三、道德理性主義哲學

　　道德理性主義哲學是指，以存在世界的物理屬性為基設，探討以是（即真理）為核心的哲學體系。其中，世界的根源本為physis（根源、自然的形式與結構、物的稟性或天性），無奈其具有不確定性，故棄之，改用onto（表存在、相當於英文中的being），on 或being 既是存在，更是「是」（真理），或「是本身」（being as being），具有確定、不變性質的特徵[17]，這種確定、不變性質便是理性主義哲學的基礎。西方最偉大的哲學家柏拉圖所建構的哲學體系之所以稱作道德理性主義哲學，是他在on的確定性、不變性預設上，強化設定了人的確定性、不變性的前提，這個前提便是理性。所以，柏拉圖哲學的真理本意是理性，或理性的抽象，他稱為理念或相（Idea）。理念或相是世界的根本，它沒有性質的變化，是世界的終極支配者。無奈的是，理念世界之外還有一個物質世界，它不受理念支配，自為自在。更麻煩的是，有一部份理念還掉進了這個物質世界，並被囚禁於其中，這個由二者結合而生成的世界便是人的世界，也稱作感覺世界。在物質的壓迫之下，人被嚴重變異，這便產生了惡、慾望之類的問題。所以，對人言，真實的意義和價值並不在感覺世界中，而是應當讓靈魂（即掉入物質世界中的理念的別稱）重新回歸理念世界。

　　不難看出，這一體系有以下要點值得思考。

　　第一，西方哲學的緣啟由之於Physis，此語雖有本源、本根之意，無奈卻是物理意義上的源與根，不關及世界的本然性，所以後來的希臘自然哲學Physis，物理學Physis均由此而來。

　　第二，由Physis而進為onto，以及關於onto的學說理論的稱謂ontology（本體論），其哲學實已斷截了自然本根，包括物理性的自

17　有關希臘哲學的詞源變化，參見王文華：《Physis與be——一個對歐洲語言系動詞的詞源學考察》，《世界哲學》，2011年2期，第19～32頁。

然,從而進入了人自為的智力、概念、語言意義上的遊戲之中,所謂哲學為愛智之說即由此。斷裂自然本根,復得構築人為的解釋體系,實則是人斷裂自然本根後的必然舉措。

第三,敢於斷裂自然本根,復以自我為解釋的核心,構築人為的解釋體系、真理體系,非一般人可為,實乃強盜社會中的強者人群所能為之為。家父、英雄們的自我膨脹,最終由感覺智上昇為了理智之思,成為了哲學的對象,極盡抽象之後,一種以自我為本質的理性哲學得以生成。這個哲學所以強調on或being,即在——是——是本身,其意已昭然。因為祇有在自我並立的情形下,才有真理(是)的問題,而在本然的世界中,絕無真理可言。

第四,柏拉圖的睿智在於,他抓住了人性中的共性——理性來作真理文章。自我並立、各自為政,無疑會發生意志、意見之爭,爭執之下,理性的必然便有了真理的嚮往。常言,一事有一理、一域有一理。可這樣的理是具體的真理,祇適用於具體的人與事,且這樣的真理還會成為引發爭執的原由。如此之下,哲學家的使命和責任便凸現出來:建構終極真理體系和標準,以評斷具體的真理紛爭。這樣的終極真理體系首先需要與前述的自我中心、功利價值、存在承載、理性引導相貫通,其次是要有最大限度和範圍的可通約性,能跨界域流行。柏拉圖的理念說正是這樣的終極真理和通約性最大化的哲學學說。

第五,這個體系的技巧在於,理性——自我可憑此相互溝通、妥協、合意、共利的智慧及能力——成了善、道德的新內涵(而此前,善的本義是利他,由於強盜社會生存的重壓和競爭,致使人們不得不收縮倫理責任,並強化自我意志,在有限倫理責任和自我絕對化的雙重驅使下,利他的善改變為了平等、對等的善,是為正義,亦即理性)。進而,所謂真理也獲得了新理解:理性的顯現即真理。這裡,

真理不是真實，更不是真如，恰祇是具體事務中的合理、恰當，所以，它與世界的本然性或本根、本原、本體無關。不過，與真實、真如無關，不等於說它不需要抽象、思辨、拔高，否則，其可通約性便無以實現。為此，柏氏的學說做了如下引申：理性為每個人所具有，原因是每個人都有承載理性的大腦。問題是，大腦作為一個對象，它一定有一個本質的、確定的東西，這個東西是什麼呢？是靈魂（此本是一個印度文化中的範疇，經西流落入了柏拉圖的哲學中）。這說明，所謂理性，其本質便是靈魂。這還不是最終結論。靈魂是每個人都有的，此表明，它必有一個共同的出處，若找到了這個出處，終極的可通約性之源便找到了。於是，柏拉圖設立了一個共源的出處：理念世界。現在，邏輯鏈條終於完成了：理念→靈魂→智慧→理性→真理→善→正義[18]。

第六，完成了真理鏈條的人為設定和論證，卻有重大的現實或真實問題未能解決：何以世界上有與善相對抗的惡呢？在不能破壞和改變自己精心設計的邏輯體系的前提下，柏拉圖對其體系作了如下補充：理念世界之外其實還有一個物質世界，碰巧，理念世界中有一部份出界了，掉進了物質世界，這便衍生出了一個新世界，或第三個世界：感覺世界，人正是這一衍生的產物。因為靈魂被物質所禁錮，所以人除了有善或真理的嚮往之外，還會受物質、惡慾的誘惑，為惡為非；進而，人之所以為人，就在於要擺脫物質（肉體）的桎梏，返回到理念世界。這個關於真理的解釋體系就此告成，卻無法掩蓋一個天大的漏洞：世界的二元化或多元化，而此，正是西方所有解釋體系均逃無以逃的鐵漏。其原因便是前述，在斷裂自然本根之後，任何人為

---

18 這根鏈條的後續還有法律、國家、政府，以及戰爭、民主、法治、貿易、契約、合同等內容。祇是，這些環節已入制度文明，甚至器物文明之中，故柏氏未有過深涉及，他祇泛泛地寫了一個《理想國》和《法律篇》，便不再進入，後世，他人予以了接續。

的解說都無法逃脫在的兩在或多在性。它是無根的缺失所致，也是物理解釋的死穴。

第七，理念是有關人性或自我的解釋中，受於物理性解釋的最高範疇和最大通約義（後世黑格爾的絕對精神、康德的先驗理性與此相仿），捨此而外，等而下之。它雖永遠不可能及於本然性的性智覺，即對自我的化除和導向本根的還原證成，卻有著嚮往的正確性，是以有還原證成的擬似性。至少，它異化了自我，甚至也異化了理性，祇是被物理性的理解所制，無法超出存在之外去還原本根，證成本原而已。

四、自然哲學與物理學

自然哲學或物理學，依然是文明帶西段強盜社會中強者人群所為之能事，不過，其所以發動的動機與前兩者略有差異。首先它的生成並非為了解決衝突、生存之類的問題；其次，它也不是為了給人們提供通約性、普世性的說法，以便社會的意識形態建構。究其所以，差不多可以說，它是強者人群中一些人，吃飽喝足之後，有了對自我之外的他者的特殊興趣，於是便思考之、研究之，其心得所積，得以稱為自然哲學。故知，興趣所致，乃自然哲學或物理學興起的動機。

自然哲學（Physis），按語義言，確有根源、宇宙發生本源之意，似乎與東方文化中的本根、本體、本原相當。其實不然。東方之本根、本原、本體乃世界之本、之原、之根，而非僅祇是宇宙之根源、本源。此語中有四義得明白：一是此世界乃體、相、在或體、存、用三界同構的世界，非僅指存在世界或宇宙世界、物質世界；二是世界是內部化的，沒有外在，諸在、物、有、為、流、時、空均為本原、本根、本體的形式和暫且，所謂即體即用、體用不二；三是世界乃過程化的：體變相養用顯，對諸形式、在言，這恰是一還原證成的過

程，所有的形式、在均為參與者；四是，對智慧者如人類言，還原及參與正是其道德和價值之所在：化除自我、體用不二。知曉此義，反觀西方的自然、自然哲學、物理之意，便知差異甚大。

首先，Physis所指的自然並非世界之全部，而祇是其中顯現的部份，所謂宇宙、物質世界、存在而已；其次，此詞所指的自然本性、稟性、天性，專指存在世界或物質世界的屬性，即所謂物理性，不關及世界的本然性；再次，此詞所指的自然形式、結構、外表構造，實為在界所專屬，體界、相界中無此義，雖說即體即用，不可強分在、物、相、體，然解釋意義上予世界以分說，還是有意義和價值的，問題還在於，Physis所指的結構、形式、構造、外表，並非解釋學的分說，而是「事實」之說；所以最後，此語後來演稱為物理、物理學就不奇怪了，它的確祇是關於存在、物質世界的物理研究及其知識體系。

既為物理，便是預設地假定了存在的絕對性，存在的排他性，結果是體、相之義不再進入知識和智慧的視野、範疇，人們祇要把精力致之於存在的構成、存在的結構、存在的單元，以及單元之間的作用關係、作用狀態，存在或物態的分類、差別諸研究上，即可。這樣的研究特別便於迎合重壓環境中人們的急功近利和明快清晰的心理訴求，以致自然哲學或物理學終至形成了確定、不變性狀的特徵，其知識體系中充斥了定律、原則、定則、公式、公設之類的人為強制。

毫無疑問，所有的物理知識都是相對的知識，限定方有效的知識，這由存在的暫且性、形式性或虛假性所決定，故知，所謂分類、公理、定理之類一概不能無限延伸。然而，依功能、效用的需求言，物理學及其所引申出來的各種技術程式，的確不愧為有效的、可滿足當下之功利需求的解釋體系。這樣的效驗無論在物質世界還是在人類社會均有明證。這種有效來之於物理學關於「世界」構成單元的假定

前提，這個單元假定是：世界（其實即物質世界或在界）是由點或子為單元集合而成的，所謂「點─子模型」。因之，祗要搞清楚了點或子的狀態，以及諸點或子的集合構成與化分、化合關係，世界的全部解釋便應聲成立。

正是這樣的觀念思路，希臘人放棄了較模糊的元素說（這一轉折明顯地開始於巴門尼德，他的onto（是或在）說，鮮明了希臘自然哲學的確定性、不變性的旗幟），出現了留基伯的原子說，以至於阿基米德，他索性說，祗要給他一個支點，他能把地球撬起來。後來無論歐幾里得的幾何，還是牛頓力學，均是這種簡潔、明晰學說的再版。

所幸，這樣的觀念和解釋思路終於有反省的機會。現代物理學之於超微觀和超宏觀兩個方向的發展，幾乎都被迫接受了一種新思路：世界並不是明確和不變性的，相反，模糊和相對性更具表徵意義。物或在如何起源？超弦理論所引入的非物質之境，大爆炸學說所設想的有生於无，以及4%的物質說、23%的暗物質說之類，都指向了同一方向：有限的在與無限的相、無限的原之間，幾乎不構成比例關係，在不過是無限之原、體的一種物理溢出、一種形式化的暫且。以此故知，有關世界的解釋——即使是物理的解釋——不當死守暫且、絕對物在，而是要「以物解物」、「以物化物」，成就體變相養用顯、同構互助自足的過程。此意才是物理的本質。

以此當說，數千年來的物理解釋終於有剛剛摸到門徑的幸運。的確是大幸，卻不可因此忘乎它一直存在的影響，這些影響不限於物理世界，在社會結構與觀念、知識體系與方法、解釋的功能與價值諸領域，均有直接和間接地滲透，以下三方面是其要。

一是物理解釋的功能和價值的功利化。依希臘先賢們的理解，自然哲學之為學問和知識體系，全在於他們有關於自然世界的興趣和愛好，或說，是大腦所內具的一種還原求證的驅力引導他們去理解和解

釋自然，以便求證自然世界何以能出產人類和大腦。先且不論這種尋物理之路去求證還原的路徑對錯與否，至少，其動機是高尚的，它不受功利、物利擺佈——泰勒士也祇是拿榨油機賺錢之事作為證據而已——然而，理解、研究自然的結構、功能、相與關係的後果，定然會因之獲得物利、功利（即使主觀動機不如此，它也會在客觀上帶出此後果），所以，從間接意義上言，工業革命所開創的大功利的科技、經濟、商業解釋體系，以及由此而興盛的功利主義、物質主義、慾望主義、金錢崇拜之類的社會觀念潮流，都應當與之干係相關。

　　二是學術方式和知識標準的實證化、邏輯化。依人與自然本根、與世界諸現象的關係言，大腦研究世界的方式和知識形成的路徑，其本質應當是一種破除形式障隔、還原求索的顯現。無奈此意在當下之境中，難以周全，一來我們的此項能力未得開發培養出來，二來它會導致不清晰、不確定的狀態，而此，恰是自然哲學、物理學所不能容允的。因故，自興起以來，自然哲學——特別是巴門尼德的求是哲學之後——便致力於世界的確定性、不變性的研究，以致最後極端化，將此作為真理的標準和規範，視一切與之相左的知識、方法、學問為偽解釋，並由此成就了邏輯實證主義、實在論、歷史唯物主義、工具主義、語言分析哲學諸般半調子的知識體系。

　　三是自我的絕對化。依前述，文明帶西段的強盜社會環境，終於使家父、英雄演變成了後世的自我中心主義觀念和主體制度，亦即，在社會結構中，主體成為了社會構成的單元。這一觀念的形成和單元的設定，特別地有利於責任倫理收縮之後的人域世界的打理與設計，有利於強盜社會中強者人群特權的保障和延伸。巧合的是，主體單元的社會體制卻與自然哲學的原子說相輔相成、珠聯璧合。於是，人們在對世界的理解中，輕易地固定了世界結構的點—子模型。這不僅是讓人們釋放了關於世界如何構成的困惑，更是從同一性上證明了社會

結構中主體制度的合理性。進而，所延伸出來的思想、觀念與體制，無不在強化自我中心的設計。故知，當下世界流行的自我中心主義和存在主義、人權觀念、個人主義諸說，雖不能說為希臘自然哲學的源發，卻也有關聯幫襯之功。

五、王道大一統的政治哲學

這個稱名為「王道大一統」的概念，本是中國漢初公羊學所專屬的政治哲學命題，這裡借用過來，以之作為中國古代主流政治哲學或意識形態的概括。

中華帝國肇啟於黃帝，黃帝所為，其動機設為政治慾望的膨脹，還是別有用心，試圖踐行某種政治理念，實在是不易判別的問題。不過，依據黃帝為西部集團的繼承人，黃帝反對炎帝專事技術立國的主張，黃帝之帝國號為「天下」而非國家，以及孔子堅持視黃帝為聖人等幾點因素而論，或可說黃帝之建立帝國應有某種政治理念的支持。若此，得明瞭這個政治理念是什麼？

嘗說伏羲演「八卦」。「八卦」是什麼？「八卦」的本意又是什麼？自來頗未得其要。竊以為，所謂「八卦」，以表面言之，是八個文字符號，描述的是八種具體和抽象的自然現象：天、地、山、壑、風、雷、水、火；以表下言之，這八種自然現象的選擇頗有講究，除卻慣常之意外，更有義理的符號象意，象表八條世界的基本原則、基本預設：天地舉綱、山壑為形，風雷主動，水火成勢。以此，世界被抽象和簡單化了。這裡，世界被如此簡單地處置，其要害不在於真實、對錯與否，即不在於這八個概念本身是否足以囊括整個世界，而在於這種囊括和理解、解釋的方式。這種方式表明，1、世界的複雜其實是簡單的假象，祇要把握了世界的簡單，便足以面對世界的複雜；2、既然世界可以如此簡單把握，則人之為人的意義和價值便不證自

明：人是可以體悟世界的本原、本根的，且唯其如此，人，才能展顯人之所以為人的價值；3、覺悟者與世界諸假象同為世界之簡單的形式，故知，世界是內部化的，沒有外在與他者；4、覺悟世界的簡單是其一，而將此覺悟轉化為動因去參與世界的化育流行，以成就簡單的功德與完善，恰正是複雜還原簡單的終極價值所在，此是其二；5、所以人得以積極進取的方式去還原證成世界的終極價值。以此而論，當說伏羲所為實乃是一種「皇道」學說。

「八卦」義理的意義是否應當作出全面、完整的理解，似乎難以讓史實給出答案，我們看到的事實是，黃帝以其政治方式率先實踐了「八卦」的積極能動學說：用帝國的方式將人組織起來，去追尋天下同德、同道的政治理想。黃帝之帝國不號為國家，而號稱「天下」，其意已非常明朗。我亦想，孔子如此力行道德價值和真理訴求之人，設黃帝為聖人之列，當有此深刻的認知與理解，絕非輕易判斷。終其一生，黃帝都在忙著「天下」的收拾與拓展，實無力去為任何理論學說及意識形態，不過，他所選定的接班人顓頊恰理會了黃帝帝國的用意。顓頊的政治一開始就有兩大特色，一是盡人力祛神秘，以顯人的主觀能動之意；二是入倫理去暴力，以求政治的倫理化。後世，沿此路而為的堯、舜、禹的「禪讓」體制，便盡顯了政治倫理化的價值取向。至此，可說黃帝所開創的政治哲學當為「帝道大一統」的政治哲學。

「黃帝天下」（或稱「炎黃天下」）延續了一千多年，不料卻被大禹和他的兒子啟偷樑換柱，變「帝道大一統」的天下為己私的「家天下」。「家天下」本為「炎黃天下」的岔道逆行，違反了黃帝「帝道大一統」的本意，卻不料政治的惡作有其強大的衝力，「家天下」在東亞不僅可以有夏，還可以有商，進而還有周，所謂一而再，再而三，終成定局。面對「家天下」，「八卦」之「皇道」以及黃帝

之「帝道大一統」均有了難以解釋的困惑：何以「道」被肢解了？「道」為什麼被肢解了？「道」為什麼要被肢解？以及「道」被肢解以後還有道嗎？

「道」被肢解的事實不難認定，夏王朝的建立即其證。「道」為什麼被肢解了的答案，其表層義也不難回答，大禹、夏啟父子的私權慾望直接肢解了「道」的政治體系。然而，接下來的答案卻不易直接回答，它得有所敘述和解釋。

三代政治的「家天下」化，已經提出了一個非常重要且必須回答的問題，「家天下」何以合理、有效？夏人無有答案，商人亦無有完說。這兩個王朝都承「八卦」而有《連山》、《歸藏》，卻不能合「八卦」本意給出有「道」的解說，最後，歷史性的責任落到了周人頭上：「家天下」如何承「八卦」而有政道？不過，對周人言，比承載這個歷史責任更直接、更現實、更具體的難題是，作為「蕞爾小邦」的野蠻人，周人何可以一統中國，取商帝國而代之？結果，周人中的聖人周公應景而出，他繼承他父親文王的意願，繼續拿「八卦」的端緒作文章，別開局面，一舉成就了一種可稱名為「王道」的意識形態體系。周公摹之於「八卦」，最終以《周易》為宏大解說，從而完成了「陽動哲學」的新體系。

這個哲學首先沿襲「八卦」參贊化成、能動健進的人道原則，認為積極能動正是人倫之大要；其次，它創立了一種「陽德」的政治學說，認為得天下的根本原因，即在於是否具有這樣的「陽德」，或說天下本應是道德的，所以有德者居天下，無德者失天下，進而為了堅持天下的有德之治，任何人祗要秉持「陽德」，便可去推翻無德或缺德的統治者，這樣的推翻甚至可以是暴力化的，是為「革命」。這套「陽德」之說的另一種稱謂叫「以德配天」。如此之解說，它首先解釋了周人何以要「革命」的問題，其次也同時解答了「家天下」何以

有道的問題。這裡，《周易》極力淡化的是「家天下」與「公天下」的形式區別，高調宣揚的是天下的道德化。亦即說，天下是公還是私，不是關鍵之所在，關鍵要看天下是否有德。所謂「敬天命，重人事」，所謂「以德配天」，所謂「替天行道」諸般說法，恰正是這個「陽動哲學」或「王道」的核心命題和原則。

此外，既然世界的造化源之於陽動，它也恰好是一個不斷具體化、世俗化，而後才有超越的過程，或說是先下行而後再上行的過程。依此而言，「家天下」正是通往「天下人之天下」過程鏈中的重要環節，它有下行和具體化、世俗化的必然，因為其具體和落俗，反致使它更容易成就「人事」的價值和意義，即更容易表達人的主觀能動的能動性。故知，「家天下」，甚至於後來的個人專制獨裁均為政治過程的必須環節，祇有環節的成就，才有最終的超越與放棄，是以，「道」需要被肢解，此正是世界之陽動的本意。

於是，依據其「陽動哲學」和「陽德」政治，一種可命之為「王道大一統」的意識形態體系成功地代替了前此的「帝道大一統」體系，中國政治進入了治權政治和私權政治膠著泥行的過程中。後來，儒家的小康禮教派，最典型者如公羊學正是在此基礎上，以第三者的立場重新解釋了「王道大一統」學說，再次成立了「新王道大一統」說。這種「新王道」與舊「王道」的不同之處在於，統治者——無論它是「家」，還是個人——不再是絕對和唯一的「人事」積極能動者，準確的說，他們成了一個更大「人事」能動事態中的被約束者。這個更大能動事態是，政治本身祇是道德的承載體和手段，而非目的，目的是道德的人域化，人域化的道德——人道大同或大同社會——才是人道的終極，亦天道的實現。由於人道和天道才是人類大同一統的真正原因，所以世界的本質是道德化的。以此，統治者被束縛在更大能動事態或天道、人道的禁錮中，他們不再有自身的目的和價

值，而祇是載體──可以隨時替換的道德政治的執行人。這便是「新王道大一統」之政治哲學體系的本意。值得一提的是，「王道」說之後，鑒於「王道」的解體，春秋戰國之際還有一種「霸道」學說。這種學說強調暴力要服務於社會統一的價值和目的，不以私利為務，故是一種更等而下之的政道理論。其極端者便是秦漢後所建立起來的個人專制獨裁政治。可以說，「新王道大一統」的政治哲學恰是對抗這種個人專制獨裁而起的新興學說。

六、道德理想主義哲學

　　人域的「大同」嚮往和「陽動」進取的政治性建構雖博然有勢，然其內質的理解和解釋卻長期付缺，未得探究，更未有周延，歷史與文化有待深層的更衍。毫無疑問，這樣的更衍製作者，非孔子及其後學莫屬。

　　孔子之為聖人，全在於他經過十幾年的艱辛流浪後，終於老有所成，悟得了人生和人類文化命脈的真諦。這個真諦便是：文化倫理化方能證成還原。即人類的本質或人道之要在於道德，是道德的善意主宰了「人道大同」的可能性和必然性，是以，弘揚人的道德意志，求仁向善便可成就人道之本意。依據這樣的體認，孔子重新研讀了《周易》，結果心得綿延，有了《周易大傳》的製作。其書不僅認識到《周易》深得「八卦」之道的陽動本意，更是從中解析出了道德的全新意義和價值。這些意義和價值包括：乾元本體的確認；陽動闖進，行健不息的價值觀；效天法地，明道知吉凶的合德說；性命各自，人道鋪張的還原使命觀；保合大和，萬國大同的目的論；第三者群體的德行標杆；道德內質的確定：元亨利貞四德說、承順之德、自強之德、修身之德、榜樣之德、事功之德；吉凶悔咎的道德化解釋，等等。

　　《周易大傳》之外，他還別出心裁，將歷史予以義理化的處理與重建，製作了《春秋》。秉著歷史重建，即人道與文化重建的理念，孔子提出了仁與義內外格致的雙重歷史規則（所謂「待人以仁，待己以義」）與道德化的社會觀，認為歷史的價值與意義應在於仁與義的實踐、實現，或說即是還原證成的過程與旅路，故有「三世說」。而史學之務即是，以這樣的真理與裁判標準去評判已有的歷史行為和人事，其不合者，則為亂世，為無道，當討伐之、批判之；其合者，當讚頌之、弘揚之。在孔子看來，歷史的道德化是人道大同、陽動闢進的前提，人類理想的建立和實踐首先取決於歷史記憶的正確和真理化，而歷史的真理化恰是經由歷史的批判來建構的，所以，歷史學的目的是為了「使亂臣賊子懼」，是為了道的清晰與還原至道，而非是還原真實。

　　經由《周易大傳》和《春秋》兩部晚年作品的建構，孔子不僅確立了道德本質的人道觀、天道觀及歷史觀、社會觀，更以此確立了中國社會（或可說為人類之中）「第三者」的德行原則及人格標準，由之，第三者成了真理的掌管者，道德的裁判者。於中國的現實政治和社會生活中，亦在歷史流變的過程中，這個第三者在統治者與被統治者兩者間起到了很好的平衡作用。

　　孔子之後，其後學特別是思孟學派繼續沿著道德本質論的路徑前行，進而提出了本體善（或誠）的核心概念，一面以「中庸」為本原善之流行化育的綱領大要，得為中庸之道；一面更張體天、知天、事天的參贊化成學說。而要得「中庸之道」和行參贊化育之為，人得先有心身性命的修養的前提，所謂「大丈夫」、「浩然之氣」、「君子」諸說，一應是道德本原論之人格品質的恰當展現。或說，經由君子人格的主觀能動而有中庸之道的顯現，方是人道贊化天道大原的價值所向。

　　故知，這個體系的要義在於，它以善的本質說解決了天道和人道的品質問題，其用意十分深刻，其價值無可限量；此外，善的內化入性，至少也在方向上解決了人之所以為人的實踐取向：善的價值即還原善本身。

七、自然的義理哲學

　　道德理想主義體系已然是很思辨化的哲學思考，它的意圖是為人道找到核心標準和價值原則，故知，其義理解說已非前此的意識形態所能比擬。問題是，道德核心標準和價值原則雖由之人類智慧的把握和解說，卻不能了結在人的道德覺悟處即止。因為，道的核心問題其實即是世界的本原問題，道德或善的確是人的智慧德行，但不一定即等於本原本身，除非能夠完成這樣的論證。此表明，至少，在完成這樣的論證之前，道的本原思辨當由道本身給出，而不是牽強以偏代全。基於這樣的需要，一向秉承中國南方文化傳統的道家者流，恰好可以成就有關道本身的思辨論域。

　　中國南方文化向來重視「陰本」虛靜之思，表現了充分的自然性和神秘性。這正與北方的陽動健闊、強張政治性、倫理性的文化形成鮮明對照。那麼，主靜守順的道家又該如何去還原證成呢？以下理路便是概要。

　　還原證成是全部東方文化的根柢，不容置疑，唯其還原的路徑與方式有別。對老子言，將道德或人倫之善別析出來，使之成為人道的本質，且因由這樣的本質路徑去成就人道——包括皇道、帝道、王道、霸道、新王道諸政道，以及人道諸內涵——實在是多此一舉，這樣的別析和架構不但有似於屋中建屋、床上疊床，更會異化出難以計及和想像的負面效應。他認為，自然本身的法則和原則足以應付人類的生命需求，無需節外生枝、畫蛇添足、更張人事。人們之所以願意

大張旗鼓地張揚人事、人道，原因有二，一是人的慾望過熾，為解慾望之渴，人事便鋪張起來，而一當人事過於鋪張便必然會帶來意識形態的解說和調節需求，所謂人道，不過是這種解說和調節的體系而已，其目的是為了強制人們接受強者慾望的合理與有效；二是人們於自然法則、原則，或說自然之道（簡稱道）理解和把握不透、未得真諦，而人事、人道則便捷易行，結果棄道不用，反致更張人道之虛妄。

那麼，應該如何去還原證成呢？老子的方案簡單至極，然卻行之不易：人法地，地法天，天法道，道法自然。很顯然，此理路中，放棄是問題的癥結所在。放棄什麼呢？放棄的是自我，放棄的是人慾，放棄的是人事、人道。一經放棄，便會自動尋由自然之法門，直奔道及自然之本原，結果便是還原不二。

這裡，老子的自然論引出了兩個問題：一是，既然自然即是還原的結論，那麼道的問題即自然問題，這必然會帶出有關自然本原論的討論，以致它會恢弘出自然本原的思辨學說；二是，自然應該如何定義？是一種在的狀態，還是在的本原？如若為狀態，則所為還原即回歸自然狀態，那無異於退行。從某種意義上講，莊子之學有此傾向，所謂「個性自適」、「齊物說」當領其咎。不過莊子之學亦有反向鋪陳，如他的朝菌、蟪蛄、秋蟬、井蛙、河伯、海若、鯤鵬、真人鏈條說，的確有遞進還原的意思。如若為本原，便會回到問題一，自然即本原，是高於道的範疇，所謂「道法自然」即其意。為此，自然的義理化就自然而然了。

自然義理化開始於老子，他以「无」來形容高於道的本體範疇。此語之出，即得陰本虛无之義，又明人類智慧不足以全體的困缺，故實是一會意範疇，不可明晰。自然神之最高者，非此莫屬。大要可知，无即自然，自然即无。後來，魏晉玄學有王弼者，深得自然義

理的本意，除極力張揚无本之義外，還刻意出存相之義，從而理清了體、存、在，或體、相、用三界關係，完成了世界構成的成說。此外，王弼還極力以自然之義理去解讀儒家之道的學說，試圖融會道儒二家之學，開了以道德成就自然的還原證成的新理路，為後來之理學張本。

八、以智去智的奧義哲學

印度的思想與文化是人世間緣起較早的世界內部化和還原證成論。不過，略加分別可明辨出，其前期學說還原之意雖明，卻缺失證成的討論；奧義哲學出世後，證成之說才得以恢弘博大，至佛學時代，終於完成了其完整體系的建構。

早期思想認為，「神我」、「大梵」是世界的本根、本原，萬物諸有祇是這本原的形式和假象，此是基設義。於人類言，顯示這形式和假象的主要方式便是苦，這便產生了滅苦和解脫的問題。那麼，該如何滅苦、解脫呢？其途有二，一是究苦的原因，以求改因變果，多數情形下，這個原因被解釋為了業報。意思是，諸形式、假象在還原為本原的過程中，其實是以輪迴的方式表現的：形式不停地死亡，終至其本質（靈魂）能與本原合一不二。不過，形式在死亡的過程中，有還原快與慢的差異，若多行善舉，修德行，則輪迴快速，反之，則輪迴惰殆，永無還原之望。二是，既已明瞭苦的原因，則不難求得解脫之道，這便是放棄自我、慾望，終使形式的我與本原的我（自我與神我）合一。

這裡，放棄與解脫的問題大有文章。

早期印度諸教認為，通過密咒、儀式（祭祀）、信仰、戒律、智慧等五種方式便可達到解脫的目的，且依此而有了教派的分野。俟印度教六派起立後，解脫的中心便轉向為了智慧（以智滅苦），而輔以

禪定，尤其是吠檀多派於此意有大成。所為解脫不在發展或活動，而在撥開無明，瞭悟真際，或說，知其自我與梵同一，即是解脫。

　　佛教成立後，此意又有大盛，前期的「以智滅苦」說進續為了「以智去智」說。所謂「以智去智」，是說用真正的智慧將虛假的智慧化除掉。這便意味著，智是應當予以分類的。在佛家看來，通常人們所說的智慧，其實是一種俗智，包括慾望、感覺、理智、精明之類，或說，現在人們所說的感覺智、理智均屬此類。這種智恰正是禁錮自我、導致業苦的智慧，故當去之。那麼，又當如何去呢？這便需要有第二種智。它是一種性智，或說性智覺。這種智慧是靈感、直覺大梵、神我的智慧，其功能恰是化除自我，解脫感覺智、理智的禁錮，使自我與大梵合一不二的智慧，故是一種靈明智。這樣一種用智慧去解脫、替換智慧的方式，就叫「以智去智」。以智去智的結果便是還原證成，便是真正的解脫、滅苦。這裡，證成的意義即智慧對智慧的解脫。由於這樣的解脫異常超越，亦異常艱難，便肇啟了對智慧本身的各種研究、解析、辨別之為，是以佛學便有了量論、唯識論諸以智本身為對象的學問，其中，複雜的論證方式和過程亦有證成的涵義。

　　認真斟酌，我們不難發現，印度哲學說「以智去智」，的確是抓住了還原證成的要害。任你何思何慮，我們的苦害所在，確不外我們的感覺智和理智過於發達，以致自我有了禁錮和保全的依賴。問題是，為去而去，可能不得其要領，我們需要的是如何化而去之，而不是除而去之。尤其是面對西方人發現的世界的物理義和理性義，簡單的解除定然行之不通，相反，因由以入，化巧於中，誘之自解，應是更好的方式和路徑。所謂「以物解物」、「以物化物」、「以相養在」正是此意之所要。故知，「以智去智」的學說還當有所鋪陳，方為完說。

九、心性還原的理學體系

　　八卦的道，《周易》的陽動健闢哲學，孔子及思孟學派的道德本質論和心身性命之學，老子的自然本根說及放棄守順的還原論，王弼等人的三界一統說及儒道圓融之新見，印度諸派及佛家的神我本原論及以智去智的還原證成體系，已然匯成江河洪流，終極真理的解釋可謂已成大體。不過，完說和完義的解釋還有待鋪張，這便有了宋至明代的再造。宋明理學可說是還原證成、內部自足的終結大化。

　　无極而太極，體原的雙層解析，一出世便讓東方的性智覺具出了類似理性分析的樣態。它既包容了體的无、有雙解，也開啟了太極分殊的理、氣的學理套路。所謂理、氣套路，亦即世界的本然性解釋與物理性解釋的匯合。這是一種全新的哲學思考，它在起勢上有了關於世界完整解釋的把握而不再執一端以為說。當然，以其草創而言，其物理之論並不成熟和完整，不能與西方的物理學媲列，然，其意義不可低估。

　　世界之本原的絕對與虛寂，以致祇能用「无極」這樣的形容詞才足以描述，實是理學對道家、佛家本體論的認可。不過，世界不祇有絕對與虛寂，還有其顯性者，這便是氣質，它是絕對之形式與相對的表現。形式與相對雖然受使於絕對，但不能以此認為它可有可無。要言之，世界的意義與價值恰在這形式與相對之中，即形式與相對經過過程和相互作用的自足，還原為絕對。這裡，過程的還原和諸形式間的互助、互養便是世界的意義與價值所在。

　　為什麼氣質（形在、物、用之類）一定要還原本原呢？這是因為，一者，形式是本原（即理）的形式，它們其實是一；二者，形式是絕對的另一面，非外在、他在；三者，形式化正是世界的煉化、歷劫方式，通過這種方式，本原或絕對才能顯示出來，否則即祇是空

无;故最後,任何形式既然祇是為了顯示絕對本身,它與絕對的同一不二便是不經之論。

然而,理論上的同一不二在事實化的氣質世界中,其具體表達卻是差別著的,即有的氣質或形式更近於理或絕對本身,而有的氣質或形式則偏離了理或絕對之意。這又是為何呢?原因出在氣質的品質和組合方式的差異上。一物之為形式乃理氣之合,而氣又有清濁之異。即清氣者更近於理本身,而濁氣者實乃氣質的渣滓,中間有清濁程度差別的氣質階位。於是,一物之為形式,其質地實是由其所秉之氣的清濁程度決定的。如天(義理之天),幾乎全為清氣所同構,故近理,而地,則為濁氣所同構,故遠理。

這樣的分差,在理學中恰是有意之為,即為人的存在或人這一形式找到價值定位。就物而言,人乃萬物之靈秀,意即得清氣較多者,但還不是完全的清氣同構。而且,人內部還有秉承的差異,如聖人,幾乎為清氣構成,故近理、明理,而小人,則濁之甚也。這說明,人在構成上實是有問題的。於理學言,正因為人有構成的問題,所以才有人的價值和意義之所在。

這個價值和意義是什麼呢?說人為萬物之靈秀者,實是說人在構成方面與萬物有異,這個異便是人有一種秉性特賦——覺悟本原、成就本原、參贊本原的能力。這種能力被稱為性。性為心所承載,所以心性實可為一,它們既有氣質的意思,也有理原的意涵。或說它們是理原被人所秉賦之所在。以此言,故說性即理,心即理。此表明,性不僅是一種覺悟理原的能力,也是理原本身。以此故知,所謂還原證成,同一不二,即是滿心即理,讓性與理同一不二。不過,心既為氣質所造,就難免性有壓抑、掩藏的事實,以致其能力與同一未得周全。因此,人祇有把這種秉賦完全開發出來,才能成為真正的人,而

開發的方式和路徑，便是人的道德化、善化。以價值論的邏輯言，本原或理之於自身變異後的形式、氣質、物的唯一顯示所在，當是善（仁），仁或善通過生化、變動、養育、互助、同構的方式表現，世間萬物中，物物雖均受此仁或善（本質即理）的恩惠，卻祗有人才有可能去理解、把握，進而參與、成就這樣的善意。所以，人之所以為人，便在於成己、成人、成物、成天。

理學家認定，有形的世界源之於本原或理的善意發動，這善意（即仁）生成諸物、諸在，反言之，即諸物、諸在均成就於仁的善意，所以諸物、諸在作為本原的形式，其價值和使命祗能去繼續成就這仁的善意，所謂生於仁、成於仁，守其仁，成其仁。進而，諸物、諸在中，人又為靈秀之在。此靈秀的本意是說，人有主動覺悟這仁之善意，或本原的能力。這裡，覺悟也變成了同一不二的代名詞。在理學家看來，人心具有多重意義，一是為理本身，二是它有印證理的能力，所謂致良知，三是它能破氣質的障隔，使理原流行無礙，所謂知行合一，四是有承載理氣一體，仁化流行，識體明知，化除障隔的同時性，所謂理、物、知、行同一同時於心，以達於一體之仁。以此觀察，理學的基本主張是心性還原論。這與他們對心性的特殊理解和把握直接相關。以此亦知，人的價值終極便是，依賴心性同體的方式去參與體變相養用顯、同構互助自足的過程，最終成就本原或理的完滿。

很顯然，理學的集成意義已非常明顯，它對前此的儒、佛、道諸家說幾乎都有接收和融合，並且還開出了物化世界之構成、作用方式的物理解。有所不足的是，這樣的物理解說沒能推而廣之，在物如何去成就、還原、證成本原的全義處，它放棄了物理的過程探究，而轉向了東方傳統的道德證成說。可見，其局限性還是非常明顯的。

十、自然的方技理論及技術體系

　　東方智慧及思想學說長於覺悟世界的終極原則，並以此作為解說的總綱，然後去分解各具體的事物、現象、狀態，從而形成各領域的學理和知識。此種套路，易於給我們建立這樣的印象：世界萬象均可貫通無礙，問難之道殊途同歸。相反，我們若去理解西方的套路會有反其道而用之的感覺。除了上帝的假定之外，我們在西方的學說和知識現象中幾乎不能發現可依之演繹的終極原則，更多的是一事一理，各事各理，理無所通，如果需要通約，不是理本身被通約，而是持理之人之間依理性的方式合成新理，再去解難除惑；或者發現了更高級次的事理，以之掩息故有之事理。於是，諸理慢慢通約合成，以成解釋之說。

　　有人曾將上述兩類思維套路和學問企向分述為演繹類型和歸納類型。其實，這樣的分說並不準確。何也？問題出在內質的不匹配。東方思維有演繹特徵不假，其所以能夠演繹，在於它有自然本根為演繹的總原、總根、總據，所以能夠演繹出世界的貫通、相互、內部化、自足、還原證成諸理。反觀西方的知識文化和思維樣態，斷無本根為之綴繫，所為之解釋均發端於斷裂自然本根後的自我。這裡，自我既是解釋的端點，也是解釋的標準和原則。循之而為，結果是，但凡解釋和道理不但應當具體、有效，抑且有利於自我。若因此發生了解釋和道理之間的衝突、對抗，其解決之途，一是相互妥協，以理性的方式尋求其通約性；二是等待發現更大、更高級次的有利於自我的解釋和道理。這種思維樣態和文化體系無論它最終擴充至何等級次，均難離界域的大限，這個界域便是在界、形界。這個界域恰是歸納的終極，所以很難是世界的完整解。充其量，衹能是有形世界的物理解。

　　其實，說東方的思維是演繹型，衹說對了一半。下一半是，東方思維和文化所以是演繹的，正在於它的價值取向是為了還原證成。

即，演繹本身並不是目的，演繹祇是本原流溢為形式、諸多形式分殊本原、證成本原的狀態，祇有證成了本原的完滿、全義，知識和文化的價值才得以實現。

以此為說，進而觀察東方文化中的非正統知識現象，就不難理解其特質和意涵了。

現在，我把上述正統知識現象之外的知識和文化事項籠統稱為方技理論和技術體系，它包括中醫、卜卦、算命、風水、堪輿、面相、煉丹術、闢穀術、星相等等，甚至於巫術、驅鬼術之類也與之有干係。既然理論上講，東方所有的知識和文化現象均由之於自然本根，是本根之理的分殊與析別，就不能簡單地將這些知識和文化現象一律斥為迷信、低俗，而予以排斥、放逐。很多時候，它們的問題並不出在是非對錯上，而是出在過分的技術化、專門化，以致偏隘、歪曲、錯位。此外，這些技術很容易實現功利的需求，這就不免有人利用之去生財謀騙。

這是試舉一例為說。世間多有算命術，其方式包括相面、問占、卜卦、相顱、抽籤、算八字、風水諸類。依經驗可知，無論何類演算法，居多情形下，算命者常祇能就求命者的業命、身命說事，故其結果多在準與不準之間。或說道行深沉者會準頭較多，道行薄淺者準頭較少。何也？問題出在，凡世界一物一事之所向均非當時當下，更非靜止不移，僅以某物某人之存在方式、場景言，其命之所定至少有9種由來，所謂上三命：天命、地命、人命，中三命：時命、域命、群命，下三命：性命、身命、業命。算命者不得九命由來之所全，而妄以身命、業命為說，則所說之命斷難準確。此外，於物，更不用說人了，均有造命之道。孔子變《周易》之天命說為「旅德造命」說，實在大有學問。而「造命」，既可因德而造正命，也可反德而造負命。若將此造命之道融並於命運之中，則知，命運之疇算，其實大發矣。

真知命者，是成天命。成己、成人、成物、成天之說，恰正是命理之質要。

若言之中醫，此理亦甚昭然。中醫說陰陽、求平衡、通經絡、相生相剋、化瘀起反、引導自維、隔山攻援諸法，恰正是印證了世界內部化、互助互養、同構自足、還原固本的哲學思路。

當然，東方的方技諸術，鑒於其學理的自然化和模糊性、完整性，的確有常人難以駕馭的困境，特別較之西方的相關技術（如西醫的排除病灶、殺戮異物、丟卒保帥、替換嫁接、顧此失彼的醫法），更能顯出其難度和不易。故知，在東方要成為一代方技大師，著實要比在西方成為科技大師困難得多。的確，理解和描述東方的方技學理和技術，實為不易之事，非有精到周延的研磨，不便輕舉妄為，這裡，我祗能點到為止。

上述十類知識和學理體系為解釋哲學的主要表達。本人疏闊有餘，才智不力，難免妄說遺誤，貽笑大方，懇乞包涵。依愚見，解釋哲學不僅體系駁雜、學理恢弘，抑且進路明晰，值得我們做進一步的理解。

以自我發端的解釋哲學，結果卻走出了自我，亦走出了有形世界，奔向了世界的本根、本原、本體，確乎為此世間最為不可思議之事，非人之性智覺，何以至於此？如果說，還原世界的本根、求解世界的全義，為人類或大腦之唯一之為，不為他者所能為，則可說，解釋哲學的精要正是它確立了世界的還原證成之價值，這一價值是由四條主要的證成路徑實現的。它們是：

物或在生成衍化的論證；

物或在之構成的論證；

善或道德本質的論證；

頓悟直覺的論證。

這四種論證，或為物理性論證，如物之構成的論證；或為本然性論證，如頓悟直覺的論證、道德本質論的論證；或為物理性論證融合本然性論證，如物之生成衍化的論證。

物理性論證由物或在的結構、運行、變化、化合、分解、溫度、壓力、電磁諸規則、原理、定律、數理所構成，試圖解釋物的功能、作用、價值、來源、單元諸問題。在這樣的解釋中，又分為對人和社會的物理性解釋，和對物的物理性解釋，前者為人文社會科學，後者為自然科學。一般言，對人的物理性解釋重心是強化自我（特別是己我、群我）的存在方式及合理性，最終產生了諸如自我中心觀念、個人主義、自由主義、族群主義、國家主義、人權觀念、存在主義、外因化的上帝觀念等思想學說；對物的解釋則衷情於物的結構、單元、作用方式、物的化合與分解、物態、物源諸領域，以致有了物理學（狹義）、化學、生物學、數學、地理學、天文學等知識體系；不過，有關物的解釋必然會帶出物的功利價值和佔有、使用方式及效率極大化的後果，這便不可避免地又有了功利主義、實證主義、拜金主義、唯物主義、邏輯工具主義、語言分析哲學之類的知識現象。

依物的自在性可知，每一物均有其屬性，如果物理性的解釋以此為基設，則知，這樣的物理難以普適有效。為此，得設定一種解釋原則，使每一物的物理能夠被通約，從而形成類型化的物理。這種解釋原則便是理性：使有利和有效性最大化、合理化的原則及智慧能力。在理性的作用、引誘下，西方文化和知識現象中的物理性解釋，不論是關於人和社會的解釋，還是關於物本身的解釋均走向了類型化的通約之路，並最終蔚為大觀。比如，在每個人、每個群都持同樣的主義和觀念相與對抗的時候，是理性的選擇能力與選擇原則使西方社會最終建構出了具有極大通約性的道德理性主義哲學、主體構成性的法律

體系、他因化的宗教神學體系，從而實現了宏觀意義上的間接性物理論證。

　　當然，這些並不是過程的最終結果，它們祇是中間環節。如果我們觀察一下有關物本身的物理性論證，會進而發現，既然物的構成的論證是一不可中止的論證，那麼，物理的解釋也就不會止步不前，一經論證勢將跨越在、有形的邊界，直達原、因之境。以至物理最終祇能宣佈：萬物同源、諸在同根。如果此時物理還要繼續解釋的話，則這同源之原、同根之根就不再是物理性的了，它祇能成為本然性的論題。或即說，驀然領悟，物理性論證在不經意中走上了還原證成的不歸路。

　　本然性論證之所形成的理路不同於物理論證，它不視世界為外在、對象、客體，反視之為自己、內部、同一，故不以斷裂、分解、攔截、分析之法為說。其所發動的動因乃人所特殊具備的還原本原、本根、本體的驅力，這樣的驅力亦稱性智覺，或稱意識自覺。故知，性智覺是一種本根性還原的驅力，它驅使人以心身性命全方位的方式去印證本根的絕對，去成就世界的全義。因之，本然性論證所要行為的是自我的化除，亦是諸形式、諸在、諸形、諸物之假象、暫且、障隔的化解，通過這樣的化除、化解，實現體用不二，即體即用。所以，依本然性論證，無論其論證世界之生成、衍化，還是道德成化，更不用說直覺頓悟，結果均是化合成善，滅假入原。

　　為什麼說物的生成、衍化的論證是物理性論證與本然性論證的融合呢？其意當如下解。我們所說的在或物之生成、衍化的論證實有這樣的分野：早期的此類討論偏於本然性的思考，如東方的《周易》哲學、道家哲學、吠陀哲學，內中物性的說明不甚充分；近代以來，西方物理大行其道，更以物理的方式來說明世界（在、物）的生成、衍化之理，是以其物理性充分展開。此外還有一解，即當下的物理性論

證已明顯地有了歸依本然性解釋的趨勢，此為西方物理始料所不及，本書第十章第二節將會有對此解釋趨勢的說明。

第 二 章

神與神的形化：相對與絕對

　　先民以神說為世界的本根、本原，除卻義理不充分的理由外，其中還隱含了一種智慧覺悟方面的表徵，這便是：所謂世界的本根、本原其實是隱性的。隱而不發即本根、本原、本體；顯而發之則為世界的用、在。此表明，依世界的體用關係言，它們是一，不可分離，而依語言和思考的能動言，則可殊而表之。

　　以隱為神，確為真切的把握。它是說，神本身不可顯、不可形，祇可表達為幽寂、虛无、陰暗（現代物理所指出的黑洞、暗能量與此有貌似的指意）。那麼，這幽暗、虛无的神又如何顯而發之，使自身又有了形、有了用、有了顯呢？這是一個自无而有的難題，自成為問題以來，就一直在困智屈思，讓人類已而不能已。

第一節　世界的相對與絕對

　　覺悟神，會通神是一回事，而論證神、解釋神則頗為不易。因此，要想理解神的形化問題，我等得優先確定一些原則：

　　原則一，神本身不是用、不是顯、不是形、不是在；

　　原則二，世界的形、在、用恰是神的顯性態，或形化，即世界是內部化的；

　　原則三，形、在、用本身絕非神之顯的目的，祇是神隱而顯，顯而隱過程中的現象，它具有過程的必然性和表達的隨意性／偶然性；

　　原則四，世界既是神之隱顯的同構，亦即是真與假的同構，其隱即真，其顯即假，或說，在、用是神的自假狀態，或稱為陽假過程；

原則五，神既已被形化，世界本身既已具成了自足的勢態，所以，顯而隱的過程不僅是必然的，亦是自足與能動的，此自足與能動即陽動；

原則六，本原的自顯與陽動，實即本原意志的意願，以此，可自證其真，故說世界的在化即本原意志以實證真的方式；

原則七，過程的必然與自足能動的同一表明，所謂世界的過程和它的表達，其實就是顯而隱的還原；

原則八，在或顯的必然之所以是還原的，以及我們之所以能夠覺悟神、解釋神，其根本因由在於在以及我們均是神本身，還原、會通無非是去假存真的當然；

原則九，解釋的目的不是為了揭露假，而是為了理解由隱而顯，復又顯而隱的過程，所謂世界的意義、價值恰在這隱顯、顯隱的過程中；

原則十，人之所以為人，正在於它能自覺地理解這樣的過程，並能動地參與到這還原之中，使還原成為可實踐證印的終極。

這十條原則是我們解釋和理解世界的依憑，唯此為意，即可把握世界的真實。前言世界是由體、相、用或體、存、在三界同構而成，所謂體亦可說為神，此是我們理解和解釋世界的總綱。說世界是內部化的，世界是還原證成的，即是依此綱而有的必然結論。依次而下，世界還有其本然性和物理性的說解。現在已知，所謂本然性即世界由隱而顯，復由顯而隱的完整義的表達，它是過程的，也是必然的；而所謂物理性，則是指形之所化、形之為形，以及諸在、諸形相互作用、相互關係，或說構成、化解、化合的理則、方式、可能性。顯見，物理即在之理、形之理、顯之理，一當由隱而顯，便有物理，而

一當由顯而隱，則無物理可言。說世界是內部化的，世界是還原證成的，顯然是在討論其本然性，而如何內部化，又如何還原證成，則更多是物理問題。此表明，世界的本然性與物理性不可分離，任何分離的理解當屬斷裂、攔截、界域化之思考。

十條原則讓我們獲得了理解世界的基義，可我們亦不難發現，這十條原則之間，尤其是原則一與原則二之間有明顯的矛盾：既說神不是用、不是在、不是形，又何來說形、在、用是神的形化呢？解釋此矛盾的關鍵在「形化」處。大要言，原則一所言是非形化的狀態，強調它什麼都不是，祇是虛无寂寥，而於世界之完整言，它還包括了形，此形非外在、外來，恰正是這虛无寂寥的自化、自假，於是，邏輯上便有了兩個世界：原或神本身的世界，以及由原或神形化的世界。我們感覺到的矛盾，並不在於這兩個世界有矛盾，而是既說「神不是……」，又說「神是……」的矛盾。或即說「不是」、「是」也並不矛盾，而是缺失了一個解釋環節——由「不是」而「是」的解釋環節：世界是如何由「不是」而「是」的？

如前所言，這是一個「自无而有」的難題，它一直讓人類智困思屈。不過，難歸難，解釋還是要有的。

依據先哲鋪墊的解說基礎已知，世界的本根、本原、本體得依可顯和不可顯進而區分表達為：无體、原體、空體、虛體，和有體、在體、性體、心體、形體。即體有兩層意旨：寂靜狀態、健動狀態。這裡的寂靜可用一個範疇去稱謂它：陰，同理，健動也有一個對應範疇：陽。於是，我們可以將本體、本原、本根分殊為陰體、陽體。

這裡，稱陰陽為兩個範疇，意謂它們不是形容詞，而是名詞。即不是用來分類的，它們有比分類更高遠的意義指稱和價值定性。作為範疇，陰包指了世界所有現象和狀態中的靜、順、空、无、寂、守、翕之類的意義和價值，而陽則同理包括了所有的動、健、闢、進、

有、為的意義和價值。因之，陰陽既可指意體界，也可指意相界，更可指意在界、用界。基於此意，就不難理解上言原則一和原則二的所謂「矛盾」了。當說「神不是在、不是用、不是形」的時候，是以陰體為表達的，它強調的是神或體的絕對、本原和原真；而觀之陽體，則不難發現，所謂世界的用、在、形，其實祇是神或體的顯性化、假化或形化，即體在陽態時，便是物、是在、是形、是用，從中看到的是神的相對和假性。

依此理可知，真、假問題，說到底是體的陰陽問題，陰體為真、為本、為原，陽體為假、為末、為用。

以此故知，從陽體開始，世界為之變故，以前是无、空、虛，此後便有了健、動、闢，有了意義和價值。如果以陰本為真，則知陽動即假，或陽即假，故說陽假。陰本為何要陽假呢？竊以為，陰本的无、空、虛毫無意義和價值可言，此不便意志者的意志表達，而要表達意志，就必須創造出意義和價值，然則，任何意義和價值不可憑空捏造，它得有實在的承載與憑藉，所以，優先創造實在，使之可承托意義和價值，就成了不二之選。依理，創作實在，於空、无之陰本言，恰恰是一作假的行為，它得憑藉陽假之為方可得。於是，陰本就得自變，使自我由空、无而陽動，以此啟發陽假，以便創作和過程的開展。這說明，本原由陰而陽，是一自變之為，它是主動的，存在世界的必然性由此主動而成立。

以本原由陰而陽的自變反觀之，可說本原是有意作為，進而，說它是意志者亦不為過。以此命名為神或神自我或原意志，應無需疑慮。不過，此說絕不同於任何宗教神論，區別在於，這個有意志的本原絕無位格可言，反而它是全部世界自身、自己，你我均為其表達形式，或說此神自我的分殊。它之於世界的支配、決定不是外力的強加，而是自假過程的呈顯。即世界是內部的，沒有外在。若質疑神本

原有意志之說，質疑者當自觀求解。你是有意志之在，你的意志何來？作為本原的形式之一，你都有意志，何以說你這個形式的原卻無有意志呢？可知，其疑慮於邏輯不通達。

有意志而無位格，諸相混元，正是神本原的真實。為了成就其意義和價值——我等稱此為完善——神本原或陰本自假變相，發動了此陽動、陽假的過程，目的是要通過過程的複雜化、多維化，來證成自我的價值與意義。這個價值與意義的終極便是回覆到陰本自身。這樣的發動與其過程及終極，便是還原證成。複雜化的過程中，神本原除卻其意志即必然性的顯露之外，還會將其真實性（陽假過程中的真）假殊異之在來表達。結果是，諸在中會因煉化、歷煉而出現其過程中的主動、自覺的參與者，它會以其主觀能動之為去推進過程的彰顯。此種殊異之在（此在）的殊異漸會本原化，終以全義的覺悟和理解會通、同一本原或神自我，成就還原證成的至業。因之，從此在或參與者的角度言，我等的智慧即是那原意志的顯化，而全義的世界便是還原證成的終極。

世界的假、用、末是由體分殊為相開始的。設若無有相的互助、同構、同一，絕無陽假的可能性。所以，要理解陽體必得由之相界的理解。

相不僅為三界之一，亦有陰陽為說。陰相為相的凝斂、寂靜，或說為諸相——時相、空相、質相、能相、性相、形相、法相——的翕止、靜待；陽相則為諸相的同構、互養、互助，交會。可說，在之為在，物之為物，乃陽相相互作為的結果；然，此物之是此物，彼物之是彼物，恰應是陰相之功，是陰相的因化結果。故知，說在、用為原、體、神之假，其作假者便是相，是相的陰陽作為，使隱為了顯，真冒出了假。這個顯便是諸相對原、體的分殊，以及諸相間的互助、互養、同構。

　　諸相對原、體的分殊，反向觀之，則原即為混元。這便是混元本體之說之所由。原之為真，即在這混元的無分無殊，或即這價值與意義的虛无。可見，真之義其本意是寂靜無缺、不枝不蔓、混元無分、原本未形。一當陽體端發，其寂靜與混元便致枝蘖，原之真本即成分殊態，於是，原得以因的方式表現。而因一旦從原中分殊成立，便不會停滯靜止，它會轉續化成，以果為承載，方為成就。果即在、即物、即用、即形。

　　依邏輯言，果既為過程的終結，當然就不免是被動、使動，其主動者是原、是因，然，真實的世界卻不可以作如此簡單地理解。諸在、諸用、諸物的確有必受其使的被動性，這在原、因、果的鏈條中尤其明顯，若僅此一端，則世界的確不足稱其為世界。世界的複雜性、完整性在於，邏輯上被動的在、用，卻有著能動的功能和衝動，它可以反哺，甚至於可成就、造化原、因之維。何至於此呢？這便涉及到在、用的陰、陽解。

　　以在為諸相所同構或諸相的暫且同一言，在是各自的，故具有陰性特質，可說為陰在。問題是，陰在祇表明成為在，或成了在，而要在下去，還得另有他說。這個他說的意思是，成為在可以靜止、停滯，而在下去卻不可以靜止、停滯，它必須動起來，要去攝取、去獲得，否則，就不能在下去。在的攝取、獲得即陽性表達。故知，完整的在包括兩者：成為在、在下去。在之攝取是目的化、對象化的現象，即它是要獲得繼續在下去的養源，祇有源源供給的養源，才能保證在下去。這便生成了一個在界的基本法則：攝養以為在。可見，攝養是在呈陽性的因由。

　　這裡，**攝養之為**有兩個方向的解釋。

　　其一，就諸在的攝養能力不充分言，**攝養之為**不可能真實實現，它祇能變通實現。其變通是說，**攝養之本意是攝相**，或說攝養之真義

當是「以相養在」，由於諸在的攝取能力不足，以致攝相之為被扭曲、變通為了「攝在養在」，即要攝取在才能為養。此意具有普遍性，其後果是出現了在在間的生存競爭、衝突、對抗——在的被攝即意味著在的消亡。此表明，在下去有雙重的壓力，一是去攝他在，一是全力自保，以免被攝的後果。以此方向解釋，不難觀察到陽在的負面性，至少對每個在言，在就意味著壓力，就是競爭、就是拼搏。

其二，攝養的本質是攝相，且在本身亦為諸相的同構或暫且同一，則知，攝養當理解為過程的內涵，是過程的特定流轉方式。此表明，在或物的在與否，並不是目的，過程的持續才是陽在之本意。此外，在這一持續的過程中，在的攝養能力會提升，由攝在以為養而至攝相以為養。一當有此作為，即表明在已足以超越自在、自我，而至反哺原、因的大化流行。所謂還原證成，即此體變相養用顯、同構互助自足的完整實現。

至此，我們證明了陰陽之於體、相、用三界的不同意義與分殊表達。說「一陰一陽之謂道」、「萬物負陰而抱陽」之意，大抵即是此義。不過，依陽本身具為顯性、動闢而言，世界，尤其是在、用的世界，更顯陽性表徵，當可備為一說。至少，從現象觀察，陽動推衍了世界（在、用）的變化，開啟了世界的還原之旅。為此，我們需要理解一種可稱為「陽動哲學」的思想。

第二節　世界的陽動與還原

陽動哲學乃創之於中國《周易》[19] 的一種世界觀體系。其大意是說，世界的本質是陽動的（所謂陽乾剛闢進動之謂），實義即諸相互

---

19 參見拙作《〈周易〉與陽動哲學》，未刊稿。

養、互助、自足的顯性化。人類是這陽動的結果，作為有特殊智慧能力的人類，當然祇有1、認知、理解世界的陽動，2、積極參與到這陽動的過程中去，實現陽動的意義和價值，才算是履行了人的責任和使命。有所局限的是，《周易》的設造過於意識形態化，以至將人類陽動的意義及價值限制在了政治領域。在它看來，實現王道、德政，便是踐履天命、弘揚陽動的唯一志業。

先放下《周易》陽動哲學體系的得失、是非不論，僅就其所揭示的陽動思路而言，的確不失為至理明哲之論，值得我等引申、恢弘。

陽動哲學，若不專說《周易》之狹義論意，其實是一非常廣博且深刻的人類智慧的彰顯，若得體悟，恰可滿足人類還原證成大道理的延展，亦可趨近世界全義之質要。陽動之象於世界，可以說無所不在、廣普歷歷，祇是依愚智所能，實難以面面俱到，遍為敘述，現勉力作以偏概全之說，略述幾例，以求證說。

觀之世界，若以在、用、物、形為本原、神意志的顯性表達論，說在、用、物、形為本原、神的陽動，確乎可以成立。要之，世界的陽動，即乾健闢動或陽動變化之事象有五：相動、域動、能動、特動、智動。下面略作分疏。

一、相動：有體的暴脹

宇宙乃有形之世界的稱謂，宇宙之外，世界尚有相界與體界的內涵。西人言，有形物質佔世界之量約4%，暗物質約23%，其餘則為暗能量。是說，乃物理化的表達，不足為據。所謂暗能量實乃體之汪洋的變稱，既為體，何來有限之說，更遑論72%的定量了。不過，其說，即使用物理語言和思維定義，亦見有形世界（宇宙）的微渺與有限，是以姑為佐證。假定用物理語言來稱謂體，則可知體即能量。唯得區別者，物理所常言的能量得為宇宙態能量，指謂體的能量當為能量態能量。

　　能量態能量本寂靜無居，是為空无，其陽性的關健進動，使空无變轉出了宇宙態能量，於是虛无便可以有形的方式表現了。這樣的陽動改變了世界陰本的單一，體也因之成全了陰陽的兩面性。宇宙態能量可進而分說為相，即有體、在體、形體、心體、性體可以予不同質素的表示，這些不同表示的體即相，亦即在之為在的因。所謂不同表示是說，本來同一的體原，現在分裂為了可以具出不同價值和功能的因；進而，某在之為在，即這不同的因同構所為。同構了即為在，解散了復為相、因；相、因不能單獨為在，祗有同構、互養、互助方可為在。所謂體、相、用，即哲學常說的原、因、果。

　　西人所說的暴脹是何意義呢？它是說，虛无的世界中（即祗有原的世界），因陽動出現了因、出現了相，而同時這因、相又同構出了在。由於這陽動的激烈與快速，使得這變相、合因、成在的事件同一出現，其爆發無與倫比，是以說為暴脹。正因為在是諸因的同構，而因又變轉於能量態能量，故知，在其實是相的同構形式，而相又是體的分別形式，是以體、相、用或體、存、在是同一不二的。這裡，有形與无形祗是表現方式的差別，而無根本的不同，或說，因與果祗是隱與顯的差異，而非真有什麼不同，或說，相與在祗是靜與動的差別，而非本質上的不相類。所以，世界的彼此、因果、相在是可以相互轉化的，非是一成不變，更非截然對抗。正是明白了這個道理，才致使愛因斯坦發現了質能關係式：$E=mc^2$。一旦理解了這種可能，世界的相對性和無限性即可立悟。

　　是為相動。

二、域動：量子世界與各自為在

　　暴脹是无而有、陰而陽、靜而動的端始。從此，世界便有了動，有了陽象，然此動祗是泛動，是意義和價值的預設，而非價值、意義

本身。若得價值和意義盡顯，還得有動的固化。這樣的固化形式是動成為了在，而且是各自為在。世界陽動之後，所出現的量子現象，是這種固化和各自為在的開啟[20]。在之為在，便在於它將本根的表面形式予以了禁錮，使之定在、固在、特在，而其實，任何在仍然是本原、諸相、諸因本身。當然，既為諸相的同構，當然便有了構成的暫且與特定，是以在就有在的特性、張力與意義。這種意義是，從此，泛動有了界域，成為了界域化的動，是為域動。

域動是具體的動，它承由相動而來，但卻被各自禁錮著（如「誇克禁閉」），這便易於表達出更具體的價值和意義。其意義最大者，是有形世界有了得以構成的基件、材料：量子、原子、分子……；其次，各自為在，使各自有優先自我自足和完善的主動，這亦為世界之動的各種可能性提供了機會。

不過無論域動和各自為在多麼特定，均應謹記，它本身祇是諸相的暫且同一，非是真實、絕對；此外，諸在之間，在相之間所動、所以動者，其實是相、因的作為，非在在作為。

世界的量子化、域動是物理的起源，此前，暴脹、相動始出物理，然其理多不易解釋與敘述，祇可推論、猜斷。可見，物理是在之理、動之理、外化之理、形式之理、構成之理、功能之理、作用之理、價值之理、意義之理、因果之理、善化互助之理，而非原、因之理、陰靜之理、陰陽兩面之理、有無之理。當然，物理之中，亦有陰、陽理之分，祇是此陰為諸相同構、互養、互助之陰，非指前述陰本體。通常，秩序、固滯、完善、呵護、擔當之類，是此陰理的表達。

---

20 據現代物理學認為，世界之域動開始於暴脹後的10^{-27}秒，基本粒子以正反成對的方式產生，俟至10^{-10}秒，它們亦同時成對湮滅。其中，約每10億對正反粒子中會多產出一個正粒子，所以，今天的宇宙才得以成為由正粒子組成的宇宙。

三、能動：有機生命的發生

　　陽動的意義已有大略，首先是相動，它是有之於无的健闢，以此，虛无中便有了有。世界終於動起來了，但這還不夠。因為陽動是意義和價值的展現，相動祇是有了價值與意義的預設，而非意義與價值本身。因此，如何動才能更好地表達意義與價值，便成了陽動邏輯的後續問題。依前言，域動成功地解決了陽動的特定問題，它可在動的混亂、汪洋中固定出在，從而使動有了單元、構件的意義，或說使價值和意義具體化。所謂在，無非是構件、單元的巧合，而其實，恰是諸相的互養、互助、同構。依現代物理之說，第一構件是超弦，由之有了誇克，然後以此而下，有形越來越真實，動的方式也愈來愈複雜。正是在這樣的真實和複雜之中，世界才衍繹出了特定的動和特定的意義、價值。

　　有形均由量子組成或同構，均以量子為構件，然而奇幻的是，因為構成方式的不同，形式的表達卻有天壤之別，最終，域動之中，復出現了能動的形式，這便是有機生命現象。有機生命現象是域動中的特別之動，它以自己的方式動其所動，故為能動。由此可知，所謂動，不論是何種形式和方式，其實祇是表象，所以異者，是相的作用方式、構成方式的差異所致，動祇是諸相的外在承載。

　　能動使陽動的價值和意義表達有了特出的可能性，從意義和價值本為虛无之特出言，這樣的特出恰是陽動之邏輯的必然結果，它能最大限度地將價值和意義極致化。於是在此處，世界之動開始有了主動之動和被動之動的分野。能動者，主動之動也；界域之動者，被動之動也。

四、特動：雄性生命現象

　　能動有主動之能，但早期的生命者於此能祇潛在，而未能陽健闢

進。是以，早期的生命現象衹得以簡單方式表達，不能更加複雜化，這顯然與動之價值、意義的特化邏輯不相合了。能動之為能動，其意義應在於，所動者應是完全主動、自主、自為，而不應有被動支使的跡象。因為終極的意義和價值必然是在這完全自主之後才有的真實。此表明，衹有具備了能動之極致性的生命者的出現，此能動方至完善。

　　自然法則之本意乃陰先陽後，陰本陽末。以此意觀之生命世界，可獲一解。生命世界中，原本沒有什麼雄性，衹有母本的生存與繁衍，所謂無性生殖。無性生殖或母本自為繁衍的好處是穩定、安全，以及生命者之間少有衝突、紛爭，然而，其不利也十分明顯，那就是，所謂的繁衍無異於複製，沒有太多的創造性，更無生命形式的多樣性、複雜性。此種缺陷於世界的邏輯言，有不銖處，即，在，必須經由多樣化、複雜化而後才能完滿與完整。這一邏輯在生命世界中，就表現為生命，即DNA的安全與複製的需要。在衹有母本或無性繁殖的前提下，DNA的傳遞、複製是沒有問題的，但其安全性卻相當不穩定，因為無性生殖的結果衹是生命形式的同態複製，這樣的複製，其母本與子體之間幾乎沒有差別，一旦母本（體）有問題，其子體必然出問題。這樣的關聯性，致使DNA這一生命主宰者會就此失去了安全傳遞、複製的保障。是以，生命主宰者DNA便有了尋求安全、多樣化生命載體的需求：越是多樣化的生命形式，越有利於生命主宰者DNA的存續與傳遞，一種或數種生命形式出了問題，無關DNA的安全與傳遞。在這樣需求的驅動下，DNA便主導了生命形式或載體的多樣化，以載體形式的多樣化、複雜化，為DNA自身提供安全和可靠傳遞的保障。

　　為此，陽動需要再次做出調節，使簡單、單一、安靜的早期能動世界激動起來，以突出價值和意義的特出。

　　我們知道，生命形式的多樣化、複雜化是由基因突變實現的。在祇有母本生命形式的前提下，基因突變的可能性極低，它們太安於現狀，太墨守成規。因此，改變狀態的作為，是打破這種單一性，使生命載體之間出現強勢的競爭。為此，DNA頗具創化性地（此處的創化性是相對之言，因為世界本身已具有能動之相維〈即中國人稱的陽闢〉，祇是其特定性未被設定而已，DNA所為，無非是將此相維邏輯化了，使之可以固定顯現）讓母本形式孿出了雄性形式。這樣，生命形式競爭的主動者出現了。從此，生命形式的單一性、穩定性被打破，生命載體進入了由競爭所主導的多樣化、複雜化的過程中。

　　於是，我們便看見了母性世界中孿出了雄性。雄性本為母性的特出，與母體本無本質差別（依現代生物化學學說，人的46條染色體中，雄雌之別僅在一條「矮」染色體Y的有無上），然而，正是這一點點差別，世界便為之改觀。從此，生命世界中便有了因性而有的衝突、搏擊、對抗，以及政府、戰爭、政治等等全新現象，其劇烈、淒慘、不可理喻實乃亙古未有。以此，生命世界獲得了生命多樣化、進化演化的意義和價值，我們人類的臨世亦是這強進陽動的後果。雖然，過程中，無數的個體，乃至群體、種群因之成為了犧牲品，而邏輯的結果是喚出了整體的價值和意義的特出（關於此，自來有評斷的立場問題，若以個體為基設，自不免有對此過程和行為方式的批判、反對，而若反之以過程整體為說，則會視之自然，毋庸多說。況且，在實乃无之假象，假中之假，有何可言？不論它是個體還是群體，還是具體，一應祇是陽動的承載而已）。

　　可見，雄性的出現，是能動的特出，是為特動——雄性幾乎就是為動而動的載體，一當動有錯致，其使命即告終結。以此言，可說雄性是過渡產品，母性是終極產品。雄性的特動是為了刺激母性生命現象的激動、複雜化，若經由此激動之後，陽動的真實價值和意義能完

全凸顯出來，則此特動即可告終（矮染色體Y正在日趨損化，據認為總有一天它會消亡，是其證）。

巧的是，漢字中的特字，本義為雄性，表公牛、雄性動物，其義，有特出、特別、特有之說，亦見雄性乃自然世界的孽出。由此亦知，說雄性生命形式為世界的特出，或說為母本生命形式的特出，實在是中國文化（漢字）對世界性狀的特有把握，令人無法不感懷。

DNA作為生命主宰者，它之需要生命載體的目的至為明確：祗是為了自身的安全與傳遞，而生命形式的多樣化、複雜化，極有利於這樣的安全與傳遞，於是，諸生命形式亦由此成為了世界（在）的構成者。其中，DNA為了有效地控制諸載體形式，它頗有先見地賦予了諸生命形式以必受其制約的先機。如必得攝養以為在，而生命形式的攝養方式又被局限在了生命形式內部。這種局限的好處有二，一是使競爭成為事實，二是鎖定範圍，不致失控。還如雄性的個體化，使得性的關係演繹為了佔有的競爭關係。其好處是，性的競爭導致了優勝劣汰，大量的弱者雄性被淘汰出局，甚至死亡，但此可以保證優秀基因的流傳，從而保證生命形式的強勁流傳。

這些控制的方式和手段其實也不是DNA的首創，它不過是便捷地利用了諸相同構、互助、自足的固有法則而已。當然，這種利用之中，的確頗有特出的意義和價值。例如生的競爭和性的競爭，以雙重保險的方式有效地防止了生命形式的懶惰與保守，從而加速了生命形式演化的多樣化和複雜化節奏。可以說，設若沒有這種重壓下的生命形式的競爭，我們絕無來臨這個世界的可能性。

現在，諸因中的能相被固定為了陽動、剛健，或陽闢，在界的競爭被程式化。雄性生命形式的個體化，使它們產生錯覺：性的佔有與實踐是自我得以延續的唯一方式，為了將自我傳遞下去，雄性得競

爭、掠殺，直至貢獻生命。殊未知，生命所傳遞的永遠祗是DNA本身，而非載體形式。載體就是載體，你祗能充當承載形式。但這樣的錯覺之於生命形式的多樣化、複雜化卻特別有效，它不僅讓基因有機會實現突變，從而製造出新的物種（載體形式），也讓健康、功能強勢的基因有機會勝出。故知，雄性的特出，是生命世界多樣化、複雜化的直接原因。它們的競爭，雖然使個體乃至某些群體付出了毀滅的代價，可於生命世界之整體言，其意義和價值卻異常重要，不可缺失。比若在人類社會中，雄性帶來了戰爭、衝突、階級、國家諸多麻煩，這使近萬年來人類飽受了痛苦、壓力，然而，若無這樣的麻煩，我們則無由認知人類的公共性、自然性之質要，我們不會理解人之所以為人的意義和價值。此表明，《周易》哲學改陰本陽末之順序，成就陽動哲學之緒，有其合理性。

五、智動：人類的臨世

動之為動，是為了動最終能夠主動、自主，這樣的價值和意義必得通過能動的特出方可實現，是以，能動祗能成為基設，為更佳的主動者提供作用平臺。這樣的邏輯現在可作如下描述：能動世界的簡單、單一，不能自為出示更加主動者，所以必得由特動的雄性生命者予以刺激；刺激過程中，優化、優選是競爭的必然後果，這便又孳出端緒，通過強化能動中的能動能力本身，去實現優化、優勢生存。不巧的是，這一原本功利的動機和行為方式，卻最終成就了能動的智慧化，於是，一種特殊的能動，智動——主要依賴神經功能的專門化而呈顯——出現了，人類便是這種智動的載體。

大腦——智動的直接承載者——之出現，原意是俗的：有利於生存。不意之中卻最終成就了陽動的一大隱秘：陽動之意義和價值的完善。其實，解釋起來，決非一個低俗的原意所能包指。

　　世界有它的全義，原體出有體，有體相化，諸相同構為在，諸相互助、互養，陰靜而陽動，動的迭出別致……如此之類，無非是這全義的表達、互顯和過程化。常說，即體即用、大用顯全體、體用不二，而於具體的在言，卻有主動、被動、顯現、隱顯之別。每個在之為大用的組成時，它是顯體的，而為各自為在的暫且時，它是局限的、隱體的、被動的。若以在在的比較言，這樣的局限、隱顯、被主動，恰恰是差別表達的。陽動之所以為陽動，便是要使這樣的差別成為過程的邏輯，過程的極致便是局限終止，全義的展現。所謂世界的意義和價值即此全義本身，包括它的差別、隱顯、局限化的過程。其中有所特別的是，過程的終極亦會由在來顯現，而那個終極全義的在，從各自為在的角度看，它是所有在的完善者；若換位從過程和抽象之在的角度看，則它反是全義本身，無所謂自在了。

　　不以在為自在，反以自我為全義的終極，由自我而終於體用的完整、同一不二，這是自我、自在，甚至是在的化除與解脫。放眼觀在，誰與之此！當然祇能是智動者了。這樣的智動，已非一般之主動、自主，它已然是自覺，是在之於本原、本根的貫通與同一。

　　可見，依全義觀察世界，大腦並非你我為在的私產，而是世界陰陽互動、互為，世界之陽動過程邏輯的公產品，不當為己私佔有、使用。祇是，過往以來，由於發端的低俗，其功利價值一直使我們誤以為它是我的、我們的，故可以盡情享用，極端無已，其中隱藏的他意義和價值一直未得呈現。試想，大腦不能憑空出世，而實乃大千世界陽動陰靜之過程的傑作，其中的辛勞、艱難、困頓、偶然，何其可歎，哪裡是你我一簡單的肉身和微渺的生命時空所能得解！所以，自覺大腦、智動乃世界的公產，是人類之為人類價值、意義顯現的初步。如此，方能理解、把握智動的本意。

　　智動之智，由三個層次構成：感覺智、理智、性智。至目前為止，我們所能為者主要是感覺智和理智，性智，亦稱性智覺則少有顯現。少有或未曾並非說它不具有，祇是未曾而已。它是一種解脫、化除、同一不二的智動，其結果是理解世界的全義，實現陽動的終極價值和意義，所謂同體不二。

　　在感覺智、理智的前提下，人類所能為者，是以自我為中心，以生存實現為價值動機。其間，若有他者的考量，亦還是功利動機的後果。當然，在自我、人類不曾完善的條件下，這樣的動機和慾求，亦是在之為在、各自為在、攝養以為在的必然之舉，不必過於厚非。問題在於，智動之為智動，是說它有通過自我完善而至自我超越的能動，有將自我、將形式還原為本原、本根、本體的能力。這種能力正是世界的本然性之所在。人之所以為人，智動所以為智動，正在於它是這本然性的表現者，亦且是唯一的表現者。以此言，智慧、大腦、人等等，不僅是一般意義上的形式，如他在那樣的形式，更是終極的價值和意義的承載者。

　　人類的智動，不論它的已然態，還是當下態，均不能用完善來形容它，它們幾乎還在感覺智、理智的籠罩之下，然，當下的不完善，並非說未來態不可期待。不必說本然性的還原勢不可擋，就依世界的物理性所必由，人類亦難逃自我解脫，以相養在的邏輯必然，個中機理，不容匿惑。

　　於人類言，智動的結果已然彙聚為文化現象。文化者，大腦反應於世界現象之記錄的彙聚。大腦與世界的聯結點之最外在者，是生存，最內在者，是同體不二。依據地域人群之於世界的感受狀態，其反應所得的文化可以是赤裸的生存解釋，也可以是神我大梵的體悟，也可以是居其中的道德倫理的發揮。無論結果為何，它們都會反作用

於世界，並定義人的意義。這說明，人類的智動至目前還不是整齊劃一的。大要分列，已有的文化主要有三個類型：西方的激烈進動式、印度的順從還原式、中國的動靜協調式。

智動作為最近才有的動，它是若干前動的必然結果，是以是陽動中的成熟態。然而，反觀而言，前列諸動的負面特性亦融並其中，以致這樣的成熟態有巨大的包袱需要解除，否則，由成熟至完美便無可成就。比如，域動所致的界域化制限，各自為在的制限；比如量子化或在化所致的以相養在的真實為以在養在的假象所蔽，以致受攝在養在的束縛；比如生命者的能動以生存為主導，又必得以他生命者為養源，從而導致了生命世界的衝突；比如，雄性天然的競爭性、衝突性、對抗性對生命屬性的扭曲，等等，一一都落入了人性和文化之中，成為了我們的文化內涵和生存法則，我們為之所困、所限。這些困、限、內涵、法則恰恰又是必得解除的負擔，祇有完全的解除，智動才能呈現世界的全義，呈顯性智的真覺。

那麼，如何去解除這些負擔和困限呢？回觀人類的行為方式，除印度文化、中國道家文化有先天的覺悟外，他者似乎未能為此等使命作出貢獻，甚或相反，諸多作為是反其道而為之的。這樣的結論初看實不難認可，然認真體量之後，卻也不然。貌似的反動，亦恰是應為之動，迂迴之動，值得我們去深思和明辨。現以西方文化為例說。

西方文化於當今世成就了四種主要結果，一為道德理性主義哲學，二為物理化的自然哲學，三為主體構成性的制度體系，四為現代宗教。觀察西方文化的成就和其演繹、起源、發展過程，不難看到陽動之於智動之下的奇特與歪曲，然而，正是這樣的特定和歪曲復使我們從中窺視了物理性之於本然性的輔助，以及智慧返還於本原的必然趨勢。

　　西方文化極致反應於世界的印象是生存的絕對化，以至於文化最終圍繞生存所展開的核心價值祗有兩點：自我與功利。居多時候，自我與功利在其文化中是絕對的，餘此之外的世界全部被放棄。導致此極端的原因極為複雜，且以邏輯環節相環相套，不過，簡約描述亦有可能性。

　　大抵言，西方文化之最大特色是其起源期斷裂了自然本根，以致後來的文化是在失去了自然本根綴繫的前提下人力自為演繹建構的。既是幾乎完全人力自為所建構的文化體系，就不難理解其強勁激動的內在特質：它幾乎完全拋棄了陰靜之於該文化的修飾與沉澱。

　　那麼，為何會斷裂自然本根呢？這便要涉及到西方文化所以生成的原初條件，它們包括：地理環境、經濟方式、人種及種族構成、主觀感覺與判斷。要之，文明帶西段地域其實整體上並非優選的農業文明所在地，地理上乾旱、開放、不適合大規模草本作物的生長、外援依賴性強等要素，使農業的生成與發育一開始就有畸形之勢。此外，本地域人種和種族構成極為複雜，群體之間的天然疏離狀態十分明顯，而承狩獵習俗而來的人群，很容易將群體間的生存搏擊、競爭、獵殺諸習性帶入農業社會，特別在生存環境極為惡劣的前提下，這樣的競爭與搏殺會成為壓倒性的生存法則。復次，草本農業的被限制，致使穀物在農業社會中嚴重供給不足，這又極大地降解和破壞了農業產業之於文明形態的主導作用，使之不僅不能主導文化的演化方向，反致還淪為了輔助地位。

　　所有這些與人類文明，首先是農業文明的基設相矛盾，結果是，雖然局部地區完全有能力形成農業文明的文化體系和社會結構，如早期的「兩河」和埃及社會，然，以整個文明帶西段說事，則農業文明與農業文化卻無力正常發育與發展，而其實，農業文化恰是人類初級條件下，可以守陰順從的智動載體。

一方面是農業的承載不足，另一方面是無情的生存壓力，結果祇能是原生態的破壞與放棄，生存變成了壓倒一切的中心事件，為著生存競爭，為著生存搏殺、戰爭、政治，積久而後，當難以計及的種群全體都捲入生存的搏擊、較量之中之時，人性中的責任倫理也祇有壓縮至自我的底線，人們被迫將自我（包括早期的血親群）之外的他者（他人、他群、自然物）均視為與己無倫理和道德關聯的他者、外在，其中可佔有、使用者為有用之物，不可佔有、使用者為無用之物。這樣的想法、觀念和心理最終成為了文化元素和內涵，其結果是，自我與他者、外在斷裂，直至與自然本根的斷裂。現在，文化的建構與自然本根無關，完全聽命於自我與功利的需求而為。在搏殺廣普化的環境中，這裡最後祇能形成強盜社會。故知，以自我和功利為核心的西方文化，其實是以強盜的邏輯來生成與演繹的，故其激動之至，實在罕見。

西方文化除了自我和功利的本質之外，還有物理化、外在化、他因化和理性化的表徵。經過幾千年的發展、演繹，這個以自我和功利為核心價值的文化現象，卻在不意之中有了一種隱約蛻化的可能性，其所蛻化的結果，很可能恰是其核心價值的解構。

自我的強化，讓西方人有了主體的觀念和制度設計，而主體的異化則是，人的同質化、同型化，個性的消解，人的公共化；上帝的信仰，使世界外在化，世界他因化，人反致成了異鄉的被拋棄者，進而有了存在的恐懼和失落，人祇能成為物，祇能經由物理來理解和解釋，人以此同解於存在與物，便沒有了人的特定；世界的物理化解析，終於論證了有生於无、在的有限、在的虛假，祇能預示有无的循環，以及以物解物、以物化物的異化，祇能表明佔有、所有、自我、養資源的簡陋與幼稚，祇能證成人不是自己，而是必然要自然化。如此之類，一個強勢博起的自我與功利的文化體系，卻最終要以這樣的

方式歸於世界的全義之中，實在大出意外。不過，此恰是陽動的詭異：給予你充分的表達，然後自我化解。

根據本節的說明，我們已獲得了有關世界的基本把握，其大要如下。

1、世界是體、存、用或體、相、在三界的同構，其中，體、相為隱形世界，在或用為顯性世界。

2、在、用之顯即本原之假，顯即為隱之顯，說明顯與隱是同一的，故知，世界是內部化的。

3、在為諸相之同構，或說諸相的暫且同一，此同構和暫且同一表明，在是各自的，故說各自為在。

4、在不僅是各自的，也是互養、互助的，其原因在於，在若要在下去，就得攝養，故說攝養以為在，不過，攝養的本質不是攝在，而是為了攝相。

5、世界為隱而顯、顯而隱的過程，本質上是一還原過程，亦即自足，其方式為陰陽的相輔相成，其中，陽動（諸相互養的顯性化）更具過程的意義和價值，故說，陽動即還原證成或自足的實現。

6、世界因假、顯和過程而有意義和價值，其還原和自足之最大者，是假、顯中出現了能動，它可為自覺的還原。

7、世界既為過程，便會有初級態、中級態、高級態、完成態的分差，其標誌便在上述的陽動、自足、還原、攝養、互助、互養、同構、能動的完整、完善與否。

第 三 章

自我證成與本根倫理

依由上言，我們瞭解了世界的真實和必然性，其意是：陰本原為了證成自身，便緣發了陽動或陽假，並以陽動和陽假的過程化來證明自己的真實，所以世界祇是它自身，沒有外在；陽假和陽動的過程是複雜化、多樣化的，也以在和物為其形式載體，這樣的形式與載體得「各自」而為其性，且相互攝養，故在的世界充滿了界域化的對抗與衝突，這是陽假過程中的惡或負面性表徵，然，這樣的惡或負面性其實並非終極，祇是過程中的動因而已，其終極是還原證成、是完善；進而，這樣的陽假與陽動過程不祇是被動與使動，它更會煉化出其中的主動者、能動者、自覺者，這個殊異的在者足以記憶出本原本身，並自覺地參與此陽動的還原證成過程，最終實現世界的全義。

現在，我們需要予這樣的真實和必然性以必要的分析和評論，看看它究竟意味著什麼？這一章，我們要分析和評論的問題包括：陽動的缺陷問題，陽動的成業與特出，陽動的價值必然，智動的意義與價值，智動的過錯與校正，本根倫理。

第一節　陽動的缺陷及後果

因為陽動，世界便有了在，這是陽動的最大成就。然而，陽動幾乎同態地也給在造成了最大的麻煩和殘缺，亦可以說，這殘缺和麻煩是在之為在的最大困擾。大要言，這殘缺可分述為二：各自為在、攝養以為在。

各自為在是說，在是「各自」的。在以相互獨立的方式表達著，其所引發的後果是，世界可以分割、斷裂、對抗、對立。這種現象及其觀察結論不祇是對人類有絕對的影響，縱然是動物，植物，甚至於

無機物均有不可逆擋的影響。對人類言，這種各自的影響不衹是構成性的、體質性的、生理性的，更有世界觀與精神發酵的後果，它幾乎成了我們觀察世界、理解世界、解釋世界、改造世界的預設。何以如此呢？此乃因為，人類經由智慧的能動，已經將自然界中的「各自」轉換為了一個更具主觀意義的世界基設：「自我」。我們之於世界的全部看法、相與關係、作用方式、價值判斷均是以自我為基設、預設、原則來建構的。如此之下，世界的真實性、完整性、全義之類，均被推移到了幕後，或被深埋掩藏，以致失缺或至無有，而主宰世界和我們的便是這中間進入卻刻刻左右著我們的「自我」。故知，世界的歪曲、扭曲、變形、錯置實由「各自」和「自我」而起。

攝養以為在，是另一個必須要予重視的缺陷，它的意思是，每一個在的完整有二義，一是「在了」，二是要「在下去」。或即說，一個在若衹是「在了」而不能「在下去」，則不為完整的在。如果說，「在了」是個各自的問題，可說無關他者，那麼，「在下去」則是一個相關、相互問題，必須要關聯他者、他在。這正是世界的麻煩之所在。

說「在下去」有麻煩，乃因為「在下去」是以攝養為前提的，而攝養，本質是攝相，然，諸在雖為諸相所同構、同一，卻不幸反被這種同構、同一所限，多數情形下，它們不能以相為養，反致要以在為養。其所導致的結果是，一個在要想在下去，就必得要攝獵（吞噬、毀滅、中止）他在，以此為在下去的養源。於是，在與在之間天然地就有了衝突、競爭、拼搏、對抗的必然。不為此必然，便無能繼續為在、在下去。

這樣，我們所看到的世界，便是一個對抗紛紜、衝突激烈、你死我活的世界。而且，隨著在的主動能力強化，這樣的競爭、衝突愈益明顯，以至達爾文要用「物競天擇」、「弱肉強食」來形容他的知識

體系。的確，獵取、攝獲是太普遍的宇宙現象，從原子到星系，幾乎無有例外。而在生命世界，這樣的生存競爭和攝獵又被限制在了生命的界域之內，這更讓我們看到了在、生存的殘酷、險惡、兇暴。何以為解？

故知，陽動其實是世界惡化、激化的作俑者，它所製造的麻煩和缺陷令所有的在者應接不暇、艱難備至、困苦有加。包括人類在內，我們的被動、無奈、不幸、困頓幾乎就是在之為在內涵的全部；人類所能多出者，似乎除了吶喊和追求幸福的希望之外，再無其餘了。如若將此兩項先天缺陷聯動觀察，則更易於理解人類的自私、狹隘、淺見、庸俗的合理性：一個被「各自」困限著的在者，還要獨立應對你死我活的生存競爭，時刻有被淘汰出局的危險，如何會不自私、不功利呢？這就不奇怪世界上為什麼會有功利主義、實用主義、他因上帝論、主體觀念、個人主義、自我中心主義諸多思想觀念了。以此而論，理性思維及其哲學建構為什麼偉大，就毋庸多言了，至於性智覺的智慧和哲學那就更是天論了。

第二節　陽動的成業與特出

上文所說的缺陷，的確為陽動的負面。至少以在者的立場言，這樣的評論實不為過。當然，現象、事項、方式的合理性，往往不可因一而論，轉換視角、立場，也許會意義反轉，另有論說。不過，在另有評論前，我們先來看一看陽動大化中的一項成業。

依前述陽動之類型，其第五類為智動。說得簡單明快一點，所謂智動即人類的出現。[21] 人類的出現，是陽動過程中的大事，它既是一種能動的特出，也是陽動過程的價值轉折。智動的承載者，謂之為人腦或大腦。說智動為陽動歷程之大事，即在於諸在之中——不論這些在以何種方式為在者——唯有大腦具備出了反轉觀察世界、解釋世界、理解世界、把握世界的能力。此能力的唯一和特出，不僅改觀了在的狀態，也使諸在的「在了」、「在下去」的價值發生了轉折：為什麼在下去？

這裡，很明顯地出現了一個大腦之為在的性質或為在的價值問題：大腦祇是一個碰巧的在者，其特殊性無有自在之外的其他意義；或者，大腦是諸在為在過程中的特殊在者，所以它不是自在的，而是諸在之意義與價值的承載終極。

第一個答案似乎更容易獲得經驗，特別是感覺的支援，至少，作為大腦承載者的我等，更願意的結果是：自己的能力自己使用，與他者無涉。這樣的意願的確可以理解，然而，有些邏輯性的答案卻似乎與此願相違。比如，依各自的能力歸各自所有，任自我支配、使用之意，那麼，在攝養（在）以為在，而養資源又明顯稀缺的條件下，各自使用和支配各自能力（腦力）的後果必然是弱肉強食、強者稱霸。這個後果顯然不是長有大腦的在者所樂意看到的，相反，自人類（甚至於人類臨世之前）臨世以來，它就在極力平衡和救濟這種因能力差別所帶來的暴力、強制、不公平、奴役、壓迫諸現象，其中，諸多的平衡和救濟方式可說是不知不覺中的本能使然。這個事實表明，雖然

---

21 宇宙間承載智動的應不唯人類，當有其他類型。這裡，我為簡便起見，專以所見之自身為例說。此外，既為智動承載者，不論它為何種類型，其所性、所意、所本當無品質差異，說人類實可由此及彼。

大腦在形式上各自著，而其所用好像不可絕對的各自化。從某種意義上講，人類的社會化、人是社會化的動物之意，正說明大腦的各自祇是相對的，它有著公共的意義和使性。

其實，轉換一下方向，觀察一下大腦之所來，可能對問題的答案有更清晰的理解。依前述，在之所出，是體的陽變後果，它經由了相動、域動的前奏。從域動開始，由超弦而電子、誇克、反粒子，進而由誇克構為質子、中子，而後，電子、質子、中子又同構為原子，從而形成元素；原始的氫和氦聚集成恒星，繼而發生恒星大爆發，更重的元素從中合成出來，最終使宇宙間充滿了84種元素，其中的幾種有機元素（以碳為主要架構）最後合成、同構出了生命現象；生命由原核生命而細胞生命，而多細胞複合生命，進而出現生命現象的能動分工和功能特化，並經由DNA、RNA的轉錄、複製、遺傳及突變諸方式，使生命現象多樣化、複雜化，直至神經系統出現，最後終於有了大腦的臨世。這是一個漫長、複雜、艱難、曲折、磨煉、歷劫的長程創化事件，其中的艱辛、困頓、挫折、曲繞顯然難為我們知曉，多少在成為了鋪墊者，成為了創化成本、廢品，如反粒子、反物質、原核生命者、恐龍、超新星、尼安德特人，等等。面對如此的創作，如此的歷程、如此的壯烈，我們還能說大腦為各自之物嗎？不能。而且，大腦的唯一性——諸在之中唯一的世界解釋者、觀察者、理解者——更是在證明：大腦是世界的公產品，我們不過是僥倖的承載者，在不明理事、真情的情形下，我們得樓臺近水之利便，佔有之為己用、私用，其錯至明。不過，此錯不關大礙，知錯明理方是出路之所在。

這樣，我們對上言問題的第二個答案便有了正確的把握：大腦絕非個體己我之己私，也不是人類獨佔之勝物，它是世界的公產。公產要公用，即便過往未得公用，它的未來與真實價值一定是公用。以此而言，智動、智慧之為陽動並非個體大腦之特出，而是類的智慧參贊化成的必然事功。

第三節　陽動的價值必然

陽動的成業已如上言，其最大者是使世界上出現了在，從而使世界有了複雜、多樣化、紛紜雜繞諸般景象。先且不說別的意義，僅就諸在的異彩紛呈、氣象萬千論，這個世界真的太有意思了。不過，感慨之餘，某種時時的隱憂、隱痛，至少對裝備了大腦的在者言，似乎充滿了殘缺、不完整、不合理的危機。這危機的終極便是各自為在、攝養以為在。

「在的各自」和「要在下去必得攝養為之，而攝養又要以攝在為前提」的預設，實在是陽動的不周之處。如此之造作，設若任其自便，那麼，陽動之意義便會流散。如果說自便和流散非陽動之本真，那就意味著陽動實是寓有其內在價值的。這個價值首先是化解缺陷、完善全義。

我們已知，在界的行為方式有著由簡而繁、由易而難、由生而熟、由低而高、由實而虛的趨勢，世人稱這種方式為進化。先且假定進化為在的表達方式，則知，在有著過程的表徵。陽動的過程是：先有相動——開出在域；而後有域動——製造構件、建築材料；然後才有能動——使動具出主動性；而後又有特動——使複雜化多樣化成為事實；最後終有智動——使實現其價值和意義的動的衍繹更加明晰。其不容置疑的過程表明，我們需要對過程本身予以理解。

過程，是由此及彼的時間和空間的向量現象，此外，它還應包括質量、能量、功能、屬性、法諸維內涵。一當以過程說事，很容易讓人想到生長、成長、完成的意義，而進化，很大程度上正是此義上的特指。過程之指義，可說一物由生至死、由始及終，也可說一物衍為了他物。當過程用來指後者之時，物對物的衍化、變異、變化其實

又有了某種暗含：原在物有著某些之於環境，也是之於過程的不充分性，故需新在物去補充、去完善。大要言，這樣的過程，便是進化的本義。

以此義來解過程，則知，說陽動是過程，除了說陽動過程中必然包含有由生至死這樣的內容外，更主要的指意便是經由在去完善在、補充在、自足在。若果如此，進而更知，由進化所主導的過程現象，恰是陽動之於自為之先天缺陷的救濟與補救方式，通過補充、完善、衍更在的方式，讓世界的真義、全義得以顯示出來，從而漸次化除「各自」和在下去得攝在的缺陷。或說，一當「各自」與攝在的缺陷得以化解，則世界的完善和全義便自動顯現出來。有此理知，則不難知曉，陽動的價值是過程性的價值，是過程中才有、才能的價值。此表明，對任何具體的在言，陽動並不提供價值保全，除非你自覺了你與過程、全義的同一不二。當然，不保全並不排除你在過程之中，陽動於每個自在著的個體均一視同仁，不厚此薄彼。

以過程言陽動的價值，可知其用意盡在實現世界的完善和全義處，所有的在均是參與者：你參與了而不是你得到了、實現了。有此一識，其實僅得陽動價值之一端，陽動價值的第二義是說，一當過程終結，世界的意義表露無遺之時，陽動又意味著什麼呢？這便是世界的還原證成。所謂還原證成是說，世界之原經過了相變和同構、在顯，最終證成了本原的完善與圓滿。

世界的終極完滿是由諸在的完滿和過程的完滿構成的。此處說為兩種價值，其實是一而二的表達。所謂二，是觀察的位置的差異所致。在過程中觀察，我們看到的價值表達是過程的完滿、諸在的自足；而在過程外（如果可以的話）觀察，這完滿便是世界的終善：體用不二、還原證成。

世界的問題既知出在因陽動而有的在的各自和攝養（在）以為在之處，則知，所謂價值則是缺陷的反逆：化除自我、解構各自。這樣的解構與化除既是世界的本然性必然，亦得有物理性的支援與變通。或即說，道德覺悟與性智的養育是其所本，同時還得有物利的嬗化與牽引。為此，得有以物解物、以物化物的物理觀念，由之可改觀攝在養在的簡陋，成就攝相養在或以相養在的正理。當諸在均以相為其所由、所行、所得、所利、所向、所養之時，則成「各自」解除、以相養在的真境。故說體變相養用顯、同構互助自足。

第四節　智動的意義與價值

依前述已知，陽動之最大成就者，乃智動的呈顯，而智動之承載便是大腦。那麼，智動或大腦的主要意義和價值又是什麼呢？當做如下理解：智動的呈現使世界之自足和陽動過程發生了質變。此前，陽動所實現的諸相、諸在的相互作用（互助、互養）祇是物理性的，故易予以量化和熵化觀察，唯大腦功能的表達，既是物理性的，也是本然性的。所謂本然性是說，它使在之於本原、相的反作用現象出現了反哺特性，其自覺地覺悟、貫通、還原能動，使還原證成具出了真實性、現實性。

依理固知，大腦是諸在之中唯一具備追逐、還原本原或原意志之衝動和能力的在，其所以具備這樣的衝動和能力，乃在於它是諸在中唯一具備著回憶功能的在。其所謂回憶，即本原變相，同構成在，形化、相化後自己對自己的記憶。雖說諸在均是本原的形化，然形化的重壓已使作為在的形式均無力記憶本原之自我，唯獨千萬歷煉而成的

大腦尚保持了這樣的特定記憶，以至時機成熟它便要將這記憶返印出來，以示本原意志的絕對性。以此，我們對自己（大腦之承載者）的理解當有所殊。我們雖然是在，卻是特殊之在，其所以特殊就在於大腦，而大腦正是世間諸在中唯一具備了記憶本原自身的在；更重要的是，這唯一的能力絕非在者私有，它恰是世界的公產，即這樣的記憶能力是世界公用、大用之所在。

何以大腦之在獨具此記憶之殊異呢？這要由本原意志去理解。本來，世界祗有本原，無有相、在，唯此本原正是世界的真、全本身，無奈它卻不實，是非實之真、非實之全，為此，本原決意讓自己實而真、實而全，這樣便有了世界的相化、在化、顯化的事實、現象和過程，此即所謂陽動。故知，顯化、相化、形化、在化、陽動的動機至明：自顯其實真、實全。自顯當然是由自身完成和承載的，不過，從陽動的具體狀態言，它有兩點得刻意提出，一是在才是具體的承載者，故在化的事實不能無視；二是這樣的實真、實全過程其實是一自證其實的過程和方式，它的抽象意向亦得由具體的在者去秉承，而此秉承者亦得是有意志者，否則，自證的意義就不得全顯。此中的具體意志者，即上文所說的大腦。由此可知，大腦不是別的，恰正是本原之意志的殊化、顯變，其質地完全同一。當然，一如前述，此分殊、異化亦得由過程的艱危（分相、聚、攝、斂、歷、化、成）顯示，這便是陽動的真實涵義。以此然即知，我們的意志與智慧，首先是本原意志的顯化，其次也是本原自證其實真、實全的承載者。

正是這樣的理路與邏輯，故有「大用顯全體」之說。所謂大用顯全體，即大腦回憶本原之完整，此是世界還原證成的本意；而大腦之回憶，即是諸用、諸在證成本原之終善的實現，更是自覺地證成的實現。

　　以此來表明智慧價值的真實，才是人之所以為人的真義之所在。說人是過程的參與者，而非殊器的佔有者、享有者，便是基於大腦的價值自覺——自覺地還原證成而言的命題。

　　當然，說大腦為世間唯一的本原自我的記憶者，非是靜止命題，這一判斷其實是有條件的。這個條件是，記憶必須在解釋的過程中呈現出來。這個命題的意思表明，大腦之具有記憶的本能，卻不會既具有即呈顯，而是需要記憶的激活。什麼可以激活這種記憶呢？那便是某種特殊的需求需要獲得了智慧的解釋支援。這裡的某種需求有著嚴格的質地與邏輯預設：與智慧承載者之為在的得失相關，不解釋便無法繼續為在，一經解釋又有了更多的解釋需求。正是這些不得不為之的需要讓解釋成立，而此需要的主動者可名之為「自我」——本原自我分殊為智慧者之自我的代稱。

　　足見，激活大腦之解釋功能的正是自我生存的需求。強大的生存衝動壓迫著潛藏了特殊能力的大腦，要求它率先為自我所用，祗是在這種為自我所用的不經意之中，那種潛藏的記憶才漸慢呈顯出來。這樣的漸顯與覺悟叫分殊的回歸與還原：智慧者之己我復為本原之自我。

　　由之亦見，大腦之還原價值的顯現首先遵循了物理法則，是承載者面對「在下去」的物理壓力的刺激，才致價值的漸顯。大腦價值呈顯所以服從物理法則，當源之於構造的物理特性，或說，大腦的本然性還原和回憶功能是由諸在的物理性支撐及潛藏的。以下說明可明其意。

　　在一篇標題為《人腦：自然搭建的智慧網路》[22] 的科普文章中，我們可獲得如此知識。我們的大腦其實是一張被稱為「大腦皮質」的

---

22 參見《科學世界》2011，5期，P24～53。

表皮層所構成的，其中起主導作用的是一種神經細胞，或稱神經元。依據某些標準，人們把大腦皮質劃分為52個腦區，其中有4個腦區是人腦特別發達的區域，它們是：①頂下小葉區（39、40區），②韋尼克區（22區）、布諾卡氏區（44、45區），③額葉前端（10區），④帶狀前回（32區）。它們的功能大要如下：頂下小葉區處理抽象概念，布諾卡氏區和韋尼克區負責語言能力，額葉前端負責注意力、控制情緒，帶狀前回具有社會性功能，可以站在他者的立場上思考。其中帶狀前回中特有的巨型紡錘神經元（有90個之多），被認為是大腦具有社會性功能的主要組織。此外，神經的網路結構是大腦具出綜合能力的重要物理條件。

依據相關研究，大腦的物理功能主要表現在：理解他人他者的能力、模仿能力、抽象能力、調控能力、綜合創造能力。進一步分析後，我們不難獲得這樣的結論：理解他者是還原證成的物理條件，模仿是自足的先決條件，抽象是超越自我的前提條件，調控能力是適應環境、曲線變通而至自足的前提，而網路化綜合思維不祗是可以創造，更可以呈顯出完整性的價值。

理解了大腦的物理性表徵，就不難理知為什麼說大腦的還原證成與自覺秉賦是潛藏著的。幾乎從人類有感覺以來，我們一直被籠罩在貌似全部的「自我」之中，其所思所為所張所弛無不為「自我」所決定。當「自我」蒙蔽一切之時，我們不惜以斷裂自然本根的方式來解釋世界、征服世界，以至成立諸如存在主義之類的學說與理論。而其實，所有關於「自我」的解釋，均祗是為了揭示「自我」的本原與內質，幫助智能記憶、證成本原的真實，捨此而外，均是過程中的暫且與條件，它們有著假象的意義和價值。一直以來，我們不但為假象所困，也為解釋假象的方式與手段所困。我們以為，每個自我祗需要佔有所需的養資源即萬事大吉，結果卻引發了因佔有而有的衝突；我們

以為，祇要開發出更多的養資源就可高枕無憂，結果卻是環境破壞，進而反致逼仄了自己的生存空間；我們以為，力能可以決定一切，於是便像動物一樣以暴力去搏擊所欲，發明了力能主義的神話和現代核軍備，結果卻是罪惡滿盈，無力自拔；我們以為，祇要高揚自我、絕對人權，便是人道的珍圭，結果所出產的卻是存在的孤獨與人的工具化、物理化……

諸如此類均表明，作為世界之公產品的智慧，不能囿於「自我」而止，我們不能為過程中的暫且和假象所迷，既然是公產品，它就必然有著公用的價值和意義。解釋是智慧現象，它的功能就是逐漸地剝去假象與暫且，呈顯過程後的真實。所謂還原證成，即是這樣的剝去歷程與方式。剝去假象既是一種性智覺悟，也是一種物理智慧。對我們言，某些成功的物理解釋方法可能更具有說服的意義，所以，我們應當率先理解和調整物理的價值：讓它從簡單的功利價值中解脫出來，更多地表達「以物解物」、「以物化物」的真價值，最終走向「使物善於物」的真實。

由此而進，方可說大腦為諸在中唯一具備了本然性、物理性的特殊之在、之同構，其對本原自我的記憶和還原，正是其根本價值之所在。

第五節　智動的過錯與校正

諸在是本體變相，諸相同構的結果，並且，每個在亦是這體變相養用顯、同構互助自足必然過程的參與者。我們的重要性在於，與諸在祇是被動地參與過程不同，我們因為大腦具有了記憶本原的特殊性

而成為了自覺的過程參與者。這裡，「自覺」的要義在於，唯有我們知道這樣的必然亦且欣然嚮往。我們的嚮往是由大腦對本原的記憶所驅動的，它猶如神靈的召喚，通過參與過程而實現。這樣的參與和價值實現即是前言的還原證成。

　　人因其大腦的特殊物理具備而成為了陽動過程中智動的承載者，或說被賦予了自覺還原證成的潛能。當我們以此意來論證自己的時候，我們看到了簡潔和必然性。然而，事態本身的衍繹似乎要複雜、曲折得多。究其因由，乃在於前述的，我們這種記憶的開啟或還原證成潛能的發動，是由大腦對「自我」的解釋激活的，而「自我」，恰正是還原證成的天敵。

　　人之「自我」，是在之「各自」的特定。其特定是說，在智慧的幫助下，它比任何自在的「各自」更具本位性、主位性、主動性、有效性。問題在於，人有自我並不奇怪，有怪之處在於，智慧成了自我的製造者、塑造者、裝飾者。如何有此說呢？我們已知，大腦或智慧之造，乃在於諸在之於本原記憶之唯一所在，它承擔著回憶還原的覺悟與使命。可見其價值之質要不在他處，唯此還原證成而已。不過，過程中的事實是，我們趕了一個巧，大腦或智慧既為我們所承載，而且它就天然地有著理解的能力，當然就有近水樓臺的便利。況且，大腦也必然會給承載者提供便利，否則，大腦何以能在下去！此表明，假借大腦之能耐為人的「各自」服務，使自在的「各自」演成為人為的「自我」，就成了陽動過程中逃無可逃的事實。

　　這樣的憑藉和竊用既真實亦不可逃避，我們接受其事實，亦當知其事實的負面影響。

　　其一，大腦的解釋能動是從世界陽動過程的中間介入的。這意味著，雖然大腦有記憶本原的潛能，而它對過程的源發、過程的早期

情態是不曾察覺、瞭解、把握的，結果必然是對所以源發之原與因的猜占、臆解。以此故知，本原猜測、解釋的神秘化，以至位格化、偶像化、他因化、地域化、群域化，恰是其臆解的必然結果。人類諸域地文化大多興起於原始自然神論，繼而更有地域化的原神論、宗教神論，將世界他因化之類，是其例。

其二，中間介入的另一後果是對過程走向的誤判。由於我們不能完整地觀察過程的全部，我們失去了對過程去向判斷的依據，不知過程之所以即是還原證成，於是祇好就事論事，以承載者的存在得失為解說的主導。現實性和承載感覺的放大，必致在的自覺誤入在的迷失。

其三，大腦的記憶之潛能和還原證成的使命執履，是由解釋「自我」啟動的，在解釋不充分的前提下，記憶的還原必不會真實展現開來，這便形成了激活和證成之間的解釋空檔，在感覺優先、近水樓臺原則的支持下，大腦解釋功能的自我化，就會成為必然的志業。進而的問題是，在「自我」承由「各自」且樂於固化，而體用不二的原則又不能彰顯的條件下，「自我」本身會成為解釋的原則和標準，結果是，大腦的解釋能動不僅以「自我」為中心，且會依「自我」的原則和標準去解釋世界。長期以來，我們的世界被解釋成功利主義、自我中心主義、個人主義、存在主義、實用主義、自由主義、國家主義、專制主義、種族主義諸類，恰是其必然結果。

職此故知，我們的價值本意是參與陽動的必然過程，以其自覺的能動去證成本原的完善；不意的是，我們這種能力的發動並不是與過程同步啟動的，它從中間介入，而其端點恰是還原證成的天敵「自我」；「自我」本源之於在的「各自」，然在智能的幫助下，它對「各自」和在下去的感覺及慾求，卻大異於自在的「各自」，結果是出現了解釋的異化，本為還原而發端於「自我」的論證，變成了有關

「自我」本身的論證；以「自我」為端點和動機的論證，並不是為了還原證成，而是為了自證其在，結果，自證的常態化，亦使自證被異化，從而使論證歧途化，使本原本身的論證，如關於神的論證出現了外在化、他因化、偶像化、功利化、界域化的趨勢，如關於在的論證，亦出現了存在絕對化、自我中心、世界唯物、理性萬能的趨勢……如此之類，恰成為了人類文化現象的真實：以錯為說、將錯就錯。本書中編、下編中，我們會順便看到這種將錯為說的情態。

世界以智慧者的記憶還原為其還原證成的最高憑藉，不幸的是，智能者的還原論證恰又以「自我」為端點，這就必無疑慮地有了一個智動的新課題、新使命：化除自我、解構各自。此程式的優先執行，已成為了陽動過程邏輯環節。

化除自我、解構各自，並非今日始有之新課題，自人類有義理解釋始，這樣的還原證成之意就已成為了諸先賢聖哲們的覺悟和學說。以下我們略舉幾端。

自我亦可稱為慾望、感覺、自私智慧之類，既已認自我為還原證成的天敵大礙，故除去之，自是簡明了當之法。以道家學說言，非但「自我」為還原之大敵，縱是人為之事業，亦無關還原之質要，所以，他們主張放棄人為，返還自然，即可實現還原之志。可說是一種返還式的還原。

以印度諸教及佛家言，認為人類的智慧（包括慾望）正是還原證成的大礙，故得除去之。又當如何除去呢？他們遁由的法門是用智慧。祗是，後面的這個智慧，當稱為性智覺。這是一種明心見性、洞徹本原、同一不二的智慧。其邏輯是，既然人已具有智慧（即上言為了解釋「自我」本身而有的智慧），那麼，解除這種智慧的法門還在智慧之中。或說，解除的智慧與被解除的那個智慧不同性、不同質，

唯此性智覺方能幫助人類解除「我執」，同一神我大梵。在印度諸聖賢看來，每一個「自我」其實即那個「本原我」的形式和分化，正是形式化才致使「自我」與「本我」有了隔閡，性智覺的功能正在於破除其形式化的障隔，使「自我」與「本我」同一不二。可說，這是一種化除式的還原。

這兩種還原共有的特點是，直攻「自我」本身，從而實現由「自我」而同一於本原的還原。不過，無論是返還式，還是化除式，都有躍遷的壯舉，除卻聖賢之人，普通人常會舉步不起，難以實現還原。為此，我們再來看看儒家的變通方式。

儒家認為本原的品質於人類言即道德之善，人們祗要積極勤勉於善的修為，積德行善，終至每個人都成為善人，那麼，「自我」事實上也就被限制了，一當所有的人都成了善人，則「自我」便無影無蹤，這樣，人與本原的同一不二也就不期而成了。為此，他們主張從最近處、最小善做起，如孝、如仁、如義之類，通過小善、近善、本能善的誘發，最終成就大善。在儒家看來，人之所以可以行善、成善，乃因為人本之於善原、善根，是善的必然性支使著人們行善、成善。當然，此中需要開啟人們的善意、教化其善行、修養其善根。一當每個人都善了，還原證成之路也就自行開啟，其後續鏈條是：成己、成人、成物、成天。所謂「存天理、滅人慾」。這種由之近善、小善、本能善而「成天」之終善的善道，被儒家自身認可為世界陽動必然的主要，故可稱其為成善式的還原。

儒家的成善式還原之法於普通人有親切感，且易於起步。從某種意義上講，以善為本原的品質，也算是一種恰當的體悟，故較之前兩法門，更有親民和普及的價值。然而，就算善是本原的品質所在，成善或善化的還原的確可以成立，是否就可以說，這就是真理的全部呢？若此，那麼世界以其物理方式來展現在，其意義又何在呢？世界

以物理方式潛藏於大腦中的之於本原的記憶品質，以物理方式成就大腦智慧的特異，以解釋自我的方式來開啟的證成還原之途，其意不是為了拋棄在、拋棄形式，而應當是通過在的自足、自我實現，最終成就大用顯全體的還原價值。所以，我們還得繼續探究真理，以求還原證成的必由之路。

在理解此由路之前，我們先來簡略地觀察一下西方物理方式的解釋理路。

我們所在的世界充滿了物，也就是在，我們或自我也是一種在，一種特殊的在，它受制於「在了」和「在下去」的法則，為此它得佔有物、使用物。而在養資源稀缺的情形下，滿足自我的嚮往便有了三個方向的思考路徑。其一是，物是如何成為物的？物有何種功能和價值？其二是，物能否為我們所用，以滿足自我的慾求？其三是，佔有和分配物，在人是社會化動物的前提下，還包括自我如何組成社會，進而佔有和分配物。早期的物理解釋較偏頗於第一和第三種思路：因於興趣而研究自然、研究物理，以及組成主體構成性的社會實體，用特權佔有的方式（通俗講即強盜的生存方式）實現養資源稀缺條件下的自我生存。後來，第一種思路所獲得的物理成就讓物利超常增長，於是，功利主義的物理解釋成為了主導，從此，西方世界（後來延及了更多的人類世界）進入了由功利主義、科學技術主義、理性主義、自我中心主義、自由主義、存在主義、他因化精神依賴諸多理論和學說交織而成的解釋體系中。這個駁雜的解釋體系完全是物理性的，且是以自我為核心的，它在滿足人們不可遏止的慾望之時，更在不停地犯著因為盲目與短視而必然發生的錯誤：生態危機、資源稀缺、環境污染、金融危機、無免疫性病變、核威脅及災難，等等。諸多難以數及的錯誤無不在加大人類和生態體系的生存壓力，以至自我的危機感更加強烈。不過，在這些物利發明和錯誤重壓的交織中，我們也看到

物理本身的新希望。如關於物質起源探究的相化學說，質能轉換的相變學說，生物多樣性的相顯學說，諸在的網路化同構學說，主體的角色化、同質化、同型化趨勢，社會的公共化轉向，等等，恰恰是這種物理解釋始所不曾料及的，它在潛移中默化了西方物理解釋的走向。

如果我們拿這些新的物理解釋予以本然性的理解，則不難發現，「使物因於物」的邏輯是可以轉換為「以物化物」、「以物解物」的新邏輯的。這一邏輯能夠成立的原因乃在於，既然我們這些在是由諸相同構而成的，那麼，解構各自、化除自我之道，就在這構成邏輯的反逆之中。

如前述，我們的問題出在「各自」，而其爆發則在「在下去」，是我們低劣的攝養方式導致了諸在間的衝突、競爭。為此，其解決方法當是反其道而行之，解除掉「在下去」不恰當的壓力和競爭方式，則，「自我」之困可獲解脫。

我曾說及[23]，我們的攝養方式其本意是「以相養在」，若此，則諸在斷無衝突和紛爭，自我的顧盼也就無由自解。所無奈者是，我們遭遇的卻是「以在養在」，更甚者是「以生命養生命」、「以利益養利益」，甚或「以惡養惡」。所以如此，全在於我們的攝養能力低下，無能直接攝相以為養。因為不能攝相以為養，而必得攝生命以為養，這便不得不強化每個自我的本能慾求：既要在下去，又要攝他者。此表明，說「自我」還原證成本原的終善，首先必行的一步是，每個自我如何提升其攝養能力，以使攝生命以為養的邏輯破解。當然，這裡所說的提升有兩個方向的作為，一是如何直接攝相的能力，二是自我之構成的改造，使之適應於攝相之養。

---

23 參見拙作《法的自然精神導論》第一章，臺灣元照出版有限公司，2008年。

　　設若，我們首先實現了由攝利益養利益、攝生命養生命、攝在養在向攝相養在的還原，則，「自我」、「各自」和「在下去」的物理化除，便實現了。有了這樣的存在場景，則大腦所潛藏的記憶還原之功將會暢通無阻。結果是，世界的物理性與本然性同構合一，還原證成便不期而得了。

　　足見，我們所言的還原，須得理解東方的本然性還原覺悟，理解道德本質論的化成功夫，還得轉換西方物理解釋的價值取向，使為在而解釋的物理變成還原證成的物理。如此，方能成就還原證成之過程的完整。

第六節　本根倫理

　　還原證成是東方智慧的最高境界，它的意義是過程化的自足和大用顯全體的全義實現。個中，性智覺的自覺和積極能動的實踐是其要義。

　　自人類有解釋能力以來，我們一直在孜孜求解神意，限於場景和感官作用，我們的求解動機一直未曾釐正，有為自我而求解者，有為功利而求解者，有為寄託、依賴而求解者，也有為神意本身而求解者。如今，我們已然知曉，所謂神意即世界之完整與全義的還原證成。所謂求解，即人類智慧還原證成之實踐與實現。它由性智覺牽引，亦由理智能促成。性智覺的牽引源之於它對本原的記憶和追求，是本根倫理意志所驅動的必然旅路，未可停頓，不能罷黜。

　　本根倫理是什麼呢？按人類慣習的表達方式言，它是這個世界的終極善。善是人類賦於世界的價值判斷，其本意即世界——體、相、

用或體、存、在──的同一不二。當我們用善來表達同一不二時，其中包含了主觀能動的意義，或即是能動的好壞判斷。可說，這樣的判斷便是世界的價值所指。價值及其價值判斷有明顯地人為之意，故諸多時候，這樣的指稱和裁斷多會出現群域性、地域性、時段性的缺陷。可以說，正是這種界域性的定義和裁判才成就了古來紛雜的各種文化現象，至今，這樣的紛雜與分歧仍然茂盛興旺。不過，既然善是一種智能認為的價值指稱和判斷，那麼，它是一定會完善和校正的，其校正的準則便是體、相、用的同一不二。顧此，就不難明瞭所謂道德、倫理的本意究竟為何義？

善，表意為人為的能動價值指稱，然其本義是世界的同一不二。以此便知，所謂道德，無非是為著善的需要對自我實施的限制或禁忌，以及基於此而發的主動覺悟和顯現原則。通常情形下，這樣的原則和覺悟必須規範化，其表達便是我們所說的倫理。因之，也即是說，道德、倫理是善的原則化、規範化。這一說法中，有兩點須得申明：一是為了善，而善又無有域界；二是以限制自我為實現之境。

理解了道德的本意，就不難理解另一個相關的概念：良知。緣之道德，可知所謂良知便是，為著善而穿透界域限制的覺悟與能力。如果這樣的覺悟和能力能不為任何形式、界域所阻，即是世界的同一不二，即是還原證成了本原。

有此良知、道德的基義，再來看本根倫理，就會有大概的把握。要約言之，不外如下之意：

a. 各自、自我、衝突諸象祇是世界過程中的陽假現象；

b. 世界的陽動非是為了毀滅，而是為了證成；

c. 世界是體、相、用三界的互助、互養、同構與自足；

d. 善的質義是化除自我、解構各自、同一不二；

e. 自覺地超越自我，是還原證成的全義與完善必然，也是智動的價值所在。

上編結語

　　本編之意，在列舉真如良智之大要所在。依前述已知，諸在乃體或原的陽假或形式化，故都有回歸、回復為體、原的必然與衝動。然，諸在之中，這樣的必然與衝動並非同態表現，察其構成及聚斂之可能，可說，唯人才真正具備了這種回復與還原的能力與自覺。以此，才可說人的殊異與靈秀：唯人才有還原的主動與能動。

　　人何以有此主動與自覺呢？乃在於它所承載的大腦充當了一個特殊的角色。這個角色是，本體變相，諸相同構為在，世界以在為顯現，而這在與顯現恰也是世界對自己的隔礙與隱藏，以至諸在似乎與本原無關——當然這祗是假象——在這廣普化的無關與丟失之中，唯有大腦尚保留了對它自己的記憶和覺悟，並有還原證成的衝動。故知，大腦是這個世界上最為特殊的在，且正是大腦的唯此唯一，才致世界有了過程還原的轉折。

　　不過，人雖然有此唯此唯一的還原能動與覺悟，然其還原證成之法式與徑路卻不可同日而語。原因是，其能動與覺悟的表達並非同態與突然實現的，相反，它受制於各自狀態中人們的感覺與經驗，進而，這樣的感覺與經驗又受環境、場景、傳習所塑造。比如，關於本原、本體、本根的把握，便表現了人類認知（回憶）過程中的差異與簡陋。

　　我們知道，將原、體進行經驗化、感覺化把握之原初，其感覺、經驗是殘缺不全的，由此而有的後果是，某些莫名的外在印象很可能決定其經驗的表達和定義。比如，生境中的神秘感與恐懼感容易壓倒性地決定人們對體、原的初級體悟，結果是，神被說成了印證的全部，並由此而有了人類神靈觀念的起源。它是說，原、或體的絕對性經感覺化處理後，變成了神秘與主宰的觀念。後世，這樣的經驗與感覺誤判，在場景、環境、傳習的作用下，進一步延繹和發展，直至出現了位格化、物化的各種神系、神譜，如原始自然神、自然神、原

神、宗教神之類。故知，所謂神，其實正是人們在有義理能力之前，之於本原的不恰當的稱謂。

體變相養用顯、同構互助自足，具有過程的必然性，這必然於人類即表現在，既已啟動了還原證成之旅，便勢不可擋，所以，當各種神說盛行於猜測哲學之中之後，人類便不由己地進入了解釋哲學之中，而解釋哲學的最重要貢獻便是：一、在概念上還原了本原之真意，從而使之遠離了神說的簡陋；二、從本然和物理的兩面理解、覺悟了還原證成及世界內部化的真義，並積極實踐之。

解釋哲學是人類進階的平臺，這個進階是世界之還原證成的重要組成部份。解釋哲學的平臺是建立在猜測哲學基礎之上的，故它有著比猜測哲學更好的還原證成的能動及價值。

解釋的終極是還原證成，故解釋的同一性是必然之理，不過，反觀解釋的由來及其現狀卻非如此。受制於猜測的個性化、地域化、群域化前提，解釋的過去與當下恰恰千差萬別，且其進位亦大相徑庭。

諸解釋之中，是否義理化可視為一進位標杆，而其進位的徑向又當以是否還原證成為質要。據此，方可分判諸有史以來的若干文化體的樣態。

大要言，原始自然神、自然神、原神諸系均屬猜測哲學階段的精神現象；相應地，諸宗教神、義理神則屬解釋哲學的體系。

依形態質地言，非洲大陸、澳洲、美洲土著及亞洲諸薩滿群體，均留止於原始自然神階段；兩河蘇美爾人及其後續、埃及則屬於由自然神向原神轉型狀態，故二者之特性兼而有之，其中有些有所偏頗；希臘、羅馬的神話屬典型的原神體系；猶太教、基督教、伊斯蘭教屬宗教神系譜；伊朗瑣羅亞斯德的火教、印度吠陀哲學屬自然神義理化的初級形態；而印度《奧義書》或印度教諸派（包括佛教）、中國伏

義的「八卦」道統及其後續（如《周易》哲學、老子哲學、儒家哲學等）、宗教神論、希臘哲學之類，均屬義理化的解釋哲學，有所差別的是，中國與印度的義理學屬自然神的義理學，希臘哲學（包括自然哲學）屬理性義理學，而所有宗教神的解釋則為神學的義理論體系。

依還原質量言，印度教、佛學、道家諸說、宋明理學最為先進，故義理亦最深奧；依通俗性、可行性論，儒學最入道；若依物理有效性說事，西方物理學（含社會學、政治學、法學、人類學）最得力，不過，須得提示的是，無論哲學還是物理，西方之學均無還原之價值內質，乃斷根的自我中心文化，故有待重塑。

依還原路徑言，猜測哲學可說過錯明顯。一是對象的錯誤，如以神說體、說原；二是還原的能動不明，多以自我（群自我）物利為說。唯自然神論別致突出，方向正確。解釋哲學中，其情形大約如上言之質地、質量，其中，值得指出的是西方文化，完全不知還原為何義，故會致其有效性抵擋不住其過錯，勢得有轉型之苦。

還原，即大腦記憶的完整與完善。就此而論，猜測哲學祇能算作還原的開啟，它並不真實，甚或完全錯誤。相較而論，解釋哲學則有還原的張布之意，至少，它在證明以下意義：所謂記憶的還原，不是直接的回憶出本原來，而是大腦及其承載經過自足的實踐與過程，讓自我與本原同一不二。祇有當此同一不二之時，才可說記憶的完整與完善，才是還原的實現。

因此，還原是一在與自我的自足實現及過程實踐。其中，解釋的義理化可以為判斷的標準。義理是什麼？義理是相關本原的理解和體悟。所以，一個文化是否有義理，以及義理是否指向本原的覺悟與把握，是其被判斷的標準。

義理之為義理，即人以自為的方式去思考、解釋、建構的還原

證成的學理體系。不過，以其所為之體系直接為還原證成本身，還是間接解釋此還原的局部、具體而分野，可將義理分殊為道理學和物理學。

道理者，還原證成的必然、必由之理也。何為道呢？道者，有還原證成能力的在之於所能還原印證之終極的解釋與證成。這種解釋與證成可能是物理性的，也可能是本然性的，然，不論其方式與路徑若何，要之即，祇有還原印證的終極，才是道。故知，道理是物、形、自我的化除，以至與原同一不二之理。依此亦知，所謂道理學是指直奔還原證成的主題的知識現象。它以道為核心概念和知識主線，討論還原證成的必然性、可能性及其方法和程式。如中國的「政道」體系、「人道」體系、「自然道」體系、「天道」體系（亦稱理學體系），印度的奧義「梵道」體系、佛家的「識道」體系之類。此類道學體系於還原證成言，其方向正確，然其方法、方式、路徑卻多有不周延處。

物理者，諸物、諸在所以為物、為在，及相互關係之理，它由物而起。物者，諸相同構暫且同一之形也，或說本原及諸因的形式化，故有隔閡、對抗、衝突。此表明，所謂衝突、對抗其實是世界自己衝突、對抗自己，而世界原本無有衝突、對抗，所以便有了有至於无的還原。然則，此之還原並非退回去，它得先行物、在、形的自足，然後經由自足的超越而至與原、因的同一不二。這一聚物、定形、成己、自足、超越的過程，充滿了物理與物義，明瞭之則可成己、成人、成物、成天，實現還原證成之終極。是以，人類的義理之維不得失卻物理。

或說，道理與物理是兩種不同的義理或學理論證，其實不然。應說，它們是還原證成的兩種方式，是解釋的同構，是互助，而非知識的對立。

　　當然，既為兩種方式，就不免有差異或差別。道理者，以直奔主題，力求本原的直接還原為能事，故對世俗言，多空靈、超越，難以把持。其中，本原為何？又當如何還原證成，實為俗智所不能。此種不能的後果，就難免它有變態的表達，人類早期或原初時境中，這樣的變態反成常見之態，是其例。個中，以神的名稱來表達本原的猜測哲學，以及後續而來的繼承者宗教神論，其歪曲、變態之意可謂昭然不遺。其要者，非衹是將本原別稱為神，更在於將還原、同一不二之真義，歪曲為了對神的奉承、崇拜、討好、虔敬，而其動機又恰是功利的。這無異於割裂世界為二，還原變成了一個世界對另一個世界的乞討、奉承，謬之大也。義理化的道理學竭慮精思，終於走出迷途，首先還原了本原的真義，其次說明，所謂還原，即是體用不二，實在是无量之理。

　　物理者，間接論證也。它的直接動機是為了論證自我：合理性、有效性。或說，這一學理體系它不以還原證成為目標或目的（多是因為未能、不能悟到此目標和目的），而以還原證成的載體（自我、在、物、形）為學問對象，去建構具體的物理知識體系。此種學問多衹關及具體與效用、實用，故其知識多可分殊別列，成為單獨的知識體系。其分割斷裂之勢，有所長，亦有所短。其長是易為人們認同、理解，且有效、有利；不過，其中的盲目性、短視性卻揮之不去，以致不得不用強勢的自我批判、否定來糾錯、改正，是以有了試錯文化的表徵。比如，眼見已然成立了的自我中心主義、功利主義、存在主義、理性主義、物理主義（物質主義、唯物主義）之類的義理學，卻不料其後續的物理論證（分屬自然物理和社會物理兩領域）反將形、物、自我證為虛化，奔向了在之所以為在、形之所以為形的本然之域。於是，直接的自我論證不知不覺中變成了還原論證的準備論證，實在出乎意料。可說，經過無數的自我批判、否定之後，所有的物理論證會慢慢地接近道理學之境，並與道理學合而為一。

　　物理之中，我們受著物理邏輯的扼制，你無法不服從物理法則。比如，在簡單的物利需求的前提下，你會與物有著簡單的和諧關係，而一當你有複雜的物理需求，且通過物理方式從物中獲得太多的物利之時，你會發現，你與物是對立、對抗、衝突的，因為你已觸及了攝在養在的底線。這一景狀和過程於物理把握不全的自我言，是痛苦和艱難的，除非你繼續理解物理、突破物、形的制限，使物利變成無限之養源。這樣的目標其實並不難實現，因為物理中本來就有這樣的理，它叫「以相養在」或「以物化物」、「以物解物」。問題是，自我不能天真地以為，所解、所化之物可以排除自己。在自我也是物的情形下，化與解的結果一定是連同著自我本身，如此方有物理的完整。以此理推論，沒有衝突、對抗和無限養源的狀態是「以相養在」，而彼之在，或彼之自我亦已非此之在、此之自我，它們恰是與本原同一不二之在、之自我：即自我即本原。故知，物理所求的自我論證，其終局仍然是還原證成。

　　這兩種學問（道理學、物理學）的合一，其要害在自我與形物的化解。道理學直接以化解為目的，自不待言，而物理學其動機和目的似乎是為了成就自我，不幸（其實是大幸）的是，依物理邏輯本身論，成就自我之時，恰是自我的化解之時。故說，物理不是一種自主的學問，它祇是道理學的預設和準備前件。

　　有此解釋，便知，本然的覺悟與自我自足的同構，才是還原證成的完整。或說，本然的覺悟與自我的物理自足才是還原證成的完成，二者缺一不可。覺悟是記憶的完整，自足是證成自身。

　　自我的物理自足是同一不二的必由之路，不過它有兩種形式或兩個過程（階段）的表達。首先，它祇是自我的物利滿足、實現，以致被慾望所主宰，所謂皮肉之需；其後，一當明瞭在、形的虛假和原、因的真實，則可脫虛假而歸真實，以至在或自我的物利滿足將被放

棄。以此言,說還原即是對自我和形的化除、破除、滅除,恰是正確的命題,其本意,正是原、因、果,或自我與本原的同一不二。

由之解釋哲學,我們已然知曉,真正的還原是證成的還原,而非原路返回。其證成包括道德自覺的成善和以相養在的物理證成兩層理義,二者的終極與合一,即還原證成的完善。要約言,這兩種還原證成的法式中,又可各自分述為兩個下位路徑。

依道德自覺言,其二是指:漸進式的成己、成人、成物、成天之路向,它由孔子開創,由最近的善漸向終極的善;超越式的「以智去智」與「自然而然」之路向,它由印度哲學和老子哲學開創,主張放棄當下和自我,直奔本原,是一種放棄和空去式的還原之路。這裡需要附帶說及的另一種方式,可說為「政道大同」的路向,它由中國的伏羲創立,試圖用政治化的方式將人類組織、訓飭到大同一統的格局之中,祇是這裡的政治應當是手段而非目的,它以道德倫理為質地,即以政為道,而非以治為術。不過,這種方式在施行中必不免治術的負面綁架,最終祇能以失敗告終。至於未來可否有待,尚期論說。

依「以相養在」的物理之路言,其二是指:由養源立論、認知、理解、貫通物的功能、結構、性狀,明瞭以物解物、以物化物的真諦,從而實現養源的無限之意:以相養在,亦即解除物、在之於養的限制,實現養的自由;由求養者立論,當有改變其構成與結構、功能的必須,以使可與他在無有界域的分歧、對峙、障隔,進而實現以相養在。

當然,上言人類早期有關體、原稱謂及質地之把握的經驗錯誤,可說祇是人類心路歷程之一端,另一端,我們仍然要理解,還原證成的必然性即使在人類的早期依然是堅定不移的。那些生成於神話體系中的不完全、不完整神說,如物利式的神說、原罪說、救贖說之類,其實均表達了還原證成的初級涵義,我們不可簡單否定它們。

中　編

緒　論
神的眞假與世界的還原

　　自然被神化，亦即世界的神化。神化的本意是為了揭示世界的意義和價值，衹是，這樣的揭示有太多的隱幽和情非得已。首先，於世界言，有此揭示之能動和能力者，非人類不得其選。此表明，世界之有意義和價值者，唯人類所殊，他者，一概被動驅使或飽感受所欲而已；同時，世界之能神化，亦是人類唯獨的殊異，它是能動之能的極化，非物或他者所能嚮往。

　　其次，人由之於動物，自不免被動驅使和感受所欲的拖累，雖能為能動之極致，卻不能盡失慾求之所需，於是，其所為的神化與意義、價值便不能徹底或終極化，它必得拖帶功利、慾望、狹隘、淺視諸般印蹟，以致神、世界的意義和價值要大打折扣，乃至歪曲，甚至反動。

　　復次，人的能動行為與物的向量現象多能通假，即行為的向量慣性亦為人類所不免，一當人們認為價值與意義是短程的功利和慾望所在，就必然會予神以等值解釋的結論，於是，由之假義而形成的神說，便具出了普通性的結果，有所不同的衹在於，你所偶發的那個神與我所偶發的那個神，有由來、名稱、說法、自利度的差異。這種現象明示，除極少特殊者外，大多數人所說的神都無法逃離功利、自我的主導，其所謂神，恰是真神的人為變態。

　　英國學人約翰·鮑克曾講明了一個命題：為什麼上帝之死在不斷地發生？原因是，語言的局限性意味著對神之特性進行的描述不可避免地會走向死亡……但是，神並未死亡，神還活著，一旦窮盡了局限，人們會對神產生一種新的理解和看法[24]。鮑克先生的意圖甚明：其一是說，神是真實的；其二是說，所謂神的死亡，其實衹是人類語言描述的死亡，而非神本身死亡；其三是說，如果避免了語言的局限

24　參見[英]約翰·鮑克：《神之簡史·神之死與生》，26～27頁，高師寧等譯，北京，生活·讀書·新知三聯書店，2007年。

性，則神就會永遠地活著。可見，鮑克堅持的是，人的語言局限性恰是導致神不斷死亡的原因，而神是不死的。

　　鮑克的意見有相當的合理性。依據前言，神的問題其實是人的問題：有人才有神，而語言恰正是人依之表達所有思維、觀念、智慧的工具與載體。以此則知，如果載體不充分、不完整，則被表達的對象一定也不會完整。若以過程計，這樣的不完整便會表現為階段性的「死亡」現象。不過，鮑克的合理性中隱藏了兩個問題，第一個是，神是什麼，或什麼是神？如果依宗教立論，則此神為位格神，那就意味著，他的說法之外，還有一個說法；神本身就是局限。第二個是，語言祇是人類智慧能動方式中的表達方式，而非全部方式，更非根本方式，這便有進而的問題：表達方式的完整就一定會導致神本身的完整嗎？這顯然是不能成立的答案。認真追究一下，也許人類之於神的真實理解和把握完全無需語言的承載。當然，如果鮑克先生的「語言表達」或「體驗」是廣義的，即它代替著人類智慧的全部，那就另當別論了。

　　上篇中，我已刻意說及有關神的兩種差異：一是過程性差異，此意與鮑克先生的觀點相近；二是地域性或文化域的差異。重提此話，意在表明，討論神之死與不死的話題，當由此二者聯通會意，不能執一端為論。

　　鮑克議論中的隱藏問題得認真對待。首先，神的確是不死的，但已有過的諸神，即所有的位格神都會先後死亡，或正在死亡，因為它們並非真正的神，而祇是過程域與文化域意義上的神，真正的神是無有界域限制的，亦即化除自我、功利、地域、文化域之後的那種神，當然，更與位格無關了。其次，神的永恆是由人對神的體悟、把握表達的，此體悟、覺悟可能與體驗有關，卻不限於體驗，是一種遠遠超出體驗之外的智慧完成態，它的真實意義是對自我、功利、界域的化

除，而非堅守。這樣的完成態才能真正顯示神的永恆與完整、全義，任何帶有自我、功利、界域限定或印蹟的神，都不可能是永恆與完整的。故知，化除自我、界域才是神的本意與全義，祇有本意與全義才是永恆，而非任何的歪曲、臆解。至於說語言描述局限性的克服問題，於化除自我、界域言，實在祇是一表達形式的問題，並非過程的終極，有必要理解它，卻無必要本質化。

神有其本身和它的過程化。依本身論，它是混元、寂靜、陰本、虛无，是沒有意義和價值，故可說為本體、原體、空體、无體、虛體。依過程論，它會出現自身的形式化、動態，是以世界便有虛无之外（由隱而顯的外）的有形、存在、屬性、質量、能量、法則、空間、時間之類。其間，无體、空體轉化為了有體、形體、在體、性體、心體。

神本原的過程化，其實是以自身的形式化來證成自身的。這樣的證成有兩層表達，其一是出現在與的多樣化；其二是通過多樣化的聚斂、歷煉——即前述的陽動或陽假方式——錘煉出智慧之在。因為，神本原要以形式化來證成自我，祇有一般意義的在是不充分的，唯有在中有了智慧之在，才有可能記憶出並覺悟到神自我與它的還原證成過程，於是，智慧之在的出現就成了還原證成過程中的必然。因而故知，此在之於還原證成的終極價值的擔荷，恰是必然中的必然。

此意表明，在界及其多樣化、複雜化與神並非二致，而是同一不二的世界本身，故說世界是內部化的，沒有外在、他者。此意亦表明，智慧者是特殊的在，卻並非刻意固定之在，它首先是過程中的在，其次是諸在還原證成神自我之終極價值的承擔者、主動者、參與者，其所具備的能動性與其能力（大腦和它的功能），其所依憑的小自我，都是神或本原的形式與分殊，它的確有護守智動、能動的物理意義，所以人類得尊重它、保衛它，卻不是過程的終極，過程的終極

恰好反向——化除自我、界域。如此，才可以證成還原神自我本身。

　　現在，我們理解了神的真義。神之於我們，並非外在，而是自身，有所不同的祗是，我們是神的形式化，而非神之本原的原本，故有返還證成的責任與使命，或說是形式之於本原記憶的還原與成就。此還原證成的終極標準是分殊之自我的化除，此化除既是物理的實現，亦是本然覺悟的完整。以此言，我們的意義與價值有：一是實現分殊之自我，尤其是它的物理實現，以便成就智慧之在的物理與本然所共的條件、前提；二是實現神自我的還原證成，以便神本原之形式的還原過程完成。

　　這樣，意義與價值由之被賦予在了過程之中，即，祗有在過程中才能真正理解意義與價值，或說，過程本身即是價值與意義的涵義所在。然而，經驗告訴我們，過程化有兩面性。當我們俯視過程時，我們會觀察到起始、全域，不會讓意義與價值殘缺；而當我們置身過程之中時，我們會為狀態、環境所困，從而失落意義與價值的完整。其中，當在必得以「各自」的方式、形式來表達時，亦必得「攝養以為在」，而養源復在諸在之中，甚至於在諸生命之在之中時，此種狀態和環境所形成的壓力必致分殊之自我的極端化。這樣的極端化，正是個體之自我形成的前提，進而它直接左右了此自我之於神自我的還原證成終極意義與價值的歪曲，乃至反動；亦影響了我們之於神本原的記憶的展開：為了自我，我們將神本原的微弱印躚歪曲為了外在的締造者、統治者，將分殊之自我變成了神的奴僕。

　　其因由乃在於，陽假化首先便是這記憶的變態、歪曲、肢解化，這是一種假中之假的復假現象。復假現象在載體的成長期會表現特別明顯，唯有自足至成熟期之後，這樣復假現象才有可能改觀，此時才會進入記憶恢復過程，才會有真正的還原證成。

　　此種兩在與奴僕心態是過程中的必然，除非我們覺悟了神的真義。故知，無論從存在祇是神本原的形式化言，還是就神是人為塑造的文化現象言，人對神的奴僕心態與作法均是世界過程化中的變態，而非真實態。然則，對我們言，即使是變態也是不可抹去的，它們亦有過程中的鋪墊意義與價值。此乃因為，我們之所來，來之於在的多樣化、複雜化，當然就不免帶有諸在的印蹟，而在的先天缺陷恰在於各自為在、攝養以為在。於過程言，這樣的缺陷首先要被繼承，然後才可能被超越；於我們言，其所繼承中，這樣的缺陷又必然要被智慧放大、膨脹，以至青勝於藍。我們的尷尬正在於，我們還在此放大、膨脹的過程中，尚未進入超越的境地，而此又恰是智慧煉造不成熟、不完整的結果。於是，自我的極致化無可避免，它成了一切──觀察、解釋、道理──的標準與法則，其間神也被出位到了位格的狀態。邏輯上講，在智慧不完整的前提下，祇有有了不可知的外在主宰者，自我才會被安頓，而非是智能之於神本原的覺悟來安頓自我。

　　諸在缺陷被放大、膨脹的過程中，我們因智慧而充當了先鋒。這些雖然是神本原形式化中歪曲、變態的極致與復假，卻也是我們漸慢覺悟神本原，明晰出記憶本原的準備與鋪墊。我們對神本原的歪曲，乃至於自我的奴化，都將在過程中被調整、超越，或如鮑克所言，我們體驗的那些神均會不斷地死去，真正的神最終會顯露無遺。

　　神本原為了證成自我，讓虛空、寂无的自己變相、陽動、同構、成在，更在這在化的場景中，以陽假的機巧與張力，讓諸在盡情地複雜化、多樣化，直至煉化出殊異的智動者──它能以其所攝的特定顯現出神本原的記憶。智能者是諸在還原證成神本原的自覺者、主動者。所謂世界，正是這一過程與作為方式及終極化的完整，捨此而外，另無他解。

人，以其所幸，成為了智動者之一，它自然地便有了關於神本原，即自身之本的記憶與牽掛，這就成了它的殊異，卻也因此讓它有了殊異的困境。

這些困境包括：其一，神本原自證其成的過程，與證成方式的在化均表明，任何參與證成的在首先是被動的，其次也是暫且的。所謂過程，恰正是由這樣的被動與暫且粘連起來的。故知，沒有任何在可以成為目的，而祗是延伸過程的參與者。

其二，既以在為其證成的承載者，除卻在祗能是暫且者外，還在於諸在亦是本原的假象。此假象是說，世界上原本沒有在，所謂在，其實祗是本原變相後的同構狀態：同構即為在，不同構即不為在。所謂陽假便是諸相同構的暫且狀態。因此固知，本原是世界的本態，相是世界的常態，而在祗能算是世界的變（假）態。

其三，假態之在，雖然既假又暫且，卻也有著時、空、性、形、質、能、法的相對性，祗是，保持此相對性於諸在言，卻又是不利至極。個中，在首先是各自的，即各自為在，其次要想在下去，還得攝養以為在。這兩條定在的法則，實是非常致命的。在的各自化，意味著在責自負，這便無免於在的自私、自利、自在，而此又與諸在之所以成——參與證成神本原之過程的載體——相衝突；攝養以為在，則更是意味著衝突、紛爭，因為，根據陽假的法定，諸在要在下去，必得以攝養為前提，而攝養又受其能力限制，不可直接攝本養（相），祗能攝本養之假：在，這便確立了以在養在的大勢。事實是，攝與被攝並非溫文爾雅的遊戲，反而是在的生死存亡的搏擊。於是諸在之間，除卻暫且、假態、相對之外，又有了不可斥去的競爭、衝突、對抗的危機。

在界的此種設計與格局，實在非我們所能理喻，我們有萬般無奈的隱痛：何其悲哉！於是，我們不得不探究神本原此番作為的用意。

其實，神本原的用意並不隱秘，無非是，在諸在還原證成的過程中，諸在雖為過程的承載、載體，然一般的在並不能直接成為這一證成價值的自覺者、主動者，它祗能起敷設、鋪墊作用，唯有特異之在，它斂聚得了記憶神本原的能力，而後方有過程的自覺和參與的主動。而此在，既非一般之在，當然就不會簡易成形，它得有複雜化、多樣化、奇異艱難的過程與方式方可成就。這個過程和方式之和就叫陽動，或陽動的組成者。陽動的諸多方式中，存亡的壓力最為激昂，亦最為有效，它促進了更衍、繹化，它亦能規範過程的路向，排斥無意義、無價值的在與格局。激昂與艱難的過程與方式，最終會讓某（些）在有機會斂聚到足以記憶起神本原本身的能力——我們稱它為智慧——讓還原證成的過程成為主動和自覺的真實。這番作為是長程過程中的輕描之筆，可對受者言，它卻充滿了悲愴與艱辛。於是，不免悲從中來，存在主義的傷感溢於言表。

反觀諸受（在）者，除卻無有智慧為之表達的諸在外，我們於此過程和方式的感悟當不在傷感之一端。如若我們捨自我之所欲與感覺，而自視為還原證成的參與者、自覺者，則會反會其意，看到大千世界、形化的諸在中，我們的僥倖、幸運與特出。其所具備的精微與覺悟的宏妙，實在是唯此獨載。當然，這樣的覺悟非常人所能溢出，過往以來，它還祗是聖賢們的智慧。芸芸眾生多還糾纏在生死存亡、穿衣吃飯諸物利和感覺之中——這些物利和感覺的總和，便是分殊或肉體的自我——他們無法記憶出神本原的真實與本意，也無有自覺與主動參與還原證成過程的衝力，反致被裹協在因自我而有的痛苦、競爭、搏擊、衝突的洪流中，間際之餘，唯有恐懼、無奈、哀歎，而過

重的恐懼感復必致產生他者的虛幻，於是，之於不可知者的恐懼、敬畏，最終變成了神的觀念與意識形態。

　　本質上講，即便是如此這般產生的神觀念，也與神本原有著實質性的意義關聯，因為它是有智慧的在者之於世界不可知者的一種猜測與追索，其錯不在猜測與追索，而在於對象的實在化，使之成為了與自我對立的兩在，不能確知這個不可知者其實就是我們自身。由實在化或兩在所引出的崇拜、諂媚、位格化、宗教諸多後續，並不難理解，難的是這些錯象的改變與歸真。幾萬年來，我們的文化與意識形態恰正是由這些錯象所生成與演繹的，它已有了宏大壯闊之勢，成為了人類存在的依賴，遽然的真實與本義無法為人們理解、接收，相反會視為異物予以排斥、拒絕。所以，我們的還原之路還需待時日。

　　自我之所來，由之過程，自我之所化，亦得期待過程。同理，神本原的歪曲亦是過程之所來，而神本原的歸真與完整亦得期待過程的延展。為此，我們需要善意地理解人類過往中的神觀念與神事實。它們不僅造就了我們的文化現象，更是我們後續過程的準備與鋪墊，亦是還原證成過程之完整的構成所在。以此意來觀察和理解過去的神現象，是我們進階還原神本原的必由之路。

　　世界本原的神化、神解，已然成為了我們的文化大觀，至少我們的歷史文化中，它佔有十分重要的比重。當然，今天的視界已然異樣，神的意義已大為擴展與廣義化，乃至於義理神論已將觸角伸入了神本原的域內。當此之時，回顧諸多神說、神論的概要大觀，也許更有助於我們明晰還原證成之由來去往的真諦。回憶當然免不了標準的設定與諸現象間的比顧，不過，優劣之說並非我所關注的重點，我更在意清理還原證成歷程於我們智慧中的變態表達，因為，這些變態現象的清理，更有利於我們返樸歸真。

　　如何判斷一種神靈觀念或一種宗教與文化現象的趨真歸原程度呢？當以如下三條原則為判據。

　　一、神靈崇拜的目的是什麼？是為了還原神本原自身，還是為了滿足自我與功利的需求，這些需求包括：物利、驅邪、對抗、轉嫁、慾望、治療、求喜、幸福、快樂……

　　二、神靈崇拜的方式是什麼？是物化（如神物、圖騰、技術、器具）崇拜，還是抽象崇拜。此抽象崇拜中，復可進而分出位格神崇拜和義理神論解釋的兩種類型，其中，義理化的解釋更容易趨近於神本原的還原論證。

　　三、神靈崇拜或神靈本身有無界域限制？凡有界域，如地域、群域、位格諸限制的信仰均為虛假之神，反之，神本原是世界本身，故無有界域差別。

　　依此三原則判斷，則知，所有既有的神靈手段和法式都以功利為目的：滿足自己，損壞敵人；所有神靈觀的表達或是技術的，或是義理的，技術的低級，義理的高級；所有的神靈觀都有界域，或泛界域，能放棄自我和界域的神靈觀才是真實的；所有的神靈或是位格的，或是非位格的，祇有無位格的才能義理化成為本體、本原，有位格的則無此可能性。這樣的據判之後，我們終於可以明白，神本原之為真正的神，乃在於它無物利或功利目的，無自我或群域、地域、位格制限，無物化承載或物理理解，正是這種所有一無的完整和全義，才說它是世界的本原、本根、本體。其所欲，唯在於以陽假的方式還原證成自身。也恰是這樣的欲和陽假，才有了在，才有了我們，才有了各自。逆理故知，自我、慾望亦恰是這本原之大慾的分殊與暫且，或說諸暫且的憑依。我們抓住了，可為在，可在下去，但固執之，則會反轉受困，受依憑之害。

　　據判現象趨真歸原的三大原則，可助我們把握世界過程的狀態與進階，亦有助於我們明晰存在於自我的價值、意義，經由這樣的把握與明晰，即可調整還原證成的路徑。故知，據判的目的不是為了批判，而是為了清理庫存，以便輕裝出發。是以，本篇將據此對已有的文化現象和神靈信仰做出合理的理解描述。

第 四 章

自然神靈觀念與原始自然神

　　神靈觀念是人類獨有的現象，它由之大腦的特定。換位觀察，這一獨有亦是大腦特定的記憶功能萌發時期的錯覺所致。記憶萌發的本意是為了記憶出本原自我，卻在不經意之中將此本原自我曲解為了外在的控制者、絕對者。更嚴重的是，這樣的啟發竟直決定了後續幾乎全部人類文化的形態與質地，所以，任何相關本原的理解和把握，都無法迴避神的關聯性。那麼，這樣的錯覺是如何發生的呢？這正是本章所要討論的話題。

第一節　自然神靈觀的興起

　　人是諸在之一，以在言，它沒有什麼特殊性。即便以生命現象來理解，人類也不過如此：一個受DNA矇騙並受其控制的生物種類。然，人的確是特殊的在。它的特殊就在於，它有智慧。一個有智慧的在，使它秀於眾在之上，成為了萬物之靈。也正因為靈，所以它才有可能靈智萌動，有了記憶本原自我的特定預設。因此，我們理解神靈觀，務必要優先理解一下智能之在。

　　本原自我既以陽動、陽假、在化的過程來還原證成自身，就不可避免地要在這一過程中假定出能夠記憶起自我的自覺者、主動者，否則，陽假的還原證成宏願就無從談起。這裡，務必要說明，既然記憶自己的自覺者、主動者是還原證成的前提條件，則，這個自覺者、主動者的出現就是必然的，唯一可以或疑的是，此在（即記憶的自覺者、主動者）是凌空出世，還使漸慢斂聚？很顯然，凌空出世、一把即成，失去了過程的意義，而還原證成恰是由過程成就的。於是，我們祇得放棄此疑問，當作過程化的、選擇拔優的漸慢方式，來看待此

在的出世。而且，既是漸慢斂聚所成的此在，還得允許它有表達不力、甚至完全錯出方向的記憶行為和結論。因為，這樣的慢、這樣的聚、這樣的錯才構成過程的真實。

人之為此在，或說，人之被選拔為記憶的自覺者、主動者，雖然為本原陽假行為中的將就之舉，即這個承載者的狀態、質地非常地不合格，可它仍然是陽假過程與現象中的最優。其所以優，全在於此在或智能之在是由大腦支配的[25]。因之，我們之於此在記憶功能之啟發的討論，必得由大腦開始。

依現象觀察，大腦之出，是陽假行為中非常不經意的別出，很難作出本原或陽假過程故意所為的判斷。這一判斷的依據在於，大腦之成，全在於生物生存競爭過程中，因功能強化所出現的副產品。亦即說，大腦的本意是一種生物種類為了更好地實現生存或生存競爭，不自覺之中，將神經系統予以了強化發揮，以至在時間的幫助下，最後竟然成就了一個新的生物器官。這個說法的合理性可以反向追索，直至單細胞生命體，均可成立。生命考古學認定，最初的單細胞生命體是功能自足的，即一個細胞自己搞掂移動、感知、攝食、躲避、繁殖諸事務，沒有分工與配合。這種自足不求人的生存是以極低的效益為代價的。後來，為了效益，若干細胞單體聯合起來，組成複合體，進而有了行動、感覺、攝食、排泄諸行為的分工，生命世界便為之改觀了。邏輯上講，大腦正是最初那個聯合體中感覺細胞的極致化，它一路走過了感觸器、神經、神經系統、脊索、腦丘、小腦、大腦的歷程。其中，它所經歷的曲折、艱辛、危機實在難以歷數，故此處不去過問。

---

25 構成人的物理要素顯然不止是大腦，其他如直立行走、平視、手的出現等，均為重要成素。這是從簡，專以主要成素大腦為說，不作旁枝解釋。

大腦[26]，使人所以成為人的標誌，具有物理特徵。至少，在陽假世界中，這個標誌是特定的。人類學告訴我們，大腦的特定，在於它有物理指標，即它的容量必須達到1500克或1400毫升的平均單元量，小於此平均值的生命體不稱為人類。物理性的考證進而告訴我們，大腦的成立還有時間界標，這個時間約距今10萬年前。這個時間表明，依物理構件要素言，真正的人是從此時開始成立的，此前的類人生命體還不是人類。然而，這還不是大腦的全部。

大腦是有機物，即蛋白質聚合成的智慧載體，它雖然有明確的物理屬性，可其應用與功能潛能卻非一個量化達標即是，大腦的意義和價值除卻物理量化指標外，更多的是期待潛能的開發與利用，特別是網路化的類的智慧的開發與利用，方能成就為真正的主動者、自覺者。問題是，大腦既為蛋白質的合成物，便無免在了即苟且的惰性，除非有嚴重的危機感或嚴酷的環境刺激，否則，它同樣樂意苟安懶活。正是基於這樣的秉性，大腦自生理成立之後的約5、6萬年間，大致處於了閒置狀態，未曾發揮明顯的功能作用。依智慧價值言，這樣的「閒置」也許是一種巨大的浪費，祗是仍然可以忽略不計。

此外，還有一種理由也許可以推判這樣的「閒置」現象。

依表象邏輯論，大腦之造，完全是為了更好、更有效地實現生存，因為感覺或指揮系統的高效更優於尖牙利爪的高效。或許，前此的某些特殊條件幫助大腦實現了質的突變，使它一躍成為了所有靈長類的特出，祗是，這些特殊條件是什麼不得而知，從後果看，這樣的特出似乎有些突兀。何以有此說呢？遍觀生物界，我們不難發現，如果說感覺器官或神經系統的主要功能是為了更好地實現生存，那麼，

26 大腦，有廣義與狹義兩說，廣義之大腦可包括鯨類、大象和其他靈長目的腦，狹義則僅指人腦。我這裡使用狹義說。此外，人類中還有其他的種類，如尼安德特人、人屬海德堡種、智人伊達圖亞種等的腦容量均與人類相當，甚至超出。

應該可以說，生存其實是無須大腦參與的，大腦之前的其他神經器官足以應對生存之需。這由除人類之外的所有生物體均無大腦而生存照樣多樣化的事實可知。正是這樣的「無需」才導致了大腦生成後有長達5、6萬年之久的閒置。

那麼，大腦的必要性究竟是什麼呢？這便成了一個必須提出的問題，祇是，到目前為止，它的答案不明確。在沒有獲得明確答案之前，全人類幾乎一致地奉循了一個原則：以大腦的特定，盡情地為己所用。這樣的作法，顯然地有竊用之嫌，不過，根據各自為在的預設，這似乎也無可厚非。因為大腦雖異，卻也是我們每個人各自的組成部份，況且，在不明了其所應用之前，先據以為己用，亦不算浪費天物。暫且放下此題不議，回到大腦的必要性究竟是什麼的問題上，我們先且作出一種初步判斷：無論因為激發大腦作功的環境條件不充分，以致它自行懶惰，還是它的確別有他用，需得等待啟動，結果是，它的使用是以某種兼顧的方式開始的。這種兼顧是說，它既解決了人之生存中的重大技術難題，而此難題非大腦完全無望解決，也破天荒地將世界神化，出示了神靈觀念和世界由神靈控制的結論。這是大腦開始發揮作用之時所顯示出的兩大成果，為先此的世界所無有。

這是一種奇妙的發揮和功能顯示，它預示了太多的意義和價值。先且不說神靈觀的對錯是非，僅就抓住世界有神秘者和世界由神秘者控制之想像言，大腦的頭功就已顯足了它獨到的記憶能力——一種幾乎是盲目的猜測恰點中了陽假受使者的要害：我們是被決定的，我們要盡力去領會決定者，以求與決定者同一不二。被決定的基設觀念之外，大腦還發現了技術化生存的方式，這意味著存在世界的物性是可以憑藉、利用的，一當利用、消化得當，則形物的制限可由之解除，而解除形困，恰正是還原證成的必由之路。

很顯然，我們自成就以來，幾乎沒有去認知過大腦初功時代其盲目作為的隱含意義與價值，當然也就忽視了其真義的萌芽預兆。結果是，忽視了真義之後，祇能將智慧用來滿足自我的慾望和肆意。從中，我們還看到，大腦初功時代的兩大功業，其實是相互關聯不可分割的，而且，依過程與陽假邏輯論，唯其相互關聯作用，方可顯現出世界的完整和全義：還原證成。今天，這兩大功業所當領受的名稱可稱為世界的本然性與世界的物理性。這當然是後話，後話後說，我們先得回到大腦的啟發時代，看看它是如何初展其功的。

依前言，大腦之「閒置」的一個很重要表象原因是生存壓力不夠。難以啟動作功的機制，所以它有了至少幾萬年的等待期，終於，這樣的壓力出現了。

7.5萬年前，最後冰河時代來臨，這是一次出現在大腦的生理構造完成後的寒冷期，一共持續了6.5萬年。有了大腦構造的人類之於寒冷氣候的反映、應對與沒有大腦構造的直立人完全不同。雖然，依事實言，冰河時代的中前期，人類仍然沒有明顯地開發大腦功能，繼續如其他動物般地生活，但持續的不利環境壓力，最終還是開啟了大腦運作的機制，從此，一發不可收拾，大腦的歷史與事功成了這個世界的主旋律。

寒冷的壓力除某些方面直接作用於人類之外，依捕獵者的生態邏輯鏈言，人類主要是這種壓力的牽連者。寒冷，特別是持續數萬年的寒冷首先會令植物生長衰退，接著會影響食草動物，然後再影響食肉動物。人類處在這根鏈條的末端，卻也無法不面對食物匱乏的事實，獵物稀少和難以捕獵就是這個事實的內涵。現在，人類必須要突破這個事實，否則，其種群將難以為繼。本來，按先前的動物常理論，人類要逃脫這樣的困境是難以想像的。許多的動物，特別是大型動物（除去因人類的智慧技術加速其滅亡者之外）在這個時期的滅絕便是

極好的旁證。可人類反而從這樣的逆境中變成了成功者,延至今日,它已有數量多達70餘億,而彼時僅約為20餘萬。

這是一個典型的反敗為勝的實例,不過,它祗會發生在人類之中。人類的僥倖全在於,它於此前完成了大腦的構造[27],這一潛在的裝備最後拯救了人類。

我們先來看人類的技術生存法。

約距今3～4萬年以降,人類的生存不再是動物般的體力拼鬥,它憑藉大腦的特異,開始了複雜工具的製造和技術支援的生存方式[28]。這些技術的發明、運用,從其由來認知,恰好可看出大腦能力的特殊,它們基本上都是人類效法、摹仿自然現象,進而加工、掌控、改進所獲得的,具出了很強勢的自然屬性,亦展現了人工效力的強大優勢。如偽裝行為、施毒行為、弓矛武器之類。諸技術發明中,最為高效亦最為嚴酷的方式要算火的使用,火獵一法正是彼時初民們的重大發明。他們持火把點燃一座森林,或者持火把驅趕野獸掉下山崖、陷入泥潭,無一不利益豐厚。祗是,幾萬年的火獵之後,諸多大型動物均因種群的銳減,最終失去了繁殖能力而致滅絕,亦是不移的事實。

發明了技術、工具的人類在漫長的寒冷中,充分運用、發揮其所獨享的技術優勢,在致使諸多動物滅絕的同時,不僅保證了己種群的生存,還大有發展之勢,這是大腦發力以來的首功。可見,技術(後來還要包括科學)的功利意義不可低視。祗是,人類的成功似乎還不

---

27 其實,相同時代已具有大腦裝備的智人不唯人類,此外還有尼安德特人,人屬海德堡種、智人伊達圖亞種等類型,可惜的是,他們均銷聲匿跡了,滅絕了。按智慧成功論,它們的滅絕很難解釋,或許還有另外的我們無法知曉和理喻的原因起了作用,以致我們成了地球上的唯一者,此實在不得而知。

28 人類早期的各種技術成就可參見[德]J.E.利普斯:《事物的起源》一書,汪寧生譯,成都,四川民族出版社,1982年。

能完全依大腦的優長為說，憑心而論，如果沒有陽假過程施諸的幫助，我們之有今天其實是值得懷疑的。

我們已知，初期大腦的技術發明和所支使的狩獵方式，可說既盲目，又不負責任。盲目是說，它並不知識它的行為對自己和世界意味著什麼，除了攝食的衝動之外，另無他解；而不負責任則是說，它不祇是對自然、對他動物不負責任，即令對自己，它亦不知責任為何。因為，此時的狩獵者人類，當它們將大型動物毀滅之後，後續的生計之源是什麼，它們一概不知，且無能力知曉，亦不會去知曉。這說明，縱使有大腦的主使和幫助，人類仍然處在了生存的盲然中。這種情形在冰河時代的後期更為突出，那時的獵物稀缺已讓人類有了嚴重的生存困境，幾乎難以為繼。可見，如若放手讓初級成就的大腦去自主其載體的生存，差不多可說是妄想之念。

此前，我們已提出，若依生存本身言，實無需大腦支持，其他神經系統足矣。何以人類動用了大腦解決生存困境之後，反致大腦之於人類的生存價值卻顯得如此乏力了呢？這首先是大腦在解決人類的生存問題時，其所施諸自然界的破壞性遠遠地超出了任何他神經系統的自然能效，生態鏈已因人力打斷了，無力恢復；其次，大腦的初功也許還可以做出這樣的解釋：大腦在狩獵生存方式中已畢盡其能，若依然徜徉於此場景中，大腦必不得價值超越。這意味著，技術雖然為大腦所獨創，卻未得作功的真實舞臺。的確，狩獵是典型的動物行為與動物現象，人類若期待成為萬物之靈秀，首先得超越動物，為其所能所殊之為，否則，一切祇是戲說。因故，擺脫狩獵生存就成了首選。

這是一次完全異質的場景的轉換，已非初級大腦所能思量的質變，非得有陽假過程的援手不得其功。

更新世終結，全新世來臨，其標誌便是冰河期的中止，間冰期的開始，新戲劇的大幕已拉開。現在，人類可以放棄自身的動物方式的

生存，進入人工作業為主導的農業文明時代。毫無疑問，農業的人工化，是一種更需要智慧支援的生存方式，而其產業化，則更依賴技術的發明、運用。此外，它的若干副事功，如社會組織、政治、戰爭、交易之類，會大規模地擴大技術產品的需求量及應用域，以致技術本身也要顯出簡單性，必得借助更智慧、更物理化的科學體系和知識的支持，才能成就其名。故知，農業文明及其產業方式的開發，才是大腦能為其所為的福地。反觀狩獵時代末期，大腦發明火獵方式所致的諸大型動物滅絕事功，祗算是智慧的小鋒初試，客觀上也為後來的農業產業做了清場的準備。

　　攝在養在、攝生命養生命，是狩獵生存方式必起之由源，它直接、赤裸裸地表達了生存壓力的嚴酷性。現在，人類發明的農業產業方式，卻在無意間讓它遠離了這樣的直接和赤裸裸的求生之法，進入了可相對自控的生存實現之境。這是一種前所未有的越出，是生命世界的新界標。當然，農業是簡單的生產方式，可它是產業式的生存方式，這與非產業的狩獵方式有本質區別。這樣的奇異事態之發生唯大腦支配的人方有可能作為。它表明，人類由此越出了自在世界直接獵殺的嚴酷樊籬，游離在了直接獵殺的生存方式之外。這一越出的意義非常重要，它意味著，我們這個種類雖源出於動物，而今卻可以用非直接獵殺，即產業化生產的方式去謀求生存的機會。當直接的攝獵可被替代之時，它還意味著，這種替代的方式進而可以產業化，而產業化便是生存無限可能性的開啟。其無限可能性是說，謀求生存的方式和手段有可能在未來發展的過程中被虛化，直接擺脫以生命養生命，以在養在的圍籬，超越為生存而生存的拖累，化解物的累贅。當然，這是後話，待後面再議。

　　技術的發明與發現，祗顯示了大腦之於生存價值之一端，更重要的另一端得考之於神靈觀念的萌發與應用。

　　人類神靈觀念的發明同樣與最後冰期的嚴酷生存環境相關。一樣是生存壓力，它施諸受體的反應卻是完全不同的，被動與主動之分過於簡略，這裡，我們需要理解主動中的能動反應。

　　有大腦支使的人類面對嚴酷的生存壓力，它除了盡其所能去解決攝食的困難之外，更會去尋找、探究這些壓力的成因，以便獲得心靈壓力的舒緩，獲得存在著的背景依賴。這一特有的需求和作為標誌著，大腦之為大腦所獨有的記憶功能被激活了。祗是，這樣的激活從其前期表現來觀察，似乎完全是功利性的，與是否記憶本原自我的還原之功無關。這樣的表現與我們的觀察結論都不為過錯，它的確有過程的期待與漸顯的必須。

　　我們素知，凡為靈長類動物，其行為已非本能所能解釋，它更多地受使於習慣與經驗，這一情態於人類亦然。當人類需要探究生存壓力背後的原因之時，經驗的使動遠大於大腦本身的抽象能力。經驗中，任何意外事件絕非偶然，此念受感於日常生存、生活場景中的把握、抓拿、壓制、抵禦、控制諸經驗，對狩獵者言，搏擊、衝突中的制伏，雖然有形，卻無礙非人力事件發生時的因果聯想[29]。於是，某種看不見、摸不著、不可知的他者變成了所有生存困苦、生存壓力的作俑者、施授者、控制者。這個他者的不可知、不可視在經驗中生成之後，肯定會被大腦放大、加工，以致它最終成為了包括人在內的整個世界的絕對者、控制者、主宰者，亦是萬能者。

　　生存壓力之外，突發事件以及別的意外事件、災異事件、非人力事件、環境所製造的恐懼狀態，同樣會給大腦造成複雜性的後果，分析、判斷、綜合的結果，都會最終聚焦於恐懼事態背後的授造者身

29　參見[法]列維·布留爾：《原始思維》一書，丁由譯，北京，商務印書館，1981年。

上，於是，恐懼、擔心、害怕之中，也有了對授造者意願的猜測，以及順從、虔敬、崇拜的心理。

此外，大腦所製造的豐富夢境，靈異事件的神奇魅力，以及人們對不可知世界的想像與嚮往之類，均參與了大腦思維的網路結構，共同結紐，最終成了一個絕對的範疇：神或神靈。

神，是人類大腦正式開啟作功以後，第一個獲得的思維成就，它的意義和價值難以估量。其中，最值得提及的，是它從此成了人類這個特殊在者的統領者和被追隨者，而其他的動物祗能是依賴感覺或本能而在的自在者，不能也無能領受神的意志及用心。這個差別將人從動物中分判出來，開始了其為萬物之靈秀的殊異歷史。這個靈秀的標準內涵是：神之意志和其過程的自覺、主動參與者。

神觀念的發生，的確有物理內素，如生存壓力、恐懼、怪異之類，然，其所主導者祗能是大腦的獨特功能或能力，這個能力便是它對決定這個世界的本原自我的隱性記憶，諸物理條件祗是這種記憶能力的激活因素，而非主導原因。這個結論很容易獲得反證，那就是，同樣面臨了最後冰河時期的生存困境，而包括黑猩猩、矮黑猩猩在內的其他動物均不能產生神靈觀念。

當然，有了神靈觀念，祗是打開了靈秀之門，能否盡靈秀之責，成就靈秀之功，那還是一個非常漫長的過程，內中不免曲折與複雜，至少，我們從已有的歷史中所看到的，大多是這一命題的反面或無關論據。尤其在人類有神靈觀念的初期，除了神對人有控制力，人必須順從神、實現神，這類有相關性的內容外，更多的反是人類對神的功利性、自我本位性的應用與實踐，好像自覺地、主動地參與神的還原證成過程的使命，祗是天外之音，與人類的生存奮鬥、生活履歷毫無關係。這的確是一個需要期待和充分論證的話題。

　　大要言，人類被激活出了神靈觀念和意識，與自覺地、主動地參與到神自我的還原證成過程之中，應該分開理解（是分開理解，而非是兩個東西）。因激活而有了神靈意識是資格的確認，它祇意味著被選擇的結果，而非世界過程的終極結果。其所內涵或要求的意思是，能否實踐和擔荷還原證成的責任及事功，這還有待被選擇者的質地與心性、心志的錘煉，以及記憶能力向同一能力的轉化。所以，它們之間當然就有一個過程的修煉、甚至歷劫迂迴的折騰。其中，觀察者、實踐者都不難看到或感覺到反逆、不相關、對抗之類現象的發生。所以，僅依一時一境一代一域之據以為論，僅依感覺為說，很難有真實的結論。而若以全程觀察和理解，則，由有神靈意識而至自覺地還原證成，以與本原神自我同一不二，恰是邏輯的必然。

　　這裡，還有一個時程的較量問題。自有神靈觀念以來，我們不過經歷了幾萬年而已，對參與神自我的還原證成過程言，這實在是短瞬之距，故不可依之為論據的完整。

　　現在，先且不論邏輯必然性的後續諸說，回到神靈觀念發生的早期，我們還有諸多情形值得優先討論。

　　人因承載了大腦而幸成為了萬物之靈秀，可它首先還是生命者，是動物中的一個種類，而且它還來之於動物之中，因之，在人的質地與心性的塑造過程中，人的動物性便無法遽然丟失。人的動物性其真實意義在於，生存仍然是最基礎性的事業，唯有滿足了生存的優裕前提，才有可能突顯智慧的張力，去成就自覺者的志業。這個基礎性的前提表明，即使有了神靈意識，也必須優先解決生存問題，否則，再靈秀也無補於事。這個事實既是前一過程的慣性使然之所在，亦是人的能力不充分、方式不得當的必然結果。我們知道，狩獵時代的後期，人類開始依憑大腦的智慧去攝殺獵物，的確有強長之處，可後果卻反逆過來，過度的獵殺反致出現了更大的生存危機，以致人類必須

放棄這一生存方式，改弦易轍才能謀求生存。這說明，縱使有大腦的智慧也不足以解決生存困境，反而有可能在錯誤的使用中加劇困境。繼而的後果還在於，在這樣的錯誤場境中，初萌的神靈意識祇可能是絕對功利化的，它還不能支持生存之外的其他價值與意義。

狩獵者的神靈意識幾乎都用來滿足生存需求，他們視萬物有靈，也將這樣的觀念折射成神物崇拜，從而有了族群的圖騰，也發明了廣普化的巫術、禁忌之類的通神靈方法，可其功能幾乎無一不表現在獵殺動物、消除病痛、減少饑餓、戰勝敵手、團結群體方面，他們不能對神進行抽象的思考，祇能具體地使用神。

神靈觀念作為大腦獨異的智慧成就，其價值改觀的機會祇能在農業社會中去尋找。農業是初級產業化或半產業化的生存方式，與狩獵方式的直接獵殺獵物不同，它得先行養育、製造獵物（產品），而後享受產品。這個製造的方式和過程為食物的豐富提供了最低限度的保障，條件允許的時候，還可以有豐厚的積累。這不僅可以養活人口，還可以增殖人口，進而產生財富觀念，以及分工、定居、階級，甚至出現奢侈與繁榮的現象。在這樣的繁榮中，人口增長會擴大群體的容量，這會為社會實體演變為政治實體提供條件；積累豐富還會導致分工和階級分化，這又為職業化提供了前提，以致神職人員專門化；同樣，積累也會帶來神事的奢侈化，從而更有效地推動神靈事業的增繁。結果，神靈事業的物質基礎、精神與觀念基礎、意識形態基礎——具備了，祇待各地域、群域的肆意發揮與恢弘。

至此，一個新的場景被羅致出來。在這樣的場景中，神靈意識的宗教化，即神靈觀念被集約為地域或群域的意識形態，是明顯和突出的神事現象。它意味著，除了功利以外，神靈觀念也開始與自我（群域自我）發生關聯，成為了保衛族群、鞏固族群的重要憑藉。我們已知，自我——無論個體之己我，還是群體之群我——均是神本原自我

的分殊，依終極價值言，還原證成就是要化除所有的自我和界域，以求與本原自我的同一不二，而此場景中的情形則大為反逆，幾乎所有進入宗教境地的社群，都無例外地在用神的方式來固化自我，固化界域，其鋪張之勢，遠較圖騰崇拜的時代為盛。彼時的群自我小且弱勢，此時的群我則可謂氣吞山河。這樣的反逆現象其實並不可怪，它屬於自覺者成長過程中的體質自足張羅，前述的技術功利化、神靈功利化亦有此同功之意，再往後，後工業時代或後現代的個體己我的囂張與熾盛，亦可同理解釋：智慧支使下的界域、自我，均是那個各自為在之各自的變態，它有顯現的優先性，除非其自足已足夠超越自身，否則，它不會退場，反會愈演愈極端化。

暫不論這樣反逆現象的得失與前途，我們在農業產業化的過程中，還看到了神靈文化的新氣象，這便是，神靈文化除繼續保持著的原始自然神的觀念和崇拜方式之外，其新意主要有兩域，其一是神靈的宗教化，其二是神靈的抽象化、義理化。神靈觀念由物化走向宗教化和抽象、虛化，以至義理化，這才是問題的要害所在。設想，如若人類不能將神抽象化、思辨化、義理化，則前言所有的自覺者、主動者、參與者之設，定是空談而已。農業文明以後，神的宗教化、抽象化、思辨化、義理化趨勢大為鋪張，展現了全新的神靈文化。以下我們不妨先行檢索一番。

所謂宗教化，是發現和強化了神靈的界域固化功能，使之成為群域或地域的意識形態，當然，這樣的固化中離不開儀式或規範的作用。一般言，這裡所說的宗教化又可分述為兩個進階，第一個進階是使神放棄原始自然神，也放棄自然神的體貌，進而適應族群征服、入侵的需要，將原狀性的部族神升格為地域性的原神，這便有了原神信仰。原神觀念是征服、入侵之類生存競爭的副產品，故帶有強烈的搏擊、競爭特性，是強者或成功人群慣於發揮的神文化現象。因搏擊和

競爭的需要，原神基本上都信奉力能主義、功利主義，以致它的儀式
——特別在對外的行為和事務方面——有明顯的功利色彩，反致日常
生活中則不太在意儀式的功能與價值。原神信仰所依憑的是人類社會
中的英雄文化，所以他的命運與英雄同進退、共消長。第二個進階為
宗教神，它產生的原因與原神不同，卻同為生存競爭異常激烈（強
盜）社會中的宗教現象，祗是，它不產生於強盜社會中的強者或英雄
人群，反是產生於該社會中的弱者人群。強盜社會中，那些被強者強
盜們逼到邊緣狀態中的弱者人群，為了生存，也需要或更需要精神的
慰籍與安頓，於是，在自然神無力作為的情態下，也在原神式微的前
提下，他們人為地創造出了宗教神，從而建立起了新的信仰與安慰體
系。

　　本來，無論原神還是宗教神，其動機都是功利主義的，可不同的
表達方式卻導致了不同的命運。原神論崇尚力能主義，這本來與英雄
的心性同向，無奈英雄們忙於體力拼搏，無力去思辨神的抽象義理，
結果是拼得兩敗俱傷、同歸於盡。宗教神論則不然，它沒有力能基
礎，祗得轉向尋找道德、倫理的彰顯，結果反而導致了神的義理化，
並有能力演化為世界化的神事現象。宗教神的這一全新轉機和開展，
無意之中披露了神意方向：善的義理化即是還原神的必由之路。祗是
這一義理有先天的局限性，即宗教神是有意志且有位格的外在者，它
不是這個世界本身，故其義理有難以破除的樊籬，真正的義理得由其
他神論學說去張揚。為此，我們需要理解農業文明後的第二類神論。

　　這個第二類神論叫自然神和自然神論，它產生的環境不同於前面
的宗教化神論體系。良好的農業環境且沒有受到入侵之類的干擾，結
果就有可能讓原始自然神漸次升級、抽象，以致最終擺脫神的物化巢
臼，成為自然化的抽象神。與前面的原神、宗教神斷裂自然本根，盡
力人為製造不同，它是依賴自然本身而有的抽象，故與自然本根，即

神本原關聯直接，是以它的後續──自然神的義理化──便無可選擇地直奔了神本原的主題，將人的性智覺與神自我、神本原同一起來，異常早慧地彰顯了還原證成的終極性。這樣的早慧與出脫，確乎標識了人之所為人的標杆。

神靈意識或觀念的發生為大腦所特出，是大腦記憶神本原自我的殊異表達，它標誌著世界陽動過程中的一個新階段的開始。不過，陽動或陽假過程的先天預設──各自為在、攝養以為在──給這樣的開啟設置了麻煩，以致出現了以下後果：其一，記憶乃至後續的還原證成過程是由生存危機激活的；其二，大腦在能夠自覺地、主動地參與還原證成的終極事業之前，被使動仍然佔有主導地位。這個被使動是說，人的生存是首位的，於是，大腦的價值與功能無能免受功利與自我界域的制限，以致相關神自我的記憶與還原一概為功利主義、自我中心主義所遮蔽。在這樣的遮蔽中，神本為自我的共相本原，為殊異自我之終極，結果反被漸次地他化，成為了外在，成為了控制者、主宰者、統治者，在這個他者面前，人類紛紛奴化自己，對神盡行諂媚、盲從、奉獻之能事。

本來，本原自我並無關神之稱名與指意，是人類智慧不足以全義地還原本原自我本身，以致出現了理解與把握的盲區，使之成為了不可知的現象。值此之際，勉力命之為神，或無大礙，一當智慧周全，可全義地同一於本原自我之時，此種因錯覺而有的稱名當會自解。故知，神之為說實在是智慧不周全的必然。

此外，還有一由或許值得思忖。過往以來的人類，雖具有智慧，卻並不明瞭智慧的本義，而依大腦之所受造的物理由路理解，它的勝出必然無有例外地特別容易有利於自我、有利於慾望的實現，如若以此為鵠，當然會出現難以想像的負面後果，為此，必得有一定的制控

方式與手段，神靈觀念的特出和錯解，恰有此特定之功。以此亦知，人類以神靈之路開啟還原證成的志業，可說是將錯就錯的必然。

　　進而還可理知，人類的這種錯覺與錯解，以及錯用，雖無免幼稚、自視、盲目之嫌，可它所認定的萬物有靈之說，與其通靈、通神的訴願，實在是記憶本原自我與還原本原自我的靈性顯現，正是這樣的靈性奠定了人類的價值方向。

第二節　原始自然神論

　　生存，成了大腦的第一要務，為此，它創造出了兩種解決方案：第一是技術與功利的發現、利用，第二是自我之精神或世界背景的神化。神之所由，雖靈啟於萬物有靈論，人類亦以通神、通靈為第一要務，然，錯覺、錯解，乃至錯用的事實實在不庸置疑。或可說，大腦所承載的第一項思維或智力工程，也算是差強人意：它將恐懼、不可知、控制現象、神秘，以及經驗一併綜合考量、處理，終於有了神靈的觀念，除卻錯誤之外，顯然還是彰顯了記憶啟動的靈意，故不可小覷。

　　生存的重壓，致使記憶的初萌出現了錯覺，使本原自我之憶曲解為了對外在控制者的崇拜和迎奉。這是大腦啟動之時的初始態，由此，文化——人類適應陽動過程的智慧現象——的演化就祇好走將錯就錯之路：由神路去實現還原。我們的歷史中，神起源於萬物有靈的預設[30]，後來它被置於了神物崇拜的境地，以致出現了圖騰崇拜、巫術

30　這是英國人類學家愛德華‧泰勒有關原始文化研究的核心觀點，可說極為中肯。
　　參見[英]愛德華‧泰勒：《原始文化——神話、哲學、宗教、語言、藝術和習俗發展之研究》，連樹聲譯，上海，上海文藝出版社，1992年。

之類的原始宗教，再往後，神的發展理路便出現了分殊，一路將神抽象之，卻以偶像為表達，是為偶像崇拜，它的再續，是神的位格化，以致現代宗教出現；另一路則歸神於自然的抽象，使之成為自然神。後一路的神論，事實上是使神趨向自然本身的還原之路，它的結果是散神而非聚神，所以非常容易滌除神的假象，而趨於還原本原自我的真實，其前途不是神的固化，反而是神的義理化，以至本原自我的義理化。這一路徑的成功，在於它以極快的速度擺脫了神靈與神秘的假象，坐實了還原證成的真實，從而出示了人類智慧的珍圭。

比較而言，前一路神論，雖然也先後出現了兩種義理化的文化景觀，可較之後一路的義理論，它們較多地受制於功利與自我的拖累，以致神的假象難以滌除，至今還在狀態之中。究其原因，不外是在偶像化的過程中，地域性的生存強盜化復加劇了生存的重壓，以致人們為了自保不得不斷裂倫理責任，進而斷裂自然本根，而為了苟延生存又不得不做出文化的人為建構之舉，這種缺失自然本根綴繫的生存文化，祗注重功利與自我，他者一律排擠，結果是，神的觀念也被再次扭曲與變形，徹底走向了位格化。後來宗教神的義理化正是於此基礎和前提而有的神論義理。不過，此前還有一種義理，它源發於位格化的原神體系崩潰之後，在無神位統治的混亂中，人的智慧（理性）張力首次異常發揮，他們排除神而直入自然世界與人的本質，從而有了理性化的義理論。

理性化的義理論既然是斷裂了自然本根後的智慧發揮，自然就難免其所必具的功利化與自我中心的鉗制。在沒有神控制的生境中，人被置於了世界的中心地位，而其智慧又非是以還原本原自我為出路，這種情態的後果其實不難想像。我們已知的存在主義、現代性諸般文化現象，恰恰是這一邏輯的最後結果。

於是我們知聞，不論神的發生多麼偏差，其實並無礙還原證成之

由路的遞進，這一遞進的過程中，神的義理化是最佳的智動方式。理會了進程的必然，我們再來回觀進程的諸般情節，或許不致迷盲。

我們將自然神之前的所有神靈、神秘現象統稱為原始自然神，其用意是表明，這個階段的神靈觀有內涵泛化和形式物化的雙重特徵。以泛化言，它是萬物有靈的，說明神無所不在，無處不是，無所不是，這極符合本原、本體的特性，故可說它與本原自我說同根異表。以物化言，神均在物中，或是物本身，還難以抽象於物之上，所以，最終它必得演繹為圖騰崇拜和巫術之類的神文化。可以說，萬物有靈是原始文化的基設，而崇拜的物化，則多屬技術方面的建構，它們會通後就會導出通神、通靈的結果。

討論原始自然神，就不得不首先涉及萬物有靈論，這是一個十九世紀後期由英國人類學家泰勒提出的命題，它的確有學理的張力。物的靈化，是自然神靈觀念創生以來，第一個可考察的文化現象，它極好地表達了一個理念：世界是靈化的。世界的靈化或神靈化，主要的價值是強化了神靈的地位，進而可以控制和規範人的行為。這在狩獵時代的後期，以至農業文明的前期實在是非常重要的智慧原創，其意義可如下述：

第一、大腦作功後的初功直接點中了世界的實質：這個世界的諸般現象，不論它是什麼，其實祇是那個終極本原的形式化，有所偏差的祇在於，它將這個終極本原錯誤地命名為了神。這個啟點構成了人文世界或智動過程的預設：世界沒有外在，一切均是內部，本原是其本，是其原，諸在、諸物是其形。東方哲學後來所言的即體即用、同一不二正是這個原初預設的義理化。

第二、萬物有靈，亦意味著萬物的同源性、平等態，人與萬物的平等性、平權性、相對性，以及應然的和睦、和諧狀態是由本原的同

一性所決定的，人不可因為有智慧或大腦的特殊而有特權，反而恰應解釋為因特殊而有的責任、義務。這樣的觀點非但通過莊子之口，有「萬物與我並生，天地與我同一」的齊物說，也有印第安人的基本信念：狩獵是人類與動物之間的一種交流，人類的獵殺行為必須要保證動物的復活，或靈性的再生，否則，就是犯罪。這些均表明，世界是神，宇宙是神的身體，萬物是身體的組成部份[31]。這一預設的義理成就後來在王陽明那裡被表達為一體之仁。

第三、它設置了通靈的前提：世界是靈化的，萬物均有靈，所以人類才有通靈的可能性，而通靈正是世界的必然性之所在，至於能否通靈，那全在於能否破除人類智慧中的界域和載體。這樣的理路實在也是開了還原證成的先河，還原證成是這個世界陽動的必然，而能否實踐、實現這個必然，全在於自我的化除，這是後世印度諸家學說的真諦：以智去智。

故知，萬物有靈論有其靈性的意義和價值，萬不能如某些膚淺之論所言，迷信、唯心主義云云。當然，既然一開始將覺悟的靈性附著在了神的名稱之上，則難免其穿著的怪異、偏頗，是以當辨析之。

萬物有靈之靈，即本原自我，其形式為諸在，其分殊即萬物。故說，物物有靈、物物即靈。唯其當注明者，一般物之靈已為形在禁錮太過，或其靈性斂聚不充分，以至無法顯其靈，故通常不足為計；而人乃萬物萬在之最秀，它彙聚了諸在所共的靈性，故有化除形在之錮、盡顯本原自我、同一本原自我、全義地表達本原自我的潛力。這說明，人的殊異，不是它作為個體、作為己類而成的殊異，而是萬在、萬物所共之殊異。人類先民們認為萬物有靈並未有錯，不足在於他們未曾區分靈的差異，將靈平面化，以致人的殊異──作為萬物、

---

31 參見[英]約翰·鮑克：《神之簡史·自然世界》，36～37頁，中文版，生活·讀書·新知三聯書店，2007年。

萬在所共之殊異——未能開展出來。

　　萬物有靈論，還極有利於人類與自然世界的和睦共處，它可以極好地避免人類的盲動、亂動。誠如美加大湖地區的安尼西那伯的印第安人所說：「我們並不認為遼闊的平原，美麗起伏的山巒，以及植物纏繞的蜿蜒溪流是『荒蕪』的。祇有白人才認為自然是『曠野』，大地生長著『狂野的』動物和『未開化的』民族。對我們來說，自然是溫順的，大地是物產豐富的，我們生活在偉大神秘的祝福中」[32]。很顯然，白人所擁有的世界觀不足以與初民相對應，他們因自我膨脹和所謂科學技術所助長出的狂妄，祇可說是幼稚和膚淺。的確，萬物有靈論有其錯誤與不足，這主要是由於神之涵義與定性的不完整，以至神有位格化傾向。在這樣的傾向中，我們注意到初民大多有如下問題相隨產生。

　　第一個應該提及的是神的物化，或說崇拜的物化，有時也稱為物神崇拜。應該說，物神崇拜特別是其中的圖騰崇拜，不是初級的原始自然神觀念中的現象，即應當視為成熟態中的原始自然神現象。這樣說的原由在於，一般意義上的萬物有靈是極其泛化的，它認為所有的物均是神，而圖騰崇拜則已將神集焦在了某一特殊物上，其他的物已被放淡或放逐，失去了神的地位和價值。故知，進入物神崇拜的文化，已不是簡單萬物有靈觀念的更原始的文化。它是神開始專門化的新現象，或可說，它已奪了後世一神教的先聲。

　　萬物有靈，亦可說是什麼都是神，如此泛化的神觀念，無易於說沒有神。這種思維表明，人們並沒有看到，更不曾刻意地去區分人與自然的差別，祇是將自己視為物本身；有了物神觀念，特別是更進而有了圖騰的觀念之後，即意味著人已在觀念中將自己與自然區分開

---

32 路瑟・貝爾的論述，轉引自鮑克《神之簡史・自然世界》，37頁，三聯書店，2007年。

來，神開始特定化。神的特定，表明神的功能與價值有了新發現，即
神更偏向其控制、主宰、統治能力的顯示，而不再若此前泛泛地表現
自己的存在。這個新變化的原因在於，群體的自視感開始強化，群體
生存的功利需求亦表面化。現在，神必須要滿足群體的自視嚮往，以
便成就群自我的建構，也必須要支持和實現群體生存的功利目的。正
是這樣的生存樣態變化，終致人們放棄了泛化的萬物有靈觀念，而遞
進到了專門化的，當然也是更狹隘的物神崇拜境地。

如前述所言，依人類意識思維形態的類型劃分，泛化的萬物有
靈論還屬於物我一體的智慧形態，它是思維或智慧現象，卻是被動反
應而有的思維現象，缺乏主動謀求的元素，所以，它注意到了神及神
性、神靈現象，卻不能使之目的化。循此而論，物神崇拜，特別是其
中的圖騰崇拜則已進入了猜測哲學的領地。它是說，因為懷有目的，
所以就不免將神的功能、價值特化，而特化之後，神的能力當然會強
化，結果必然是，自己的目的、需求、動機是否會為這個強大的神所
允准？是否符合其意願？是否會給予支援、援助？等等，都成為了智
慧必得要進一步去完成的任務。這樣的不確定之中，祇有猜測之一法
才可滿足其所需。這是猜測哲學所以起源的條件。

這些條件的形成應追至最後冰期的後期，可說是持續的寒冷和人
類的超常狩獵行為共同導致了獵物的稀缺，進而出現了生存的困境，
於是，生存壓力趨向嚴重，以至出現了群自我觀念的強化。正是在這
樣的背景和條件中，神的泛化開始被停轉，群自我的目的性滲入其
中，最後終於是神的特化。依理言，前期的特化雖以物神為承載，大
抵還不會太過唯一，也許有多物神的事實，這起決於造神者所處的生
存狀態和地貌、植被、動物種類等因素；而隨著猜測難度的加大，後
期的物神則開始單一化，以致最終演化出了圖騰崇拜。

與物我一體思維形態的被動不同，猜測哲學極具能動性、主動

性，其原因正在於後者是一種受目的性主使的思維形態。這個目的癥結便是群自我意識和它的生存功利。

群體，是任何社會性動物均享有的生存承載體，早期的人類以此與他動物相然，問題的異出與上言的最後冰期後期的生境壓力相關。設想，如果沒有大腦智慧的能動，人類當不會與動物有差異，正是這個能動的殊異，致使生存重壓中的人類開始了一種新嘗試：讓自己從自然世界中獨立出來，以自己祗負責自己的方式去求得生存。這個嘗試的後果便是，自然的生物種群獲得了觀念的設定與固化，結果，自然的生物群經智慧修飾變成了人為的群自我觀念。這是人類的首次劃界，而這個首次劃界卻是以自我為中心的。可說，這是大腦之於世界分類的第一個成就，也是人類社會化進程的端點。祗是，這個發端所引發的後果，至今還在困擾著全人類，猶如泥潭深淵，不能自拔。這不能不說是大腦功能自陷自己的詭怪創舉，它在以特殊的方式說明自己的時候，卻也把自己置於了有似萬劫不復的淵暗中，從此的人生與人類一一祗能在痛苦中搏擊生存。當然，換一立場與角度言，這樣的詭怪正是印度教、佛教所說的歷劫迂迴之本意，屬於本原自我陽假還原證成過程中的當然歷煉現象，不可逃避，人既為可能的主動與自覺的參與者，自是要自餒自痛而後方有大成。

先且不說這一歷煉、歷劫命運本身，回到群自我分割世界界域這一事情上，我們注意到，這個端點的發生其實也是內力不足的表現。即是說，彼時人的主觀能動能力尚不足以讓自己從物我一體中獨立出來，因為生存壓力太重，人們不得不被動應對壓力，收縮本能自我的邊界，以盡可能有效的方式去自行解決生存問題，祗是在這樣的收縮過程中，大腦以其自便之能助成了這樣的判斷，其助成的方式是，借助生物群或血親群的實體，加入主觀集約化的內質。這個內質是：善惡的二致性。所謂善惡的二致性是說，對內善其所能之善，對外惡其

所能之惡。這樣的二致性源發於在之為在的親恐性，即親其所親、恐其所恐的量子行為中，現在，在智慧的發揮下，變成了一種人類獨有的文化現象：群自我倫理──善惡之作，依群域的界域而為──群域之內是一個絕對的善化之域，不容任何惡作，所以亦無個體自我之說；群域之外則反致為絕對的惡化之域，不會有善的作為，祇有競爭、衝突。

群自我的成立，意味著世界在觀念上被分割了，它啟發了人類的新進程。不過，亦如剛才所言，這樣的結果雖然有大腦智慧為之觀念化，卻實在是力所不能的劃分，為此，大腦還必須繼續自救，以解決力所不能的問題。我們已知，此前，萬物有靈觀念已成普通之事實，現在正需要這個觀念的幫助。對大腦來說，自救首先便是自我的固化，而非泛化，這意味著萬物有靈觀念有改造的必要。萬物有靈含有兩層意思，一是有靈或有神，二是神靈的泛化。基於固化自我的需求，得除去泛化的意義，然後使神祇與自我發生同一性關聯，問題即可獲得解決。神的物化和圖騰化正是由此理路而成就的新神靈現象。一個圖騰祇是一個特定的群自我的神，與他者無關。這個圖騰神既為群自我之唯一，便要負擔群自我的全部生存責任和利益福祉。群自我創造了圖騰神，也自然有義務敬奉與崇拜它，還得進而要猜占它的意志與法力，這便復出現了新的神事事務：通靈通神。隨著大腦能力的提升，這樣的通靈通神事務日後終於職業化、專門化，成為了特殊的技術性很強的巫術事業，它與再後進的技術、占卜、醫術、風水、相面諸事項亦有淵源關係。

於是我們知聞，如同群自我肇端了人類的社會現象一樣，圖騰崇拜也可視為人類猜測哲學思維形態和神靈事業的真正開端。它開啟了神的界域化、專門化之路，而正是這樣的界域化，帶來了數千年來至今不息的宗教之爭。

　　暫且不論界域化所演繹出的神論爭端後果，我們回到圖騰崇拜之初，還有些問題應當被提及。

　　群自我及圖騰崇拜之所由生，在於生存重壓，反逆論理則知，圖騰崇拜有非常強勢的功利價值。這樣的價值扭曲了神靈觀念的基本價值取向，使神失去了還原的價值與意義，變成了謀求生存的手段和方式。這樣的開啟照樣預示了後進宗教之為功利文化現象的必然性。說為情非得已，或可；說為人類的狹隘與自私，亦無不當。神靈觀念的功利化，的確折射了人類自足過程中的艱辛與困苦，卻也不可將功利化視為普遍現象。依據史料不難發現，許多地域直至自然神時代，仍然未以功利之標準去理解神和神事，相反極力去解釋了神本身的廣普性和抽象。或即說，他們不會把神視為僅祗滿足本群體或個人利得、福祉的萬能者，而是盡力去猜想神作為世界的本原者的意義和價值。這樣的差異後來成為了人類地域文化分野的前序。

　　神的功利化，主要有求生和護生兩方面的表現。前者表現為獵物的獲得、採集品收穫、農業的收成、劫掠的享有諸事務的神化解決；後者則主要是出生的安全、疾病或痛苦的解除、居地與領地及住所的防衛，此外還有護生願望的反逆：對敵人、競爭者施諸傷害、謀殺、討伐的可能性。所有這些急功近利的慾望，最後都付諸為了技術化的程式，巫術由此大興其道，禁忌亦由是而行。

　　巫術和禁忌差不多是伴生現象，它們是群自我，即氏族和部落社會最重要的生存依賴手段和方式。通常情形下，巫術是巫師們專門執掌的專有技術，其人不僅祗是技術奇異，更在於他是通神的特別作業者，其所以掌管專門技術，乃在於他知曉神靈的意志、行為、方式及神事機密，所以巫師當然就是一個群體中最不能缺少的人物，否則，群體的生存難以為計。

　　鑒於萬物有靈的廣普化，就不難想像通神通靈對一個群意味著什麼。世界的神化並不即表明神意是什麼，而不知神意則無有生存之可能，這是人們必須要去猜測神意的根本原因。一個部族之中，並非所有人都有通神和猜占神意的能力，它始終祗是少數人的專利。這些人通過特殊的儀式、程序、工具、咒語、法術可窺視和知曉神意的要領，並以此指導族人的生存、生活，以及疾病治療、生育諸事，是以具有領袖的地位和價值。這一職業的特殊性還表現在其承傳的專屬，即它主要在最近血親關係的人之間傳遞，其他人很難入門或問津。

　　知曉了神意方有生存與生活的可能性，是原始自然神時代的定規，它表達了巫術與禁忌功能及價值的廣普性。歸納巫術與禁忌的功能可得如下要領[33]。

　　其一，保障族群生存的實現，包括獲得獵物或採集品的方式、時間、物種、地點諸事項的確定；

　　其二，解除族群整體的困苦及個人的疾苦；

　　其三，設置禁止性規範，以保證社會秩序的有效及社群安全；

　　其四，溝通與神靈的和睦關係，以求神保佑致福；

　　其五，溝通與自然或生態要素，特別是獵物、種植物的關係，既要保證收穫與收成的豐裕，又要安頓動物和生態要素的神靈屬性的完美，以實現物我一體的和諧；

　　其六，強化自然法則，如物候歷法的有效；

　　其七，運用負向巫術打擊敵人、嫁禍競爭者。

　　諸如此類，不一而足。這些功能和價值中，我們可以進而類型

33　參見[英]J.G.弗雷澤：《金枝》一書相關內容，徐育新等譯，中文版，北京，中國民間文藝出版社，1987年。

化，大約可說為兩方面，一是有關族群生存與生活的功利功能，另一則是人類與世界關係的本然化制約。其中，人與神的和諧，與萬物自然的和諧，有特別重要的意義，它明確了世界內部化、同質性的價值主旨，也設定了此主旨之下的人的定位和責任的法定，至少，同質化與互養關係已成為了廣泛的智慧記憶。

依巫術的方式和手段言，我們已知有順勢性巫術和限制性巫術的分野。前者也可說為鼓勵性的巫術，即巫術許可和支持的與行為人動機的方向一致，它們多用在功利的獲取方面；後者則屬於與行為人的動機方向相反逆的規範或法術，它主要實用於社群秩序的保障方面，也更多地實用於打擊敵人或競爭者的身上。這些以神靈意志設置的規範形態和以神的機竅而有的法術現象，具有絕對的強制力量和價值，它至少足以控制智慧初動狀況中的人類的激端行為，也足以綴繫住人與神靈、人與自然同體同質的價值觀念。後來自然神時代的許多神事演化都可於此中找到淵源。

群自我的絕對化，不祗是意味著世界的分割和劃界的開始，也預示著世界之目的化的開端。一個有目的、有動機的人域世界以此開始前行，於是自我變成了尺度和準則，也是意義和價值的本質，而功利則變成了目的和動機，一切唯功利是瞻。至少在有些地域，此二者由此走上了強勢突進之路，神反致變成了手段、工具，其本意被丟失、損毀。神的原神化，如馬爾杜克、宙斯、巴力等成了宇宙的統治者之說，即是明證。

強烈的功利需求和日漸極致化的自我中心觀念，還必致人類對神的態度和信念由追求同一而轉為崇拜或討好，這實是祭祀現象發生的前件。依理論，既然人類是神化的形式，就不應該也不存在人類還要崇拜神、討好神的問題，就使初民們無有這樣的意識，其早期之於神的態度也可說差強人意，他們祗是信仰萬物有神、信仰神的無所不

在，卻並不需要刻意討好神、取悅神。後來的情形則大謬不然，為了獲得嚮往的利益，為了自我的特定和強勢，他們不惜對變態之神頂禮膜拜，極盡物質化的奉承、討好之能事。其極端者甚至發展出了拿人做祭牲的反動現象。

至此我們已然知聞，物神或圖騰崇拜開始以後，人類的神靈觀念已發生了價值轉向、功能轉向，神的廣普性，即神的無所不在、無所不是的特性被歪曲和特化、界域化，變成了群自我滿足所欲的工具和手段，界域化的自我觀念也因之大獲其益，以此為後世強硬的社會單元及其林立與對抗鋪設了基礎。在許多地域，自我與功利從此與有神文化聯姻，成為了宗教文化所不能失去的內涵。

第 五 章

農業社會與自然神

　　自然神，顧名思義，即自然本身是神。若以前述自然即世界言，則知，自然神便是世界本身的神。世界本身的神，表明神不外在於世界，它是世界本身，故無有二元論或多元論解釋的可能性。世界本身的神，亦表明世界是受自身控制和支配的，所有的世界，特別是現象世界均是被決定者。因此，對任何被決定者言，說世界是有意志的，恰是正確的命題。因為在被決定者看來，現象世界或在的世界是由其背後的力量所支配的，諸在自己並不能決定自己，充其量祗可說，諸在之間有關聯作用關係。背後的世界何以有支配和決定的力量呢？乃是因為，現象世界或在的世界是由其背後的某所化生和顯現出來的，它們構成著原因與結果的關係，原因決定結果，是無經之論。由於原因處於虛无、無形狀態，這種虛无、無形之為決定者、支配者在有形者看來，祗能是神。這樣，我們便有了關於神的觀念。於是，被我們理解的世界在表述中至少有了兩個層次，一個是看得見、摸得著、感覺得到的世界；一個是看不見、摸不著，也感覺不到的世界（特殊的感覺例外），前者為現象或在的世界，後者為神或本原的世界。神因為支配和決定著現象或在，而且還虛无無形，所以它就成了當然的絕對者。

　　我們關於自然神的理解，其邏輯由路大抵可如此說，不過，它的意義和價值以及類型判別當另作深入理解。

第一節　農業生存方式與自然神的興起

　　神的觀念或意識無有例外地發生在了有大腦構造的人類之中，其開始是不分地域和群域的，這是人類文明起源的一個重要基設。爾

後，我們看到了差異。有的群體停滯在了比較原態的神靈觀念中，有的群體則強勢發展了神的學說及其信仰體系，有的群體則調整了神的質地與意涵，使之成為了一種可憑智慧解釋和覺悟的義理。何取何從，的確仍有著大腦功能的印蹟，然更為重要的因素已經有了轉移，其中，受體的生存環境、生存方式，不可避免地介入了神靈思想與觀念體系的演繹之中，影響了人類神靈事業的發展走向。

　　我們首先注意到的現象，是原始自然神向自然神的演進。自然神緊扣自然本身的絕對性和意義終極，給予神充分的意志表達，強調人與神的關聯關係、同一性，而並不給予神以位格、神格的地位或特殊。比較原始自然神，自然神堅守了萬物有靈的泛神觀念，祇是予這種泛神論以抽象和提純的再造，使之更容易表現價值與意義，更容易表達神之於現象世界的廣普性。自然神還超越了物神崇拜的狹隘，放棄了圖騰的絕對，使神抽象至無所不及的終極，讓神虛化至自然本身。由於不再過分界域化，這也使得自然神有可能在生產形態相同的地域獲得認同，成為地域或區域文化的核心範疇。自然神的抽象性以及它趨向自然本原、本根的方向性，奠定了後世它可以進而義理化，成為人類最極品文化根柢的預設。

　　自然神思想與其形態的生成，是農業生存方式和農業文明的最重要成就，可以說，它與農業產業的成熟及普及有必然聯繫。因此之故，凡有成熟農業文明的地域，基本上都發展出了自然神體系；也可進而觀察到，若某一地域的農業環境和產業方式遭遇破壞，則自然神體系也會隨之變異。

　　成熟的農業區基本上都集中在地球的中緯度文明帶，其中，東亞農業區、南亞農業區、西亞兩河農業區，以及非洲的尼羅河農業區都有起源較早，且規模宏大、成熟豐饒的特徵，無有例外，它們也先後發展出了各自的自然神體系。不過，這些農業區和它們的自然神體系

後來卻發生了變化，有的能夠保持其內質和特性，繼續完善著自然神的內涵及質地，甚至有了義理化彰顯的後果，有的則未能始終如一，在強大的環境壓力面前改弦易轍，終於失去自然神的綴繫，轉型生成了他形態的神體系。第一個發生變異的地區應是兩河流域——也許安納托利亞半島也在幾乎相同的時代發生了這樣的變異——大約於農業文明中期開始之時，這裡的自然神已然不再如舊，在強者意志的衝擊之下，一種替代性的神體系新生出世，這便是原神。其所以如此烈變的因由，後文將有敘述。尼羅河地域的情形也有殊異，它的結果是，自然神並未完全放棄，原神亦未完整成立，有一種處於變異狀態的情勢，這是表象；而其實，這裡的自然神幾乎完全被人們，特別是君王們的個體自我所禁錮，成為了滿足自我永生不滅慾望的載體，無能抽象、廣普化，不能成為義理文化的載體。

此外，還有一個很特別的地區，這便是美洲大陸，那裡是印第安人的天下，其產業方式有農業和一定量的狩獵業，他們也有很完整的自然神觀念，貌似獨立生成，其實不然。我們固知，印第安人是東亞蒙古亞種即黃種人的分支，所以不難判斷，其所保有的自然神觀念一定是從其母源地攜帶過去的。因為他們離開亞洲的時間正好是原始自然神的時代——距今約2萬～1.5萬年之間。後面我們亦會對他們的情形有所描述。

這樣，我們關注的重心，便是留守亞洲的兩個群體和他們賴以生存的東亞、南亞地區。這裡是地球上的兩個典型農業區，他們地處熱帶向溫帶過渡和溫帶地區，其農業產業方式起源甚早，且規模宏大，方式相對單一，物產豐富，人口增長較快，生存狀況比較穩定。這些產業性的特質，特別便利原始自然神向自然神演進、發展，是以這裡便有了人類世間最成熟、最具規模、也是最深刻的自然神體系。為此，我們仍然需要討論一下農業產業方式與自然神的不解關係。

　　如前言，農業是脫胎於採集生存方式而有的初級產業化生存方式，可以說，為人類所獨有特出[34]，因之，這種產業方式的出現，可謂之為人之所以為人的標杆之一。其說所據乃在於，此前的獵狩生存方式，實在不唯人類所獨有——就使人類因大腦而有火獵生存之術，甚至因此而致使地球上主要區域的大型動物的滅絕，亦不可作出過分解說——它是幾乎所有動物，包括食草動物在內的動物本能所致的生存現象，其中的諸般差異較之農業生存，大可忽略不計。農業生存方式則不然，它為人類所獨有，這是其一；其二，它是產業化的開始。所謂產業化，是說人力可控制和操縱的生存方式，而前此的狩獵甚至採集方式都必得依賴自然本身的賞賜，人力祇可在取與不取上做文章。當人類可憑己力去控制生產、製造產品之時，它所實現的價值就不是取或不取之為，進而遞進至了生產什麼、生產多少的生存自控境地。這一遞進的後果，本質上是開始了人類的自主性、自為性實踐，所以其意義難以估量。對人類言，外在行為能力是無法與眾多動物兄弟們較量的，人的特殊全在它所承載的大腦上，而大腦，依其質地論，它不是被動者，反而應是主動者，其主動的終極是自覺地參與本原的還原證成，以成就世界的全義。依此便知，大腦的價值與使命非是一二三之說可以定論。不過，大腦在有此能動大化大成之前，設若不能首先成為主動者，則後來之業當無有可說之處。因此，讓大腦率先成為主動者，就是大腦之啟發的直接目的。

　　基於此意固知，大腦之發動何以要以神靈意識開竅，又何以要由農業產業方式為承載。有關本原的記憶足以開其竅，個中雖有誤解，卻也無關大礙，反而還有利於自為初萌之中的人類行為的制控；而農業生存方式的自為承載，雖不失功利的簡陋與幼稚，卻也有內置動因

---

34 某些動物如螞蟻、白蟻有養殖和生產現象，但它們的行為與人類有質的差別。人類的生產行為是大腦智慧學習和選擇的結果，而蟻類祇是生物本能所致。

的價值與意義。這些表明，生存的功利引誘，特別適合於剛從動物群中轉化出來的人類的起步，設若無有功利的利好，人類斷難主動自為，以至自覺參與還原證成。

人類的自為性、主動性終於開啟在了農業產業方式之中。毫無疑問，這樣的自為性、主動性是盲目和錯誤動機啟發的，它不可避免地會製造出過錯，甚至罪惡，依世界的過程和陽假的必然性言，這樣的過錯和罪惡均不需多慮，它會在過程中被調整、救濟，而其實，我們所說的人類文化，大多恰是由這些調整和救濟所成就的，後文將有跟進之敘述。

農業的價值，除卻滿足人類生存之需外，更在於它成為了第一個人類自為性、主動性作為及其方式的承載者，後世進而更發的工業產業方式、信息產業方式、量子產業方式……無不是這一預設的接力者，它們的完整連接將具足人類的主動性、能動性全功，甚至還有可能最大限度地虛化人的形式形載，而盡顯智動的真實。然則，農業既為第一個承載方式，當然就不免不周延、不完整的事實。人類依之生存，其初萌的自為性、主動性更會乘機鑽這種不周延、不完整的空子，以致顯出敗毀其體的可能後果。這說明，人類的智慧發動較之任何動物都有可能失控的結果，為此，初萌的智慧驅動必得有制控的預設。

巧的是，農業產業方式本身恰好自動地具有了這樣的制控能力及其機制和方式，於是，人類的初萌智慧便由此而正常成長。

農業雖為第一個人力可控的生存產業方式，可它卻並非完全人力化的產業方式，通常的表述中，它被稱為半人為的生存產業方式。所謂半人為是說，人力祗能部份地控制生產，它的另一半還要依賴自然本身的償付。我們知道，傳統農業是將作物種植於土壤中的產業，

作物不能離開土壤，即意味著農業的半自然半人力性。種植作物於土壤中，當然地就有了作物對土地及相關條件的要求，這些要求的綜合便是農業生產的諸要素。如墒情、肥料、溫度、風力、陽光、土質等等，它們涉及地質、陽光、氣候、方向諸多領域。一般言，完整的農業所要求的產業要素多達40餘項，這些要素的複雜性、多樣性及相對關係都決定農業產量和品種的生產種植。故知，農業不是可以單一依靠人力即可解決的產業方式，沒有自然界的許可、配給，人類幾乎不可言農業。從另一側面言，這個地球上最後祗有兩個最佳農業文化區，大抵上也與這些自然界的許可、配給有這樣、那樣的關係。

自然界的許可、配給大多是以法則的方式呈現出來的，而且，這些法則幾乎涉及了農民生活的方方面面。以此而下，我們便不難獲得一個簡單的結論：農民更容易理解規則，更懂得配合，更擅長服從。當然，農民絕非祗是服從、配合，他們還知道主觀能動、勤勉這類人力心態意味著什麼。於是，一種與農業產業方式密切相關的思維方式及世界觀便得以形成，並最終蔚為大觀，成為了人類文化現象中的珍品。

農業生產手段和產品的類似性，尤其是穀物農業對幾種主要天候（如陽光或太陽、雷與閃電、風、雨、水災、旱災、四季、火之類）的依賴性，外加人口的快速膨脹，產業所致的自為能力的提升，致使任何小且固定的氏族單元都無法一成不變，這些均特別容易讓人們對普通現象有共同的看法，並且這些看法常常可附著在生產技術手段上，相依傳播，相互影響。積久而後，早期的物神崇拜便失去了依賴的意義和價值，反之，共同關注的類型化或更普遍性的神祇得以新生或認可，於是，一些新的神名出現了，它們是風神、雷神、雨神、火神、太陽神、水神、河神……

　　神依自然現象的類型或天候類型而設置，是對物神崇拜的超越與擺脫，更非圖騰這種一隅之神可比擬。它表明，人們對自然的屬性、相似性、類型性有了深度的把握，故其神的意義已開全新之局，是為自然神。

　　自然神在東亞、南亞、美洲諸地特別有地位和影響，可說是這些農業區之文化集結的終極成果。自然神否定了原始自然神如圖騰的狹隘及絕對性，更注重地域性狀態和生活品質的支配與決定，是以有了全新的本質與價值。因為季節、日夜、乾旱、水澇、作物及人畜的病蟲害、收成諸廣普性的大事，更容易表現神的決定力量，而族群化的界域神又難以繼續有效（這種無效的原因下文還有他說），終致使自然神有了有意志、無位格的特性。有意志無位格是自然神的本質。

　　有意志，即是對自然和人類有決定和支配的意願與力量，所以它是絕對的，是神；無位格，又表明它不可完全功利化，也難以成為宗教崇拜。以此而論，它與世界之本原、本根、本體的性質幾乎相當：有意為陽動、陽假之過程，以便還原證成自己的完善，卻從不外部化，成為外在的支配者、決定者，它就是這個世界，或說即陽假現象本身。此本質特性的塑成，極好說明了農業或東方文化的質地意義：即使在初萌的狀態中，它亦能緊扣本原、本根、本體之大要。後世，自然神之所以可進而義理化，錘成人類精神大化之極致弘論，正是此特質的基設之功。

　　農業產業方式對人類的貢獻還有諸多要領，其中的一些與我們的主題有關聯。如農業生產方式對人類從狩獵習性中帶來的野性的規訓，從而造就了地域化的善良人群，這有利於人類整體秩序的平衡，進而亦對自然神的意義和形態提升有直接意義。還如因為產品豐富，養育能力增強，結果不祗是增長了人口，擴大了種群，還因為分工致使出現職業文化人群，他們會從更廣泛的意義上抽象和完善自然神的

價值、功能、稱謂，以致最終出現了包含所有自然意義的天、梵天、濕婆之類的神名。

自然神是單一農業文化區的特定，愈是成熟的農業文化，愈會造就出成熟態的自然神論；設若某一地域因故改變了農業文明的單一性，則必然會斷送自然神的前程，轉而再生出其他類型的神系。以更大尺度來理解人類的過程和價值，我們不難發現，作為人類生存產業方式本身，農業生存方式祇能算作諸多方式中的初級形式，的確，它起到了開頭作用，但終究會在過程中被放棄，我們對它的紀念將祇在它的開創性；而若以人類作為自覺和主動的存在者、參與者論事，則又會發現，農業所開啟的智動過程，恰好極便於人類體悟世界本原自我的陽動、陽假、真義，體悟本原自我本身。其中，除卻農業產業方式關聯著自然本身，從而構築了人類與自然和諧、共化的必由之路而外，農業的富足和它所養育的民人的愉悅、快樂心態，亦極易讓人們發現善的意義和價值，而善又恰是引誘人類通向證成本原全義的最佳承載。如果與非單一農業區的他類文化（詳後）相比較，則更容易理會，農業所造就的文化域恰恰奠定了人類本然文化的大局，它將決定人類的終極意義和價值。

第二節　自然神的價值與意義

自然神——以天和梵天、大梵為最高稱謂——於農業文明中期時代，成為了東方文化的核心範疇，它暗含了本原自我的意志力、決定性、必然性諸特質，雖有神化的名貌，卻不失其未來前途的弘遠。為此，我們得認真理解自然神的價值與意義。不過，我們的理解還有些相關問題需得優先探究，否則，我們理解的充分性會有缺失。

我們要探究的第一個問題可稱為陰本或女神問題。

世界之本的討論顯然是老子開創的論題，他確立了陰本說，也以女性或母性比喻了這一論解，故他的哲學可說為陰本哲學。暫不討論老子哲學本身，若觀之以他所強調的陰本之意，則不難理知，老子之說有著極為久遠的觀念承傳。

依據考古學的發現，有許多學者認為，最早的神是女神（Deity）而非神（God），神是後來才有的現象，至少，農業文明前期之前，田野考古所發現的事實即如此[35]。如冰河後期的女性雕像，還如考古發現的土耳其沙塔爾－休於的公元前6000年前的大母神（great Mother）、威倫多夫女神之類即是明證。田野考古之外，我們也看到神話傳說中的母神描述，如中國的女媧，蘇美爾人的拉哈姆（即後來的伊斯塔爾）、希臘的該亞、印度的恒河女神阿底提、埃及的哈托爾女神、努特和伊西斯女神，美洲印第安人的科特利丘女神，等等。

女神或母神的優先出世，或許印證了某些深刻的記憶。依據前言的陽動之分類，我們已知，雄性是從母性中分蘗出的，所以名之為特動。特動的意義暫不多言，僅就母性先於雄性而有，且雄性為母性的自變異出言，可說母性（單性生殖）更具決定意義和本源意義。這樣的意義必然作為記憶被生命者保留著，一直到人類臨世，復將此記憶展呈開來，於是便有了大母神和女神的表達。然則，如同母系社會形態終得讓位給父權社會形態一樣，當父權化的部族和酋長體制成立後，各地域的母神或女神都祇得隱退或居於從屬地位，這才有了女神讓位給神、上帝的新神形態。

順著母性蘗出雄性的理路反向探求，則會發現，非但生命現象中

35 參見[英]約翰·鮑克：《神之簡史·女神》，第32～34頁，中文版，北京，三聯書店，2007年。

有此一曲劇變，就是全部在形之所出，也頗似母性之功能。虛无的本原，當其決意以陽動、陽假的方式為其自證，以求得完善的時候，她的陽假所出，如前言之相動、域動等，一如母性的特質，有著決定和本原先設的意義。或說，其柔順、寂靜、翕斂、虛无諸性，在我們恰就是陰本之意。這樣的把握不說其用辭準確與否，但就可描述的情形言，實在是真理之論。所以老子主張陰本說，並依之構造義理體系，就是最真實的真理了。

女神的優先預設，其實還有文化與人類參與還原證成方式的特殊意義。這個意義是說，既然世界的本原為陰本，陽動祇是方式和手段、過程，則知，陰本才是價值本身，其他的陽假價值與意義均屬衍生意義、衍生價值，或附帶發生的價值與意義。進而固知，基於陰本而有的善才是真正的善，其餘基於陽動而有的善則是附會之善，所以，道德的內質在於陰德，而非後進假化的陽德。以此為邏輯前提，則知，缺失陰本、陰德支持、支撐的道德與善，一定會假德而他用，終是陽假的負面化。因此理去觀察人類文化域，便會發現，受農業文化承載的自然神體系較多地關聯著陰本或陰德預設，結果是其文化更具善的無限之意，它可以由人及人，亦可由人及物、由人及自然、由人及世界，其所構築的倫理體系可說為無限責任倫理：天人合一、體用不二；反之，非農業化的原神和宗教神體系則更容易界域化，並輕信衝突、競爭、對抗、搏殺的陽動負德之說，以致斷裂自然本根，分割自我與世界、功利優先、責任收縮、有限自為，最終還要墮入自我自戕自鬥的痛苦場態中。

如此我們便知聞，自然神論更容易保留本原記憶的原真，特別在陽假的過程中——假化現象本身就必然要出現混淆記憶、歪曲記憶、反逆記憶的狀況——這樣的保留更有真理的價值與意義。它的保留與堅守意味著，一旦人類自足至足以放棄自我和界域，所有的記憶混

淆、歪曲、反逆均會漸行消祛之時，彼時對真實記憶的返還，恰正是自然神陰本論的意志所在。

我們要探究的第二個問題是自然神論中的神話問題。

神話是神說、神論的重要載體，幾乎所有的自然神體系中都有神話。神話也許要追溯到原始自然神時代，不過，那些神話的簡單與功能狹隘，很難讓人們做出系統研究，至自然神的時代則大為不同，幾乎主要的神譜、觀念、故事都由神話承傳，故神話的意義便不同凡響。後來，這樣的承載方式亦進入了原神論時代，成為了原神的主要依託；有些還走進了宗教神時代，成為了宗教神或上帝的源發載體。

神話的功能之要，在於它有很好的傳播能力，所以客觀上也有了規約與制導作用，同一文化域，往往會信奉同一神話。當然，傳播祇是神話的外在功能，而規約與制導則屬社會價值。無論外在功能還是社會價值，還祇能說是神話的形式價值，若要探討神話的內質價值，那就要去理解神話講了什麼。

在所有相關自然神的神話中，我們很容易注意到一個主題：世界的創生與其歸置，即宇宙誕生的神話。有關這一主題，幾個主要的自然神域地都有幾乎相近的傳說：最早的世界一片混沌，後來混沌神生出了天地萬物、人，其中，太陽、月亮、白天、黑夜、風、雨、雷電、火、大地、天空等幾個主要的神特別不會缺位，它們依法存在、運行、執掌著世界（在的世界）的管理權，人是這個譜系的受造者，也是受惠者，但人也必須是參與者、配合者，否則，人類會遭遇惡運和災難，以至毀滅。

這個大製作和大運作的故事內含了幾點重要的信息。首先，這是一個關於在的世界如何被製造的故事，它有无中生有的意味；其二，在的世界不是一個自主的世界，它由背後的力量所支配；其三，這個

背後的決定者和它所委派的管理者都是這個世界本身,非為外來他者,即神都是自然化的,亦是本身自我;其四,人是這個大製作和大運作的參與者,非可置身事外。

自然神神話所極力宣揚的,是世界的同質化、同源化,可說,就人類具有能動性而言,這是世界的福音。因為同質、同源、同體,所以人的倫理善意會自發延展到全部世界,而不會中斷劃界,這極有利於人類倫理責任的無限與放大,世界便因此而有利好。此外,這樣的同質化與同源化亦有利於人類心志的完整與健全,以致可以攔截自我的自私與狹隘,更可阻止自我的膨脹與狂妄。同質神話的意義還在於,它肇起了文化形態和體系的自然化建構,其中,人類生存及行為法則與自然法則的同態同型,是一樣主要的成就,這些觀念可以很好地扼制人的絕對性、人的目的性、人的自我性,以還原世界的和諧與完善。

自然神論體系中,自然也不免有相關技術與功利的神話,不過,這類神話本身並不具有獨立意義,它們祗是上述同質化、同源化價值的分殊與開展。比如女媧補天說,它的確含有技術與功利的成分,可她補的是天,這暗喻了人類必得能動地參與世界完善過程的意義。還如黑天(天神毗濕奴的化身)開導阿周那投身戰鬥,殺死敵人,的確盡顯了人類的罪惡與暴行,可它喻意的恰是原質的人還原為原人的必具劫數。技術和功利功能的附屬化,是自然神神話文化的普遍現象,其中,的確不乏某些細小、具體的神話專門涉及功利和技術本身,很難做出其他延伸,可是,它們的影響卻十分有限。

第三個需要探究的話題是自然神論中的記憶問題。

這裡所說的記憶是超距或遠程的記憶,它可以是智能之於本原的記憶,也可以是智能者之於超久遠故事的記憶。強調智能之於本原的

記憶，以及智能者之於超久遠故事的記憶，實是體用不二、世界內部化的換名表達，並非一般心理學所言的量智記憶之意。其中，有關本原的記憶，是智能之於自身之原的記憶；而有關超久遠故事的記憶，則是自身之經歷的記憶。大抵說，自然神論更便於這類記憶的保存與闡述。比如印度前吠陀時代的相關「無所不知的天（伐龍那[36]）」的記憶，即是其例。這個伐龍那被譽為了宇宙法則和秩序的奠定者，後來，在吠陀義理的敘說中，它則被完全義理化，變成了神我、大梵、生主的新稱謂。故說是人類有關本原、本根的記憶與敘說。

非但印度文化中有此自然神的記憶，那些已然轉型為原神體系的文明體中，我們仍然可以發現其所遺存的自然神記憶。這類記憶可包括兩河地區的阿普蘇神話、安納托利亞地區的庫瑪比及阿拉魯與布魯斯神話、希臘的開俄斯神話等。祇是，這些自然神後來轉向了，新興的原神起而代之，從此關於神本原的記憶不再，原神們最忙亂的事務是宇宙的統治權。

根據伊利亞德的說法[37]，印度前吠陀時期的自然神中已然包含了善惡矛盾統一的記憶與敘述，這特別符合現代哲學有關體界、相界無有善惡，善惡是在界才有的現象之說。伊利亞德還刻意闡述了彼時印度獻祭活動的特殊意義，他認為，獻祭不祇是為了功利，更是為了重生，重建疲勞的宇宙。這個說法亦可認為是相關宇宙創生的記憶。

循著宇宙創生的記憶，我們還可以發現若干稍晚一些卻依然是超久遠的故事。這些故事都說到最初的自然神（在轉型文明體中，它們已被說成了原神）如何分離天地、殺死惡龍（蛇）、英雄般地建構

---

36 伐龍那是印歐民族中原有的天空之神特尤斯在印度的替代名稱，它沒有人格意義，屬自然神類列（見《梨俱吠陀》7.82.2）。

37 參見[美]米·伊利亞德：《宗教思想史》第8、9章65、66、73、74、75諸節，晏可佳等譯，上海，上海社會科學院出版社，2004年。

宇宙秩序的豐功偉業，如伐龍那鬥弗栗多、宙斯鬥堤豐、特勒皮努斯鬥巨龍、巴力鬥七頭大蛇耶姆之類。這些故事首先表達了宇宙創生時的陽動激暴和初開的亂象，也顯示了惡的源發，故是一種超常記憶的隱含。此外，我們也很容易注意到，這些故事中都有惡龍或大蛇的角色，何以會如此地一致呢？這需要銜接生物考古的某些材料。

我們知道，地球上原本沒有靈長類，6500萬年前，地球的統治者是恐龍，彼時的我們不知身在何處，唯有一個相關的遠祖可以說事，這個遠祖叫類鼩鼱。鼩鼱或類鼩鼱個頭細小，似若黃鼠狼大小，在恐龍稱霸的時代，它們是極弱者，膽小怕事，常常躲在森林深處不敢進入空曠之地。正是這個靈長類的遠祖有關恐龍的驚恐印記，一直作為潛意識傳遞到了人類的時代，最終，當人類有能力將記憶顯性化時，惡龍的神話便自然成型了。6500萬年前後，恐龍毀滅了，可另一個惡魔蛇卻還存在著，它一直是所有靈長類的剋星，它們的身長、它們的毒牙、它們的大口及纏繞，無不讓人心驚肉跳，是以蛇也總是激靈著人類的神經，揮之不去，於是也成了惡的化身。這些故事是智能者成長歷程中的惡性遭遇，屬負面記憶的類型，可它們卻有著驚醒人類的功能與價值，因故成為了超久遠記憶的組成部份。

總觀自然神論中的記憶之要，不難看出其中隱含的本原牽扯與智能者成就中的歷劫磨難，故得認真思考之。

第四個需要探究的話題是法象觀。

法象，語出《易大傳》，意即效法、摹仿，其主動者是人類，特別是人類中的聖人，其對象是自然世界，特別是它所內涵的道、法則。《易大傳》所說的法象觀當指猜測哲學時期，人類智慧開始向解釋哲學轉型之時，所表現出的成熟態法象現象，因為《易大傳》說出此範疇的用意，旨在揭示「八卦」之為解釋哲學的先聲，其所以源發

的原由。我們已知，「八卦」之為理，實是構築了人類解釋哲學的端點，所以，因法象而有「八卦」的法象，斷非一般意義上的法象，它差不多可直呼為還原記憶的還原義理。

這裡先不論「八卦」的法象或還原義理，僅就法象觀的提出言，《易大傳》的確抓住了自然神論體系中人類智慧演化的一個節點：還原向道的智慧以及生存技術是如何發生的。

人類有智慧，自然有巧作，這是人類降臨這個世界時的場景狀態。

在多樣化的生物世界中，如果以直接生存能力言，人類決然會排位低下，我們的外在行為能力大不如絕大多數動物，甚至也不如植物那樣自立，好在我們有一獨特裝備——大腦。大腦以出產智慧見長，而智慧的一項本能性功能則在於摹仿、學習。於是，我們從成為生物意義上的人始，就開始以長補拙、以智補缺。學習和摹仿什麼呢？這用不著掛慮，自然世界幾乎在我們還沒有出世之前就已經為我們準備好了範本，這便是自然本身。它的機巧、奇技、藝術、睿智無一不令人稱歎，這些足以讓人類取之不盡，學之不竭。

生存功利成為了最好的誘因。為了生存，人們開始學習和摹仿有效的自然行為，並使之成為知識和經驗，結果，初民們有了偽裝的捕獵機巧，有了工具的製作，有了場景的建築……人類文明由是開張。依大腦的潛能固知，智慧的開發雖由之具體事項和對象的摹仿，可它不會停止於任何具體的事項和對象的摹仿本身，它有著天生的抽象、過渡、綜合、聯想能力，它會探究不止，直至終極。以此，我們看到的結果便是，火的使用和摹仿最終走向了核聚變，尖銳木樁或木棒的穿刺摹仿最終製造了火箭，利石的摹仿最終有了鐳射刀具，響尾蛇的摹仿最終有了制導導彈，變色龍的摹仿最終有了隱形戰機……

除卻技術與物器、功利的摹仿，我們更看到，即使在自然神的時代，人類所表現出的精神與文明體質對自然內質的仿效、追隨，實在是非常廣普化的日常現象。這些仿效之要者，是對自然神意志的猜測、估算，以及對自然法則的遵守與效法。甚或可以說，自然神之興，應當便是早期農民們基於此種猜測和效法的抽象與聯想。彼時的摹仿與猜測經歷了由具體至抽象、由法則遵守至本原推斷的昇華。其中，有兩個條件特別重要，一是農業的生產環境與條件，特別有利於這樣的抽象與昇華，失去了農業所提供的優裕生境，其他人群斷難有此抽象與昇華的可能性；二是農業社會中因分工而出現的職業文化人士，他們後來被稱為聖人，是他們的特有智慧實現了由具體抽象至普遍、由法則昇華至神本原的超越。

師從自然，是人類實現生存的密巧。逆反推究，亦不難結論，它是本原神我以之啟發人類智慧，由之追憶本原自我的不二法門。印度農民先行信奉密多羅、伐龍那、因陀羅、須摩，而後再至大梵天、濕婆、毗濕奴（三者均指天，稱呼不一而已），中國的農民先前也有水神、火神、風神、雷神、四方神、海龍王、閻王、星宿神、山神、土地神諸多崇拜，後來，他們一起歸入了天神的統置之下。這樣的抽象化、廣普化演繹，均是自然之師教導和誘導的結果。延至再後世，當東方聖人足以用義理來重新解釋自然神之時，神我、大梵、道、无極、太極、空、无、仁諸範疇，便是更近本原的稱名，後文將有敘述。

上述相關探究已讓我們粗略地領會了自然神論的基本取向與價值，以此我們可進而討論自然神的主要價值。

自然神之精要在於，它的絕對性並非來自世界的外部，而是這個世界，即自然本身。這個套路讓我們可以輕易意會到，世界的好壞真假一概是它份內之事，與他者無涉，不必推卸責任，不必尋求推諉。

這個意思是說，自己負責自己。自己負責自己，人類當然不能例外。印第安人之所以認為大地山川與自己同體，諸動物即使不得以被獵殺，可人類不能成為不負責任的獵殺者，反而應盡安頓其靈魂，以保證其復生的義務，其原因即在此。他們憤怒白種人分離自我與世界，視世界、自然為他物，有利則圖謀之，無利則摒棄之的觀念，亦由之此。一個自己負責自己的世界，必然是一個完滿與和諧的世界。

說世界是自身，說世界必然和諧，並非說這個世界不會發生問題。既以成為了世界中的一個或一類「各自」，那當然地便會有「各自」之間的衝突與紛爭，這又該如何化解呢？信奉自然神的農民們無法逃避這一問題，而且，他們一開始就致力於解決這些問題。

解決衝突、紛爭的問題，說到底就是世界如何善化的問題。

善是人類本能的期待和嚮往，它源之於世界在化時的親恐性基設。依據親其所親、恐其所恐的法則，無論個體還是群體，其在與在下去，都必須依賴親和、認同，這樣的親和與認同、依賴在人類的智慧中就叫做善。這種由發於本能的嚮往，也會自然而然地成為社群的存在規則，所以與人類的生存單元──血親群──同步，一種可稱為群自我倫理的善就源發在了一切血親群之中，它是人類社會中最原始和最早的善。這種善和它的表現有強烈的界域特徵，即一旦沒有了血親關聯，善即中止，且會反向變成惡。因故，它特別適用於狩獵時代的人類，也特別容易讓人把它理解成動物的本能和衝力，當然也就不會有諸如神話、神意的掛聯。這是自然神發生之前相關善問題的事實態。

與神無關，並非說它與善無關。農業文明開始之後，人類的社會情態有了根本性的轉變，從前老死不相往來的狩獵群現在必須要生存在同一地域，過同質化的生活，這便必然地帶出了善的問題：越出群自我倫理，將善擴展至他群。善的擴展，也許是自然而為，但這卻

是一種需要說法的為，需要支援的為。因為，與群自我倫理的善相比較，現在需要為的善已失去了血緣善本能（故說為血親）的支撐，完全依人力自為，如果這樣的自為沒有神的支持與強制，則很難想像它會成為事實。

新興的善可稱為熟人倫理或群地倫理，甚至地域倫理，它們均不能依本能彰顯，必須變成規則，必須成為神意。實現這種目的並不困難，自然神本身就是具體物神的抽象與昇華，而且這樣的抽象與昇華本身也需要內質與涵義的加注。於是我們注意到，幾乎所有自然神有關世界創生與分列安頓的神話中，善與光明、太陽、白天一起，成功地成為了自然神的本質和意志，並普惠人類及諸生靈，支持收穫、繼承、安寧、和睦的訴願。

善的增衍與擴容，極好地馴化了農民們的野性（由狩獵者而來）心態、行為，高揚了自然世界的善好價值，對更後來的農業社會中普化的無限責任倫理有著基設意義，這是無疑的事實。其間，我們也能輕易發現，諸多先民傳承的相關神話中，不乏黑白、善惡對立的內容、故事，卻不可輕易做出二元論的推斷。那些在過去二三百年間由傳教士們所採寫的諸初民社會的相關人類學資料，其中的所謂土人的二元論原始宗教說，幾乎全部是採訪者根據西方基督教、諾斯替教的二元論學說妄加的主觀臆斷[38]，不足為據。我們已知，幾乎所有的自然神體系都有如天這樣的最高神，最高神之下，便是職分不同的其他神，其中有掌管白天、光明、太陽之類的神，也有掌管黑夜、地府陰曹、月亮的神，它們並非二元關係，而是自然神體系中的分司職別。客觀評說，所謂黑白、善惡分判之說，更應當理解為自然情態本身的反映，與二元論毫無干係，其中的確有一種價值傾向，那就是世界的

---

38 參見[英]愛・泰勒：《原始文化——神話、哲學、宗教、語言、藝術和習俗發展的研究》，754～755頁，中文版，上海，上海文藝出版社，1992年。

和睦和秩序，這種價值可抽象地解說為善，祗是它並非與惡相對抗的善，而是世界構成與運作狀態中的善。這樣的善對後世義理化哲學中的世界善本質論有先導作用。

說及自然神的價值，無法不涉及先民們相關生存、生活之功利和技術的發明與利用，這些由自然神所支援的功利及技術，關涉了養生、護生、醫療、風水、面相、占卜、巫術、水利、生產……幾乎所有方面，可說是自然神價值的具體表現。在成熟的農業文化中，上述的相關技術是由大大小小的專門人士執掌的，一般說，這些人士既知曉所為技術的物理特性，更精通溝通神靈的方式與方法。或者更準確地說，是利用事務的物理特性和技術手段去達成溝通神靈的目的，此溝通神靈的意義非常直接，即確保生存與生活的功利實現。諸方術人士均知道，養生、護生、濟生諸功利可行與否，完全取決於神意的認可，而認可又是有前提的，這便是人們是否知道神意，或神意是什麼？故術士作為的重心即是在猜測神意方面。

比如說一個人身患病疾，對治療術士說來，他所要做的是尋找出這個病疾生成的原因，在他和患者及居民的觀念中，這個原因不會是生理性的，而祗會是神性的。所謂神性的是說，患者或患者的關係人因為故意或過失或碰巧的行為，觸犯、冒犯、討擾了神靈，神靈便對他施以了懲戒，於是他便生病了。原因通常會是具體的，一經找到原因，並通過某種法術施以改變、救濟、乞討、悔悟諸行為，病疾的狀態便會改觀甚或好轉。表面看，術士的法術祗是在竭力尋找病因，並溝通神靈，請求免除懲戒（其中也包括施以特別法術捉拿小型惡靈、鬼靈以消除病魔的方式），而其實，它的法術中幾乎都包含有治療疾病本身的物理方法，如掐拿經絡、中草藥水汁、接斷續錯骨頭之類。這些法術中的治療方法後世成為了專門的醫學或醫術，而法術本身則經過義理化重構，成就了人體的陰陽相生相剋，五行症候和經絡理論。

　　還如風水或堪輿術。人的生與死都必須保持與神靈的和諧狀態，這是風水術的核心，所以，所謂風水和堪輿便是確立這種和諧的恰當，尋找地理方位的合適。我們固知，自然神論的觀念前提是，世界是神本身，天地為父母，萬物及人類是天地的孩子、骨肉。萬物依地而生，所以便有對位置優選的需求，或說，不是所有地方都適合人類居住和安葬的，每個人在這個有機的世界中都有最合適的位置，這就是神的意志。出生、生存、生活位置或方位的恰當，會大有利於人生的順利、滿意、愉快；死亡安葬位置或方位的合適，則會致富後代或關聯人。此表明，人的順利、愉快、福祉是神意命定了的，祇看你是否會知得了神意。這種需求就為風水方術士提供了職業保障，他們就是要通過各種因素去尋找最佳的生存和安葬之地。

　　其他如占卜、算命、看相之術，亦是方術士們試圖通過觀察、瞭解人的物理特性，如時間、空間、形相的特定，去理知神意的安排，進而確知人的命定。

　　此外，農業社會中還有一必不可少的方術，這便是水利術。此術與風水有密切關係，祇是其用意不在個人或家族，而在地理水脈的走向與合理，它同樣有神意探求的特殊性。由於水利與天地相關，這就涉及到了神的身體，所以此術非些微細作之術士可為，得有大道行方可，中國古代視水工為神的代言人即是此意。在神的身體上求利，這是極為冒險的行為，若不得法，後果不堪設想，鯀與禹這對父子的命運別差便表明證。其中，通曉神靈、探究神理體脈、安撫神靈諸事，都是大法術，非有通天地鬼神之能不可為；若能持能成事功，則其社會影響力便會非同凡響。

　　依觀察故知，自然神論中，涉及功利與技術的通神法術非常廣泛，我們難以也不便計數。大要說來，但凡此類法術均以世界即神本身為觀念的前提，所謂法術即是通曉神意的特定方式與方法，而神意

之義便是世界的和諧與完美，合此意者得生，違此意者得罰。人類的
福利與得失非其自己所造，一得依它對神意的會知與配合而有。即，
得優先滿足世界的和諧與完美，然後才有福利與幸福。這就是自然神
的價值本意。

第三節　自然神的類型

　　農業社會天然地生成和演繹出了自然神論體系，這是不爭的事
實，然而，一個農業社會有了自然神論並不必然意味著它可以長此以
往，不變初衷，產業和環境要素的變化，最終能改變自然神的命運，
使之消弭或改變形態，而那些保持了自然神形態的社會，也不能一概
而論，認為它們的形態和體制會完全類一。這些改變了的和那些即使
保持了卻也差別明顯的各色類型，也值得我們清理、理解，因為內中
所包藏的隱意不容忽視。

　　一個中途消弭或改變了形態的要例，當屬兩河地區。這裡極早興
起和發達的農業產業方式，亦使它有了與之相配的自然神體系。據19
世紀發掘出的蘇美爾人的神話傳說，蘇美爾時代，即蘇美爾人的最高
神阿（安）努神系之前，還有一個以阿普蘇（淡水）、蒂阿瑪特（鹹
水）、拉赫木（男）、拉哈姆（女）、及欽古、木思木和其他怪物組
成的神系，這個前安努的神系當屬自然神體系，而安努則屬自然神向
原神過渡的神系，安努以後的埃阿、馬爾杜克（巴比倫、阿卡德人的
天神）等便是典型的原神體系。根據譜系可知，阿普蘇和蒂阿瑪特之
前當有第1代神，祗是它們的名字缺佚，安努之前也還有一代，即第4
代神安舍爾、奇舍爾，可它們沒有獲得位格地位，真正開始有位格的

神是第5代安努，它成了兩河地區的最高神。它的成功是將原來古老的神欽古（第3代）等推翻了，並將其囚禁起來。後來大母神寧圖奉命造人之時，就是拿欽古的肉、血和泥巴塑造出來的。蘇美爾傳說中的遠古神，即第3代以前的神均來自自然物，是某類自然物的抽象，如淡水、鹹水、蛇、斯芬克斯等怪物，這與兩河地區的地理和物產有直接關係。爾後，從安努開始，神主要不再憑藉自然物造形，而是直呼為最高神，且以力能見長，特別是稍後的像馬爾杜克，幾乎就是後來希臘人的宙斯。足見這個神系在其過程中發生了體質變異，由自然神轉向了原神。

蘇美爾人的神系變異原因不難理解，盡可歸之為兩河地域從農業文明中期開始出現的移民和劫掠浪潮，這樣的入侵或狩獵式的劫掠，已使自然神失去了作為背景仰賴的意義和價值，非有力能見長的原神不足以支持生存競爭和對抗事業。所以，從歷史和文化的角度言，我們再也看不到兩河地區自然神的印蹟，能夠成為歷史記憶的祗有較近時程的原神形態。

與兩河地區相關且出現了幾乎相同轉型的，還有安納托利亞半島的神系。這裡的原神代表是巴力、特蘇巴之類，在它們之前，我們還知道一些更古老的神名，如厄勒、阿拉魯（埃利翁）、庫馬比、特勒皮努斯等等。這些更古老的神大多具有造物的神性和自然的質樸，可結果非常慘烈，幾乎都敗毀在了後起的宇宙征服者、統治者的原神手下，成為了原神大業的犧牲者、鋪墊者。

改變了體質的兩河地區、安納托利亞地區，是無法討論自然神的完整形態的，我們祗有轉身觀察那些還保持了自然神形態，而其質地卻有差別的其他幾個類型。

第一個要理解的是波斯類型。

　　這裡所說的波斯遠大於今日之伊朗，它包括帕米爾高原西緣以
西，大印度以北偏西，西濱兩河東邊界的廣闊地區。或說即阿拉伯
海、波斯灣以北，裡海以南的地區。依地理條件和生存方式論，這裡
並非農業區，它屬於典型的遊牧與狩獵生存區，祗有少量的農業生產
地，按理應無有自然神之說，祗因一個特殊的機緣讓這裡也生發了自
然神觀念並有了義理化的結果。這個機緣是，生活在中西伯利亞至歐
洲接合部（即現在黑海以北的俄國南部地區）的古雅利安人遷出了原
居地，其中的一支向東南方向運動，進入了伊朗和印度。正是這支神
奇的雅利安人在後來的波斯和印度文明中創造了宏大的自然神體系，
以及再後來的義理化自然神體系。何以這支遷徙出的雅利安人有此
創舉，而遷往別處和留守的雅利安人卻無此功？這一直是一個謎。不
論此謎之所由，僅就已鑄就的事實論，先行停留下來的伊朗雅利安人
與繼續前行至印度的兄弟，先後創建了自然神體系，這是一個值得理
解的事件，故有說之的必要。

　　伊朗人崇拜的自然神與吠陀及吠陀前期印度人的自然神幾乎相
同，這顯示了印歐民族早期信仰的同源性，亦具有很明顯的自然屬性
特徵。從某種意義上講，也許希臘的宙斯神系、安納托利亞半島的巴
力神系其前身亦與此有瓜葛。根據後來發現的一份米底人（米坦尼
國）與赫梯人於西元前1400年簽訂的契約，我們知道伊朗人信奉密
多羅（Mitra，伊朗人稱為米特拉Mithra）、伐龍那、因陀羅和那薩特
亞，這些與印度的系譜幾近相同。米特拉或密多羅被視為太陽神，亦
與火有關，有光明喻意，故亦是友誼和契約之神。米特拉的地位十分
顯赫，他甚至可以與後來的最高神阿胡拉相通，具有智慧和正義的特
性。因陀羅在伊朗人中的地位非常低下，祗可算是一小魔鬼而已。

　　相關伊朗人（波斯的雅利安人）的研究，特別是其自然神形態的
研究，我們遇到了兩個方向的困難，其一是他們源發地的自然神形態

是什麼？幾乎沒有任何資料說明，我們祇能靠推斷去理解；其二是，雅利安人定居伊朗高原後，又出現了一個空白期，直到他們中出了一位聖哲瑣羅亞斯德，我們才有了新的瞭解，可問題就出在這個瑣羅亞斯德身上，他將伊朗的自然神義理化了，這的確非常偉大，祇是他的義理卻是二元論的，這在人類世界中幾乎是絕無僅有的，因為我們所知的自然神的義理論，除了瑣羅亞斯德的二元論之外，其他都是混元論的。對此，我們需要有一些理解。

雅利安人發源地資料的缺失，的確是遺憾之事，不過，料想之中，他們所信奉的應當是或接近自然神，即已經超出了原始自然神的境地，所以，已知的米特拉、伐龍那、那薩特亞都是類型化的神祇，而非具體的圖騰神。這個推斷似乎可以動搖前說：自然神起源於農業社會。不能輕易據斷此說的對錯，因為我們沒有任何資料證明南俄地區的古雅利安人同農業沒有關係，也許他們原本就是農耕者或部份農耕者，若此就不難理解他們為什麼發展出了自然神論。其實，征服希臘半島的多利斯人在宙斯體系之前，也有自然神的表達，這由宙斯同時又稱為雷神可知。以此論，文明帶西段地區在農業文明中期以前，其邊緣地區甚至到比較晚的時期，都有自然神崇拜，當是可能的事實，後來所發生的改轍、改形與放棄，是農業文明中期以後本地區快速強盜化的結果。依此再觀察波斯的雅利安人，則知，它們實是繞道避開了文明帶西段的災難中心兩河地區，由山地向西南方向運動、遷徙，最終到達並定居在了伊朗高原。這個毫無目的遷徙軌跡，使他們暫時地免除了強盜化的干擾，盡可能地保持了原狀的精神與觀念形態，所以其自然神的形態在伊朗地區還有存續。

然而，伊朗高原並非優選之地，至少對農業產業方式言當如此。伊朗高原以礫地和鹽漠為主要地貌，許多地方寸草不生，祇在西部的山區，才有森林和農墾區，所以，此地的主打產業是遊牧業，後來又

新生了商業方式。險惡的生存環境讓自然神置身於了非常尷尬的地位，它無法滿足人與自然和諧的終極價值，不能以最自然的方式安頓人心和社會。此意味著，它有被改造的必須。偉大的瑣羅亞斯德正是在這樣的背景和需求中出世的。

瑣羅亞斯德（他的時代向有爭議，有說他生活在前14世紀時代，有說他生活在前6世紀時代）是伊朗自然神義理化時期的宗主人物，這位出身麻葛集團的精神領袖將米特拉抽象化，使之成為智慧之神、真理之神，稱為阿胡拉、馬茲達，或阿胡拉－馬茲達。他將信奉阿胡拉－馬茲達的宗教稱為火教或襖教，並製作了他們自己的聖書《阿維斯陀》[39]（原書早已失傳，現傳本為薩珊王朝的重新編定本）。據認為，該書的首卷《伽薩》為瑣羅亞斯德吟唱，其餘為後人所加入。瑣羅亞斯德的世界非僅祇有阿胡拉－馬茲達，它祇是善良、真理的神主，此外還有它的雙胞胎兄弟惡神歹瓦或安哥拉‧曼紐、阿里曼，它是罪惡、魔鬼的魁首。世界便是這兩個善惡神無盡鬥爭、較量的場所，人類也必得參與到這場無盡的拼鬥、較量之中。

出現二元論的新義理，表明留居伊朗高原的雅利安人終於對他們的新生活場地有了深刻的體認和接受。這裡的石礫、鹽漠、乾旱、多山、裸石、缺少植被，有的甚至寸草不生的場景，的確讓他們感受到了生存的險惡、困苦，人生的艱難，以至於無法不作出世界被惡所支配的理解。這樣的理解還有一孿生例證，那就是埃及人的自然神系，他們在奧西里斯之外，也建樹起了賽特這個惡神，它的出現與撒哈拉沙漠有直接關係。環境或生境的惡化，無論成因於自然要素，還是人為要素，都有可能改變自然神的質地，縱使它有可能走向義理化，也無法堅守自然神的混元無分的本質，祇得隨場景而逐流，最終偏向文

---

39 參見[伊朗]貴利爾‧杜斯特哈赫選編：《阿維斯塔——瑣羅亞斯德聖書》，元文琪譯，北京，商務印書館，2005年。

明帶西段地域的強盜文化形態。當然，如若有超強的越超能力，最終一併將惡的環境和要素拋除放棄，如印度的吠陀哲學那樣，步登人類智慧的終極之境，也非不可，可這祗有文明帶東段或東方文化才有機緣。

第二個要理解的類型是埃及的自然神。

埃及的自然神系相對較為完整，它由最高神拉 —— 也稱瑞，或瑞–拉，後來又加入了阿蒙 —— 和它的兒子奧西里斯、賽特及女神伊西斯（奧西里斯的妻子）及其他一些神組成。拉也稱為太陽神，此外還有風神、雨水神、大地神、天空神、明祖、冥主、農業神、死者守護神、生育神、月亮神、沙漠神、法老守護神之類，更有從圖騰演化而來的貓神、蛇神、蛙神、聖甲蟲、山羊神、大象神、蠍子神、母獅神、鱷魚神之類。僅從形式言，這個系譜可說為標準的自然神系，然而，這個系譜所帶來的更大感覺是失望和遺憾。

我們素知，埃及有多達5000年以上的歷史與文明，依文明與文化的積澱邏輯論，它該有義理精神與意境的獨步恢弘、發達，可我們沒有從中發現這樣的跡象，反之，看到了的似乎祗是狹隘與過於物化的俗套。遍觀埃及遺產，充斥眼幕的是不朽的石頭或準石質的作品，從方尖碑、廟宇、宮殿、廊柱、神像、人像到陵墓、木乃伊，無不由堅硬的石頭雕刻或人為不朽材料製作、構築，倒是盡顯了幾千年來的宏大氣勢與工藝風采，也表達了其中的追求永恆、不朽的堅定決心。可以說，正是這樣的製作和追求，才讓今人有了親臨歷史之中的快感。問題是，這些不朽、堅硬、永恆喻意了什麼？

巨大的金字塔讓人們充滿了對其結構和歷史的無窮神秘感，由巨量的石塊所構磊的陵墓中，祗有一個小小的人體安放，這樣做的目的絕不僅僅是為顯示國王的富有與奢華，更是為了他死後生命的繼續。

木乃伊的創舉、太陽神的信奉、死者引渡的雕刻畫，如此之類，無不是為了死後的重生。至於說那些巨形的石像和其他石雕作品，也都與此主題關係密切。總凡一句話，自我——以靈魂為載體——的固守與永恆。埃及人對自我的看重、堅持全部印證上了石頭和一切可以堅固的材料中，表現了世人少見的狂熱與執著，而正是這樣的狂熱與執著禁錮了埃及人的思想與境界，尤其是僧侶、祭司的境界，讓他們沒有抽象、沒有義理、沒有超越。職業神職人士滿腦子祗有法老、國王和他們自己的不死、不朽、永恆慾求，而不能放棄、化除，結果致使了智慧的物化、石頭化，某些藝術、工藝的確可以歎為觀止，付出的代價卻是哲學、義理、真理的缺位，不能讓人類從這個悠久的古老文明中分享精神滋養。最終，這個自然神系就終止在這個臺階上，沒有任何進展，直至其文明的覆滅。

埃及文化是一典型的沒能自我超越而致其自然死亡的現象，思忖其因由，當與埃及文明的封閉性自足有干係。埃及文明建立於一條單一的河谷之中，其中前期，這裡雖然狹窄，卻足以富裕，特別是物質生活保障有餘。正是這樣的豐足，讓人們特別是君王、貴族們有了對現實生活的依戀，進而有了此生不足長，來生繼而續之的嚮往，加之沒有外在參照系的比列、破除，結果就祗能滿足於自我的永恆、不朽的夢想之念。可見，自我的過分並非還原神意的幸事，它會阻止還原的去路。後來，中東的強盜化張力終於壓垮了埃及文明的體態，致使它終其一生都無有超越的可能性。

第三個需要理解的是美洲印第安人的自然神。

美洲印第安人是東亞種族的分支，他們在距今18000年前後進入美洲大陸，除了膚色近似於東亞黃種人之外，自然神及其觀念的保持，是他們宗主母土文化的重要標誌。依文明形態進位言，美洲文明整體階位較低，亦成長較晚，其中最典型亦最發達的是瑪雅文明，其次還

有墨西哥的阿茲特克人（西元14世紀後）文明，南美的印加國（西元
11世紀以後）等。這些文明最早興起的時間是紀元3世紀以後，其餘更
多量的印第安人還停留在更早狀態的文明中，所以很難作出與舊大陸
等量化的研究。就自然神的形態言，可說大多數印第安人都已進入了
自然神的論域，卻也不乏一些邊緣狀態中的部族還保留了圖騰崇拜的
舊習。

　　除卻上述幾個進入國家文明臺階的地域之外，美洲大陸的印第安
人基本上還過著族群割據的古樸生活，沒有統一的社會組織和文化形
態。這一現象的一個直接表現便是，印第安人的自然神因地域和族群
差別而名稱各表，沒有統一的自然神稱謂。以下概要羅列一下相關諸
神的分別稱名，我們即可聞知真實情狀。

　　愛斯基摩人：伊努阿（Innua），

　　北美阿爾袞琴人：瑪尼圖（Manitou），

　　易洛魁人：奧倫達（Orenda），

　　馬塞諸塞印第安人：基埃坦（Keihtan），

　　弗吉尼亞印第安人：奧基，

　　平原印第安人：瓦坎達（Wakonda）（蘇人），

　　　　　　　　　蒂拉瓦（Tirawa）（波尼人），

　　佩里克人：尼帕拉耶（Niparaya），

　　墨西哥阿茲特克人：威齊洛波奇特利（Huitzilopochtli，南方），

　　　　　　　　　　特茲卡特利波卡（Tezcatlipoca，北方），

　　　　　　　　　　托拿蒂厄（Tonatiuh，東方），

科查爾科阿特爾（西方），

特拉洛克（Tlaloc，奧托米人），

瑪雅人：胡那勃·庫（Hunab ku），也稱基尼巴漢，

危地馬拉：亨阿普武奇（Hun-Ahpu-Vuch，太陽神）與亨阿普姆泰伊（hun-Ahpu-Mtye，月亮神），祖父與祖母，

尼加拉瓜：主神塔馬戈斯塔德（Tamagostad）和女神齊帕爾托那爾（Zipaltonal），

奇布查人：博基卡（Bochica），

印加人：英蒂（Inti）或阿普龐丘（Apu-Punchau），

阿勞幹人：皮蘭（Pillan）。

這些大神或主神基本上是自然化的，亦是類型化抽象的，與圖騰神有本質區別。概要言之，這些神的根主多為太陽，其次也有方位、雷電、風雨、精靈之指意，它們是世界，即天空、星宿、山川、大地、人物、動物、花草、樹木、水流、海洋、沙漠的創造者，並主宰著世界的運行、變化。多數情形下，它們也代表善，主張支持善，反對惡，但也有少數以惡神著稱。除了主神或大神、天神之外，印第安人還設置了許多類型神，如水神、河神、海洋神、山神、沙漠神、樹神，還有一些動物神。這些神與人類關係密切，息息相關，關照著人類的生老病死。故知，人類的生存、生活是被這些自然神決定和支配的。

自然神被印第安人崇拜、信仰，其應用主要局限在遊牧和農業生產及相關生活領域，除極少數有戰神的意義外，其他尚無有明顯的生存競爭價值與意義，即使在阿茲特克人的時代，他們的征服與戰爭亦未能改變本地區自然神林立的局面。所以說，印第安人的自然神尚屬

於自然本真的譜系，未曾有體質改變的事實，即沒有進入原神和宗教神的階位。值得注意的是，沒有嚴酷的生存競爭，致使其自然神不能別出為原神和宗教神，另一方面卻也未能如東亞母地那樣，使其出脫超越，最終進入了義理化的境地。可以說，這是一個較為原生態的自然神系。這一現象直至歐洲人進入後才得以改觀。何致如此呢？可能與印第安人的單一種群及遠離舊大陸因而缺失文化交流有莫大干係。也許還可以理解為，前期的遷徙、流浪佔用了太多的時間，地域的廣博致使人口過於分散，而農業與定居的後滯又未及帶來文明早熟所需的人口數量，當所有這些條件都已積累成熟之時，歐洲的殖民者也赫然殺進了大門，所以，一切都無從談起。

第四個需要探究的是薩滿的自然神類型。

薩滿是世界性的神事現象，在當今世屬分散流傳的原狀性宗教遺存，或說由之遠古而來的自然神崇拜。一般說，薩滿信仰雖無文明體意義上的文化體系建構，衹有地方性傳承的事實，所以其表達方式及作用效域有極強的地域性，但其影響卻不能小視，尤其在東北亞地區，更是有普適性。要約言，東北亞的薩滿崇拜與相鄰的中國自然神論體系及美洲印第安人的自然神信仰之間有關聯關係，甚至可以說，流傳至今的東北亞薩滿教其內涵與質地受了太多中國文化，包括中國義理化知識的影響，因之其原狀性已被修飾。即使如此，作為一種分散化的自然神崇拜類型，它的存在仍然應予客觀對待。

薩滿教以天穹為崇拜核心，以此展開了相關宇宙起源、結構及天地關係的神話建構，設計出了天神、地神、日神、月神、星神、雷神、風神、雨神、雪神等神祇，又將宇宙分為上中下三界，這個三界的宇宙起源於混沌迷茫之中。不過，薩滿教除了眾多的自然神之外，尚有物神圖騰崇拜及祖先神崇拜，這是他們的信仰特色之一。由於世界被眾多的神所決定，人類不能自主，這就無法避免一個結果，人類

必須要去猜測神意，否則是沒有生存可能性的。基於此，薩滿教於猜測神意方面做了極其充分和出色的工作，並因此而獨步世界。

薩滿一語，本意即知曉、知道、通達、瞭解之義，以此之故，薩滿教不衹於宇宙創生、宇宙結構、天地關係及諸神有較多神話、說法，亦於通靈、通神的技術方面有非常突出表現，這些技術或巫術包括：運氣養身、物候歷法、漁獵、建築、生育、治病、招魂、送神、神判諸多領域。故知，薩滿教的功利特色是非常濃烈的。

第五個需要探究的是印度的自然神類型。

印度，在這裡是一個古代稱謂，它包括整個南亞次大陸地區，即帕米爾高原和喜馬拉雅山以南的全部地區，東至緬甸，西至阿富汗。這裡的古代居民由三部份人組成，一是極少量的土著者，二是來自東方的達羅毗荼人，三是來自西方的雅利安人。至西元前2000年前後，這個格局已經成立。其中，雅利安人因其天然所具備的野性與暴力衝動，使他們居於了這個文明體的主導地位。印度的雅利安人與伊朗的雅利安人同宗，這已成為了歷史常識。問題在於，這個多走出幾步的兄弟後來所創造的文化，的確讓人瞠目結舌，它的深刻與抽象幾乎獨步天下。

帶著密多羅、因陀羅、阿菁尼、伐龍那、須摩的記憶，這些西方人闖入了印度河平原，繼而進入了恒河谷地，幾乎毫無抵抗，他們便成了這個土地上的新主人。不過，這裡的沒有抵抗，並非說雅利安人可以獨立自主，可以自持其能。這裡其實是一個詭異之地，許多本土因素具有絕對不移的力量，它最終改造、馴服了這些外來者、入侵者，使他們完全融入了這個地域特定的文化之中，而不是相反。

南亞次大陸地處熱帶和熱帶向溫帶過渡的地區，屬中緯度文明帶的偏南部份，外加喜瑪拉雅山的高聳隆起，致使本地有了乾-濕兩極化

同域存在的特定氣候現象。結果，它的南部和東部地區成了世界的水塘，幾乎成天浸泡在大雨乃至豪雨之中，難見天日，加之高溫，人們猶如置身桑拿房之中，渾身祇有肉體的慵懶和苟且，而西部及偏北地區則乾旱少雨，成為了沙漠之地。這樣的兩極分化，很難讓這些進入者可以像他們留居在伊朗高原的兄弟那樣，祇會以一種視角去觀察和理解世界，他們必須同時要用至少兩種眼光去觀看和理解這個世界。此外，這個南亞次大陸之所來，並非歐亞板塊自身，它來自遙遠的南極大陸。當它一頭撞上歐亞大陸之時，不恰當地撞進了歐亞大陸的腹下，於是，兩廂衝突的結果是隆起了喜瑪拉雅山和帕米爾高原。這個後果除了帶來了山、河流、過多的降水之外，還意味著它同時也成頻發的地震區。所有這些因素綜合起來，我們看到了大自然在本地區的特異：它有很好的農業條件，卻有著無窮無盡的水災；它有良好的河谷平原，卻無法避免山原的分割；它有濕的沉重，亦有乾的浮躁。生活於其中的人們除了無奈還是無奈，痛苦、苟且、慵懶、無望之類攪成了一鍋粥，任誰也無法改變。從歷史材料上觀察，雅利安闖入之後，並不能對本地區的社會結構和文化體制有實質性的改變，社會依然我行我素，以鄉村式的土邦為基本社會單元，自治自給，精神則完全屈服於自然的神力，聽天由命，不思人力進取。雅利安人唯一所能做的，就是確立了自身原本就有的社會等級階序，這便有了後世的印度種姓制度。

　　自然要素的嚴酷與環境的重壓，足以使人們將人為的惡降至最低限度，也很難有人產生雄心，將全地域的人組織起來，構築人力的帝國，人們祇需能夠機敏地順應自然行為去生存，便足矣。考之雅利安人進入之前就已存在的本地文明，如莫恒卓–達羅遺址，我們已然知曉，這裡無需戰爭和軍隊、軍備，他們祇在過本份的農民生活，所以城市遺址中沒有任何兵器和軍需品。正因為這裡自然而又坦蕩，無

有設防與競爭，是以自古以來，印度就成了一個外來者特別方便進入
的地區，至少最近2600年以來，包括雅利安人在內的印度人，自己建
立的帝國王朝僅祇兩個而已，時間量相加不過四百餘年，其餘的兩千
多年，全部為外來者所統治。並且，這樣的統治並非完整意義上的征
服，不過是謀求財富的一種方式——印度人提供了統治者滿意的貢賦
稅費之後，自己仍然過著土邦自治的生活，與統治者無關。

所有這些都表明，印度人的精神世界需要的是順從、忍耐、被決
定，需要的是慾望的解脫，而非需要自我、競爭、戰鬥，於是，有戰
神色彩的因陀羅漸行褪去了原色，最終與密多羅、伐龍那一起被收編
進入了統一的濕婆、或毗濕奴、或生主、梵天之中。它們是世界所有
現象和事物的作俑者，當然也承擔一切責任，人類無需掙扎、反抗，
祇需順從、追隨即可。

濕婆、毗濕奴、生主或梵天，稱名雖有異，實則為最高自然神的
不同稱謂，它集善惡、生成毀滅、光明黑暗、好壞於一身，為世界之
所原，亦為世界之所歸。這是「吠陀」詩篇告訴我們的世界模型。在
這樣的世界裡，人們也許需要獻祭或討好神，但更主要的是向自然狀
態的返還，返還到完全自然的狀態，無有人的特殊與獨異，這樣便可
以解脫為人的痛苦與煩惱。此種觀念與思路，致使許多的印度人走上
了放棄與回歸之路，從國王到民眾，均可以不留戀現世生活的浮華，
赤身裸體投入大自然的懷抱，在山林、野地過動物般的生活[40]。後來，
當印度教成為潮流之時，這樣的選擇更具群體性。

印度人的自然神所具有的絕對性，應當是人類世間絕無僅有的，
經過吠陀詩歌的傳播和稍後印度教的加工，這樣的觀念和絕對最終都
義理化了，成為了人類的絕對真理：以智去智，還原證成。從中，我

---

40 參見印度史詩《摩訶婆羅多》，般度族與俱盧族展開了震驚宇宙的大戰，最終的
   結局卻是，般度國王堅戰放棄王位，出家修煉去了。

們特別注意到，印度文化的偉大在於，極為險惡的生境之中，人類卻沒有成為自然的敵人、怨懟者，也沒有成為自然的奴隸，祇有動物般的順從，而是盡力啟迪相關神本原的記憶，剝去雜染，以至深思熟慮後的超越、化解，他們一直在追逐著自然本根，從表象到本原，最終理解了本原的真實意志，參悟了人之所以為人的真諦：化除自我，放棄假象，還原證成。如此的智慧成就和性智覺，無法不仰賴長期侵潤、久遠滋養的自然神觀念，真可謂至大至偉的神意。

有了印度文化的參照系，我們才可以去丈量和比列其他各類各型的地域或群域文化，尤其是可以觀照以自我為中心，以功利為目的的任何界域化的文化，結果是不難獲知優劣長短、尺短寸長之分。當然，以人類整體立場言，印度文化還不能說為完整，它的確有短板和筋寸，需待未來的同構與整合。

第六個需要理解的是中國的自然神類型。

中國或東亞亦是典型的農業文明區，祇是，這裡的農業條件要好過印度很多很多，差不多可以說，這裡是整個地球上兩個最好的農業區之一，另一個則是北美，不過那裡的文明尚未進階，無法讓良好的農業條件與文化互為輝映。中國的主要區域幾乎全部都位於北溫帶之中，所以四季分明；海洋性季風、西南部的高山隆起、幾條大河均自西流東，這幾個條件使得這裡的中緯度乾旱症消失，反而成就了魚米之鄉；偏北地區佔有厚重的風積黃土，亦是保墒肥沃的農墾之鄉。總之，這裡條件優庸，地域廣闊，無需檢選，也無需擠榨，祇要稍微付出人力，即可滿足生存之需。

自然的厚賜，當然也就強化了人與自然的親密關係，相互之間配合默契，相形益彰；而平面化的農業產業方式和地貌表徵，也極利於相同生活樣態和意識觀念的發生、傳播，即使沒有人力組織，許多的

生活習性與觀念亦能通行無阻。這些均是中國社會自然神得以生成、演化的先決基礎。這些基設性條件中,自然界對人類的禮待,及農業所要求的人力勤勉,是極為有效且充分必要的關聯條件,它們對自然神系的塑造及後來文化的締造,均有不可或缺的預設意義。當然,豐富的物產和優裕的生活,極易讓人們把生活當成享樂和欣賞、品味,這樣的閑趣和品味之餘,亦為深刻的思辨提供了環境和場景,於是,神的意志非是不與人類為敵,還有可能相互侵潤,互相砥礪,共襄志業。

相關自然神,中國有混沌的傳說。此說最早出自《山海經·西山經》,後來《莊子·應帝王》又予以了演繹。此傳說中重心講的是宇宙混沌未分的狀態,有源發性的意義,後來混沌開化,萬物化生,宇宙就形成了。不過莊子的演繹也很有指意,他所說的倏、忽二帝,既有時間的指義,也有人工的涵義。倏忽自作聰明,為混沌鑿七竅反致其死亡之說,正是莊子批判人為過錯之所在,祇是,其中所隱藏的另一層意思也不可丟失,那就是中國的神論文化中,向來有神、人共成說,非有人力的參與、勤勉,不得成就世界的意義。後來,又有盤古開天地說,其中的人為意義就不再是莊子的反面敘說,而是變成了正面的表達:人力的能動促成了天地萬物的生成、演化。

中國自然神的論義中,除卻上述自然神的絕對性和人力的積極能動性之外,還有一個主題,這便是人與自然世界的和諧。這類神話之典型者可見於雲南納西族的傳說。這個傳說認為,從前人與自然神是兄弟,其父母去世後,人類與自然神兄弟發生了分家析產之爭,結果人類一無所有,全部財產為自然神盡佔,為此,人類便瘋狂肆意地搶奪自然的物產,砍伐樹木森林,獵殺動物,並在河湖中洗滌帶血的獵物,這導致了人與自然的嚴重對立、對抗。後來,東巴什勒(東巴神)受命來調停人類與自然神的關係,經東巴神的強制性調解,自然

神讓出了土地，使人類從此有了田地、牧場、房屋等財產，最終與自然和諧相處[41]。

經歷了遠古時代混沌和盤古的神話傳說之後，中國的自然神稱謂開始了更抽象化的演化，以致最後有了天的稱名（商代改稱為上帝）。這個天是一個有意志而無位格的名稱，它不同於自然世界中的天空之天，也不同於後來形而上的天理之天，是一個相關自然神的總稱謂，並長期為中國人使用，即使後來的自然神義理化了，這個意義上的名稱也仍然有效。甚至可以說，後來所說的「天人合一」之命題，除了其義理的新意義外，它的源頭亦與自然神之天有密切關係。

---

41 參見雲南麗江玉龍雪山下水泉湧出處署古場石碑刻文。

第 六 章

強盜社會與斷根文化

　　自然神興盛於農業社會，滋養著農民的心性與精神，亦歸置著農民的生活與行為方式，甚或可以說，彼時的文化亦是由自然神所主導的智慧現象。不過，這樣的情態及狀況在有些地區卻不能繼而續之。社會環境的變化，竟至可以完全打斷自然神論體系，神的思想與觀念被迫改弦易轍，更加功利化、本位化、極致化的神觀念與神體系最終替代了自然神，文化祗能以新的方式演繹、開展。

第一節　生存壓力與責任收縮

　　地球北半球上的中緯度帶自全新世之後，承載了幾乎主要的人類故事，所以它因之別有一稱謂：中緯度文明帶。這個中緯度文明帶以北30°為軸心，南北各有約近7～8°的延伸，以之佈局成文明的舞臺。最近的10000年中，這裡不停地上演著人類的文明故事，演繹了人類文化的激昂與輝煌。演出的結果已如當下所知，這個貌似祗有演員沒有觀眾的劇場，其實並非沒有評判和裁決，祗是這樣的評斷得置於長大歷史時程的視野中，非有置身度外的超越與全景式的觀察，很難決定其當裁之說。依劇場組合而論，這裡的匯演大體上可說為三個主要的分場組，一個是能動激昂、衝突無限、盡顯自我、功利本色，外加理性和物理修飾的西方文化體系；另一個是能動歸依、以智去智、還原證成的印度文化體系；再一個便是調節能動、以善為本、積極成善的中國文化體系。

　　置身場景之中，我們會看到這些地域性文化的巨大差異，甚至於可想像為不可同日而語。這樣的觀感、印象的確是身在其中者的常見結論，如若我們跳出地域之外，則會另有他見。

他見的成立，在於我們能否找到這種巨大的地域性文化差異有否其所共的質地和支撐點？這樣的質地和支撐點並不難發現。我們已知，人類之所以能創造出文化，全在於人類有其創造的能動能力，此能力又是其生理結構中大腦所特出的；而大腦之所來，乃是因為世界在化的過程中，複雜化、多樣化選擇的結果；進而的問題是，何以有這樣的過程和選擇呢？理由在於，諸在是本原顯化的形式，本原之所以要以在的形式來顯明自己，是為了自證其真。不過，這樣的自證還不是目的全部，其目的的完整乃是，原意志通過過程、在化、陽動、陽假、多樣化、複雜化、還原證成其自身。其中，在者在這樣的還原證成中必得自覺化、能動化、主動化。這是還原證成的充分條件，而此條件的現實，又是能動之在即大腦所開啟的。故知，人類行為的終極所在，無非是以差別化、多樣化的方式論證陽動、陽假過程的必然性。這一段表述簡約之便是：本原→陽動或陽假→在的多樣化、複雜化→選擇能動→大腦→能動生存→文化表演……

有此基說，回頭再來看中緯度文明帶，就不會過分詫異各地域文化之間的差異和別態，它們之間實是同構關係──共同組合成人類智動參與世界還原證成過程的智慧自覺。當然，這樣的自覺不會憑空出現，也不會一瞬間出現，它更會變通和歪曲表達。這樣的變通和歪曲，常會讓人們不能輕易地發現它的出現及其前期表現與自覺能動之間有任何關係。

中緯度文明帶並非同一地理條件和環境，其中有著氣候、地質、地貌、風向、乾濕度、大氣環流、河流、溫度諸多差別，特別在它的中部，連環隆起的中亞山結所形成的倒切割，最終分割了這個文明帶的完整，使它有了東段與西段的分野。文明帶東段有著典型農業文明所要求的完整地理環境與條件：均勻且豐富的降水、肥沃且廣闊的土地、分明協調的四季、分佈合理的河流與湖泊。更為特別的是，中亞

山結橫梗於東段的西面和西南面，完全阻斷了文明帶西段人與物的進入，它與北面的廣袤草原及東面、南面的大海共同聯手，形成了對本地段的獨特保護和封閉。這個條件在農業文明的時代有特殊意義：保護和保障文明體的單一性，以免雜交或交合。可以說，中國文明與文化的完整性、連續性正是此一特有地理條件賞賜的結果。

反向存在的文明帶西段則不然。這裡首先是大氣環流中乾燥空氣的下沉之地，故毫不留情地生成了地球上最乾旱的地貌，著名的沙漠撒哈拉、阿拉伯、印度及伊朗磧地、鹽漠等均集聚於此。這一地貌、地質形態幾乎完全反逆了農業生產所需求的前提，若非幾條大河流經幾個沙漠中，斷無我們討論文明的可能性。問題還在於，就使有大河涇流的平原、谷地可以為農業生產，可它們還有地域狹小的局限性。這必然會導致其產業的承載能力的有限，在人口沒有過份膨脹和外來者侵入的前提下，這樣的有限或許不是問題，而一當這兩個因素有改觀，則後果難以料及。事實恰恰是，農業文明中期以後，這兩個惡變因素均發生了，以此，文明帶西段——尤其是兩河為中心的地區——被迫進入了不可扼逆的生存衝突和競爭過程中。它所聯帶和引發的後續後果，是連鎖反映的惡性循環，以致原有文化和精神體系都得由之改弦更張。

乾旱和農耕面積的狹小還不是問題的全部，地理方面還有，內部各地域或文明體之間毫無地理障隔及保護，以致相互間有直通式的交通影響。要命的是，這種直通式的影響在農業文明中期以後，至少在相當漫長的一段歷史過程中並無太多正面價值，一味祇是獵殺、入侵、搶掠而已。由此而來的後果，毋庸置疑，一概是野蠻和非理性的。催化這種後果的因素在文明帶西段實在不稀缺，比如物產的供給，整個文明帶西段除那些大河、谷地有較成熟的草本農業，可從事穀物種植外，更廣貌的地域並不適合草本生產，反是木本農業的作業

區。由木本作業所產生的水果類，從給養的角度看，不如穀類產品，後者可直接成為人們的衣食之源，而前者則要依賴加工和商業交換，且還不能單獨滿足給養。這個條件外加本地區的海洋條件，應該促成的是商業貿易和加工業，可早期的人類尚無這樣的理解，他們更願意追從一種更直接的獲利方式，這便是搶劫與獵殺。於是，搶劫在本地區也演為了一種生存方式，其普及與囂張之勢，遠較其他正常產業方式為熾。

另外一個更值得重視的催化因素，是本文明段的種族和人種構成的複雜。遠至亞種雜合的時代，這裡就是蒙古亞種、高加索亞種、尼格羅－剛果亞種的交合之地，從而形成了複雜的亞種、種族構成。此後，各種族和民族之間，更是無法保持單一、純潔的可能性，廣普化、多層次、反復化的雜交，不停地演生出新的種族和族群，更有難以計及的族群在這樣的新生演化中銷聲匿跡，成為了過客。複雜且多元的種族、族群構成，對文明、文化的單一性保持有致命的影響，於此環境和背景之中，很難有一個群體能自保其不變異，更不用說其文化體系的一成不變。就若猶太人和他們的宗教——先且不說他們的文化產生較晚（西元前12世紀之後）——也不能斷言其血統的單一性，他們種族雜交的事實在其聖經中均有明載。

綜合上述簡略大要可知，文明帶西段在農業文明時代並非優越的農業產業之地，就使這裡可視為最早的農業發明地，亦無法改變其非理想之地的結論。問題還有，這裡即使不是農業的優選地，可人們還是要在這裡生存下去。這種必須在其他產業方式尚未生成或不足以替代的前提下，會有什麼後果呢？這是我們接下來要討論的問題。

不過，進入討論之前，我們需要將印度區別出來，先行作出說明。

　　印度地處中緯度文明帶的中部，正好落置在中亞山結的南緣，且是整個文明帶中唯一存活於熱帶並跨越了溫帶的文明體。這個特定使它有了與文明帶西段主區域不同的環境條件，其正面後果包括：完全成熟的穀物農業區、且以水稻為主、耕作面積廣闊、水土濕潤且肥沃、養育能力強。其負面的條件亦明顯：西和西北部十分乾旱，以致成沙漠狀，整體上多山地山原、土地分割嚴重，東部及南部過分濕潤，以致水災過分，以及多地震和兇猛野生動物。最後還有關鍵一點，它與文明帶西段之間沒有障礙，交通相對便利，這意味著它要承接早期文明暴行的影響。這些有利與不利共同形成了一種顛簸態的文化生態，其後果是自然意志的強勢壓力與控制。

　　成熟和完整的穀物農業，極好地支撐並保證了本地區文化生成和成長期的自然屬性，所以，它本質上是東方文化類型，並持之以恆。還有，這個東方類型或說自然本原型的文化生成於自然環境嚴酷的地域地貌之中，自然意志的強勢作為，最終馴服了本地域民人的心性與精神質地，以致成就了順從、追隨，進而猜測、探究、靈覺、體悟的文化大觀。這種文化極有利於消解自我與功利之心，極便於靈思穿透與化除物形的障隔，所以可以與本原、本根同一不二，是以表現出了良好韌性和耐力，此為他域文化所罕見。也正是這樣的韌性和貫透性，所以它亦有很好的同化能力，能在不止息的入侵和佔領過程中自立自維。

　　現在，我們來討論文明帶西段社會的後果。

　　諸多的不利因素致使農業在本地域發育不良，無法成為主導性產業，人們不能依據單一農業去實現生存；各種相關的補充性產業方式中，強盜式搶劫方式又極具破壞性，可它卻成了人們最願意採用和追求的方式。因此，一些原本的農業區——典型者如兩河平原——也無法不遭受這種破壞的壓力，以致即使是狹小的農業區也不能潔身自

保，必得加入這樣的暴力競爭之中，於是，屠殺、剝奪、毀滅變成了最常態的生存遊戲。

當然，這樣的遊戲和生存故事並不是一開始就有的，據查，大約在農業文明中期（約西元前4000年前後），地處文明帶中心區域的兩河平原突然間有了吸引力，那些生活於周邊山地、高原的遊牧者及殘餘狩獵者一改從前瞧不起農業和農民的心態，轉而將獵殺的矛頭對準了農業區。這一非農業式的生存求利對象與方式轉向之事實的發生，應當與農業社會經過幾千年的發展、積累，已經有了誘人的物產和愉悅的生活方式相關，豐厚的物利和獵取的便利最終改變了遊牧者、狩獵者的驕傲心態，他們不得不承認，狩獵農民遠較狩獵動物更有利可圖。遊牧者、狩獵者的觀念調整與方式改變，結果是讓本地區出現了受害者，他們養尊處優幾千年之後，突然間變成了被掠殺的對象，以此，本地域的社會結構和生存方式也開始改變，屠殺、搶劫成了常態，農業在大尺度空間意義上失去了主導地位，種族或族群失去了單一主宰的可能性。

這裡，種族和族群的複雜化、多元化，極有利於相互間獵殺、搶劫行為的施行，因為，群體之間已經掙脫了血親倫理、熟人倫理的約束，而地域倫理、群域倫理，以及契約倫理之類，均在未然的希望之中，這便出現了巨大的倫理空檔。於是，失去了倫理束縛的人們為了生存的功利需求，可以大打出手，相互搏擊，以求勝算。

這裡還是一個可以反復進入的場所，早先進入的人通常實行的是直接的打獵方式，他們將原居民趕盡殺絕，祗搶奪其財物（包括女人）。後來，這些進入者變得比較聰明起來，反復奔襲、長途跋涉且會遭遇更頑強、更激烈的對抗，此諸多的經驗、教訓，終得以讓他們改變策略，不再做純粹的狩獵之為，而改為入侵、定居、佔領。當佔領者控制了一個或若干村莊、聚落之後，這些入侵者並不會司事農業

和相關作業，於是，他們得讓原居民活下來，作為苦力、役者為他們生產、勞作，以供他們享用。這樣的改變，最終形成了奴隸制度和社會的等級結構，武士和宗教人士由是獲得了特權的空間與利益。不過，即使是專司作戰、對抗的武士或貴族集團，要想在一個聚落或稍後的城市中保持持久的統治地位，也非易事。其早期，內部（如奴隸）的反抗可能還不是主要的麻煩，難以對付的是新來的入侵者，他們會像潮水一般，不定期地洶湧而至。結果便是城頭走馬燈式的變幻大王旗。

兩河平原的故事並非祇是孤立事件，它有著強大的發酵作用，很快，周邊地區，如安納托利亞高原、波斯、敘利亞及巴勒斯坦，以及更遙遠的印度、埃及、地中海周圍地區均受到了波及。至西元前2000年前後，生活在更北地區的說印歐語的族群也加入了這場為了生存而搏擊生命的遊戲之中，致使第一個時期剛剛穩定下來的第一批社會實體——如蘇美爾人的城邦、敘利亞城邦、印度的城邦、地中海的邁錫尼–克里特文明——紛紛解體、毀滅，新一輪的較量重複開場。

無休止的入侵故事、反復上演的屠殺遊戲、無數的生命夭折、難以計數的族群毀滅，確切明白地告訴了人們一個簡單的事實：生存的艱難與不幸。問題更在於，這裡的激烈與快速變幻讓人們幾乎沒有時間和精力去思考這艱難與不幸的深層意義——就若印度人那樣思考到了自然本原的絕對性——人們祇能憑感覺去應對不停歇的生命搏擊遊戲。最終，在行為和文化的共同作用下，此地實實在在地演變成了強盜社會。

強盜社會，是說人類生存狀態和行為方式及精神觀念的動物性返還，它不再以善和關愛作為生存行為評價的標準，而是以暴力、力能之衝動去實現生存的自利。其中，慾望是行為和社會構成的主宰者。諸慾望之中，佔有物質利益、不勞而獲、永生長存、性的肆意、殘暴

等慾最為強烈，因而也是最容易導致胡作非為的因由。我們已從蘇美爾史詩、希臘神話中看慣了這樣的慾望強烈和暴力肆虐現象，吉爾伽美什、恩奇都、宙斯、赫拉克勒斯、坦塔羅斯、拉奧墨冬、忒修斯、阿瑞斯……無論神還是英雄，全都利慾薰心、窮凶極惡以至無限。這樣的世界，這樣的人群便是典型的強盜社會。他們可以為了海倫打一場持續10年的世界大戰，也可以為了一張金毛羊皮從歐洲打到亞洲……如此之類，實在是常理難以曉喻。這種近乎本能的生命搏擊遊戲是強盜社會中的常態現象，沒有人可以置身度外，也沒有參與與否的主動選擇，最後人們所能選擇的祗能是責任倫理的收縮。

責任倫理，是智慧生命者面對自然世界和同類的一種倫理關愛、倫理同情的責任承擔。它源發於原始自然神時代的萬物有靈論，或即說，在早期的有靈的共同意志之下，萬物是同靈、同源、同胞關係，所以得有善的對待，即使萬不得已得獵殺之以滿足其生存之需，也必須要善待被獵殺者。其行為準則是，讓被殺死的動物、植物有復生的可能性。這由狩獵時代的敬重動物骨頭的儀式、狩獵後的告解儀式之類可以明證。現在已知，萬物有靈論支持了一種無限責任倫理：人類必須關愛一切物和他人。後來，進入農業文明之後，萬物有靈論的視界雖然有所收縮，即一些無關的自然物被放淡了關愛，然，無限責任倫理的價值質地確有大幅度的提升，從而有了抽象化的責任意識，即人類必須對自然本原、本根有愛的依憑和回歸。以此，人與自然和諧和睦、人類和睦的觀念在自然神主宰的農業社會特別地興盛。更後來的如中國的天人合一思想、印度的梵我同一觀念，便是由這一進路而來的無限責任倫理觀念的結晶。

將關愛、關照的倫理無限化，及至於自然世界和人類的他群，實在應說是人類智慧的當然價值之所在，它符合本原陽假、陽動必然過程中的邏輯法則：唯有將善不停地外化，才能成就本原自證其成的終

善。如若說人類因智慧不周全，必得在早期予本原以神靈之表達，是其當然的話，則可以說，無限責任倫理便是神意之真實，最早神靈觀念中的萬物有靈論即是此真實的最好的證明。反之，如若有智慧或文化企圖限制這樣的責任，那無疑是反神意或反陽假之必然性的。我們現在碰到的事實正好印證了這樣的反逆：無限責任倫理被急劇收縮，關愛、關照被斷裂。

這樣的事實大規模地發生在了文明帶西段地域，特別是伊朗以西地區，並由此鑄造了全新的文化景觀。

農業文明中期以後，上言的超重生存壓力和生命搏鬥遊戲逼迫著人們紛紛放棄無限責任倫理，改行倫理責任的收縮。為了自得，各族群已無能力去關愛、關照自然、他者，也不可能關愛、關照同類中的他群，而且，這樣的自保祗是本能的欲求，至於結果那還要聽天由命。不能為、不可為的情態中，憑藉本能保護自我——此處之自我應解釋為群自我，而非個體之己我——這是生命法則的常態：所謂各自為在、攝養以為在。這樣的本能非祗是個別現象，它是廣普化的、地域化的，鑒於文化即是地域或群域所共的觀念、心理嚮往及相關器物承載的綜合現象之說，便不難結論，這樣廣普化、地域化的本能事實上已經成為了文化——有限責任文化。跟進而來，它會改變精神體系、信仰體系、知識體系、器物流變、及人們的生存方式、生活樣態的質地及構成。在生存重壓的狀態下，人們有再多的放棄和更改，也很難有時間和精力去反省、過濾那些被放棄文化的得失和價值真偽，即便是此場景中最聖哲的人士，也難以脫出感覺和本能的控制而至真理之境。相反，物慾和感覺的真切，更容易讓人們獲得欣喜：放棄了責任倫理後，獵殺、搶劫、惡待他者、他群會更加心安理得，沒有束縛。這樣的輕鬆更好地支持了本地域的生存惡行和生命搏殺遊戲。

責任倫理放棄後，自我便彰顯出來。這是人類社會生活中的法門之則。祇是，早期的自我幾乎是本能化的，沒有經過理性智慧的修飾，上述的慾望膨脹正是這種自我的原狀所在。自我——失去了責任倫理約束的自我——以此成為了行為的動因和端點，而此動因和端點的肯定，亦是人之動物化的原因。不過，即使有動物化的退化與表達，也不能就此認為它會靜止不動，既是端點，它就得開始一個過程，當然其結果有待甄別。

自我借助暴力拼搏，是動物之常情，而若拼搏為體能所限，無法決出明顯的勝負之時，各自的退讓與妥協，亦是生命求生本能的必然之選。最早的妥協便以這樣生物性的方式表現出來。後來，它成為了經驗：退讓的結果可以保住生命，可以繼續活下去，可以尋找到其他的出路。於是，強盜之間便有了有經驗支持的妥協之選。更為現實的是，若干個基本自然單元——氏族——如若希望在強盜的場景中生存下來，它們必然會選擇聯合的方式（一般得有血緣關係的關聯），組成共同體，以此集體的力能去對抗外部的險惡。這樣的聯合有一現行前提，那就是參與者之間必須部份地放棄自我，以便自我之間的合作、交流、配合，結果，共同體——即生存共同體——便成為了最早的自我妥協實體，它具有了超越於自我之上的社會性、經濟性、政治性，是為原狀自我的首次修飾與變化。茲後，隨著商業貿易的廣普化，國際交往的增加，這樣的修飾更加頻繁，以致最終聖哲們出面對此自我予以理性化的解釋和規範，這便有了理性的解釋體系和制度安頓。

自我，既為文化的端點和源發，它創生了生存共同體，而在實現其生存的同時，它也開始了文明帶西段社會斷界劃域的歷程。為了生存和生存的更加有利，缺失了責任倫理約束的各生存共同體也必得割斷與他群的界線，以使有限責任明確、明晰，進而方便競爭、對抗的

開展。從人性邏輯論，人們一旦失去了普遍倫理的制約，便會自發地將自我同整個世界斷裂開來，祗求嚴酷生境中的自保。所以，當各生存共同體與他群斷界之後，亦意味著它與自然世界的斷裂。從此，他群、他者不再具有倫理的意義和價值，而祗是生存競爭者或有用與無用的物，有用的物可佔有、取得、所有，無用的物則棄之不顧、任其自便。

　　自我或共同體或族群與他群、與世界的主動斷裂，有兩個直接的後果，一是人類由此而單元林立、分體割據，是以群際衝突的釁端由此而起，並主宰了直至今天的人類社會；二是貌似主動的斷裂，而實則是人域的漂離，人域成了無根、無綴的漂浮世界，在這個世界中，原有的解釋邏輯、方式、模式均告失效，亦遠離而去，人們祗得重新尋找解釋方案和說辭。在無根的前提下，這樣的說辭和解釋祗能以自我為端點、為標準、為法則。從此，本質上完整的世界因為人為分割和人為設定標準的原故而被扭曲、變異、糾結，世界失去了真理的解說，人類在妄想和肆意中為著自我作出了天大的智慧鋪張，這便有了以自我為原因、以功利為目的、以理性為修飾、以物理為承載、以主體構成性的規則為規置的西方文化體系。普羅泰戈拉說：「人是萬物的尺度，是是其所是的事物尺度，也是不是其所不是的事物尺度」[42]，正是西方文化的真切寫照。

　　無根無著，是文明帶西段於農業文明中期開始的歷史與文化的品貌，從那以後，它致力於斷根設域、解釋自我的樊籬建構，其形體的宏大與鋪張，亦成就了人類智慧的弘擴之願，至少，依陽動和陽假之意願言，它有其形式的合理性。然而，無根的解釋，意味著其說法要另起爐灶，無法依就自然神做出延展，也意味著神意本身的重大歪曲

42　[古希臘] 第歐根尼・拉爾修：《名哲言行錄》，588頁，馬永翔等譯，長春，吉林人民出版社，2003年。

與誤解。因為，自我既已成為實質性的解說端點、原因，就應該依之成立自為的解釋體系，然則，這樣的解說期望在初期並不能成為群域間的共識，所有的說法必須由之神的意志方可成立，這是古來的經驗和習俗，而現在，神又已被放棄、斷裂，義理諸說又當如何臨世，實是一漫長、曲折的生長過程。此表明，文明帶西段如果希望還有說法支援其人類的行為和生存方式，就必須繼續假借諸神的名義為說，否則說法難以成立，也不具普適性。至於說這樣的神是什麼，在當時代無需多慮，人類尚無有甄別神之真假的能力與必須，祇要有神的外援即可。也正是這種外援的假借，終於致使世界被二元或多元化，人為的外在他者的統治與絕對性，成了救贖自我失陷的稻草。

第二節　原神論

寬鬆的生存環境，會令智慧與神本原保持良好的溝通、交流關係，以致神我不二、神人合一。這樣的狀態和經驗，我們已得之於原始自然神論之中的初民，也得之於自然神論中的東方農民。與之相左，如若生存環境惡化，人們會不由自主地改變神的意義和價值，使之狹隘化，使之向生存功利方向岔行。這樣的事件和現象，我們同樣有記憶，如狩獵時代後期出現的圖騰崇拜，便是生存狀態惡化之後，一些地域所出現的神靈功利化、狹義化的反應。問題是，圖騰崇拜是人類的第一次神意的歪曲，卻不是絕無僅有的先例，它的後續表現出了更加誇張和宏大的歪曲意願。現在，我們談論的原神現象正是這樣誇張與宏大歪曲的新例證，它的後面還有更加歪曲的宗教神文化。

原神之義，並非指本原之神。此處之原與原人之原同義，意指力能強大，常懷暴力主義的願向。故原神之稱，是指以力能為本質特

徵，立意征服、統治宇宙為目的神論體系。這樣的神並不自始就存在於世界之上，更不屬人類智慧造就中的初始產品，從時序上講，它後於自然神而有，屬自然神的變異品系。若依血統論，它與圖騰神、祖先神、宗族神有更親近的關係，反與自然神的血統疏遠。依地望論，這樣的神不源發於文明帶東段，也不生成於印度，而是文明帶西段的特產。最早，它生成於兩河平原，後來，說印歐語的族群在入主了地中海北岸、東岸和安納托利亞半島、哈爾巴阡地區以後，這些地域也成了原神的寄身之地。這裡，特別需要說明的是，那些進入了印度的雅利安人，卻不能像他們留居在西亞、南歐的印歐兄弟那樣，發展出一個新興的原神體系，相反，強大的文化同化力最終迫使帶著血腥風塵入境而來的因陀羅放下了暴力的囂張，折身化入了生主、濕婆、毗濕奴的形象之中，變成了自然神的質素。

原神既為自然神的變異，當然就無免自然神的一些孑遺舊影。其說見證於原神神話中，從兩河平原蘇美爾人的神話到安納托利亞神話，再到希臘神話，都無有例外地包含有天地宇宙創生的故事。這些神話還隱約地說及了新興的原神們如何打敗前於他們的古老神（自然神），從而獲取宇宙的統治權的故事。下面我們試看其證。

蘇美爾人的史詩《吉爾伽美什》，及巴比倫人的神話均有相同的宇宙創生之說。起初，世界祇是天地未分的汪洋之水，裡面生活著一對夫婦：代表海洋即鹹水的提阿馬特，和代表淡水的阿卜蘇。這對水夫妻結合後，便出生了第二代神拉克姆和拉卡姆，然後又有第三對夫妻安莎爾和吉莎爾，它們分別為「上等元素總和」和「下等元素總和」，再後，它們通過神婚，生下了天空之神安努和伊亞。至此，我們主要看到了自然神譜系的排列，爾後，情形則有了變異。

年輕神靈的玩耍吵鬧打擾了阿卜蘇的睡眠，他便向妻子提阿馬特抱怨，並表示要消滅它們。這個意見激怒了提阿馬特，更刺激了伊

亞，他決定殺死阿卜蘇。後來他果然以魔咒使阿卜蘇昏睡，並捆綁了他，殺死了他，他自己因此成了水神。正是這位伊亞和他的妻子母奇拉生下了馬爾杜克，它最後成為了宇宙的統治者。這個後續屬巴比倫人的神話編造，若依蘇美爾人之說，則是安努開始攻擊祖先諸神，先殺死了阿卜蘇，繼而與提阿馬特大戰，提阿馬特派出了欽古上陣，最終的結果卻是提阿馬特和欽古戰敗，戰敗的提阿馬特被分屍，一半變成了天空，一半變成了大地，欽古則被囚禁起來，直到再後來，諸神決定造人之時，大母神寧圖便殺了欽古，以它的血和肉和泥巴造了人。

故事的結局是，新興的神，如安努或馬爾杜克成了宇宙的統治者，這是它們暴力弒親、反抗自然神的獎賞；此外，古老神的毀滅，人類從古老的神身上獲了神性。

生活在遠古時代安納托利亞的赫梯人和敘利亞——巴勒斯坦沿線的迦南人也有著與兩河平原同樣的神話傳說。

赫梯人的故事有殘缺[43]，我們所知的主角是特勒皮努斯，它被稱為父親和風暴之神。這位父親神不知何故玩起了失蹤，它的失蹤帶來了嚴重的後果：動物遺棄幼子、灶火熄滅、動物和人不再交配、牧草乾枯、泉水枯竭……最後，一隻小蜜蜂找到了它並將它蟄醒，它因此惱羞成怒，給大地帶來了許多災難，諸神祗得用魔法儀式為它除邪惡，使它平靜下來，世界便恢復了節奏。繼而，它還有一個與巨龍作戰的故事。

這個神話之外，赫梯人還有其他版本的神話流傳，比如庫馬比的傳說。我們被告之，最初的神叫阿拉魯，安努也是它的臣屬，後來安

---

43 參見[美]米·伊利亞德：《宗教思想史》，123～124頁，宴可佳等譯，上海，上海社會科學院出版社，2004年。

努造反，打敗了阿拉魯，成了主神，庫馬比為其所屬。九年以後，庫馬比又打敗了安努，還咬下了它的生殖器，成了統治者，卻不幸懷孕了三個神，後來這些孩子以特蘇‧巴為首，又與庫馬比發生了戰爭，並廢黜了它。最後，它又與岩石交配生了一個石頭人，試圖以此人奪回失去的統治權，卻以失敗告終。

根據1929年出土於拉斯珊拉（即古代的烏加里特）的神話文獻[44]，我們亦得知，迦南人在西元前2000年前後的神話中，設定的主神叫厄勒，不過，記錄中的這位主神非常軟弱、優柔寡斷、老態龍鍾，後來，它的兒子巴力用計謀廢黜了它，並奪去它的妻子，成為了統治者。繼而，巴力又與惡龍大戰並取勝。不過，故事的結局卻是巴力被分屍，失去了統治權。而此之前，它先後與厄勒的另一個兒子那姆，及地府的統治者莫特之間有過大戰，並先後殺死了那姆和莫特。有所奇出的是，這三位神都有死而復生的經歷。

從內容觀察，赫梯人與迦南人的神話並不完全自創，它們與兩河的神話有交錯關係，其中的參雜成分很明顯。

希臘人的原神神話最晚興起，除了它對前面諸神的借鑒之外，更表現了其神話體系和原神體系的典型性、完整性。

他們說，世界最早祇有混沌神開俄斯，其後產生了大地神蓋婭和厄羅斯，以及黑暗之神埃瑞波斯和黑夜神尼克斯，這兩位結合生出了光明之神埃忒爾，和白晝之神赫黑拉。後來，蓋婭生出了天空神烏羅諾斯，並與之成婚。此前，它已生下了山神和海神，成婚後又生下了六個兒子、六個女兒，它們都是力大無窮的提坦神，此外還有三個巨人。在蓋婭的教唆下，它們的小兒子克羅諾斯設計割下了烏羅諾斯的生殖器，並奪取了它的統治權。從此，大地分離了，可烏羅諾斯的血和生殖器分別產生了三個厄里尼厄斯、植物女神、巨人、梣樹仙女，

---

44 同上書，129～137頁。

以及愛神阿芙羅狄忒（另說它是宙斯的女兒）。

　　新統治者克羅諾斯娶了自己的姊妹瑞亞為妻，先後生了赫斯提亞（灶神）、得墨忒爾（豐產女神）、赫拉、哈得斯和波賽冬。受某種必然法則規定，克羅諾斯一定會遭受被自己的兒子推翻的命運，為此，他將自己的孩子一一吞下，以免後患。這種行為讓它的妻子瑞亞非常焦慮，在前天神烏羅諾斯的指點下，瑞亞將自己最小的兒子藏在了克里特的一個山洞裡，並用襁褓包裹一塊石頭交給克羅諾斯吞下，它們的小兒子宙斯因此獲救。長大後的宙斯決心為自己的哥哥姐姐們復仇並爭取宇宙統治權，它先後逼著克羅諾斯吐出了五個孩子，爾後，一場爭奪宇宙統治權的大戰隨之上演。克羅諾斯聯合了堤坦諸神，而宙斯則帶領奧林波斯山的眾神參戰，為確保勝利，它還請來了三個獨眼巨神及百臂巨神赫卡通克羅伊做幫手，這些幫手為宙斯製造了雷、閃電、霹靂。最後，宙斯取得了勝利，它將諸堤坦神打下了塔爾塔羅斯地獄，永世不得翻身。不過事情沒有了結，大地神蓋亞憤怒於宙斯對堤坦諸神的暴行，它便生下了巨龍（蛇）堤豐，於是，宙斯又開始了與堤豐之間的戰爭，並最終將堤豐制伏。

　　完成了與所有敵手之間的戰爭之後，宙斯以抽籤的方式將宇宙一分為三，海洋歸波賽冬、地下歸哈得斯，它獲得天空，大地和奧林匹斯山屬三人共有。隨後，它又完成了一系列婚姻程序，建立了奧林匹斯山的統治體系，統治著人類和眾神。

　　以上是文明帶西段紮格羅斯山以西至地中海地區所流傳的原神話，它們所隱含的諸多功能、意義、價值，值得我們去理解。

　　第一、我們首先看到的是原神與自然神之間的關聯關係。據材料判斷，幾乎所有原神神話中都保有自然神神話的前源性故事，特別是相關宇宙創生的故事。這些故事表明，世界起源於混沌狀態，後來分

出了天地，有了宇宙秩序，通常，這樣的過程伴隨了激盪與激烈。再往後，一些依自然現象而有的自然神出現，如太陽神、月亮神、光明神、黑夜神、風神、雷電神之類。直到宙斯譜系這個最晚起的原神神話中，我們仍然可以看到宙斯被稱為雷神的事實，這便是自然神的影子。此表明，原神神話並非憑空出世，它是以自然神神話為淵源的，這個淵源一直深藏於原神神話之中。

第二、原神是自然神的變異。我曾經以為，原神與自然神是並生於原始自然神的文化現象，現在得修正此看法。起初得出這個看法的一個重要理由，是將原神的界域性與圖騰神做了對應，其實這祇是形式的相關。依其體質言，原神應直接變異於自然神，即它是在自然神神話的基礎上繼續演繹的一套神話系統，目的是支援原神譜系的成立。至於說為何要變異於自然神神話，其理由應不難理解。原神出世之前，這個地球中的文明世界均已進入了農業文明之境，農業文明是自然神的鼎盛時代，自然神的普及度與觀念深度均為他者所不及，要在這樣的環境中建構新興的神系，自然會由之而為，直接嫁接即可。

那麼，原神神話變異了自然神神話，其所變的又是什麼呢？簡要說，這個變的質要是價值方向的岔行。以自然神論，它的形成與價值全在於如何記憶出自然本原的真實。比如在印度的吠陀神話中，生主、梵天的形質與本原之說，是全部神話的中心，形物世界及諸神之所來，全在這本原的創作與念動，因此，諸在，特別是人這一具有智慧的在者，其智慧的本意便是要記憶出這本原本身，便是要返還到本原——生主、梵天。反觀原神神話，它們在接續了自然神神話之後，幾乎全部放棄了這一主題，而是竭力將原神位格化，使之成為競爭者，在可以想像的範圍中去爭奪霸權、統治權。放棄自然神的本意，將神改裝為滿足生存競爭的工具，這是原神神話的一大發明。因故，

第三，原神神話的動機與目的是為了統治權，為了養資源即物的

佔有，為了滿足動物本能與慾望。生態的惡化、養資源的稀缺，且無關聯種族、族群的雜合混居格局，以及無節制的反復入侵諸事實，是農業文明中期文明帶西段的生存現實，它所引發的強烈競爭直接把人逼回到了動物狀態，還有過之而無不及。這乃是因為這樣的動物本能中加入了智慧的推助。於此背景之中，任何一個征服者、勝利者族群都有張揚成功、鞏固征服的慾求，更有將慾望、功利、控制、獨佔神聖化、合法化的意願，於是，他們很自然地要利用神的神聖價值，將自己的佔有、勝利、征服予以神聖的修飾，結果便是，自然神變種成為了滿足自我之慾求所需的飾品。這即是原神之所由。

應該說，成功者將其慾望、功利、統治權、主權諸生存成素神聖化、合法化，這在人類文化發展史上是一次極為有效的智能能動事件。它明顯地標識出，即使是動物本能慾望的膨脹、競爭，人與動物還是有著質的差異，人可以用文化和神聖去修飾動物本能、慾望，而動物則不能。然而，也還是這樣的特定能動，決定了西方文化的後來走向：文化的界域化設定。其中，自我是動因之所在，功利、慾求是目的，神聖與理性是修飾。神的功利化、界域化由此開張。

第四，神既已不再是本原之確定，人之於神也不再是記憶出本原之真實為其所願，反之，神變成了人們謀求生存之功利與慾望的工具，及其利得、征服之合法的飾物，則不難進而知曉，這樣的神它祇能是暴力的化身。即非用暴力、戰爭的方法不足以成神，於是，原神無一例外地表現出了力能主義的特徵，它們用戰鬥、暴力去獲得宇宙的統治權、控制權，其場景之激昂、變位之頻繁，為他域所罕見。更為有趣的是，這樣的爭奪戰中，各原神譜系還有一主題幾乎完全相似，這便是弒父奪權。很顯然，單一農業社會中幾乎不可能發生弒父的不義行為，這也幾乎是文明社會中的最大忌諱，強盜社會則完全相反，嚴酷的生存壓力逼迫人們放棄了這樣的文明定規，為求得功利與

慾望的快意，弒父之為成了家常便飯，以至神系的建構與延展均有此惡性表現。它說明，個體意志的絕對性開始顯露，力能的合法性暢通無阻。

力能主義，即是以力量決定事態和人格命運、權利狀態的一種精神觀念，通常為強盜社會所信奉、主張。依所源論，它來之於動物世界的強者原則和雄性佔有本能，比如雄獅在獅群中和草原上的行為方式，即是典型的力能主義表達。農業文明以來，文明的修飾功能已經極大可能地修正了力能的稜角和鋒銳，大多數情態中，農民們是不願意以力服人的，它們更願意以情、以理服人。不過，力能的某些因素仍然會被與動物打交道較多的狩獵者、遊牧者保留著。不幸的是，文明帶西段進入了強盜社會之後，這樣的動物性表徵死灰復燃，它變成了廣普化的人類行為特徵，並以神聖的方式予以肯認。

與其他各譜系的主神一樣，宙斯是典型的力能主義者，它不僅以武力廢黜了自己的父親，還因力量之強，實質性地改變了原初與其兄弟的契約——三人分割統治宇宙——而成為了宇宙的實際統治者。這位統治者的肆意、慾動先且不說，單說他對諸神和人類的統治，其所張揚的力能權威，實在是毫不掩飾。有一次，為著特洛伊戰爭之事，它下令所有的神均不得再參與其中，誰要是不聽命令，它將把所有的神用青銅鏈子拴起來，掛到天的犄角上，讓諸神上下不得、生死不能。如此的叫囂，還果真懾服了諸神，沒有任何神敢於造次。無獨有偶，這樣的邏輯和法則絕非祇是神話，強盜社會的實際生活中，它卻是人們信奉的響鐺鐺、硬邦邦生存規則。吉爾伽美什、居魯士、薛西斯、凱撒，以及阿卡德帝國、巴比倫帝國、赫梯帝國、波斯帝國、羅馬帝國、大英帝國、美利堅帝國，無一不是奉行此規則而成功的。直到當下，美國總統奧巴馬還在高喊：美國絕不做老二！故知，從宙斯到奧巴馬，他們都是同一文化所成就、遵循同一邏輯規則的典型代

表。由這些代表所勾連的鏈條，便是強盜文化的歷史與內涵。這根鏈條的主題是宇宙的統治權，將人類當作稀缺資源爭奪的對手，試圖以窩裡鬥，而自己又是強者的心態去對抗他群、他人，其中，自我、功利、佔有、征服的慾望一覽無餘。至於說，人類不是自我、資源並非有限、智慧不是用來窩裡鬥、神不是功利的工具之類的真理之詞，強盜們是很難嚮往的。

第五，原神的出現和地域化，實已意味著斷裂自然本根的開始。此前，我傾向於認為，文明帶西段斷裂自然本根的時代當為特洛伊戰爭的時代，人類對原神的祛魅是其開始，現在看來，這樣的開始應前移至原神創立之時世。即，變異自然神而為原神，便是斷裂的開始。這樣的論斷得與自然神比較而成立。

原神的最大存在表徵之一，是其神格地位的固化。正是這樣的位格化才進而產生它對宇宙的統治權，才有神系的分工與設置，也因此才有了諸神之間、神人之間的衝突與戰爭。反觀自然神，它則是在盡力消解神的位格，使之抽象、廣普，進而義理化。如印度吠陀時代對因陀羅、密多羅、伐龍那、阿耆尼諸神的收縮，使之一統於生主、濕婆、毗濕奴，最後再進而為梵天、神我，其歷程中，所有的位格、主體意涵均消失，漸行至終，已與本原神我相近無異。故知，位格化非是向本原的記憶的還原，而是山頭特製。

原神的另一特徵是效域的界域劃定。幾乎所有的原神都祇有效和服務於某一特定群域，走出群域外，其神失效。反逆之，這樣的原神也祇為其群域服務，它的範圍取決於世俗社會：本群所佔有的地域及影響所致的邊界。所以，它的功利性不是廣普適用的，所謂原神祇是界域中的絕對者，所謂神聖也祇是界域的神聖。這一現象與強盜社會中的界域化生存是緊密相關的。從某種意義上講，界域、群域本身便是割斷世界之後的全部世界，便成了文化基設。以此比較圖騰神和

早期的宗教神，則知，某原神譜系的影響大，全在於世俗社會中其載體，即某強者群體征服、控制和影響的範圍大。流傳後世的幾個原神譜系及其故事即與此說法直接相關。以此比較自然神，我們又得知，自然神是沒有界域傾向的，像印度的梵天、中國的天之謂，除了因文化約定使名稱有別之外，它們均不專屬某一群域，可在全人類中流動。此說明，祗有效於某特定界域的原神，即是斷裂本根的真實化。

依時程論，原神之興與歷，祗是歷史過程中的暫且現象，其時程總量約計不過三千餘年，而若僅論及某一特定群域的特定原神系譜，則不會超過一千餘年。此乃因為，原神之興，實乃強盜社會中強者人群的文化建構使然，它與彼群中的一個特定群體——英雄有直接干係，可以說，是英雄們的意志和想像訴求最終塑造出了原神神話。一般認為，在強盜社會的初期，英雄具有十分強勢的能量，他們左右了強者群體的歷史和命運，但隨著理性文明的啟發與流布，英雄的業績與心志被迫衰落，當以智力為主導的新興智慧鋪展之後，不單英雄們謝幕了，原神也得黯然神傷，隱退出局。英雄文化是典型的斷根文化，專注自我的感覺、慾望和力能的表達，沒有道德的內質和倫理的演繹，屬人類陽動行為類型中最極端的現象。或即說，英雄作為實即是人之動物性的完全彰顯，且比動物有更多的惡作與詭異。在此狀態中，英雄們祗一味依本能而行，無有同類意識，其畸形之至，為人類文化所僅有。

人的道德化，文化的道德化，可說是人成為人以來的一項主導價值，人類文明開啟之時，這一價值便在原始自然神體系中有初級表現，雖然它僅限於血親成員之間；進入農業社會後，此善意大為擴展，直至天地萬物。故原始自然神論中成立了萬物有靈論，而自然神中則有梵我同一、天人合一之主張。可見自然神的興起，便是為了展現人之所以為人的核心價值：人的善化。因為人的善化、道德化正是

人類足以記憶出本原神自我的唯一通途。正是沿著這樣的必然之理，東方文化由自然神復進入了義理自然神之境，最終方有了其哲學的體用不二、即體即用、還原證成的極致之論。故知，東方文化是本原意志的最好展示。反觀強盜社會，它斷裂了自然本根，一意祇張揚英雄的慾望、本能、力能，作割裂、劃界、對抗、衝突之妄為，實已突破了陽動之大義，變成了陽動的盲動、亂動、甚至反動。它的非道德性、非善化張揚、非本原意志之肆意，卻也是無可奈何的事實。

此外，還有一些特別意涵也值得我們去關注、重視，祇是限於論域，我們祇好點到為止，不作延伸。比如原神神話中幾乎都有主神大戰惡龍的傳說。這涉及了是否有將競爭敵手妖魔化的問題，很難在我們這個論域中展開討論。因為這裡的妖魔化並非有統一的道德標準和觀念來評斷。

總觀上述的理解和解釋，我們已對原神有了概要的把握，可以說，它的確是自然神的變異與別出，有斷裂本原之特定。以此，它成了界域之神、人之神、族群之神，從而失去了世界本身之神的價值與意義。它的出現特別有利於強者人群之慾望、佔有、征服諸事項的神聖化、合法化解說，結果世界卻因此更加混亂，更加翻攪了文明帶西段的社會秩序，帶來了嚴重的人類問題，包括心性的扭曲、變態、文化的強盜化、解釋的界域化與無根化。然而，就若任何過激的陽動必致更新意的建構一樣，它也有不可忽視的鋪墊意義和價值。這包括，它的激烈、亢奮、劇變，可說是開拓了一個巨大的劇情場景，為後世文明帶西段的文化循由物理之路去理解世界、解釋人類做了場地準備；它的界域化動機與功利、慾望化的驅力，也直接激發了後來人們探究世界結構、構成的用心，亦用理性建構精神體系、意識形態體系和制度文明，以安頓過激的自我與功利之慾的文化事業；它還肇起和成就了諸如文學、詩歌、藝術之類的文化門類，等等。

最後，理解原神論斷裂了自然本根，開出了人域化的文化體系之說，可通過一個傳說作出逆向的把握。這則傳說見之於俄耳浦斯的詩歌《吟誦神譜》[45]（Rhapsodic Theogony）。詩歌說，宙斯奪得宇宙統治權之後，向遠古的黑夜女神尼克斯詢問如何才能建立起它的「統治諸神的驕傲帝國」，黑夜女神告訴了它宇宙的基本法則，還說，必須用金索拴牢以太。

這個俄耳浦斯的神話傳說很有隱幽喻意。首先，傳說出自俄耳浦斯（或他的教派），這有特殊的意義。我們素知，俄耳浦斯屬西方文化中最早的異端學說和流派，他的異在於，他是西方世界中最早也是彼時唯一的熟悉東方印度文化的哲人，故印度的自然神論觀念在他的學說中佔有決定性的地位。由於他已注意到了原神諸說斷裂了自然本根，所以要通過其詩歌來告知宙斯：自然本根（以太）是不能斷裂的，否則，便無有統治宇宙和帝國可言。其次，此意經由遠古的黑夜女神之口說出，亦有象徵意義。黑夜在東方文化中有陰本的象義，說為遠古，又為女神，便隱含了世界之本原具有陰性的性質，它正好映襯出了陽動之極端者原神的對立性，而意則在於，即便是對立者，亦不得失去陰本的牽連，所謂斷裂祗是假象，世界之在，不論它以何種形式存在，如何表現，均不會真的斷裂本原，否則陽動會因極而潰。最後，還有宇宙之法則的重要，任何陽動均得遵守動的法則，不然亦會無有成就。

---

45 參見[美]恰·伊利亞德：《宗教思想史》，214頁，宴可佳等譯，上海；上海社會科學出版社，2004年；亦見吳雅凌編譯：《俄耳浦斯教輯語》，321頁，北京，華夏出版社，2006年。

第三節　宗教神論

社會的強盜化，是原神文化肇起的根本原因。它由之動物的衝力本能，當然也經過了智慧的裝飾，可說是這種綜合後的幻想：以力能戰一切，以力能去統治宇宙。說原神是本根、本原的斷裂，乃在於這樣的神不再具有自然神所秉承的善的內質，一味祇憑慾望和能力決定事態與結果。這樣的神的確可以成就局域性的社會結構及秩序，可它更容易成為界域間衝突和釁端的原因，是以就整體言，它所塑造的世界是無序與混亂。以此亦知，即使是激昂的智動方式，也必得有善為其內質，否則，智動必致成為反動、盲動、亂動。神之為神，正是它永恆地主張著世界的善。

失去了善之質地的原神體系，最終被埋葬在了自己所以生成的原因之中，這個原因便是，諸強盜，特別是其中的英雄們為著彰顯自己的慾望、本能，他們刻意造就了原神體系，以便自己的利益、特權合法化、神聖化，而慾望的邏輯還應包括，力能經由原神而神聖，絕對的力能亦會挑戰使之神聖的原神，並終會因能力有限而致坍塌。原神最後遭遇了被反神祛魅的惡果，就猶如烏羅諾斯被其子克羅諾斯腐廢、克羅諾斯亦被其子宙斯腐廢一樣，以宙斯為首的原神系亦被它的造物者人類所廢黜。一曲激昂的英雄自娛劇漸次收場了。

不過，這祇是一個劇目的終了，強盜社會的其他劇目還在上演或即將上演。

我們固知，強盜社會因雜合和力能較量而有的複雜性，不能僅以原神體系的表達而止，應該說，既為強盜社會，就一定會有較量而後的強弱之分。簡要說之即，所謂原神文化實是強盜社會中處勢強者的

人群所自為造就的文化，它並不能代表全體強盜的意願，因之，許多相對應的弱者自有信仰，不與原神文化相與。這個事實是我們無法不重視的。對我們言，檢視強者的文化遺產比檢視弱者的文化遺產要容易，此乃是歷史所允許的記錄不公正的原因所致。大多數時候，強者有機會、有能力將自己的事功記錄在案，如漢漠拉比把自己的法典記載在石頭上，大流士把自己的經過嚴重修飾了的自傳雕刻在貝西斯墩的山岩上。而對弱者言，這幾乎是不可能之事，所以，我們無法去確切知曉當時世弱者們的心態及信仰的具體內涵。所幸，歷史終於允許了一個例外，從中我們可以窺視強盜社會中弱者們的精神狀況及生存處境。這個例外便是猶太人和他們的聖經。

弱者的世界是悲慘的世界。猶太人飽嘗了這個世界強加給他們的艱辛與磨難，並被徹底邊緣化了。其中的萬幸之至，是他們並沒有出局，從這個世界上消滅，更有幸的是他們還自產了一個偉大的救星——摩西，他不祗是把這個受奴役的族群帶出了埃及，更是建構出了強盜社會中弱者的精神體系——猶太教。這在強盜社會中是絕無僅有的先例。此外他還開了另一個先例：原神體系即將滅亡崩潰之際，一種可命名為宗教神的新體系生成出列，開始了又一全新的強盜文化建構。

強盜社會的主流觀念是力能主義，即是說，以暴力方式獲得了成功——征服和控制了他群、地域——者，才是本社會結構中的人，而失敗者則被置於了物的境地。這樣的不公平、不公正不可能獲得任何文化的批判。因為久遠以前的關愛一切物和一切人的自然神觀念早已在本地區驅散了，取而代之的原神體系和它的價值體系祗是強者人群的保護者、支持者，它根本不會考慮和憐懷弱者的心聲及訴求。如此情勢之中，弱者人群或是完全屈服在原神的淫威之下，或者漂泊在強盜社會的邊緣，勉力作生存掙扎計。這些邊緣化的人群中，應當不乏

仍然堅守著圖騰、祖先崇拜的舊俗者，這些舊俗也許正是後世這個地區薩滿信仰之能續存的由來。

一般說，祇有某些殘餘信仰的堅守，並不構成為後來的宗教神體系，但，它們之間的某些內在關聯也許不應忽視。摩西的時代，是一個多神的時代，這正是原神體系的表徵，相反，圖騰與祖先崇拜則有神位單一化的傾向。這種單一化的理由很簡單：在生存壓力過重的情景中，神的單一化、專門化極有利於群自我的生存與競立。原神的強大與囂張，讓大多數弱者人群屈從了信仰，而對那些性格頑強的弱者群體言，這可能恰好可以反其道而用之，視各種艱辛、不幸（包括堅守信仰本身所帶來的不幸）為神對他們的選擇、考驗方式。摩西正是基於此意來觀察和思考他所生活的社會格局和精神狀態的。對摩西來說，不屈從主流觀念、強者意志而頑強地生存著，正是一種他所信仰的神的意志，如果這樣的堅持能夠獲得成功，則證明他們所信仰的神才是真正的神，而別的神均是假神。故知，這樣的信念和堅持是族群的生存應戰決心和族群心志的固執，當然也應該包括狹隘和偏極等因素共同塑造的結果。

那麼，摩西的神是一個什麼樣的神呢？從出身看，它還不能直接被視為圖騰神或祖先神，反之，它有著原神的血統，是原神譜系中的參與者，當然祇是一個小的角色而已。這個出身證明，宗教神和原神有著進化上的關聯。不過，隨後的建構或體質性規定，則與原神完全別異。耶和華神別出原神體系後，它唯一獨尊了，別的所有神均被銷聲匿跡，不再存在著。從此，人類歷史經由泛神文化、多神文化、混元神文化之後，復又有了一神文化。一神文化也稱一神教、一神論。它的最大特色是通過人為設定，規定誰是神，以及神對世界的統治、控制。

　　摩西說，耶和華是神，是唯一的神。它關聯了兩個事件，其一是，耶和華是人為設定的，並非來之於自然方式的顯示；其二是，耶和華是猶太人選定的神，是猶太人自己的神。這種製作顯示了圖騰信仰的遺跡：神的界域化；同時，其動機和目至明；支持己群在強盜式重壓下的生存利益。此外還有，將多神變成一神，也意在消弭諸神之間的力量較量，以此平息爭鬥，從而有利於保護弱者族群的生存機會。祇是這最後一份隱意要等待條件——一神足以控制大界域的世界——成立之後，才有可能，比如後來的基督教那樣。這樣的嚮往，在強盜社會的生境中，祇能以矛盾著的兩便方式實現：他們渴望力能消解，由是有和平、安寧的生存機會，可這樣的消解不會自至，它亦得要由力能去實現，亦即是：以暴去暴。所以從結果看，良好的動機並不一定有良好的結果，反而可能是惡性循環。

　　何以致此呢？原因之一是，這個一神並非全體強盜社會的生眾所共同的意願，僅為猶太人所專屬。這便是後來耶穌要全力調整猶太教，而再出基督教的根本原因。原因之二是，這個一神亦並非本原之普善的意志所在，它是功利與界域化的善，這樣的善所引發的結果不是善，而是惡：善製造了惡。

　　為著弱者族群的生存、功利目的，人為製造出了神，這是摩西的創舉。這種神被稱為宗教神，其原因在於，它是宗族、宗派之神，是為了特殊功利目的所為之神，所以，它既不具有泛化、廣普的意義，亦是界域對抗、競爭的新原因。為此，這樣的神它祇有一如圖騰神那樣，走位格化路線，以此方有權威和絕對性。比較而言，原神也是位格化的，不過二者的差別卻非常明顯。

　　原神的位格具有世界性的廣延意義，這與強者的征服者心態有關係。他們的征服成功，以至目空一切，無視弱者和他者的存在，於是，本來源之於功利需求的原神，反而卻有了功利抽象化的表現，以

至原神更多表徵出的功利屬性不過是慾望、荒誕；相形之下，宗教神的功利則是赤裸裸的——特定弱者族群的法定人格與土地的佔有，以此其位格就非是原神的抽象，而是造神者的特定：他們嚮往的世界的締造者、控制者、絕對者。

神的位格化，其原因均在於生存利益的合法化、神聖化。這是強盜社會中普遍化的觀念所在，它與激烈的生存競爭、資源稀缺、社會暴力化等前件有直接關聯。在原神文化中，力能的成功極有助於利益的佔有與保衛，卻仍有不足之處，它還需要神的超距作用的強化、加固，經由神的肯認、確定，生存機會與利益及特權等才會暢行無阻，所以說，原神文化得以彰顯的原因即在此功利的需求。宗教神是在原神的基礎上製造的新神體系，它當然會繼承這樣的強化、加固、確認價值，然而，這些新興的信仰者卻有原神信仰者們所不曾憂慮的需求——無有佔有與特權、利益等事實的存在——所以他們的利益還是嚮往中的利益。這一因素使他們在製造宗教神時，要有更多的考慮與變通，否則，其神聖性便無法確保。正是基於這樣的理由，致使摩西在製造宗教神時，使用了一個很詭異的方式——與上帝簽訂合同。

這一方式帶出了很多問題。

為什麼要簽訂合同呢？既然上帝是絕對者，就不存在人與上帝之間有合同關係。因為合同乃平等主體之間的法律關係的確認，不可能發生在不平等的關係者之間，尤其是製造者與被製造者之間，這是常識所在。摩西竟然突破了這樣的常識，自作主張與上帝簽訂了一份規定雙方權利、義務關係的合同，這祗能解釋為別有用心。這個用心是什麼呢？那就是長期處於弱者地位、邊緣化的猶太人太渴望獲得人的資格，而在真實的生活場景中，這樣的資格是萬萬不可能得到的，於是他祗能從造神方式中自封。為了保證這種自封的合法性、神聖性，他首先是採用合同方式，即通過與上帝簽合同來顯示自身人格的神聖

性——都能與上帝簽合同了，其人格還有問題嗎？其次是復在合同之中進一步規定：猶太人是上帝的唯一選民——換成世俗用語，即獲得了上帝賜予的法律人格。

這種作法確實快意心腸，驅除了幾千年來心頭大怨：非人的弱者生境。可它引發的後果亦非常嚴重。首先是這個人造的上帝，它的絕對性及造物主身份的相對化：摩西為了自利反而致使了神的降等與相對化。其次是上帝祇是猶太人的上帝，與猶太人以外的世界無關，這便限制了神的意義與價值：滿足了己慾，卻斷裂了世界。復次是這個人造的上帝從此成了矛盾的焦點：一方面被塑造成絕對者，一方面又成了與它的製造者相對應的平等者，再就是人與上帝的關係經由合同表明，相互間是索取、交易關係，而非成就善的價值必然。所有這些後果在後來的歷史演化中都製造了極大的麻煩，以至其文化、社會、歷史、心性諸樣態均無力自圓其說。

摩西的製造非祇是讓人類生活的世界有自相矛盾、神的相對化、界域化的後果，他也同樣製造了相關世界構成的他因問題，此成為了後世二元論、多元論的張本之由。本來，確如伊利亞德所說，猶太教的主導價值旨在猶太人的神聖的歷史，亦即他們與上帝的關係，而對宇宙的起源之類不感興趣[46]，然而，締造者、絕對者的確認，確是《聖經》解釋世界的邏輯預設，由之，世界構成有了二元乃至多元的設計，在這樣的設計中，神成了他因者，此在的世界成了被動者。

我們已知，混亂的原神神話中已有世界他因化的解說，即世界特別是人和萬物被製造的說法，如希臘神話中的普羅米修斯造人、物說，不過，人神同源的說法還是被包含在了很多的原神神話中。這說明，原神體系中，世界的二元或多元化問題，尚不足夠清晰，時時在

---

46 見前引伊利亞德書140頁。

隱約中可見自然神的遺跡。至宗教神時代，猶太人雖重心不在世界的構成、宇宙及人的起源方面，可上帝的絕對化與造物主的身份的確定，事實上是預設了世界和人的他因前提：我們及我們的世界是被乞討、被恩賜、被脅迫而有的世界，上帝站在世界之外來統治和控制這個世界。於是，世界分裂了。

這一結果顯然與強盜社會斷裂了自然本根，放棄了自然神有直接關係。在沒有了自然本根支持和綴繫的自我世界中，所有的合法性與神聖性必須另謀說法，而且，在強者的自維說法之外，弱者也必然會盡可能地為自己提供說法，猶太人祇是碰巧成了這個必然之中的典型而已。他們用耶和華來支持自己的訴求、嚮往，具有族群文化與傳統的特定性，即生存境況嚴重不佳、生存重壓下的苟活者，為了生存這一最直接的功利目的而放棄所有的意義與價值真實，於是，僅用支持猶太人功利合法性的上帝說掩遮了所有的他說（包括他神）。唯一性和單一神的強化確立之後，世界的斷裂與分離也同步成立，其明確、乾脆為原神體系所少見。

世界的他因化，意味著世界的割裂、對抗、衝突、紛爭，其中不乏陽動之意氣，卻未免盲動、亂動，以至反動之嫌，更重要的是，它完全不是本原神我之善化意志的表達，所謂還原證成的價值於這樣的他因化、分割斷裂中完全無見。

猶太教的族群界域化，及一神的位格化，雖為強盜社會中弱者人群的不得已之為，可其負面性並不弱化。一開始，為了獲得耶和華的應許之地，猶太人大開殺戒，清除了大量的迦南地的原居民，以武力奪得了所謂的家園；並且，所謂的唯一選民說，也開罪了文明段西段社會中其他的族群。其後，他們的個色與冥頑一直是那個地域中他人仇恨的誘因，並因此遭受了許多不公正待遇，直至最終在羅馬帝國時

代再次失落了家園，成為了流浪者。三千餘年來，猶太人為著上帝的合同，一直在抗爭、打鬥，至今還在頑強地爭執著合同的權利，成為中東地區不安定因素的源頭之一，實在是世間所罕見。

正是這樣的負面後果，讓後世的猶太人有了反思與改革的衝動。我們先是看到先知時代，諸先知們大力改革流傳久來的祭祀體制和流程，主張上帝的本義是正直和公義而非犧牲、節日和慶典（《阿摩司書》5：24）[47]。這一觀念的發展，最終演繹出了以《但以理書》、《以斯拉二書》、《以諾書》、《巴錄啟示書》、《摩西升天記》等為代表的啟示文學，它們主張普世正義和救贖歷史的新思想；後來，一個拿撒勒的猶太人耶穌索性改宗立派，建立了基督教，以此來突破《托拉》和《密西拿》的種族主義，使宗教神普世化。

基督教是猶太教的繼續和發展。以一神和基督教之所由來言，它是與猶太教一墨相承的宗教神體系，祗不過，這個新出的宗教神體系卻又大有創新。首先是突破了猶太人的種族樊籬，使耶和華成為了所謂全人類的宗教主；其次它以為，愛或善是上帝的本質；復次，人類有原罪，必得通過彌賽亞式的救贖，才能成就神意。

現在，我們碰到了一個非常重要的概念：罪。

罪的出現，並非基督教獨出，它由之《舊約》的上帝造人故事，祗是猶太教用心不在上帝造人說上，他們更關心的是其社會人格和土地的佔有，所以人的問題沒有獲得更多的解說。自摩西以來的一千餘年間，猶太人雖有宗教為之安頓，可在強盜社會中，他們仍然是弱者，是受苦受難者，並且，更普遍的事實是，這個世界上受折磨、受

47　還如《何西阿書》13：7～9說：「我喜愛良善，不喜愛祭祀；喜愛認識上帝，勝於燔祭」。又有，「學習行善，尋求公平，解救受欺壓的，給孤兒伸冤，為寡婦辯屈」（《賽亞書》1：17）。

難的絕非僅衹是以色列人或猶太人，無以計數的人都在苦難之中。這樣的歷史和惡逆的生境，終於有機會反省和復觀了。

依據《舊約》所設定的亞當、夏娃的故事，耶穌抓住了原罪的由頭，對罪惡作出了宏大的解說。

亞當、夏娃因為偷吃蘋果而犯下了違反上帝意志的大罪，人類作為他們的後代，所以一生下來就帶有原罪。人之所以為人，便是要滌除這原罪，成就神性，進入神的完善。在這樣的過程中，上帝以其肉身——耶穌——受難（釘上十字架）的方式，為人類進行救贖。這裡，耶穌既是上帝本身（所謂三位一體說。不過此學說有兩種不同的說法，一直為基督教所爭論不休，阿里烏斯所說的不等質三位一體說，降低了耶穌的等級，為主流意見所不容），又是救贖人類的彌賽亞，經過終極審判，人類便獲得解脫。這個由原罪到解脫的過程便是歷史，而上帝以其子的肉身來救贖人類便是愛，人類的價值即是要以崇拜、虔敬、絕對服從來回報上帝的愛。

這便是基督教故事的梗概大要。與猶太教相比，這個新宗教有許多標新立異處。

首先，它放棄了以色列人辛酸、痛苦的巢臼，走出了種族的界域，把全人類的苦難當作了關懷對象。這種作為，對宗教神一肇起便厌入了種族偏頗，為孤苦伶仃之悲情故事的演繹，可說是一重大突破。

其次，它也放棄了舊教義衹關心猶太人的人格地位和土地佔有之類的功利動機，將罪惡作為了根除的目標和理想。可以說，基督教此舉是抓住了強盜社會的痼疾。社會的強盜化，即是慾望和罪惡的肆意與囂張，對人類文明言，如何化除犯罪、惡行，是文明必得承擔的使命和責任。在文明帶西段，一國之中，為著國家秩序與安全，固然多

有懲治犯罪的法律與制度，但於整個西段社會而言，自來尚無有人或機構來關注和消除犯罪與惡行問題，正是在此意義上，基督教開創了一個良好的文明先例，將犯罪、惡性作為文化和宗教的責任、使命，以此，它開創了強盜社會中的同類意識與共同命運的先河。

復次，它宣揚了一種以愛為中心的善。善，一直是神的柔性，它在自然神體系中有著豐厚的表達，祇是，當地球上的局部地區進入強盜化的狀態後，原神信仰者將這樣的秉性丟失了，繼之而起的早期宗教神亦為種族界域所限，將善局限在了族群之內，沒有使之擴展開來，於是，善變成了弱者的善、種族之善。基督教的貢獻在於，它突破了局限，走出了狹隘，找回了丟失的善。它堅定的認為，善——以愛為核心的善，是上帝的本質，上帝愛每一個人，人和人之間也應當互相關愛，以此可成就大愛的世界。

善的問題，其實即是神之為神的根本問題。所謂還原證成，便是諸形式、諸在要以過程化和陽動的方式去證成本原的終善。故知，沒有善的神，並非真正的神，離善更近的神是愈益真實的神。這可以成為一條標準和評價原則，去評判世界上所有的神和它們的性質。如前所言，原神體系幾乎完全丟失了善，所以其神之意，就不難判定，而自有宗教神以來，原始的猶太教也幾乎沒有把握好神的善意，其重心祇在自身身份的享有和土地的佔有，而將善掩遮殆盡，後來的猶太教雖有開發，卻仍然為界域所限，不能將神的善意廣普開來。直至基督教臨世，這個根本問題才算有了突破。它們抓住愛，大作善的文章，從而成就了宗教神的體質屬性：神即善本身。

基督教所發現和追求的善，有崇高的意義和價值，然其所來卻也非易事。我們知道，猶太教的原意是為了以色列人的生存與佔有，它所包含的善祇有效於以色列人，具有極嚴重的界域性，超出界域，這樣的善就變成了惡。這樣的善惡二致性是所有界域之善所共有的表

徵。在界域善的前提下，猶太人或以色列人的確可以獲得好處、利益，尤其在其前期，這樣的好處更為明顯。問題在於，隨著歷史演化及社會結構的改變，以色列人的固執、個色、自保便與周圍的世界形成了強烈的反差，特別在地域一體化（如帝國出現）的事實面前，這樣的固執是一種政治挑戰，它必致引來強大的壓制與破除。正是在這樣的背景下，猶太教內部開始有了更張的反思與行為，那些名為啟示文學的猶太教義書——它們宣揚普世主義，試圖突破種族主義——便是如此情勢下的新作為。然而，馬加比起義的成功，反而讓以色列人的種族主義受到了鼓舞，他們極力反對教義的普世突破，要求回歸更加種族化的《托拉》傳統，結果，《密西拿》、《塔木德》之類的界域化教義解釋體系及割禮這樣的特定儀式，最終將猶太教禁錮下來，成為了獨特不二的宗教。

羅馬帝國對亞洲的成功統治，實質性地改變了文明帶西段的歷史，其中最重要的事件之一，就是讓猶太人自己改變其信仰體系——放棄狹隘的弱者宗教，而改信一統信仰的世界化宗教。這便是加利利的農民耶穌的新意願：讓所有的自然界限在善面前消失、使愛成為世界的主導。可以想像，這是數千年來，飽受戰爭、壓迫、奴役之艱苦的弱者人群所能開發的最高覺悟。他們終於從無盡的苦難中超越出來，不再失落在痛苦之間不能自拔，而是有了關於善的覺悟與嚮往。的確，這是那個世界中，過去幾千年來最大的幸事：神向善的回歸。

善，或說倫理與道德，是人世間最好的軟化劑，唯有善才足以消弭對抗、暴力、衝突、血腥，才能有和睦、和諧與安寧。善的軟化，正是人類生物性對抗、或本能衝撞的最佳出路。沒有善為品性的人類，絕無前途可言。善也是解決界域二致性的良方，它可以無盡地化除善的界域，終致消除善惡的二致性。

基督教向善的回歸，改變了文明帶西段的歷史與文化方向。這些

改變包括，善與愛從此成了本地域的文化血液，這便在不知不覺中塑造和改變著強盜社會的體質；它也為前此的希臘理性思想與觀念的普及提供了條件和基設，可以說，如果沒有基督教的傳播，希臘文化的理性精神很可能會隨著這個載體消亡而流散。很顯然，這兩點意義已足以顯示出基督教的功德，祗是，還有幾點補充說明需得交待。

一是文明帶西段社會和文化雖因基督教而有了體質性改變，開始了向善的回歸，然強調社會的改造卻是很難之事，許多的專有屬性很難遽然祛之，一有機會面對新的可以視為敵手的對象，其惡向的本能會自發啟動，從而失落善的意志。歷史上，這樣的事例多得無以數及，如十字軍東征，如帝國主義與殖民地運動，也如今天的「美國絕不做老二」，等等。究其原因，乃在於基督教雖以善為內質，可它的善卻有著界域的限制，是有條件的善。

二是理解基督教對希臘理性精神的傳播，不能忘卻希臘化時代的文化與學術，特別是斯多葛學派、新畢達哥拉斯學派、新柏拉圖主義者的學術與理念，是這些東西共同促成了基督教的成立，並有了新的體質，其中，善的意義和價值是根本。正是因為有了這樣的體質，才有它後來對希臘理性精神的發揮和傳播。比如神學大師湯瑪斯·阿奎那，他通過對亞里士多德哲學的再解釋，重新完善了基督教的哲理體系。

三是還需要理解印度佛教對基督教興起的影響，我們無法提供證據說明耶穌理解和熟悉佛教，然，佛教所開創的組織化傳教、職業人士傳教、宗教意識形態化諸多教儀、教法，顯然為基督教所摹仿。也許，還可以進而認為，佛教所信仰的那種還原證成的善，也經過變態的方式向西流傳，最終獲得了西方式的理解和認可。這些可能是我們應該去探究的。

　　基督教以愛限定善的內質，此亦成了上帝的本質，它們稱此為道，而又以生命（肉體）作為此道的承載體，主張肉身與道的未來同一性。它由兩個過程實現，先是道成肉身，即上帝臨於每個人之中；後是肉身成道，即每個人與上帝同質。以此，它將原罪的救贖變成了一種歷史運動，人的意義和價值便是這運動過程的填充。僅依形式言，這樣的運動過程確與自然神論所主張的還原證成理路相合，不過，深入的分析之後，我們會有另外的結論。

　　下面，我們來解析一下。

　　首先，上帝在它的身外創造了一個此在的世界，本質上講，這個此在的世界與上帝是兩在，而非同在、同一；此外，上帝還是此在世界的決定者、絕對者。此意是說，此在世界之所有，包括人在內，均是被動的受著，是某外在原因的結果。依邏輯言，原因的外在化，屬因果關係中的他因關係，其意是說被動者無法預知和理解原因，也無法顧及後果，一切均是被動、被迫、被使的強加。

　　世界的他因化，進而的邏輯在於，世界於此前早已斷裂了自然本根、本原，無法依本原之意志去延展其作為形式的行為，在事實和行為、結果必得要予以解說的前提下——因為沒有說法，人類便無法存在，這是人成為智慧之在的特性——人們祗好外求他因，以他因的強制為解說的根據。這樣的建構其對錯是非先且不論，僅就強盜社會中，暴力化必得要有安頓、軟化、馴服的客觀需求言，它的確有功效上的實惠，故從實用主義、功能主義、功利主義的角度言，他因化解說有其合理性。

　　合理性是特定場景中的評價，它並不代表這樣的解釋體系就是正確或真理。相反，我們更會看到它的另外用意，即通過原因外化、他化，進而可以推去人之所以為人的責任和義務——以智的自覺與能動

去證成本原的完善。當人不再為其終極負責之時，也實是其他責任的懈怠。它與前述的責任倫理收縮、有限責任觀念有直通的關聯關係，後果是，行為的他因化反致可以心安理得地放任其行為，尤其對界域之外。

他因化不是世界的真實理解與解釋，而祇是陽假世界自身在斷裂了本原、本根之後，為著自我和功利之需所作出的沒有解釋的解釋。這就無可避免其解釋所帶來的負面後果。故

其次，當基督教將愛視為上帝的本質之時，本來此意應有助於善之意義與價值的展現，然，其內具的無可變更的矛盾卻反致其愛扭曲了善之為善的本義。所謂扭曲是說，上帝愛生命、肉身、人類是有條件的愛：人類必先有信仰上帝、愛上帝的意願。這個條件是基督教的致命缺陷之所在。原因在於，這個他因而在的上帝，它是位格化的締造者、統治者、主宰者，它與此在世界不是同一，因而在施愛於被動者之時，便有了謀利的必須。或即說，上帝不是對自身施愛，所以愛變成了一種與他者的交易。由此，條件變成了最根本性的邊界和界域，不符合條件者，不得入界。於是，世界因為這個條件的先決，被迫分割為基督教的世界、異教的世界。於是，世界因為有這樣的分割而更加衝突和屏障。於是，善反而製造了惡。

世界是內部化的，世界的本質不是愛的交易，而是諸在參與本原還原證成的必然，其中，智慧者對此必然有自覺和能動的覺悟。這一覺悟乃對本原的記憶所啟發，亦因記憶的完整而實現，而無需他因的支使、支配與強制。與此相比列則知，基督教的根基錯誤已是了然。

再次，鑒於上述愛變成了交易的條件和結果亦知，愛已不是善本身，而界域的分割又將上帝變成了相互對抗、競爭、搏鬥的領袖，這無疑置上帝於了非常不利的境地。正是基於此，同地域中競起的諾斯

替教和後來的摩尼教，索性一併將上帝和物質世界說成是被製造的結果，從而，削去了上帝的絕對性和締造者的資格、地位。的確，這樣的根基錯誤和理路論證無法不帶來問題，祇要稍加檢視，便不難發現其尤咎。

比如基督教說，人是原罪的，所以人要受到懲罰，要被救贖才能解脫，最終成就神的意願。那麼，我們可否問一聲，人是誰製造的？回答是，人是上帝製造的。即，上帝是因，人和他的罪是果。常識告訴我們，人既是上帝的產品，何以產品出了問題要產品自己負責，而生產者卻可以逍遙責任之外呢？這裡的邏輯顯然無理可喻。就算退一萬步論，說人是特殊的產品，他的錯誤得由自己承擔，所以要遭受懲罰，那問題是，上帝的救贖方式也太血腥──將耶穌釘上十字架。上帝為什麼要用惡的方式來救贖犯罪者呢？上帝既然是善本身，那善在這樣的救贖中又去了哪裡呢？這樣的以惡治惡方式是善之道嗎？

事理之所以被推論於此，多在於其真實性並非如此。事態要倒回到原初，上帝造伊甸園，人類是這園子的管理者，而這個管理者居然是個無智慧、無能動性的白癡，它連被管理的蛇都不如，是那條蛇教會了夏娃吃禁果，這其中上帝的失職和荒謬已是顯見。再後，我們還要問，上帝造的智慧是個什麼智慧，為什麼人一有了智慧反而就成了罪犯，如果不是上帝的故意，那祇能是上帝的失能。進而還有，人既已犯罪了（其實吃禁果是何罪，我們至今不知其所以。因為沒有智慧的人類反而被定義為正常，而有智慧卻被定為有罪，那祇能說，人是不該有智慧的，人不該有智慧又何來人類要承擔責任的道理呢？更何來要遭懲罰的道理呢？）上帝沒有自責且不說，祇看上帝對犯事者（危機）所採取的處理方式，便知這個上帝實在不聰明。它不是限制後果的危害，而是擴大危害後果──將亞當、夏娃驅出了伊甸園。我們都知道園子外面的世界比園子大無數倍，人類帶著罪惡一旦走出了

園子，便肯定會將此罪惡廣布世界，那樣的後果將更難收拾。如果說上帝此舉並非不聰明，而是故意，那其用意又何在呢？為了錘煉人？如果是，那為什麼要錘煉這個產品呢？這個本該沒有智慧的產品又有何錘煉的必要呢？是為了顯示上帝的大智大慧嗎？它預先安排了這一切，目的是為了使人類成為上帝自身！若果如此，結局應該是人類的化除，而不是人類的救贖。因為祇有化除了自我、功利、慾望之後的世界，才是真正完善的世界。故事編排者對此意慾有想像嗎？

就使如此，問題還有，既然人類為上帝的所造，何以後來的人類之中又要分化出不信這個上帝的人類呢？上帝的創造力和意志於此之際安在？更不可理喻的是，上帝面對自己的產品，何以要選邊站，成為其中一派的領袖，並對其他的人類大打出手，滅之而後快呢？這樣的上帝是為了成就無界域、無限制的終善嗎？

這些疑慮，足見出故事編排者的嚴重智限和淺薄。這恰如前引鮑克所言，不是神有問題，而是人類的視界、體驗和智慧出了問題，才導出了一個漏洞百出的上帝。上帝的放任和肆意，恰正是強盜社會中人們自我中心、功利至尚、責任自限的真實寫照。人們在強盜本能的驅使下，常見的作法是，罪照犯、惡照作、日子照過、懺悔依例、惡行依舊。把一切希望和擔當都推至己身之外的他因，指望外來者的救贖，而不願意著力於道德的修養及自我的化除。

中編結語

　　文明的演進，也即意味著世界的分殊。這恰符合陽動的複雜化、多樣化的必然邏輯。分殊，不僅表明演繹的多樣化，也會表達差異的現實性。這樣的多樣化與差異性中，錯誤的演繹確為難免之事，一般說，錯誤當視為正常現象。不太正常的是，人類主觀感覺與觀念的變態，亦常會發生這樣的現象：錯誤的東西反致成為了丈量世界的標準，正確的東西被迫偏隅而存。

　　神的文化和它的社會化運動，經過了幾萬年的醞釀、發育之後，終於走上前臺，成為了人類生存、生活方式的主導者。幾千年的人為神化運動，人類的生存方式及生活樣態得到了規置。正因為我們生存、生活幾乎完全依賴於神的意志和規置，結果讓我們輕易地產生了錯覺：神的價值與意義即在於滿足我們的生存與生活之需。這是一種功利化的理解和把握。可以說，差不多自有神的觀念以來，這樣的理解和把握佔據了人類意識形態的主導地位。若果如此，則，神之為神恐非良策。所幸，即便全人類之於神都有功利化的需要和理解，卻也無妨這樣需求和理解——神之為神，實在於引導諸在還原於神——之創意的表達。伴隨著全新世主打的生存產業農業的發生、發育與成長，不同的地理環境和種群結構等綜合因素，不僅決定了農業的主導性強弱，也進而決定了與此相關的文化和價值形態。

　　依前言已知，神之出現，實乃智慧之在記憶本原、本根的入口和關竅，它的價值是導向諸在之於本原之記憶的完整，亦即還原證成本原的完善。一般說，由此入口和記憶開始，智慧直通本原、本根、本體，當是不二法門。然而，智慧者因為是在，故都有生存之需，即得為在和在下去，而在下去卻又有養源的供給問題。設若養源無限，斷無供給的困厄，問題正出在這養源的有限之上（其所以有限，並非源有限，而是攝養者的攝養能力有限，無法直接攝取無限養源，祗能變通攝取有限且既定的養源）。農業的發明，是人類由絕對有限養源

的攝取向可能無限養源攝取邁出的第一步，正是這個第一步，卻給了人類劫難般的重創。尤其是那些不太適合純農業產業發育和發展的地區，它無法邁出並邁好這個第一步，結果，這樣的地域和其所承載的人群便被逼入了嚴酷的生存競爭境地。嚴酷的生存競爭，為既定有限養資源而拼搏，因此成了人類之為在的頭等大事，以致它的嚴酷與重要性直指了智慧記憶本原的必由法門，逼迫這個剛剛開張的還原證成的初始記憶惡化，而它的符號（神）也一併改變功能和價值，成為了滿足其生存競爭的工具和背景形態。這便是神之多樣化與其錯誤定義之所由。

過去的歷史中，我們已明晰地看到，每當某地域或群體出現生存困境之時，神的具體化、位格化、功利化轉向就無可避免。一次又一次，從萬物有靈到圖騰崇拜，再到強盜社會中強者人群的原神體系的塑造，以至最後相對應的弱者所製造出的位格者宗教神上帝，幾乎無有例外。也正是在這樣的轉向和變異中，神的本義功能與價值漸慢丟失，以致最終成了赤裸裸的外在全能者，成了人類或人群功利和其被拯救的競爭衝突中的精神領袖。直至很晚，我們才看到了人們的反思（詳下編）。

當然，我們也觀察到了這類轉向不明顯或幾乎沒有轉向的文化成例，這便是自然神體系和它的精神觀念。它們一直咬住神即本原、本根的質要，追隨神導使人類還原本原的根本價值，作記憶窮追之志業，最終求得了還原證成和世界內部化的覺悟與心得，可謂展現了人類智慧能動的法門所在。

總觀過往，即便是錯會了神意也無關大礙。可以說，這樣的錯既不可避免，亦可引為經驗與教訓，還可視為歷劫迂迴的實境。既為在，特別是智能之在，當無由逃之夭夭。我們需要的是反思與調整，我們需要的是還原的歸依。

下　編

緒　論
陽假能動：本原的義理解釋

　　神的解釋與理解的義理化，是神之所往的必由之路。此乃因為，神之所啟，全在於開啟智慧者記憶出本原的入口，而從記憶入口到記憶的完整，則是一個巨大的陽動過程。所謂記憶的完整是說，諸形式，尤其是智慧形式與本原的同一不二，或即是智慧形式之各自與智慧之自我的化除。這樣的完整，決非僅由神之一隅即可釋定，它得有智慧自身的覺悟與道理的縱橫格布，亦即，本原的意志與價值必須得落實為諸在的體質秉承，方有可能性。在這一完整顯現的過程中，智慧的價值和意義方得盡顯。

　　世界是還原證成的，而這個證成卻得由諸在去顯化實現。此前，我們已將這樣的顯化稱為在或形式。由在或形式去證成本原的真實和完整的必然，是世界的第一必然。據此必然可知，所有的在或形式均居被動狀態——為「自身」所驅使。

　　此驅使或被動雖無可反逆，然其所在與形式並非因此而被動致死，它們有為在和形式的作為空間，此作為是被決定後的動，也是顯化之動，故名為陽動。陽動即意味著動有著相對而言的能動性、主動性、自動性，且正是這樣的動——陽動與陽假，構成了這個世界的第二必然：經由陽動去證成本原的完整。這說明，諸在或形式所受使的必然，並非祇有第一必然，它們的相對自動性、主動性之陽動或陽假亦是必然所使。

　　諸在之顯，陽動之為，本意是為了證成本原的完整、真實，這是絕對意志，可以變通、多樣化、複雜化，但不可更改。於是，我們進而發現，陽動、陽假的複雜化、多樣化，並不遮除其終極價值，相反，複雜化與多樣化更能充分地凸顯出價值的豐滿，其中，最重要的意義在於，動的方向性要由動本身來顯現。我們這個在的世界中，之所以有相動、域動、能動、特動，及最終之智動，恰正是這個由動去顯現動的方向的必然所在。故知，由動去顯現動的價值與方向，便是

諸在世界的第三必然。這個第三必然的當下意義在於，智動的出現，諸在或形式證成本原之真實完整的必然，已由被動主導過程進入了能動的主導過程，即還原證成已變成了自覺的覺悟與主動追求。

動的主動化、自覺化，是陽動質變的標誌。它表明，諸在之於本原的記憶已經開啟。當然，開啟是其要，而如何成就其終極更是要中之要，故得期待之。

我們已知，原始自然神開啟了人類作為智慧者記憶本原的記憶之門，爾後，自然神又抓住了本原之根，有了記憶的真實性，然而，這樣的開啟和真實卻極度缺乏智慧能動的主動性、自覺性，所以，它還有更大的期待。那麼，這樣的期待是什麼呢？這樣的期待應該是智慧動能愈加地本然化。所謂本然化是說，智能者能將其之於本原的覺悟，及體、相、用貫通不二的智慧，轉化為足以解釋世界、理解世界、規範世界、造就世界的學理與知識體系，使之成為文化與意識形態的根據。嘗言，哲學是愛智的學問，如若此智即這裡的覺悟之智、貫通不二之智，則知，哲學便是本然性的學問與知識體系。換言之，哲學即是要將本原及體、相、用的貫通義理化，給出因為、所以或原、因、果連貫的解說及道理結構，進而由此解說和道理去凸顯還原證成的真實與完整。

這樣，我們便由智慧的蒙昧（物我一體）、智慧的猜占，進到了智慧的能動解釋狀態，而解釋的智慧則是智慧進入真正智動過程的開始。本原的義理化，不祇是本原覺悟的表達，更是體、相、用的貫通不二，以至還原證成的真化，故知，祇有充分而又真正的義理，才足以表達陽動、陽假的價值與意義。這便是人類終得經由解釋的智慧，繼而進入同構的智慧的根本原由。

縱觀人類近五千餘年來的智慧現象，可見出本原或神的義理化解釋的多樣化及差異化。依陽動邏輯，義理的本意即是創化出更能顯

現本原意志的形式和價值，以求本原意志的愈益彰顯。然而，這樣的彰顯卻會因對本原覺悟的有無或深淺而有差異。其主要的表現有，為載體、形式，甚或為自我而彰顯，以此可以成就存在或實在本體論和自我中心論；為還原證成而彰顯，成就道統思想或本然論的文化。故知，智慧雖同名，然其作功卻有差別。人類文明史正好呈現了這樣的差異，並且，這樣的差異復支援了人類文化形態的分類，我們在探討人類智慧之於神本原的理解、感覺和覺悟之時，不得不率先從這差異的樣態進入，然後才可謀求殊途的同化。作為相對高級態的智慧，堪以稱為義理解釋的知識與文化體系的約略可歸為三大類型。它們是：以在解在、以用說用，或以相為體的實在論義理；體用不二、以體貫用、以用顯體、即體即用的道德義理；棄用還體、以智去智、還原證成的智慧義理。

雖然，三大類型的義理之間，無免夾雜他說，旁援他理的現象，然其主導所在，應當是類型化的。依此類型化，進而可對應描述出地域或群域文化的大體樣態。其應對者分別是：實在論型義理為文明帶西段文化所承載，道德型義理為中國文化所擔當，智慧型義理為印度文化所主張。此外，相關物的義理，即自然與社會之物理亦為西方文化所長，它與實在義理有著內在的聯繫，然其演化的邏輯後果確有出乎意料的趨向。起初，人們發現物理全由於興趣所致，後來，這一興趣被功利主義所裹脅，成為了人類謀求財富的手段與工具，經過了極度的求索之後，物之理復返樸歸真，顯現出了人類智慧溝通、理解世界之在化構成與成因的必然之理。這一歷程所展示的，是人類始於使物用於物，而至於以物解、以物化物，終至於使物善於物的必然性。所以，世界之物理的意義實已超出了西方文化的體質規置與體系邊界，反致成為了人類參與陽動過程、還原證成的重要方式，故得特別分說之。

　　三大義理類型各有所短長，執一則易至偏頗，貫三則會達於會通。是以先備概說，再謀分解。

　　印度文化或義理學幾乎從一開始就緊緊咬住自然、本原不放。除卻其本根、本原、本體的意義外，我們還會看到另外一種現象或結果，這便是，人們對本原的尊寵也當然地會使之成為世界所以和能夠存在的依據、標準，當他們用這樣絕對性的標準去丈量世界，特別是有形、有情的世界之時，便主要是看到了這個世界的缺陷、不足，甚至罪惡、愚頑，對此，他們祇能以無明、業、摩耶之語定義之，進而追求逃離、解脫，以至還原到絕對。所以，當印度人說真、智、識、見、明、空這類概念時，務必不要將這些詞世俗化，它們是在絕對或本原意義上使用和解釋的，與之相對應的一切均是幻、假、別見、無明、業，這些都與真實無關，是真的反面，當盡力、竭力去之。

　　若以此理路去觀察西方文化或義理學，則會看到相反的情形。西方社會與文化一開始生長之時，即斷裂了自然本根，人域成了孤立的「絕對」存在，於是，非但本原之學無有可能，相應的是，世界為之成立、存在、合理、正義的標準亦全然反了。在沒有絕對尺度丈量的人域世界中，祇能是自為的標準發揮作用。早期，這樣的標準其成立所依賴的是動物本能，所謂力能主義；後來，力能競爭的強者開始了智慧的凸顯，終至一種祇會生長於人域之中且祇作用於人域場景的思維──主要是它的方式和質地──被錘成了人域中最佳的尺度標準，這便是理性。理性作為世界存在的標準，其長是有效性、功利性、功能性，而其短也相當明顯：短視、狹隘、不真實。

　　說理性成了標準，即是說存在本身變成了標準，而所謂存在，它的核心便是人，特別是其本質：自我。這無異於說，人和它的自我變成了標準。一當存在、自我這樣──在印度文化中被視為幻、假、業之名相──的東西成為了評價、判斷世界的標準，其世界的狀況與

過程孰何，就不難想像了。理性從來不關心或關注絕對、終極的善，它也沒有能力去丈量這樣的善，它祗能滿足於自我的合理與恰當，或說競爭中自我的合適與合理。這樣，自我的好壞與善惡不由終極來評判，或說放棄了善惡的評判，而祗求存在和行為狀態的恰當，以及此恰當的判斷、評價。結果是，世界不由終極善決定，祗得由自我的競爭決定，是以競爭與衝突必無避免。可以說，西方世界的強盜化，正是這一標準支持的結果。

此外，西方文化中除了理性標準外，還有一種標準也不能輕視，這便是其中的弱者人群所尋到的外在於這個世界的標準，通常它被稱為上帝，屬宗教神的範域。理性這一強者的邏輯讓弱者人群飽嘗了存在的艱辛，因此，他們希望這個源之於他域的、具有超距作用的神聖標準足以對抗強者的理性標準。與理性標準源發於實在本身——故可稱為實在自身標準——不同，上帝可謂為他因標準。這個標準的成立，或說是本原標準的一種變異，它將本原扭曲為了他在的強制者、締造者，結果，除了因乞求福利而必得崇拜之外，它本身並不可作為評價世界的標準——一個外在的他者無法對這個世界負責，它不知如何、怎樣免責，相反，還會因為信仰不同而肇起釁端。

這樣，失卻了本原標準的西方世界，祗能遵從自己本身的標準和外在的他因標準，其中，自己標準佔有絕對優勢，以至於上帝這個他因標準也得為它作出讓步。這便是維柯所以要說，上帝不得不認可人類的罪惡為正義的原因。的確，存在自身（即自我）成為標準，可肆意情慾，可問題是，人是這個世界中最為業、假、幻的載體。一個最虛假的東西成為了標準，那麼，這個世界還有合理可言嗎？西方社會早先的強盜化、後來的殖民主義、再後來的現代性爆發，以及當下的生態危機等等，不正是這個標準支使的結果嗎！

　　本來，人是可以成為標準的，可這個人卻有一條件得先行滿足，這便是與本原（印度人說的神我、自我、梵）同一，祇有同一之後的人才可成為標準。因為彼時自我的限制、假幻已全然破除，成了本原本身，故無礙。如此還原同一之前，人是不可以成為標準的，它祇有覺悟、嚮往、參與，捨此，便是罪惡。

　　其實，近代以來，西方文化還試圖找出第三個標準，此即所謂科學規律、規則的標準。依質地歸類，此標準仍未出存在或實在之域，可說與理性標準同屬實在自身的標準。不過，它們之間也有差別，其主要在於，物理標準具有非情感性、非主觀性的品質。以此言，它通常可用之平衡理性的主觀偏頗，且其效率極好，故多受追捧。然則，物理標準的詭異還不祇在於它所具有的客觀性、高效率，亦隱藏了另一可期待的前景：與理性的動機祇在功利、公平、合理不同，它雖源於功利，可其進路邏輯最終卻指向了物的本原境地，以物理之法式去成就本原善。我們已知，物理所重是物的結構、構成，而恰恰是物的結構、構成及相互作用關係才構成了自然或物理法則，從而成立了標準。這個事實預示著，凡屬相關構成、結構的探究，必然會致使其走出物、形、在的世界，沾聯進入相、存的境域。依理，這樣的進入，即有可能使它沾上近本原的標準，終致會以物化物、以物解物，使物善於物。其中，人作為物的一種，亦得服從此邏輯。故知，此一理路之趨向，有可能歸入印度的本原標準之境。

　　印西兩廂標準的對峙，或說各自的義理涵義相互參照，有很好的意義，回頭再看第三個義理類型，則會更加感慨人類之智動的同構性、互補性。這個第三義理類型便是中國文化中的義理學。

　　依所由來論，中國的義理與印度義理有同質性：崇尚本原、本根的終極性，因此，這樣的原、根、本也在中國文化中匯總成了標準，

這便是所謂道或天道。差別出在這之後。可以說，中印關於這個或此在世界的解釋、理解的差異，導出了中印文化和義理的不同。中國哲人以為，這個世界不是幻、假、業，而是本原的形化、物化、顯化，所以原與在不僅沒有質素意義上的「二」性，也無識意義上的「二」性。當然，這個世界是有問題的，缺陷甚或罪惡也是很嚴重的，祗是，這些問題、缺陷之所由，完全是本原形化、顯化、物化過程中的狀態，與認知的錯覺無關（如若說有認知錯覺的話，那也是顯化狀態不充分的現象）。或即說，原、因一旦在化、物化、顯化，便是各自的開始，而各自亦即無免對抗、衝突、競爭；並且，在祗是其一，在下去似乎更重要，可說為在的第二要義。在下去當然就免不了要攝養，而攝養依當下之可能實處勢低下，祗能依攝在而攝養。攝在而攝養正是攝養的虛假，它的真實是攝相養在。故知，每個在都有提升空間——由攝在為養的低級態上升為攝相為養的高級態。這可視為在之為在的意義與價值之一。

說為之一，當然還有之二。這個之二便是，此在世界既是本原的形化、顯化、物化，它應然不是為形而為、為顯而化，即不會以形、顯、物、在為目的，其所以有化、有形、有物、有在，全在於本原決意通過顯化來證明自己的真實。此表明，在之為在，祗是充當著證明的材料、證明的內涵、證明的過程或證據，其所向、所終是為了還原自我的絕對。故知，在之為在，是為了充實、參與這還原證明的過程。

了了之二，還有之三。它是說，在之為在是還原過程的參與者，還祗是基設性的道理，其中另有一不可缺失的殊異道理。這個道理是，在，如果祗是在，而無有在的能動、主動，則諸在的參與祗是被動，被動則無以顯出證明的質要，既為證明，當然少不了主動、能動之為，這便意味著，除非諸在中有此能動、主動者，否則，證明不能

成立。人之為在，便是這樣能動、主動的承載者，它依靠所具有的智慧、智能而當此大命。其中，智慧之所來有兩大前提，一是本原意志的實在化，故與本原同質；二是它乃全部實在斂、聚、歷、煉、攝、化、成的共同成就，非某在之私物。據此，智慧之功首先是記憶出本原的絕對，其次是理解還原的必然性，再次是理解在之為在的原則、法則，最後是據此絕對、必然性、原則法則去行為、去能動、去參與、去成就，終使還原的被動證明變為還原的能動證明、主動證明，是為還原證成。

依上述三說，可知中國之義理所持守的世界標準當然不出本原之外，祗是這標準非單一的絕對，而是複合多維標準的同構。即絕對、必然性、原則與法則的同構。這樣的同構亦表明了其標準的綜合性、協調性特徵。據此，它不會將這個世界幻化、假化、虛化，也不會盲目自視，祗知實在、自我，而無顧其所原、所因。同時，鑒於人的特殊性，其大命的唯一性，也必然要建構出關於人本身的義理原則。這個原則要強化人的責任、使命，而非人的功利、權利、慾望，進而亦知，所謂責任、使命的強化祗可能是道德化的，結果是，它的義理就成了道德理想主義。

上述絕對、必然性、原則、法則之意，中國哲人說之為天道、地道、物道、人道。此表明，中國的義理標準或評斷世界的標準其實便是這四種道的同構。其中，人道之中又涵合人域公共倫理、政治統治和社會管理法則、鄉村社群的倫理習俗法則這三要。這便是中國義理標準的大要。以之與西方標準比較，亦知有其不足，主要是缺失了相關在之為在的物理解釋及其標準。回觀史實，已知中國義理中向有物道之說，不過，此說卻受制了道德完善之主導性的排斥，不能自立門戶、自行開展，最後祗好淪為了方技末流，由之也就堵塞了由物理而至還原證成的通途，以致整體的中國文化祗能或祗好過分倚重道德還

原的孤路。其間，還有一重要的襲擾不能無視，這便是政治標準的異化與扭曲。中國的政治，其原狀形態也有參與還原說的主張（如三皇五帝時代），祗惜後來，政治本身的異化力量吞沒了這樣的嚮往，使之成了傳說，所謂皇道、帝道——甚或更低級的王道也勉強——可表達其意。家天下之後，政治日益治權化、私權化，於是，這個標準也就負面化了。

中西印三域義理的大要——特別從判斷標準而論——略之如上，其優缺軒輊已是明顯。若印度義理高揚本原神我，萬有世間不過是幻化虛假之象，這樣的褒貶過於極端化，它使存在失去了意義與價值，進而，智慧的唯一，也祗在解脫限制、回歸神我，除此而外均被斥為別見、無明，這也實質性地簡化了智慧、智能的價值。印度哲人建構了一種可稱為線性的還原法門，這樣的線性還原也丟失了本原意志的真實價值，故其褒反致了貶。

西方義理中的理性標準說，乃無源相論之理，因其無源，故亦不知所向，祗會讓實在、存在、自我在無休的競爭中衝突不斷、爭端不止；而其外借的他因說，又為信仰和派別所困，結果是出現了無可免除的標準之間的對抗、競爭，直接破壞了人域秩序和存在狀態，且無法消解；至於物理法則標準又太過客觀化，它會損傷自我中心的本位立場和情感，以致必然出現自我的異鄉化和被拋棄及孤獨感，結果又引發了心性的危機和人與自然的對抗。故知，這三種標準均有明顯的缺陷。

若中國義理，已知其主導性的道德標準太過強勢，從而遮掩了他標準的功能，外加政治性標準的誤導，結果也致使了單邊主流路線（標準）的負面性——完善不充分過程中的應付與虛偽。

　　這些都是我們應盡力反思的歷史和人類文化形態。不過，若換一角度觀察、理解，即不說優劣主從，而予這些義理學說及文化和評斷標準以同構、互補的理解和把握，則知，人類文化實在是洋洋大觀、豐富多彩，而此，恰正是人類的前途和價值的期待。

　　分類是簡單的解說方式，它可便捷地說明和理解事、物、境、態、象諸般世象，卻非是絕對的匡定，故祇可以便宜，卻不可固執。本編諸章，將會依此法式便宜說解，以便諸君思考與覺悟。

第 七 章

義理神論（Ⅰ）

　　本編緒論中，我已分義理神論為三個類型，這裡先說實在論型義理。

　　實在論型的義理，為西方文化所專屬，它的起因在於斷裂自然本根後，人們致力於自為、自在世界的解說，其說以自我為中心，以觀察者的立場去建構知識和說法，此類知識，以經驗判斷，可稱為主詞性知識，而其義理則是這些知識和說法的抽象所在。

　　按照概念定義所需，這裡的實在論型義理可進一步理解為，世界的根本所在是諸在本身，在是實在、真實、絕對的，故無需在之外的他者為之本原、本根、本體。在作為在自身的原因與結果，的確成就了在的同一性，然則，實在論者經常碰到麻煩和不可能的周延是，在就是在，雖符合了邏輯上的同一律，可在與在之間卻無法逃避「各自」的匡限，於是，便必然出現在與在的衝突、競爭。為此，還得引入決定者，即組成在、決定在的那個終極者為何！在在祇能由在所決定的邏輯邊限之內，這樣的討論最終導出的是，以自我為因說，或實在自因說，或二元論，或多元論，或他因論諸說。故從結果看，義理的實在化並不能解釋世界的完整，充其量，它祇可在限制條件、邊界的情形下，給出局域、暫且、有限的有效解釋，而無法給出全義的解釋。

　　實在論學理的發端可追之於古希臘的巴門尼德斯，是他第一提出了onto（being）的命題和設定，並引出了相關討論。後世，基於這一預定，我們進而可觀察到三大領域的繼承和發展。

　　第一個領域為宗教神的義理。為了解決上帝的效力和提升上帝的解釋能力，猶太教、基督教和後來的伊斯蘭教及其他相關教派，都致力於上帝的義理化解釋事業，從而製造出了宗教哲學。循由上帝的原質性，所有宗教的義理之於世界原因的解釋幾乎都他因化、或二元化，是為他因義理、二元義理。

　　第二個領域為理性義理。理性乃人之為在的物理屬性，由於它顯現了同類間合作、協調的意願，所以極不同於本能或感覺智——祗謀求自私、自利的智慧——通常被視為人類智慧的高級樣態。這種極好代表了人類本質的屬性，當然就是人之所以為人之合理性、善好性的恰當標準，因而也就成為了關於人的解釋的圭臬。強盜社會的文化與社會背景，文明帶邊段社會的救濟之法，正是依賴了對人類理性開發和弘揚的機樞。基於此前提和需求，其間的哲學思辨當然會在理性上做足文章，將其抽象、拔高，以至出現了超出人之在的理念諸說，從而成就了西方的哲學文化。然則，這樣的抽象與拔高雖突出了人之在，卻無法失在以為說，所以終未免實在論的樊籬，成為了典型的以相論體的知識現象與體系，亦無逃二元論的歸宿。

　　第三個領域為超越實在或超越理性的義理。西方文化因為斷根之故，祗得為以在說在，和以理性說人的文化事業，其缺陷與無本之意昭然無遮，然而，我們卻也從叢林般的在說、理性說中，發現了異樣的文化樣品。它們在西方屬邊緣和非主流的文化現象，通常還被評價為神秘主義或非神的知識，其實它們當算作東方文化寄生於西方文化身軀中的異類。這些思想祗由極其有限的幾個人（他們是新柏拉圖學派、偽狄奧尼修斯、愛留根納、阿拉比、艾克哈特、庫薩的尼古拉、波墨等）發現、說明、表達，是西方文化中罕見的珍品。簡要說，他們主張世界的內部化，從而否定了外在、他因、二元或多元說，因為世界是內部的，故一切現象、存有均是本原的流化。所謂世界，即是這本原太一與其流化形式的同一。即世界是自因的。此外，流化的諸形式絕非形式即止，它們還負有還原為本原太一之完整的必然使命。這樣的還原雖不若東方文化那般執著與精深，亦足見其還原證成的價值（其不精深處，主要在祗說及了還原，而如何證成則不力）。這一思想及其斷斷續續地流傳，在幾千年的西方文化歷史中，的確是奇

葩，可說是西方文化之於世界最真理化的理解和把握，祗是長期難為西方人理解，更不用說認同了。因此，我們有專門論述的必要。

第一節　實在論與理性義理

理性義理，即讓理性義理化、學理化、知識化、體系化的文化現象。理性義理，為希臘文化所首創，亦是其以此貢獻於人類文明的珍圭，至今仍有著不可替代的意義與價值。然則，依理性義理創生之時代，文明帶西段人類大多還生活在神或神化的場景中，為神靈文化所支配，而希臘人卻忽發奇想，有了關於人之秉性的義理思考及解釋，的確可說為特例。那麼，這個特例是如何生成的呢？

依前說，文明帶西段在農業文明中期進入了社會秩序和社會結構的嚴重混亂時代，其時，入侵、掠殺、搶奪、遷徙、毀滅頻仍發生，是為強盜社會。強盜社會強化了種族生存的模式，一些種族因之成為了成功者，更多的種族成為了失敗者。成功與失敗的分判，在強盜化的場景中非常地絕對化，以至最終有了強者與弱者的人群分野。對強者言，生存與利益的佔有及合法化，首先是暴力化的，其次也是文化或意識形態及制度設計的。因為暴力的成功，所以他們享有絕對解釋權、設定權。這樣的解釋和設定最終成就了強者文化。

早期的強者文化更多用心於佔有與機會優勢的彰顯，為此，他們適應彼時的文化環境要求，特別地作出了一篇以神為核心和說法的文章。祗是這個神已不是先前的自然神，而是祗滿足強者征服和控制需求、慾求的新神，如前述，這個神叫原神。原神以力能為本質特徵，依強者的勢力範圍而影響著人類的生活與生存。以此，文明帶西段的

一些文明體有了輝煌的歷史與社會地位，如蘇美爾人、亞述人、巴比倫人、波斯人、希臘人、羅馬人，等等。然而，事態不能始終如一並持之以恆。在力能主義的主宰下，依賴力能成功的人們，進而更會因力能去否定所以成功的原因。這個原因便是原神。這種否定所表現出的現象，便是強者文化在後期所出現的反神祛魅運動，以致原神最後被迫退出了歷史舞臺。

　　強者的強盜文化形式上有其主宰者，這便是強者社群中的英雄。一般說，英雄是這樣一群人，他們英勇、霸蠻、好鬥，也許還賦有智慧（如狄俄墨德斯）、做事果決，常能為驚世駭俗的大事業，視他者為草芥，同時，他們亦心胸狹隘、氣量小、貪婪、慾望強烈、無有人生和生命的理解、思考，更缺失終極性的覺悟。這樣的秉性與作派，不僅讓他們行事無章法、盲目、任意妄為，且不計後果，通常以悲劇收場，所以被冠以英雄的美名，亦算是文化對他們的一種記憶和奠念。英雄們因其行為和身份出眾、特殊，常自以為是、目空一切，以至於神也不在話下。這便出現了不可避免的人神之爭，最終，以神的退出為結局，強者們迎來了人類自為、自主、自維的時代。

　　可以說，這種後果的出現有其必然性。首先，此原神已非原本的自然神，它不是世界的本原——哪怕是虛擬的本原——所在，也不是人類智慧記憶神本原的入口所在，而是已經異化為了強者強盜們謀求利益、滿足慾望的由頭、藉口，他們的目的是以此強化佔有、征服的合法性、神聖性；其次，這個靠力能、暴力塑造出來的神，不具備善的本質，祇有惡的張揚，故無法逃出作惡必自斃的邏輯；復次，社會的強盜化即人類斷裂自然本根的開始，斷裂的邏輯鏈條祇能由斷裂的環節連接，所以，一個成功的塑造並不意味著它可以永遠如此，它還會以斷裂來延伸，從而有一個新的塑造，這會成為一種重複現象，直至斷裂至極，方能回歸尋根。故知，原神的退出是不可避逃的文化現

象，它是斷根文化的必然表達。當然，斷根文化並非沒有核心，這個核心便是自我。

英雄們以其作派和壯舉，祛神除魅，最終為人爭得了天下，其成功盡顯了強者的自信、自是，的確非同凡響，由此而來的再造就成了完全的人域事業，與他者、與外在無關了。理性義理正是在這樣的場景、背景中臨世的，它盡顯了人的風采與意氣。

義理之為，不同於傳神話、說故事，它是人類智慧的高級次彰顯與積澱，得有概念、範疇、邏輯、章法和核心命題為之建構，是體系化的思想與觀念，亦是意識形態的主導構成，其中，抽象性、思辨性是其主要表徵。

希臘義理體系的要津是理性，其次是實在。說為要津，是就希臘人自視的重要性而言的，而其實，實在的義理更具基設性，理性祗能算是實在中的一個分枝。不過，因為柏拉圖的突出成就，讓理性義理有了無與倫比的抽象性和思辨性，反而襯出了實在義理的蒼白與貧乏，是以本節專以理性義理為說。理性問題，說到底即是人的問題，而人，從希臘以來，就一直是西方文化的核心所在，它的內質便是自我。依哲學思辨言，其自我雖為中心之說，卻不可等同於政治、法律之自我，更不能等同於世俗感覺之自我，它得為抽象和思辨的設計及解釋。正是這樣的特殊，致使柏拉圖以後，西方哲學（義理之巢臼）的主打便是理性，其中最具盛名的人物如亞里士多德、笛卡爾、康德、黑格爾、海德格爾等無不是這種義理建構的大師。

自我，是英雄心性的流出物，它由家父時代發源。家或氏族，是部落社會的構成單元，由家父統治。進入強盜社會後，家父們為了生存，自願結成聯盟，世稱家父共同體。最早的家父兼有兩種身份，一是家的家長、統治者，二是共同體的參與者，是平權的享有者。所

謂英雄，即是這些家父中的優秀者，他們大多成了共同體的首領：國王，或者也有未成國王而成為對外暴力競爭的強者。大體而言，家父中雖有優秀者成了國王或英雄，具有了優越的身份和等級，然，一般而論，家父間可享有平等的身份權利。後來，早期的家父共同體進化為了更具政治性的實體：城邦，家父的身份和權利便有了更多的法律設計和規置，變成了世人所熟悉的稱謂：長老。計此可知，早期西方話語中，家父、長老、英雄、強盜這幾個詞，其實是同一對象的指謂，可以於不同的場景中選擇使用。當然，後來的社會演化，更趨向政治化的建構，這幾個詞又有了新的表達，比如主體，即是家父一詞最後的法律化稱名。至主體之時，這個身份的法律內涵已非常確定，專指法律人格——由法律賦予的身份和權利資格。主體其實是一個特權的概念，即享有這個資格的人才是法律所認可的人，反之，即是法律規定的物，即使你確實是一個人也無例外。

法律人格（主體）由權利資格和權利能力兩廂構成，其中，能力之說，是要求主體（資格）者有行使權力的能力條件。這個能力條件是說，具備條件者方可行使權利，否則不行使或限制行使權利。此種由法律所規定的身份和資格及其條件要求，最終刺激了哲學家們的想像與思辨，他們將制度的實在性抽象成了人的本質範疇。這便是理性義理之所由的事實前提。

不過，這個事實還有補充的說明。

主體（即原先的家父），為什麼可以組成共同體或城邦呢？這其實是主體們放棄了部份天生權利的一種結果。因為，所謂城邦或共同體，恰正是個體權利的集中，它通過集中權利來形成合力，以便對抗外部社會的生存競爭。在強大生存競爭的壓力下，這樣的集中是必不可少的，否則，生存無以延續。為此，家父或主體要做出讓步，將天然的權利部份集中起來，以便城邦或共同體集中行使，從而強化競爭

的優勢。從事實看，這樣的出讓和集中是自然而然的本能，與動物群體並無二致，屬於生存選擇的必然行為。可是，哲學家，尤其是強盜社會中的強者哲學家，他們不這樣看，他們的自視、自信、自維始終在挑逗著他們的神經：這必定是某個特殊原因的特殊結果。

現在，哲學家要為他們的特殊感覺製造嚴密的邏輯和因果鏈條，亦即專屬的範疇、概念。在哲學家看來，家父或主體們的讓步、妥協不是生物本能的選擇，而是一種可以命之為理性的選擇。這裡，理性被定義為了人之所以為人的特定能力、秉性，即它是一種人域相與關係中的判斷、評價和選擇能力，其中充滿了推理、歸納、演繹的智慧活動。對於早已定義說人是智慧的動物的先定命題言，這個關於理性的說法，正好更具體地證明了智慧的意義和內質。以此故知，假智慧而有的選擇、判斷的能力及秉賦，被定義為理性，的確不再是動物本能意義上的選擇之說，它明確地表達了人的特定與特殊，故是人之所以為人的質地標準。這個標準是說，所謂主體，即具備了理性能力的法定資格者。它是全部強者社會現象及事實的前提，這些現象和事實包括：城邦、法律、民主、憲政、民事交往、民事權利、公共權力……進而可以說，主體是這些現象和事實產生的原因，亦是這些結果繼續運動的目的。

柏拉圖（前427～前347）的解釋[48] 如下。

既然每個人都具有理性，那便意味著理性這個東西是人之所共的秉性，而凡所共者，即是普遍的東西。這是柏氏首創共相說的邏輯起點。後來他的學生亞里士多德也用了他的這個邏輯，祇是亞氏所共之對象已不是理性之唯一，他還包括了肉體——因為肉體也是每個人所共的——名為質料因，以及還有一些其他因素。於是，亞氏的共相變

---

48 柏拉圖的相關學說參見其代表作《斐多篇》、《斐德羅篇》、《蒂邁歐篇》、《理想國》、《巴門尼德篇》諸篇，這裡不一一詳引、詳述。

成了四因說：形式因、質料因、目的因、動力因，理性即是其中的形式因。先且不論亞氏的另解，單就柏氏的動機言，他之所以要努力去尋找這個共相或普遍性的原因，是因為他是哲學家，絕不可被現象所惑，相反，任何現象背後一定是有原因主使，甚而還有原因的原因主使，此是他堅定不移的信念和興致。這種哲學家的興致引導他繼續前行，去尋找這個普遍東西背後的源頭，源頭何在以及它是什麼？最終成了柏氏哲學的核心所在。

終於，他找到了這個理性所共的源頭，這個源頭他稱為靈魂。人類，因為有靈魂，所以才具有理性。故靈魂是理性之所源。然，靈魂又何來呢？這需要更進一步的答案。他的答案是，靈魂其實是一種被稱為理念（或善的相）的東西的表達形式。這樣，他終於來到了終極：人之所以為人，我們之所以有理性、國家、法律、共同體，社會及民事交往所以可能，其原因後面的原因，或說這個世界的總原因，便是這個被稱為理念或相的東西。

柏拉圖，這位文明帶西段社會中，第一位以人為設定的義理去解釋世界的哲學家，由此也向世人提供了堪稱第一的因果性完整的義理哲學體系。當然，這個簡單的鏈條所引出的諸多問題還需要他進一步解說。

第一問題，理念或相是什麼？

有一種極為簡約的評論認為，靈魂和它的母本理念非我們這個世界所有的東西，它應當來之於另外的世界，即它來之於一個專門由理念所組成的世界；鑒於我們的世界除了有理念之外，還有物質或質料，這亦表明，應當還存在一個物質世界。靈魂正是理念的一部份墮落掉進了物質世界，進而被物質世界禁錮限制，於是便有了我們這個世界。由此而言，所謂我們的世界，實是由理念和物質合成的世界。

或說，我們的世界是由另外兩個世界所由來的世界。其中，靈魂是理念世界的代表，而肉體則是物質世界的代表。這種對柏氏哲學的評論非常簡潔，也說中了要害，但似乎過於主觀化，未必完全符合柏氏的表述，所以黑格爾堅決反對，認為柏氏絕沒有說及過一個完整的理念世界墮落出了靈魂的話[49]。

柏氏的確主張這個世界的本質（實體）是理念，它有一個自在的完善狀態，那是絕對的自由和自主、自動、自生者，不由任何外力決定和創生，它自生自維所以永恆。而我們這個世界則是被創生的，它由理念和物質（水、氣、火、土）共構而成，因為是被創生，所以是有限的。有限的世界雖然有限、被動，可它仍然由理念決定，由之，理念成為了我們這個世界所有存在形式的共相，即實體原因；而物質祗是載體。這樣，一個典型的二元論便告成立，西方的義理之爭也由之拉開了序幕。

第二個問題，人的意義和價值。

以理念或相為實體，不但解釋了這個世界的存在和其原因及規則之所以，還附帶出了人的價值與意義問題：既然世界的真正實體和總原因是理念，而人的特殊也在這個理念，則，人之所以為人的終極，理當是回歸到理念的圓滿之中，而非停駐在這個有限的被創生的世界。這裡，我們先來看一下人的特殊。依柏氏之意，理念在這個世界中也可稱為靈魂，靈魂的本意是回歸到理念（世界），不過，因為被物質所困，這樣的回歸異常不易。同時，基於物質的禁錮程度不同，由靈魂所決定的具體物體也會有體質的差別，人是這眾多物體中的一個類，它具有的靈魂最少雜質，因而也更近理念本身。當然，這是以類而言的，以個體言，則靈魂的輪迴有或然性，一個靈魂，可以是人

---

49 參見黑格爾：《哲學史講演錄》第二卷甲柏拉圖，第190頁，北京，商務印書館，1960年。

的靈魂，也可在下一次輪迴成為牛、馬、樹的靈魂。回歸的進程，取決於理智認知理念的程度。而理智則是人之靈魂對理念的回憶，回憶得越完整，回歸也就越有可能。所謂知識即是關於存在實體（理念）的知識。其中，智慧每個人都有（這是靈魂的特性），但智慧是否顯現為理智知識，則因人而異，他因此將人分為九等，第一等為智慧的追求者，即哲學家，最後一等為僭主。哲學家是最具備理智的人，他會優先恢復靈魂的羽翼，回憶出理念的完整。

第三個問題，現實世界中的政治、法律、道德、宗教諸現象由理念獲得了反轉的再解釋，從而有了理性主義哲學的實踐模式——理想國。不過，鑒於本書的動機和目的，此一話域且略去不論。

依柏氏哲學、義理之所由，不難觀察出他的理念論有兩個供給的外援。

第一，東方文化與哲理的嵌入。

靈魂之說並非源出希臘本土文化，柏拉圖所獲知的靈魂說，來之於他在西西里時期與畢達哥拉斯派成員的交流，從那裡他獲知了東方的靈魂學說。祇是，畢達哥拉斯及其學派的靈魂說也是轉手產品，往前追便要進入奧爾甫斯教派。可以說，是奧爾甫斯及其教派從東方學來了靈魂學說。現在的問題，這個東方指何處？是指埃及，還是指印度？

我們素知，這兩個地方都屬於希臘人眼裡的東方，且都有關於靈魂的學說。比較而言，埃及這個東方與希臘更親近。一是地理上的距離近，二是文化及商業貿易、政治上的關聯程度更密切。所以，很多人在評價柏拉圖哲學之所源時，願意認為影響柏氏的東方是埃及，比如黑格爾也有這樣的認定。應當說，這是一個錯誤判斷。埃及的確有靈魂說，且其說中有強烈的輪迴、不死的涵義。然而，認真分析埃及

文化中的靈魂說，不難發現，這個靈魂的個體性特色，即靈魂是特定的個體的特殊所在，不與他個體相關。正因為特定，所以才有埃及文化致力於讓靈魂復活的特別內涵——建金字塔、做木乃伊、築神廟、造巨石象徵物等等，無不是為了確保某些特殊的靈魂再次復活。這樣的靈魂學說和理念很難讓靈魂宏大敘事，成為世界的總原因。相反，我們再觀察印度的靈魂說，則與柏氏的理念很接近。印度文化所說的靈魂實是神我大梵分殊在每個具體形式中的本質所在，這個本質與其形式有同一性：顯化即為形式，隱化即為靈魂，而無論顯、隱，均是大梵神我的分殊，而非外在。顯化即形限，這便顯出了有限、缺陷、無明，乃至罪惡，所以靈魂要歷劫迂迴，讓有限經過時空過程而返還到梵的真如無限之中。由此可知，柏氏的靈魂說與印度哲理更為接近。祇是必得說明，印度的這個學說緣由世界的內部化前提，其所說與所終恰是一還原證成的實踐，而此說在西行入異鄉的過程中，不幸被斷裂了本根的希臘文化歪曲了（伊朗文化就已開始這樣的歪曲），最終變成了二元論的新義理。

那麼，柏拉圖為何要從東方印度引入靈魂學說為自己的哲學張本呢？這個原因當如下說。柏氏由共同體的原因（主體）尋求人的本質（理性），然後，再由人的本質尋求其背後的原因（理念），以此確立理念為世界的共相。這是一個很完整的邏輯鏈條，然而，本已斷了根的西方文化，特別是強者文化並不支持此說（亞里士多德的學說正符合這種強者文化的意願），即，希臘本土文化並無有此種再續鏈條的資源，於是，柏拉圖祇好外求——在希臘人看來——神秘主義的東方，以尋找學理支持。這樣，柏拉圖的加長鏈條才能跨越希臘強者文化的制限，繼續限制之外的建構。這便是東方的印度靈魂學說最終成就了柏拉圖理念論的根本原由，也就此鑄成了他的二元論體系。應該說柏拉圖有勇氣和智慧，他之所為為幾千年來的西方文化、哲學無所

面對。因為，包括他的學生亞里士多德在內，他們均被先前的斷根文化所制死，無能作出突破，祗能在其限制內作出膚淺的存在之實在的思考，而柏氏實則已覺察出斷根文化的問題和不足，他試圖去突破這個制限，以求義理的完整。結果且不論，其動機確為非凡，尤其在西方斷根文化的環境中，實可說獨領風騷，後來之隨業者，能有此心志的，除黑格爾外，幾乎無人可及，由此可知其異。

第二，前期希臘實在論哲學的影響。

現在已知，文明帶西段的義理解釋當開始於泰勒斯的自然哲學。根據現有資料，我們無法對希臘社會泰勒斯以前的文化作出義理化的評價。因為，義理的肇起，有一個標誌：人類用自維的理論、方式、概念去解釋世界，解釋神的意義與價值。這被視為解釋哲學的開始，因此而與前在的猜測哲學相區別。比較而言，西方文化的義理化是晚起現象，不能與印度文化，更不能與中國文化的義理作起源上的比列。泰勒斯用水解釋世界的起源，是希臘人用義理解釋的開端。此後，這樣的解釋就成了傳統。不過，說及這一傳統對柏拉圖的影響，則需要甄別。

第一個要提及的是赫拉克利特（約前530～前470）。柏拉圖通過赫氏的學生瞭解了他的學說。赫拉克利特認為世界的基始是火，並且以談論萬物始終處於流動、變化的思想而著名。當然，這並不是他的全部，他還強調變化的根據logos（規則）比變化本身更重要，而所謂logos，即是矛盾或對立之事物的相互作用，因此，他又被稱為辯證法的始祖。還有，他堅持說，所有的相互作用即是整體的和諧。最後，他還提及了靈魂的概念，如此之類。這裡，logos的思想顯然支持了柏拉圖的理念學說，可以說，它是古希臘時期第一個抽象了的實在概念。

　　第二個要提及的是巴門尼德（約前515～前5世紀中葉）。這位生活在義大利南部的哲學家，讓遊歷在此的柏拉圖對他和他的學說有了直觀的瞭解，以致他最後以他命名，留下了一篇主要是記述其思想學說的對話錄：《巴門尼德》篇。巴門尼德的哲學貢獻其要有二：一是他攔截了實在論的源發問題，不去追究世界如何生成、如何有，而祇論存在或在本身就是實在。也即是說，哲學祇需要關注在（onto）即可，所以，後來的本體論變成了ontologos的定稱，這是他的一大發明與貢獻。二是他指出，凡不是「在」，便無法思想。變化不是「在」，所以在邏輯上不能被理性思想，它祇能被感覺。這樣，理性和感覺就被二元化了。這裡，巴門尼德所說的「在」能被思想，其實是說，在之為在的那個原因，它是靜止的、統一的、不變的，故可以稱為理性的對象；而非在，則是指這個原因之外的狀態，它可以變化，且具出多樣性，卻並非理性的認知對象。這樣的實在論學說，後來便成就了柏拉圖的理念實在論，即，靈魂由之所來且會去記憶它的那個世界的原因所在。

　　第三個要提及的是畢達哥拉斯（前566～前497）和他的學派。在希臘哲學中，如果以數學來討論畢氏，則知，他是理性主義者，他甚至說數是世界的真正實在；而若以靈魂為論，則可說畢氏是神秘主義者，他是印度哲學進入西方，經由奧爾甫斯教派而成為西方哲學新內容的最大奠基人。這樣，畢氏變成了著名的二元論者：用理性來規定世界秩序，由靈魂和神秘來解釋世界的原因。

　　這三個資源性的義理解說，都以實在論為其憑藉，且以理性為內質，還具有二元論傾向，所以很自然就成了柏拉圖學說的外援（蘇格拉底的道德哲學亦為所援，不過與本體論關係不大）。這是我們理解柏氏的義理建構所應予認真對待的。

　　至此，文明帶西段第一個完整的義理哲學體系可謂大功告成。

它表達了強盜社會中強者心性的強烈自信和其智慧的明徹，進而亦明示，它的確有自反神祛魅以來，人們所自為的解釋與義理的弘闊，以及強大的穿透性和理性衝力。柏拉圖以人為論說的基礎與前提，從而扣死了其學說自我原因論的義理模式。這一模式從此也就成為了整個西方文化、哲學得以建構、發展、延伸的特定，幾乎很少有人（除本章第三節將要討論的人與學說外）能逾越於框架之外。

柏氏之義理，以人說人，以自我為原因之解，其動機是承繼強者的強盜文化而來的主體的事實、制度與解釋的需求。這一思路和模型的設定，正是整個社會斷裂自然本根所必致的結果。其中，強者人群的心志與性趣是主要的驅力，這個驅力的結果便是人的本質化與絕對化。而柏拉圖，作為哲家的思想者，他的特殊便是，沒有就事論事，而是由主體而及至了人的本質，及至了世界的原因。他試圖找出全部合理性之原因後面的原因。正是這樣的衝動促成他走上了理念之路，並最終建構了理念化的實在論哲學體系。

問題是，強者世界之合理性原因的終極解釋，其實未必終極。因為柏拉圖祇能按照邏輯上昇到終極，而邏輯鏈條卻祇有半截，這便最終決定了他的終極無法逃脫終極處的二元結構的命運：理念與物質並存。這是斷根文化無法迴避的宿命，本根既已斷裂，無論何種終極，祇能是相對且競爭式的終極。它的許多負面的後果在後我們會看得更清楚。這是柏拉圖的死穴。許多年前的一個夜晚，我在夢中與這位柏拉圖有過一次意外的會面。那是希臘海邊的一塊巨型棒槌石上，祇有我們兩個人，談話的內容便是他的哲學體系和理念論學說。我們辯論了很久，應該說還相當激烈，雖然是坐著論道，而其言震卻也在空曠的海邊引發了不絕的回音。辯到最後，當我說及了他的斷根自為原因說的要害後，這位身形高大的哲人站了起來，沉默了很長時間，然後黯然地離去了。

　　柏拉圖的宏大思辨，確為西方哲學開了一個好頭，後來的哲學家無論他們贊成還是反對，都無法不從柏拉圖那裡繼續說話。毫無疑問，柏拉圖所抓住的理性這個所謂的人的本質之說，足以安撫人的存在，也恰好控制了斷裂自然本根後人類自為文化的制高點。可說，由人這個端點所說的人的本質，捨理性而外，確無有可充數者。問題是，西方哲學家們無法逃去柏拉圖所開的端緒，也無法不利用他的義理資源，卻鮮有理解他的苦心者。其表現是，柏氏去後的兩千多年中，能及於他之項者，祗有黑格爾一人，他者均祗能望其頸背。或者是制高點已為他人先佔，或者是斷根文化無有突破之際，或者是人們認為解決現實問題更為緊要……這的確引人思慮。

　　柏拉圖的學生亞里士多德（前384～前322）是放棄柏拉圖的第一人[50]。他雖然仍以理性為說，即以實在為形而上學說，然其所謂理性與實在，已不再抽象、超越，而是反向具體化。至於柏拉圖的理念終極——以相為體的第一原則，也即以相體論的典型代表——他將其創生、能動部份用了一個不能再言語的命題（第一推動，或第一原因、第一原則），便予以事實的擱置，而將其結構的意義平放進了「四因說」之中，成為了事物構成之四種因素、原因中的一種。亞氏的「四因說」繼承了柏拉圖的理念原因論[51]，然而，這個繼承卻與所源有本質的差別。柏拉圖的原因是世界的共相，是原因的原因，而亞里士多德

50　亞里士多德與本書主題相關的著作主要是《形而上學》，特別是其中的卷十二，其他像《物理學》、《論靈魂》、《尼各馬可倫理學》、《工具論》等祗可作參考。

51　柏拉圖的理念即世界之所以的那個所以，中文翻譯一直沒能正確表達，有「形式」、「理型」諸多名稱。「形式」之名與中文中的同名概念有重大歧義，易為誤解。中文所說之形式，常指稱表象、現象、外在諸義，而柏氏的「形式」則反之，用來指稱原因。這種不同應該加以區別。比較而言，陳康先生名為「相」，可能要好一些。參見陳康譯註：《巴曼尼德斯篇》，北京，商務印書館，1982年。

的原因乃個別事物（實在）的成因，並且，他還把這些成因分述為四種：形式因、質料因、目的因、動力因。這種差別或可這樣表述，亞氏所說的原因是事物所以成為事物的原因，而柏氏的原因則是世界所以成為世界的原因。

正因為亞氏認為哲學要解決的問題是具體事物的理解和解釋問題，世界的總原因屬於神學範疇，故可置之不理，於是柏拉圖退居了幕後，剩下的便是亞氏的具體的物理世界。

亞氏之後，我們得跳過一個漫長的世代。一則是此後的西方哲學主要由宗教哲學擔當，它的大意將在本章第二節中有所描述；別一則是，這中間的確無太重要的人與思想與本書主體相關。現在，我們來到笛卡爾，看看他及以後的哲人做了些什麼。

笛卡爾（1596～1650）的時代，是文藝復興過後的新歐洲時代，牛頓力學的成功，讓人們沐浴在了理性陽光中，溫暖無比，與此同時，一個新的問題也隨之而來，歐洲人依仗著理性的衝力，新的命題、概念、知識、思想亦如潮洶湧，蔚為大觀，那麼，這些思想與知識的可行度是什麼？或者說應該如何去懷疑這些知識和思想的真理性？如何懷疑，即是反過來說，思想和知識的形成規則是什麼？笛卡爾經過了一番踟躕之後，拋出了他的著名的小冊子《談談方法》。

笛卡爾──在這本書中──認為，可以懷疑一切，但不能懷疑自己是有意識的、存在著的。故他說「我思故我在」。這句話的用意在於，存在是不能懷疑的。為什麼存在不能被懷疑呢？此乃因為他有一個大前提，這個前提是說，完美存在的觀念本身是完美的。理由在於，完美存在是一切不完美存在的原因，也是完美存在本身的原因。這個關於事物原因理解的觀念，便是理性的本質所在，亦是靈魂的本質所在。其解釋是，存在既包括思想（靈魂）的存在，也包括廣延

（物質）的存在，這是不言自明的。這兩種存在便是我們所知的不完美的存在，因為靈魂有意識而沒有廣延，物質有廣延而沒有意識，前者用理性來理解，後者用力學來理解，所以，它們的共同原因便是完美的存在──上帝。這樣，我們便知道了笛卡爾預設的規則：我們具有一個關於完善的觀念，這個觀念是由完善存在所引起的，完善存在是存在的，因此，存在是不能被懷疑的。

這個預設的規則由此成了真理的標準：理性系統、周密的推理中確認清晰明白的東西，可以被接受為真的。

這個標準的確立，開創了歐洲的理性主義時代。我們更看到，理性（理念）這個曾經是世界之原因（實在論）的範疇，現在下架了，演為了知識論、認識論的範疇。亦即，世界是什麼不再追問，而祇問如何理解世界？這樣，我們便走進了康德。

理性時代的顯著特徵，是主詞性知識氾濫，每個主體都可以依己見說出主張、意見，甚至真理、知識。所以，規範知識、真理便成為了一項緊要的哲學志業。笛卡爾和康德（1724～1804）便是由此而成就的哲學家。常識告訴我們，無論追問世界是什麼，還是規定如何理解世界，甚或規定如何說話、什麼是真理之類的更次級問題，都需要有立論的前提或端點，如果沒有預設的前提，則問題和解釋會混亂不堪。我們還知道，這樣的前提通常有兩類，一是源之於自然本根，前提和預設由本原演繹出來，從而有解說與答案；另一則是人為設定，由之形成解釋與答案。對西方文化與哲學言，第一進路已無可能，它早已斷裂，祇能從第二路作功課。這便是柏拉圖要設定理念為實體的原因，也是其他人設在為實體的原因。而康德，則更為明快，無論理念，還是在（更不要說本原了），都太過虛玄、抽象，或說與他所要關注、解決的問題無關，故必得擱置，所以他用了一個「物自體」，便了斷了一切實在論的煩惱，剩下的，他做了一個預設：我們所以能

夠說話，我們所以有知識，我們所以能夠認知和使用真理，其前提就在於，有一個稱為純粹理性或先驗理性的東西存在著，是它規導了真理和知識的可能。

這個純粹理性是何方神聖，竟有如此之能耐，可以規範真理和知識呢？說起來有點讓人失望，它們祇是空間、時間這種知覺形式和因果性之類的概念。為什麼它們會有如此能量，以致有人稱康德的貢獻為哲學中的哥白尼式的革命呢？康德的厲害並不在於拿這幾樣概念作為了真理與知識成立的要件，而在於他堅持說，這些東西或形式是內在於人類心靈的。他的意思是說，給我們經驗以秩序和結構的東西，因而服從普遍有效之原則的東西，其來源不是作為認識對象的事物，而是我們自己。[52] 很顯然，這裡的要害是，人才是真理和知識的賦予者。或反過來，真理和知識是人這個主體所賦予的「形式」。所有的人都具有同樣的原則性的「形式」的賦予能力，所以，真理和知識是普遍有效和必然的。

這樣，康德事實上提出並回答了兩個問題：一個是什麼樣的真理和知識才是有效的？另一個是人是什麼？或人的本質是什麼？

第一個問題的答案已如上述，我們知識中的某些形式結構是普遍有效的，它們超越一切經驗，也不在對象之中，而是被具有在了所有主體的構成中，所以是先驗或純粹的理性。這樣的具有反過來也就成了主體（即人）之所以為主體（人）的構成性要件：你是一個人，或你是一個主體，你便先天地具備了這樣的品質。這一論題及其答案的論證由康德的《純粹理性批判》一書完成。

第二個問題的答案，康德把它寫成了另一本書：《實踐理性的批判》。這本書告訴我們，人之所以為人，全在於人具有一種特殊的質

---

52 參見[挪]G.希爾貝克、N.伊那：《西方哲學史——從古希臘到二十世紀》，368頁，上海，上海譯文出版社，2004年。

素，這種質素叫道德自律或道德意志。這種意志的涵義是，一個道德行為之所以正當，乃是因為該行為對處於同樣情境中的每個人來說都是正當的。或者說，祇根據這樣的準則行為，並且你也嚮往這樣的準則同時成為一條普遍的法則。這裡，康德強調的善或倫理是意志本身的善好性，而非行為的善好準則。這種自覺的善好秉性，康德定義為理性。由此可說，人是理性的存在。

這樣，康德為人這種存有定義了兩種理性，其一是真理所以為真理的理性，這為人所獨特具有；其二是倫理所以成立的理性，亦為人所特定具有。於是我們知聞，說人是理性的存在，是有特定內涵的，這便是純粹理性＋道德意志（理性）。它們相加的結果便叫自由意志。亦即說，所謂人，便是具有自由意志的動物。正因為人是自由意志的存在，所以人是目的，而不是手段：人類不應該在我的算計中被當作手段或與我對著幹的對手，而應被看作自身具有合法性目的的行為者。

人是目的——經由道德和真理規則的內在化得以論證——康德終於完成了近兩千年來西方文化和哲學夢寐以求的終極建構：自我的絕對化。斷根的目的實現了。這是一個自說、自為、自娛的哲學，它支持一切人的訴求，所以康德因之成為了當代人權理論的奠基人，受到了無盡的追捧。

如果說人是目的，那麼這個世界算什麼？就算不論及存在之外的世界，我們人類能在這個存在世界中被視為絕對嗎？常識都不會支持這樣的謬論。於是，黑格爾要站出來反擊：這種謬論看似高舉人，實則在戕害人[53]。

---

53 參見黑格爾：《哲學史講演錄》第四卷，305～306頁，北京，商務印書館，1978年。

　　直至今日，與康德相比黑格爾不太受人歡迎。因為表面來看，黑格爾沒有給人提供自由、人權的理論支援，相反支援了希特勒的第三帝國。

　　其實，黑格爾並非不支持自由、權利，祇是他將此放進了一個更宏大的背景之中，以致讓人不知所蹤。

　　與康德不同，黑格爾（1770～1831）面對的世界，或說他所不滿意的世界，是一個分裂、對抗的世界：主體與客體、主觀與客觀、概念與事實、理念與經驗、無限與有限，等等都處於對抗與分裂之中，所以他認為，僅祇是建立了概念或真理的規則並不能解決對抗與分裂這樣的二元問題，因此，他立志要改變二元論，讓世界在觀念上統一起來，於是，他便走進了絕對精神的世界。

　　柏拉圖的理念哲學絕對是黑格爾哲學義理的主要資源，祇是他不滿意柏氏的二元論，或即說，他認為柏氏的唯心論不徹底，他願意做絕對的唯心主義者。於是，他完全放棄了物質這一元，僅依理念——他將此稱為絕對精神——為世界的根本原因，但凡所有現象、事件、物質，均是這絕對精神的表達方式。差別祇在於，過去和現在的表達不完善、不徹底，這便需要一個過程來成就完善和徹底，於是，所謂歷史與過程，便可定義為絕對精神的充分實現。這樣，黑格爾不但說明了世界之所以與因為的關係，還把歷史也拉了進來。此表明，時間、空間、因果性不再如康德所說，祇是真理、理性成立的原則、形式，也終於成為了世界所以存在的形式與原則。

　　進而，絕對精神在其實現的歷史與過程中，並非直線運動，而是螺旋式上昇運動，這種方式被稱為辯證法，它得益於古希臘哲人赫拉克利特的啟發，黑格爾將其發展成一種簡稱為「正—反—正」的運動與發展方式。大意是說，一個命題或事件存在著，它必然會在過程中

遭遇到批判和否定，然此批判和否定並非清除或銷毀，而是經過批判與鑒別吸收其所長，從而形成新的命題和事物，這便是所謂合。

以此，我們從黑格爾那裡看到了兩個重要的建構：一個是他的「絕對精神」學說，這由他的《精神現象學》完成；另一個是他的辯證法邏輯，這由他的《邏輯科學》和《歷史哲學》完成[54]。作為觀念本體論（實在論）者，黑格爾的確比柏拉圖徹底，而且，他還提供了一種如何回復到絕對理念（精神）的過程方式。這種方式比柏拉圖說，通過記憶回歸要合理的多，至少，依陽動的立場看，辯證法或歷史辯證法是很好的陽動方式之一。故知，黑格爾的建樹要高於柏拉圖，這是不庸置疑的。不過，還是有幾個問題仍然需要說明和追究。

第一個問題是，他的體系的定位。

黑格爾是唯心主義，或如他自己所說是絕對的唯心主義，沒有錯，他的本體論至少從邏輯上可以推導出如下結論：我們的世界是絕對精神的顯化，而歷史則是絕對精神的實現。依此言，他的學說的確是一元論的，沒有了二元論的矛盾與衝突。問題在於，這個所謂的本體即絕對精神，在哲學上屬於什麼意義和層次的本體？提出這個問題乃是因為，如我在本書上編中所言，本體這個範疇在哲學界是多義化的，說為世界的本原、本根，即世界之所原，是一本體說；而說為知識與範疇的元型，亦被人說為本體。這是兩種完全不同的論題。前者之為本體，是就世界所以生成，並連接存在構成之終極的那個原而言的；後者之為本體，則是就認識之所起的設定而言的。這是我們看到的根本差別。

---

54 黑格爾的代表作有：《精神現象學》、《邏輯科學》，後者俗稱大邏輯，與後來的《哲學科學百科全書》中的《邏輯學》（俗稱小邏輯）相對應。《哲學科學百科全書》除《邏輯學》外，還包括《自然哲學》、《精神哲學》。此外還有《哲學史講演錄》、《歷史哲學》、《宗教哲學》、《邏輯學和形而上學》等。

　　此外，在第一種本體論中，又有進一步的分野與說法。依完全本體論之意，世界之構成有三界，所謂體界、相界、在界，簡稱體、相、在，或變說為體、存、用。當然，我們還可以稱此三界為原、因、果。繼而，依語言的表達方便言，體這個範疇復可進而別稱為原體、空體、无體、虛體，和有體、相體、性體、心體、形體。前者是體的本原，後者則是體向相的過渡環節。正因為體之本原為空、无、虛，所以亦可以表述為陰本，而將相對應的相及在表述為陽動。因此之故，所謂本體論，即是關於此本體（原體＋有體）的知識與覺悟之說，以及本體變相的知識討論。或即說所謂本體論即相關原的知識體系，它可能會涉及到果與因與原的關係。捨此而外，當不得稱為本體論。

　　這裡，原體之為體，本為空、无、虛，是無法用語言去描述的。所以，說為本體論，其實無以成論，而祇能算作關於這空、无、虛的覺悟與靈感。縱是以有體為說，其所論也無法實證與邏輯化，仍然屬於意會的領域。此表明，若能以規則、邏輯、實證去表達的對象，它一定不是本體。而若說及原因果三者的關係，雖說本體變相，諸相互助、互養、同構而為在，可表述出邏輯的連貫，然此連貫中的三者並不可分開說（所謂分開說是說，抓一把體，分解為若干相，再用相去做成一個在），它們是即體即用、體用不二的關係。所謂不二是說，在是體的表現形式。或更簡單地表述：隱即為體，顯則為在。所以說，本體論定然不是可以邏輯化、規則預設、能夠實證的知識，它祇是表現形式對自身之本的直覺、記憶與覺悟。反逆之即是，如果一種知識可以定義、邏輯化、實證說明，那一定不是關於本體的知識，充其量是關於相，更是關於在的知識。原因是，唯有在與相可以假定邊界，分出類型，而祇有有邊界或類型的對象，才可相對定義、實證說明與邏輯化。

　　巴門尼德創造了實在論——這裡的所謂實在，即真理或知識本體，也稱實體——開啟了西方實在論的知識體系，先且不說其對錯，我們祗需注意，的確有一精明處：將無限剝離出有限，祗將有限作為實在的對象。此意味著，從一開始，西方人所說的實在論或實體論，並非真正的本體論，充其量祗能算是相論。它是從第二界源出，而有效於第三界，即在界的知識學說。這個先定預設直接影響了柏拉圖。柏氏的理念論，依其最高極限，祗能算是相論。所謂理念，即諸相中的性相之名稱。正因為他拿相作為了終極之說，這便讓他在論證上不得不犯一個糊塗：無法丟下物質（另一相），以致最後不得不用理念（性相）和物質（形相）合成一個定在世界。這便是他的二元論之所由。亦即說，柏氏以相論體，卻無法擺脫在實乃諸相的同構的事實，最後祗得將就，將多相（他祗說及了兩個相）入說，從而成就了二元論哲學。

　　柏氏的過錯是以相論體，以相代體，結果體不成體。何以他想破了腦袋也入不了體呢？這個原因不在他，而在他所生存的文明帶西段的斷根文化。是因為該文化早已斷裂了本根、本原，所以到了柏拉圖，任他如何發力想返根溯源，試圖找出那個根、那體（或印度人說的「那個」），無奈視野之內已沒有了根與本，祗有一個貌似根與本的相（理念）可為之抓手，他便祗得因此而成其說了。

　　比較起來，柏氏在西方其實當列入異數的哲學家的隊列，所謂常數的哲學家祗有亞里士多德、康德之流才能入選。何以這樣說呢？因為，柏氏祗是沒有和不可能抓到本原，並非他不想抓，而那身當主流的哲學家則是不想抓，也不認為有這樣的本根，他們祗在乎眼見為實的東西，這就是他們的實體——足夠他們去把玩的那個物件。於是，西方哲學所經歷的歷程便是，最先是在，然後是主體，然後是理性，

然後是思維規則，然後是證明的規則，然後是語言的規則，然後是存在的危機，最後是人被拋棄與存在的恐懼，現代性爆發……

　　這是一個典型的以自我為始發端點，為固化自我而至收縮、狹隘，最後窮途末路的智慧故事。相形之下，我們才能看到柏拉圖與黑格爾的特出異常（還有更異常的少數派，見本章第三節）。

　　現在，我們以此來評論一下黑格爾。

　　如前述，黑格爾與柏拉圖相比，屬同體質和質地的哲人，從義理的角度言，他比柏拉圖更徹底，放棄了二元論，祇就絕對精神一元說事。如果說此絕對精神就是那個本原、本體的話，可說，黑格爾當屬於真正本體論的哲家了。那麼，我們是該肯定？還是該否定呢？答案是，否定。

　　不錯，本體論中，的確有一種本體意志說，即，本體為了證明自我的完善，將其自身形式化，使之成為相，成為在，而諸在歷經陽動、陽假的過程，最終還原為本原自我，以此成就完善。這是典型的印度哲學模型。若果如此，就得提問黑格爾，你說的絕對精神是這種本原意志嗎？黑格爾的回答是：「絕對精神既是永恆地在自身內存的同一性，又是不斷返回著的和已經返回自身的同一性；是作為精神實體的那一個和普遍的實體，是在自身內和在一個知識中的判斷」[55]。這裡，黑格爾所謂的絕對精神，即是人的所有表述和評價的無條件的預設。這個預設很重要，它意味著：a. 世界是整體，不分主、客觀二元；b.哲學即是對此整體的理解，或說人類經驗自身的歷史便是哲學的主題；c.人類因此概念化和評價的方式不是有限或偶然的，而是與真實存在同一的；d.所有的事物之所以結合在一起的原因，是因為某種集體的、歷史的和邏輯意義上的「由於我們」。

---

55 黑格爾：《精神哲學》，554頁，版本同上。

現在我們應該明白了，黑格爾所說的這個絕對與真正的本體、本原應當沒有關係，他所要解決的問題，是客觀世界與主觀思維的差別。經由所設定的「絕對精神」，這種差別與不同至少在概念上同一了。概念上同一了，矛盾消除了，二律背反不存了。由此看，他與康德之為並沒有特別大的差別。康德要解決的問題是如何思維？他的方案是先預設思維規則，若思維規則先於思維本身存在，則思維可暢行無阻。對此，黑格爾批評說，康德是下水之前先學會游泳。真是一語中的。那麼黑格爾呢？同喻而論，則是，設定我們已在水中，所以不用學游泳了。

當然，這樣評論有點不完整。由於黑格爾把絕對精神設定為同一的總原因，而且他又是以歷史的同一作為論據說事，所以，無形之中，這個絕對精神雖屬人類中心主義的終極概念，卻也無妨它在實在意義上的定位。尤其是他強調過，現象世界無論主觀精神，還是客觀精神，均是這個絕對精神的顯現，或反之，都是為了去完善這個絕對精神：精神的發展是自身超出、自身分離，並且同時是自身回復的過程。故綜之而論，說絕對精神為一相之概念，也無不可。以此，他的義理不能與康德完全等列。

第二個問題是他的學術淵源。

黑格爾的哲學思想首先與康德、柏拉圖這些主流的哲學家有直接關係，這是毋庸多言的，我現在想特別指出的是，西方世界中的非主流的邊緣化的某些哲學思想也對黑格爾有明顯的影響，而此長期為研究者們忽略不見。這些思想在西方通常被掛上了神秘主義的名牌，其實是誤解所致的結果。

黑格爾非常重視的一位哲家叫波墨，就屬於這類人物。波墨是德國的一位皮匠，出身低微，卻好深思明覺，以致最終他有了一套哲學

思想。波墨認為[56]，神即單純的本體（又稱為潛藏者、調和者、殊異者的統一），是一切，一切事物保持在這個絕對的統一體中。這個「統一體」的思想，對黑格爾有直接影響。雖然，在黑格爾看來，波墨沒有太多的哲學素養，其思想缺乏概念與邏輯的支撐，但，他的德國人身份卻讓他在黑格爾這裡有了榮耀，而當他的思想進而對黑格爾有重大啟發之後，波墨變成了黑格爾非常重要的研究對象。他用了很大篇幅來談論波墨的哲學，這在他的四卷本哲學史中實屬罕見。

波墨的思想其實是有上源的，如更早一些的紅衣主教庫薩的尼古拉，以及還要早一些的大主教艾克哈特，還有更著名的新柏拉圖主義者柏羅丁之流（黑格爾書中有專門研究），都屬於這一非主流的思想覺悟者。他們的整體論、同一論觀念無不對黑格爾有重要影響。這種影響的直接後果，是黑格爾從其體系中去掉了二元論，高揚絕對唯心主義的觀念論。

至黑格爾，絕對精神成了世界的絕對者、總原因。這便終結了文明帶西段的義理神論：思維或智慧的最高特產精神，是世界的決定者、調合者。這種終結是一個長期訴求的終極結論：所謂世界即人的世界，或說唯有思維和邏輯可以定義的世界，才是真實和實在的世界。「唯有思想才是第一義，哲學裡的絕對必是思想」，而不是背後作為基質的東西。這種終結與終極是斷根文化的終結與終極，它滿足了自我之所欲的最高尺度，卻又不為自我之所欲的本能局限拖累；它攔截了自我消解、化除的可能性，卻又鋪張出了設定之絕對的同一性、整體性。以此言，說為人類智慧的傑作，的確沒有不妥 —— 黑格爾，西方文化之理性的頂峰！

56　參見黑格爾：《哲學史講演錄》第四卷，36〜57頁。北京，商務印書館，1978年。

黑格爾可以把自己塑造成人類中心主義文化的頂峰，可他卻不能阻止沙山的坍塌。終結之後，西方哲學已無力再進一步，祗好碎片化，成為了花樣百出的具體知識域，哲學變成了知識論、心理學、工具論、證明方法、語言規則、現象學、人本論……不計其數。狀態還不止如此。在無數的破碎之後，存在主義終於盛裝登場：我們——這個幾千年來所求索、固化的文化核心——卻強烈地感覺到了被拋入異鄉的恐懼和無奈：沒有綴繫，沒有依憑，祗有孤獨與陌生。現代性由此而大爆發。

回首兩千餘年來的西方哲學與文化，的確有令人費解處：何以一個執著追求自我、主體性和存在的義理體系和知識體系，最終卻要遭遇自我被拋棄和存在的危機呢？哲學為什麼會死亡呢？現代性為什麼會爆發呢？其實問題就出在這個動機的過錯中。歸結起來，西方哲學與文化的過錯可說為四個方面。

一是它一開始就斷裂了自然本根，所以它能成就的祗是一種斷根文化。斷根文化無論其修飾、裝裱如何富麗堂皇，如何誇張精巧，終不能有永恆的生命力，它得在過分華麗的範疇與概念中熄沒其生命。

二是世界的界域化。將世界分割成不同的界域，以滿足其控制和佔有的需要，必致在哲學上劃分主客、有無、自他的二元世界，世界的割裂與對抗是主觀意願使然，然，若希望反向結果，即世界的同一化、完整化，那是幾乎不可能之事，除非放棄主觀性，而此卻是斷根文化萬不可能的。這正是無論康德盡力設置思維規則和道德規則，以求真理的廣普化，還是黑格爾更進一步，去掉二元，將世界歸之為概念化的精神一元，從而謀求同一、完整，結果都適得其反，在他們身後無可阻擋地出現了現代性和哲學死亡的事實。

三是以人為標準來解釋和理解世界。這裡的以人為標準，即以理性為標準，並由此產生了理性的方法及體系，即哲學的結論。人是

智慧的動物，然則，這種智慧並非作為標準來使用和存在的，它的價值在於記憶出本原，從而覺悟出同一不二的結論，完成還原證成的使命。邏輯上講，在界中的任何在──不論它表現為何種形式──都是本原之形式，所以都有智慧，人的特殊在於它能通過智慧覺悟智慧本身，而不為智慧所困、所累。這樣的覺悟方式叫「以智去智」。故知，人之智慧應是更近於智慧本身的智慧，卻非用以謀求自我得失的智慧，更非可以作為標準的智慧。若誤判以為，解釋世界者是一種稱為人的主體者，因此它可以或必然應該拿自己作為標準去解釋世界，則錯之遠矣。

四是哲學是什麼？黑格爾說，哲學就是思想自己發現自己，自己以自己為思考對象的知性活動。希臘人說，哲學是愛智的活動。這些說法之間有一致性，然而卻並非正確的一致。哲學本意是世界之因為、所以關係的思考，其目的是要透過諸在的現象與假陽狀態覺悟本原本身，明瞭形式與本原的同一關係，以此，便可知會世界的內部化與還原證成的必然性。這樣的覺悟中，覺悟者得優先化除自我，理解本原的全義。以此而論，可知──長期以來──西方哲學是定錯了性，它正好與此義反其道而行之，可謂南轅北轍、捨本求末，將本原割裂，去盲求恰恰應該化除的自我的絕對。這樣的求索因為斷裂了自然本根，祗能緣人求解人。在此大的套路之下，偶爾也有實在化的抽象，比如柏拉圖的理念論，它離本原之根是最近之實在，無奈卻無法守持，因為不解渴、不抓手、不應人之所欲，故後來祗有將義理更加專門化、技術化、枝節化，這便義無反顧地走上了治標之路，完全放棄抽象、還原之真義，直至最終出現碎片化、異鄉化和狼籍狀為止。以自我固化自我，的確演繹了一曲智力遊戲，無奈遊戲最終不成立，自娛之後祗剩下自我的反抗、憤怒、絕望。於是被拋棄感、異鄉感、孤獨感一齊迸發出來，現代性由之而出。

以此，我們的確有反思的必要。

第二節 二元論與他因義理

宗教是關於神的知識和信仰體系,一般說,相關神的義理之思,非宗教神論莫屬。不過,這個說法需要進一步的說明,否則會出現被詰問的可能。

歷史事實表明,自從摩西創立宗教神以來,人們,特別是猶太人並沒有進行這個神的義理討論,更別說義理體系的建構了。根據黑格爾的評論,他認為斐洛(Philo of Alexandria)之前,猶太人幾乎沒有思想,祗有自己,沉溺在污穢裡,一味妄自尊大,祗知保全自己的民族和宗教[57]。這個說法不僅可以用來指說猶太教,也可以用來指謂整個西方宗教文化。說得具體一點,是斐洛以及稍晚一些的諾斯替教開發了西方世界的宗教義理,而此前,為宗教者基本上不知義理為何物。

正因為猶太教的義理之思起步過晚,所以晚起的基督教於義理的思考幾乎與猶太教同步而行,且其聲勢要壯闊。基督教本為猶太教的異端教派,以此言,它與另外的異端派,如諾斯替教,其身份、出身沒有差別,然而,諾斯替教一登場便以思想見長,這反致給了源頭的猶太教和競起的基督教強烈的刺激,設若它們不作義理之思,恐怕難以應對這個後來被稱為異教的競起者。故知,諾斯替這樣的競起者的出現,是西方「正統」宗教必得義理化的重要誘因。不過,這祗是原因之一。

第二個要考慮的原因當究向希臘。依前說,我們已定說希臘文化為強盜社會中的強者文化,而宗教文化為弱者文化。強者文化的優長是,強者的超強自是、自信,直接肇起了他們理性思考,這致使他

---

57 參見黑格爾:《哲學史講演錄》第三卷,170頁,賀麟等譯,北京,商務印書館,1983年。

們理性之思開啟較早，且已在幾百年前就成就了體系。生存在強盜社會中的弱者，則一向缺失這樣的自信與自是，他們之發明宗教神信仰，動機僅在於找尋告慰、安撫，並不曾有用宏大義理解釋世界的希望。正是這樣的原因致使在受到諾斯替教刺激之前，猶太教還沉浸在自我的絕對化之中，根本無力，也未曾嚮往過教義義理化的問題。希臘人與猶太人的分致和差別，最終也會刺激某些特殊的猶太人，如斐洛之輩。我們已知，希臘哲學其實是由兩股相反運動的義理與思想同構而成的，其一是以實在為前提，以理性為終結的理性主義實在論哲學，它以柏拉圖、亞里士多德為最高代表；另一則源發於奧耳浦斯教派，中經畢達哥拉斯和新畢達哥拉斯派而流傳下來的所謂神秘主義哲學（它的一些學說和思想也被柏拉圖所吸收，成了柏氏理念論的組成）。可以說，這個另一派，即被定名為非正統的神秘主義者的義理，對斐洛和諾斯替派有更直接的影響，而柏拉圖哲學，是再晚些時候經過了新柏拉圖學派的再傳後，才有影響力的。

　　說到宗教義理的貢獻者，我們可以列出一長串名字，它們包括斐洛、克雷芒、奧利金、薩摩沙塔保羅、薩伯里烏、阿里烏、阿塔那修斯、馬爾塞魯斯、莫普蘇、埃斯蒂亞的希奧多、拜占庭的萊昂提烏斯、德爾圖良、西普瑞安、奧古斯丁、司各脫、安瑟倫、阿伯拉爾、伯爾納、約阿基姆、湯瑪斯·阿奎那、奧卡姆、路德、加爾文、斯賓諾莎、施萊爾馬赫、哈納克、特洛爾奇、巴特、蒂利希，這些是基督教的學者，還有猶太教和伊斯蘭教的人物包括：邁蒙尼德、祖奴、提爾米德里、阿維森納、阿維羅伊、阿拉比，等等。依從本書主題，我無法寫成宗教思想史，因此，這些人中的絕大多數我會棄之不顧，祇涉及關係重要的少數幾個人，並且，就使這少數幾個人，依然不是他們完整思想的介紹，祇會說及有關係的重點思想。斐洛幾乎是宗教義理論的第一人，不過，他的思想更接近超越理性的義理，茲後我們會

再提及他。這裡我們首先要討論的是西方世界中的第一個他因論體系建構者奧古斯丁。

奧古斯丁（354～430）是基督教歷史上兩位最偉大的哲學家之一，有人（如蒂利希）甚至認為他比湯瑪斯·阿奎那更偉大。的確，他對宗教義理體系的建構有特別突出的貢獻。作為一位哲學家，他的身上集中了一些特別的東西，比如說他生逢西羅馬帝國行將崩潰之際，還有他出生在北非洲，他首先是摩尼教徒，他曾是一個懷疑論者，他曾有過放縱的青年時代，等等。這些事件和經歷很有特殊性。比如西羅馬帝國的崩潰，這讓他對現實世界產生了反省，認識到羅馬社會的罪惡所在，也為他的「上帝之城」的理想提供了反動力。還比如北非，這個以亞歷山大里亞為中心的地區，在希臘化時代可謂是西方文化的聖地，它先後出產了像新柏拉圖學派、斐洛、阿里烏派、奧利金，以及奧古斯丁本人這樣的優秀人物，他們的哲學及宗教思想對西方世界產生了重大影響。還有他的摩尼教經歷，讓他對西方正宗的二元論哲學和最早的宗教義理體系有深刻理解，這種理解後來成了他解釋上帝這個他因的重要理論基礎。

奧古斯丁首先以其《懺悔錄》聞名於世，在這本書中，他宣揚了自己著書的動機：「譴責自己，讚美上帝」。後來他寫過五篇批判摩尼教的論文，然後還有《論三位一體》、《論依於聖言的生成》，以及《上帝之城》等等[58]。

理解奧古斯丁的思想，我們先得簡要描述一下他的前輩奧利金的思想。奧利金是讓新柏拉圖主義思想進入基督教的先鋒。他說，通過

---

58 奧古斯丁著作的中文本有：《懺悔錄》，商務印書館，1997年；《上帝之城》，上海三聯書店，2007年；《道德論集》，三聯書店，2009年；《論信望愛》，三聯書店，2009年；《論四福音的和諧》，三聯書店，2010年；《論靈魂及其起源》，中國社會科學出版社，2004年；《論原罪與恩典》，商務印書館，2012年；《論三位一體》，上海世紀出版集團，2005年等。

邏各斯（Logos）上帝創造了純粹的聖靈，賦予他們生命和意識。不過在未明示原因的作用下，這些聖靈除耶穌之外都疏遠上帝，結果變成了靈魂，然後被上帝賦予了不同的肉身：天使、人類、魔鬼。肉身的現實即規定了這些被製造者的命運：返回上帝。這便是包括人類在內的諸生命者的命運和歷程所在。籠統而言，肉身是囚籠。不過，它同時也是上帝顯現自我的途徑，靈魂可以通過肉身而昇華。所謂拯救就使靈魂回復到原初的完美狀態，這就叫「萬物復原」。而所謂復原，即基督徒認識完美的上帝。而所謂認識者，便是通過愛與上帝合一。這裡，聖靈（三位之一）、肉身、原罪、救贖、返回或復原、愛、認識上帝諸概念，後來都被奧古斯丁一一發揮，成了他宗教義理的元素。

奧古斯丁首先要解決的問題是，上帝是什麼？受新柏拉圖主義的影響，它把上帝與太一做了對接，於是上帝變成了超越一切的範疇，一切時空事物的終極存有，是全能，是統一，是善本身，也是一切美的原則。同時，上帝也是施愛者、被愛者和愛或記憶、理智和意志的三位一體。由此，他提出了一切事物的本質即是愛，所謂意志即愛的意志。

正是基於愛的理由，上帝預設並從虛无中創造了這個世界。在這個設計中，時間、空間成為了事物有限性的形式，意即我們這個世界的過程或歷史是有限的，它有開頭和終結，我們正好生活在這個開頭和終結之中。這個過程或這個世界的意義就在於，通過基督，我們被拯救，從而回歸到上帝之中。

人類，這個上帝的製造物，雖然必然要回歸到上帝之中，卻無免意志自由的反向現象。他的意思是說，對人類言，愛與意志有兩種可能性，其一是指向自己，另一是超越自己。所謂指向自己是說，我們在知識和意志中肯定自己，愛我們自己和我們的存在。這種指向所導

致的自由，也包括像亞當那樣的原罪的自由。這說明，自由的危險性很大，所以人類需要神恩的助力，以便改變人的意志並歸依上帝。而超越自己則是說，人類參與到神的生命之中，參與到神的愛的存在根據之中，在愛中與上帝相結合。亦即說，人（如亞當）更有不墮落、不死、不離開善的自由。由此可知，上帝選擇我們，不是因為我們的願意成為神聖的，而是為了使我們成為神聖的。這便是神的意志——上帝賦予我們意志，也拯救我們，實現我們和它的意志。

奧古斯丁一生有過多次論戰，先是與摩尼教，後來又與基督教內部的貝拉基派，然後還有與民間勃興的殉道者和聖物崇拜的論戰。他的學說大多是在這樣的論戰中形成和成就的。此外，他應當還是西方世界中第一位用東方文化資源去成就西方立場的基督教思想家，這個特殊性也是長期以來研究者容易忽視的地方。

奧古斯丁之後，按時間順序，我們應該討論阿維森納和阿維羅伊，這是兩位伊斯蘭教的思想家，他們生活的年代為10世紀末～12世紀末。

伊本·西那（980～1037）是阿維森納的本名，後者為歐洲人的俗稱。他的貢獻是將西方的希臘哲學，特別是柏拉圖和亞里士多德哲學及新柏拉圖主義哲學引入了阿拉伯世界，用以解釋《古蘭經》。根據柏羅丁的「流出說」，他作出了如下設想。

存在——不論它是什麼——都是偶然的，祇有它們與原因之間的聯繫才具有必然性。原因不是孤立的，所有的原因之間構成鏈條關係，並指向一個終極原因，這個終極原因叫智慧，即智慧創造存在。這個智慧是永恆、神聖的，思考它自身，從而是正在思考和被思考，所以也成為第一流溢，第一諾斯。存在的多樣性即是此智慧在相繼流溢中發生的結果。依據其說，他將這樣的流溢分析為十個層次，即十

種智慧。每一個後面的智慧都是前智慧思考的結果，同時這樣的思考還產生物質，稱為智慧的身體。這樣，智慧的流溢就有了兩個結果，智慧本身的可稱為靈魂，身體的便是物質。我們的世界便是最後一個層次即第十層的結果。思想是本質的，存在是偶然的。這表明，存在是存在的事實，與具有了某個特定本質的存在，是兩個不同的東西，偶然的存在可以視為不存在，祗有包含了必然性或本質的存在才是真正的存在：與本質同一的存在。以此，伊本・西那的觀點可結論為：世界是從必然存在本身就有的思想（智慧）中出來的，這個存在在思考它自己的同時，也在思考著宇宙中的一切。這樣的思考即是向真主（神）的回歸。

　　將終極歸之於神，是伊本・西那運用亞里士多德的歸納法所獲得的理性結論。這個結論的推理是：世界上的事物都是複合事物，即由複合的事物構成；如果我們要追究這些複合事物的終極，最後會發現單一的那個「東西」；這個「東西」不依賴其他事物存在，不受因果性的約束，故它便是那個不動的推動者、第一因：神；神因為思考，所以流溢出了世界諸存在；人類雖居第十層天體，然其靈魂具有能動性、積極性，所以它——通過哲學家、先知——探究世界的內在真理。

　　伊本・路西德（？～1198）是阿維羅伊的本名，他晚於阿維森納差不多一個半世紀。學術上他對亞里士多德著作的評注[59]，成為了亞氏後來重返歐洲的前提。說到伊本・路西德的學術貢獻，除了他評注亞里士多德的著作，從而影響了後世西方學術之外，還有兩點值得提及。其一是他對伊本・西那哲學觀點的批判，其二是他認為哲學是比體驗更深刻的思維神的方式。

59　阿維羅伊評注亞里士多德和柏拉圖著作的中文譯本，現在有《阿威羅伊論〈王制〉》、《論詩術中篇義疏》兩部，華夏出版社，2008、2009年。

　　伊本・西那的存在偶然說是他特別不能接受的觀點，他認為物質本身具有全部形式的惡潛能，即每個存在都潛藏者形式本身。不過，若以不朽論，則個體不能求其賞，不朽祇能是整體意義上的。在此基礎上，他進而認為，哲學研究才能深刻地理解世界的完整形式，才能理解不朽的意義和價值，相形之下，體驗祇能解決信仰問題，而不能認知世界的真實。可以說，他的思想雖然以亞里士多德的著作為出發點，卻比伊本・西那更具「東方哲學」的意味，尤其是他所影響的另一位阿拉伯人伊本・阿拉比，後者幾乎是在他的基礎上重述了一個完整的「東方哲學」。

　　現在，我們要談及猶太哲學家邁蒙尼德。這位叫摩西・本・邁蒙（1135～1204）的西班牙猶太人，在猶太歷史上享有絕對聲譽，以至有人認為猶太人的歷史就是從摩西到摩西。意思是說，第一個摩西是猶太教的創立者，而後一個摩西則是猶太思想的終結者。當然，這也暗示了一個事實，說明猶太人少有思辨和義理，而一直糾纏在信仰和民族本位的狹隘之中不能自拔。實在地講，邁蒙尼德的貢獻不僅如此，且不說他與伊本・西那一樣對醫學有重大貢獻，單就他對亞里士多德哲學的傳播言，也讓後來的西方對他景仰有加，而此，幾乎是中世紀的一種主要學術現象。此外，他對猶太經典《密西拿》所作的注釋，如《密西拿注釋》、《密西拿托拉》，更是達於了猶太思想的巔峰，而一部命名為《迷途指津》的哲學書，無疑讓他名垂千古[60]。

　　《迷途指津》所要解決的問題是，用亞里士多德的理性哲學去論證上帝的信仰的真實性。這其實是一個艱巨的使命，從效果看，邁蒙尼德做得很成功，至少許多人（包括部份哲學家在內）都聽信了他的論證、說法；而從事實看，這是一種生拉硬扯的嫁接與論證，即，它並不能真實解決實在論哲學與他因論哲學的同一問題，雖然此二者都

---

60 [猶太]邁蒙尼德：《迷途指津》，中譯文，濟南，山東大學出版社，1998年。

不是相關世界本原之覺悟的真正解釋。先且不論真正與否，僅就他試圖融合實在與他因而論，的確為他因論哲學提供了一種途徑。

　　伊斯蘭世界中，第一個發現或開始用亞里士多德哲學來論證上帝（他因）的哲學家是阿法拉比，他的注釋與摘要（包括對柏拉圖著作）直接影響了阿維森納、阿維羅伊，當然也影響了邁蒙尼德。在邁蒙尼德看來，亞里士多德的理性哲學或實在論哲學可以幫他解決三個問題，或證成他的猶太教三原則：上帝的存在、上帝的單一性、上帝的非形體。相關論證可見之於《迷途指津》第一篇1、35、48、50、52、54、57、71、75、76諸章，以及第二篇1、2、13諸章。上帝是一種存在，是一種沒有原因、外在於我們這個世界、永恆的存在，它不是物（也不是複合物），不是力，不是理智之類任何可以用屬性、特性描述的存在。上帝的單一性與絕對性其實也不為人類所知，人類祇能通過上帝的行為去瞭解和認知上帝，而非是可以直接去瞭解上帝的本質。正是基於這樣的單一性和絕對性，邁氏把上帝稱為一：唯一之一，沒有複合和層次的單一。上帝的絕對性還在於，他沒有形像、形體。他根據亞里士多德的定義，人為物是形式與質料的合成體，而上帝既非形式，亦非合成之物。以此他完成了第一個問題的論證：上帝是什麼？

　　幾乎相同的方法，他亦論證了第二個問題：上帝創造世界（參見《迷途指津》第一篇71、72，第二篇1、19、25諸章）。這個問題的核心是，上帝從虛無中創造了這個同樣是單一存在的世界。這個世界是有限的，它由時間、空間、質料諸要素構成，由上帝一手製造出來，除了這個世界外，沒有第二個世界。那麼上帝為什麼要創造這個世界呢？邁氏與此前的伊斯蘭教和基督教的一些哲學家不太一樣，他並沒有直接以愛或善去作為這個論題的答案，而是用了一種不可知的結論予以了回答。他說，一切事物都是為了一個目的創造出來的，儘管我

們對這個目的無知（《迷途指津》第二篇19章）。此表明，他認為目的是肯定有的，祇是由於人類無法認知上帝，所以我們才無法表達。不過，在另一處，他在談及天體——比天地和動物、植物高級的世界存在，是有理智的存在——的價值時，說了一種可近似理解為目的的意見：天體的慾望是達到神。

以上是邁蒙尼德有關上帝和世界義理的主要學說，為此，他絞盡了腦汁，設計了兩套論證方案。其一是批判伊斯蘭哲學家（特別是凱拉姆派）的學說，可見之《迷途指津》第一篇73章他對其十二個前提的批判；其二是正面提出自己的論證，而這一路徑又極為複雜和多重化，如關於上帝存在的二十六個前提的論證（第二篇1～13章），關於上帝單一性的證明共有五種（第一篇75章），關於上帝非形體的證明共有三種（第一篇76章），關於宇宙非永恆性的論證共七種（第一篇74章），等等。以方法、結構、理路言，這些論證全部是亞里士多德式的理性論證，可說與信仰、啟示的思維毫無關係（他奉亞氏為世界第一哲人），祇是，他都將結果引入了信仰之中：位格神上帝的絕對與唯一。而此正是他所確立的思想原則：信仰的理性化，理性的工具化。他認為理性是建立信仰的合理基礎，沒有哲學理論支持的信仰不是真正的信仰。結果，他的上帝——一個不可予以性質、屬性正面描述，祇能進行否定性認知的上帝——因而也有了一種性質的界定：上帝同時是認識、認識主體、認識對象的三合一。他用這種理性化的上帝否定了基督教三位一體說。

很顯然，這個以理性認知為預設的理性上帝，雖然給了世界統一性以說法，卻無法迴避另一個問題，這便是這個世界仍然是他因的。上帝不是宇宙內部的一種功能，而是與宇宙所有部份相分離的（第一篇，72章）。因為這個他因的絕對性，所以他不得不反對他所崇拜的第一哲學家亞里士多德。亞氏的哲學主張宇宙永恆論：這個世界是由

一種命名為第一推動的原因所發動——這個原因是個理性概念，或純粹思想、精神的神，它是不動的推動者，最終極的實在和善，與原神之神，宗教神之神毫無干係，是柏拉圖理念的另一稱說——而其本身則永恆永在，運動不已。亞氏的理性實在論讓位格神無有存在的必要與空間，這當然不符合宗教神論者的信仰主旨，所以，如其他同道者一樣，邁氏得放棄亞氏的永恆宇宙論，而改為有限神創宇宙說。

與阿法拉比、阿維森納、阿納羅伊之於伊斯蘭教一樣，也與奧利金、奧古斯丁之於基督教一樣，邁蒙尼德對猶太教的確有絕對的貢獻，這便是宗教神終於有了義理的裝飾和修正，他因的位格神有了理性的裝扮。而其實，人們都不難發現事實與真相，這兩種東西的嫁接實在有點牛頭不對馬嘴。它們之間的路徑與方式的矛盾至今依然無法消解。不過，對於斷根文化，無論實在論還是他因論均有一共通性，這就是，說之不清的原因也是原因。不是原因的原因作原因，特別是作終極原因解，是理性邏輯的必要預設：沒有因果性，便沒有理性解釋。

現在，我們要放下邁蒙尼德，瞭解一下基督教最後一位義理大師湯瑪斯·阿奎那，他之為最後，的確有集成與終結的意義。

一般以為，湯瑪斯·阿奎那（1225～1274）最著名的是關於上帝之存在的「五路論證」，其實應不止於此。就義理之梳理及對後世的影響言，他的貢獻是多方面的。這些貢獻包括：柏拉圖與亞里士多德哲學的綜合，理性與信仰的綜合，經驗、感覺知識與形式（相）的結合，自然實在與上帝意志的結合，人之自由、意志與上帝本質的結合，等等。有人甚至認為，是他讓亞里士多德歸依了基督教，也讓基督教歸依了亞里士多德，故可說為是一種既依靠亞里士多德，又改造亞里士多德的哲學建構。

　　這位多明我修會的基督徒在其老師大阿爾伯特的支持和幫助下，致力於基督教義理體系的建構，成效十分卓著。他不太長的一生中，寫下了很多書，其中以《神學大全》和《反異教大全》（又名為《哲學大全》）最為著名[61]。從表達方式看，他的著述很像他的前輩奧古斯丁，多以論戰方式建構自己的義理學說，然而，他所建構的卻是與奧古斯丁完全反對的基督教義理，以致後人分別以超驗論或理念論哲學和經驗論或存在論哲學來形容他二人所代表的基督教哲學流派。從體系性質及形體及貢獻言，他又很類似於猶太教哲學家邁蒙尼德，即給予了亞里士多德以絕對的學術和思想地位，以此豐富宗教義理的理性內涵和知識，並對後世有直接影響。然而，比較起來，他似乎更接近亞里士多德本身，而且還融入了柏拉圖的思想。當然，他對後世的影響遠大於邁蒙尼德，可以說，他是近代以來西方理性主義和存在主義思潮的鋪墊者，至少是重要者之一，這同他身為基督教的偉大思想家，而以基督教為主的西方文化又在近代以來極速的膨脹、擴張，有直接關係。

　　中世紀末期，與猶太教需要邁蒙尼德一樣，基督教同樣需要用理性來論證上帝的存在，否則，信仰問題便會失去堅實的實在與人性基礎，阿奎那應時而出。他繼承其師大阿爾伯特的對亞里士多德、柏拉圖著作的注釋事業，更進而作出了體系化的建構。其中，用理性方式論證上帝的存在變成了他的首要工作。他所設定的關於上帝存在的「五路論證」，對後世基督教體系的影響很大。可以說，正是這個論證讓他獲得了兩個頭銜：湯瑪斯主義、聖徒。他的哲學也最終成為了天主教的正統哲學。依現在的觀點看，他的「五路論證」是一種典型

61　至今，這兩部大書尚無完整中文本在大陸出版，商務印書館曾有《神學大全》的節譯本，至於其他著作，祇有零星節譯。不過，臺灣的天主教組織中華道明會已有十七卷本的《神學大全》出版，周克勤等譯，碧岳學社，2008年；四卷本的《哲學大全》（呂穆迪神父譯），亦由臺灣商務印書館出版，2012年。

的人為設定論證，具有結論的或然性。這一方法的首創者是柏拉圖。其所以緣起，與西方文化斷裂自然本根，而義理又需要有終極原因解的特定性有直接關聯。在沒有本原可綴繫的情形下，人為設定邏輯前提（這樣的前提從柏拉圖開始祗能是人的理性，此前的宗教神本身亦是設定的總原因、他因），就成了必然的選擇。柏氏設定理念為世界的原因，以此解釋世界，他的學生亞氏卻認為這個理念太過主觀，不足以客觀化，便用物理性實在（第一因、第一推動）來置換它，以此，理性主義和實在論哲學之義理欣然登場。至阿奎那，本為原因的理念與實在，被他變成了他因論證的手段和方式：用理性及其邏輯去論證上帝的存在。必得強調的是，這個上帝已非信仰之位格神的單一與簡陋，它實已變成了實在之最高的稱謂，同時又是能夠被實在去論證的對象。即上帝從現在開始，是實在本身同時又是被實在所實證的合體。

依路向言，這樣的變化可說是將他因轉變為了自因，至少是在界的自因。從中，我們所看到的不祗是亞里士多德的影子，其實也有東方哲學的暗含（通過新柏拉圖主義而來）。然而，作為宗教神論的哲學家，他不可能完全變成自因論者，他為他因論保留了一條巨大的尾巴，這便是上帝的位格：上帝是位格神。400年後，另一位哲學家斯賓諾莎才斬斷了這條尾巴，成立了自然即上帝的說法。更進而的問題還在於，他所說的世界，是一個祗有實在——自然存在和人的存在相加——的世界，實在（或存在）之外，沒有其他的世界意義和價值。這表明，他的學說的本質祗能是西方化的：人類中心主義和存在主義。這是一個以自我為端點而生成的世界，亦即前言斷根後的人為設定的世界。早先，他因論者祗需將上帝來解釋人的世界即可，而阿奎那則擴大了邊界和範圍，將自然存在劃入了解釋域之內，以此更充分地證明上帝的本質與實在的同一性。

　　阿奎那用三個「必然的」，一個「不能不承認」，一個「必定有一個」完成了他的「五路論證」，而其實祇是一種間接的解釋、類推的解釋，和綜合的解釋[62]。當然，在他的年代，這是最充分的論證，也是最新奇的論證，故值得世人為他喝彩。在這個論證之外，他還重點做了四個方面的工作。一是上帝即存在的論證。他認為，上帝的本質就是存在，存在的真實就在於分有了上帝的本質。上帝是無限的，各種事物是有限的，因為事物擁有存在，即分有上帝，所以有限來之於無限。這意味著上帝與世界是同一的。這個觀點中有柏拉圖的意味。

　　二是事物本身即為實在，而非某種形式或相的映像。與上一觀點相左，這裡阿奎那反對了柏拉圖，而迎向了亞里士多德。在柏拉圖看來，現實或我們的世界祇是理念世界的假象摹本，甚至可說是投影。這是一種虛化存在、實有的哲學觀點，早先的亞里士多德便因此反對了他的老師，阿奎那繼之而起，追隨亞氏，反對假象、投影說。認為存在、現實、事物等均是真實的存在、實在，它們分有上帝的本質。在這裡，上帝之於事物或現實有兩層意義，其一是說，上帝是事物的形式、原則或（相）或終極楷模；其二是說，上帝是現實世界或事物的真實背景。這一立場其實比亞里士多德走得更遠。在亞里士多德那裡，存在就是存在，他最多祇為這些存在安裝了一個概念化、或理性化的「第一推動」，使這個存在的世界有動的必然性和可能性，而阿奎那則進而將存在、事物等同於（以分有的方式等同）上帝本身。於是，事物、存在便由此神聖化了，成為了絕對。雖然在學理上，上帝之為存在、實在是終極的、超越的，但具體的存在、事物因分有了這個終極、超越而成為了真實存在，這隱含了某種詭異。可說，這一說法有了兩種可能的後果：一，它實已由他因論走向了自因論（自因論

62　參見[德]漢‧約‧施杜里希：《世界哲學史》，177頁，濟南，山東畫報出版社，2006年。

不同於前說的自我原因論，前者是關於世界之創生、本原的學說，後者祇是解釋事物的一種自我本位的立場，無關世界之所以有的問題），而自因論是東方哲學的基本立場之一；二，它預示了存在的絕對化，這有可能更加收縮世界的邊界，讓解釋進入更加狹隘的境地。從事實看，西方哲學與文化最終沒能由此進入第一種可能之中，反到直接通入了第二種可能，使哲學最終變成了存在主義、人本主義的嚮往。其間，阿奎那究竟起了什麼作用，以及起了多少作用，實值得我們研究。

三是在上述基礎上，他高揚自然存在、自然秩序的合理性，使之進入了宗教關懷的視野，認為自然秩序亦是上帝創造力的表達，自然的價值即表現上帝的全能。以此，他不僅開拓了宗教文化和思維的邊界，讓上帝的全知、全能有更豐富、更充分的表達，而且也為即將開始的文藝復興和新科學運動或科學革命提供了預設。在他的身後，哥白尼、開普勒、伽利略、牛頓、培根、笛卡爾接踵而至，絕非突發事件，阿奎那的開拓之功是其重要條件。

四是他繼續解釋說，人的智慧和意志、自由、自主，既是上帝之存在本質的分有，是上帝的榮耀，也顯示了人之所以為人的獨立價值，所以，實現人的潛能即是實現自由、自主，亦即實現上帝的意志。於是，人性得到了新的解釋，肉體、慾望與存在並非矛盾對立，而是存在本身的必然反映，亦即上帝意志的表達。從中，我們又看到了基督教在此處所發生的新意，人不是上帝的簡單產品，更不是奴僕，亦與原罪毫無干係，人是上帝之本質、意志的分有，所以人是真實的存在，於是，人的本質、意義和價值得到了全新的定義：人是神聖的，這是其一；其二，在這個神聖性的解釋中，人的罪惡、慾望、感覺之類不再負面化，這些無需成為人之為人的包袱、負擔，反而是可以肆意的條件和權利。可以說，阿奎那從基督教中把人類拉出來

了，它不再是罪犯和受刑者，而是有著上帝支持、呵護的自由、自主者。我想，大概我們都不難從中看出後世西方現代性所以爆發的一個重要節點。這也許是天主教內部有人反對阿奎那的重要原因。至於說馬丁·路德的新教是否與此學說有關聯，這得作進一步的研究了。

阿奎那還有很多的新思維，涉及倫理學、政治學、認識論諸領域，限於本書主題，我們不作探究。總言之可說，阿奎那不僅是基督教思想史上，亦是西方思想史、文化上不可多得的人物，他是近代以後西方世界的鋪墊人。

阿奎那之後，西方的宗教神義理，特別是相關他因論學說基本上乏善可陳，多為雞零狗碎之臆說，唯荷蘭人斯賓諾莎和現代美國人蒂利希稍有可論之處。若蒂利希（1886～1965），他對上帝做出了一種「存在」的解釋，認為存在是全部有、无之物的基礎。這裡，存在與存在主義的存在有重大差別，他更類似於邁蒙尼德、阿奎那的意思，是指一種物形之上的共有，亦即柏拉圖的相，祇是他用了存在之名。他反對位格神。這個思考可說為自因說，是西方他因論神學的一種現代反思[63]。應該說，西方宗教神義理由他因論進到自因論，是其認知史上最偉大的進步之一，它更接近世界的真實與本原之義，故是可喜可賀的。當然，完整的世界意義除世界的內部化（即自因）之外，還當有還原證成說，而此，在西方尚待時日。

宗教神義理的他因論至此可為了結，以下，我們得討論宗教神義理的第二種類型：二元論。

西方宗教義理的典型二元論，非諾斯替教和摩尼教莫屬。依其根源，它們都與伊朗的襖教，即瑣羅亞斯德的《維斯塔》[64] 二元論有關

63　參見[美]保·蒂利希：《存在的勇氣》、《存在與上帝》，載何光滬主編《蒂利希選集》，上海，上海三聯書店，1999年。

64　《阿維斯塔——瑣羅亞斯德教聖書》，北京，商務印書館，2005年。

係，亦可謂之為東方本原論哲學觀念向西傳播過程中所必然出現的變種。

我們先看諾斯替教的二元論學說。

諾斯替信仰，或諾斯替運動，或諾斯替宗教有許多值得思考處。非常明顯，它受到了印度教義，特別是佛教義理的影響，但其修正和改變較大；同時還有伊朗瑣羅亞斯德教的痕跡；此外，它還是基督教的變種；並對希臘思想有反面意義的借鑑。大要言，它是希臘化時期，東西方思想文化交會的變形產物。

首先，它有一個真神和自我兩在的世界譜系。這明顯地有印度人的大梵與自我搬借的痕跡，所不同的是，印度人的大梵與自我是本原與形式的關係，因為形式表象化導致了自我的殘缺、錯惡，所以，自我得返還大梵，以實現世界的完善，而諾斯替的改變則在於，在真神和自我（普紐瑪）之間，加入了宇宙，它是外在於真神和自我，並囚禁自我於其中的黑暗、反動、異在的世界，故是全部罪惡、不合理的原因之所在，亦不為真神所造。這樣，自我對真神的返還，就不若印度教、佛教那樣，是形式對本原的回歸，抑或世界對本原的回歸，而是從失落的異鄉的回歸。這樣的回歸不僅取決於真神的召喚和自我的覺醒，還取決於宇宙對自我的囚禁狀態，而這樣的狀態，在很大程度上，真神與自我都是無能為力的。可見，東方哲學中的一元或混元性，在諾斯替信仰中被解析為了三元論：真神、宇宙、自我。於是，不僅有自我與神的對抗，更有宇宙與神、宇宙與自我的對抗，神與自我的對抗。世界之斷裂如此，可見一斑。據經驗已知，斷裂世界、二元或多元化是西方文化之痼疾。以此亦知，大神與自我的思想在西進過程中，被西化改造了。

其次，真神，其實即是基督之上帝——因為宇宙本身也有一個創造者，這個創造者被他們呼之為假神，所以便有了真神的說法——這

個真神不僅有一個外在於它，不為它所締造、控制的宇宙存在，而且還讓自己的靈失落掉進了宇宙（物質世界）的深淵。更嚴酷的是，它完全無力去直接拯救這個失落者，祗能通過召喚的方式，讓自我自己從那個深淵中逃出來。其中的悖論是，萬能的神無力奈何宇宙，而神的失落者又如何去擺脫宇宙呢？這是一個在諾斯替信仰中未曾證明的問題。他們充其量說及了虛無（縱慾）主義和禁慾主義的兩個套路，未有任何建議性（更不要說建設性）的方案。這固然與他們的反宇宙立場有關，可問題該如何解決呢？實在不知所以。可說，此處還不如基督教，它有德性救濟之法，可略保一二。

此外，相關神的稱謂，諾斯替人仍保有強烈的西方古代文化的特點，他們將其稱為「父」。這明顯地有早期強盜社會的文化指意。

再次，在印度文化中，自我返還神我、大梵的方式，是一種性智的覺悟，它是虛化形殘、形式，解脫自我的特定智慧，與人們常言的理智、感覺智完全不同質，且是專門針對理智、感覺智，並空去之的智慧。說它是一種知識，大體是就其克服的對象為知識而言的。其實它並非知識，而是自我與大梵的同一不二。

很顯然，「諾斯」作為知識概念，是受了印度文化中這種特定知識影響的，祗惜，在借鑒之中，有了西方化的歪曲或篡改。其一是尋常的西方人（包括哲學家在內），他們並不知曉性智為何物，簡單地將其類同於理智，使之平俗化，以至不得其然，更不知其所以然；其二是諾斯替人自己，他們在引進這個特定概念時，似乎把握了其中的特定性，但卻將用意作了改變，讓覺悟的同一不二、自我的解脫，等同了西方文化中的拯救、召喚、福音，於是，性智的內化自足，變成了外部的拉扯。這樣，「諾斯」在西方便變成了一種不可理喻的怪異現象，為常人所不解。它既不是理智知識，亦非性智覺悟，而成為了外在與此在之間的牽扯力量，缺失了主觀能動的意義和價值。

復次，約納斯認為，諾斯替運動與存在主義有很大的緣起的共通性，即自我之於世界的孤獨、恐懼的反思[65]。的確，這是一個非常有見地的觀點，它在現象上說明了西方文化的同質性：哥白尼以後因現代化所產生的物理世界的孤獨、恐懼，與早期西亞世界因原神趨於崩潰，而宗教神尚未完全佔據人們的心靈的孤單、恐懼，有著相同的心理企盼：如何給自己一點慰藉。祇是，約納斯的評論並未得實。

竊以為，西方文化延展的歷史中，常會有孤獨和恐懼感，非祇是哥白尼、量子論之類的物理學所引發的包括存在主義在內的現代性危機，這樣的危機於不同時空狀態中，會有不同方式的同質化表達。比如原神體系崩潰後的精神危機，依然是強大的心理孤獨和恐懼的結果。問題不在於西方會經常有這樣的孤獨和恐懼感，而在於為什麼會有這樣群域性的心理疾屙。

這種原因的尋找，非是西方人所能的，無論柏拉圖，還是約納斯。問題正出在農業文明中期，文明帶西段社會出現了強盜化的惡劣生存環境，而強盜化的文化結果之最大者，是斷裂自然本根、自我漂流，從此，人域、群域特化、人為化。問題是，且不說強盜社會嚴酷的生存環境讓人難以承受，縱令沒有這樣的嚴酷，人自身的不完整、不完善、低能諸般狀態，也不能令當下之人完全自主、自立。因之，斷裂自然本根，即意味著群域性孤獨、恐懼的開始。這樣的孤獨、恐懼正是西方文化源發的重要前件。宗教之為宗教，即在於，孤獨、恐懼中的人們試圖用人為製造背景依賴的方式，去消除這樣的孤獨、恐懼。故知，宗教神論與東方的自然神論本質價值是不類同的。東方的本原性追尋，是回歸與完善，而西方的上帝設定，是為了解決失去本根後，安撫孤獨、恐懼的拯救。諾斯替信仰這種源發於東方的思想，

65　參見[美]漢斯・約納斯：《諾斯替宗教——異鄉神的信息與基督教的開端》，第十三章，上海，上海三聯書店，2006年。

一當它進入西方群域之後，便不得不改變初衷，服從西方的孤獨、恐懼邏輯，結果是使其變種、變態，成了西方的異類，東方的棄兒。

諾斯替興起之時，正是基督教傳道的初期。此時的文明帶西段社會正經歷了漫長的原神體系崩潰後的等待期，此前，雖然摩西創立的猶太教對猶太人有了一種初始的安頓，希臘哲人創立的道德理性主義哲學及自然哲學和主體城邦制亦有局部安頓的意義，然而，這樣的點狀安頓，不足以撫慰已完全強盜化了的文明帶西段社會，絕多的人仍然生活在巨大的孤獨和恐懼中，故需要更普及性的安頓之法。基督教正是在這樣的背景下應世而出的。它利用猶太教的原創理念，試圖使宗教神成為全體西段社會共有的信仰和孤獨、恐懼的告慰。猶太教、希臘哲學及制度、基督教各家所為，的確為原神退去後的西方社會提供了相當的安慰和背景依賴，它們是地道的西方式的，問題是，這樣的「地道」還必須要受到一些干擾和影響。這些影響來自於印度和伊朗的義理化的自然神論。印度且不說（後來印度受到了反向的干擾和影響亦不在此處討論），就伊朗言，它的原始文化有著強烈的自然神論傾向，可說幾乎與印度的原狀文化無異，可後來的伊朗社會及其文化卻大謬不然，它被迫納入了西方文化的領域，然則，伊朗的原狀文化要素並沒有消亡，而是繼續存在著，這樣，當基督教開始在地中海和西亞傳播之時，它便有了新生的機會。這種新生是東方式失落後的回應，它以更徹底的方式去分裂世界，以更深刻的思想去強化群域性的心理孤獨和恐懼。可說，這便是諾斯替信仰緣起的事由。

由此可知，群域性的心理孤獨和恐懼是西方文化肇起和演繹的重要前提。它不停地製造現代性現象，又不停地人為建構拯救和福音的信仰及知識體系。此表明，群域性的心理孤獨、恐懼，或群域性的心理痼疾，是文明帶西段社會的必然歷史結果。其原因已如前述：強盜

社會所導使的自然本根斷裂，讓人域成為了漂泊和特例，當這種終極性的綴繫斷裂之後，又碰巧人還是精神性動物，它無法在沒有背景的狀態中生活，它必得要有解釋和說法才能生活，於是，因斷裂和缺失的雙重原因，必致出現群體全體性的心理孤獨感和進而的恐懼感。在這樣的社會場景中，任何救濟之法均乃人為所致，而人為，恰有先天不完整、不充分的缺陷，一當情勢變化，或心智精明、或物利寬裕、或體制合理、或物理進步，定會衝擊前此的救濟體系和信仰範式，當然的結果便是反抗、祛魅、懷疑之類的現代性興起。直至最後和最近，人們祇能以解說存在、人道、自我為樂，而實為孤獨、恐懼的極致。存在主義即自我中心主義。

最後，我們來瞭解一下摩尼教這一更極端的二元論觀念。

摩尼（216～274），一位伊朗出生的使徒，他從小體弱多病，一生經受了很多的磨難，最後在60歲那年，被砍成數塊，首級掛在城門上，其餘的屍塊被狗吃掉了。就是這樣的一位英雄或悲劇性的使徒，他創立了摩尼教，宣揚一種極端的二元論，並影響了西方世界。摩尼教屬諾斯替教的分支，他們的基本學說如下。

時空之初，有兩種實體：一種是光明、善、上帝，另一種是黑暗、惡、物質，它們共存，一條界線將它們分隔開來，北方的是大明神，南方的是黑暗神。後來，物質的不規則運動，使黑暗神入侵了北方光明神的疆域，光明神決定驅趕敵人，他召喚由它自身出生的善母、善母的兒子原人（馬茲達）、原人的兒子靈魂及五道光明做的盔甲來到邊界，與黑暗作戰，結果反被黑暗征服，它的兒子們被黑暗諸魔吞噬。這一敗績標誌著世界「混合」的開始，同時也為未來潛藏了一種希望，黑暗（物質）中現在擁有了光明、靈性，這為大明神最後的決戰預備了條件。

後來，大明神又發出第二次召喚，被召喚的生命之靈下到黑暗的世界，抓住了原人，將他帶回故鄉，並打敗了黑暗諸魔。於是，大明神便用諸魔的皮製作了天，骨頭製作山，肉和排泄物製作大地，還用自己未受污染的部份創造了日月星辰。這是第一次救贖。再後來，大明神又發出了最後一次召喚，便出現了第三位使者，他把宇宙組建成一臺機器，以之採集仍在囚禁中的光明粒子。經過複雜甚至於令人厭惡的方式和過程，最後有了亞當和夏娃。不過，這個身聚了最多光明的物種和它的後代，因為身陷黑暗與惡的世界中，所以仍然是救贖的對象，於是，一場有目的末世論歷史運動開始了。這場運動表明，解脫或救贖是由三個階段完成的，第一個階段是喚醒亞當們被囚禁的靈魂，第二個階段是救贖知識的啟示，第三個階段是對光明世界所原的回憶。這裡亞當們要反省自己、認識自己，要讓靈魂復活。

摩尼教的學說，認定世界起源於神想救贖自己的一種絕望方式，人類的起源祇是這種悲觀絕望方式中的特例。如果沒有救贖，世界就祇有罪惡、污穢、黑暗，而救贖才有光明、善。問題的嚴酷性在於，我們身體及所依憑的生活、生存方式，全部都是罪惡本身，是物質，所以這個救贖之難可想而知。為此，摩尼教提倡嚴格的禁慾主義，認為通過禁絕慾望可幫助人類解脫。

如前所述，從諾斯替教和摩尼教的二元論中，我們看到了明顯的東方解脫自我的觀念和嚮往，唯其所別在於，東方的自我是本原形化的結果，所以有解脫形物而還原的思考，而二元論者則在世界的起源處就二致了本原，認定是兩個絕對反對的本原共同造成了世界，所以世界之爭不是本原與其物化的結果之爭，而是兩個本原之間的鬥爭，人被置於了完全被動的境地。雖然諾斯替本身意為知識、智慧，卻失去了智慧的本意——化除自我的覺悟——而祇保留了對善本原（神）的記憶這一端，故知其流轉過程中的變異與特化，其實大矣。

　　長期以來，若諾斯替教和摩尼教這樣的極端二元論義理，一直被西方主流文化，如基督教、理性主義哲學視為異端，然，這種排斥更多是教義、義理之正統與否的爭論，而其實，它們對西方正統、主流思想恰是有影響和引導作用的。依據常識我們不難理知，無論他因論，還是實在論，其所設置的世界模型、結構都不是原、因、果或體、相、用的同構，而祗是斷裂本原後不得不為之的人為說法。這些說法貌似義理充足、結構嚴密、邏輯完整，卻經不得飾物的剝除，一當深入其中，會見得它所特有的原因並存現象，或原因外援現象。柏拉圖與亞里士多德之爭屬多因孰為主之爭，宗教義理則屬他因為何之爭。後來，這兩種爭論合二為一，亞里士多德和柏拉圖被宗教化，他因因之也變成了二元或多元解之爭。再後來，理性主義、存在主義又從宗教義理中脫出，這便讓二元論更加世俗化，演成了文藝復興以來的二元論較量。

第三節　超實在或自因義理

　　這一節所要描述的思想與學說在西方哲學和學術史上有這樣的定性：其一是非正統、非主流的，其二是神秘主義的。這樣的定性與評價對西方人來說，其實還不單是準確不準確的問題，或許還有因為無法理解而不知可否的問題。依我觀察，神秘主義這個詞一向被用得很泛，大要可說為，凡屬超出經驗與感覺之外，且理性邏輯又難以完整介入的知識和思想，幾乎都可被推進這個名為神秘主義的框子之中，然後，或者不予理睬，或者胡解一氣。之所以被命名為神秘，完全依經驗、感覺、理性為準線，出線者即為神秘，線內則為實在的知識。而所以有此標準，全在於這個文化斷裂了自然本根，祗能以自我為端

點創設與構築知識體系的原故。文化、學說、義理均可斷裂設計，以之成就實在論、理性主義的知識體系，而世界本身則不然，它無法斷裂，它是本原、相存、形在的同構，所以就無免真正的知識必得出實在而入相、入原，從而有了關於世界本原的覺悟與真知。這樣的知識不是以自我為端點的知識與文化所能理解、把握的，於是浮淺者祇好以「神秘」冠名，置之於與己無關，甚或對抗的境地，自己仍作感覺與經驗之臆想。

以此故知，這類思想與學說之在西方文化中屬非正統、非主流，並不難理解。反之，如果我們不祇以西方為參照系，同時並列觀察東方文化，則知，這個在西方被置於正統之外的思想類型，卻與東方主流思想、學說幾乎相一。這種現象讓我們不得不思考一個問題，是什麼原因致如此？簡單的考察（實已公認）後會發現，這些所謂非主流的西方異類思想原本就不產生在西方，它們是東方文化西移過程中出現的變異現象，或者說，是東方文化之在西方文化中的寄生現象。這些寄生在西方社會和文化環境中的東方思想，雖為非主流，卻也生命力頑強，從西元前1000年前後，直至現代，共持續了近3000年的時間，且在每一個階段、文化期，都能以特有面貌出現。從某種意義上講，它實已成為了西方文化的構成體，並對正統文化、主流文化有重大影響。

簡單言之，這個類型的思想與學說可追至奧耳浦斯教派，後來有繼承者為畢達哥拉斯學派，然後它影響了柏拉圖哲學。進入希臘化時期後，先有猶太人斐洛，後有更加著名的新柏拉圖學派，這個學派對西方正統思想的影響甚大，首先是影響了基督教義理，進而對猶太教、伊斯蘭教哲學亦有重大影響，後來又影響了理性主義哲學，直至黑格爾哲學。正統之外，它對後世非正統的影響更加明顯，一些特定的人物都在這個非正統的系列中作出了突出的貢獻，他們是：偽狄奧

尼修斯（丟尼修）、愛留根納、艾克哈特、庫薩的尼古拉、阿拉比、
波墨。

我們把他們作為一個類型來理解，有兩點理由需得申述。

其一，說他們為一個思想或學說類型，不是以學派為說的，這
裡所根據的是其思想與學說的實質性同一，即他們都認世界的有無得
失、運動變化、去往來復為自身原因，故以自因說定論之。以此，他
們排斥了他因說、二元論之類的不成熟、不完整的世界理論。而此自
因論又不同於實在論者的自我原因論或存在原因論，他們是以世界的
內部化為前提的，以體與在所構成的原與果為說法的。即，諸在、諸
物、諸形祗是本原的形式化，而非另外。這是一種原、因、果同構而
成立的學說與義理。如前述，在西方這種學說不入正流，所以，長期
以來，這一類型的人物和他們的思想除被置之神秘主義的處所之外，
並沒有被視為一個獨立類型予以研究、關注，他們之被提及，多半是
在其影響了正統思想的時候，作為資源性的前提予以了意義和價值的
評價，而其中有一些人因為這一意義不明顯，以至完全被忽視。比如
波墨，是黑格爾從中受到了啟發，才給予他以哲學史上特殊描寫的優
待，而像阿拉比，則在西方完全被遺失，讀遍近二十種流行的西方人
寫的西方哲學史、思想史、觀念史的著作（也包括幾部中國人寫的哲
學史），以及像《劍橋哲學辭典》這樣的大型專業工具書，都找不到
他的名字，後來，祗在伊利亞德的《宗教思想史》和阿姆斯特朗的
《神的歷史》這樣專門的宗教史著作中，才找到了相關描寫。不過，
當代以來，這樣的情形已有改觀，一些有見識的哲學家開始刻意關注
了這些人的思想和貢獻，祗是仍然不能把他們視為一個類型。

其二，說這個類型的思想為東方文化的寄生，不是說它祗有原初
的進入，而後再無關聯，它自行在西方演繹、發展，而應該理解為，

這樣的東方影響也是歷史與過程性的，在後來世紀的不同時期，很明顯地還有東方資源被多次引入其中，以豐富自因論的完善和發展。

以下，我們扼要描述這些人的主要觀念。

第一個要提到的是猶太人斐洛（前30～40）。斐洛並不是嚴格意義上的自因論者，不過，新柏拉圖學派的開啟的確與他有關，所以得稍微說幾句。斐洛的著作很多，而且大部份都保留下來了，其中，《論法律》、《論摩西的生平》、《論凝思的生活》、《論〈創世紀〉》等有中譯本[66]。斐洛的學說在西方——無論以弱者面目出現的猶太教，還是以強者面目出現的希臘理性哲學，均——可說是革命性的。這種革命性當從兩方面言說。其一，對希臘哲學，特別是柏拉圖的理念論來說，理念（也被稱為邏各斯、理智）被降格為了上帝的影像，或聖子，從而失去了哲學上的最高地位，成了第二位、從屬性的上帝的品質。這意味著，相論或以相為代表的義理回歸了本原論的真境，這便解決了二元論無可避免的窘境；其二，對猶太教言，位格神上帝不再祗是信仰的對象，不再祗是枯燥、乾巴的締造者、支配者，而是變成了有血有肉的義理載體。經過理念、邏各斯、理智的豐實，上帝由外在、他因變成了世界的終極原因和本原，理念變成了這個終極原因的規定、模型，世界也因這樣的規定和模型創生、存在著。

斐洛對這兩種義理體系的改造，先且不說成功與否，其意義的確非同小可，它不僅改變了這兩個體系的質地、性質，而且也是西方世界中，自來的強弱兩分文化的首次融合，這也為後來的基督教的義理建構鋪墊了基礎。此外，斐洛用來融合這強弱兩種文化的資源又來之於東方，所以進而可以說，他也首次開始融合東西方文化（義理層次的融合）。就此兩點而言，斐洛的貢獻是非常的，不容後人無視。

---

66 這幾本書共計包括了斐洛的十三種作品，分別由商務印書館和中國社會科學出版社出版。

斐洛的體系可簡略描述如下：

上帝是一，是絕對，是超現實的純粹的存在，是無上光明，是終極原因，太一是它的本質，它有創造的權能和主宰、統制的權能，依據這種權能，它用兩種東西──積極的原因，即宇宙的理智，被動的原因，即質料──合成了現實世界，使之具有活力。其中，積極的原因理智，又稱為理念、邏各斯、聖靈，它們是上帝的影像，也是世界的模型，這種模型正是世界得以創生和延續的根據。以此故知，上帝自己充滿自己，自己規定自己。

上帝的各種區別、規定，或說宇宙的整體，即是理念或邏各斯，也就是理智，我們的靈魂也是此理念的特定。通過靈魂我們可以知道上帝的存在，但無法知道上帝的本質。因為無上光明是不能被認識的，祇有聖子、上帝的影像才能被認識。故知，人是理念的摹本，我們通過靈魂與上帝溝通，我們以此直覺上帝。

從體貌質地看，斐洛的確可以說為自因論者，然而，我們卻還不能如此定義他。因為，主觀上他不是為了論證世界本身，而祇是為了充分地說明上帝的合理性與全能性，此上帝是不可變通的哪位猶太教的位格神。可以說，這是一條尾巴，它是從此以後許多西方自因論者失不掉的附贅懸疣。

現在，我們要討論真正的自因論大師柏羅丁。

柏羅丁（204～270）是西方世界中第一個有文字描述體系且非常徹底的自因論者。他的體系就在他的著作《九章集》中，這部書現在有了完整的中譯本，譯者石敏敏博士，出版者為中國社會科學出版社。從《九章集》看，柏羅丁的義理體系是非常完整的，尤其是經過他的學生波菲利編輯加工後，其結構邏輯更加完善（波菲利所編纂的六卷是臺階式上升進行的，故其結構非常完整）。閱讀他的《九章

集》，很容易感覺出，這位寄生在西方社會與文化環境場景中的「東方」哲人，的確對西方文化特別是希臘文化、哲學、神話有獨衷的情感，以至他的體系中有諸多的遷就與憑藉。這樣的遷就至少有三個方面。

第一是體系架構中，有對柏拉圖體系的遷就。我們知道柏羅丁弄出了一個三層本體的說法：太一、理智（相）、靈魂。第一層為他新創，而第二、三層則完全採之於柏拉圖的學說。不懷疑柏羅丁的確崇拜柏拉圖，所以在改造柏拉圖時，他使用的方法是整體吞併，而非先粉碎，後重建，結果是將柏拉圖的理念、靈魂說設置為了太一本原之下、之後的次級本體。這樣做的好處是柏拉圖完全被包含，而壞處則是，從柏羅丁的體系本身看，這個三層本體說有點人為臃腫的感覺，設若他將靈魂與理智（相）合二為一，也未嘗不足以解釋他的理論。

第二是他在論證和解說中過分地遷就了亞里士多德的論證方式。雖然，他在其中很多次直接宣佈過他的學說反對亞里士多德的觀點，或者批判了亞氏的觀點，然而，亞氏的邏輯方式和證明手段對他有價值，於是，我們會從書中經常看到亞氏的邏輯影子和繁瑣的說理方式。

第三是，他的本原太一本是純義理的概念，不關及神的甚事，然而，希臘神話中的諸神，特別如克諾羅斯、宙斯、阿芙羅狄忒、厄洛斯之類會經常成為他主要概念的代稱，從而顯示他對希臘文化的忠誠。

當然，這樣的遷就與假借，實也無關大礙，祇是作者的一種思維習慣的表達而已。或者說，這種作法也許更容易讓西方人理解和接受他的思想，即祇是一種遮眼法罷了。因為從內涵來看，這位叫柏羅丁的人，也被後人譽稱為新柏拉圖主義者的人，確實不能被說成是西方

文化與哲學的旗手，反而應是東方哲學西進的異出宗師和領袖。說柏羅丁是西方東方哲學的宗師，除了其哲學體系的表達外，他的經歷和志趣亦有特定。

柏羅丁的出生地是埃及的亞歷山大里亞，這個地方在希臘化時期有太多的特殊性，其中之一便是東西文化的交匯之地，那裡隱藏了我們難以知曉的「東方」哲人。這個判斷從早先的斐洛，到柏羅丁的老師阿摩尼烏斯，還有像奧利金這樣的精通東方文化的哲人等等，即可獲得。阿摩尼烏斯雖然一生未留一字予後世，可他對東方哲理的精通、領會，應是當時代少有人能及的。這由柏羅丁經過慎重選擇而後投在他的門下，並有長達11年的追隨，以及他最後所建構的東方哲理體系諸事件可以佐證。或可推定，在柏羅丁追隨其師的11年中，從他那裡學到了真正的東方文化與義理，這些應表現在了他後來開始寫作的《九章集》中。而此前，他還有一次非常的舉動，即為了瞭解和鑒賞印度哲學，他竟借戈迪安三世東征之機，冒險參加了軍隊東征，結果雖未能如願，可其用心足見一斑。回溯過往，不難理解他這種衝動的原由，除了信仰和學術的堅毅之外，他的老師阿摩尼烏斯曾有過的一非常舉動給他樹立了榜樣。那就是，這位默言的老師在先就反叛了自己的基督教家庭，放棄信仰轉而投身於東方哲學的研究，並招收學生，傳授以柏拉圖名義建構的東方哲學知識。由此可見證，這師生二人對東方，特別是印度哲學的嚮往。

現在，我們可以來觀看一下，這位西方世界中第一位建構體系的自因論者的體系是何等模樣的了。

首先，在柏拉圖的理念之外、之上，他設定了一個更高位、絕對的本原，名之為太一，亦名至善（此前斐洛用他因論的方式做過這樣的工作）。這個設置非常重要，它意味著西方固有的二元論、他因論由此終結（至少是別開新面，讓西方哲學有了不可再忽視的參照系，

這便是後世不能不重視柏羅丁的原因），讓世界的理解在斷根文化的背景下由此轉入了自因論的義理之中。太一這個絕對概念的設定，從邏輯言，它解決了鏈條的缺環，即讓因果之鏈變成了原、因、果之鏈；而從解釋的完整性言，它實是重新連接了斷根世界與本原的掛聯，使斷根義理變成了全義義理、完整義理。

當然，說太一在理念之上、之外，是就概念關係而言的，依柏羅丁本意，太一與理念（理智）並不構成兩在關係，而是同一關係，即太一生成了它自己的影像理智（相），這便讓更下位生成的靈魂，以及更更下位生成的萬物有了形式、原則、根據。此表明，太一既是諸在（是）的本意，亦是精神原則（理智、靈魂）的本意，而且具有臺階式下降的流溢情態。這裡，太一本身是不可知（感覺知和理知之知）的，它祇能通過反逆的沉思方式才能被顯示，即通過它的創造結果一層一層地去反逆沉思太一的絕對性。然則，生活於西方文化，特別是希臘文化場景中的柏羅丁，不可能以完全沉思的方式去對待太一，相反他還是很充分地給予了諸多描述性的表達，比如他說，太一是至善（不是每一種善，也不是每一種不善，而是完整的善）、是一、是自在、是超越、是實在、是萬物的原理、是自因、是虛空、是自動、是自己造就自己、把自己引入了存在、是是其所是、指向自身、是自足，等等。同時他也給了很多否定的表達，如，不是理智、不是靈魂、非萬物、非善、非不善、沒有廣延、不是品質、不是空間、處所等。這些描述基本上都有定性的傾向，其實不太符合他所說的不可知的原則，但在希臘理性主義、實在論方法的支援下，或說在其環境中，他所給予的這些定性式描述，的確也是勉為其難的作為，否則，真的不會有人知道他在說什麼了。至少，通過這樣勉強的描述，讓我們知道了這個叫太一的本原的大概指意，它顯然不是柏拉圖的理念所能指謂的，更不是實在可以代替的。

　　《九章集》由洋洋灑灑的54篇論文組成（其中直接論及太一的祇有卷五1，及卷六8、9三篇論文，其他一些論文中，或有一些零散的表達，但大多意思重複），除了其中的那些對物、愛、倫理、美、理智、靈魂本身的描述之外，很多時候，柏羅丁是拿這些在、相作為了他表達描述太一的參照系，即他是從這些在、相與太一的差異中理解和描述太一的。這種方法的確有些效用，比如有直觀性，容易讓人發生想像、對照，可其後果也很明顯，那就是引人入歧途，讓人錯解本原的意義。關於此，中國的老子比他要謹慎一些。老子雖然予本原也有諸如玄、妙、水、嬰兒、谷之類的比喻，可他深知一個思想原則：道可道，非常道，名可名，非常名。所以，他把注意力多放在了覺悟的道、德上面，從而讓思維或智慧之短處有所迴避。這表明，柏羅丁所使用的論理方式依然是希臘理性強勢化的，雖然他所討論的話題是東方專有的。結果便是，同樣的話題，老子用了五千言，而柏羅丁要用60餘萬字。

　　太一之下，柏羅丁直接套入了柏拉圖的兩個重要概念：理念（名為理智）、靈魂，並說這也是本體。應該說，這個定性可異議（我以為，其中或許有翻譯者，尤其是英譯者的誤解，從柏羅丁行文看，此三者之間並不構成並列關係，而是生成或流溢關係，依生成流溢論，當可解為體、相結構）。一者，本體不能用「個」來表達，充其量，可說本體分為幾層來理解；二者，當視柏拉圖的理念為相，並不是體，相為體的分殊，非體本身，故說理智為體似不妥，靈魂為體更是不類的表達。當然，他既這樣說了，我們也祇好認可，依他之意去理解就是了。他說，太一生成了理智，即理智是太一的兒子。這裡，生成一詞本來就表明概念上的出界，故說理智不能做體解。理智之出，是讓實在有了之為在的原則，這正是柏拉圖的原意。不過，實在之所以是在，不能祇有原則，還得有更加具體的流溢，這便是理智得再降

为靈魂。在之所以是在，即這靈魂與質料的混合，或說，質料本是死物，因為有了靈魂的參入，便活了。

這裡，理智、靈魂由之於太一，是太一或說是太一在在界中的代理人，代行支配主宰萬物的責任，是非常明確的觀點，有所不明確的是質料，它們是太一生成的呢？還是另有來路的呢？柏羅丁說得不太清楚。他祇說萬物生成於太一，而這裡的萬物還不可以等同於質料。因為萬物是質料加靈魂的複合產物，當說靈魂生成於太一時，亦可勉強說萬物生成與太一。而若單就質料的來源說事，則似乎沒有明確答案。他在《論質料》一文中，對質料是什麼，怎麼產生做了長篇、反復的討論，廢話居多，簡要之，當可說，質料是不存在、是不是、是某種不同於是（在）的存在物，所以不是，是因為它缺失性質，即沒有形體，沒有限定性，是黑暗，這些可理解為質料的「性質」（描述而有的定性），至於其所來，這成了柏羅丁最恓惶的事，至論文快結尾時，他才表示說：它可能是由太一的無限定性或能力或永恆產生的；無限定性並不存在於太一裡面，但是由太一產生出來（Ⅱ.4.15）。

不過，以下的模型倒是非常清晰的。柏羅丁繼續說，靈魂一當參與了與質料的混合，便有了異化現象，它很容易被這異化的世界所困，失去其本身的追求與意義，結果便出了它的反面，這便是惡。他說，靈魂對地上事物感到驚訝、喜悅，對這些東西戀戀不捨，它們放縱自己，甚至對它們所背離的東西不屑一顧……最終變成了惡（Ⅴ.1.1）。在另一處，他又說，惡是太一或至善流溢的終端，這個終端亦是質料（Ⅰ.8.7）。這便是著名的流溢說。惡的出現，讓至善的太一出現了實在的反面現象，本來是不好的，不過，實在也因此反而有了一個新的價值與意義追求，這便是返還、回歸到太一本身。其具體方式是由靈魂沉思理智、理智沉思太一而實現的。

至此，我們看到了完整且真正的東方哲學表達：世界是內部化的，是自因的，世界亦是還原證成的——諸在向本原的還原。而此恰是他因論者很難理解和兼顧的義理精粹。當然，依嚴格的東方哲學理則言，柏羅丁的還原論還是顯得非常不成熟，或不完全的。主要表現是，他有還原的設計與體悟，卻未有義理的深察。還原並非原路返回，而應當是經由智慧對本原的覺悟和善的證成——化除自我的證成方式——實現，而他的結果或最後結論竟變成了從孤獨走向孤獨（從中，我們隱約看到了希臘英雄文化的影子）。這也許不可苛求於他，因為他畢竟是寄生於希臘文化中的東方式義理學說，而非本土生成的東方義理哲學。

與他的不完整相比較，柏羅丁更多的是他的貢獻與學術價值。他對其身後的所有自因論者有開啟的意義，因而具有宗師的地位，這是自不待言的；還應該特別看到，他對西方文化，尤其是義理論的參考系價值及學理資源的供給意義，這對他因論者、二元論者、理性主義者、實在論者，均可說無有例外，既使是那些反對者、批評者，亦從中品嘗了異質的神思妙想。

接下來的重要自因論者叫狄奧尼修斯，不過，學界公認這個名字是假託的，它來自希臘的首席大法官（一說來自雅典的首任主教、使徒），因為在法律界的影響，以至一位偉大的自因論者願意隱埋自己，而託名於他去表達其非凡思想。鑒於此，通常的表述中稱他為偽狄奧尼修斯。這個偽狄奧尼修斯共留下了五種著作，它們現在都有中文譯本，譯者是包利民，出版者為商務印書館。這五種書中，最有名的是《論聖名》和《天階體系》。

大體來說，偽狄奧尼修斯的義理基本上沒有超出柏羅丁的範圍和境界，尤其是相關太一或至善的理解、太一的不可言說、萬物以太一為目的並向他回歸等，這些問題，可說是柏羅丁學說的重複與傳播。

當然，作為基督教而非新柏拉圖派的自因論者，他並非祗是重複柏羅丁，他也有其獨到之處，而且有些獨到處還很令人費解。比如他在論及神、太一不可知、不可言說之時，提出了一種新的感悟上帝、太一的方法。這個方法由兩路相向的程式組成，他命名為「肯定神學」、「否定神學」。還比如他相關「聖名」，即有關以神、太一為核心的若干概念、範疇、名稱的討論、定義及性質認可等，也相當具有開創性。還有他關於惡的來源，也與柏羅丁有不同之說。最後，他繼續斐洛、奧利金的寓意解經法，宣揚了一套「象徵神學」（他提到他寫了一本《象徵神學》的書，可惜失傳了），提出了「天階體系」的概念，以此來象徵世界的構成及其關係狀態。

　　偽狄奧尼修斯的上帝、神、太一、至善、一，是他全部體系的核心概念，也是世界的終極原因，他用了一篇論文來討論這個核心概念和其他相關概念。與柏羅丁相比，他所受到的柏拉圖哲學的影響要小得多，因此，其本體、本原的討論相對柏羅丁，便要簡潔許多。即，他祗有唯一本原之說，而無有什麼「理智」、「靈魂」之於本體的拖累。當然，這個本原的定性倒是與柏羅丁相近，祗是超越實在，而非任何事物，是存在的原因，在所有事物、在之中，為諸在所分有、卻非是任何在本身。這些討論表明，他是堅定的自因論者，與他因、二元論、實在論諸說不相干。這樣的表達之後，他繼而強調了本原的不可知、不可言說的事實，為此，他提出了感悟神、太一的三個「丟掉」的認知原則：丟掉一切感知到的和理解到的東西，丟掉一切可以知覺的和可以理解的事物及一切存在物；……丟掉一切並從一切中解放出來，爭取與那超出一切存在和知識者合一（《神秘神學》）。正因為他深刻地理解了本原的不可知、不可言說的事實，所以他雖有《聖名論》之論文，可他的相關討論的確不若柏羅丁那樣放任，作出許多無味、牽強的描述。他把概念的討論更多放在了本體、本原之外

的如和睦、生命、力量、時間、大小、異同、靜止、運動、平等、公義、救贖、不平等、智慧、心智、真理、信仰、範型、存在者、惡、善、美、愛、出神、熱誠、光等等的討論上。這些概念屬於對理解本體、神有幫助的概念，它們都是實在中的概念，是神意的發散與分殊，所以成為了他「肯定神學」的內涵。在這樣的肯定神學之外，他復提出「否定神學」之說，即逐一去掉在與在的意義、價值，以超越理智的方式進入黑暗之中，最終與太一合為一體。這是一種上行、攀登的方式，它將擺脫語言、觀念、意義、價值這些實在的品質，而回歸到至善、神本身。這也是一種還原的義理，它由柏羅丁繼承柏拉圖而來，不過，柏拉圖的還原祇是相、理念，而非本原，柏羅丁回歸的是太一、至善，是本原，現在偽狄奧尼修斯亦認同了這樣的還原，而且更有了智慧還原的傾向，這更接近東方的還原證成之說。以此故知，我們將柏羅丁、偽狄奧尼修斯等人定義為自因論者，說他們的義理學說是東方式的，是因為他們滿足了東方義理哲學兩個固有的標準：世界是內部化的，世界亦是還原證成的。

　　這裡，還需說及一事，即偽狄奧尼修斯的體系與基督教，特別是後來的天主教有密切關係，亦至後來天主教的教階結構幾乎完全憑據了他的《教階體系》一書。也因為此，他在將近1000年後，受到了新教創始人馬丁・路德──為了反對天主教──的猛烈抨擊。這裡的問題涉及到了偽狄奧尼修斯所說的「象徵神學」的理解問題。如前所言，如果我們肯定偽狄奧尼修斯的所謂神學是「象徵」意義的神學，那麼，他所說的「天階」、「教階」祇能當作符號理解，我們必須透過符號去理解他的宇宙論深意，而若否定他的「象徵」，則他的確為後來的天主教提供了教階體系的藍本。同理，他所討論的神、上帝，若果真的是基督教的位格神，祇可說他是一個更高明的他因論者，而若認為他所說的神不是位格神，實是義理神，則知這個神就是非宗教

的本原、本體，宗教神之美名實乃假借。根據閱讀，我傾向於認為他是自因論者，而非他因論者。他的諸多名稱幾乎完全基督教化了，可他關於神的超實在定性，以及神乃諸實在的終極原因，或說諸事物、在分殊神之說，即表明這個神是這個世界本身，而非外在的締造者。這才是他的本意。

偽狄奧尼修斯之後，有三個重要人物是自因論的傳遞者，他們是愛留根納、伊本·阿拉比、埃克哈特。通過他們之手，這個義理之棒再後又傳到了德國人庫薩的尼古拉之手，最後，另一個德國人波墨了這個過程。既如此，我們須得先簡要地看一看前面的三個人。

愛留根納（810～877）生活在中世紀歐洲的艱深年代，有幸成了偽狄奧尼修斯著作的翻譯者，也因此成為他的同路人。他自己為後人留下了一部偉大的著作：《自然的區分》（也有譯名《大自然的分類》，此書目前尚無中文譯本[67]），因為這本書，他被教會宣判為泛神論者。這位泛神論者，應該說當之無愧，在東方哲學看來，泛神之說，即自然神論，它是自因論最基本的學術前提。愛留根納正是基於自然——完全不同於希臘哲學和基督教學說的自然說——的新範疇和新定義來建構其義理體系的。從其對自然的定義、解說、論證看，他可被進而視為至他的時代最為成熟、深刻的西方自因論者。

《大自然的分類》一書共使用和討論了四個基本概念或範疇：自然、上帝、不存在（无）、存在。簡要說，這幾個概念的關係是：自然＝不存在＋存在＝上帝。按照他的定義，自然不祇是存在世界，還應包括不存在的世界。正是這樣的自然，換一個名稱表達，便是上帝，所以上帝等於自然。存在可說為事物的世界，或實在，或經驗世界，或物理可解釋的世界，它由質料、形式、時間、空間、偶性等組成，不

---

67 以下相關愛留根納的研究參見葉秀山、王樹人主編：《西方哲學史》（學術版）第三卷，223～252頁，南京，鳳凰出版社，2005年。

存在即世界的理性、本質，自然或上帝是它們之和。上帝既是存在、不存在之和，亦即超存在，是世界的原因。然這個原因並非外在，它又在世界之中。這說明，世界或自然是自因的，本身即是起始的內在。

上帝既在世界之中，又為世界的原因，其解釋可說為：作為原因，且是自主、自由、自足的原因，它是全體的創造者，是它創造了存在、事物，是它由无中生有、從虛无中創化出了世界事象，或說由隱性而為了顯性；作為自身，它又是自我顯現，使自己由隱而顯。這樣的由隱而顯，這樣的自我顯現是其意志使之然的必然，無關自然與上帝之外。因此可知，所謂自然，即上帝自我意志的自由、自主、自足的實現。自然之說，也表明有无之間、隱顯之間、存在不存在之間並沒有隔礙、鴻溝，它們均是上帝本身。

上述的簡要描述在愛留根納的著作中，其實是有非常成熟的邏輯論證的。比如他關於不存在的五種論證方式：a.不能被理智和感覺把握的為不存在，b.向上止於最高存在的否定，向下止於最低存在的沒有，便是不存在，c.隱藏著尚未有質料、形式、位置、時間，亦即偶性顯現的，即習慣上的不存在，d.不能被理智沉思（由於物質的擴張與收縮，或因時空改變、聚散而致生滅中）的被說成非真的存在（此是反說，實即存在），e.沒有得到上帝恩典使之恢復被造時的形象、不具有生命的為不存在。此外更重要的，是他關於自然世界之分類的討論。他一共分出了四種類型的自然，它們是：a.創造但不被創造的——上帝，亦即終極原因，b.既被創造又創造的——事物之原因，或說為上帝之果，事物之因，c.被創造但不能創造的——事物，或上帝之果，d.既不被創造又不創造的——非因非果，无或上帝本身。他的這種劃分，其實還不祇是分了類，更在於他用分類的方式告知了世人：世界的被創造與回歸上帝自身的必然性。這屬於東方哲學中的還原論題：世界不僅

是內部化的，也必然是還原證成的——自我原因、自我起始、自我顯現、自我回復。

愛留根納說：我們不應該把上帝和造物理解成兩個彼此不同的東西而是相同的一個。造物存在於上帝之中：上帝通過顯現自身，以一種神奇的不可言喻的方式在造物中創造自身，不可見的使自身可見，不可理解的使自身可理解……[68] 可知，這位泛神論者的上帝，其實真的不是宗教的位格神，而是自然神，義理化的自然神。

伊本・阿拉比（1165～1240），是伊斯蘭世界繼阿維羅伊之後最具深度的超實在論者，或說是那個世界中唯一的自因論者，非常可惜的是，相關他的研究祇能用罕見來形容，西方的主流哲學史、思想史幾乎不提及他，祇有少數相關宗教史的書才有說及。據說，他的書最近才有英譯本問世，所以我們現在祇能據二手資料來描述他。

伊本・阿拉比的體系與愛留根納有相似之處，他認為世界是一個整體，整體性即沒有差別性便是神性的原初模式。這種原初性在愛與認識自我慾望的推動下，分裂為了主體和客體。這裡的整體性即真主，它是造物主，受造物是宇宙，或存在，亦即真主自身。對造物者言，個體是有限的，不朽或無限的祇能是整體。在諸受造物中，人是一特定的受造物。首先它具有全部受造物的形式的潛能，其次，它通過體驗神秘的真主，而非理性，可以與真主同一。從某種意義上講，真主正是通過人類認識它自己的。在人類中，有一種完人，它處於中間地帶，將天地融於一身，從而獲得存在的單一性，有真主般的創造力，能夠完成內在的想像，這些人便是先知和使者。

大要言，伊本・阿拉比的體系屬義理神論，不過借助了宗教神的依託而已，祇是我們掌握的資料有限，難以完整介紹。

68　愛留根納：《大自然的分類》678c，轉引自葉秀山、王樹人主編：《西方哲學史》（學術版）第三卷，249頁，南京，鳳凰出版社，2005年。

　　埃克哈特（1260～1328）是負有盛名的超實在論者，長期以來，他被冠以大師的頭銜，影響著西方世界。現在，他的著作有了中文譯本，名為《埃克哈特大師文集》，由榮震華先生翻譯，商務印書館出版。其中，《論屬神的安慰》、《講道錄》與本書論題相關。埃克哈特終生任職教會，最終成為斯特拉斯堡主教，一生的佈道演講頗多，祗是，這位職業宗教人士並沒有忠實地履行其規定的職責，他最終所演講的宗教義理，非常意外地將宗教神否定了，我們現在所看到的他所解釋的神實已是泛神之神，亦即自然神，甚或可以說是——非神化的本原：太一、虛无。

　　與前述的愛留根納不同，埃克哈特沒有一本專著去討論太一、虛无，他的全部思想都隱藏在他的佈道講演中。可以說，他的每一次佈道都在講《聖經》，特別是《新約》，講其中的典故、話語、規訓之類，他也會旁徵博引，將他看起來特別推崇的哲人、使徒，如柏拉圖、亞里士多德、奧古斯丁、湯瑪斯·阿奎那、阿維森納、納西盎的格里高利、聖彼得、聖保羅、聖約翰等人的言論、著作作為信證使用，然而，閱讀中你會發現，他所論說的神、真理、義理，實在與上述這些人的思想相去太遠，或可說完全相反。方式上講，他做出這樣的效果，主要是他使用了長期以來流行的寓意解經法，對他來說，更在於隱喻的發揮。即通過隱喻性的解釋，他使《聖經》有了完全不同的結論。他所使用的隱喻解經法，又可分為正面隱喻和負面隱喻。所謂正面隱喻是他讓《聖經》中固有的事物、人物、行為、現象均具出他所理解和認定的意義、價值；而負面則反之，用來象徵負面的意義和價值。在他所使用的隱喻對象中，其正面者如羔羊、錫安山、城市、上帝的殿堂、大筵會（晚筵）、小巷、城門口、有一個人、寡婦、死去的少年、少年死去的父親、童貞女、父、子、太陽、月亮、金鑄及寶石鑲嵌的杯盞、道成肉身、獨生子、沙漠、黑暗、荒原等等；其負面者則有如五對牛、一塊地、娶妻、賣鴿人、買賣人等。這

樣的技術處理結果，是讓他有思想表達的空間，他可以任意去說明
（歪曲）自己想說的宗教義理，這種他想說的義理實質上恰是一種東
方的泛神論本原之說。後果是，他的行為讓他最終在西方世界受到了
審判，並被裁決為有罪。以此，他成了天主教乃至西方世界著名的人
物和宗教事件，直到1980年，教會當局才為他恢復名聲。

　　依事實言，埃克哈特的確有罪，他的思想和學說完全不是基督教
世界所能理解和接受的，或可說，他是西方世界中最徹底的自因論者
之一，他的學說在自因論的兩個基本領域——世界是內部化的，世界
亦是還原證成的——都有難能可貴的發展。有所不足的祇是，由於他
沒有專著進行體系的構造，僅隱藏於佈道演講中的思想和學說，頗讓
人覺得不夠明快和暢快。

　　埃克哈特的思想是由神（上帝）來開講的，所以他對上帝的講
解佔有非常大的份額，他同樣說到了宇宙的創生，也說到了聖父、聖
子、聖靈及三位一體，還不迴避所謂靈異事件，而結論卻是，聖父或
上帝漸次被引入了太一、虛无的境地，成了世界的本原，它自己從自
己的虛无中創生了存在、事物，即被創物。這意味著，被造物不是外
在、另在，恰是上帝或虛无本身，是虛无的假象、影像。在埃克哈特
眼裡，祇有虛无、上帝才是真實的，而顯現出來的事物反是虛假的。
《聖經》中的聖子，現在依聖父之變換，亦變成了存在的必然，它是
上帝所生之唯一。表面看，存在為所有事物所內在，而實際言之應反
過來，所有的物質都在存在之中。聖靈是聖父賜予存在的他的本性，
以使存在成為存在，這個他的本性亦可名之為靈魂——對人類言更是
如此。這樣，聖父、聖子、聖靈就由位格神的三位一體，變成了泛
義理的體、相、在的一體。正是基於這種一體性，或同一不二性，埃
克哈特才說，我與上帝同根基（《講道錄·第六講》）。上帝從虛无
（自己）中創造出了萬物，這樣的創造是永恆的，沒有時間；同時，

這樣的同根基性也意味著被造物的平等。不過，對人類言，這種抽象的平等之中，卻有著責任和義務的特定。原因乃在於，人類之為人類的那個根據即靈魂具有特殊性。

靈魂是神性的影像，所以它有與上帝合一、回歸上帝的必然性。這種必然性便是人所具有的理性和意志。人通過對理性去認知上帝、存在、神性，即是上帝對自我的認知。這種由理性所承擔卻表達了本原與存在雙向、相向的認知——上帝通過理性對自己的認知，人通過理性對上帝的認知——的心靈交通方式，其目的即在於人類要擺脫自我，放棄一切，回歸太一。太一是埃克哈特談論得非常多的一個概念（可見之《論屬神的安慰》、《論貴人》、《講道錄·十六講、二十二講、四十三講、四十八講、五十二講》諸處），顯見它來之於柏羅丁。不過，他進而糅合了愛留根納的本體虛无學說，讓本原無形、無時、無空、無性、無質、無法化，成為了真正的无，很多時候他用黑暗、沙漠、荒原來形容它。在這個範疇中，埃克哈特讓神亦虛無化，使太一、无成為了超越神的概念。亦即，所謂同一不二，不祗是靈魂與上帝合一，更是心靈對上帝的超越。這便是埃克哈特的終極結論：宗教神成為多餘之物，可棄之無礙。

歸結起來，埃克哈特的學說可說為，首先，他強調神的「絕對」性，說上帝固有地擁有存在，上帝之外是虛假；然後，他又論述說，人依附於存在，是上帝的影像，聖子在人的超脫心靈中自我產生；繼之，他提出上帝不在人之外，完全在人們的心靈中的觀點；最後，他進而指出，人心與上帝合一還不夠，必須拋棄一切，包括拋棄上帝，如不拋棄上帝則不能拋棄任何事物，從而到達人心毫無所求，甚至也不求上帝，以此越出上帝。

埃克哈特的高明在於，他以主教的身份，利用宗教的場景和由頭，最終揭示了自然神的本然道理。可說，自因論者的寄生性在他那

裡表現的淋漓盡致。他所說及的這個最終的虛无之本原，即使在東方世界，恐怕也祗有道家、佛家之說可與之比論。

現在，我們來看看著名的庫薩的尼古拉。

庫薩的尼古拉（1401～1464），是繼埃克哈特之後，又一個名揚天下的德國自因論者，他的主要著有《論有學識的無知》、《論隱秘的上帝》、《論上帝的觀看》等。現在，這些書已有中文譯本，翻譯者分別是尹大貽、朱新民和李秋零，出版者為商務印書館。此外還有《天主教的協調》等未譯成中文的書。尼古拉學識淵博，為人謙和，長期為教會、教廷服務，還出任過紅衣主教朱麗安的秘書，這使他獲得了很順利的人生經歷，最終自己成了紅衣主教，是教皇尤金四世的學術顧問，並作為教皇使節，被派往君士坦丁堡，參與東西方教會復合的準備工作。這位看似鐵桿教徒的尼古拉，其實並不能理解為天主教的忠誠護衛者，他的學說和理論幾乎是偽狄奧尼修斯與埃克哈特的再版，屬典型的自因論義理，祗是，他非常高明的表達方式，讓他避開了教會當局對他的稽查，因而相安無事，而他的追隨者喬·布魯諾卻沒有他那麼幸運，幾乎可理解為代他被燒死在了羅馬的廣場上。

尼古拉的書滿篇都是以關於上帝的討論來障目的，這很容易讓人相信他是一位虔誠的上帝信仰者，不過，仔細的閱讀後我們會發現，他的上帝不是締造者與位格神，而實已成了泛神。他解釋說，上帝是一，是絕對，是無限大，亦是無限小，是本原，是永恆，上帝創造一切，又在一切事物中，一切事物亦在上帝中。亦即說，每一事物都在一中，一本身就是一切事物。這句話聽起來幾乎就是華嚴宗「一即一切，一切即一」的翻譯。這樣的表達很顯然與《聖經》的表達相去甚遠。還有，這位自因論者與他的前輩們不同，他不求助於隱喻解經法，即通過事件、語言、行為的他意解釋去表達自己的自因論理立場（如埃克哈特那樣），非常特異的是，他發明了一種新方法，這種方

法可名為「邏輯化的自因論」，用這種方法，他建構了自己的有關上帝和世界的結構體系和知識體系。從形式上看，他的這種方法應當來之於古希臘，具體說與他極力反對的亞里士多德相關，當然還有赫拉克里特等人的辯證法，畢達哥拉斯的數本體說之類，不過，他不是簡單的搬借，而是融會貫通，作了全新的建構。

尼古拉的建構，讓我們看到了一個新上帝：邏輯化的上帝。所謂邏輯化的上帝是指，這個上帝是由人的悟性而成立的，此悟性是對無限必然的覺悟，而非對無限本身的覺悟。這裡所說的對「無限必然」的覺悟有其特定的內涵，它表明，這裡的無限（上帝）是由實在經過邏輯的方法推論出來的，而其方法又必得遵守推論的原則，這個原則是數學的。即經由數的原則所形成的邏輯方法導致了上帝的成立和必然性，這個邏輯反逆之即是，如果這個數學化的原則失效或不存在，則推論的方法不成立，推論的方法不成立，則邏輯的必然性就無效，邏輯的必然性無效，則無限的必然就虛假，而無限必然的虛假，便是上帝的虛假。

毫無疑問，這樣的體系是自因論的，可它卻是一種邏輯化的自因論，而非本原的自因論。這種邏輯化上帝體系的成立，中心不在於上帝本身是什麼，以及它如何創化世界，而是為了解釋現實世界，即存在的必然性、合理性。或即說，尼古拉所重視的價值，其實與亞里士多德是同性的，所不同的祇在於，尼古拉由上帝、本原、一而及之於實在，亞里士多德則是由實在本身來談論實在。正是基於這個邏輯化的上帝，他的三位一體便有了新說。他說的三位分別是潛在、行動、聯繫。此三者分別是上帝這個一的不同表達。

上帝的邏輯化，必致世界的邏輯化。首先，他把存在作了四種區分：a.絕對必然的存在，b.必然的存在，c.現（事）實的存在，d.可能的存在。此意味著，世界是存在（實在）化的，無關非實之事。這

使他與愛留根納有非常明顯的不同，因為他否定了非實在（有）的意義和價值，這便讓世界走向了實在的單邊化境地，所以，結果與實在論無異。由於尼古拉主要關心實在世界的邏輯，所以較其他的自因論者他特別地注意到了一些不曾被重視的實在義理，比如矛盾與統一、一與復多、有限與無限、個性與共性、有知與無知等現象與問題。

其次，在尼古拉看來，世界之所以具有邏輯、有規則和秩序，全在於上帝創造世界時運用了數學原則。這些原則規定，其一，世界的雜多、異態、差異等均是由簡單、純粹、無限的一顯化出來的，所以，復多、差異不是本質的，同一才是本質的，這一品性正好由宇宙一詞的合成予以了表達，拉丁文宇宙（universus）是由一（unus）和轉向（versus）合成的（普遍性一詞是由宇宙派生的）；其二，存在本身是以有限、矛盾、對立、差異等方式來表達的，所謂存在，即是這些樣態本身，此即表明，我們的世界是不完善的，這為通向完善提供了前提。

除了邏輯的解釋之外，尼古拉還追隨柏拉圖的說法，認定了世界與上帝之間的本原與影像關係。他花了很大的篇幅重新解說了柏拉圖的理念論（見《論有學識的無知》卷二第九章），其用心是在柏拉圖的理念之上加入上帝或本原的絕對，以此完成世界的解釋。很顯然，這樣的加入，便越出了柏氏的理性、理智邊界之外，於是他需要一個全新的知識體系來安頓上帝或本原、絕對，否則，這樣的加入無法在邏輯上圓滿。為此，他將智慧分為三個層次：感性、理性、悟性，並進而形成三種知識：感覺知、理知、性知。前兩種屬於他所設定的有知範疇，第三種則是這種有知的對應者：無知。由此可知，關於上帝、絕對、本原、一、無限的知識，正是我們的無知所在，它祇能通過悟性方式才能獲得。這種對知識的理解和劃分在西方世界是開創性的，它對兩千餘年來已主流化了的理性知識傳統形成了衝擊。

理性的知識祇是，也祇能是關於實在本身的知識，它無法越出實在、實存之外去理解、解釋世界的非實在。從起因上論，知識的實在化或理性化（也包括感性知識），是西方文化早年斷裂自然本根所必致的結果，尼古拉的無知之說，正是跨越了斷裂，試圖追逐、連綴本原、本根的新思維，所以他帶來了之於西方文化和義理體系的強烈衝擊。長期以來，所有相關自因論及類似的知識現象一直被西方主流文化斥之為神秘主義，斥拒的結果是不進入、不理解、不接受，這導致了西方文化體系之於非存在，或說無限、虛无、本原的缺失。而其解決的方式則有二，一是堅持缺失，以實在論為滿足，後來為充實其內涵，復開發了依實在論而成立的認知論、邏輯論，在思維和表達規則、效率上大做文章；二是向他因求助，以神的他因依據來解決實在的依憑需求。尼古拉的特殊在於，他不祇如他的前輩那樣，表達了自因義理，更在自因義理之外，探究了知識的不同屬性，以及智慧的不同類型。形式上講，他的新創繼承了亞里士多德的知識論傳統，使之成為了體系的重要構成部份，然而，這種形式上的相繼，並不代表他認同了亞氏的實在論學說，他更希望以此彰揚相關本原、絕對、一的知識價值——如同上帝一樣，關於上帝的知識是絕對真理，它得由特殊的智慧才能獲得。

尼古拉的依實在邏輯推論而有的上帝、絕對、無限、本原、一的結論，構成了一個因理解而有的完整世界——實在世界＋非實在世界，其中，現實或實在世界是上帝意志的影像、摹本。這樣的解釋必然有以下後果，影像世界，亦即實在世界必須還原到本原世界。這裡，我們除了看到柏拉圖的影子外，更會發現，他的自因論確實與他的前輩們的自因論有重大差異。其他自因論者都談到了還原問題，可說他們幾乎是一種實在直接向本原的還原，而尼古拉的還原則是邏輯的影像實在向邏輯的本原的還原。即，不祇是他的世界是推論而成立的，他

的此世界向彼世界的還原依然是推論而有的。這樣，一個邏輯化的世界和它的自因論得以成立了。

尼古拉的自因化思考，帶來了一個重要的實踐後果，便是他對現實世界的批判與改變的執著。具體說，西方世界因斷根所致的群體分割、宗教對峙現象，極不符合他的本原一統學說，因此，他致力於世界的一統化，特別是宗教諸派的一統化運動，並為此作出過實實在在的努力。他期望的結果當然不會出現，至少不會在他的時代出現，可他的確成了世界和平的先行者。

尼古拉的思想、學說及學問方式和社會及宗教理想，在他生後產生了廣泛的影響，諸如布魯諾、萊布尼茨，也包括康德等人都對他有不同程度、不同領域的繼承或憑藉。

最後，我們來看一看波墨。雅各·波墨（1575～1624）是又一位德國人，他出生且一直生活在民間，可說是一位民間哲學家、思想家。在我所說的他是最後一位西方的自因論者之前，已有職業評論者認為他是過渡時期最後一位思想家。他寫過的著作有《曝光》、《論上帝的三個原則》、《偉大的神秘》、《論人的三重生活》之類，不過這些書目前仍無中文譯本。大概因為是民間思想家，又是典型的自因論者，所以西方的主流研究者不大關注他，祇有德國本土的哲學或哲學史研究者才給予了他以應有的評價，如黑格爾、漢·約·施杜里希等人。黑格爾對他作過超常的研究，原因是，他的自因說中有黑格爾可資利用的命題、觀點。不過，對科班出身的黑格爾言，這個皮匠出身並終身以之為業的街頭哲學家，的確讓他有氣惱之處，所以，黑格爾在他的《哲學史講演錄》第四卷中也用了很多的譏諷、批判、調侃的語言，以表達他自己的正宗與專業。雖然如此，我們今天對波墨的理解還是不得不依賴黑格爾。

　　黑格爾對波墨的不滿主要來之於後者基於直覺、靈感把握哲學，而不是基於理性、概念來表達真理。在黑格爾看來，祇有可以概念化的東西，可以邏輯把握、規定的思維，才能叫真理。其實，這是所有實在論者的通病。真正的哲學乃是智慧之於其所原的本原的覺悟與記憶，是對本原之形式——也包括自我——的化除與還原，經由還原證成，把握世界的同一不二及絕對性。試想，這樣的哲學雖然離不開理智的參與，離不開理性思維的助成與推演，然卻非是理性與邏輯、概念所能成就的，它首先得是直覺與靈感的啟迪，是性智覺的暢通與記憶的完整。故知，波墨所為恰是真正的哲學，而黑格爾所為實乃假哲學。

　　這位皮匠哲學家，的確有他職業的癖好，他的思想是用他日常使用的化學藥品——皮革製作的硝、酒精、香精等——來比擬的（這些正是黑格爾大為不滿的地方），恰正是這樣不入大雅的比附，讓他成為了最徹底的自因論者。從某種意上講，他對世界之自因的理解、解說超越了他的所有前輩，這是真正的奇蹟。

　　自因論者的共通性在波墨身上鮮明無比，他堅定地相信世界的本原、本體是太一，通常情況下，太一也被叫做神。不過，在這位新教徒的深刻思想中，太一之所以被稱為神，以及後續的聖父、聖子、聖靈之類的概念，完全來之於人類的精神原因，即它們是由心裡誕生出來的，如果排開心的特定，則這個概念可說完全多餘。我想，他之所以一生都受到教會當局的排擠，被打壓，與他這種對神的解釋不無關係。故知，一個自因論者就算披上宗教的外衣，也無法不露出底蘊。太一本身並無善惡之分，它是絕對的本原，然而，由於太一（神）有一種特性，即善惡、存在等都是太一本身，無法作出自因之外的他解，所以這便帶來了世界的問題。現在我們來簡單地描述一下他的體系和說法。

　　依波墨所言，太一是潛藏者，也是先於差異、衝突的調和者、殊異的統一者。以此言，可說它是單純的本體。不過，這潛藏者有一種性質，這就是它的離異性，產生自身的分離、啟示、聖言、痛苦等。這種離異性也就是太一流溢，對潛藏者太一言，這樣的流溢是否定性的，而正是這種否定性的力量，它讓太一自身有了無窮的多樣性，使太一成為可以自我感覺的（物）。進而，自我感覺亦即是否定的結果反轉對太一自我的認知，通過認知，所有的否定性都會回歸太一。波墨的這個簡明的描述，可以更加簡約地表示為如下鏈條：絕對太一→離異性→流溢→力量與特性→否定性→存在→調和→認知自身→還原太一。

　　這根簡明的鏈條極有助於我們把握和理解波墨的思想，不過，這裡的簡明與他的描述之間還有相當距離。一是如前所言，他的思想太多是通過硝這類藥物來比擬的，讓人先要去熟悉硝這類藥物的特性、功能，然後才能象意他所要表達的思想；二是，他的思想也有前後表達的差異，總的說來，他的書有一貫性，然，前期著作，如《曝光》所表達的似乎更接近這位皮匠的生活經驗和直覺，以致硝、酒精、香精諸說較為凸顯，而後期著作，如《神智學問題》，則更接近一個哲學家的思辨思考，有了概念和範疇的討論；三是，他實際所討論過的思想與學說比這根鏈條要複雜得多。所以，我們還得進一步理解。

　　第一，他對三位一體有自己的獨到解釋。

　　他說，太一，亦即神，它是宇宙的生命之所在，它顯示在萬物中，它是一切：黑暗與光明、愛與恨、火與光等等的共同所在，它是最初的統一，是尚未分開的一切力量和性質，萬物均由相同的力量造成，並永遠地留在那力量之中，一切都是神的肉身。神有一種性質：運動（離異性），也就是煩擾、痛苦、源泉、推動、生命力、冷、熱、苦、甜、辣、澀、硬、粗、軟、聲音等，一切物都是這些性質造

成的。祇是，這些性質是潛藏著的。這個第一位的神，便是人們所說聖父，它是一切力量、一切性質之統一與潛藏。

第二位便是上面這個力量、性質的發揚、分離、痛苦、啟示、聖言，或即是力量、性質的實在化。聖言是太一的流溢，也是神啟的神自身，是開端，流出物即是智慧，它是一切——力量、顏色、德行、特質——的開端和原因。這個第二位即是人們所說的聖子。它是聖父的映射而非另外一個神，它將聖父的力量、性質顯化，使之成為物、成為存在、成為自我。其所為的顯化，即是通過否定性、離異性使潛藏顯現出來。這樣的顯化中，物、自我、存在、痛苦，亦即是惡魔本身。無限的流溢和顯化、否定，會進入產生火的階段，最終使太一變成全體的光明，這便是復歸於太一。

第三位便是上言三重性形式——光、離異者、力——的統一，這即是人們所說的聖靈。這裡所說的統一，可理解為世界的還原證成。

第二，他對存在和惡的解釋，很是別出新意。

存在之所由，非外界、外在他生，而是太一因其自身的離異性流溢的結果。在這裡，太一不僅有流溢，而且有離異性。這個離異性的引入，表明波墨在柏羅丁的基礎上，有了一種新鮮且深刻的表達。它的意義和價值在於，太一的流溢必須有離異來調和自己，「如果沒有阻擋，一個東西就不能向自己顯示出來，因為那樣它就沒有對抗，就一味獨自往外跑，不再返回到自己身上了。它不再返回到自己身上，不再返回到原初出發點，也就對它的原初狀態一無所知了」。「如果沒有阻擋，生命就沒有敏感性，沒有意慾，沒有作用，就既沒有理智，也沒有科學了。如果那潛藏的神，即唯一的本體和意志，並沒有以它的意志從它自身展開，從Temperamanto（調和）中的永恆知識展開，進入意志的離異性，並把這離異性導入一種圈定性（同一性），

形成一種自然的、被創物的生活,而生活中的這種離異性並不是處在爭鬥之中,那麼,那唯一的意志裡又怎樣可以有對它自己的認識呢?」[69]

這個說法非常精闢:太一為了認識自己,便讓自己經由離異性顯化自己,這樣,自己認識自己的目的便達到了。可以說,這是西方自因論者自有史以來最為獨到且最深刻的解釋,它的確導出了世界之所以存在化、實化的根本原由,是一種難得的人類性智覺。

正是在這樣的基礎上,波墨給出了世界之惡的由來。在他看來,惡本身是中性的,它即是存在、物,但由於存在、物必得以對立、競爭、對抗的方式來表現自己,所以一切存在和一切物就不得不有惡的表現。故知,惡與存在本身一樣,是太一之否定性的表達。因此也便知了,惡具有存在的自身性。亦是在這樣的認知中,波墨表達說,天堂與地域並沒有距離,善於惡也無有明顯的邊界。

當然,這並非波墨的終極結論,惡與存在一樣,祇是太一流溢過程的現象,對過程言,繼續流溢的結果,會使它自身進入產生火的階段,那火會得到提高,達到定點,成為完全的光明。於是,太一的另一原則即永恆的生命快樂便現象出來,以致多樣性、差異性、存在、惡復歸於太一本身。

波墨理論學說的結論不無正確處,唯其說得過於簡陋,多少有些附會之嫌,那是時代和他本人的局限所在,我們無需苛求。回觀他的全部說法,有幾點的確發人深省。一是他強調內部化的自因論,說一切均成立於本體之中,本體把自己造成了創造物;二是他認為創造的原因是離異,而離異的目的又是太一想通過自身的無窮多樣性,使自

69《論神聖的關照》第一章,第八至十節,轉引自黑格爾:《哲學史講演錄》第四卷,45頁,北京,商務印書館,1978年。

己可以感覺、認識自己；三是他認為流溢必然產生火，而火的提升達到了頂點便會產生光明，這便會讓萬物復歸於太一。此外，他關於存在、惡所由來的解說，也可謂發人心聲，而此，也恰是黑格爾高度重視他的理由之一。

波墨的「曙光」之說，便是要告訴世人存在之所由來，及太一的絕對性。他以之為著作名稱，實可謂別出匠心。至他生命的後期，他用另外的著作對先前的學說作了更概念化的修飾，即用是與否分別表達太一和太一的離異性，而是與否的交互作用關係──最原初是單一性，即是；這便須要分離單一性，分出多樣性，以便自己認識自己，這是否；而後又否定多樣性，把它還原為單一性，最後統一之，復歸於是──便是世界的全部。

至此，我已將寄生於西方文化之中的自因論的主要思想和人物，做了一個梗概性交待。因為是寄生和非主流，就使如柏羅丁這樣的幾乎無人不提及的哲人，其真正意義和價值其實是被埋沒著的，沒有得到應當的理解和認知，確乎可惜。

第 八 章

義理神論（Ⅱ）

　　本章所述，為印度文化及哲學所貢獻之義理神論。

　　印度之義理，實乃東方世界純正義理，它興起時間早，且體系弘大。從源頭看，它直接秉承吠陀時代的自然神而來，故其文化的直入性特徵異常明顯，而從其體系及思想觀念的演繹方式、格局看，則可知，豐厚的自然神崇拜為自然神的義理化提供獨一無二的前提和條件，這種前提和條件於他者、他域可說難以比肩。

　　自然環境和生存方式的長期浸潤，幾乎完全馴服了印度社會和它的民人，結果是自然神具有了絕對性。這已由吠陀詩篇及《羅摩衍那》、《摩訶婆羅多》等史詩提供了明證。及至義理時代，聖哲們不祇是要將原來的自然神降級消化，使之成為顯化世界的組成者，更重要的是，超越馴服、順從，化祛罪惡的根源。此表明，該意願的徹底、完整解釋，絕非就事論事可了斷，若非突破現象、假象，直入世界所以然、所當然、所必然的本然之域，定無他解。前此存有的那些自然神，既便如生主、濕婆、毗濕奴諸名，其分差別性和擬人化的特徵之類，實在無法擔當起全部世界所原、所本的重任，不另起爐灶，不足以有真正的說法。正是在這樣的背景和需求之中，自然神被整體地降級，置於了顯化世界的組成之中，祇是，它們的存在仍有特殊性，這便是它們充當了現象與本原之間的中介、傳遞者的角色。這樣的描述在《奧義書》中異常普遍。現在，本原、本根、本體被定名為了神我、梵（大梵），它的自我顯化的意願使自己創化出了有形的世界。故知，所謂有形、存在、物質、心性之類，均是這個本原神我自己。這一本然性的規定或原則，即預製了世界的基本前提：世界是內部化的，沒有外在，沒有他者。進而，本原神我的顯化，也讓顯化者承載了風險和代價，這便是諸現象、假象、存在間的衝突、對抗，以致罪惡、痛苦。這些罪惡、痛苦是由在化、形化、象化的負面張力（即業）所造成的，如果在不解除這種負面張力（業），則會永遠輪

轉在不停息的在化過程中，祇承受其害而無有快樂。而其實，任何在都內藏了一種主動或自主能動性，這種能動性的意涵是，它可以解除或中止這樣的輪轉，直接回歸到本原之中，以此便解脫了痛苦、罪惡。這便是印度義理神論所設定的第二個本然性的原則：世界是還原證成的。即所有的在都在可能性上必然回歸還原為本原自身。

那麼，該如何顯出這種能動性，使潛藏的可能性成為真實呢？印度義理預製了第三個原則：通過覺悟本原而還原本原。在《奧義書》中，全部現象世界，均有二重特性，其一是諸在、有是平等的，其二是諸在、有又是有等級的。這個矛盾的表述看似有問題，其實無礙。所謂平等性是從其所由而言的，即萬物均是本原的顯化，均由同樣的原和因構成，故說所由是平等的，這個表述實有抽象的意味，一當進入具體世界，則又知，其原其因的同一、同質性，並不影響其量和顯化方式的差異性，而正是這樣的差異性才導致了諸在之間的差別。差別的存在似乎不是印度義理論的主題，它們要引入的方向和結論在於，人作為一種在有其特定性，而此特定性的真實又在於，它有覺悟本原、認知本原、同一本原的能力。至此，印度文化便為人類確定了使命和責任：覺悟本原、回歸還原本原，捨此而外，一切均為虛假多餘。至於覺悟的方式，當以瑜伽為主導，輔以歌頌和祭祀兩法，即可（此義待後面交待）。

至此，我們已大要地描述了印度義理神論的要義：世界的內部化，世界的還原證成，以及人類覺悟神我自身的必然性。可說，印度人對世界的理解既真實又簡潔，的確可以讓他者、他域望其項背。然則，這樣的要義在印度幾乎從一開始就解說蕪雜，宗派百流，以至附贅懸疣、奢論浮華之聲肆行。這經常讓人有找不著北的感覺，從而加大了理解者，尤其是西方理解者的認知困難。據常情可知，自《奧義書》時代起，這樣的複雜局面就存在著。先是奧義的多家發出，後則

成型定格為印度教的六派流行，六派之外還有外道邪命若干。再後，佛學異軍突起，而不久，內部又分化別枝，部派競爭之後，小乘立異，然後又是大乘興起，最終成就了小乘、大乘佛學。再再後，大乘佛學進入中國後，又有了更細緻的宗派分殊。由此而言，要說清楚印度義理神論的流行傳遞，確乎是難以了願。好在它的要義明確，諸宗諸派之分說看似巇林，實則可大可小，可放可收，這要看研究者意願何為：說大者可放小，說小者可放大。據此，本書所意重在義理神之價值和意義的探究，以此考查東方文化的自然本根的原味原意，求其先知先覺的靈智神思，所以，祗好論大放小，說及梗概主流即可。

所謂梗概主流，當包括《奧義書》、吠檀多哲學及相關者、佛學諸說、諸家。本章第一節主說《奧義書》及吠檀多哲學，附及相關流派，第二節主說佛學義理。鑒於佛學的同流性，我不打算區分印度佛學與中國佛學，且作一併論議。

第一節　吠陀奧義與吠檀多哲學

西元前7、8世紀的年代，雅典人開始實行了新興的執政官體制，羅幕洛則在臺伯河邊用犁圈了一塊土地，號稱為羅馬城邦。這表明，彼時的歐洲南部地區開始了新文明的歷史，進而亦知，這樣的文明歷史不祗是有地域的局限性——尚無力普及於中部和北部歐洲——而且它還是地中海周邊地區高度強盜化的必然結果。與這裡的戰亂、搶劫、競爭相比較，我們很容易在南亞次大陸看到完全異樣的情態。那裡的首次被入侵早已在一千多年前就塵埃落定，寄生者已然完全本土化，祗是他們成功地佔據了高等級種姓的地位。不過，這樣的特定和

權利反倒讓他們有能力和機會去消化本地獨特的地理環境和生存重壓，結果這些由歐洲遊襲而來的特權者，祇得將原來的自然神予以本土化的改造和重塑，這便最終成就了東方化的自然神體系。中前期的農耕社會，面對印度類型的環境壓力，的確無法不感覺到自然力量的絕對性、支配性，逃無可逃的重壓不祇是在馴服農民，也有可能反向激發出人類智慧的靈性和哲思，印度的「仙人」們正好成了這後一種自然狀態的感受者、覺悟者。這些覺悟者先是順應自然之所壓，放棄人生的愉悅、快樂，以苦行的方式完全介入自然的生存之中，成為了森林生存者、或森林人，繼之，森林、大山、荒野的自然，其凝靜、隨意均為他們提供了徹思反省的優良環境，以此，他們獲得了人生的超越、物的超越，以至神的超越。當所有的性、物之象被思維穿越之後，他們看到了世界的本原、真實。反向觀察，世界萬物、萬象均可說祇是這本原的顯化、假象。

這樣的認知和覺悟，仙人們是分作兩個階段完成的。起先，他們依緣自然神諸說，順勢有了初級的義理解說，這些成果後來被分別集結為了吠陀詩篇，其中主要者有四種：《梨俱吠陀》、《夜柔吠陀》、《阿達婆吠陀》、《娑摩吠陀》。這些詩集以歌頌神的詩、歌曲、祈禱詩、巫術詩為類別，各有所專。表面看，這些詩集祇是祭神、頌神的定制，而其實，其中的許多說法和思想，已然將神義理化了，其抽象與思辨之意甚明。從內容及史實看，吠陀詩集的作者（即仙人們）與操行者均為婆羅門人士，這是他們的專有職業和使命，唯其如此，他們才有了這樣的發揮和建樹。後來，這樣的預設為新生代的仙人們所更張，他們有了更深刻的覺悟和思考，以致可以索性放棄神和神的載體，直入世界本原之境，這便有了針對《吠陀》而演繹的《奧義書》體系。據說，這些新生代的仙人，即《奧義書》的作者們已不再是婆羅門，而是來之於次級的剎帝利，即武士階級（《大森林奧義書》六.2）。

　　《奧義書》是印度義理神論的主要載體，稍晚一些的《薄伽梵歌》則具備了同樣的價值與意義，而《梵經》和吠檀多派則是印度義理神論的中堅者，以此故，本節即依此三者為典要，討究與本書相關的論意。

一、《奧義書》

　　《奧義書》是自然神義理化的全新體系。它表明，人類以智慧之能去解釋世界，而非猜測世界，在印度已成為事實；同時，它一出場，即扣住了世界的內部化和還原的必然性，是以標示了人類智慧的終極性，所以，必得為人類所矚目並追隨而行。《奧義書》的名目下，集聚了多達數十種（也有說一百零八種，或二百種）的著作，其時間相距上達千年，作者多數為無名氏。根據流行說法，屬於吠陀時代的《奧義書》祇有十三種，它們產生於紀元前的年代。這十三種是：《大森林奧義書》（亦名《大森林間奧義書》）、《歌者奧義書》（亦名《唱贊奧義書》）、《泰帝利耶奧義書》（亦名《泰迪黎耶奧義書》）、《愛多雷耶奧義書》（亦名《愛多列雅奧義書》）、《考史多啟奧義書》（亦名《憍屍多基奧義書》）、《由誰奧義書》、《伊沙奧義書》（亦名《自在奧義書》）、《伽陀奧義書》、《白騾奧義書》（亦名《白淨識者奧義書》）、《蒙查羯奧義書》（亦名《剃髮奧義書》）、《六問奧義書》（亦名《疑問奧義書》）、《唵聲奧義書》（亦名《蛙氏奧義書》）、《彌勒奧義書》。目下，較完整的中文譯本有：一是徐梵澄先生翻譯的《五十奧義書》（中國社會科學出版社，1984年），二是黃寶生翻譯的《奧義書》（商務印書館，2012年），其他尚有一些零散或節選的翻譯，此處不述。徐譯本篇幅較大，且是他的早年譯作，他採用的是詩歌體，多為文言表達，所以讀起來頗多費力，尤其於一般讀者，更是如此。

外加他的許多名詞採用的是音譯，還有些概念是舊行的譯法，的確讀之不易。不過，徐先生於東方文化、哲學底蘊、根本的把握到位，所以是一種較準確的譯本，用心閱讀，啟迪良多。黃譯本篇幅較小，且是白話散文式的表達，所以閱讀方面的困難不多，然，依本人感覺，這個譯本多受西方實在論哲學影響，其關鍵範疇、概念的譯法、表達不能扣住東方哲學的真諦，容易引入西方式的解釋之途，所以，閱讀者得用心辨識，以防實在論的錯誤誤導。另外，黃的譯本祇是上述十三種《奧義書》的翻譯，可理解印度奧義之主要，卻不能窺印度奧義之全豹。為簡約見，我這裡所究之《奧義書》範圍，大抵以此十三種為主，餘者暫不涉及。

竊以為，《奧義書》所論，若以本書邊限而言，當有三大論題可為理說：一、世界的本原，二、世界的假象化與互為養源，三、人類之於本原的覺悟及還原合一。此三大論題，若得一一討論，處處深究，其文字定然量巨雜繁，為免除重負，我祇得提綱挈領，作一概要性的描述。

（一）世界的本原

所謂本原，即世界以之為根、為本、為原的那個某。這個某既為本原，當然是世界本身，不可求之外在、他者，抑且，這個某既為世界本身之內在者，亦不可與諸在兩立，而是每個在本身，即它與所有的在、與萬物是融化性的同一關係。這個立場為《奧義書》所共，它堅守的是世界的內部化，一切是它自身。由此，便阻斷了世界的二元、多元解釋。在《奧義書》中，這個某有一個名稱：神我（有時稱自我）、大梵（有時稱梵）。相關神我、大梵的表述，在《奧義書》中極為頻繁，是閱讀者經常會碰到的名稱。如《大森林奧義書》說：「太初，宇宙唯『自我』也，其形似人。環顧，則舍己以外，他無所見。始呼曰：『此我也！』由是而有『我』之一名……蓋在萬事萬物

之先，已焚其一切罪惡盡矣，故彼稱為『神我』」（一.4.1）。類似的說法還見之於《唱贊者奧義書》（三.19.1，六.2.1～2）、《愛多列雅奧義書》（一.1）、《泰迪黎耶奧義書》（一.5.1）、《蒙查羯奧義書》（一.上.1）、《彌勒奧義書》（二.6），以及《大森林奧義書》其他分、章。

神我（自我）、大梵乃世界的本原、本根，是《奧義書》的核心思想，依此設定，它們繼續解釋說，這個神我是有意志的，它決定讓無形、無影、無性的自我顯化出來，其顯化的結果便是萬物、萬象、萬性的創生。這一觀點有兩層意義，其一是說，本原有意志，是主動者，是它的意志才有了大千世界；其二是說，世界是內部化的，沒有外在、沒有他者。這兩個基本點奠定了東方文化和義理的基設：本原的意志與世界的內部化。這意志便是全部存在的根之所在，而內部化又決定了諸在的非放任性。相關神我決意顯化自己，創生萬物、萬有的說法，亦遍及《奧義書》各處，這裡我不一一引注。

說及神我自化、顯化、創生世界的話題，閱讀者不得不注意到書中出現的幾個特殊概念：上梵、下梵，有形梵、無形梵。一般解釋者很自然地將此「上梵」、「下梵」引向了「上知」、「下知」或「上學」、「下學」的認知方向[70]，此解的確相關，唯不可祇說認知即了，它還涉及了梵性問題。所謂梵性是說，梵如何顯化自己？

梵如何顯化、自化自己呢？前說憑意志創作。這個表述沒錯，祇是太過簡略。認真研讀《奧義書》，會發現它對梵的描述使用了這樣幾個詞：无、空。如：「誠然，大梵之相有二：一有相，一无相；一有生滅，一無生滅；一靜，一動；一真實，一彼面（假相）。此有相者，凡異於風及異於空者皆是也，……此有相者，有生滅者，靜者、

---

70 參見徐梵澄：《五十奧義書》，731頁，北京，中國社會科學出版社，1984年。

真實者，其元精即發熱者也，……至若无相者，即風與空。此為無生態者、動者，彼面者也。……屬神道者如是」[71]。又有，「誠然，大梵有二：一有相，一无相。是有相者，非真實也。无相者，乃真實，乃為大梵。」（《彌勒奧義書》6.3）。「太始之時，唯『无』而已。而有『有』焉，而『有』起焉。」（《唱贊奧義書》3.19.1）。「吾兒，太初唯『有』，獨一而無二者也。有說太初唯是『非有』者，獨一而無二；由『非有』而『有』生焉」（同上，6.2.1）。「問曰：『此世界何自而出耶？』曰：『空也。維此世間萬事萬物，皆起於空，亦歸於空。空先於一切，亦為最極源頭』」（同上，1.9.1）。无、空之說是對本原的定性，它關及本原的陰本之質要。如果我們不說及世界的顯化或世間之義，則知，无、空即是本原的最佳描述，它表達了本原的陰本寂靜的絕對性。這個認知很重要，它有如下隱意：一是陰本空無是其真實，二是世界的顯化祇是其可能的必然性，並非一定性，三是有此陰本空无，方能襯映出它的「彼面」，這個「彼面」即陽動。

陽動說不見之《奧義書》，然其意並非沒有。上引文中的「發熱者」、「動者」是其意，此外的相關表述還有：「創生主加熱這些世界。他從加熱的這些世界中擷取精華。從地取出火，從空取出風，從天取出太陽」（同上，4.17.1）。「下面是關於天神。應該崇拜歌唱這個發熱者……它升起，驅除黑暗和恐懼。確實，知道這樣，他就成為黑暗和恐懼的驅除者」（同上，1.3.1）。「太陽上方之光明，是上方的密房，秘密教誨是釀蜜的蜜蜂，梵是花，那些水是甘露。正是這些秘密教誨加熱梵。從加熱的梵中產生精華，諸如聲響、光華、氣力、勇猛、食物」（同上，3.5.1～2）。這裡所說的「加熱」、「發熱」，以及其結果「聲響、光華、氣力、勇猛、食物」之類，正是神我陽動的特別表達，它使陰本顯微，世界形化，世間成為事實。

71　《大森林奧義書》2.3.1～2。特別說明，本節所引《奧義書》的譯文，有幾處本人有所變動，所變之處均據徐、黃二譯書綜合而成。

　　「彼面」即陽動，是神我自化的機巧，不認知「彼面」或陽動，便不知世間的之所以。然則，《奧義書》的深刻還不衹這些。神我大梵的充分表達，是其一端，另一端它還將神我予以分殊。分殊的結果是神我轉化為了相。相之說，已見之於《奧義書》，其表述為「五大」：地、水、火、風、空。這是神我自我發動之所分殊的五種原素，世間萬物、萬象均由它們合成。當然，「五大」之說在《奧義書》中還不太穩定，特別是在經驗和感覺的作用下，其說會越出地、水、火、風、空的範圍，而將與生命更相關的眼、耳、鼻、舌、皮（五根），意、覺、我慢、心、炎火（五意識），以及生滅、思想、月亮、太陽、閃電、雷、天神之類也類比於「五大」。這樣的表述的確讓原素或相之說更寬泛，卻也有初級狀態中的泛化、不準確之嫌。

　　神我大梵的質要約略如上，觀之《奧義書》，相關神我大梵的描述最為豐富，幾乎無處不提及，足見古時印度仙人們對本原覺悟的徹底性與癡迷狀。這樣的用心和超凡脫俗自不待言，問題是，就使有此大覺悟和大智慧，神我大梵畢竟是無形之某，要明確定義、敘說實有不充分處，這樣的不充分照樣困擾著這些大智大慧的仙人。為此，他們創造了一種「否定表達法」。所謂否定表達法是以否定的方式去減除神我大梵的實在性，當所有的實在性祛除之後，剩下的便是神我大梵本身了。當然，對他們來說，否定法非唯一之途，正面描述也是他們的強項。可以說，這兩種方法的結合，他們便給出了神我大梵的品性表達。這些品性在《奧義書》中也多處可見，下面諸說是其要：無邊無沿、梵是一切、有形無形、不是這個、不是那個、無前無後、無內無外、覆蓋一切、遍及一切、不可觀看的觀看者、不可聽取的聽取者、不可思考的思考者、不可認知的認知者、不粗、不細、不短、不長、不紅、不濕、無影、無暗、無風、無空、無接觸、無味、無香、無眼、無耳、無語、無思、無光、無熱、無氣息、無嘴、無量、無

內、無外、一切自我的歸宿、那個、心中的光、創造者、最高喜歡、由一切構成、構成一切、一、世界屬於它、世界就是它、一切之主、主宰一切、沉思自我、知一切、在自身中看自我、視一切為自我、不可毀滅、不受束縛、不受傷害、不受侵擾、圓滿中的圓滿、真實（以上見《大森林奧義書》），內心的自我、出生解體和呼吸都出自它、光明、無限、永恆、無畏、微妙（以上見《唱贊者奧義書》），唯一者（《愛多雷耶奧義書》），自己創造自己（《泰迪黎耶奧義書》），躍動又不動、既遙遠又鄰近、既在一切之中、又在一切之外（《自在奧義書》），不可超越、一切世界依靠它形成各種相色又居於外、遍及一切、无相（《伽陀奧義書》），沒有形體、既外在又內在、不生、無呼吸、無思想、純潔、至高無上（《剃髮奧義書》），不受一切、既最先出生又處胎中、既過去生又是未來生、沒有比它更小者更大者更高者、它知道一切、無人知道它、眾的自我（《白騾奧義書》），不可思議、不可測量、無始無終、宇宙作者、宇宙自我、不可思辨、無東南方位、無縱橫上下（《彌勒奧義書》）。

（二）存在的假象與互養

　　存在，即有形世界，也稱世間。依《奧義書》之意，存在之所由，依其原是神我大梵的自化、顯化，這祇是概說，若要說及曲折具體，則知，原的成就還要依賴因的作用，這因便是上言的「五大」，或說原素、相。或說，所謂存在，實乃「五大」的同構。因為存在為分殊的原素、相所構成，所以，它們已非神我的原真，而是其變態，以此言，說存在為神我大梵的假象也不為過。正是基於此意，《奧義書》創造了真（真如）一詞，以此表達神我的原性，而用「彼面」表其假性。《大森林奧義書》說：「確實，在太初，祇有水。這些水創造真。真是大梵。梵創造生主。生主創造眾天神。確實，眾天神崇拜真。真（Satyam）字三音：Sa為一音，ti為一音，yam為一音。第一

音和末一音皆真，中間者偽。此偽為兩端的真所夾持，而變成真實」（5.5.1）。這個解說很有意義，更富有喻意。真這個詞由真一偽一真三者合成，表明世界之起、之所以為真（神我），而起的狀態卻是偽（存在），諸存在經過歷劫迂迴的歷程之後，都會最終還原為神我的本原，故結果還是真。足見，一個Satyam詞，即延蓋了整個世界的因為、所以，其抽象高妙，不待多言。持這種說法的，非唯《大森林奧義書》一處，《唱贊奧義書》（8.1.5）用「不死」表Sat，用諸天神和生命氣息者表tyam，以此說宇宙由此二者構成，復出示了隱、顯、真假之別。

　　說存在為假，亦成就了後世印度文化的預設，更為還原證成建構了前提。除此之外，《奧義書》還有存在載體說：「要知道自我是車主，身體是車輛……這個自我深藏在一切眾生中，隱而不露」（《伽陀奧義書》1.3.3、12）。這個說法確隱有將存在與神我（自我）分離的意味，不過，依印度仙人的覺悟，此不可作二元論的判定，他所說的載體其實是一種自我的載體，祇是在作想像上的車主和車身的分別描述。

　　原素或相說的確立，還引出了存在的另外兩個後果，一是天神位置和性質的重新釐定，二是世間萬物因為均由「五大」構成，所以便成了「食物」，這個食物說亦即世界的互養原則。在下我們分別解釋。

　　《奧義書》中的天神，全部轉接於吠陀時代的自然神，一無新創，其中，又以生主（創化主）和因陀羅，以及阿修羅為主要。必須注意的是，這些承接自然神而來的天神，一應去掉了絕對性，變成神我大梵的分殊者，或即說，是神我自化過程中的角色和參與者。遍觀《奧義書》，雖不能明晰天神的專門功能和價值，卻也無妨做出大概判斷，要言之即，陽動的承載者。這個陽動的承載者有時可入相或

入原素為說，有時又直接說為「加熱」者、「發熱」者，它們為梵所造（《大森林奧義書》1.4.6）。這樣的功能、價值──讓世間成為事實的助成者，而其源無出神我本身──正是諸天神享受唱贊、祭奉的原因（參見《唱贊者奧義書》1.3.1，《彌勒奧義書》6.32～34）。這是一個全新的說法，它改變了祭祀、唱頌的性質，也改變了人類與諸神的關係性質。進而可知，人類崇拜神的原因與崇拜神我大梵的原因是同一的（當然有量級的差別）。這種同一性表明，世界是內部化、自化的。這個同一還表明，神被置於了世界之因的地位，它是原的分殊與繼續者，因為這因的具體作用才使果成為了果，故神可說為原與果的中介者。神被因化，是《奧義書》的一大發明，也是自然神義理化的全新意義。

　　這裡，《奧義書》也順便道出了善惡分差的原由。按《奧義書》所論，神我在創造天神時，還創造了阿修羅。這位阿修羅本為天神，祇因它修煉不到位，未能認知神我大梵的本質真如，便自行其是，結果給當下世界帶來了惡的現象。說見《大森林奧義書》1.3.1～5和《唱贊者奧義書》1.2.1～6、8.7～13諸處。這個說法也頗有新意，它說明惡之所由，在於心智覺悟與梵的合一不夠，或說是還原的差距所致。

　　正因為諸神為梵所造，所以便有了下一個說法，諸神與人類（殊異之自我）都得崇拜神我大梵，都得覺悟梵、成為梵，否則，神的意義與價值便無法完整，世界亦不完整。說見《大森林奧義書》1.4.10和《唱贊者奧義書》3.18.1。

　　「五大」或原素的分殊，預設了世間的存在方式和關係狀態，這種方式和狀態實質上即是世界的互養原則。所有的在均為食物的觀念在《奧義書》中非常突出，其中，又以「五大」及太陽、月亮、生命氣息、思想、閃電、雷、法、真、自我等為食物之常見。這樣的表述讓人有兩見，其一是認知了世界的相互性，互為養源、互為依賴；

其二則是這種認知尚顯膚淺，未明瞭所謂養的真相。其實，諸在所以可為養源，並非在本身可以為養──即令米、麵、肉這樣的在都如此──而是合成在的那些原素或相，才是真正的養源，諸在之攝在以為養，恰是攝相以為養的變通現象，即攝養能力不充分，祇能通過攝在而攝相，以致成養。不過，《奧義書》的製作者的確有非凡的智慧和覺悟，他們理解了世界的互養關係和相互性原則，實可謂靈敏之至。相關諸在為食物之說，可見之於《大森林奧義書》2.5，以及《唱贊者奧義書》1.3各處，這裡就不一一引證。

（三）覺悟與還原

《奧義書》所載之事有一重點，即祭祀神與唱贊神。以形式觀察，這樣的描述似乎與吠陀詩集無差。因為我們知道，四種主要的吠陀詩集，幾乎全部與此主題有關：《梨俱吠陀》是頌神詩，《娑摩吠陀》是頌神歌曲集，《夜柔吠陀》是祈禱詩，而最晚出的《阿達婆吠陀》則是與神相關的巫術詩集。形式上的相似不能成為終結性的判斷。吠陀詩集中雖已出現了自然神義理化的傾向，然其所以要崇拜神、祭奉神、歌頌神、以至用巫術驅使神而利用之的動機，與後來的《奧義書》實在還是天壤之別。前者是為了討好神、利用神，明顯帶有行為者的功利動機和目的，即使印度古人以馴服神為天職，這樣的動機與目的也是無法消去的；後者則不然，《奧義書》的核心目的和動機恰與前者反向：化除自我，解脫業因、回歸神我。

觀察諸《奧義書》，不難知曉其意慾、動機所在：諸在、世間，特別是自我回歸還原神我大梵。依理可知，這個主題遠遠超出了相關神我、大梵本身的討論範圍，更超過了存在、世間的討論。還原主題的確立，是《奧義書》義理造就的新意，它與吠陀詩篇所主張的侍奉神、崇拜神、順從神的立場有根本差別。其價值在於，人、世間、存在諸顯化的世界與神我大梵是同一的，它們是內部關係，此其一；其

二，存在、自我的缺陷源之於形化所產生的障隔，而解決的方式則在於通過還原神我本身化解；其三，化解與還原必得有特定的方式、方法方可成就，這些方法之主要者是，通過沉思神我而實現；其四，這種方法的實踐，復出現了兩種後果，一是因沉思而有了複雜化的義理體系和知識，是以關於神我本原的義理得以恢弘、博大，二是這些方法本身最後也變成了專門化的知識和技術體系，成了印度文化的重要組成部份。

自我、存在與神我、大梵同一的前提，是印度文化的核心所在。正是基於這個前提，才有進而的還原、回歸的必然性、可能性。由此便知，世界的意義和價值不在這必然性之外，而恰是這必然性的具體化。印度仙人們的這種覺悟表明，與梵合一，或梵我合一，才是世界的真實，而其他則全部為假象。人的價值是成為真實，褪去假象。這樣的覺悟和理解，在真實（Satyam）這個詞的構成中已有明確表達：sa 和yam是真，ti是偽。即世界之所源是真（神我本身），世界之所顯是偽（存在、個我），世界之所終是真（回歸、還原神我）。《薄伽梵歌》（2.2.8）將此意直述為：最初隱而不明，中間它才出現，最後又復隱沒。故知，印度人說的真，是一個動態、過程意義上的必然（真）、而非是靜態、孤立、特指的狀態。正是這樣的真構成了印度文化的根，因而也壟斷了一切價值和意義。

由偽而真，是這真必然中的後半程，它得由人去承擔。人之所以可以承擔，即在於人有智慧。可說，所謂承擔即智慧的歸真。智慧問題，是印度文化和吠陀義理關注最多的問題。通常情形下，人們把分析、思考、推理、判斷、精明、意慾之類當作智慧看待，其精明者被視為聰明、有智慧，然在印度仙人們看來，猶如自我是神我的虛假一樣，這些所謂的智恰是真智慧的假象，它們的功能、價值正是為了固化自我，強化偽。所以，智慧之本意便是要消解、滌除這些偽假的智

慧，讓真智慧成為事實，這樣，自我便會與神我合一不二。可見，所謂智慧之真，即是化除自我、解除形固的智慧。這種用智慧之真化解智慧之假的方式，叫做「以智去智」。

那麼，如何讓智慧由假而真，或讓真智慧顯現出來呢？其路徑祇有一條，這便是讓思想去沉思神我大梵。這樣的沉思可致真智慧的顯現，可以明瞭世界的因為所以，可以知道一切（《大森林奧義書》4.4.23，4.5.6）。故知，沉思神我大梵是世界由偽及真的不二法門、必由之路。

沉思的重要性自不待言，該如何進入和實踐這樣的沉思呢？這既是方式、技術問題，也是價值問題。在印度，仙人們發展出了一套有效的法定程式。這種程式在早先完全由自然神的信仰方式所延伸，祇是將其功能做了調整，即它們仍然是祭祀、唱贊與歌頌的方式。我們已知，自然神的信仰中，祭祀與讚歌是人對神服從、崇拜、尊崇的基本手段和表達，它們是物質性的，也是形化作為的。人們為此想出了許多絕招，包括人祭、馬祭、國祭，及贊神的神化詩篇這樣的特定方式，其中，功利主義、實用主義的主觀性可說昭然若揭。及至《奧義書》時代，這些方式依然被保留，可其功利動機、目的卻被放棄，或說幾乎完全反轉，祭祀、贊唱變成了化除自我的手段和方式。由於祭祀、贊唱功能的反向利用，所以，這些方式、手段表達的儀式性得以彰顯，進而更加抽象，變成了沉思、還原的符號載體。這個結果由《奧義書》對「唵」一詞的新解而凸顯。

唵（Om）這個詞，最早祇是唱贊頌歌時的起語詞和結語詞，標誌著唱歌開始（《歌者奧義書》1.1.9）。可知，它產生於吠陀時代。至《奧義書》，它的抽象意義已非語言可以描述，成為了神我大梵的代稱：「我扼要告訴你這個詞，它就是唵！這個音符是梵，這個音符是至高者」（《伽陀奧義書》1.2.16）。到《唵聲奧義書》，這個唵的意

義又有新開展。首先，它代表了時間的過程，所謂過去、現在、未來都包含在這個音符中；其次，它是大梵本身，是自我的分殊；再次，既是神我大梵和其分殊的一切，則它便包含了還原回歸的必然性和價值。而此第三層意思被表達如下：此自我，論聲為唵；論音素是分：阿（a）、烏（u）、摩（m）。阿為第一，是為元始，烏為第二，意指超越，居兩間而平，摩為第三，為度量建樹，亦為汩沒，无為第四，不可言說，滅寂入梵（參見《唵聲奧義書》）。這裡，第四音素是一個沒有出現的音素，原因是它是无、空、寂寥，是梵我合一。

這個起語詞和結語詞的新解，表明《奧義書》已登堂入室，完全義理化，而與其所源發的祭祀、贊唱無有關係，從而表明，《奧義書》所說的祭祀、唱贊祇是一種象徵：自我通過儀式方式向神我回歸。

除這類儀式表意還原回歸之外，《奧義書》還有一發明，這便是瑜伽方法。

瑜伽之起，亦當追至吠陀時代。彼時的仙人中有一些苦行者，它們捨人力之求生方式，返樸歸真，過著完全自然化或動物化的生活。肉體的自然化，並非智慧的退化，相反，智慧在苦行的狀態中，竭力向神我回歸。後來，這樣的苦行生存與智慧思考程式化，便演出了一種可進入沉思的專門方式，這就是瑜伽。瑜伽的本意是在返還式的沉思中忘卻、棄絕自我、肉體、形在、世間，以求與梵的完全合一。依實踐方式觀察，早期的瑜伽更多承接了苦行的作法，以至《薄伽梵歌》中，將這種瑜伽稱為「棄絕瑜伽」；而後來的瑜伽則不專注於行為的強制，更而轉向智慧的內斂與穿透，是為黑天所說的「智慧瑜伽」；此外，還有一種瑜伽被稱為行為或有為瑜伽。《薄伽梵歌》詩篇中，瑜伽是一主打話題，討論得非常充分，與之相較，早於它的《奧義書》則要顯得簡單。比如它沒有予瑜伽以分類的表述。然而，

《奧義書》中的瑜伽依然抓住了主題，這就是瑜伽是實踐、實現沉思的最重要方式，其重要性超過了祭祀、贊唱、苦行。《彌勒奧義書》、《大森林奧義書》均有此意的表達，尤其是《彌勒奧義書》第六章對此有專門描寫。該章強調通過調息、制感、沉思、專注、思辨、入定的「六支」方法（波顛闍利的《瑜伽經》則有禁制、遵行、坐法、調息、制感、專注、沉思、入定的「八支」法），與至高不滅者合一。還有主張瑜伽要與祭祀方式相合，這更有利於梵我合一。

以特定的方式覺悟梵、沉思梵，以致梵我合一，是《奧義書》的核心思想。圍繞此核心思想，《奧義書》有豐富的義理鋪張，其所說、所論、所思無疑是人類永恆的智慧主題，值得我們繼續深思。縱觀《奧義書》的豐富與深博，許多論題我無法在這裡展開，祇能概言提及，期待來著深究。它們是：心是世界的基礎，世界的根源是空，陽動與天神，世界萬物均為色物（互養說），名相與實在，存在即載體，存在的還原，存在的正負兩面性（三性或三德說），世界的完整理解可致真如，局部理解祇能是假象，有形者不真實，無形者真實，等等。

二、《薄伽梵歌》

《奧義書》之後，《薄伽梵歌》[72] 成了最重要的吠陀義理書。

---

72 《薄伽梵歌》的中文譯本現有四種，它們是徐梵澄譯本，商務印書館，2003年，該本作為印度寶利·阿羅頻多的《薄伽梵歌論》一書的附錄出版；張保勝譯本，中國社會科學出版社，1989年；黃寶生譯本，商務印書館，2012年；嘉娜娃譯本，宗教文化出版社，2007年，該本標為「原意」，即意譯。這四個版本中，徐本最好，張本次之。張本、黃本多有西方哲學實在論的印跡，黃本尤甚，故對該書本義多有篡改處，如常將「自我」譯為「有」、「存在」、「原人」諸名，實是反了印度吠陀哲理。嘉本為英文轉譯，先在香港出版（1997年），後由大陸再出版。

　　《薄伽梵歌》是一份談話記錄，比較特別的是這次談話的地點、場景和談話人，可以說，正是這兩個因素使它具有了特殊的哲理意義和價值。不計打岔者，這次談話的主角有兩位，一位是印度剎帝利階級的武士（戰士）阿周那，另一位異常特別，他是這個世界的本原、本根，亦即印度人說的神我、大梵，不過書中用的較多的名字叫黑天。神我化形為人（具體角色是阿周那的御手，即車夫），親臨戰場，其直接目的是為了度化阿周那。不過，這應該祇是作者的象徵價值表示，其所要象徵的更深刻的意義應當是，以此度化人類，告訴人類，何為真，何為假，及其世界的價值所在。這裡，本原化形為黑天，顯然是一種假託，具有神話時代記敘說明的表現特徵，祇是其所說的理幾乎與神話、神本身很少干係。其所以要假託，乃是因為作者把義理置於了印度神話史詩《摩訶婆羅多》之中，這需要符合神話的體形要求，是以便有了神話般的義理之說。當然，讓黑天自己站出來說自己和它的形像，這更具權威性，可以取得不庸置疑的效果。故知，作者（或是毗耶娑）的用心和智慧都高出了常人許多。

　　地點和場景的選擇在此詩篇中有特別意義。作者把談話的地點選在一次部族戰爭的戰場上，作為戰爭的插曲予以了特寫，看似無意或隨意安排——因為整個史詩《摩訶婆羅多》正是一次18天戰爭的記錄，薄伽梵與阿周那的談話祇是其中的插曲——其實不然。作者選取戰爭的場景，英雄阿周那在面對同胞間即將展開的搏殺所表現出的良知的愧疚、不安、犯罪感，應該說是作者的特意安排。我們知道，諸多人事作為中，戰爭可說是一種最為激昂的行動方式。它的激昂在於，這種行為要以人的生命為代價，要以財產的損失為代價，所以，自人類進入文明時代之後，那些開化較早的人群便開始對此有反思和檢討，以至將其列入了犯罪、罪惡的範疇，由是建構出了道德文化。印度的吠陀文化之興，一個非常重要的貢獻，便是放棄或願意放棄雅

利安人的強盜、暴力習性，轉而追尋和探究善的根本價值。依此固知，阿周那的放棄、愧疚，正是這文化價值的恰當表達。然而，我們看到的《薄伽梵歌》，作者卻給了一個我們反其道而為之的範例：阿周那被神我黑天批評得體無完膚，被指證為錯誤。這個論證和命題的出現的確跌破了人類的眼鏡。那麼，其意慾又是如何呢？

要解開這個套，非進入一深層次的哲理考究之中不可得。

按照前述《奧義書》的預設，這個世界之起，在於神我梵的意願之動，它將空无的自我本身，顯化開來，從而有了這個繁紛複雜的世界。記得《歌者奧義書》第六篇第二章第一頌有一節很怪異的話，它說：「吾兒，太初惟『真』，獨一而無二也。有說太初唯是『非真』者，獨一而無二；由『非真』而『真』生焉。」這裡有兩點值得注意，一是漢譯中的翻譯問題，二是它提到了兩種創化的觀點。

先說翻譯問題。我所見到的徐梵澄先生譯本和黃寶生先生譯本，於此節的翻譯有差別。徐譯：「吾兒，太初唯『有』，獨一而無二者也。有說太初唯『非有』者，獨一而無二；由『非有』而『有』生焉」。黃譯：「好兒子，最初祇有存在，獨一無二。而有些人說，最初祇有不存在，獨一無二；從不存在產生在」。這兩個翻譯的最大不同是「有」與「存在」。表面者，有與存在沒有差別，有即在，在亦有。然，根據徐先生的注釋便知，他用的這個「有」，還可譯為「是」。而此「是」不作在解，其本意當為「真」義。徐先生所以選用「有」，乃為了與「非有」對應。有與非有，亦即中國老子的有、无之說，這便讓他有了一種中印哲理對應的考量，所以他選用了「有」、「非有」，而沒有用表「真」義的「是」。

何以說這裡的「是」本義是「真」呢？我們要從原文所選用的詞來理解。這裡所說的「是」或徐先生譯的「有」，本詞為sat，而「非

有」或「非是」即asat。凡讀過《奧義書》，特別是《大森林書》和《歌者書》的人都很熟悉sat，它的本意是真、至真、不滅。如《大森林書》5.5.1：「太初，此世界唯水也。水吐生真。真者，大梵也……『真』字三音：（Satyam）『薩底養』也。『薩』sa為一音，『底』ti為一音，『養』yam為一音。第一音與末一音皆真，中間者偽。此偽者在兩端為真所夾持，遂化為真性者」（徐梵澄譯本，第638～639頁）。

又如《歌者書》8.3.4～5：「此則『自我』也！是永生者，是無畏者，是即『大梵』。而此『大梵』之名，則『至真』也。

『至真』一名三音，曰『薩特—梯—揚』。『薩特』表『有者』即『永生者』，『梯』表『有死者』，而『揚』則『雙束之』也。以其束合『永生者』與『有死者』，故曰『揚』」（同上，第238～239頁）。

此外還有《歌者書》7.25.2：「唯『自我』在下，『自我』在上，『自我』在前，『自我』在後，『自我』在左，『自我』在右。『自我』，唯此萬有（所共者）也」（同上書，第232頁，括弧中的文字為本人所加）。

觀徐先生的譯文，可知他在《大森林書》中將Sat譯為了「真」，而在《歌者書》中既譯為「有」，也譯為「至真」。發生這種差異的理由我已述及，徐先生對老子的「无中生有」命題印象深刻，藉此，他認定《大森林書》主張「无不能生有」（詳見他的《五十奧義書》第199頁注②），所以他選用「有」表「真」，此「有」與存在之「有」無關，本意絕對。不過他的這個選用卻可能誤導後人，以致有人竟直譯成了「存在」。

讀上述徐先生的引文可知，sat的本義是真、至真、絕對，與存在

無關。作為詞根，它與很多與真、善相關的詞關聯，如三德中的善根（Sattua）薩埵一詞，也用了Sat的詞根，故知其本義即真、至真。我在此如此鋪張的追究sat一詞的本義，實則是因為《大森林書》提到了太初的「真」與「非真」問題。這便引出了我要說的第二個問題：太初之前的兩種創化觀點。

《大森林書》說，太初唯「真」，獨一無二，又說有說太初唯「非真」，獨一無二，由「非真」生「真」。這的確是兩種觀點，而且這兩種觀點間有遞進關係。第一種觀點祗說這個世界由「真」，即梵創化出來，而第二種觀點更進而說，這個『真』即梵，卻還有生者，那就是「非真」，即非梵。這一傳授教義者不經意說出的第二種觀點，其實有特別的意義，祗是自來一般哲家難以去理解它。要理解這個問題還得先回到中國哲學中，找一個參照系比照一下，然後可得要領。

剛才引用徐先生說的「有生於无」，源出老子書。老子在有之前設置一個无的概念。這個无是諸有之源、之本，故謂之本體、本原、本根。後來，王弼在注釋老子書時，批評老子是「有」的哲人，而非「无」的哲人，進而他補了一個概念：存。於是便有了无─存─有的世界層次說。這個學說實際上是一種三界說，可謂是世界的真實描述。為什麼王弼說老子是「有」的哲人，而非「无」的哲人呢？這應當是老子關於无祗有概念，而無解說的結果。在王弼看來，這是一個重大的缺憾。老子之後，有人做了這一補充工作，祗是作者一做完便把他的成果埋進了墳墓，以致無人所知，直至1993年從地下挖出來後，才有昭示。這便是《郭店楚簡・太一生水》。這篇小文頗具獨特地告訴我們，水這個本原、本根、本體還有一個生母，它是太一。以此，我們便知道了兩個本原：太一、水。這個說法並非二元論，因為它們是遞進關係，而非並列關係。何以本原之上還要本原呢？這應歸

之於古人的一種特有智慧，他們將體設為兩個層級，可以更好地解釋世界，更準確地把握世界。在他們看來，世界本身是空无的，一無所有，後來，這個无決意自化，由无顯有。這個顯，有兩點很重要，一是有意為之的，二是並非全部顯化，而祇是部份顯化。此兩點在《奧義書》及《薄伽梵歌》，甚或吠陀詩中都有表達。如剛才引說的Sat一詞，就含有思維、知覺者的意思，說見徐譯《五十奧義書》第199頁注②。至於梵說，我決意創生萬物的話，那就有好幾處了。《薄伽梵歌》第十章則有說：「我之用我的一部份，就支撐起了這個世界」（42頌）。无雖為部份顯化，卻並不影響其無限本身，它還是無限。

這個無限，依觀察者或覺悟者理解，便有了兩種表達意義上的「態」，一是空无的無限態，另一是有意志並決定顯化的無限態。前者即太一，後者即水。換言表達，這無限的第一態是空、无、原，可說為空體、无體、原體、本體；第二態則是受意志支配的心、性、形、有、在的本原態，可說為有體、性體、心體、形體、道體、在體。第一態之本原或說無關這個世界，祇有間接關係，而第二態的本原則直接關及這個世界，是直接的原之所在。這兩層關於體的解說，到了《梵經》中，便有說：「虛空（是梵），因為那（梵）的表達（在聖典中是）明顯的，由於同樣的理由，氣息（是梵）」。[73]這裡，虛空是梵，屬空體層次，氣息也是梵，屬有體層次。在本節的注釋中，商羯羅於虛空梵使用了「最高梵」的稱辭，亦說明他對此有體會。

由此理解，回頭再理解《歌者書》6.2.1所說的第二種觀點：有說太初唯是「非真」者，獨一無二，由「非真」而「真」生焉。這裡的「非真」與「真」也即《奧義書》和《薄伽梵歌》常提及的「上

---

73 參見姚衛群譯《梵經》1.1.22～23，北京，商務印書館，2003年。另外，根據文意，本人對譯文作了調整。

梵」、「下梵」說。這一觀點基本同於《太一生水》說，亦同於《梵經》說。即體、原有空與有兩層義，空體一無所有，有體則有意志和趨向，是這個世界所以形化、顯化的原之所在。此可說為《奧義書》的本意。它表明，在古代，中印哲人都對本原世界有共同的把握和覺悟，甚或可說為人之大腦之於本原的記憶，具有相同性。

這個本義的說明，當是理解《薄伽梵歌》黑天批評並教誨阿周那的前提，當然也就是《薄伽梵歌》的主題所在。以此，我們可以探討《薄伽梵歌》的第一主題。

第一主題：陽動創世界。

從本詩歌開場以來，阿周那一味執迷於當下血親同胞相互仇殺的非道德事實，不願作為，這便成為了黑天教誨阿周那的由頭：行為的意義和價值。行為或稱有為，亦稱為業，其意義究是什麼？黑天給予了兩層意義的答案。第一層是神我決意創化這個世界的作為或行為；第二層是人類返還神我大梵的行為，這種行為又稱為行為瑜伽或有為的瑜伽，也稱業瑜伽。

我們先看第一層行為：「在三界中，阿周那啊！沒有我必須做的事，也沒有我應得而未得，但我仍然從事行為」（3，22），「我原本不知疲倦，一旦不從事行動，普利塔之子阿周那啊？所有的人都會效仿我」（3，23），「如果我停止行動，整個世界就會傾覆，我就成了混亂的製造者，會毀掉這些眾生」（3，24），「要知道行動源於梵，而梵義生於不滅」（3，15），「一切行動均無例外，皆由原質之性造成」（3，27），「由原質產生的動性，所有人都不得不行動」（3，5），「原質在我的監督下，產生動物和不動物，正是由於這個原因，世界才流轉不息」（9，10），「如果你拒絕行動，恐怕生命也難以維持」（3，8），「整個世界均受行動束縛，擺脫執著吧，阿周那」（3，9）！

這裡所揭示的思想和觀念便是本書上編中所說的陽動哲學。其立意是指，世界的本原以其意志決定顯化、創化有形，讓虛无成為實在，而有形與實在是在複雜的行為方式和過程中實現的；其所以要行為，是因為祇有行為才足以顯示、證明自我的真實性，也祇有行為才能讓形物實在在過程中足夠複雜化，實現在的自足，而在的自足方可致使其復歸於其為在的目的：「把一切行動獻給我，以我為至高目的」（12，5）。這一思想的核心可約之為：世界是自我本身（內部化），世界也必然要還原證成，而世界之所以要顯化、複雜化，即是為了還原證成自我的完整和全義，此證成之要便是陽動。

回觀整個印度文化，其主要的義理典籍，無論早期的吠陀詩篇，還是後來的《奧義書》，亦即更後來的佛家諸典，大致興趣所在均在放棄、捨棄、解脫己我、我執、我念、無明，唯獨《薄伽梵歌》特出，一改前後套路，反向提倡陽動哲學，認為行為、有為、業才是通向歸復神我的通途（《梵歌》也提捨棄，然其義是捨棄行為的結果，而非行為本身）。為此，它才選了一個特定的場景和地點：戰場；也請出了最絕對者神我黑天為發言人。這兩個要素的結合，才足以凸顯出哲人的良苦用心——世界上、人世間無論何等激昂的行為、事件、作為、衝突（如宇宙大爆炸、超星體爆發、星系合併、氏族毀滅、國家消亡、戰爭與政治、奸商劣販、搶劫謀殺、爾虞我詐……），無一不是自我本身顯化、創化、複雜化、證成方式的表達。正確的智慧不是抱怨、躲避，而是判斷，用正確——過程本身之必然所支持的，非是為了某在或在者己私所作為——的行為去參與這樣的表達、證成。

這是《薄伽梵歌》最為特出的義理貢獻。可以說，它與中國的《周易》哲學異曲同工，均至之了人類智慧的巔峰之極。正是基於陽動創世界、陽動創化的大前提，《薄伽梵歌》進而提出了陽動的第二義；陽動還原。這個陽動還原說即是《梵歌》第二主題，智慧瑜伽。

　　第二主題：智慧瑜伽。

　　瑜伽原義為服牛駕馬，後引申為修行、解脫的方法。常見的瑜伽派哲學將其歸納為禁戒、遵行、正坐、調息、制感、執持、靜慮、三昧等八支。《梵歌》中的瑜伽義則與此等大為不同，它講的是萬物的等同、平等觀。萬物何以會平等、等同呢？依經驗所言，這個命題是不成立的——我們這個世界何來平等，所見祇有差異、不平等。而《梵歌》的瑜伽觀則突破了經驗、現象，直入萬物之所以為物的因、原之境，得知物之所以成的因、原本是相同的。以因論，均為「五大」所造，而「五大」（空、風、火、水、地）又由之原質，原質又原之我意而有動靜。此表明，以因論、以原論，萬物均是我及原質、五大的變現，故是等同的。這種等同又分為物等和我等兩層說。那麼，萬物何以又有形在的差別呢？這又得歸之於原質所具有的「三德」（善、憂、暗三性，或音譯：薩埵、剌闍、答摩），「三德」即是業，或業因，所有的痛苦、慾望、愚昧、執著均由之「三德」，形在之秉性與功能差別也由之於它們。然則，「三德」雖為萬物之所以在的業因，卻並不絕對，它們祇是相對的因，它們相互間的作用與關係平衡可部份消解其負面的功能，而更為根本的解除法式便是瑜伽。通過瑜伽，既可以平衡「三德」的相互關係及功能，更可化解「三德」的負面性，從而實現己我向自我的還原。

　　印度的還原說，最早源之於自然神時代的順從神的崇拜儀式。它用祭祀、唱贊及苦行諸方式強化自然神的絕對性，主張人應該以束縛自己行為、慾望的方式去崇拜自然神，這樣便可獲得生存的安全與保障。至吠陀時代，從苦行中發展出了捨棄的思想，它亦由一定的法式規定，已顯出了瑜伽的初級形態。《奧義書》之世代以後，這樣的捨棄方式專門化，從而成就了瑜伽派哲學。即使至瑜伽派之時，所謂瑜伽之要依然是修煉己我，使之無慾、無貪、無惡、無罪，可說為個體

性的向善方式。這裡所說的《梵歌》瑜伽，它實有兩層次：一是有為瑜伽，一是智慧瑜伽。

所謂有為瑜伽，是說有為或行為不能受個人動機、欲求和結果約束，而應讓行為成為己我還原自我的正當方式。這一要點在前述的黑天批評阿周那不作為，並教誨他去參加戰鬥的說教中，已有明顯表達。行為瑜伽強調的是行為本身的價值和意義，反對的是行為結果的自利。所以它也主張捨棄，祇是其捨棄的不是行為，而是行為的結果。

智慧瑜伽是行為瑜伽的升級層次。它的前提是世界是自我自身，是內部化的，因為被「三德」所蔽，所以要用智慧去消解此「三德」之性，以及由之而有的業因、苦果、慾望、無明。這裡，智慧一語非常重要。一般說凡印度人說的智慧定然不同於其他人群，特別是西方人所說的智慧。常人所說的智慧是一種感覺智和理智能力的相合，它包括推理、歸納、演繹、算計、預測、籌謀諸能力，是一種智慧生命者應對生存及其環境的靈敏度與綜合能力，其結果可形成知識、規則、定式、程式，甚或文化等成果。一般說，所謂智慧都由主動出發，且在表達之前即已對對象、環境作出了判斷、推論，故其主動性、能動性為他類作用方式、功能方式所不及，是以常會將其定義為主體性現象。經此定義，主體之外的世界便被推至了客體的境地，結果是出現了主客兩在或對立狀態。這樣的結果反過來更容易固化主體性，甚或絕對化，特別在環境狀態惡劣和競爭激烈的情形下，它會導出自我中心主義的觀念及其意識形態。與此種智慧相左，印度人所說的智慧——後來稱為般若——正是為了消解這種智慧而開發的智慧。它是一種性智或性智覺，可以直接貫通神我大梵，還原自我本身，斷滅無明、摩耶、幻假、我執、我慢、生死、聰明、業因、苦痛，故說，它是一種「以智去智」的智慧，其目的是為了還原證成。

　　以智去智，還原證成，是《薄伽梵歌》所確立的一核心思想。這一思想後來為印度教諸派及佛學所繼承，分別有不同的發展和解釋。智慧和智慧瑜伽的重要性，無疑是《梵歌》的主打所在，整個書的18章中，8以及12～18章幾乎都在討論這個主題。放下瑜伽的方式和結論不論，單就《梵歌》的理路言，我們還可以獲得以下印象。

　　首先，《梵歌》設計了一個三界的世界，這便是原、因、果，或用現代話語叫：體、相、用或體、存、在。這個世界或此在世界即在或果，是由因決定的。而所謂因，就是那個原質，它所分化出的五大及心、智、我慢共同塑造了這個世界的萬物，故因又稱為業因。業因趨向於在化、形化，它使因的真實遮蔽，所以，果或在具有摩耶性，而摩耶即假、幻之意。在諸摩耶的現象中，人有特殊性，這個特殊在於，它承載了一種特殊的自我，相當於靈魂。靈魂被身體承載，實則也是被摩耶囚禁，而身作為業因的果，它得不斷地生死輪迴，在身的輪迴循環中，靈魂也被迫參與了這樣的輪迴，以至難以解脫。那麼，這樣的輪迴循環可以中止嗎？靈魂能回歸自我的真實嗎？這就要說

　　其次，世界不唯祇有因、果，還有一個因、果之母，即原——單以因果論，世界沒有前途，祇會永遠在摩耶中不得解脫——而原，即「那個」，又稱神我、自我、我、梵，這才是世界的終極。此終極之原可以阻斷因果相環的鏈條，進而引導諸果直接入原，以此，果原合一，諸因、諸業消散，世界歸於完善。此表明，《梵歌》所設計的世界，除上言三界說之外，還有鏈條的兩個套路。其一是果之所來的路徑，它由因直接決定，所謂因果相銜，業造流行；其二則是果之所往的路徑，它由原決定，所謂棄因入原，還原證成。這兩個套路的終極者均是原（自我），因或業祇在第一個套路中有不可撼動的功能意義。此外，此因在實際行進的過程中，還有一個樞紐性的角色，這便是人。人因為承載了靈魂，而靈魂又恰是本原自我本身，所以它有無

可替代的特定性。於第一套路言，靈魂處於被動狀態，幾乎無能為力，結果祇能被囚禁；而於第二套路言，則大為不然，通過瑜伽的方式，它將自己的真實顯現開來，解脫業因的禁錮，直接奔向自我本身，從而實現還原合一。

《梵歌》中，與這兩個套路相應，分別命名和定義了兩套概念，其中，與第一套路相適應的概念有：別見、我見、無明、業、名相、摩耶、己我、阿修羅；與第二套路相適應的概念有：見、觀、識、智、明、自我、梵、真、瑜伽。這樣的分別是靈魂轉型之時必然表現和可能表現的兩可狀況，而此智慧瑜伽則是實現這種轉型的根本法門，無可替代。智慧瑜伽之所以有如此價值和功能，一則是它與前在的捨棄、苦行方式，也與行為瑜伽方式相較，擺脫了祇認個體、己我解脫的狹隘，而直指了世界的自我化、內部化的要津；二則是智慧即自我的新學說，此說將智慧與自我等同，則智慧與自我一樣，其絕對性就不言而喻了。這樣，我們得進入《梵歌》所討論的第三個話題，自我的絕對性。

第三個主題：自我的絕對性。

自我，亦即本原、大梵，它是《梵歌》花費篇幅較多的論題，除散見其他章節外，8～11章幾乎完全是這一主題的討論。其說法大要如下：我是絕對的，我是無限的，我就是一切，我即是亦非，我在其中又在其外。故知，世界是自我本身，一切均為內部，沒有外部和外在者，諸神也不例外。表面看，原質導出了「五大」，「五大」製造了業因「三德」，「三德」復出業因，更張摩耶，摩耶以致無明，甚或慾望、貪心、嗔怒這樣的地獄三重門，可這些仍無出我意，因為原質乃我所出。或即說，這些祇是我的顯化、形化、物化，它們使世界有實在感，可經過實在化之後，所有因實在而固化的靈魂、己我均得還原為自我。這就是我的意志。

　　自我的絕對性幾乎無所不在，世俗所看到的世界差異、高低、貴賤，在絕對的自我看來，恰是虛、幻、假的無明，必得等同之而後真。世界為原質所左右，成就了諸形、物、在、己我，也有了三德、五大、我慢、我執、心，進而還有了罪惡、犯罪、戰爭、政治、掠殺，等等。自我認為，這些全部是摩耶，智慧足以渡淵、化爐、粉念、消業，從而達至梵我合一。此中，人所要做的，祗是瑜伽，由行為瑜伽而至智慧瑜伽。通過瑜伽，全力返還自我。用智慧而非用物品祭祀自我，奉獻自我，即可實現這樣的還原合一。故知，自我的絕對性最根本處乃在於，自我有排除全部物、形、在、念、執、慢、業、因、別、外、名相、幻、假的自信，最終實現梵我合一、還原證成。這不能不說是絕對中的絕對。為此，《梵歌》繼承《奧義書》的理路，繼續用唵、那個、真這三個範疇表達這樣的自信和絕對，同時還規定了人之所以為人的達磨、使命：以智去智，還原證成。

　　《薄伽梵歌》還討論了許多其他論題，限於本書所要，我得放置割愛，他日如有機會，當再行深究。這部成立於紀元前1000～前600年間的古書，其所闡述的義理神論確無愧高深博遠、虛玄寂寥之稱。另外，它與中國之《周易》其時代相近，且其意蘊相切，實在無復多言。當然，閱讀與思考中也會有些微憾處，難免足中不美的隱約，也是我的真感所在。比如，它以有形證無形，以有說說無說，以偏愛解等同，以邀遵表還原，以意念定當然，等等，亦為常例。

　　觀了《薄伽梵歌》，最後必得要說及吠檀多哲學，如若不然，則不見印度教正統義理中最成熟、最深刻、最完整的體系建構。

三、《梵經》與吠檀多義理

　　隨著《奧義書》的問世和研究者的出現，印度的義理神論漸行分門別派，其中有數論派、瑜伽行派、勝論派、正理論派、前彌曼差派

和吠檀多派（也稱後彌曼差派）等六派被視為正統主流，主流之外，亦漸出現了非主流派，世稱外道派，如順世外道、耆那邪命外道，晚出的佛學亦是外道派之一。可以說，紀元前後的兩千年之間，印度的義理學異常發達，真可謂宗派林立，理脈淵深，思慮精玄，超凡入聖，當是印度義理神論的鼎盛時代。遍述諸家，於我力所不逮，亦因與本書主題多無密切關聯，故祇好割棄，佛教之理，將於下一節有述，本節此處當論之要，唯吠檀多義理主旨。吠檀多，號稱吠陀之終極，其理當然不讓他說，這也正是它影響深遠的主要原因。

吠檀多派以前2世紀跋多羅衍那所造《梵經》[74] 為標誌，至8世紀商羯羅出世達至頂峰。所宗除《梵經》外，還有《奧義書》和《薄伽梵歌》，號為三經。商羯羅（788～820）之貢獻以形式言，是為此三經作了深刻的義理注解，使之可以肆意流傳。當然，自來注此三經者非商氏一家，他的實質性貢獻在於，沿著《奧義書》的梵我不二之原則，他創制並宣揚了絕對不二論。這個學說可謂印度文化的核心，它直接制控了兩個基本結論；世界是內部化的，世界亦是還原合一的。商羯羅一生著述頗多，號稱400多種，現代研究者認定比較可靠的有10種《奧義書》的評注，《梵經注》、《薄伽梵歌注》，以及《示教千則》（亦稱《千說》）。這些以評注為主的著作是他有效學術生涯十幾年中完成的。商羯羅在印度和西方世界影響很大，至今仍有大量的追捧者，然在中文世界其研究尚在起步中。他的書大多沒有翻譯成中文，完整翻譯作品祇有一部：《示教千則》，譯者是孫晶（商務印書館，2012年），另外有姚衛群翻譯《梵經》時附帶譯出的商氏的《梵經注》（商務印書館，2003年）。其他作品我們祇能通過二手資料和一些零星的翻譯瞭解，應該說是不完整的。

---

74 [印]跋多羅衍那：《梵經》，姚衛群譯，載《古印度六派哲學經典》，北京，商務印書館，2003年。

　　《示教千則》是商氏注釋作品之外的一部說教性的著作，可列入教材系列，從其結構和內容看，或可視為商羯羅思想的主要載體。因此，這裡便主要依此書和《梵經注》為研究依據，輔以其他相關資料。值得順便提出的是，孫晶先生的譯作與前面提及的黃寶生先生，還有姚衛群先生的譯作一樣，有太多西方實在論的印記，許多重要範疇、概念屈從於西方的定說，這嚴重歪曲、歪解了印度哲學的本意。比如將「真」譯成「有」，原書說「汝即真」，結果譯成了「汝即有」，這便錯的太過了。有、為、在、是均為實在之概念，恰好是商氏不二論所非的對象，他斥之為摩耶、幻、假，如說「汝即有」，那豈不是反了本意！這裡的「汝即真」與「汝即那」同義，即梵我不二。比較印度哲理、中國哲理，西方哲學祇能算是初級產品，或說準成品，它不能承載真正的哲學之思，用來說說哲學的一些應用領域，如認識、邏輯、實證、倫理、規則、語言、心理之類，還算勉強對付，若以之說本原、本根，世界的內部化，還原證成，則幾乎不達界。然而，自馮友蘭先生借用實在論的話語和套路解中國哲學以來，這一取巧的方式倒為很多的東方哲學研究者開了方便之門，他們自視發現了新天地，可以將自己摘出學問之外，單以客體對象為研究、為學問本身，其實錯出大矣。

　　吠檀多哲學是由跋多羅衍那的《梵經》肇起的，這本書所堅守的核心可用「三不」來表明：不滅、不生、不二，即自我或我的不滅、不生、不二。後來，商羯羅將此核心思想發展成了絕對的不二論哲學。在此「三不」原則的統領下，《梵經》的主要思想和觀念可歸之如下：

1、梵或我的絕對性、普遍性、無限性。

2、梵有意志，全知全能。

3、世界即梵或我自身，沒有外部、外在。

4、世界是還原合一的，即梵我不二。

5、梵我不二是本質的不二，它既包括我與個我的同一性，也包括形、物是我的顯化義；而本質的不二之外，我與個我也有一種可表述為差別的二，它是說，個我是身體中的我，它受身體限制，故其功與我有別。這個二是限制的結果，也是走向不二的前提。

6、 我與我的顯化、形化即是陰本陽動之變，這裡的陰本可說為我的無表現、空虛，而陽動則是氣息的震動，以致最終形化。

7、梵我的陽動、形化或說是無目的性的遊戲，這裡的無目的性與有意志的作為之間作何關聯和解釋，未予說明。

8、名色即存在，行為即業，所謂名色業即摩耶，按《梵經》本意它們仍是我的本身，祇是顯化了的我，而顯化即形物，亦即是有限制，故商羯羅對摩耶作出了「其本性未展開」的注釋。

9、我或沒有目的性，但人卻有目的，這便是人要還原為自我本身，中止形物、摩耶的輪迴循環，而歸於不滅、不生的我，以實現梵我不二。

10、神以及太陽之類沒有智慧，此智慧之唯有者唯人，故人能主動追求梵我不二。

11、聖典的絕對性，一切說法必得依聖典《奧義書》，也包括《薄伽梵歌》為準，他說無效。

以上諸說是《梵經》主旨之所要。比較《梵經》與商羯羅的注疏，可知，此二者雖為同派之學，亦主意無礙，然差別還是很明顯的。商氏堅持或繼承了梵的絕對性、聖典的絕對性、世界的內部化、人的還原必然性等主要立場，卻也以某種方式避開了一些他不認同或

他堅持的觀點，比如最著名的如梵我不二說。商氏之不二已非構成或質料的不二，而祗是唯識的不二。這是兩個不同的不二，因為不同，所以商氏在注《梵經》相關不二之處，大多採取了不注、不說或說與此相關的他話，這可看出他與先師學說的差異。還有，正是基於唯識的不二，所以他進而認為，業、名、色、物之類均為摩耶，而此摩耶又不同於《梵經》所說的摩耶。他在注《梵經》時用了一個說法：「本性未展開」即摩耶，這應該還祗算是一個過渡性的說法，至《千說》時，摩耶不是展開與否的問題，而是直接被解釋為了幻、假，於是這個世界在他的眼中便祗是幻、假了。進而，因為他對世界的不二、名色業有這樣的解釋，當然也會進而否認有陽動的事實和可能，所以《梵經》中相關陽動的文字，他也放棄了注解。這些差異是我們必得要注意的。

有了《梵經》和商羯羅《梵經注》的瞭解，我們再理解《示教千則》（或《千說》），便有了一個較好的基礎。這部商羯羅學說專論性的著作由兩部份構成，其中671節頌為韻文篇，367節頌為散文篇。相比他的注釋性著作，這部書更直接地表達了商氏的思想與學說，或說其思想觀點更為鮮明。說更直接或鮮明，是在吠檀多派和其義理學的基礎上作出的判斷，如前述，這個基礎是由《奧義書》、《薄伽梵歌》和《梵經》奠定的，離開了這三部經典，當無商羯羅的後續之說。除這些經典外，還有一個人對商氏有直接影響，他叫喬荼波陀，為商羯羅的師爺，著有《聖教論》[75]。這部頌釋詩堅持了「三不」立場，還對萬物等同或平等有明確表達，至於我的絕對性，那更是不庸置疑的原則。此外，還有一值得提及的比喻，這便是後來該派反復提及的「空瓶」說。這個說法表明，所謂個我與我的同一不二性，就猶

---

75 徐梵澄先生譯為《喬荼波陀頌釋》，載《五十奧義書》743～774頁，北京，中國社會科學出版社，1984年。所謂「頌釋」，即《唵聲奧義書》的頌釋，亦為詩歌體。另有巫白慧譯《聖教論（蛙氏奧義頌）》，北京，商務印書館，1999年。

如外面的空與瓶子裡的空一樣，毫無二致，祇因為瓶子的阻隔，才讓瓶子裡的某認為瓶子的空是另外一個空。這個比喻生動地、通俗地揭示了梵我不二的本意。可以說，這些思想與觀念對商羯羅有直接影響，且都反映在了《千說》中。

不生、不滅、不二，依然是《千說》的核心思想，它們幾乎在每個頌節中都有表達，這當是後世稱商羯羅為絕對不二論者的根本原因。圍繞這個核心立場該書展現了如下思想和義理。

1、我的絕對性、無限性，當然是絕對主題，問題在於，為了強調這種絕對，商氏進而提出了一種《薄伽梵歌》所不曾有過的思想，這便是我的無屬性、無行為觀點。這個新觀念為商氏所特出，其意在表達他的新學說——所謂不二，與構成、質料無關，僅為識的不二。應該說，這個識的不二論與佛學中的唯識觀有直接關聯，可說是佛說的借入。問題在於，商氏的這一借入幾乎改變了《奧義書》哲理的原義。我們已知，在《奧義書》、《梵歌》甚或《梵經》中，我與原質及它的衍化質素「五大」之間，構成因果關係，這便是所謂質料或構成不二說，商氏收縮了不二的範圍，祇認個我與我的不二，而將別的內涵屏出了不二之外。這樣收縮的後果是，我與物構成了「兩在」關係，我入於物之中，這個入於物（身體）中的我便是個我，亦即靈魂，它可入於物之中，也可以出於身體中。或出或入，似乎與身體無關，那麼，中止輪迴之主動者究為誰呢？答案不明晰。從我出，排出物、在，這雖高揚了我的絕對性，卻置在、物、形於了無地位狀態，如何解決這個矛盾呢？

2、業、名、色、物、形、在，以及我念、我執、別見之類均為摩耶。這裡的摩耶不同前說《梵經》中的摩耶，那個摩耶被商羯羅解釋為：「本性未展開」，而此摩耶則被他視為虛幻、假象。即所謂物、形、在或名、色、業均為感覺的錯覺、假象、虛幻，而非真。這個觀

念與立場為商氏大肆渲染，目的是為了去幻、去業歸真。幻、夢、業、名、色、我念、我慢、身的虛假化，主觀上避免了二元問題，讓世界祗剩下我本身。這個我雖分為個我與我，然均是我本身，別無二致。所謂不二說，即此意。針對這樣的不二論，商氏更進一步提出了污泡說，以替代喬荼波陀的空瓶說。所謂污泡說，是說個我就如污穢的水泡從清水中冒出（這裡的污乃身染所致），使本來的水變成了可視的泡。

我與個我的不二論，排物、在出識及論題之外，是商氏義理的一大發明，在他的新理論中，萬物並不存在，均因幻而有，無幻即無物，個我去此幻後，即成自我。這個萬物生於幻的學說，後人稱為幻有論。故知商羯羅學說之主要，乃幻有論加不二論。幻有論解決了一個非常嚴重的智慧困境，即因智慧而感知的相關環境、條件、載體、供給、依憑之類，其實恰好是智慧被其所蒙遮而產生的別見，它們本身並不真實，因此，智慧要想追求真實，首先就得放棄別見，視名、色、業為虛幻，並解脫之。幻有論解決了個我與外在世界關係的衝突問題，祗是這個解決方案難為人們所理解和接受：一個看得見、摸得著的世界如何是幻、假呢？承載著我的身體怎麼會是虛幻呢？

這個結論的理解和解釋遠遠超出了普通智慧的視野和範域——而此普通智慧所獲得的結論正是商氏說的別見——它屬於性智覺的論域，亦是因之而有的結論。依此性智覺，本原之被稱為我，是強調世界的同一性、自身性，沒有外在，沒有他者，此是其一；其二，這個本原的我具有意志和驅力，它選定了形化的方式來顯示自我；其三，顯化即名、色、業，它們是由不作為、無屬性、不生、不滅的我展開的（2，1，19），故在我看來，顯化並非生、滅，而祗是觀察者的幻覺，就如魔術師，將一個沒被看見的東西變為看見的東西，這個沒看見到看見不是魔術師的立場，祗是觀眾的立場，在魔術師那裡，什麼

都沒有變化（1，17，28～30）；其四，觀察者是自我的一特定，本為自我自身，無奈為名色業所困，以致失了自我的質要，變異出了別見、我念、我執的錯誤智慧，這便導致了將幻假實在化的結論；其五，觀察者何以有智慧呢？這由自我這個意志者與分殊於身體中的個我的同一性所致，即個我的智慧之本在於它即自我本身，故個我的智慧即自我的意志，唯個我被名色業所困，所以才致使其智慧出現了別見、錯覺；其六，如果個我除去別見，還原為自我，同一於自我自身，則知，名色業實幻假，唯自我才是真，這便是真、識、見、梵智，這一個我還原自我、除去別見、我念、我執的方式，就叫做以智去智、還原證成。

商羯羅的不二論、幻有論學說，明顯地不同於《薄伽梵歌》的不二論，如前述，那是一種構成性的不二論，而商氏這裡所說的更多是一種唯識的不二論。這種不二論將實在虛化、幻化、假化，有讓人摸不著頭腦、找不著北的感覺，不過，還不能輕易將其歸之於錯誤之說。這裡首先有一個說論的立場問題。一般情形下，我們說事論文基本上祇代表在的立場，這由我們本身是在這一前提決定，所以，從在的立場看，在就是實在的、真實的，或進而說，唯有在才是真實的，其他均虛。這個立場和這個結論恰正是商羯羅所放棄的。他之所以能夠放棄，全在於他的立場不是在，而是那個自我，或簡稱我。依我的立場言，祇有我才是唯一真實，其他均為我的顯化，甚或幻化。幻化者唯其去掉幻，才能歸之真。於是，作為分殊自我的個我，由此便有了解脫名、色、業的使命，否則，這個我就會被名色業包裹著不停地輪迴流轉，而要中止這樣的輪迴，唯一之途，祇有主動地解脫載體，回歸自我。

3、梵我無別，去智還原。商羯羅學說的重心之要是去身留我，息無明、解色業、破名相、壞我念、除別見、脫摩耶。這個話題佔據

了《千說》一書的主要文字，也可說，是他大肆強調我的絕對，名、色、業幻假的目的之所在。那麼，應該如何去、息、解、破、壞、除、脫呢？商氏所推崇的方式和路途唯一，就是以智去智。所謂以智去智，在商氏的體系中，做了如下的表述。

他將智分為兩類，一是真智、明智，亦稱梵智，這種智是自我意識本身，亦是光明，故它對自我自身沒有記憶和忘卻的問題，即智與自我不二，表明它不斷裂（1，14，16），直通無礙；然而，自我一旦落入身體之中，智慧亦會因此而被肉體、感覺遮蔽，以致所表現出的便是第二種智：感覺智，它的結果是妄識、別見、無明、我念、我執、自見，所有的痛苦、罪惡、業因均由此而發。由此故知，世界的問題全在這感覺智，它是諸在、行、果的業、因，此業因阻斷了個我與我的直通關係，進而裹脅個我進入因果循環，即輪迴之中，不得自拔，所以這便有了一項因個我受形物遮蔽而有的使命：解脫形物、回歸自我。這一使命是個我之為我的唯一之命，捨此無他。那麼，該如何實踐使命呢？商羯羅出示的方案很簡單：冥想去毒，聖典去惡（1，18，5）。

當然，方案的簡潔，並非意味著不需要解說。他的解說大意如下。

我的本質即自我，所以說「汝即那」、「汝即真」，不過，由於此「汝」宿於身體之中，它在使用身體成為自我的載體的同時，亦使自我之智慧發生了變異，由是產生了感覺智，即我念、無明、妄識、自見、別見之類。總而言之，這些現象屬幻假之象，卻有困厄自我的現實性、實在性，故是自我之敵。我念是自我的映射或影子，故為幻假，自見亦身體的限定結果，身體由我的誤會而起，別見源於摩耶，生起萬物的祗是意（錯覺），自我恰不生、不二、不滅，人在

名色之中，祇有自見、自聞、自思、自識。正是如此之類的幻假，所以，個我要達至與自我的同一不二，必得要用明智之火，燒掉無明的種子，使之無發，從而還原合一（1，17，25～26）；心要歸之寂靜，解脫行業，合梵成智（1，17，51），破除自己、我的，即有真知或知我（1，14，29），無意、無思考、無根、無行為、無氣，便是真實（1，14，33～34，38）；除去非我即見，我不變（1，14，42～48），如有見變化，即心智被限制（1，15，17）；唯知識可以救自己出生死輪迴（1，15，51～52），人苦因為思量苦，苦與我無關（1，10，5、1，16，9）；識相是別見，識主才是見（1，12，14～15），迷混觀念並非見，見即瑜伽（1，12，7）；己我是業的種子，不燒掉則生報應（1，4，1）；梵智是為了去無知、止業，正智去無明（1，1，25）；萬物由幻而有，無幻即無物（1，6，3）；名色業三者不存在，為虛，唯自我為真（1，17，10～11）。

　　上述多種表述歸結之即，捨棄、解除、沉思、寂靜，亦即個我捨去身形物在、名色業因，直奔自我而歸，捨此而外，無需他為。故知，商羯羅所鼓吹的是一種線性還原合一法，也是一種以智去智的還原歸一法。其所依賴的法寶說之為二，實則是一。所謂二是說，一為性智覺，直認不二的核心，解別見、妄識、無明而去；二為聖典導師說教，在說教的引導下去實踐解脫與捨棄。所謂實則為一，則是性智覺乃自我具分於個我的最高智慧，亦即自我本身，號為梵智；而導師聖典之最高者，亦即自我，這由《薄伽梵歌》讓黑天充當阿周那導師一事已備明晰，吠檀多派完全繼承和認可此說，是以得知聖典導師與智慧的同一性。

　　的確，不滅、不生、不二是商羯羅高揚的義理大旗，為此主旨，他不惜對前有的哲學義理予以改造或隱蔽，當然也就會出現一些後人看來的矛盾處，現略加備說。

　　商氏留出的最大問題是「不二而二」。所謂「不二而二」是說，個我與自我不二了，而身、形、物、在、名、色、相、業、因之類，因為是自我之敵，故不與我同一，這便成了二。在商氏的《千說》中，他用彼、此對立成說（1，15），花很大的篇幅討論了彼此的二性。此二的出現，顯然是商羯羅過分執「不二」為意，以至必須拋下這些實在，使之遠離我，或與我無關（2，2，58），方可成就個我與我的不二。然而，任何意義的拋棄都不能改變二的結論，為此，商氏便祇好拿實在做文章，將其定性為虛、假、幻，這樣就在概念上解決了二的問題：被定義為了虛假的東西，便不是世界，故與我無關，因此不二成立。商氏此說多少有牽強之嫌。將實在定義為「沒有」，可能在邏輯上有一種可行性，卻並非邏輯的完整，更非事實可載。既然智慧可出虛幻，則虛幻變為智慧現象，即別見亦是見，無明還是明，以此去剝離實在，其實不得其功。正是由此困難，商氏的相關論證便多有不一致、不同一處，無奈之中，他做了很多變通和修飾，以求說法的完整。比如他放棄了《薄伽梵歌》的陽動說，以說明梵我與陽動無關，故自我無需陽動。還有他想用「污泡說」替換其師祖的「空瓶說」，因為空瓶說很形象，卻有一解釋上的困境，即瓶何來？此亦即可延伸為個我為身體所限，那麼，身體何來呢？污泡說倒是沒有了瓶何來的問題，卻又出現了另一問題：這是否意味著實在（如身體）與自我有構成意義的同一性呢？而此，恰又是商氏不願同意，因之也不曾正面說及的問題，他最出格的說法，是在《千說・散文篇》中說及了名色被自我展開成為空虛——通過「五大」而展開（2，1，19～20）。

　　將實在剝出自我，以此成就我的不二性，是商羯羅學說的要津，用心可判，卻難免邏輯的困境。此困境所由，是在商氏之前已有所謂原質說，此說在《奧義書》、《薄伽梵歌》、《梵經》中已被解釋為

了我的同質特出，故有構造意義上的同一性，唯數論派視之為二元。商氏欲反數論派的二元說，又不同意構成論的不二論，便祗好將實在幻化，以此祛數論派的二元論，進而立唯識的不二論。問題不在商羯羅如何立論，而在世俗邏輯如何理解這一立論。如果說原質為名色業之源，說明名色業為有因之果，既為有因之果，便不可為假，而當為真，故說果為假難以成立。為此，商氏採用隔離破因之法，說原質為幻，「五大」為幻（說得不堅決，故有前面「原質被自我展開為五大」說），這便讓因虛假了，果當然也就假了。此論說解決了因果邏輯的不成立，卻還有問題。個我破別見、妄識、無明即還原，或說還原即破幻，即解脫，此還原的直接表達是：還原即回去。這便又有兩個問題。一是，如果說還原即回去，那出來又為什麼？在商氏的學說中幾乎無解釋，無怪乎有人疑問我之展開，祗是為了好玩，別無目的，所以還原變成了一種線性遊戲：出去——回來。

二是，幻的魔力可以使假成在、成形、成物，而個我卻要反其道而行之，去假成真，那麼，個我的動力與能力何來？它憑什麼去反逆而行？智慧本身就算有此潛力、潛能，那此潛能又以何開發？如若有開發，那豈不是自我有作為，有能動嗎？而此又與自我的定性不符。商氏反對有陽動，主張沉思、寂靜、回歸，這樣的靜、寂、沉如何可以反逆強大的魔幻呢？

這些問題其實正是商氏沒有解決，也無能解決的問題。基於此，又該如何評價商羯羅的思想和義理呢？

竊以為，商羯羅的立場和邏輯是正確的，或說在終極意義上是正確的，祗是必得說此正確有線性之嫌，即將複雜的過程簡單化了。從終極立論，我們的世界最終是沒有實在的，當然也就沒有實在的地位和立場，可在這樣的終極之前，我們還有一個漫長且複雜的過程，更重要的是，這個過程和它的複雜化的參與者恰好正是實在，或商氏

所說的名色業，那個絕對者的我或自我更多是居於幕後的支配狀態。這一事實與情景意味著，不能無視過程和參與者，它們的終極虛无不能代替其過程的實在。依理可知，這樣的實在有二義，一是作為參與者，它有在過程中自足的需求，即便以自私、自利、我執、我慢、我念，甚或罪惡的方式去滿足，亦不能斥之為虛無；二是既為參與者，它終得經由過程化，互養方式成就、感悟我的真實性，理解還原回歸的絕對，而唯其過程後的理解和感悟——其中還包括物理的方式對形、在、物的善化改造——才是真正的覺悟與還原。基於此理可知，商氏的線性還原說——幻有論與不二論——確有不充分處。當然，這是不可以苛求的，商羯羅以其智慧的超越與拔出，其所說於人類實可謂是醍醐灌頂之聲，補充細節當然是後來者的戮力致契之命，不可別過。

第二節　真空妙有、轉識成智、還原證成

　　印度人的哲思和義理貢獻非祇是《奧義書》、印度教，還有軸心時代興起的佛教與佛學。西元前6世紀中葉，一個叫悉達多的小國太子，以外道派的想像力、悟性，跨出了印度教原有的邊界，自創了一個新的教派，號稱佛教。以旁觀者的觀察理解，這個新興的佛教，無論其作為宗教的派別，還是其所涵容的義理，對印度人、印度社會來說，都太過新穎，大出意料之外。

　　以宗教言，悉達多所生活時代的印度（廣義印度）社會，當然是印度教盛行的天下，可印度教說為宗教，其實祇不過是信仰而已，並無嚴格意義上的職業人士，更無組織結構為之張本。大抵上，彼時由之吠陀時代而來的婆羅門階級已經頹廢，奧義的宣揚與弘揚者其人

員結構已完全混雜，有婆羅門，也有剎帝利人士，這些人自有其生存與生活的職業，業餘時間或研討《奧義書》，或集會講授其心得，而聽者、參與者則無需門派身份前提，可以為聽甲之言，亦可為聽乙之說。故知，印度教其實是一種鬆散的信仰，沒有專門組織和專職人士拱衛。悉達多聰慧之一便是，改觀了印度人的這種信仰方式和傳統。他為了傳播其思想學說，決定利用宗教形式，而他所定格的宗教卻大異於已有的印度教。首先，他讓他的信徒們職業化，成為職業的信仰者、傳播者，得出家專業，不留俗事，除了信仰和傳播之外，一無他業，生活之需概由乞討解決；其次，他還把這些信徒組織起來，成為有組織結構的宗教團體，所謂僧伽團，制訂專門戒律，從嚴管制。這樣的設置和業行，在以散漫、慵懶著稱的印度社會，立即收到了奇效，以致在不太長的時間內，這個新起的佛教立刻壯大起來，最終掩蓋了印度教，成為了顯教。

　　悉達多的這兩項創舉不僅對佛教的創立、傳播有意義，亦對後來的世界有啟發和影響。如他之後的基督教的建立，當有仿效和假借，更後來的政黨制度則亦與之有干係，如此之類應是佛教文化的偏長別果。仔細觀察，還不止這兩項，其他有如意識形態的建構、佛教藝術的貢獻等等，都可說是悉達多為了「以俗去俗」[76] 的教化方式所產生的副產品，祗是，這些副產品於人類的文化有極大的豐富。從宗教言，這種教化方式有極好的反俗效果，所以為佛教所專長，然，印度社會本身恰應是與此格格不入的。

---

76 所謂「以俗去俗」，大意是說用比俗世更俗的方式來顯示佛教的某些象徵指意，以讓俗眾對比之下產生近俗的畏懼和自小心理，從而達到棄俗的效果。如俗人以手抓物利，以眼觀色、形、物利，以身為自視之本，佛教便依之創出千手觀音、千眼觀音、樂山大佛之類，對比之下，任何俗人便會因此而小其手、眼、身（我念）的根念性，結果可由之導引俗人入我空的境地。這類表達和教化方式即為「以俗去俗」。以此方式反觀佛教的藝術、建築和奢華浮虛的教義表達，即可見其反其道而用之的本意。

以哲思義理言，悉達多的出格，更讓印度人百思不即。

佛學義理，簡略說可用三字概括：空、智、佛。

說空，即有生成（因緣）問題，所謂法、色、我、有是也。佛學的重心不在生成，而在後果的解放，祇是此中必然會出現真空妙有的話題。後果該如何解放呢？這便引出了智，智是法、我解放的不二法門。此又產生了兩個話題，智何來？智何功？第一個話題要回向空。空既生成（因緣生起）結果，當即本原，而智正是本原的品性，這品性也叫真如，真如念起，便有了法、色、我、有。念即是空的顯化、形化、物化、我化。這是世界有分別、有差異、有我執諸假象的原因，亦稱無明。無明、我執雖為真如動念的結果，卻非所需之結果，它們祇是過程的不得已，故得去之。

該如何去呢？此是智的第二個話題：智對自身的解放。解放即去顯、去固、去執，以至還原於空、真如本身。問題是，智如何去固、去執？這可說是智的自證──智慧自我證明其真實與完整（簡稱證）。自證的大意如下：真如動念而有了法、色、我、有，此亦是真如自身受染了，這種染的結果是智慧變成了識、意、見之類的無明智，或即色識、我識、法識、見識，它們將智慧扭曲、變態，使有、我自縛，因此自證便是去染遣執、轉識成智，或以智去智。故知，真如或智慧因念而出色、法、我、有，亦自染為了識、見、意，這是一種必然，不可違（隨順），然則，此祇是必然的一部份，另一部份則是，智慧自救，反向去識、去執、去染，從而還原智慧或真如的真實、完整（菩提）。這兩部份必然的同構，便是智慧的自證。此自證的終極，或真如的完整就是佛、或涅槃。

以此即知，所謂佛學，便是智慧真如的還原證成之學。

　　這套義理主要為大乘佛學所建構，當然不為印度教諸義理所能理喻，甚至也不為小乘佛學所理解。如果說悉達多確實建構了大乘之學，那麼，他的偉大與智慧真的超常。這也許足以解釋為什麼佛學後來在印度衰落了——它不是印度社會所能容許的學說。印度人最大的問題是苦，所以文化的重心是解苦，而佛學，特別是其中大乘教義則是為了成佛。一個是解，一個是成，其兩判不言自明。

　　先且放下佛學能否為印度人接受的話題，我們來看看佛學本身的一些情況。

　　依剛才所述，佛學之義理不過是空、智、佛三字而已，幾百字即可將其囊括殆盡，而我們所看到的情景卻是，佛家典籍祗能用汗牛充棟、浩如煙海來形容。可以說，幾乎沒有人能夠僅憑一生之功（全力）讀完所有佛籍。這種情態縱是中國之經學也難以匹敵。[77] 何以至此呢？其一，當與佛學首先是宗教密切相關，史實已知，是宗教就難免誇張、奢華之方式，它會無所不用其極去彰顯其教義與說法，以求世俗的認同。其次，也與佛家以俗去俗的實踐相關，所謂誇張、奢華也是世俗之常態，佛家迎頭而上，試圖以更多、更繁、更致的說法去淹沒俗見，是以有此。復次，還有一種原因，那便是悉達多沒寂後，他的門徒後人對他的學說、教義有重大的理解、把握分差，以致各執一端，各抱一辭，其中的絕大多數不能理解完整和全義的佛，祗能在觸摸的感覺中理解佛義，並進而解說佛理，諸如此類，也必然致使後來者為堅守己見，肆說法理、鋪張陳詞的現象，是以有了佛書的氾濫。凡此種種帶來的後果是，理解研究佛理的浩繁與虛耗。這是佛學

77　據《四庫全書》統計，中國經部共計2171部，25863卷（含存目），5482冊，另據日本人小野玄妙主編《佛書解說大辭典》（1932年初編，1977年補編）統計，僅漢、和兩類佛書（不包括梵文、巴利文、蒙文、藏文、西域諸文佛書）計有90000餘冊，65500餘部（其中漢籍2236部，9006卷），由此可見一斑。

令人望而卻步的主要原因。還有一原因，可說是翻譯書中慣常的表達與概念的特定所造成的閱讀困難。最後，至於義理的抽象、虛玄所致的理解困難，也可能有之，不過這於性智者言，當不大礙。

明瞭上述諸象，便知佛學之義理其實是在蕪雜中包裹著的，這就需要我們做去蕪的工作。據先賢的閱讀、研究經驗以及自己的體會，眾多的佛經中，《大般若經》、《華嚴經》、《法華經》三者最為重要，可說當必讀之，不過，閱讀時可先撥出重複部份，擇其精要閱讀；其次是諸論中的《大智度論》、《大乘起信論》、《成唯識論》、《中論》、《百論》、《十二門論》，也應當研讀；復次是中國高僧的著作，如僧肇的《肇論》，智顗的《摩訶止觀》、《法華玄義》、《法華文句》，灌頂的《大般涅槃經玄義》，吉藏的《三論玄義》、《大乘玄論》，杜順的《華嚴五教止觀》、法藏的《華嚴經旨歸》、《華嚴經探玄記》、《華嚴金獅子章》，澄觀的《華嚴法界玄鏡》等，這些書有中國作者簡明扼要、文風質樸、通俗易懂的特點，非常有助於佛理的理解。

理解佛理，還有其過程的把握。一般說，佛學自成立以來，約可分為三個主要階段，這包括，從其創立到部派時期至小乘佛學的成立為第一個階段，龍樹創立大乘佛學至其在印度的衰落是第二個階段，大乘佛學進入中國，以至佛學漢化是第三個階段。其中，後面兩個階段相差較小，可說幾乎沒有本質差別，它們的核心均在成佛。不過它們與第一個階段的差別卻很大，或可說為有本質差別。因為佛學在第一階段的主旨是為了解苦，彼時，它並沒有產生成佛的覺悟。正是這樣的差別，才致使小乘說大乘並非佛教。

前說，印度人的最大問題是苦，以致有強烈的解苦需求。可以說，這正是印度教、佛教先後產生的根本原因。自《奧義書》以來，印度諸聖賢已經深刻認識到，苦的問題，本質上是主觀感覺的問題，

設若觀念不為苦，那就沒有苦。而感覺、觀念問題復又是智慧問題。這樣的關聯性決定了一種邏輯：如果想解脫苦難，必得先解決智慧的錯誤——苦由錯誤的智慧所導出，所以它是一種假象——唯有正確的智慧，才足以理解和把握真實的世界，才會有存在的真實。這樣的認知和邏輯設定，奠定了整個印度文化的基設，從而也因此成就了印度人不二法門的解脫之路；以智去智。

此路的開鑿，肇於《奧義書》。《大森林奧義書》的沉思自我說，《歌者奧義書》的意識功能說之類，便是其源。至《薄伽梵歌》開始有了成熟的智慧瑜伽說，或說，智慧瑜伽已成為了《梵歌》的中心論題。不過，據資料觀察，佛教之前的智慧解脫說，祇能算是一種追求和命題，其中至少有兩個問題沒有得到解答。它們是，一、智慧本身的構成與層次、功能沒有系統說法；二、智慧何以能夠解脫苦難？也沒有說法。正是基於此不充分，佛學做出了充分的補充和完善，是以成就了小乘佛學的義理。

小乘佛學的第一大貢獻，是置智慧於世界的構成之中，亦即說，智慧是世界得以存在、構成的原素，是世界本身，並非外來強加。或說，所謂苦難之類的現象均由之構成世界的原素智慧，而其解脫的動因和方式亦在此智慧中。這個說法可由小乘所說七十二法（原素）、五蘊、十二處、六境、十八界等獲得理解。在他們看來，所謂世界其實就是諸法（72種原素）的集成，諸法間的相互作用、相依緣起，便是世界之業。這些原素或法中的絕大多數受無明影響，是為有漏之法，它們搖擺不定，從而產生受、生、老、住、滅諸現象，祇有三種法或原素不受此力影響，可以永恆不動，是為無漏之法，其終極便是寧靜、終寂。諸法均以四諦為相，所謂苦、集、滅、道。其中的集，即是法的騷動、不安、不穩定，有似中國《周易》所說的陽動之意，正是此「陽動」（集）鑄就了諸業之果（苦）。故知，集為諸苦之

因。然則,這衹是局域的因果之論,在更大尺度上,滅才是更大之果。一般說,苦、集之間衹是諸法的惡性循環,它的結果是苦上加苦,而非解脫,衹有至於滅,才是解脫。所謂出有漏之因而入涅槃之境。道即滅苦之道,其方法便是正見、正思的八正道。

依事實觀察,原始佛教以至小乘佛理與《奧義書》之理路均頗為接近。如這裡所說的道諦,其實是由兩法構成的,一是瑜伽之法,它以入定的方式斷滅不善的原素;二是般若的方法,它以性智覺之法使諸法歸於寂靜,還原於滅的終極。這樣的接近中已然有了體質的差異,其要所在便是,智慧以及與智慧相關的感覺、意識連同它們所據之成立的器官(根)、據以反應的對象(境),均成為了世界的構成原素法。五蘊之中,除了色為物質之外,其餘受、想、行、識均為智慧之法。這樣的設置與理路,已明顯見出,佛家為斷滅苦難之根,先在世界的構成上做出了預設,根改之要不在治標,而在治本:讓受無明污染的不善諸法去染去雜,方能讓苦難無留。為此,小乘將世界分解為色界、欲界、無色界,從而明確指出當下世界的暫且性和不真實性,人類的前途和真實便是無色界。

小乘及部派佛教繼承數論派的學說,通過梳理世界構成的方式,將智嵌入構成原素法之中,以此成立了一個前提:以智去智是世界本身的構成必然,而非外在強加。這種智慧構成說的結果,一是讓世界構成複雜化了,它表明世界不衹是物質的,也是智慧的;二是使智慧複雜化了,智慧不止是感覺,更有感覺之外的理智、性智,而性智,唯有性智才是通向寂滅的正道。

小乘佛學所言之解脫,說的簡略點,是通過減少法參與構成的方式來斷滅不善之業,以此可登階上界,由欲界而無色界。這個學說的確有宗教的品貌,亦利用了宗教的形式,可其秉持無疑當歸之於哲思義理。它的原素或法相說,實即一切有的說法的變換,至後期,它成

了小乘派的主流思想。正是基於此，小乘佛教被說成是有說的宗派。一切有之說，將性、智、識、色均視為法，這讓它避開了其所由來的數論派的唯物傾向，從而成就了混元說。其創新在於，它給了因完整的表達：因既包含色，也包含性，還包含智，同時還主張，諸法相相待相因，因緣成果。當然，這些新穎之外，也有缺失與遺憾——它繼承了數論派哲學的原質說，卻無法解釋法由何來？或說，諸法自在，其上缺了一個原的範疇，故其義理體系不完整、不充分。

這樣的漏洞讓成實論者不滿意，他們試圖找到諸法的原，於是便有了空的設定。回想起來，這空並非成實論者自創，它亦來之於《奧義書》。「五大」之中就有空，現在佛者將空從「五大」中分出，使之獨立成為範疇，餘者以「四大」為說。空的設置，解決了解脫的目標和方向問題，使人有有家可回的感覺，故其實踐價值不凡。然而，似乎還有問題沒有解決，其義理的更化亦在期待中。

依小乘義理預設，世界諸形、物名色的差別乃諸法的構成差別所致，所以，所謂解脫便是減去多餘的法——色界、欲界之全者，為72法色全具，減少若干即有變化，若得減至最後三法，便可至無色界——那麼，該當如何減少法呢？前述了兩種途徑：瑜伽入定、性智超越。毫無疑問，這樣的構成和解脫方式祇能是個性化的——每個個體是由不同的法構成的，故減少構成之法是個體之本務——它得由每個人自己去完成。可事實卻是，芸芸眾生大多無此能力。這便有了普度眾生的需求，以此，它導致了另一種學說的出世：大乘佛學。

大乘要解脫眾生，首先要放棄個性化的解脫方案和理論基設，這個方案不太經濟，改而行為批量化生產的方案，而要實現批量化的生產，則必優先改變固有的義理預設。簡要綜述之即，眾生何以能解脫呢？必定是眾生與其所應去往的目的地是同質同態的，這樣才有可能性。進而，這個目的地還不能太遙遠，以至遙不可及，因為人的生命

有限，太過遙遠會及之不及。小乘祗說諸法，亦祗能通過減少諸法的參合才能登界，而此恰是眾生走不通的，它太遙遠，幾乎不可企及。龍樹之所起，便是他從成實論中獲得了靈感，借空入有。以此，空一面充當本原，一面減降構成（即有）的重負。故他說，有、空並非二物，實則同一的異相，空是原，有是空的顯化，祗是，這顯化會帶來錯覺，讓人誤以為它就是真實，是本身，這正是世界有我執、苦難、罪惡的原因。因此，作為空之品性的智慧，其真正價值是讓我們超越這色有的迷執，回歸本原的絕對。這個關於智慧的定義，實即意味著，所有相關有的理解、見解祗是識，而超越這識的智慧才是智。智就是般若，或叫菩提，現在我們稱它為性智覺或性智。

依智而論，所謂有（法、色、我之類）並非真有，它們祗是空的顯化，是空的形式，因而沒有自性，祗是被動者，其真實僅在於它們同一於空之時。或說，大乘的真意涵是：空有不二，真空妙有。亦即後來中國哲人所說的即體即用、體用不二。這便是世界的全義，世界的完整，所謂真如，便是這全義、完整、不二本身。空有不二、真空妙有，亦是龍樹所說的中或中道。這是他的學說被稱為中觀派的緣由。可以說，大乘主流即此不二的中道學說。

回憶一下，不二之說其實也有它的源流，那便是吠檀多派的不二說（見《梵經》，亦參見喬荼波陀的《蛙聲奧義書疏》）。我們已知吠檀多哲學中有「三不」（不生、不滅、不二）說，大乘依之而鋪張，將「三不」增益為了「八不」（不生、不滅，不常、不斷，不一、不異，不來、不出），看似祗是數量的增加，其實不然，可說它們是兩種不同學說的表達。在吠檀多看來，萬有祗是摩耶、幻假，唯我才是真，故其不二，便是這我與它的分殊（個我）的同一，此外均與不二無關。中觀派則不然，萬有並非摩耶、幻假，它們是空原的形化，是本原自身，故其不二，便是全部、全體、全義的不二，沒有排斥，沒有外在（以此言，其說更接近《薄伽梵歌》的自我同一說）。

　　這樣，我們看到了一全新的不二義理體系，它完全不同於原來的佛學之義理（既非部派時期的以教儀為主的解脫說，也非續起的小乘法相色界的義理解脫說）。它將義理的重心轉向了世界之構成、性狀的同一性，轉向了世界的內部化及其還原證成的理道之境。或即說，它由小乘的我空轉入了自覺地法空（色即是空、空即是色）。這裡的空有二義，一者，相對顯、形、物、在、有言，它是一無所有，是為空的本然義，它是諸實在的本原、本體，且有意志；二者，諸形、物、在、有、顯雖為實在，卻不為、不有障礙、隔閡，亦即空，視為空的引申義，它意味著即體即用、體用不二，諸在間的無滯無礙。此二空實為一空二說，所謂智慧、真如、菩提即此空之真實。

　　有此空義，再觀中觀之學，它們的法空之說其實是由三個概念構成的，這三個概念是：空、假、中。所謂空，乃指無可執著之狀態（亦上言空之第二義）：色性是空、空性是色；所謂假，乃是在相關條件、關係中定住事物：色不異空、空不異色（亦上言空之第一義）；而所謂中，即貫通上述空假，以獲得世界的全義：色既是空、空即是色。此語見之《般若波羅蜜多心經》，其文說：「五蘊體性皆空：色即是空，空即是色；色不異空、空不異色。如是，受想行識，亦復皆空。是故，舍利子！一切法空性，無相、無生、無滅、無垢離垢、無減、無增。舍利子！是故爾時空性之中，無色、無受、無想、無行、亦無有識。無眼、無耳、無鼻、無舌、無身、無意，無色、無聲、無香、無味、無觸、無法。無眼界，乃至無意識界。無無明，亦無無明盡，乃至無老死，亦無老死盡。無苦集滅道。無智無得，亦無不得。是故，舍利子！以無所得故，諸菩薩眾依止般若波羅蜜多，心無障礙，無有恐怖，超過顛倒，究竟涅槃」。[78] 這樣的轉變可說大出

78　這節心經引文用的是大蕃國大德三藏法師沙門法成譯本，載方廣錩編纂：《般若心經譯注集成》（十八種），上海，上海古籍出版社，1994年。

印度本土文化之意外，即它脫離了以解脫苦為直接目的的大道理，而別致出了相關全部世界構成、生成、價值、認知、超越與還原的新義理，或即說，給予了有以肯定和轉變的可能性。這個新義理簡潔之即：即體即用，體用不二，真空妙有。無怪乎大乘一出，小乘諸人便直攻其非佛教。

　　的確，大乘之說於印度傳統太過超越，大大超出了這個文化域可能的承載，除非它能找到新的承載者，否則不會有更好的成就。當然，大乘之學並非僅中觀義理，為了繼承佛教之宗教化的特色和本份，龍樹之後，該學又有了世親、無著，以及陳那等人的新開展，這便是唯識宗的別出。何以有此說呢？前已言及，小乘之中，其創新在於將性、識、智等能動現象化作成了法，亦即世界的構成原素，這樣的歸入解決了物、性分離和二元對抗的問題，同時也為人類去直接覺悟、認知世界提供了基設。他們將世界分述為根、境、識三部份，為智慧解脫開了方便之門，其所堅守的瑜伽入定和性智覺二說，正是印度有義理文化以來的解脫正途與主流觀點之所在。可以說，在印度如若沒有這樣的以智去智、還原解脫之法，當不為印度文化之構成。以此便知，唯識宗或唯識論的興起，其意，一在矯正龍樹過新的法空義理，以免出格之過當；一在以新的方式和學說去承接印度固有的解脫還原之正途。正是這樣的矯正和繼承，從此便讓大乘有了兩個主要的流派；中觀學派、唯識學派。比較而言，唯識宗與小乘的關係更親近些（世親兄弟均先出身小乘教派，後才轉身信奉大乘，此種經歷亦說明問題），它繼承了小乘智慧複雜化的特色，用細緻、精微、無所不用其極的方式去解釋和理解智慧，以此鍛造出了轉識成智、還原合一的康莊大道。其中的藏識（阿賴耶識）所主導的八識學說（萬法唯識、識外無物），以及棄識入智（無漏之四智）的般若宏論，真可謂前無古人。

　　整個說來，大乘之生境在印度頗多限制，難以宏達輝煌。印度人需要的是苦、集、滅、道四諦，他者祇可謂奢華、多餘。不經意之中，這個不能在本土繼續成長的義理學，卻一步踏入了中華文化域，反致找到了良好的生態和環境。

　　這個環境是何樣的環境呢？我們不妨簡述一二。

　　至春秋世，中國的體用論幾乎是分開說的（尤其以哲學之真理體系言）。晚年的孔子似乎察覺到了體的重要性，惜乎時間無多，祇好感慨存憾，他對《周易》的再解釋其重心仍然未出道德之用域。至戰國時代，覺悟到體用不二之大意者，大約唯莊子而已。無奈莊子出身道家，其體不用說，其用卻太偏個性、自性化，這與中國古來的社會化、道德化、政治化傳統頗多扞格，因之也不能為世人理解、認同。延至魏晉時代，王弼以其超人的智慧認識到了體用分割的過錯與缺失，便行合流通渠之為，用注疏的傳統方式融合儒道兩家之學，以之合體用。這個創舉可謂改觀了中國義理的走勢，亦奠定了大乘佛學進入中國並恢弘發達的前提。這個前提的要義是：无體與萬有（中國人更多用用來說有。用者，主指道德、倫理的價值，以及它所貫通的政治、社會、民生、繁衍諸領域）同一不二，不可分離，它們是隱顯關係、內部關係、同一關係，並且，諸用或諸有之所以顯，其價值全在於還原合一於无體。這個前提與思路正好與大乘之中觀學說相銆，可說，幾乎不用解釋即直接入轂。僧肇《肇論》之造，即是明證。

　　中國人的生存環境與印度人相去太遠，這裡的生態極有利於農業產業的發育，以致這裡的農業文化有絕對和主導的優勢。其中，天人自始而來的默契與協調成了文化與文明的主旨與基設。悠古以來，中國之天人關係的協調、默契，即包含了人力的能動參與和積極作為。因之，就此而起的義理諸說，便不專注解脫，而是致力於人與世界的完善，人的積極進取，以及體會其所來、所往的必然性。這樣的需

求，唯有體用不二、即體即用、真空妙有、天人合一的大道理，方能承載。是以，大乘在中國之興，就自然而然了。中國人給那伽閼剌樹那（Nāgārjuna）取了一個中文名字：龍樹——在龍的土地上建樹——實在絕妙，它表達了一種文化的史實，也彰顯了一個偉大人物的卓越與深博。

龍樹的中觀論，解決了空、有對立、二相的難題，這是大乘得以昌盛的基礎。空不再是虛無，而是無差別性、平等性，這便救濟了諸有的負面性、罪惡性，從而阻止了小乘脫有入空的大逃亡。大乘從此要堅守諸有，改造諸有、完善諸有，使有差別、有缺陷、有過錯的有還原為無差別、平等的涅槃。依大乘學說建構觀察，此理之昭，是由三部主經承載的，它們是《華嚴經》、《法華經》、《般若經》。

《華嚴》首倡法界緣起，這便承認了有的合法性。此合法性是由萬物同體（空无）、相即相入（形相依緣）決定的。法界的合理與合法，諸相的相即相入（無相圓融），是這個世界本身之大要，並非虛幻、摩耶，不可逃離、棄去，而是要反其道而動之——使之完善、完滿。這樣的完滿、完善，《華嚴》用了一個詞：圓融無礙。圓融無礙涉及事事、法界，無有遺漏。因之，它將法界分殊為四：事法界、理法界、事理無礙法界、事事無礙法界。如此的無礙，實由之六相之間的圓融，故所謂圓融無礙，便是講事事無礙、六相圓融。

是以故知，《華嚴》所嚮往的終極或涅槃，便是世界的空有不二、圓融無礙。那麼，該當如何步入這樣的終極呢？《華嚴》先以「十地」的臺階作了比喻性說明，其中第十地即佛地，為此終極之境；爾後，它又塑造了一個實體角色（善財童子），這位善財童子從他踏入佛門到最後修成正果，先後經歷了53次求教、修煉的歷程，經過廣泛而又繁歷的修為之後，一個俗人終於踏進了佛地。這位善財童子的故事是一則經典的通過修煉證成終極的故事，它告訴世人的道理

是，面對自我、世間的缺陷、不完善、過誤，不是逃離、解脫，而是造就、修為、完善，終使有與空同一不二。

《華嚴》的圓融無礙與還原合一，表明了佛理終極，而如何建立起有與空的同一連接，卻非《華嚴》本身即予解說，它得依賴另一部大經書，這就是《大般若經》。600卷的《般若》，其實要表達的觀點並不複雜，簡約之可作如下歸納。一是說般若為一切善法之母，這強調了般若的絕對性，從此意義上講，般若即本體，故又說一切法即真如；二是說涅槃即無差別相，故一切法以無性為性，乃至以無性為相，一切法無性故無礙、無差別；三是說般若既能生諸佛、示世間相，也能為諸佛示世間空相，乃至無相、無願相，即以空虛為相、無相為相，乃至空相為相；四是說般若具備實相與空相雙相性，所以，諸有包括人我要達至涅槃佛境，唯般若才有可能性，其意思即，一切法本性空寂，非生非滅，非一非異，無取無捨，無我我所，以無所得為方便，故菩薩應行無分別相的般若，修一切善法道品，證得無分別相的菩提，而示以畢竟空淨，無住無著，於此方廣破見、執、顯諸實相。

《般若》的破執法，指明了通向涅槃佛地的路徑，然而，此路徑和它的終極之目的地太過高遠，祇能適用於高智慧者，如大菩薩，一般人則很難有此覺悟。為此，作為普度眾生的大乘教，它必不能棄眾生不顧，這便有了它的第三經《法華》。

《法華》變舊之三諦：空諦、假諦、中諦為新三諦：真諦、俗諦、中諦，從而提出三諦圓融的新理念。這個圓融說實包含了兩層意思，一是它的本來義，即《華嚴》所說的事事圓融、六相圓融；二是所引申的世俗與真理、真如的圓融。這第二層意思為《法華》所新出。為此，它進而提出一切眾生皆有佛性，一切法皆佛法，千如互具的新命題。這便給了假象、萬有以充分的地位，亦為每個人覺悟佛性

開了方便之門。那麼，該如何覺悟佛性呢？它提出了「一念三千」、「一心三觀」的心法，以眾生法、佛法、心法為三諦圓融的真實，用相待妙來溝通眾生與佛的聯接，而漸次至絕待妙，以心識改觀念，用近觀己心之法，來觀空、假、中的同一性，用即體即用（六即）法來破除有執、我執。《法華》以空無相、空性說與般若相攝，其歸宿目標與涅槃通，指向淨土，宣揚濟世，會三乘（聞聲乘、獨覺乘、菩薩乘）方便，入一乘真實（佛乘）。

除此三部大經之外，大乘尚有唯識宗的義理。該義理主張萬法唯識，即祇依心識的真實性來理解和把握世界，所謂識外無物。諸識中，第八識阿賴耶識的有漏變現，從而有了世間相貌，即萬有、我、法，它們並非實有其自性，而祇是唯識的實性真如所顯的結果。以此，它將識相分為能變識相和所變相。前者即諸識本身，後者乃諸識的變現。轉識種子和現行互緣，自己生起，故知，染淨諸法均不能識，說明遍計、依他、圓成三自性乃為一切識。理解了世界的因為、所以，並非目的，目的是要悟入唯識相、唯識性，最終還原歸入佛所證得的菩提、涅槃妙果，這個證成即功德。其方法叫轉識成智：轉有漏識之心為無漏之真智，轉第八識為大圓鏡智，最後入空寂一體之世界。

大乘佛理以其獨特的建構，彰顯了義理神即本原的絕對，其中的要義在於讓萬有諸在成為本原本身，無需外力解脫、除去。所謂體用不二、即體即用是也。此外，它們亦明確指出了有、空之別，這便出現了如何達至無別、無差的結果問題，亦即世界的價值問題，其所提供的路徑是智慧過渡。為此，他們先給智慧以本原的屬性，即智慧即本原，然後復說轉識成智的理路。這後面的智，即終極的智便是菩提、涅槃之所在，由此便有了空、智、菩提、涅槃同一的說法，而所謂佛學，便是這同一的總說。本書意在理解諸義理神論的要義與品

質，故祇需對佛理作出大要描述即可，至於佛學之繁瑣與細密，祇好別去。

現在我們要進到佛學的第三個階段，即漢化佛學。大乘漢化之最大變化者，是對空、智、佛三大概念質地的置換，其中，空字之義變最為基設。

印度故有之大乘中，空，一指本原，即針對實有而表述的非實有、非實在意；二指一切存在物中，皆無自體、自性，無我，此無義亦是空。所謂事物虛幻不實與理體空寂明淨，便是此二空之義說。無疑，這二空義都被中國人理解和接受了，所以，我空、法空說、真空妙有說依然在中國暢行無阻，有所意外的是，法空說或妙有說之中，中國人加入了一新意涵，這便是覺悟或道德的能動性：因為覺悟了我空、法空，致使空變成了覺（亦即智），而由覺或智所貫通的諸有、諸世間，便不再有障礙、隔閡，從而暢通無阻、無滯無礙，是為即體即用、體用不二、天人合一，亦即所謂空。這才是真正的空。

變空為覺，復以德為覺，通過覺與德的實證，證明真空的絕對，結果便是體用不二，真空即妙有。這是佛學漢化後的新結論。它的形成，也經歷了先道後儒的結合歷程。早期，中觀派的見空、識空與道家的无體說有了契合，若《肇論》所言老莊之說，證明了大乘空論與道家无體說合流的事實。至華嚴、天臺興起，覺悟佛性、三諦圓融、事事無礙諸說盛行，從中便看出了佛家空說與儒家道德說、覺悟說合流的事實，空之義因之也開始走向圓融無礙、人人均可成佛的新意涵。

中觀派主法空說，說得通俗些，實是以法、我、在、色為證明材料、為幻化過程，然後以去材料、去過程的方式去證明空的絕對與真實。其中，如何去，即是智慧之所在或價值之所在。這裡，真空與妙

有的同一，是由智慧（菩提）所連綴的，但連綴方式是以空去、解脫來填充的。這便是法空說的真義。及至中國之大乘佛理，其連綴雖仍為智慧，可重心已不在空去、解脫，而是覺悟，覺悟法、我的虛幻，空的真如性，以此而獲得空有的同一不二，於是，解脫、空去變成了貫通，變成了道德的增長，所謂積德行善可去我執、法執，可明即體即用。此表明，佛學由原的解脫義理，變成了成善的義理。

去、空即覺，是印度大乘的基義，法、我正是在此覺的意義上證明涅槃的。所謂以我為證、以法為證、以在為證，即去我、去法、去在而成就涅槃，而成佛。與之相對應，中國化的佛理當是善、德即覺，而覺便是道德造命，故可說為以道為證、以德為證、以善為證，或即成德、成道、成善，方得成就涅槃的終極，方成佛。前者以去負面而至涅槃，後者以成正面而證成涅槃，都與真空義不相違，然其法式門戶的確相形別致，值得我們體會。智顗作《摩訶止觀》，提出通三德之學說。所謂三德即：三菩提、三佛性、三寶，認為此三法相通，便是圓融的實境。而於十乘正觀修法的觀不思議境段中，復又說性德、修德、化他三境，這便更加明確了圓頓止觀的要義，以此，佛學之重心進入了實踐之域，而實踐之要又在道德的完善與經歷。道德、善是人心本然之外發，這便必然導出心的重要性，為此，智顗高倡一心三觀、一念三千之說，認為心的發散與實踐才是佛理之最勝法門。

現在我們已知，中國佛理變空、去說為圓融論，其實是智、覺方式的變化。法、我之為執，乃是因為它們阻礙了有向空的還原，故印度人認為當去我、去法、去執，才能實現真空妙有。這裡的去、空之覺法，當然有能動的意義和價值，卻隱含了對抗、衝突、強制的隱幽。若以圓融覺法置換去空之覺法，則知，圓融是一種柔性的善化方法，其主動性、能動性更明顯，亦更富含善的價值與意義──通過

善、道德的柔性去化解對抗、衝突、阻滯、執迷、隔閡——這便讓諸有向真空的還原更富善性，更符合佛義，是以其還原證成的價值更豐滿、完整。從中可理會得，天臺宗主張覺悟佛性，其意當是由去、空之覺法而進為圓融之覺法。

理解漢化佛理，我們無法越過《大乘起信論》。這本號稱馬鳴所造的大論，被諸多研究者認為其實是偽作，[79]它的真實作者當是南朝時代的某位中國高僧。現在看來，這部託名之作的確祗能認為是具足了中國風格，即使是印度的大乘著作，亦當無有此等力度。要約言之，該書最大的義理貢獻有二，一是提出了體、相、用三分說，二是標出了一心生二門的心學法門。下面我們來分別理解。

體、相、用三界或三分說，是漢化佛學的新學說。依流源考察，當追至魏晉時代的王弼。針對老子哲學的不充分，王弼首提體、存、用三界說，從而構築了完整的義理世界大廈。《大乘起信論》承其說辭，當然也予以了不同涵義的表達，這便成就了佛理之義理世界的完整。參照比列即知，這兩種三界或三分說之不同，主要在相這一範疇上。王弼所論之相或存更多是構成意義上的概念，它試圖還原世界構成的真實；而佛家之相則偏頗於存在、實有的相狀與作用方式及狀態，多不涉及構成論域，或說，此相之為論，其意多在解釋用之所以有用的因緣方面。以此論，這個論證方略更接近儒家理路，具有明顯的陽動之環節義理的傾向，後來的宋明理學幾乎與此一脈相承。

相之於佛家並非新語，早在小乘之中，甚或《奧義書》之時，相之詞已有廣泛的使用，彼時以名相為說，後來又有法相之稱，終至大乘諸論，便有四相、六相、十相諸說。這些說法中，名稱雖異，可意義大體相近，主指相狀、表象、狀態，其意介於因果之間，可因可

---

79 詳細研究見高振農校釋：《大乘起信論釋·序言·四、五》，北京，中華書局，1992年。

果。將相配入體與用之間，這是佛學晚起的說法，依體、相、用完整概念論，當由《大乘起信論》始。可以說，體、相、用三界說對佛理之規置與體系化有創舉之功，它將散沙狀的佛理予以了提綱契領，從而有了整體感、明快感。

《大乘起信論》的說法如下：

「所言法者……是心生滅因緣相，能示摩訶衍自體相用故。所言義者，則有三種……一者體大，謂一切法真如平等不增不減故。二者相大，謂如來藏具足無量性功德故。三者用大，能生一切世間出世間善因果故，一切諸佛本所乘故，一切菩薩皆乘此法到如來地故。」[80]

從中，我們看到了相關體、相、用三個概念的定義大要：用——能生一切世間、出世間的善因果；相——如來藏所具足的無量性功德；體——真如不增不減的平等性。這三個定義保留了佛學的一些原有原素，如一切世間、出世間、因果、如來藏、平等性等，不經意中卻加入了一些修飾，如因果前加善，所具足的內涵是功德，還有平等性、無差別性的本原真如。瞭解了這些修飾、限制和特指，我們即注意到，這裡所定義的大乘義理是一種祇能向善的義理。源之於善原真如，經過善的功德，復指向善的結局如來地。這與原來的大乘具有的中性定義（即空→假→中）已完全不同，其善意的限定可謂昭然。

有此瞭解，便已確知，漢化後的大乘學已然是何等樣的義理論。作者刻意提出體相用三分說，除了表明繼承中觀學的真空妙有的學理之外，更意在表達有的善化價值和必然性，從而高揚體用不二、即體即用的真理性。這一真理的再後來解釋者，便是宋明理學的程朱大儒，幾乎可以說，《大乘起信論》與程朱理學劃上等號也不為過。

80　[梁]真諦譯，高振農校釋：《大乘起信論校釋》，12頁，北京，中華書局，1992年。

　　《起信論》非但與程朱學有學理等質性，也可說它與同陣營中的陸王心學也有同質性。何以至此呢？我們注意到，《起信論》為了表明真如本原的善性和善向必然，非常神妙地給真如安放了一個載體，這便是心。它說：

　　「所言法者，謂眾生心。是心則攝一切世間法出世間法……正義者，依一心法有二種門。云何為二？一者心真如門，二者心生滅門。是二種門皆各自總攝一切法。……心真如者，即是一法界大總相法門體。所謂心性不生不滅。一切諸法唯依妄念而有差別，若離心念，則無一切境界之相。是故一切法從本以來，離言說相，離名字相，離心緣相，畢竟平等，無有變異，不可破壞，唯是一心，故名真如。」「心生滅者，依如來藏故有生滅心。所謂不生不滅和合，非一非異，名為阿黎耶識。」「是故三界虛偽，唯心所作。離心則無六塵境界。」[81]

　　這裡有三段引文，它提及了這樣幾個概念：心、真如、阿黎（賴）耶識、念。前說真如是本體，可在這裡，真如變成了形容修飾語，或本原的狀態，而本原是什麼呢？是心。作者認為心是本原，故說一心生二門：真如、生滅。又說一切法所被攝者是心，又說三界本虛偽，唯心所作。以此有知，依總攝一切法言，真如門是心出的結果；依三界有差別言，三界是心出生滅門的結果。生滅即妄念，它的後果是一切法的虛偽，是差別，故此門是世界的問題所在；真如即無差別、平等同一，故此門是世界的涅槃、是真實。這可能是人類之於複雜世界解釋的最簡約者，寥寥數語，世界的真偽是非立馬明晰，且還告知了全部問題的結症之所在，真可謂神來之語。

81　[梁]真諦譯，高振農校釋：《大乘起信論校釋》，12～55頁，北京，中華書局，1992年。

　　先且不說對錯，我們無法迴避的問題是，作者在超級的簡約中，還幹了一件大事，那就是他將大乘素來視為本體、本原的真如（《般若經》）、阿賴耶識（唯識宗）降格為了心本原的性相，成了屬與性的概念，心則自大為了本原。這在全部佛教之中應該是顛覆性的立論，不要說小乘無此想，縱是大乘亦無此念。唯識宗講阿賴耶識緣起變現，貌似與此心本原相似，其實不然。阿賴耶識所以有能力緣起變現，全在於這個識即本體本身，是本原的意志性稱謂，唯識者不過是以此有意志性代表了本原，從而有說的。《起信論》說心本體，並不能指明它是本原之心，而當為人心，人心固然來之於本原，卻已是本原的特定，以此特定的二門之說，去解釋世界諸法之全部，這其中的用心與用意何在呢？我想，這與中國文化中的陽動哲學及其人的智慧能動性價值觀有直接干係。

　　我們已知，在中國的固有觀念中，心是人類思想、智慧的總稱，亦且，當我們說心的時候，並非中性立場，而是在刻意強調智慧的道德與向善、為善、體善、完善的屬性，這個善一直通向本體、本原。本原的真實、完整、全義在中國人的正面解釋中，即道德化與善化。這樣的智慧又被稱為性智覺，此覺正是佛學中的真如所在。正是這種範疇的同質性與價值觀的同向性，終致使《起信論》要改弦易轍，直接用中國話語去置換佛理的範疇，從而更加凸顯中國精神內質的透徹性。

　　將智慧能動性的特定直接提升為本原之階位，《起信論》是先河的開創者，後來，宋明理學中的心學大師將此理路和指意愈加登峰造極，從而成就了心學體系，由此可見中國文化精神之一斑。

　　話說至此，不由得人不產生聯想。前說佛學在印度實居異類外道，與印度文化本身扞格過甚，看來甚有道理。不說最終所成的漢化佛學，甚至也不說大乘佛學，即令部派與小乘佛學，也隱含了主觀能

動的價值觀與實踐嚮往。佛學在印度的興起，雖也與前它的《奧義書》有共同的追求，即解苦救生，可它的解苦別出心裁——以成佛的方式去解苦。這本質上是一種超越式的解苦；成佛之後，諸苦自動丟失。於是成佛這個本為手段的說法一躍變成了終極目的。佛學正是以此終極為核心而造就的義理體系。從源頭看，這種理路更接近《薄伽梵歌》，而與《奧義書》疏遠。《薄伽梵歌》一直高揚放棄執迷、個我，回歸神我大梵，且指明了最佳的途徑是智慧瑜伽，可說與佛學之論更為接通。更重要的是，這種相似中，我們還看到了人類智慧能動性的功能、價值展現：從智慧瑜伽（後來佛學中的唯識宗即依此瑜伽而來）到般若為萬法之母，神我大梵到涅槃，阿周那被教導投身戰爭、拼殺與入法界品之善財童子的訪難經歷，等等，我們很容易找到此智慧能動性為二者所共同執有的事實。當然，從結果看，佛學一直在秉持這種智慧能動性，最突出的表現便是用以俗去俗的方式去展現它，這讓他在印度經歷了成功，爾後終於衰敗了，因為太強勢的主觀能動做派讓印度人有難堪其負的折騰感，而走向中國後，反而如魚得水，可以肆意馳騁了。有相似性的《薄伽梵歌》義理後來的命運則有所不同，它被吠檀多派所承接，而該派對它的繼承和理解實則是轉移了重心，商羯羅大肆發揮的是它的不二論，更張出的卻是萬有虛幻的幻有論，這便徹底消解了智慧能動性的根基，以此，它便可安然待在本土，繼續為印度文化之大蠹。

　　說佛學執智慧能動性之質素，還有一相關旁證。我們已知，印度歷史悠長，文化繁茂深刻，然，其社會的政治態勢卻不見長。無說其遠，僅近2600年以來，這個地域中由印度人自為的帝國僅有兩次，共計時長約四百餘年，其餘兩千一百餘年均為外來者入主。問題的奇異處在於，印度歷史中的兩個主要帝國都與佛教沾上了關係。第一個帝國即印度人自為的孔雀王朝，它的王者旃陀羅笈多（阿育王）正因

為成了佛教的信徒，才讓他的帝國有了對印度大部份的控制。後來的另一個號為貴霜帝國的，雖是非印度人統治的國家，卻也是佛教徒統治。無獨有偶，佛教進入中國後，最盛名的唐王朝同樣是佛教肆行的國家。這些事實就不能不讓人生發想像了，何以東方的強大帝國都與佛教有關係呢？難道不應該認為是主觀能動性在政治事務中的極致表達嗎？這樣的主觀能動與大一統帝國的關係在中華歷史中更是普遍，祇是其道理的闡發者是中國的人和學派罷了。

第 九 章

義理神論（Ⅲ）

　　中國的義理神是以道為名相的，道含括了所有中國義理的品質和涵義。道之外，有幾個相關的概念有時也可作為義理神的代稱，如无、理、太極、无極、誠、仁、心、天、自然等，不過，它們的存在無礙道的絕對地位，故祇可在輔助意義上使用。依形式論，中國人說道，有似印度人說神我和梵，其意蘊都指向本體、本原，可語彙上的差異還是存在著，且亦顯示了兩廂文化企向的不同特徵。

　　印度人說神我、自我時，很明顯是在強調世界的內部性特徵，說明世界沒有外在，全部是自我本身，同時亦點擊了本原的靈性。而說梵時，則有歷史文化演繹過程的痕跡，此詞最先指祭祀行為，意含祭詞、讚歌、咒詞，後來延伸指祭祀主，即生主，最後抽象化，成為了世界本原、本根的代稱，此概念中飽含絕對義、不可變通意。至於說其他相關名稱，如涅槃、空，那亦是輔助性概念，為後世別出。從中，我們看到了三個要點：一是本原的絕對性、不可變通性，二是世界的內部性、無外在他者，三是本原的靈智性，世界萬有是其意志的顯現。

　　以此意觀中國之道，則有不同印象。道由道路引伸而來，這其中的重點似與方法、由路、徑向相關，而於絕對性、意志力卻有所淡化。因為道之所稱，它不由之自然神崇拜，而完全是世俗化的人為比喻，其意包含的是正確、合理，而不是絕對。淡化本原的絕對，卻又強調所由的正確、合理，個中應該看得出稱名的用心。所謂不絕對實乃萬有的世界所具有的相對性，且人要參與到道之中，而人力作用是變項參數，其能動性亦即變動性不能低估，或可說中國人說的本原其絕對性是由人的能動助成的。進而，人以能動方式參與至本原的必然作為之中，當然同時就產生了能動的合理、正確的選擇問題，這便又有了由徑、方式之正確性的不能缺失。凡此種種，道便抽象成了本原的代稱。以此道為基設，後世中國的義理論多會尋機表達某些立場和

觀念的差別。如道家，雖以道來揚名立萬，卻有道偏頗人為的擔憂，會不時以天、自然之意校正之。又如儒者，則更願意以仁、誠這類更具智慧能動性的範疇去代稱道，以示其主觀信念。還如漢化佛學，以空為說，而此空卻是圓融無礙的中空，並非非實在之空。再如理學家，明說為避道家之嫌而說理不說道，其實理之為名，更顯性智義理的真實，故昭彰之。

以道為根，以道為本，以道為原，復以道為說，內中正見出中國文化的天人兩廂契合，德配天地、能動作為、向善還原的意境和價值。所以，雖同為本根類文化，卻與印度文化有明顯的不同。中國文化除卻道的本原、本根、本體意義外，文化本身還極力高揚道德內質和善的意涵，幾乎可以說，離開了倫理道德與善的支持，這個文化好像無以成立。以此故，說中國文化即道德理想主義的文化，實不為過。此種印象，不唯我們關注儒家體系時有之，縱令理解道家思想，其所倡揚的道德——一種不同於儒之道德的道德——亦恢弘肆溢。甚至於，我們如若轉向觀察中國的政治文化，亦可見出其中的道德內質。如此之類的現象，實在大為別出世界他域文化。何以此域之義理會有此種道德化的強勢表達呢？這便是我們理解中華文化之義理的入口，亦為其樞巧。

我們還注意到，自農業文明中期以來，幾乎所有義理型文化都有其所承續的古老神話、神論體系的繼承，或至少會在其中留下一些遺跡。如希臘文化之於原神體系的印蹟，印度文化之於自然神的記憶。若以此為一文化傳承的不二原則的話，現下我們卻碰到了例外。在所有傳世的中國古老典籍中，它們之於其所承續的更古老的神話傳說的記憶少之又少，幾乎給了人一種「斷裂」的感覺。我們除了看到盤古開天地、混沌啟宇宙的傳說外，接著便是三皇的傳說。而三皇之傳說一露頭，卻又給了我們義理的鋪張：伏羲造八卦，其他的自然神不知

所蹤。的確，中國有一個天的概念，可視為自然神的總稱，可這個天卻抽象得已近乎義理神之謂，猶若印度人說梵之意。某些零碎的記錄中，還有如祝融、西王母之類的傳說，可惜他們在時程上不出三皇之外，更非真正神話，無非中國人某種歷史人事的變說。至於伏羲之前的天皇、地皇、人皇、有巢氏、燧人氏諸說，也幾乎可以斷定那不是神的傳說，而是人本身的傳說，可說為人話傳說。那個盤古開天地、混沌啟宇宙的傳說，更應該理解為哲理的神話化，而非是神話本身。

這種現象意味著什麼呢？是中國從來就沒有過神話傳說嗎？還是曾經有過，而後來的文化則將其驅祛了記憶和視野之外呢？我想，後面這個說法更可靠。若此，那便有問，何以中國文化要驅祛神話傳說，且驅祛的時間又如此之早呢？[82]

觀中國文化此種樣態，我們差不多可以說出這樣的評價：人類中心主義。然而，反觀幾千年來的中國文化，這樣的評價卻又不能成立，因為幾乎很少有文化在長達幾千年的歷程中如此克己奉道，反對人性的張狂。中國文化之說為道德內質的文化，即在於它一直協調著人與自然、人性與天道的關係，一直以和合為唯一價值核心。故知，它不是人類中心主義的文化。那麼，一個衹記錄人事和其知識的文化體系，卻又如此尊崇天道本原的絕對性，這又是為何呢？在排除了其他可能性之後，我們衹能說，這是一個自覺的道德文化，它知道道的絕對性和必然性，也從中明瞭了人之智慧能動性的道德責任與義務，所以，它的能動不是利益與得失的作為、追逐，而是助成本原大道、

---

82 這樣的清除工作可推論至少有三次，一次是伏羲之世，他或他們為推行「八卦」義理，當有神話的清除行為；第二次是顓頊時代，他所為的絕地天人通之舉，對諸多神話予以了清掃；第三次當為周人，他們為清除商人的鬼神文化，一併將古來尚殘存的神話傳說作了最終的清除。這三次清除之後，至戰國時代雖有一次自由知識人自為的神話復興運動，可效果不佳，最終衹找到了盤古開天地之類的傳說，餘者杳然。

還原成善的價值實踐。在這樣的智慧覺悟中，一切相關神話的傳說均屬兒科戲耍，不可成為文化的內涵，唯有成人的責任與覺悟方可立文化根本。

　　這的確是一早熟的文化。說為早熟，除了時間的早（距今5000年前即開始）[83] 之外，更有質地的成熟與智慧。本章將依政治之道、真理之道、天道心性之終極諸概觀來分述其大要。

第一節　政治之道

　　政治是何物？向有以下幾種說法：一者說為人類社會中強勢者以暴力和專斷之方式壓制弱勢者的作為及其制度安排；二者也說是人們為反抗專制控制而為的反制方式與方法；再者還說是共和政體中，社會管理方式與體制的民主、憲政設定。如此之類，均可見出它是人類社會中人們之間得失、利益、權力較量的方式與模式，除了得失、利益、權力之外好像並無其他意涵可言。觀當今世，這樣的政治觀念和意義更是廣有普通性，似乎捨此無他說。

　　如果我說中國古代有一種另類的政治觀，人們肯定不以為是。其實非也，它是事實。這種政治觀認為，政治並非人們之間得失、利益與權力的享有、分配、競爭之為，而是人類或人群整體被組織起來，參與世界還原證成過程的方式與模式。說此為政治觀，不少人會大笑而應之，視為天語。猶若老子所言「下士聞道，大笑之，不笑不足以

83　伏義演「八卦」的時間，學界有多說，如距今7800年前後，說見李平：《伏義作八卦新論：從對「結繩而為罔罟」的再思考出發》，載《第三屆中國國際易道論壇》論文集，2012。這裡，本人取保留說法，定為距今5000年前。

為道」（四十一章）。這種政治觀的肇啟者便是傳說中大名鼎鼎的伏羲。

伏羲，三皇之首，生期當仰韶文化中期以後——有說距今7800年前，這或許有如炎帝神農之稱，實是若干代同名人物的統稱，這個爭論難以明晰，故不予確定，我祇大約視為——距今5000年之前的一個偉大人物的稱名，或說，他是中國義理文化肇起的一個符號稱謂。我不敢前移伏羲的時代，一個重要理由便是這義理的肇起，若以7800年前為說，則中國文化先於他世界地域文化之有義理，實在太過超前，完全無法理喻；而定格在5000年之前，還算勉強心安理得。因為，彼時世界上雖無有義理之說，好歹不久之後埃及有了美尼斯的王國，蘇美爾人也成立了12個城邦，也算是相互有個參照。

伏羲的事業或許有很多[84]，我這裡祇說一件；八卦。傳說「八卦」是由他演繹出來的，其所依憑的便是摹仿、效法自然之固有，通過意義轉化與定義，最終以人為之方式成立的一套符號系統。這套系統表達了人類理解世界、覺悟世界、把握世界的義理說法，沒有任何神意的痕跡，是以當視為中國義理神論的肇起。該符號體系中，伏羲選取了八種自然現象，並指定了它們的特定意義，從而形成解釋的原則和道理；進而，這些原則和道理具有絕對性，不可更改，故有本原的意義；然則，這八種現象相互之間可隨機變轉作用方式，這便有了結果或後果多變的可能性；對人類言，把握或掌握好它們之間的變幻機巧，是控制結果的重要前提。而掌握之說又有二條件，一是人們之於此自然本原之大道理的領悟，二是人們之於世界的融合程度，或參與的程度。此兩種條件的滿足，便是理解和把握及運用「八卦」大道的先決要件。正是這個套路，便讓「八卦」一開始就與算命這樣的術事有了直接關係，以致它和它的後繼者（如《周易》）成了術算學的珍

---

84 參見朱炳祥：《伏羲與中國文化》，武漢，湖北教育出版社，1996年。

圭。

伏羲所選取的八種自然現象極為普通，它們是：天、地、雷、風、山、谷、水、火。其中，除天是抽象之物外，他者均為具體的自然物象。一般情形下，「八卦」之為「八卦」，並不直接拿此八種自然物說事，而是賦予這八物以人為代號。這些代號是：乾、坤、震、巽、艮、坎、兌、離。它們與上列八自然物專屬對應：天–乾、地–坤、雷–震、風–巽、山–艮、谷–坎、水–兌、火–離。用代號來代換自然物本身，是一種義理思維的表達。此意是說，伏羲所選的八種自然物多有特殊性，可聯動互轉以之解釋事物、世界，然，具體的物解祗是一種純粹的比喻、象徵解，其涵義不會寬泛，亦即其解釋力不夠，而若以代號為物之符稱，並以之做聯動互轉的解釋，它便會產生意義增值的效果。這就有若算術和代數的關係，自然物指義的代號化，便是算術進入了代數領域，其數的涵義和功效無以估量。代號說為某物的對應，其實它們指稱的恰是某物的物性，而非物本身。既指物性，這便有了聯動、互轉、互助、集合、轉承、借稼、代換的空間，故其解釋力度與深度、廣度均有破域之功，這非常符合解釋哲學的品性。而其所以如此，便是物性雖為某物所長，可它終究是形、物的內秉，不會死固於某物即了，相反，流轉於物之間才是它們的真實。這個真實的別稱即相或存。它們是物之為物的因，而物則是其果。

故知，用代號來指物，不祗是讓某物有了一個特定的指代，更應該看作是，「八卦」之作者率先已發現了物之為物的秘密：物祗是果、祗是象，而物性才是物之為物的因。因之，理解物，包括進而的理解世界、理解事，要優先理解物之性，即物因，唯知了物因，方能知物，知世界，知事。由此可知，「八卦」始出即以代號指物，並終以代號系統為解說體系，實則是一理悟世界之真實的重大突破。說它

為人類義理之先，亦在於它斥破了物象、現象，而悟得了物、在、形的真實。

還有，「八卦」之發明，不衹是有了此相關物性、物因的覺悟，更在於它試圖在各具體的物性、物因之上，歸納出更抽象、更具普遍性的原因，這便是「八卦」的卦符：「——」、「– –」的發現和設定。這——、– –也有指代，它們分別為陽、陰之義。以陰、陽凌於物性、物因之上，是試圖找出比因、存更為根本的世界幕後者，同時也為更簡約地解釋世界提供說法。從結果看，伏羲的追求大部份達到了目的。首先，他納複雜入簡單，將紛紜繁擾的大千世界給予了簡潔的歸併，以此表明，世象的多樣化、複雜化並不能掩蓋、擾亂其原因的簡單化；其次，世界之所以可以簡單、簡並理解，全在於其所以緣起的單一性，而找到這種單一性便是解釋的終極。當然，這個終極是什麼，我們無法從「八卦」中獲得理解，至少它沒有指出它。我們所看到的是它的路徑，或指向的所在：大千世界乃陰陽（– –、——）化合的結果。

現在，我們不難理解「八卦」的意義和涵義。在八個普通的代號（它們分別由陰陽的不同組合而成其卦符）之下，我們看到的是：天地為綱、山谷定形、風雷成動、水火致變。由是，世界有其綱、有其動、有其形、有其變。亦即說，世界的秩序、法則、原因、狀態及其過程與方向，一一有其決定和領屬，人類作為其組成者、參與者，更重要的是作為智慧者，即當理會之、覺悟之，然後才可能成為真正的參與者。這應當是伏羲定義「八卦」之首要。其次，伏羲的理解和解釋雖未步入本原、本根之境地，卻也讓我們領會到了一個真理：世界是內部的，沒有外部、外在和他者，一切均是它本身，無需外因作用。復次，伏羲致力於世界的簡約化、內部化解釋，是為人類的存在、行為與價值確定框架，人類的價值即在於它與世界整體的同一

性，人類祇有完整地參與到世界的過程和其價值中，才有人的真正意義，故人類的秩序、法則、前途應是與世界的完整同一的。

這些應當是伏羲通過「八卦」為中國社會、中國文化所確立的世界觀和基本原則。表面看，這些原則和義理並非政治性的，至多它祇表達了中性的立場：僅祇關於世界的理解而已。不過，從幾千年來中國之史乘將伏羲定稱為三皇之首看，似乎不可從中性立場來理解「八卦」之史事，它應當隱藏了一些不為我們所知的東西。或者說，依後果推前因論，「八卦」義理首先支援的歷史事實恰恰是中國社會的政治作為，可看出其政治性的價值所在。當然這祇是推說。因為既然物性、物因無所不變、無所不通，則知，結果為政治性、物理性、道德性、真理性，那祇是機緣巧合而已，不必執一為說。

先不論此意之是非，我們還必須明確指出，伏羲的偉大在於他的覺悟和性智超前，也在於他率先樹立了公道人心的典範。我們知道，他所生活的年代，人類尚在猜測哲學的懵懂之中，為神所迷，為神所困，為生存所擾，不知自己是何物，而我們的伏羲，卻先覺地超越了神、種、生，甚至人的界域，對世界和它的因做出了通透的覺悟，指明了人類的價值和意義，說明了世界之內部化過程的絕對性。這實在是無法不讓我們景仰的，無怪乎孔子之前中國社會就視他為聖人。在伏羲看來，人有特別重要的意義與價值，這便是人可以發現世界的存在原則和行為規範，人可以據之以理解世界——它的絕對性、相對性、完整性，從而參與到世界的行為和過程之中，以能動的方式表達世界的內部化和它的還原意願。以此亦知，伏羲所說的人，並非個體之人，更非孤立、絕對之人，而是世界的組成者、參與者、能動者、自覺者。這正是中國文化的精質和核心。在此文化精質的主導下，古來之神說、神話，乃至彼時現狀中的種群意志之類，均可視為無稽之夢囈，故得清除退場，以便真正的人類精神成長，乃至宏闊輝煌。應

該說，這是中國文化中缺失了神話傳說的根本原因。

　　依理，伏羲作「八卦」之時，這樣的清除工作已有進行，甚或更早的時候就開始了這樣的清除工作，否則，完全非神的「八卦」學說難以成立。茲後，我們所知的清除至少有兩次，一次是顓頊時代，他的絕地天人通政策，對此清除有了實質性的貢獻。可以說，經他之手，中國南方社會曾流傳豐厚的神話也被掃出了主流舞臺。另外一次當是西周初年。商人政權源發於東方地域，故對神話多有保留，這應當是《禮記》所說「商人重鬼」之論的文化淵源。毫無疑問，商人將天位格化，使之復歸神的席位，這不符合中國文化創建以來的真脈傳承，所以，周人之革命，非祗是種姓之改換，更在於文化命脈的歸正。其結果便是周人用更徹底的主觀能動哲學，即《周易》的陽動哲學清除了商人的鬼神文化。從後果反推，這一次的清除相當有成效，因為，至戰國時代，中國知識界由於知識普及、文化下移，致使產生了巨量的知識份子群體，這個群體中多有叛逆反抗主流文化的人士，他們曾不遺餘力搜集、採訪相關神、鬼、怪的傳說、故事，結果所得並不豐厚，其中大多屬於人話傳說，與神話無關，且這些還多是從南方民間採獲。考之伏羲之前，或祗多出了一個盤古開天地、混沌鑿宇宙的新說，而此，也與神話無關，它更多的是賦予了哲理的古老傳說。這些富於哲理的傳說在道家中演變成了寓言，成了說哲學的工具。而像五行陰陽家的諸多話頭，最終也沒能形成神話體系，祗有零星碎片。縱是漢代又有一次大規模的復辟之勢，結果還是未成其功。故知，主流的中國文化，其能動性和積極參與世界還原合一的必然性，是無法撼動的。

　　伏羲的「八卦」簡潔而不簡單，它蘊含了全部東方義理的根本，故其意義不能不鮮明之。然則，它的恢弘與實踐並不在當時，必得期待後來者。

　　中國三皇中最後一皇是神農氏，亦號為炎帝。不說他即是後來之廣袤中華地域的政治領袖，而說他為中國西部集團的政治領袖，當無錯。傳說中的炎帝有八代之多，這或可理解為世襲制的一種表示。從傳說看，我們不能說他或他們不好，或不合格，因為號為神農氏，必是對農業有突出貢獻者，又說他嘗百草，也表明他或他們對醫學有貢獻，還有其他一些事蹟，都足以證明他或他們的優秀。然而，少年時代的黃帝卻對這位精心事業、濟援百姓的領導人表達了強烈的不滿，認為他這樣搞是不對的。當然，你可以對一個10歲少年的話不以為然，問題是，歷史事實卻又讓我們不得不回味黃帝的少年大話。後來的史實裡，黃帝以暴力方式取而代之，將炎帝趕下了政治舞臺。這個作派的確足以讓人詬病：黃帝何為？犯上作亂？

　　如果可以如此簡單地評價黃帝，也就沒有必要如此這般地討論中國文化了。在此，黃帝的用心成了我們甄別問題的關鍵。黃帝為何要以大逆方式為此不當之為呢？回頭再讀傳說，我們便又發現，炎帝除所謂惠民以技術生養之外，其他方面並無建樹，尤其是對前述伏羲「八卦」的理念，與炎帝竟毫無關係。或可說，炎帝充其量祇是一位技術型的政治家，而非道統型的政治家。相反，黃帝被歷史定格為五帝之首，恰恰是他以政治方式開創了道統實踐、實證的新紀元。

　　黃帝一生的重要功績有三（餘者可忽略不計）：一是以武力取代了炎帝（最後一位神農氏），從而成了西部集團的領袖；二是東征、南征，其間以暴力方式戰勝了反抗者蚩尤，其他族群則先後臣服；三是傳位給他的孫子顓頊，阻止了另一位技術型政治家共工的接班希望。這三項事功復可歸結為二；一是創建中華帝國，二是選了一個合適的接班人。很顯然，炎帝雖號為三皇之一，其實祇能算是西部集團的領導人，彼時當無有一統中華帝國存在，黃帝取而代之，說為謀逆，可，說為改弦易轍，亦可。應該說，從後說似乎更準確。炎帝以

其技術養民理政，按理講也無不當，或可說為勤政的政治家，然而，黃帝對此很不以為然，少年時即評其政非，成人後索性以暴力更改之，另起爐灶，創立了中華帝國。此種作為除非有更好的說法，否則不足以服歷史。現在看來，黃帝被中國歷史和文化所接受，絕非僅因為他是中國帝國的創始人，更在於他奠定了中國文化的價值觀和品地根質：人類之行為的恰當、合理，必須是理解和認同世界的完整性及其向善歸圓的必然性。如果無有此等覺悟並身體力行之，則不得稱秉聖哲之名。

依此判據可知，黃帝被後人稱為五帝之首，是他第一個有了此種覺悟。即他率先認可了伏羲的「八卦」大道，並試圖用政治方式——以政治將人民組織起來，共同——去實踐伏羲的「八卦」之道。這個說法當然不見經傳，似是臆說，可歷史的演化卻有此說的實證。這個實證的第一例便是帝國創立後他對接班人的選擇。表面看，他有私心，選了自己的孫子顓頊，實則不可如此簡單評說。原因是，一、顓頊的競爭對手共工，幾乎可說為與炎帝一樣的技術型政治家，他長於治水，為當世有名的水工專家；同樣顯然，他也如炎帝一樣，對伏羲的大道沒有理認，故不可能承繼黃帝之意願，將中華帝國帶入實踐「八卦」之道的歷程，這於黃帝是不可接受的。二、顓頊之被選定，是黃帝越過了他的兒子之後的隔代選擇，這個越代似乎不可完全歸之己私，而實則是顓頊的優秀特出所至。說顓頊優秀，可由他接任後的政治業績考之。顓頊之事業主要有兩大項，一是他創立帝國意識形態，確立了政治倫理化的文化和政治路線，其內容包括婚姻關係的倫理化，兩性關係的等級化，放棄武力征服，改行教化方略之類；二是他傳教南方，絕地天人通，實現種族融合，杜絕神性文化，建構世俗的人倫文化。從史實看，說黃帝創中華帝國，其實真的祇是一個草創，而這個帝國之文化與品質的建構工作，應說是顓頊奠定的。我想，這便是顓頊被黃帝選為接班人的根本理由。

　　顓頊的工作既是建構性的，也是確有實效的，其證明在他身後不久便呈現出來。我們最為樂道的中國政治傳說故事是堯舜禹之間的禪讓事件。這個傳說又有什麼涵義呢？熟悉世界其他帝國政治史——也包括後世中國特殊時代所發生的繼位事件——的人，都會有很深的印象，這就是帝國繼位政治行為中的血性與暴力、陰謀勾當，可說，凡為政治社會，必無免繼位之爭。以此反觀從黃帝至伯益之傳位歷史，此幾百年中並無有此類事態發生，反而行之有效的是禪讓制。如此之景象不該有認真對待的必要嗎？

　　應該說，政治倫理化是實踐「八卦」之道的先期條件和基礎。黃帝既然已認定祇有政治方式才可實踐、實現「八卦」之道（別的途徑和方式未能進入他的視野），那麼，政治的善化當然就是必然的了。禪讓制正是這種善化政治的最佳體現。在此，我們亦可反觀黃帝為何要取炎帝而代之？為何要阻止共工接班的良苦用心？技術官僚不祇是偏向事功，不問政治方向，更有可能還會憑技術之長、事功之殊而肆性跋扈，進而危害政治的善化大業。果不其然，禹便第一個充當了這樣的典型。

　　禹，未入五帝之位，史乘有時給了他一個禹王的稱謂，這足見了他在中華歷史中的尷尬。依情理論，他治水有功，並最後也讓位給了伯益，形式上也算是完人，入帝位當無疑問，可真實的歷史記錄和價值裁決一向不會苟且，結果他被判有尤，可說是中華歷史的罪人。禹是典型的技術官僚，他的職業來之於祖傳（這可能與彼時的技術神聖觀念相關，一些重要的技術、職業祇能父子相傳），問題是他的師傅亦即他的父親鯀治水失敗了，他繼而起之，接受教訓，勤工敬業，終成大果。因為他的政績，也因為他的心計，他終於成了中華帝國的接班人，並最終取得了統治權。禹的成功改變了這個帝國的政治傳統，這就是技術官僚不得繼大統的定則。回觀禹之前，這個原則一直

得到了很好的堅守，從顓頊至舜均為非技術型的政治家，因而他們也會更多地在道德修身方面大做文章，以使自己成為民人的表率。而禹則不然，他的事功讓他如日中天，從而有了從政執宰的野心。當然，此時持續了至少幾十年的洪水確已給這個帝國造成了嚴重的危機，所以，一當禹成功治水之後，他的野心便讓心有餘悸的眾多政治領袖們無暇反對了，祗好依從。我們現在所看到的努力，祗可說為眾領袖們乞望禹有道德良知，可在大統位上行善秉道之願而已。這由《尚書‧舜典、大禹謨、皋陶謨》諸文可求證。舜被迫接受禹時，先是殺了同樣是技術官僚卻有罪過的「四凶」，然後是不厭其煩地教導禹要有德性，其流傳後世的著名十六字心訣：「人心惟危，道心惟微，惟精唯一，允執厥中」，便是他對禹之教導的典要，可從結果看，收效不大。後來，舜不幸客死邊疆，這便讓禹繼位成了事實，而此時，另一位老資格的政治家皋陶同樣以盡責之心，誠具禹要唯德執綱，祗是此時的禹已然無心聽教，他祗大談他自己的事功，意即無需你多事。

後來的事實就不用多說，禹執政將終之時，也假裝玩了一把禪讓的遊戲，他選了一個最不起眼的官員伯益為接班人，將大位讓與他，然後，他的兒子啟卻以謀殺的方式復將大位搶了過去。表面上，禹是無可指責的，故孔子說：「吾無間然焉」，而其實，內中的貓膩難掩日月。從此，中華帝國進入了另一種狀態：「家天下」。

現在，我們來歸結一下。中國文化，率先由伏羲預為設計定型，這種設計我們稱它為「皇道」，亦即「八卦」之道。通過解釋世界、把握世界，進而它規定了人類參與世界之完整性、必然性的意義與價值。而後，黃帝第一個站出來響應伏羲的「八卦」之道，也就是以政治方式將人民組織起來去共同實踐皇道，於是他奮起創建了中華大帝國，亦說為「炎黃天下」，其目標是「天下人的天下」。由於他使用了暴力方式創業，故其法式有損其道，是以後世減了他的階位，祗許

他為帝而不為皇，是為「帝道」。帝道的要樞是政治性實踐，亦是政治的倫理化。由皇道而帝道，這便形成了中國特有的道統，此道統首先由政治形態實踐之，而且它一直堅守到了禹的時代。禹以其事功卓著謀得大位，卻又動念欲專有此權力，最終使公天下變成了「家天下」，這便徹底改變了中國政治的走向，其道演化為了術（此術並非載道之術，而是邪術），政治的公共性、履道性丟失，轉而變成了治權政治的異態政治。「治權政治」恰正是人的動物本能，特別是雄性佔有本能的智力化，它流行於所有社會性人群中，除非被反抗力量阻止，或被更高級的善化政治超越，否則，它應是人類一定時期中的常態現象。故知，禹和啟所開始的夏王朝，其政治的家私化，正是中國政治道統被迫墮落的開始，它由道的政治變成了治權政治。這個轉向與技術官僚的參合至少有邏輯關聯性。至於說中國的道統政治是否過於早熟，過於理想化，那應是另一個論題，先且不述。

治權政治即專制統治，因為禹和啟的私意在中國終於成了事實，且由此而續最後成了常態。這是一種反其理的常態，它很符合人的動物性本能，在民智未開的時代裡，的確容易成為事實。問題在於，這個地球上每個地域都產生治權政治並不奇怪，唯獨中國社會中，出現了它卻有可怪之處。中國政治的開啟是一種道的啟迪和實踐，它的目標是「天下人的天下」和人類參與世界的完善過程。這種道化的政治既使用今天人的眼光看，它也太過理想化，更遑論民智未開的遠古時期。故知，用常見、常識來討論中國的道統政治，很難獲得同情的理解，理由是大多數研究者並不知道道統為何物，加上彼時尚在傳說之中，所以更願意予之高閣，不問不聞。那麼，這樣的道統是否存在，是否真實呢？我們必須尋找它的連綴體來反證。

這個連綴體所在的時代是商周之際。此表明，我們從剛才的斷裂處要走過一千多年後才能重新接續道統的話題。

　　夏王朝以其民智盲然的環境統治了中華帝國五百餘年。這裡的盲是說，帝國行道統之政還是施治權之治，無有觀念與道理的表達、明晰，也許斷裂之時有識之士頗有感覺，如《新序·節士第七》所載的伯成子高對禹政的批判。俟至後來，時間久遠後，人們漸以忘卻了何謂道統，祗有甘受其役了。接著興起的商王朝不過是重複了夏人的故事，唯有區別者在於，他們源之於中國社群結構中的東部集團，算是被統治者榮登了政治舞臺。這一登臺又延續了近600年，直至其末期，當此之際，一個重要的人物登臨了中國歷史舞臺，他便是周文王姬昌。

　　文王的時代不再是傳說，大量的傳世資料在表達著這個時代的歷史和文化品貌，這些作品是《尚書》、《詩經》、《周易》、《周禮》、《儀禮》。正是這些資料讓我們知道，文王所代表的周人，其先祖源出夏王朝貴族，後因商人改換朝廷被迫出走中原，進入了中國西北邊陲的羌人領地，在那裡生活了五百多年，至文王出世，他便決心復興並實施本族群的雄心大願：重返中華政治舞臺，然後，經過他和他的兒子們兩代人的奮鬥，終於在前1046年前後，取商人而代之，建立了長達800年的周人王朝。

　　故事貌似簡單，無非又一個家天下的重複。若果如此，斷無中國文化特定之說，所以我們得認真解析這個成例。解析的結果是，我們在這個又一個家天下的重複之外，至少可以找到兩種說法。先看第一說法。

　　周人雖自許為夏人後裔，可在商人統治的近600年中，他們卻一直生存在野蠻人的世界裡，幾與野蠻人無異，且人數僅一個家族的繁衍。以此而論，周人想要實現宏圖大願，真有登天的感覺。對此，周人頗得自知之明，他們自稱「蕞爾小邦」，接下來要做的事情便是，為周人的謀政造反尋找合法、合理的依據。文王的兒子周公姬旦在周人謀反成功之後為這樣的依據提供了一個自圓其說的說法。從邏輯角

度言，這個說法應當可以成立。他的說法大要如下。

「三代」（包括他們自己在內）之政的確是治權之政，從價值取向上講，偏離了道統政治的方向，這即是家天下與公天下的差別所在。然，即使是家天下的治權政治，也應當是道德化的，這樣才足以表達政治的本質。故行道德之政（亦所謂有德政治，簡稱「德政」）是政治行為和方式的根本，放棄和偏離者均必應遭到民意（他表述為「天命」）的拋棄，然後再尋找有德者繼承大位。依據此設定，他認為，凡有德者對失德者的造反、取代事項，均應是正義、合理之舉，並非常言所說的謀反、大逆，他將此為定義為「革命」。所謂革命無罪、造反有理、推陳出新、革故鼎新是其謂。因由這個全新的解釋，我們立刻可以理解，周人之於商人的反逆行為，即為革命的義舉，故被稱為了「文武革命」。為了尋求旁證，他們順勢上推，也將幾百年前商人對夏人的謀反行為稱為革命：「成湯革命」。此即是《周易》宣揚的「革命說」。[85]

革命說緊扣政治的道德本質命題，不祇是解說了周人何以要革命，何以可以革命這樣的疑問，而且也在道理上論證了家天下並非祇有負面性，它照樣可行道德政治之責任、使命。或可說，後來三千餘年的中國社會與政治形態並沒有回歸到真正道統的路途上去，反是繼續沿著家天下，甚或個人專制獨裁之政體的路線下行，卻仍可能張揚政治倫理化、道德化的旗幟，建構出的專制統治雖然時效奇長，卻不是人類社會與歷史中最專制、最黑暗的統治的事實，當與周公所定「革命」說有直接關係。

周公的解釋的確有現實意義和價值，可說非常理可與之比列。然則，這似乎還不是我們理解周人思想的要樞，下面我們來看第二種說法。

---

85 參見拙作：《革命析說》，載《政法論壇》，2005年5期。

　　史傳的他說有知，周文王很早就提出了「改命」的命題。此「改命」的字面意思可說為「翦商」，即取而代之，讓商人離開中國的政治舞臺，而其隱涵義則是依天命而改變，被改變的對象當然是商人，同時還可說是中華帝國的命運。那麼，此命又是什麼命呢？好像其意超出了統治權，涉及了更高的政治形態。命之詞在中文中有很多層涵義，可指一個人或一個群體的得失、乖舛，也可指一個人或一個群體的使命、責任，還可指天道意志。觀之周人所為，似乎此詞的三層涵義均有包含，這是問題複雜化之所在。

　　文王的挑戰與「改命」說，很明顯地讓商統治者感覺到了威脅，於是，商紂對他採取了監禁措施。置身於羑里監牢中的文王似乎胸有成竹，不為危險所折，反而幹了一件誰都難以想像的大事：將伏羲的「八卦」演為了「六十四」卦。此事之發生，頗多疑慮，讓人無法不去思想很多問題。

　　若以「八卦」和「六十四卦」有算命功能言，說文王此為是為了給他自己和周人族群占算前途，也未為不可。然此說易於被詰難。因為，彼時用作卜卦算占的工具書早已有更成型的作品，它們分別叫做《連山》、《歸藏》，文王何以捨近求遠，放著現成的算命書不用，反而去重新張羅、設計一種新的算命工具和方式呢？似乎與理有悖。就算其中確隱有占算之用意，而拿「八卦」為用，這也足見文王用心之異常。此其一。

　　其二，「八卦」為伏羲所創，伏羲遠去文王至少兩千餘年，甚或更久遠，文王特別地抓出這個久遠失傳了的「八卦」來做文章，如果說，他沒有別有用心的話，如何能夠解釋他的怪異呢？

　　其三，「八卦」之為說辭，其實並不具備占算的功能，即令「六十四卦」也不可直接作為算命之用，若說它們可作算命之用，

那要待再後出的《周易》諸爻繫成後，方有可能。此表明，文王演「六十四卦」之意並不在算命，而是為了說理、說道。當然，僅由「六十四卦」所顯之道理亦是抽象至極，非有後來《周易》的補充與完善，則很難為常人知曉。

　　由此諸思可見，說文王為己之命運行卜算之說，當可休矣。前說「八卦」立了一個道：人類理解和把握世界，並自覺地參與到世界的成善還原過程中去。後來黃帝率先理解此道，從而開創了中華帝國，這便成就了中國的道統政治。不幸的是，這個由皇道肇啟，帝道所行的道統，在五帝的末代被禹和他的兒子啟篡改成了家天下的治權政治，從此，道統丟失了。此丟失一千多年後，周文王異人突起，重拾「八卦」，演繹天道、人道，應視為是他接續道統的作為，而非他意。祇是，現在的問題是，家天下、治權政治在中國已肆行了一千多年，道統為何物已無人知曉，在口傳為主要記憶方式的社會環境中，能夠保留住記憶已屬不易，而要原貌復原，似乎難度太高。因此，周人所復興和重續的道統，應當是新環境與情勢中的維新作為，它必須是這種新情勢的特出品，後來這個特出品被定名為了「王道」。它接續帝道而為，卻包容了家天下的特定政情與社會態勢。

　　較之皇道的簡單，亦較之帝道祇有實踐而言，王道之問世，卻有了雙重的長進。一方面，它出示了新的、更成體系的義理說法，另一方面，它在實踐方面提出並建構了德政禮治體制，是以可說為一博大精深的道統體系。

　　要探討王道體系，當然不可僅依「六十四卦」即了，我們必須進入它的後續《周易》。《周易》是文王的兒子周公的大手筆，它的造就，奠定了中國文化幾乎全部義理哲思的基礎，後世中國諸學，無論何家何派均得從中獲得思想資源或引出說法，故其價值毋庸多言。有人說，《周易》是算命之書。依命之廣義，即上言三種命言，此說也

無不妥，關鍵是你對命有何理解。若你覺悟到了天道大命，則此書真可謂算命之書。

《周易》之建樹，撮其大要者有二，一為陽動哲學，一為道德政治與政體。

陽動哲學，本書上編中已有涉及，下編說及印度義理時，我還刻意提到了《奧義書》，特別是稍後的《薄伽梵歌》，即有此哲理的宣揚，不過依時代先後論，《周易》之陽動哲學要早於印度諸說，且更具體系形態，故值得我們認真檢視。

什麼叫陽動呢？所謂陽動實則是講動，而以陽來修飾動。以此則知，它與陰陽有關。前說「八卦」之卦符乃陰陽之謂，可知，伏羲之時，已得陰陽之要領，祇是彼時未展開來說，以致後人難從中瞭解陰為何義？陽又為何義？我們知道老子有一句名言：「反者，道之動」，意思是說，動是反道的。此反並非反對、反抗，而是反面、反向之意。觀老子此語，應當說，道比動更根本，道亦即本原、本體、本根。這符合老子哲學本意，他之為道家，當然會以道為本原之說。老子又說，「萬物負陰而抱陽」。意思是說，陰包裹了所有萬物，而陽祇為萬物所抱。這明顯見出老子義理中，陰是更本原、更本質的。以此論，說陰為道之本亦可。這便是道家的陰本說。有陰本說，再看「反者，道之動」，則知，陽動祇是道或陰本的反面、反向，或說陽動祇是陰本的局域性現象。當然，對我們言，這個局域性現象很重要，因為所有的大千世界、萬物世間恰正是這局域之所在。

明瞭此陰本與陽動，再觀之《周易》，則知它所講的義理便是大千世界、萬物世間的存在、運動、變化、作為、成就，乃至還原之理，正因為它講述的是存在世界的所以、必然、轉化之理，所以說它是運算命運、使命、天命之書，也就理所當然了。由此故知該書的重要且偉大。《周易》說陽動，卻省去了陰本，此中頗有意味。或可說

《周易》視陰本為當然，故不予說法，祇說陽動即可滿義理所需；或可說它根本就不以陰本為然，認世界陽動即可；或可說它有意避免陰本之害，祇宣揚它所認可的義理學說……如此之類，我們好像很難確定它的動機為何，祇見其通書不曾說及陰本的話題。後來孔子作《易傳》時，對此也頗有感覺，便說了一句算是補救性的話：「一陰一陽之謂道」，這就算把問題給彌平了。雖然如此，《周易》一書的失陰本之缺應說是非常明確的，也許，它正想以此來凸顯其陽動的道理，不知是否。

　　《周易》凸顯陽動之義理，是由乾、坤卦的排序開始的。我們已知，先於《周易》存在的《歸藏》一書，是以坤卦為首卦的。此表明，以全陰的坤卦（☷）為首卦，意味著陰本為先，陽動為後的邏輯。而《歸藏》一書向為商人所重，此可說亦是商人哲學觀、世界觀的一種表達。我們亦知，商人本為中國地域人群中的東部集團所來，而東部集團與南方的苗蠻集團有文化與血統上的關聯，進而還知南方文化向來重陰本、自然、神秘之意向，東方文化亦有此染習。與北方文化或西部集團的主導文化相比較，南方的陰本文化更在意自然法則的規置作用，故多以順從為主，反致人力偏仄，而北方文化則有強勢的政治化、倫理化傾向，多以人力之為去配合天道自然法則，其智慧能動的特徵明顯。商湯作為介於南北文化之間的東方文化的特殊代表，的確振作了一回，從而成就了西部集團以外的他者奪得中國統治權的大事業，然他的後代大多因襲了東方文化的陰本屬性，多沉湎於鬼神文化中，把占卜之事推到了極致，人力之為儘量放淡，直至商紂滅亡之際，他還在堅信：我生不有命在天乎！

　　很顯然，這樣的文化態勢與西部主流文化格格不入，而正準備奮起弘揚西部文化，建構王道命理的周人，則更是要將商人的文化祛之而後快。可以說，這是文王、周公父子二人世界觀與王道理念的基

礎。以此，《周易》便反《歸藏》之道而動，去坤卦為首卦的舊例，擢全陽的乾卦（☰）為首卦，從而開創了乾卦陽動，王道暢行的新義理體系。這個套路被後來的老子看得透明，所以便有他「反者，道之動」的評價。

《周易》以乾卦為首，實是一種顛倒陰陽次序的義理建構，它是一種新理念，主張的是剛健闖進、創化進取、成就證成的能動精神。對此，《說卦》有一句評價非常到位的話：「數往者順，知來者逆，是故《易》逆數也」。《易》所逆的數，便是陰本的法則、原則，然後以能動的逆去補救其逆之過。

《易》之所逆，是以象、數為承起的。我們素知，陰本無有象、數之義，象、數之所起，乃因形、域之發動，而形、域之所由，又乃諸相同構之故。即諸相同構而有在、有形、有物、有域，進而才有物之象、用之數。依物象之意，可分出三義：一是各自之象，二是各自間的變動衍化之象，或說互動、互為之象，三是諸物關聯貫通體、相或原、因之象。此三象可簡稱為各自之象、變化之象、貫通之象。其中，各自之象是基設，變化之象是通則，而貫通之象則是樞衡，義關還原證成、能動還原的價值與目的。故知，《周易》所要，便是要理會物象之三義，而自覺地履命踐道。

《周易》所謂數，是說，在、物、形既為各自，或有域的制限，就不免滋更、增溢之作為，所謂攝養以為在即此。然則，此類滋更、增溢之慾，必得有綱領、原則、法軌、分殊為之制控、調節、處分，否則會致混亂無序。此綱領、法軌、原則即數。故知，數即世界所以構成、如何名狀的意思，所以說，知數知世界。

《周易》之象、數，說的即是在界的各自、變化、還原之象與構成之定數。說象即有象義，說數即有數理，此義、理之綜合，即《周

易》之道：陽動世界的作為、健動、進取之理。明瞭《周易》因象、數所承起的剛健闖進、陽動反道之義理，我們方可進入六十四卦的鋪陳輾轉的實境，窺視其道理的細微與縝密。不過，本書當無意作出全部解析，我們且以乾卦、坤卦為例，了然綱領大旨。

《乾》為六十四卦之首，其為首，足顯作者高揚陽動剛健義理的用心。《彖傳》解釋說：「大哉乾元，萬物資始，乃統天」。此說表明，乾有體之意，故與元、天等位，甚或還高於天。依上意，乾為陽，本非體，祇是用，充其量祇能算有體、在體，或說反道之道。此處以體名位，實在可說別有用心。這個用心當是作者設定的陽本哲學，而實即陽動哲學。有此預設，文理的鋪成便有進路。《乾》之卦辭首言：「元、亨、利、貞」，可說是《周易》全書的綱領大旨。了了四字，一攬總綱，意義深遠。元，即本體，為世界之原、之根、之本，亦道之別稱。亨，乃變動，或陽動反道之謂，意含互助、互養的方式、過程。利，即功能、效用、利得，有功利、事功之意。貞，字面意思是占問，這裡得用它的引申義：正定抱一、守元還原，象意規則、秩序、原則之意。

先且不論乾、陽是否為本體、為元之義，姑且依作者設定之意，可知，「元、亨、利、貞」一語，實應鋪展為：本體變動，世界便有了互助、互養的過程與方式，結果是成就了我們必須的利得、功利與事功；然而，利得、功利、事功祇是陽動的副產品，任何取得都不能失去本原之本意，這個本意是，完善、增進本體的善意，實現道德化的和合與咸寧。這個總綱的解讀，是理解《周易》陽動哲學的關鍵，也是它成就中國文化之源的要津。當然，就《周易》來源於筮書而論，自不免尚存占卜的功能，即它會繼續給具體的事功作出指引，所以，書中不時會有具體意義的「利貞」之論。總觀全書，言「元亨」

11處，「利貞」38處（其中連用23處，分說15處）[86]，大意不差，均有引導還原守元之意。或說，占卜之義在《周易》中，已非原來的卜問方術之法，而是變成了人力主觀能動、積極向上、實現善道、增進道德的由路。

《周易》不祗是以乾卦為陽動之首，進而還釐定了陽動的道理內涵，這個內涵當是非哲學的，它更符合古來之道統承傳——以政治之道為道理之本義。個中緣由應是，《周易》時處商周之際，很難對這一綱領有完整的開展，時勢的政治化，更容易讓作者以政治化的眼光來理解這個重大的哲學論題，以致偏激論道，見木不見林。所以，我們認真研酌《周易》後，不難發現其設辭說事有強烈的政治化傾向，且其中的所謂善、道德之類，亦完全是政治化的。

《周易》的政治道義有三品，一是以小謀大，逆取天下，二是革故鼎新，家天下的道德化，三是立陽德新說，以成德政王道本義。這裡，為與本書主題相合，我們祗說一、三兩品義，第二品留滯不述。

其一、以小謀大，逆取天下。

求變逆取，以小謀大，犯上造反是《周易》宣示的主題。《乾》卦作為《周易》的首卦，也即核心卦，便將此意頒昭於世。且看文辭說事：

「初九，潛龍勿用。

九二，見龍在田，利見大人。

九三，君子終日乾乾，夕惕若，厲無咎。

九四，或躍在淵，無咎。

86　參見高亨：《周易古經今注‧周易古經通說‧第五篇元亨利貞解》，北京，中華書局，1984年。

九五，飛龍在天，利見大人。

上九，亢龍有悔。

用九，見群龍無首，吉。」

　　細細玩味這七句話，其隱含意謂，不可謂不明顯。如果我們將這七句話的順序稍作調整，如：

初九，潛龍勿用。

用九，見群龍無首，吉。

九四，或躍在淵，無咎。

九二，見龍在田，利見大人。

九五，飛龍在天，利見大人。

九三，君子終日乾乾，夕惕若，厲無咎。

上九，亢龍有悔。

　　則知，這七句話有一個完整的意思表達。大意是，真龍潛伏著，未見動靜，它在等待著群龍無首的機會，這是大吉良機，可以建功立業；機會終於來了，它躍出了深淵，開始其事功，所以無有咎愧；為了事功政業，龍不但躍出了深淵，而且跨進了原野，為「大人」之事業奮博；最終，真龍完成了事功政業，飛天承正，「大人」之業得以成就；在這一闖進謀取、健動剛勁的大業過程中，君子（實即龍、大人的另稱）得始終保持著自強不息的進取精神，主觀能動，抑且惕懼自省，不敢須臾鬆懈，這種勤勉加謹慎，是君子終謀大業成功的前提；然而，得勢的元首之龍，終得有所悔悟：其所成就的宏大政業，是否足以擔當陽動還原的必然價值！

　　首先，這段話的主位者有三：龍、大人、君子。此表明《乾》之為卦所講述的道理不是給一般人聽的，非真龍之大人或君子，不得當乾道。其次，全辭以龍的行為方式為譬喻，其意不昭自明。我們知道，自顓頊、重絕地天人通以來，龍即中華帝國的國家圖騰，進而它也成為了國家統治者帝王的象徵和權威之文飾。《乾》卦通篇以龍說事，且由其潛伏、到躍出、到在田、到飛天，最終成為亢龍，而其潛伏的原因又在於等待群龍無首的機會，不難看出，這至少是一個夢想的描寫，一個帝王夢、帝國夢的宣示。也許還可以說是一個成功者對其經歷的隱喻。周人不正是商人滅夏之後，一個小家族潰退西北邊陲，作了長達五百餘年的潛伏嗎？不正是商紂的敗政使天下出現了群龍無首的機會嗎？不正是漸以稱霸西北，三分天下有其二，號「西伯」以令諸侯，挑戰商人的統治權嗎？不正是孟津渡河、白魚躍船、兵刃朝歌，最終葬送了商王朝，完成了500年來重回中原、統治中國的夙願嗎？這500年間，從不窋、到公劉、到古公亶父、到姬昌、到姬發、到姬旦，任誰不是終日乾乾、夜夜惕懼？最後，成功了的周人還得竟未濟之長業，悔悟守元，祈求長盛。故《繫辭下》曰：「爻象動乎內，吉凶見乎外，功業見乎變，聖人之情見乎辭。」

　　《乾》卦的如此指意，可謂昭然若揭。其巧作正在於，一種政治化的王朝之變，或可勉力粉飾的人力事功，在此被巧妙地證成了陽動關健、參贊化成的乾體陽用大業，實在可歎為觀止。

　　其二、陽德之新說。

　　道德為說，在中國文化中可謂是強項話語。其因由源之於中國社會的政治結構與方式的人為肇起，及政治控制的單向性、單一性，或說中國的政治統治方式是一個種族集團或一個家族凌駕於其他種族集團或千萬個家族之上。這種單一和單向的方式必致政治的倫理化，否則，其有效性和合理性便無從固定。故知，幾乎從顓頊時代起，政治

的倫理化就成為了中國政治生活的常態。問題是，什麼是道德？

　　依真實理解，如果說世界果真由陰陽兩合而成，或說世界有陰陽兩種表達或行為方式的話，則應然是，德或道德、倫理為陰，反之，衝動、競爭、搏擊、進取為陽。亦即，德與道德當屬道的範疇，而陽動恰是反道，亦反逆道德的。這是因為，道德乃柔順、溫潤、化解、和合、關愛、利他之為，當然要與競爭、自我、獵殺、搏擊、衝動、功利等行為相對抗。所以，說德或道德為陰德，當是正確的命題。然而，頗為詭異的是，中國人的道德觀念幾乎與之相反，如董仲舒說「陽德陰刑」、「大德小刑」。[87] 這又是為何呢？理解此異端說教，斷不可離開《周易》，是《周易》的反道化的解釋終成就了這種異端的道德觀。

　　現在，我們把這種由《周易》確立的新道德觀稱為陽德。所謂陽德是說，道德是陽性的，屬闓健進動之行為。很明顯，這種解釋是錯誤的，而恰恰是這種錯誤的解釋，才成就了《周易》的陽德學說。

　　陽德包括三個方面的內容，一是承順乾元健動闓變、參贊化育的積極進取精神和智慧能動性；二是逆取謀大過程中，如何謹慎作為，惕懼行事，不可造次，不可盲動、亂動、反動；三是據大位者如何寬待下民，恤惠國家，為寬容慈愛之政治。

　　現以部份實例求其證。

　　第一種陽德之義，已如上述，《周易》整一本書便是宣揚人應當如何承擔陽動健變，參贊乾元事功的道理，這樣的承擔和參贊，便是人道合天道，人事應天命的必然志業，合拍者，便是最大的陽德。

87　參見[漢]董仲舒：《春秋繁露・陽尊陰卑第四十三》：「陽為德，陰為刑。刑反德而順於德，亦權之類也。……陽，天之德，陰，天之刑也。陽氣暖而陰氣寒，陽氣予而陰氣奪……陽氣生而陰氣殺。……大德而小刑之意也。」

故《繫辭下》說:「神農氏沒,黃帝、堯、舜氏作,通其變,使民不倦,神而化之,使民宜之。《易》,窮則變,變則通,通則久。是以『自天祐之,吉無不利』。黃帝、堯、舜垂衣裳而天下治,取諸乾、坤。」而《說卦》則有:「帝出乎震,齊乎巽,相見乎離,致役乎坤,說言乎兌,戰乎乾,勞乎坎,成言乎艮。」[88] 所以周公便有「敬天命,重人事」的命題。

第二種陽德,其實是周人特定的德,不過它最後也演化為了陽德的組成者。周人以小謀大、逆取天下,多少有蛤蟆吃天鵝肉的心態,所以從姬昌開始,他們便極盡謀算、占斷、乞求之能事,這便是文王演六十四卦的初衷。至《周易》成就之時,這樣的心態、心理依然明顯,袛是它做得更巧妙、更好、更有學理和解釋哲學的意味。

首先我們來看《坤》卦。研觀《坤》卦,頗多疑惑。其卦辭云:「利牝馬之貞。」接下來突然有風馬牛不相及的轉向:「君子有攸往,先迷後得,主利,西南得朋,東北喪朋,安貞吉」。個中蹊蹺實在惑人。揣度再三,似乎覺得這一卦辭有很強的人為拼湊嫌疑。本來,坤,代表陰,故有德象。以此言,在《坤》卦中討論道德,是非常合適的。然而,《周易》之德實非陰德之本德,而是反道之陽德,要在至陰、純陰之《坤》卦中討論陽德,這其實是不應然之事。但作者或有意為之,或未辨陰德、陽德之異,結果是在《坤》卦中安排了陽德的討論。而應然者,原本《坤》卦主講陰道,尚不會及於陰德,故卦辭首論「牝馬之貞」,便是定了坤陰的調子。《周易》作者保留了卦辭「牝馬之貞」,卻認為與其價值取向不符,袛得嫁接「君子攸往」這一段話,表明此卦的新意是為了君子的利得與事功,而非純陰本身。[89]

---

88 據干寶《周禮》注,此語當出自《連山》,故知周公的陽動之意由來已久。

89 也許,「安貞吉」屬於原本《坤》卦卦辭,緊接「利牝馬之貞」之後,而此處,作者將其肢解了。

往下，諸爻辭更有此種改動、嫁接、保留的遺跡，並強勢宣揚了陽德的意義和價值。如「初六，履霜，堅冰至」，後世便有如履薄冰之說。「六二，直方大，不習，無不利」，意即外圓內方，中正秉直，質素本善，無需矯飾。「六三，含章可貞。或從王事，無成有終」，此爻或有加入之嫌。「含章可貞」，本是完整的一句話，意為內質秀美，自然中正天成。而「或從王事，無成有終」，最多祇是一種對「含章可貞」的注釋之語，結果卻成了爻辭。「六四，括囊，無咎無譽」，是說約束自己，無貪無佔，自然會無有過錯，亦無他人的誇飾。「六五，黃裳，元吉」，此爻如果依流行的解讀，則有附加之嫌，然是否別有所指，實不得而知。「上六，龍戰於野，其血玄黃」，此爻亦有嫁接之嫌，純陰之卦，何來至陽之龍的衝突、戰鬥和流血之事，故無可解。最後，「用六，利永貞」，當屬原本《坤》卦的內容。

由此可知，《坤》卦被改動、改寫、嫁接的可能性極高，目的是為了符合《周易》新體系的文意和價值定位，是以它已與原本《坤》卦，或即《歸藏》之《坤》完全不同。[90] 這樣，《坤》就改變了原意，由綱領性的純陰、至陰之卦，變成了《周易》陽動哲學中的陽德之卦，以此，依《坤》卦的陽德之綱，後面諸卦多有鋪張和印證。

這裡，我不準備一一清理諸卦爻辭中的陽德之義，轉看另一論據，亦可獲得《周易》第二種陽德的大意。

《周易》之中，言及「咎、無咎、悔、無悔、吉、利、吝、厲、凶」處甚多，據高亨先生統計，凡吉135處，凡吝20處，凡厲27處，凡

90　王家臺秦簡《坤》卦的文字是：「寡曰，不仁者夏后啟，是以登天，啻（或釋帝？）弗良而投之淵。寅共工隊（以）□江□◇」。501（原始編號）。參見王明欽：《王家臺秦墓竹簡概述》，艾蘭、邢文編：《新出簡帛國際學術研討會論文》，第26頁，北京：文物出版社，2004年。

悔32處，凡咎98處，凡凶66處，凡利111處。這裡的吉、利、悔、咎、吝、厲、凶等七個字是《周易》話語中的基本詞，可謂滿篇皆是。如此大量地出現這些詞，除了《易》本身源於卜筮書的原因外，更重要的原因乃在於，周人行以小謀大、逆取天下的陽動志業，其心理空乏、無能自信是其當然態。這種強烈的求勝謀變心態，致使《周易》有近於變態地宣揚了一種惕懼、謹慎、小心的陽德——因為陽動而有的自我束約方式，從而便有了滿篇的咎與無咎、悔與無悔、吉與不吉、利與不利、厲與不厲、凶與不凶的占斷、判斷、選擇的辭繫。故《繫辭下》曰：「《易》之興也，其當殷之末世，周之盛德耶？當文王與紂之事耶？是故其辭危。危者使平，易者使傾；其道甚大，百物不廢。懼以終始，其要無咎，此之謂《易》之道也」。這種道、這種德其實是一種恐懼之道德，僥倖之道德。[91]

　　第三種道德乃成功之後，長治久安、萬世承傳之德，亦是寬政惠民之德。這一道德的討論，就《周易》本身言，應為最少的一種。想來原由可推之如下。《周易》是周人革命剛完成時的作品，後續之政治方案和政策及制度安排尚待時日，得由後來者，如《尚書》、《周禮》、《儀禮》、《樂》等載體來承接，所以，一套完整的德政禮治思想和體制要通觀這些書才能獲得。不過，這並非說《周易》不曾涉及此陽德之建構。《周易》書中有多處相關此種意識形態的討論，現舉《既濟》、《未濟》兩卦為例。

　　此兩卦的排列非常有考究，先是「既濟」，而後又「未濟」，依邏輯，似有混亂之象，而其實，恰是作者的匠心獨具。「既濟」者，是說已經完成之意。完成了什麼呢？當然是指文武革命的大業。那麼，「未濟」又指什麼呢？應該是指謀取了中國的統治權之後，周

---

91 後來，孔子作《易傳》，便一改此意，大談道德對吉凶禍福的前件意義與價值，從而否定了迷信求吉凶的舊套。

人該如何善後續、開萬世不敗之治業的長久之計。所以，《既濟》、《未濟》中依次出現了如下之卦辭、爻辭。

既濟：「亨小，利貞；初吉，終亂。

初九，曳其輪，濡其尾，無咎。

六二，婦喪其茀，勿逐，七日得。

九三，高宗伐鬼方，三年克之，小人勿用。

六四，繻有衣袽，終日戒。

九五，東鄰殺牛，不如西鄰之禴祭，實受其福。

上六，濡其首，厲。」

未濟：「亨，小狐汔濟，濡其尾，無攸利。

初六，濡其尾，吝。

九二，曳其輪，貞吉。

六三，未濟，征凶，利涉大川。

九四，貞吉，悔亡；震用伐鬼方，三年有賞於大國。

六五，貞吉，無悔；君子之光，有孚，吉。

上九，有孚於飲酒，無咎；濡其首，有孚失是。」

這兩卦中，多有兩次以上出現的詞和事例。如「小」、「曳其輪」、「濡其尾」、「伐鬼方，三年……」、「濡其首」、「有孚」，等等。無論怎麼讀，它們都會讓你想起一些流傳貫耳的成語，如，夾著尾巴做人、因小失大、招前不顧後、謙卑長進、誠信如山等。作者倡導統治者應當「曳其輪」、「濡其尾」，「喪茀」、「繻衣」、「終日戒」、「禴祭」、「有孚」，反對「初吉終亂」、「濡

其首」之為，其用心克明克顯。故知，《周易》之陽德實在即是統治者如何謹慎施政、安惠人民的道德。

以上略略數處，足見《周易》陽德思想的周章。

《周易》承「八卦」大意，創陽動哲學，立剛健反道義理，從而成就了家天下世代中的王道學說，使中華道統又有承傳、接續與弘揚，可謂氣勢宏闊。此中，亦見出聖哲偉人們轉死回生的智慧與能動自覺，這便是歷史以之銘記的原因。

周王朝之後，中國的政治形態並未因為王道大義而有道德的回轉，相反，後人還充分利用了陽動哲學的負面價值，讓政治實踐進一步惡化，以致政治形態更加墮落。

分封制和其他相關因素最終致使了帝國的分裂和解體，而知識普及、文化下移，又讓良多的個人有了自我意識和慾望，這些事項綜合之後，中國之政治形態非但保留了原來的治權之痼，進而又出現了私權之惡。可以說在這治權政治和私權政治的雙重夾擊之下，道統政治已喪失殆盡。最後，家天下亦不能停止住此種下滑與墮落的大勢，至秦始皇便索性以最徹底的治權之體制——個人專制獨裁——將此大勢落至極端。歷史中的秦始皇失敗了，可失敗的原因並非此個人專制獨裁體制，而是他對道德政治的放棄。即為了個人專制政治的功利與實用之需，他一下子放棄了久遠而來的政治承載——宗法制和德政兩隻車輪——這便讓他的政治最終成了無腿的政治，衹有死亡。繼之而起的劉漢帝國，則有了補救的可能性。其中的劉徹，這位武帝的號稱者，一改秦皇前非，他衹放棄了宗法制家天下之一輪，此外便聽信儒者董仲舒之言，保留了個人獨裁體制下的道德政治之輪，並以之與專制政體並驅，這便讓後世中國有了專制政體的定型模式，既滿足了治權政治和私權政治的最大慾求，又盡力去控制了它們的失控。

　　大至言，董仲舒的作為可說是成立了一種新王道理論。這個新王道理論的社會環境和政治訴願是權力的絕對控制與私慾的最大化，所以，它不再有參與世界的完善與還原的宏圖遠志，而祇是盡可能地實現民眾生存和福祉的保護，實現中華帝國的大一統，而其保護和實現一決於政治方式的道德化。董仲舒身為儒者，可他祇是一個政治道統意義上的儒者，他的主要資源來之於儒家中的一派今文經學，特別是其中的春秋公羊學，當然他並不限於此，他還對陰陽五行家、墨家學說之類廣有採用。其主要著作有《春秋繁露》及他的天地人三對策，《春秋公羊傳》一書也與其有關聯。總的說來，董氏的學說既有承古以來的道統之意，也有其對本家儒學的利用、演繹，更重要的是，他充分考量了其所處時代和政治環境的實況，可說，這個新王道是所有道統學說中最為下流的一種，而不得不承認的卻是，它正是中國政治形態後來兩千餘年的實踐與憑藉所在。這說明，這個學說有其實用性，其中最可書寫的是，它以道德的囚籠關住了皇帝這個可能的暴君，使其有所顧忌、限制。以此，中國有世界上最長時間的專制統治，卻並非是世界上最黑暗、最暴政的專制。

　　回首過往，已知中國的政治之道並非一簡單的政治理論與學說，它興起於中國聖賢對道的覺悟與執著，並且一直有著不絕不輟的堅持與演繹，從伏羲的「八卦」皇道，到黃帝開始實踐的帝道，再到文王、周公改換涵義的王道，最後終止於董仲舒無可奈何的新王道，這種演繹和過程本身就彰顯了中國之道文化的生命力與執著，可謂迂迴卓絕，可讚可歎。依情勢觀察，我們看到了墮落與下滑，甚至於最終幾乎喪失殆盡，然則，道之為道，並非表象所在，它的意志與必然所向，並非可以無視了事，峰迴路轉之後，我們終會合道而行。

第二節　真理之道：自然與道德

中國之道的義理起源古老，底蘊深厚，由皇道、帝道而王道，已續成道統之大端。其中，王道之載體的《周易》一書，出世於周人對各種另類文化的掃蕩之後，儼然成為後世諸學問之淵源，其所宣示的陽動義理可說為中國文化的大纛。大出意料的是，這樣的一邊倒文化和道統高論，卻在春秋世被人挑戰了。挑戰者來自一位小人物，他的身份祇是周王朝中宮廷圖書館的一位小官員，史稱老聃，後人尊稱老子。

老子的挑戰是從概念開始的。中國古來之所謂道，亦道統之道，經過老子檢視後，他發現並非道，而祇是道的反面，或說逆向於道的那個東西。這說明，長期以來，正統文化假名立萬，竊道而用。於是，他決定為道正名，進而還要為道的下位概念德正名，這個奢想便成就了他的成名作，也是唯一之作的《道德經》，後人也稱為《老子》。

老子所為，說得現代一點，可說是較了一個概念的真。其實，陽動哲學被命名為道還是別的名稱，並不是問題的要害，要害的是，一個慣用的概念被發現了它的根基錯誤。此表明，概念不祇有功能與作用問題，更有概念的準確、真實問題。而概念的真實問題恰正是真理問題。故知，老子之出，即是開創了中國道文化的一個新領域：道的真理問題。而此，亦即中國義理的新路向。

無獨有偶，有人對道的概念較真，不久之後，復有人對道的涵義，或即道的本質也較了一個真，這個人叫孔丘，後人尊為孔子。他的最終結論是：道的內質或實質並非政治性的，道德或善才是道的正宗，政治之類不過是道德的一種載體而已。這個說法等於也為道的真理之解開了一個新路徑——理解善才是道之義理的最要。

　　老、孔之為可算是讓中國久遠而來且獨大無爭的道統義理出現了參照系、競爭者，正是他們別致論道所產生的合力效應，才致帶出了春秋乃至戰國世的百家爭鳴、文化普及熱潮，開出了中國文化的新風景線。春秋時代，老、孔貌似各執一端，但說的都是道的真理問題，而此兩執之象卻給了人們兩家對抗、對立的感覺，以至於一些門徒弟子之間視同水火。延至魏晉時代，這樣的對立卻被一個人看破了，這個人叫王弼。王弼以24歲不及的人生生命，一舉斥破了儒道兩家的對抗，直認兩家實是一個問題的兩端之說，如果不以說端為據，而以問題本身為憑，則兩家恰可說是同一不二的。這個「不二」便是體用問題。他以為老子執體為說，孔子則執用為論，而若體用不二，以用顯體，則二家可合一而論。為此，他首提「名教本於自然」、體用不二的新學說。故知，道的真理問題，至王弼為止，至少有了三個類型：體論型、用論型、體用綜合說。

　　本節所論，為道之真理論的大要，亦即此三種論說的開展。

一、自然之道

　　自然之道，探究的是道以自然為本的問題。很明顯，這個提法暗含了兩個論題，一是道的本原定位，它是本原，或說它是何種本原？二是，自然乃道之本。這兩個論題的出示表明：幾千年來以道為政治之本原、原則和必然性的說法，其實是有問題的，老子我現在來告訴你們，什麼才是真正的本原。

　　第一個提自然之道的人是老子，這是我們所見資料的結論。老子留給我們的書祇有一本：5000言的《道德經》，所以我們祇能以它為說。這本書現下有九種文本：河上公本、王弼本、嚴遵本、想爾本、戰國竹簡本、帛書甲本、帛書乙本、北大漢簡本、傅奕本。放下文本差異不論，眼前如此多的傳本，我們或已感覺到老子學說的重要性。

我的研究主要依憑王弼本，其他文本祇作參考。王弼本即樓宇烈校釋的《王弼集校釋》（中華書局，1980年出版）。老子之外，論及自然之道的還有晚於它的莊子，我們亦將作相關討論。

　　老子之書號為《道德經》，實是道論與德論的合稱。這裡我將以他的道論為主要依憑，來看看他的道是什麼道。

　　《道德經》一開篇，也就是第一章，他用貌似很理性的語氣說：「道可道，非常道；名可名，非常名」。這裡，他似乎祇是說，常道與非常道是不同的道，常名與非常名亦如此。果真祇是說兩種東西的差異嗎？這要看聽者是誰了。一般人聞此言，的確如此，他告訴了我們兩種道的不同，而若聽者為久遠而來的守道者、執道者，則此語是非常刺耳的：你們所守、所執的那個道其實祇是非常道，因為你們的道是可道的道，而非不可道的道。這個定義的用意很明確，一是告訴你，你們的道其實不是道，二是準備告訴你，真正的道是什麼？

　　那麼，真正的道是什麼呢？接下來的2～10章，老子給了我們答案。當然這祇能是一個近似的答案，因為他前面已定下了標準：道可道，非常道。既然不是答案，就祇是描述了，這些描述包括：無為、虛心、不爭、不欲、不尚賢、虛、不盈、不仁、若存、若水、退守，以及不有、不恃、不宰、抱一的玄德，這些是「幾於道」的東西。這些描述中，有幾點值得提出。一是「無為」是他所強調的道的本質屬性或核心概念，故在第2、3章中直接提到了「無為」，而第4、7、9、10四章實也間接說及了「無為」。二是這九章中所講的道可說指了兩層涵義，一為自然本身的存在和行為原則，或叫法則；二為人類，特別是聖人所發現和遵循的法則或原則。從佈局看，這九章主旨是為了講道的涵義，所以偏重於講自然存在和行為的原則、法則，聖人之法則、原則則成了輔助性的表達，結果便是4、5、6、9、10五章主講自然之道，剩下的2、7、8三章則兩者兼而論之，第5章中有一句

話說到了聖人，然主旨乃講自然之道。三是，自然和聖人的存在及行為原則、法則還祇是道之涵義的一部份，它的另一部份可稱為生成之道，這由4、6章及第1章所說的「天地之始」、「萬物之母」、「天地根」、「若存」、「萬物之宗」、「象帝之先」諸描述命題可證，不過，在前十章中，生成之道不是重點，這與老子談論道的原因有關，他之論道，乃因為前人將道解歪了，說的是非道，他為正名而論道，而那些歪解的道，多在說行為原則、法則，所以，他得針鋒相對。

這樣，我們便初步獲得了老子之道的性質定位：空虛、無為、不欲、不爭、不有、不宰、不恃、抱一、玄妙。同時我們還瞭解了他對道的類型分判（這裡祇論及與本書主題相關的道，他義暫付闕如）：一是萬物生成之道，二是萬物存在、行為之原則、法則。這個第二類中，復可再析出二類：一為萬物的存在、行為原則、法則，二為聖人的行為原則、法則。

根據一般論文結構的法式，或可將前十章視為導言之論，接下來的11～24章便是依據上言的物道與人道作分述了。從內容上看，這十四章即是這兩種道的分疏：前十章主講聖人之道，後四章主講萬物法則。當然，這祇是要略之分，其實前後均有雜合的現象，如11、14章，應是講物道的，卻放在了前面，而24章又是主講人道的，反而放在了後面；並且，15、16、22、23這四章是兼兩道而論的，並非純講人道、物道。我之所以這樣區分，一是抓了主要，二是後面的四章，即21～24章除了主講物道之外，它們還有一個使命，這便是為25章的呈現鋪墊。

11～20章中的八章主講聖人之道，其主旨與前面的「導言」相貫通，一是去彼、去我、不盈、致虛、守靜、復根、復命、知常容、順自然、棄假歸正、真我、食母諸義。這些進而的重申，在老子即是為了強調常道與非常道的差別，故重心完全放在了聖人的行為原則與

法則方面，沒有論及生成問題。以此言，可見出老子對假道的批判（18、19、20章尤直接）更加深入、直接透徹，所以便有了「大道廢，有仁義；智慧出，有大偽」，「絕聖棄智」、「絕仁棄義」、「絕巧棄利」、「我獨頑鄙」諸極端之辭。這些激烈且極端的言辭彰顯了老子矯枉過正的企圖，言表之中，恨無當下。那麼，為什麼現實世界中，人們會錯誤地理解和把握道呢？

這些原因要待40、41、42章中才能交待，那裡有更深刻的批判。

接下來的21～24章，老子繼續講了萬物之道的質要，其辭已涉及了空、无的概念。如21章講「孔德」，即「以空為德」，講「眾甫」（萬物之始），22章講「抱一為天下式」、23章講「道者同於道」、24章講「贅行」，還有前面的11章講輻轂之喻、埏埴之喻、戶牖之喻，14章講夷希微三義、復歸於無物、無物之象、道紀諸義，均含有空、无之意。所以王弼注說：「道以無形、無為成濟萬物。」這一部份除從萬物之存在、行為之道的角度回應前面的「導言」之論外，著意於空、无之說的另一用意，便是肇起後面的第25章。所以我們需要理解25章。

25章：「有物混成，先天地生，寂兮寥兮，獨立不改，周行而不殆，可以為天下母。吾不知其名，字之曰道，強為之名曰大。大曰逝，逝曰遠，遠曰反。故道大、天大、地大、王亦大。域中有四大，而王居其一焉。人法地，地法天，天法道，道法自然」。這一章共說了這樣幾層意思：1、道是萬物得以混成的原因，故為天下母；2、這個原因沒法說清楚，祇好勉強命名曰道、曰大；3、道以及天、地、王為域中四大；4、道的前途或歸宿是還原；5、道法自然。其中，第2點並無理解上的困難，第1章已有明說，而第4點延後再說，我們現在主要來看其他3點。

第一，生成與生成的原因。25章是老子正式講生成問題的章，前面4章、6章曾有涉及，但均無此章如此完整、透徹的表達。此章中的物即萬物，有時他也用「天下」、「天地」、「域」等其他概念來代稱，而稱物最為普遍。物何來呢？他用了一個詞：「混成」。這說明老子已注意到物並非單一原因合成，而是諸原因混合成就，祗是如何混？有多少原因參與了混？他沒有深究。由於他不能知道這些混成的原因，最後不得已，便給了一個概而要之的概念：道或大。他表達得非常明確，這個概念是勉強說的，不是其真正。這個說法表明，他嚴格遵守了他在第一章中的原則設定：不可道。此外，他還給這個不可言說的東西設定了性質：寂寥、獨立不改、周行不殆、為天下母。寂寥是陰本屬性，後文有述，獨立不改是絕對性的表達，周行不殆是普遍性亦含絕對性的表達，母即上言原因的稱謂。此表明，他所說的道具有絕對性、普遍性，且是陰本所屬的原因範疇。故知，此道與此前道統之道是完全不同的道。

第二，何謂域中四大。域是老子首次將其作為哲學概念使用的一個詞，此前它祗有地域範圍的意義。作為哲學概念，域是什麼呢？簡單說，老子的域即今人說的存在或在，亦即他說的萬物、天地。老子先說道大，而後又說道祗是域中的大，與其他三大並列，頗有意味。先說大。所謂大，亦最高的原則、法則和原因義。依此，得知老子認為存在世界中，道、天、地、王這四者是最高的原則、法則和原因。很明顯，域中四大說與上言的道的絕對性、普遍性、陰本屬的總原因說是有矛盾的。何以老子要如此說呢？首先應該說，老子書中有說法的矛盾並不可怪，且是確有之事，因為據傳老子此書是一定意義上的「急就章」，為應付關尹子而作的，我們不懷疑老子對其思想學說的深思熟慮，但，急就之下難免有矛盾、重複、錯位之為。其次，他這裡將道說為域中的四大之一，並不一定意味著這四大就是平等價值和

品質的，反而是有階位差別的。此章最後的一句話，他便回答了這個階位問題，所謂人法地、地法天、天法道，道法自然即是。復次，他在此處合說四大，明顯有一用心，這便是為了說王。老子書有一直接的動機和目的，便是為聖人，即王者立法，建規矩。他的這種衝動可說源自他對古來之道統的不滿意，認為那些所謂聖人們的道統完全是錯誤之說，所以他要正本清源，說出真正的，也就是真理意義上的道，而此道之功能與價值還是為了給聖人們的行為立法。正是因為這個原故，致使他要強調王（聖人）的價值與作用，以致成了域中的四大之一；也正因此之故，他整個一本書都在給聖人們說規矩。反之或可說，老子這本書根本就不是讓普通人讀的。

第三，道法自然。我想，這個命題應該是此章，甚或是整本書中最重要、最精深的哲理或義理所在。前說域中四大有階位之差，這個道法自然的臺階式表達正是其證。然而，幾千年來，這個臺階的解釋卻費事費神太多。據本人觀察，自來關於此句之解釋很少有入道者，唯王弼靠譜。老子說，人法地、地法天、天法道，道法自然。明顯是一個臺階式的上昇鏈條，其中的法為動詞，作效法、尊寵解釋，而此鏈條在「道法自然」處卡住了，於是，不少人關於這個法，特別是這個「自然」便做了想當然的解釋。唯王弼說：「自然者，無稱者之言，窮極之辭也」（本章注）。「無稱」、「窮極」兩詞用得很好。說得更直白一點，此自然非自然世界之自然，而是後面40章「有生於無」的無，即自然即是無。何以有此說呢？下面我們詳解。

a.前面老子已明言，道祇是域中四大之一，這就等於告訴了我們，道祇是存在世界的原因，而非是非存在世界的原因，在後面他又說「有生於無」（40章），即存在是由無生發的，此無即非存在。說無是非存在，祇是表明它不存在、不實在而已，並非說它不是世界的本根、本原、本體。這意味著，在義理的邏輯中，道不是終極，終極

是无或无極，或這裡的特稱「自然」。所以，不終極的道還得效法、尊寵終極的自然，這最後一個臺階是不能去掉的。

　　b.道、无、无極、自然諸概念屬本體論範疇，一向以來，我們過於籠統地理解和看待本體、本原、本根，以為就是一個東西，其實，這樣的理解和解釋是不完整的。依義理之說，本體可分層理解，即體有无體和有體之別。這個說法的首開者即老子，此處的自然即无體之別稱，而道則是有體。老子之後，接起這個解說的是1993年出土的《郭店楚簡》中的《太一生水》篇，祇惜這篇東西一生成迅即埋入了地下，後人不得其意，其寫作時間在老莊之間。再後來，這種分層解釋王弼頗有體會，宋代諸理學者亦有把握。老子這裡的分體為兩層說，是中國人對世界本體義理的一項貢獻，本書前面已說及印度《唱贊奧義書》也有這樣的說法，可見東方哲人都有類似的覺悟和體悟。祇是，老子的說法的確有不足處，他祇提出了命題，而未予解說。我想，這個不足與老子此書的論說體裁有關。老子書採用的是語錄體而非論文體說義理，這種表達在春秋時代可說是通例。我們注意到，私人著書用論文體之風，當大興於戰國時代，此前，似乎論文體祇是官方的特權，所以我們看到《尚書》和《儀禮》用的是論文體，其他個人作品，無論老子、孔子均祇使用了語錄體，或似語錄體。開始有先例的當是《左傳》，如果說它是春秋時代的作品的話，可見到它在編年體（語錄體的變體形式）之中，有了少量的論文體的表達，至戰國，這個風氣才得以在私人著述中興盛起來。老子以語錄體說義理，當然就有很大的局限性，他祇能以命題方式表達，而不能論證命題，是以老子的本體分層說祇有命題呈顯給後世，多數人於此還不能察覺。

　　本體、本原分為无體、空體、虛體、原體，和有體、在體、心體、性體、道體，即是說體有寂靜陰本態和健動陽起態。无體寂靜無

意無動，所以常以无、无極稱名，而有體則是其意願發散，萬物依之成形的原與因。道即是此有體或在體之稱名。至於說老子何以要用自然代稱之无、无體，這與他的陰本認知有關係。其實這個自然應是自然本根的省稱，而自然本根即陰本之无。王弼深會其意，便用了「無稱」、「窮極」兩語來解釋自然，可謂至當。有了此解，亦知老子說「道法自然」一語可反過來解釋為，自然自化出了道，而道則混成了萬物、天地，並成為了萬物、天地、域中的最高原則和法則。

當然，老子沒有解釋這個命題，除了上述的文體及其他局限原因外，還應該有一個原因，便是他對這根鏈條之細節的模糊。其實，世界的構成應當是體、相、用三界同構，而體又分為兩層。老子不但有兩層體的隱約，也有三界的感覺，祇是這個感覺太不清晰，以致他幾乎放置了不說，唯在第4和第6章中，說了二句讓人覺得不達界的話：「湛兮似或存」、「綿綿若存」。這兩個「存」是何之謂呢？他始終沒有解釋，後來，王弼注6章曰：「欲言存邪，則不見其形，欲言亡邪，萬物以之生。故『綿綿若存』也」。又注4章曰：「不亦湛兮似或存乎？」這兩個注中，第6章的注較明確，說到了無形又非无（亡）之意，而第4章的注則太過簡單，幾乎祇是重複了老子原文。不過，據樓宇烈先生校釋《王弼集》時引用《道德真經集解》趙秉文本引此段注文王弼語有說：「存而不有，沒而不无，有无莫測，故曰似存」，其意與第6章注相合。以此，王弼剝出了「存」的涵義：體與用之間的過渡者，即體、相、用三界中的一界——相界之謂。存即相，或稱為因，而體則是原，用或在是果。原、因、果即體、相、用或體、存、在。

現在，我們終於明白了25章的要義，老子在朦朧模糊之中，建構了體相用三界說，又分差了體的兩層意義。以此，他構築了中國生成式本體論的精要。

解說至此，似乎已大要明瞭了老子之道的基本義，好像可以終結了，而實不然。老子既已挑戰了傳統和正統之道理，當然就不懼要去批判所由來之根據。這個根據是什麼呢？應當是《周易》。我何至有此說呢？我們來看看第40、41、42章，即有會意。

40章：「反者，道之動；弱者，道之用。天下萬物生於有，有生於无」。

41章：「……明道若昧，進道若退，夷道若纇。上德若穀，大白若辱，廣德若不足，建德若偷，質真若諭。大方無隅，大器晚成，大音希聲，大象無形。道隱無名，夫唯道善貸且成」。

42章：「道生一，一生二，二生三，三生萬物。萬物負陰而抱陽，沖氣以為和。人之所惡，唯孤寡、不谷，而王公以為稱。故物，或損之而益，或益之而損……」。

這三段話講了如下內容。

其一，生成論問題。這是前面講過的問題，屬於再探討，不過，再探討並非完全重複，聯合起來看，它既講了道生萬物，也講了道生於无，可算是一種貫通式的生成論。這裡，道與有應是等義的。前說道為域中四大，這裡說道生萬物，復又說萬物生於有，故知有與道等義。而說有生於无，則亦是道生於无。

其二，陰陽問題。這裡所說的陰陽問題共有三層意思，一是說陰為本，二是說陽是陰的反面，三是說萬物乃陰陽沖和的結果，非單一的陽動所致。所謂陰為本，可見之「萬物負陰而抱陽」這句話。負陰意味著陰無所不在、無限無極，猶如萬物被陰所包裹，而陽祗為萬物所抱，顯然有有限之意。有限的陽與無限的陰相較，可知陰為本，陽為用。故知，「萬物負陰而抱陽」為老子哲學的基調之論，正是基於這一論斷，所以才有40章的「反者，道之動」之說。它的意思是說，

道動起來，就成了陰的反面。而道動起來，恰正是《周易》的陽動之意。陽動是道生萬物的機理，但它已是道之反面的顯現，此顯現正是萬物得以生的前件。此「反面」表明，萬物是陽動的結果（參見《奧義書的「彼面」說》），但它們卻是在失道的前提下出現的結果。因為陽動意味著剛健、鬪進、激烈諸態和方式，這些不是道的本義，道的本義如前述，是無為、退守、柔弱。故在老子看來，說陽動為道是天大的錯談，它們不過是反道現象，不足以為道。問題是，這個錯誤所犯者，恰是數百年來的正統主流義理的載體《周易》，所以說，老子奮力寫《道德經》的最大動機是批判《周易》和它的陽動哲學。

此外還有，道以陰為本，萬物是陰陽沖和的結果，所以生萬物離不開陰陽氣的沖和，這些是真理的立場，也為老子所認同，然《周易》則單主陽動為道，實則是錯之大矣。所以這裡便有了「萬物負陰而抱陽，沖氣以為和」之說。《周易》的這個錯誤後來孔子也有糾正，他說：「一陰一陽之謂道」即是。

我們已知，《周易》所建構的陽動哲學是中國道統中的王道所在，可在老子眼裡，它恰是對道之真理的歪解，所以他產生了正本清源的衝動，是以思考了一套陰本哲學，以之校正與批判《周易》之誤。

其三，為德正名。我們已知，《周易》有陽動哲學，正是這套陽動哲學的建構，讓《周易》出現了以小謀大，逆取天下的暴力革命理論，出現了革故鼎新，「家天下」的道德化修飾，出現了陽德說。這三種理論與學說在在都與道的本義相對抗，故老子得正名，得反正。應當說，老子的這個正名反正與批判做得非常隱晦，他沒有點名，不過，字裡行間卻無法不透露出本意。

從結構看，此三章的批判是由前面的38、39兩章延伸出來的，

而38章又是《道德經》下篇，即《德經》的首章。在這個首章中，老子先分割了上德、下德說，然後對下德及其附屬的仁、義、禮、忠、信進行了批判。39章則正面說「抱一」的重要性，而此「抱一」應是「上德」的內涵。這兩章的預設便引出了後面三章更深刻、更本質的批判——對陽動哲學和陽德（即下德）的批判。這個批判的最後結論在42章的末尾：「強梁者不得其死，吾將以為教父」。此結論表明，受陽動哲學支使的暴力革命說，終不得其死。也許，正是這一堅定的信念，最終致使老子離開了周朝王廷，自行消失在了西去的范昧中。

本章上節中說到《周易》的陽德有三層意涵：一是承擔陽動健變，參贊乾元事功之德，二是恐懼之德、僥倖之德，它由《周易》中的咎、無咎、悔、無悔、吉、利、吝、屬、凶等爻辭表達，三是求取長治久安、萬世可傳之德。針對這幾種德，老子作了非常隱晦的批判，如26章說：「靜為燥君」，這裡的燥亦即乾元陽動；如27章說：「善數不用籌策」，則是針對恐懼與僥倖之德而言的；如27章說：「不貴則師」，則是對暴力的批判，亦是對《師》卦的反對；如29章的「去泰」，及「或行或隨」，則可看作對《泰》卦、《隨》卦的反對；如30章說：「物壯則老」，則是對《大壯》卦的反對；還有36、37章對長治久安的守靜解釋，等等，均可看出很強的針對性。

《道德經》作為聖人教科書，談得最多的還是聖人的行為和觀念原則，這些被老子稱為德。德是道的具體化，也可說是經過人的智慧把握過後的道。正因為德與聖人們的行為關係更直接，所以主談德的下篇更多涉及了對陽動與陽德的批判。這方面的內容與本書主旨關係間接，故不論，這裡需要提及的是63、81兩章，它們可說是對整個老子書的總結。63章說「道者萬物之奧，善人之寶，不善人之所保」，81章則說：「天之道，利而不害，聖人之道，為而不爭」。這就是以陰為本的道：順應自然，無為不爭，退守懷柔。

　　至此，我們才可以說，《道德經》何以成書。這個何以的答案是：真理的使命和責任已然融化了老子的心身，他無由不以全心身的能與力去成就這個偉業。當然，這一成就實已違背了他的義理原則：常道不可道，可他最後顧及不及，在離開激昂陽健的政治社會之前，將他的真理之說留了下來，此於我們真是幸事。

　　上述諸多說法之外，還有兩個問題需得略加說明。一是他的陰本哲學中還有一主題：還原陰本或无本；二是他的陰本思想由何而來？

　　我們先看第一個問題。

　　歸根回原是老子的主要思想之一，其大意貫穿了全書始終。現先撮其要，然後再來看其緣由和道理。

　　14章：「其上不皦，其下不昧，繩繩不可名，復歸於無物，是謂無狀之狀，各復歸其根。歸根曰靜，是謂復命。」

　　25章：「有物混成，先天地生。……強為之名曰大。大曰逝，逝曰遠，遠曰反。」

　　28章：「復歸於无極。……復歸於樸。」

　　34章：「大道氾兮，其可左右。……萬物歸焉而不為主，可名為大。」

　　52章：「天下有始，以為天下母。……用其先，復歸其名。」

　　以上引文中，「復」、「反（返）」、「歸」諸詞，其意大約可歸之三類：一是回去義，即物由无、无極、大、道、樸所生，終會回歸於无、道、无極、大、樸；二是萬物以道為本，此本為萬物所當守，此守本之義亦即為復；三是作者對萬物守本、返回的理解，此理解亦是復。其中，表達第一類意義的有14章「復歸於無物」，25章「遠曰反」，28章「復歸於无極」，「復歸於樸」；表達第二類意

義的有16章「各復歸其根。歸根曰靜，是謂復命」，34章「萬物歸焉而不為主」，52章「復歸其明」；表達第三類意義的是16章「吾以觀復」。

觀此三義，可知老子對歸根復原大義的堅守，此可說是極好地鮮明了東方文化的特色：還原合一。然則，依還原方式言，又可見出老子的還原說帶有個性。這個個性有二，一是他的道論是以生成論立基的，故生成問題無法不顧及，有生成就有滅失，所以從這一邏輯言，老子之還原必得說明此一理路，這就是他之說歸根第一義的理由；二是老子的道本意是退守柔弱，排斥健進激動，這個原則也帶入了他的還原說中，結果還原就是守本。這個第二性特色，非常有似於後來王弼所說的體用不二，和更後來的即體即用說，祇是，這個用乃靜態之用，多祇可解釋為萬物、在，它與儒家所說的用有明顯差異。儒家之用乃動態之用，更是智慧之用，重在功能、價值的實現，所以道德之說就演為了主導。王弼之解老子得其機要，即在於他敏銳地抓住了老子的靜態體用不二大意，並由此大意進而擴展到了儒家之用，從而有了合儒道的獨創舉措。

由此故知，老子哲學偏於陰本之論，視用幾近於靜態之在，並以此而有體用不二之說。這種特色與《周易》哲學形成了鮮明對比。《周易》之論雖不能說無有本體、本原之立，然說其所說語焉不詳當非誣言，它的目的和動機顯見是為了人類的智慧能動，尤其是政治性的能動。這樣的激進與極端也屬罕見。《老子》和《周易》（後來孔子加入了這個陣營）這兩部書對後世中國影響巨大，領會者都會從中大獲裨益，特別是心態吻合之時，此兩書常作交替養源滋助人們不同之心願，這正是他們各執一端的必然結果。這個兩端可說是：執闢而弱本，健動致完善；守本而非動，惟靜方還原。

最後，我們來看一下老子思想的形成原因。

　　老子為楚國人，先天地具有著南方文化的質素，這個質素主要是：自然化、神秘化。神秘所驅，必至求本探幽，是以老子有追求本原，捨棄萬象的衝動；自然所誘，柔順而廣普，無限無極，得以出陰本之思，法則之章。然則，南方文化祇可謂為潛質，它的激發還得有環境和條件。與一般南方人不同，老子進入了周王室的文化中心，成為了守藏史。這個官方史官有充分的時間、機會、精力去任意閱讀和理解周王室的圖書藏品，這應當是啟動他之潛質的主要條件。此外還有一個因素，這便是殷王朝的先在事實。何以殷王朝要與老子掛上關係呢？原因前文已有所說，即殷人乃東方種族集團入主中國的統治者，這個殷人所在的東部集團向來與南方集團及其文化有關聯，這致使了殷人統治中國時的重鬼神現象。殷人對鬼神的重視並非一般意義的作為表達，而是已成為了文化形態，這個文化應當是陰本優先的。此說由《歸藏》的書名和以《坤》卦為首即可明證。周人革命成功後，殷王室的全部文化資源作了兩極化的處理：民間和一般社會領域當清除消失之，而政府的館藏資料則入庫接管。至老子時代，民間及社會文化中，商人的文化主流當已消失，祇有零碎的遺存風俗尚有保留，成為了民眾生活的部份依賴，但王室館藏的資料應當完整無缺。老子為守藏史，正好得益於此。他有條件、也有能力理解商人的陰本文化，並目睹周人陽動哲學所引發的現實禍害：春秋分裂與雄戰。於是，他窮智慧之思，最終構造了一套陰本哲學，以作為對陽動偏執的批判。

　　平心而論，老子的批判是以偏激對偏激，而非真正的心平氣和。他的深刻與玄思中吐露出了之於被批判者的反感與輕視，最終，他把這種情緒化作了一種選擇：棄周室而去，遁入了茫昧與無名之中。

　　道家的另一個主要代表是莊周（約前269～前286），他給我們留下了一部頗有戰國特色的書《莊子》。這部書長達7萬餘言，自然就

免不了後學或門人的假託和竄入，不過，其書的主旨和主要文字應當沒有問題，屬莊子思想，亦為莊子所撰寫，尤其是內篇和部份外篇篇目。莊子的貢獻並非僅在哲學上，他對文學和中國語文亦有獨到的貢獻，但凡中國語文或文學者均能確知，他是中國成語、經典詞和格言美句奉獻最多的作家之一。還有，他的靈性與意境也往往出人意料，讓人留戀洞天別府，不忍所歸。

莊子為道家的中堅思想者，當然其主旨與老子相當一致，如對道的推崇，對有生於无的認可，對自然法則的執著之類。這一類思想較多表現在《逍遙遊》、《齊物論》、《大宗師》這些篇目中，此外，還如《天道》、《知北遊》等篇亦有進一步的演繹。總觀其意，莊子論文，重心不在道，或可說，他認為道之學已為老子所明示，無需贅言，祇要認同就好了。不以道為重心，而為道家，又該談論什麼呢？莊子抓住了另外三個要害，其一是道的法則或原則意義，其二是生成或存在意義上的體用不二，其三是真正的智慧與知識是什麼？以下我們略論其要。

莊子說的體用不二，亦是老子已論說過的命題，祇是老子所說稍顯粗陋，而莊子更入細微。他們所共者是，從生成言，萬物與本原、本根，亦即无或道是同一的，這個同一性明確表明，世界是內部化的，沒有外部。然，此同一與後來王弼開始主張的體用不二實有差別，在王弼之後，特別是儒家觀念中，在祇是用的一個層次，並非用之全部，用的另外一層意義當是指，人的能動性、人的道德價值、人的向善還原諸義，而這後一層用義恰好為道家所排斥，指斥為歪曲道、德本義的附贅之用。所以，從用的完整性看，老莊所說體用不二，實是殘缺的。

老莊所共僅在這生成或存在意義上的同一性方面，而說莊子對此論題多有細微處，便是他從此同一性中開發出了，因為同因，所以結

果並無本質差別的相對存在觀,這由他的《齊物論》表達最充分。在本篇中,他用一種無所不包的兩可句式表明了萬物的相對性,亦即同因而同質的絕對:「方生方死,方死方生;方可方不可;因是因非,因非因是。……是亦彼也,彼亦是也。彼亦一是非,此亦一是非。果且有彼是乎哉?果且無彼是乎哉?彼是莫得其偶,謂之道樞。樞始得其環中,以應無窮」。又說:「天地一指也,萬物一馬也。可乎可,不可寧不可。道行之而成,物謂之而然。……恢詭譎怪,道通為一。……因是已,已而不知其然,謂之道。」這一層意義,用他最著名的名言歸結之,即:「天地與我並生,萬物與我為一」。

同一性轉換為了相對性、平等性,這是莊子的發揮,也是他以此簡化世界的不二法門。在他看來,祇有簡單的世界,才能用簡單的法則去規範,才沒有衝突和紛爭。反逆之亦即,解決衝突、紛爭的方法,唯有使規則簡單化,而規則之所以可以簡單化,乃在於世界本身並不複雜,或說世界本身就是簡單。這個邏輯由此而成立。那麼,世界諸象的複雜化又何來呢?原因的追究與老子一樣,是人力的錯誤介入所致。這個結論導致了莊子學說的另樣開展。

莊子既已表明了世界的同一性、平等性和簡單化,也找出了世界現象(特別是人事世界)之複雜化的原因,這就必致他要深入討論道的法則、原則及規範性之所在。在此,他依循老子的上德說,繼續將德——一種不同於儒家,也不同於道之德的德——做大文章。這個進路的直接結果是《德充符》,以及《養生主》、《人世間》和《應帝王》諸篇。《德充符》提出的核心思想是,「德本自然,忘形益生」。依此,他將德化成道的具體法則、原則和必然性,以之規置萬物、生成萬物、成就萬物、和諧萬物,是物所不能離開的依憑。在此基本論說之下,《養生主》、《人世間》、《應帝王》三篇便有了意義和價值的側重、分殊,然其主旨同一,這就是順應自然、自然而

然、尊奉自在。所謂側重和分殊，大致可說為：「養生」是要善待生養，尊奉自性、自適，如此便是最好的自然而然；「人世間」應是放棄人為，自在自然，善於發現無用之用；而為帝王者，則重在批判其人力的強暴，認為人力的害處無窮，主張不恃、不為、不居的「三不」主義。為說明人力的害處，他講了一個非常著名的寓言故事：儵與忽鑿混沌生七竅，以至混沌死亡。這個故事的喻意是非常經典的，很值得人們深思。

莊子反對人為，主張自然無為，這當然是老子的套路，可下面他又出了老子之外，這便是他提出了智慧和知識的學說。我們知道，老子論文時，是將智慧與人為一起反對的，莊子則不然，他把智慧與知識做了分別，一為「是」的智慧，一為「移是」的智慧。是的智慧是真正的智慧，它與道、與德相合，是真正的聖人、真人的智慧，故應大力提倡，而「移是」的智慧卻是有界域的智慧，也是以自我為中心的智慧，它才是致使人事複雜化的罪首，故當去之。他的《大宗師》和《逍遙遊》，以及《秋水》諸篇是這一論題的主要說載。

《大宗師》主旨討論智慧、老師，為此，他確立了定義和判斷：同一於道者為智，順從於道者為真，以自然為師。這裡的真即是智慧的內涵，亦是學習自然的結果，而道又是真的標準、前提。於是，我們可獲知這樣的關係鏈條：道→自然→真→智慧。莊子在文中提出了一個命題：有真人而後有真知。那麼，何謂真人呢？他以很大的篇幅講了真人的要領與標準，撮其要即：不以心捐（損）道，不以人助天，天與人不相勝，是之謂真人。真人是真的化身，亦是自然的精華、特出，當然也就是道的最佳載體，因為他承載的是直接表現道的智慧。所以，要理解真人、理解智慧，得先看道是什麼：「大道，有情有信，無為無形；可傳而不可受，可得而不可見；自本自根，未有天地，自古以固存；神鬼神帝，生天生地，在太極之先而不為高，在

六極之下而不為深，先天地生而不為久，長於古而不為老」。道的絕對性決定了什麼是真？什麼是智慧？依據這個標準判斷，莊子認為以下這些人或自然物當是有智慧的，可為人類效法：狶韋氏、伏羲、維鬥、日月、堪坏、馮夷、肩吾、黃帝、顓頊、禺強、西王母、彭祖、傅說。其中，他特別對伏羲的智慧予以了表彰，說他「襲氣母」。所謂「襲氣母」，是說伏羲演八卦之事，源自於抄襲、因襲氣之母體。正是這個因襲成了伏羲成就義理解釋的人工事業，故可視為真正的師。

　　這裡，有一別義得順便說及。莊子此處所提及的人類宗師中，有三個人在本章上一節中出現過，這就是伏羲、黃帝、顓頊。依常規言，這樣的正面稱說有違道家之本意（類似的現象在莊子書中還不少見，比如孔子對禹不滿，而莊子則通書對禹大加撻伐，足見莊子與儒家之意有相契合處）。何以莊子要如此表達呢？有人認為莊子書中竄入了不少儒家思想。從現象觀察，確乎可如此說，然，竄入說當過於輕率。

　　竊以為，莊子之義理論，已明體用不二之大意，惜乎其用主指物（在），未能將物用，即功能、價值的用併入體用之中。這便出現了分離問題：體用不二是生成意義上的，而非價值意義上的。這種分離源自老子，至莊子時，他雖主守老子理路，其同一仍主指道與物的同一，可人類事功、道德仁義之類也不能一味除去了之，它們畢竟也是世界的構成本身。對此，莊子的立場便有了極大的柔性，他得給予人事事功、道德仁義中的合理者以必要的地位、說法，這也正好與他的物自性、物物自在、個性自適的世界觀密切相關。因此之故，我們便看到了很多現象，除上述視伏羲、黃帝、顓頊為大宗師外，他還刻意改造了孔子，使孔子的品行中更多具出自然的色彩，以至孔子成了他書中最多出場的寓言人物；還有他對技、事、義、德、道、天諸象

的連環解釋（《天地篇》），以及對物、民、事、法、義、仁、禮、德、道、天的連環解釋（《在宥篇》），等等，這樣的融入，當然沒有達到真正的體用不二的境地，然其企向已非常明確。可說莊子的義理新意已為黃老學派後來的學理建構（如帛書黃老學）的發生開了源頭。以此說，再回頭看莊子書，就不奇怪他何以有近於儒家的立場和旨意。

事象至此，並非說莊子沒有原則，祇有遷就。他的原則依然是道，是虛靜恬淡，寂寞無為，他認為這是世界的本，而那些生成之在、人類事功、仁義禮法之類，祇是此本之標末。於是，在本末關係上，他提出了一個新命題：靜而與陰同德，動而與陽通波（《天道篇》）。此語可謂是將陰本陽動兩說合而為一，說出了智慧之於世界的真知卓見。至於說莊子後學中有人堅持分離道儒兩家之說，持言對抗之事，我們且不去理論它。

莊子之於智慧、宗師的新視角和陰陽結合的主張，開出了道的新真理視野，這也為後來的綜合義理論鋪墊了基礎。若回到莊子書本身，我們則又看到，他的《逍遙遊》恰好是這種新義理和智慧的典型表達。《逍遙遊》的主旨是去我去俗、與天地為一。其中，他將至人、神人、聖人三者同說並列，說至人無己，神人無功、聖人無名。可見，在他看來，祇要順自然物性，聖人並非儒道兩家對立的焦點，而恰是兩家合一的象徵。聖人、神人、至人之所以有如此作為，全在於其品性與智慧的自然化。這裡的自然化是一個高度值得重視的詞。

《逍遙遊》中，莊子塑造了一個象徵物——鯤鵬，這隻鳥一直是莊子寓言神話的經典代表：超越想像的載體。而若以之與《大宗師》中的真人相列，則更加看出莊子的想像力高超。果真祇是想像乎？其實非也。依莊子本意，他是說祇要理會和掌握了自然的本性，則任何不可想像之事均可成為現實。所以，他的書不憚恢詭譎怪，一併進入

論說之列。問題在於如何理會和掌握自然的本性？這個提問在莊子的年代實在有些虛玄，因為彼時尚無當今世的機械方式、手段可資憑藉，以致他祇能靠馳騁的想像力去說大要。而當今世，同樣的想像力就不難出現在黑洞、白洞及星際旅行的幻想中，也不難出現在量子傳真的想像中。這裡，對自然物性的理解成了所謂幻想生成的關鍵，而物性之理解把握的關鍵又是什麼呢？它便是世界的還原──我們祇要對物理進行還原，便可為任何不可想像之事。這個當今物理中的大理，正是當年莊子所說的「繕性」之要：通過還原物性，可解脫人類的缺陷與毛病，而還原，恰正是本原自證其真的不二法門。以此，我們便看到，莊子主張一種還原的智慧、自然的智慧，實則是本原還原真一的義理表達。這個頗具新意的表達，並沒有如老子所說退回自然本身，而是要理解、把握自然的物性。這樣的理解、把握即是智慧，唯此智慧才是還原本原的不二法門。

至此，我們終於理解了莊子思想的質要，他是老子的信徒，然他亦以更加獨有的視野和方式弘揚了東方哲學的大要：世界是內部化的，世界亦是還原證成的。

二、道德之道

依上所言，老子奮起對以《周易》為代表的道統和陽動哲學的批判，竟然被他的後學莊子以新奇的方式消解了。這意味著，祇要從容中道，和天倪，任何極端均可化除。可見，執中求和於世見、於觀念是何等重要。碰巧，這樣的想法非唯莊子有之，也算是批判者的孔子亦有之。或許可說，正是孔子的中庸立場及和善心態感染了莊子，使他從而有了意境與義理的雍容大度。從質地看，孔子的學問同樣是批判性的，其對象便是《周易》的政治中心主義王道理論，然而，孔子的智慧和其方式真正可謂是，他把學問與心身融合為一了。他的學

問中心是道德、是善，而其方法和行為亦完全善化。這樣的同一與統一，在人類思想演化的長流中，也是特殊超拔的，後人謂之為聖人，想來無愧。

　　將道德和善定義為道的本質，此是孔子的使命，也是他學問的新意。這至少說明，至孔子，他在研究和繼承中國古來的道統，特別是王道義理體系的時候，已明顯地發現了其品質的缺失、過錯，這樣的缺失和偏假致使了幾千年來中國的道統祇表現了政治意涵，其極端及異化已不能復加，所以，孔子決心還原道的品質、本質所由，建立起真正的道論體系。這個新道的本質是善，而善，恰正是本原還原的終極之所在，更是人類憑以參與此還原證成的法式所在。於是，儒家所論之善也就與本原之論相互關聯了，是以說自然神之義理，必當說及儒家之善道。

　　將善上昇到本原義理的高度，並非孔子一開始就有的想法。這與老子一露臉便有陰本哲學的高論，實為反差別顯。也許，孔子的身世與生涯對此有影響。孔子有貴族的身份卻無有貴族的生活環境、養源，他所獲得唯一好處是享受了知識教育，讀書識字了。早年的他還必須要為生計謀畫，不過，這位心性、智慧上昇態中的讀書人，已然從知識中，甚或從他所具備的人生秉性中獲得了一項秉賦；做善人、為善事。於是，他開始與知識、教育結緣，成為了教書匠，或許他以為，這個職業更有利於善的開展。然則，這種嚮往和志業卻不太固定，他不時會被其他更高的志向所誘惑，以致他終於踏入了政界，成了當時魯國的政治官吏。這樣的選擇在中年以前，實非孔子所能自持，因為數千年來，中國的文化和社會價值觀是高度政治化的，或可說政治價值與標準是唯一的，不參與政治而論善，實則是非妄之念。這亦是孔子臨世與中前期生活的觀念基礎。所以，彼時之善於孔子言，最多也就是為社會價值所能認可、理解的好事，捨此而外，善有

否義理價值和倫理本質之類的思考，當不能進入孔子的視野。不過，道的問題孔子應不陌生，作為知識人，當他選擇與周公有關的政治、文學、倫理、音樂、占算諸書為學生教材時，他一定也認同了這個定說：這些書承載了王道。

孔子的政治參與經歷並不順暢，官場的殘酷性——私權政治是此時的要害——給了他迎頭痛擊，他最終被擠了出來。孔子希望政治清明、公平正直的嚮往與他本人一起成了犧牲品，他被迫過上了流浪生活。這一次長達14年的流浪是孔子至關重要的生命旅歷，它改造了孔子，也解脫了孔子，更超拔出了一個新孔子。流浪中的孔子有機會潛入靜思，去反思政治，反思人生，亦能超越地觀察世界，這些沉思、超越的結果是，他曾長期孜孜矻矻、不棄不絕的那個王道其實是有問題的，它的問題在於攔錯了承載，單以政治為道的全部、一切，而忽卻了道本身究應何質？正是這種單一、過錯的解釋、理解才致使了現實社會政治生活的異化、畸型，乃至反動；進而，道本身有其品質與內涵，若得回歸與糾偏，則道可正位正名，還其真面目。這個真實便是，道是全部世界得以存在、合理、完善的根據、原因，而非僅祇是政治有效、合理的根據，因此，發現和理解道本身的涵義，恰正是人之所以為人的能動質要，這樣的能動與道的意志同向、同志、同一、同體，唯其如此，道才稱其為道，人才所以是人。故知，所謂陽動哲學非祇是政治上的革命與改政，而恰應是人的智慧能動與道的終善的同一不二，或即人以智慧之善去還原證成道的終善。

道即道德仁義，亦即是善，以善成善，以善成人，人善合一。這是孔子的新旗幟。在此旗幟下，孔子集結了一個新學派：儒家。晚年的孔子和思孟學派是這一義理學說的中堅者。以著作論，我們這裡需要理解的主要作品包括《易傳》（傳世本與帛書本）、《中庸》、《孟子》，其他如《論語》祇有較少內容與此直接相關。

　　《易傳》是解釋《周易》的書，然其所解實已非《周易》本義，而是全新的道德義理。我們特別注意到，與傳世本相比，帛書《易傳》對《周易》本身的解釋文字有較多的保留。其中《二三子》、《衷》、《要》、《繆和》、《昭力》諸篇更多記錄的是孔子直接解釋《周易》諸卦爻辭的文字，唯《繫辭》與傳世本較為相近。這種現象存在的原因頗為複雜，很難論斷，推之可能，約略可說為：一是傳世本與帛書本來源不同，乃孔子後學不同門人分別傳世的不同版本，二是同一來源，唯傳世本經人刪定固說，而帛書本乃較為原貌的版本。此兩說為大要，也許還有其他可能性，此處不糾結。兩說雖不同，然有一點卻相同，傳世本更充分地固定了孔子之《易》的新義理，且是頗著體系格局的新義理，而帛書本則要雜合一些，於義理，既便它是對《周易》之卦爻辭的解釋，也多已不是原來之意味，明顯地向道德義理方向作出了引伸。與此較為雜合一些的道德義理相比較，傳世本其格局與結構更為緊湊、更邏輯化，這與它作了必要的刪除，特別是相關卦爻辭的解釋部份刪去較多有關，以致說一般義理處較為凸顯。

　　現在，我僅就與本書相關義理作概要性表述。

　　《易傳》的新義理可說為四個方面：一、繼承了《周易》的陽動哲學主旨，卻刻意注重了陰陽平衡問題，二、堅守了道本體，卻讓道的內涵、內質道德化，且還有其他的新解說，三、置換了《周易》王道的承載主體，由大人而君子，使道德之道的載體優化，四、確立了善的價值還原，為因善成善打開了通路。

　　以下略加分述。

　　其一，陰陽並重，剛柔平衡，乃新陽動哲學之要。陽動哲學是《周易》所貢獻的義理最要，然而，這個強調智慧能動的哲學觀卻遭

到了老子的迎頭痛擊，以至有點體無完膚之感。晚年的孔子當他致力於道的真理解釋，且又必要以《周易》為憑藉之時，陰陽問題的重新解釋就不可避免。所有的相關文本中都找不到孔子受老子陰本哲學影響的痕跡，但《易傳》所表達的陽動哲學，卻已非單一的陽動，而是明確地提出了陰陽平衡、剛柔兼顧的新道理。

《彖》曰：「大哉乾元，萬物資始，乃統天。……至哉坤元，萬物資生，乃順承天」。《象》曰：「天行健，君子以自強不息。……地勢坤，君子以厚德載物」。

《繫辭》上：「是故，剛柔相摩，八卦相蕩，鼓之以雷霆，潤之以風雨」。

「繫辭焉而明吉凶，剛柔相推而生變化」。

「一陰一陽之謂道」。

「《易》無思也，無為也，寂然不動，感而遂通天下之故。……夫《易》，聖人之所以極深而研幾也。唯深也，故能通天下之志，唯幾也，故能成天下之務」。

《繫辭》下：「八卦成列，象在其中矣。因而重之，爻在其中矣。剛柔相推，變在其中矣。繫辭焉而命之，動在其中矣。吉凶悔吝者，生乎動者也。剛柔者，立本者也」。

子曰：「乾坤，其易之門邪？乾，陽物也；坤，陰物也。陰陽合德，而剛柔有體，以體天地之撰，以通神明之德」。

「《易》之為書也不可遠，為道也屢遷。變動不居，周流六虛。上下無常，剛柔相易，不可為典要，唯變所適」。

《說卦》：「昔者聖人之所作《易》也，將以順性命之理。是以，立天之道曰陰與陽，立地之道曰柔與剛，立人之道曰仁與義。」

《雜卦》：「乾剛坤柔」。

帛書《衷》：「《易》之義誶陰與陽，六畫而成章。……天地相，氣味相取，陰陽流行，剛柔成涅」。

很明顯，孔子在老子與《周易》之間作了折衷，在以陽動為基設的框架內他更多地吸納了陰柔的平衡、協調原則，以此，道的質地和構成大獲豐富、完整，為後世儒家之義理再造預定了基設。當然，既以陽動為架構，則不可避免要說陽動之理，《易傳》之陽動明顯地轉向了生成之域，如「生生之謂易」，如「天地之大德曰生」，如「太極生兩儀，兩儀生四象，四象生八卦，八卦定吉凶，吉凶生大業」，如「天地氤氳，萬物化醇，男女精構，萬物化生」等等。這些生成之理或道是《周易》原來沒有的思想，反而曾被老子反復說及。或可說，《易傳》受了老子影響，進而引之進入其學說體系之中，以之為陽動哲學的新開展。

其二，繼承道本體論，然其道又作了三個方向的演繹，這三個方向是：

A.殊道為天道、地道、人道，以此為道之三才說。這一學說中，為變《周易》王道政治化的單一性，特別地將道向自然法則、物理和人域道德原則兩個領域引申，這便極大地豐富了道的內涵和意義。

B.道為本原，萬物承之於道，為道的顯化，因此物物即道，所謂「各正性命」是之謂。這是一個全新的體用不二命題，它不同於道家的生成論的體用不二說，而是貞定了即體即用的新意。「各正性命」，以性與命的中介導入，讓道本原與諸在，特別是人的價值、意義直接貫通，這是中國義理學中用之內涵與意義擴大化的開端，從此，世界的內部化不再祇是物的或物理的同一，更是本然與心性的同一。

C.確立道德本質論。所謂道德本質論是說，道的本質或要害並非其生成意志與規置萬物的原則、法則之意，而是其善的衍繹、廣普、無限化，即生成、規置諸象本是善的顯示，因之，善是更本然性的本原之然，而非相反。此表明，所謂與道同一，即是善與道同一，或道的善化。這個改轍不祇是改變了王道之政治性的偏隘，更在於為道的真實化、道的實踐，為人類的完善價值終極鋪設了義理根基。前說老子有言：「道可道，非常道」，依孔子道德本質論，可見出老子之道是分離諸用的孤立之道，因為無用可依，故不可道，不能道。孔子則不然，其道是即用即體之道，離用無道，故說用即說道，踐用即踐道，以此，道德本質論完全改變了生成論之不二論的弊端，讓世界的內部化更加完整、全義。此外，《易傳》在說及道德本質時，為顯即體即用大義，強調道的實踐性，它還提出了德與業並重的命題，所謂大德廣業是其彰顯。

下面，我們略引幾例以證上說。

A.道的分殊與三才說：

《繫辭》上：「《易》與天地准，故能彌綸天地之道。……知周乎萬物而道濟天下，故不過，……範圍天地之化而不過，曲成萬物而不遺，通乎晝夜之道而知，故神無方而易無體。一陰一陽之謂道。繼之者善也，成之者性也。仁者見之謂之仁，智者見之謂之智，百姓日用而不知，故君子之道鮮矣」。

《繫辭》下：「《易》之為書也，廣大悉備。有天道焉，有人道焉，有地道焉。兼三才而兩之，故六」。

帛書《要》：「故《易》又天道焉，而不可以日、月、生、辰盡稱也，故為之以陰陽；又地道焉，不可以水、火、金、土、木盡稱也，故律之以柔剛；又人道焉，不可以父子、君臣、夫婦、先後盡稱

也，故要之以上下；又四時之變焉，不可以萬物盡稱也，故為之以八卦」。

《易傳》中，分殊之天道、地道、人道是有分述的，如《彖》曰：「大哉乾元，萬物資始，乃統天」（《乾》），「至哉坤元，萬物資生，乃順承天」（《坤》），「聖人以通天下之志，以定天下之業，以斷天下之疑」，「是以明於天之道，而察於民之故，是興神物，以前民用」（《繫辭》）之類，這裡不詳引證，讀者諸君可自行考察。考其大意可知，《易傳》說天道意在講陽動，說生化流行，貫通承載的道理，強調道的絕對性，廣普性，所以有「易與天地准，故能彌綸天地之道」之說；說地道，則意在承順、成就；以此基礎再說人道，其意便是謙慎守順，開物成務，盛德大業，唯深唯幾。大體上，這也是《易傳》著重強調陰柔與陽剛平衡之道理的原因。人類（尤其是君子）要配天道，則既要陽動進取，故得開物成善，盛德大業，同時也不要忘卻地道的順承、成就之義，得謹慎作為，得預判貞定，不可錯機妄幾。竊以為，《易傳》講道，其涵義無非陽動、生化、貫通、慎順，而其目的則在開物成務，盛德大業、唯幾唯深。至於道的法式、方式則可見之下文。

B.性命承道，即體即用。

《彖》傳開篇說了一句話：「乾道變化，各正性命」，《說卦》則曰：「昔者聖人之作《易》也，幽贊於神明而生蓍，參天兩地而倚數，觀變於陰陽而立卦，發揮於剛柔而生爻。和順於道德而理於義，窮理盡性以至於命。昔者聖人之作易也，將以順性命之理。是以，立天之道曰陰與陽，立地之道曰柔與剛，立人之道曰仁與義」。這裡所說的性、命，雖然祇有寥寥數字，可其意義不一般。此前我們提到，東方義理說本原、本體，說還原證成，其用意均在說人類如何與本原同一不二，而所謂同一不二，即是人類如何還原至本原的絕對。這個

套路在東方世界是普遍的，當然其方式、路徑卻有差異。先且不論其差異，祇說還原，便有如何還原或憑藉什麼還原的問題？前面我們已看到印度義理重在以智慧的法式去還原，所謂以智去智即還原證成，莊子也提出了智慧還原的問題，而儒家的還原好像有所差別，它的還原憑藉是下文要講的道德，而道德要成為還原的載體和目的，它得有兩個難題需要解決，一是道德即乃道的內質，二是道如何向人道過渡？第一個問題在下文中有說，這裡我們先來看第二個問題：道通過什麼向人道過渡？

儒家比較少講智慧，更願意講道德，講善，而善何來呢？可設定說，道本身就是善，後來孟子說「性本善」即此。然則，人與物不同，他對本原的呈現不是被動表示，而必是主動、能動表示。這便意味著，人要通過一個中介，讓本原的善發散為具體的善。這個中介是什麼呢？《易傳》在此處出示的答案是性、命。可說這當是儒家最早相關此論題的說法。性即人性，或說唯人所具有之性，所以它與後來莊子所說的物性有差別。所謂人性，即它是智慧後的人性，是可以覺悟本原之善的人性，所以，它的特徵很顯明：一是有智慧承載，或可說，性即智慧之真實所在，以此言，儒家所說性與佛家所說智慧當是同一所指，也正是在此定義之下，才有後世王陽明說「知行合一」之論；二是唯此性方有本原的覺悟，也就是之於本原的記憶，這個記憶決定了人與本原的同一性；三是人性是本原之善的結果或顯現，故此性即善本身，亦當還原為善。而所謂命，則是此性還原向善的必然所在。此表明，性與命不可分離，亦是同一關係。

有此理解便知，孔子晚年所說的那個道不但可以具體為天道、地道、人道之三才，更重要的是，他借性、命之說，將陽動哲學成功地轉入了道德能動之域，也為人之所以為人立了法門——所謂還原證成，即通過人性的能動、主動作為，體認本原的善意，記憶本原的全

義，實踐本原的意志。《易傳》中的性，其實包含了兩層意思，一是其中介性，二是其能動性。其中的能動性並非動即其意，而是真正的智慧的能動。原因在於，道雖為世界之原、之母，為世界的變動、生化、貫通法則，可它還有其不確定性，面對此不確定性，人性之中介與聯通當盡智慧之動，以此方有真正的能動可能。

道的不確定性可見之下證：

「故神無方而易無體」（《繫辭》上），「陰陽不測之謂神」（同上），「夫《易》，彰往而察來，而微顯闡幽。開而當名辨物，正言斷辭，則備也」（《繫辭》下），「《易》之為書也不可遠，為道也屢遷。變動不居，周流六虛。上下無常，剛柔相易，不可為典要，唯變所適」（同上）。「故《易》之為書也，一類不足以亟之，變以備亓請者也」（帛書《要》）。因為不確定，所以聖人得憑智慧去適、去請，所以《繫辭》上便說：「君子居則觀其象而玩其辭，動則觀其變而玩其占，是以自天佑之，吉，無不利」。又說：「仰以觀於天文，俯以察於地理，是故知幽明之故。原始反終，故知死生之說。精氣為物，遊魂為變，是故知鬼神之情狀。與天地相似，故不違；知周乎萬物而道濟天下，故不過；旁行而不流，樂天知命，故不憂；安土敦乎仁，故能愛。範圍天地之化而不過，曲成萬物而不遺，通乎晝夜之道而知」。「一陰一陽之謂道。繼之者善也，成之者性也。仁者見之謂之仁，智者見之謂之智，百姓日用而不知，故君子之道鮮矣」。「天地之道，貞觀者也」（《繫辭》下）。「《易》有聖人之道四焉，以言者尚其辭，以動者尚其變，以制器者尚其象，以卜筮者尚其占」（《繫辭》上）。以此觀之，《易傳》所說之性，並非僅祇是道與人之間的中介，亦是人類能動識道、適道、請道、為道、踐道的智慧之所在。故知，所謂還原證成，是道德的實踐與證明，亦是智慧的實踐與證明。

　　C.道的本質是道德，是善，亦得以事業、人工去成就之。

　　《易傳》鼎新《周易》之最大處，是將道的內涵和質地由政治作為、謀逆奪取變成了道德之善。《說卦》所謂「和順於道德而理於義，窮理盡性以至於命」，是其宣示。道德是什麼？前面我們已知了老子相關道德的定義，《文言》則提出了一個與老子有別的道德觀：「夫大人者，與天地合其德，與日月合其明，與四時合其序，與鬼神合其吉凶。先天而天弗違，後天而奉天時」，「君子進德修業。忠信，所以進德也；修辭立其誠，所以居業也。知至至之可與幾也，知終終了可與存義也」。這兩段話中，我們注意到，《易傳》之道德，首先是合天地之德，這是基設、前提，其次，還要進德修業立誠。這兩層意思彰顯的是中國文化的主要套路：道的絕對性是不可違反的，人可憑性智覺參與到道的成善過程中。正是基於此理，所以帛書《衷》明確告訴我們：「無德而占，則《易》亦不當」，《要》亦云：「[無]德，則不能知《易》」。

　　道之內涵與質地的置換，改變了《易》之為書的性質，從此，它成了道德完善之書，也是儒家道德本體論的開山之作。對此，孔子有一特別的表達：子曰：「贊而不達於數，則亓為之巫；數而不達於德，則亓為之史」，「《易》，我後亓視卜矣！我觀亓德義耳也。幽贊而達乎數，明數而達乎德，又仁[守]者而義行之耳。……後世之士疑丘者，或以《易》乎？吾求亓德而已，吾與史巫同塗而殊歸也」（帛書《要》）。這便是孔子晚年好《易》，「居則在席，行則在橐」的原因。

　　道德或德善成了道的內涵品質，是《易傳》的主旨思想，然而，它並非僅強調德或善之一端，幾乎從頭到尾，整本書都是德與業並重的。這說明，道德與功利是《易傳》陽動的指意之所在。這樣的言論充斥了全書，我們僅列其要。「君子，體仁足以長人，嘉會足以合

禮，利物足以和義，貞固足以幹事。君子行此四德，故曰：《乾》，元亨利貞（《文言》），「君子進德修業，欲及時也，故無咎」（同上），「子曰：《易》其至矣乎！夫《易》，聖人所以崇德而廣業也」（《繫辭》上），「盛德大業，至矣哉！富有之謂大業，日新之謂盛德，生生之謂易」（同上），「夫《易》，開物成務，冒天下之道，如斯而已者也。是故，聖人以通天下之志，以定天下之業，以斷天下之疑」（同上），「是故，形而上者謂之道，形而下者謂之器，化而裁者謂之變，推而廣之謂之通，舉而錯之天下之民，謂之事業」（同上）。

德業並重，同為道質。這是《易傳》的道德立場。在《繫辭》下中，作者進一步以諸卦同業、同德的關係作了掛聯，說明其同一性。第七章中，作者表達了諸卦與德的關係：《履》——德基，《謙》——德柄，《恒》——德固，《損》——德修，《益》——德裕，《困》——德辨，《井》——德地，《巽》——德制，等等。而前面的第二章中，則有諸卦與諸業的關係：佃漁——《離》，農業——《益》，交易商業——《噬嗑》，治天下——《乾》、《坤》，水路交通——《渙》，陸路交通——《隨》，安保——《豫》，攝食工具——《小過》，兵器——《睽》，宮室——《大壯》，喪葬——《大過》，書契——《夬》，等等。

其三，載道易體，君子臨世。

《易傳》改換了道的內涵與地質，必會同理變換其載體。《周易》中，我們看到王道的承載者是大人，有時也稱君子。此大人實即王者或其直接關係人的別稱，他們是政治事業的載道者，至《易傳》之中，大人之稱已少見，多則以君子、聖人來稱謂新道的承載者。這是一變化明顯的主體變換，其用心用意可圈可點。依愚見，孔子之君子，範域極其寬泛，其中亦當包括王者，不過，應說王者已不佔主導

地位，其主導者當是道德品格完善者。應該說，稱謂和指代的變化當自孔子始。

我們知道，孔子以道德完善的特有質素為標準，建構了中國社會的第三者人群，這個群體即君子：道德的裁制者，真理的掌管者。他們以載道為目的，以道德完善為質素，以此完善自我，引導民眾，教化天下，規置王者，裁判正義。孔子以此成了這個第三者的領袖：素王。《易傳》之君子，即此第三者之稱謂。第三者的出現，是道之承載者的優化與優選，他們的特殊與拔高在《易傳》中可說是無以復加，如下言論可見一斑。

天行健，君子以自強不息（《乾·象》），

君子體仁長人，嘉會合禮，判物和義，貞固幹事（《乾·文言》），

君子以成德為行，君子學以聚之，問以辨之（同上），

地勢坤，君子以厚德載物（《坤·象》），

君子敬以直內，義以方外（《坤·文言》），

君子敬德載物（同上），

唯君子為能通天下之志（《同人·象》），

君子以遏惡揚善，順天休命（《大有·象》），

聖人以神道設教，而天下服矣（《觀·彖》），

君子以虛受人（《咸·象》），

聖人設卦觀象（《卦辭》上），

君子觀象玩辭，觀變玩占（同上），

聖人所以崇德廣業（同上）

聖人見賾擬形容象物宜，見動觀會通行典禮（同上），

言行，君子之樞機（同上），

聖人通天下志，定天下業，斷天下疑（同上），

聖人四道：言尚辭，動尚變，器尚象，筮尚占（同上），

聖人立象以盡意，設卦以盡情偽（同上），

舉凡所引及未引，都在強調君子、聖人的道德特殊、特性，所以不能以普通人視之，唯第三者方可擔當。

孔子創第三者後，中國知識界依此理路，順勢提出了帝王師的概念，尤以儒、道兩家為甚。如《莊子》書中，從黃帝始，甚或從伏羲始，就有不絕的帝王師人群，蔚然已成一道東方文化的風景線。若堯師許由，許由師齧缺，齧缺師王倪，王倪師被衣。這種現象正是君子文化的顯現，亦是道本原道德化的必然結果，所以值得我們去細心把握。

其四，價值還原，和合終善。

道本質是善，這決定了道的終極目標亦是善，由此亦知，人之所以為人，全在於以智慧的自覺與能動、主動去成就這樣的終善，是為《易傳》開創的還原證成新義理。這個還原義理與道家（老子）之還原最大不同，它不是退回本原而與之同一不二，而是能動作為，完善後的同一不二。並且，這樣的完善也不是等待一個時間過程之後的同一結局，而是當下、當此的善化同一。此不二、此同一即即體即用之謂。

　　《易傳》所說之善，不是個人得失的善，而是整體的善，完全的善，個人之善則是為這整體的善所貢獻的善。以此，《象》開篇即說：「乾道變化，各正性命。保合大和，乃利貞」。這是一種大同式的完善學說，它不分人域物我，一概同原而有，同道而化，同法而往，同善而終。是以孔子說；「天下何思何慮？天下同歸而殊塗，一致而百慮，天下何思何慮？」（《繫辭》下）

　　孔子之後，儒者分差別緒，走了不同的學問路線，其中，得孔脈心傳，明性命不二、道德載道之達學者，唯思孟學派。他們秉承性命之說，建中庸誠道之學，以此構築了中國主流義理學──性命還原哲理體系。觀《中庸》，輔以《孟子》，可知其義理之論約可分為四個層面：a. 性命不二，誠合天人，b. 即體即用，萬物皆備於我，c. 修身體道，知天定命，d. 還原證成，與天地參。

　　先說其一。《中庸》開篇即說：「天命之謂性，率性之謂道，修道之謂教」，這一句話中出現了幾個核心概念：命、性、道、教。說儒學的義理質要乃性命不二論，此處可謂旗幟鮮明。它表明，性不是個性、氣質之性，而是先天施諸人類和萬物的必然性，所以它用「命」來定義這種必然性。命是絕對、不可更改、不可變通之謂，故知，人和萬物之所由來及承載，絕非偶然之兒戲，可有可無之隨便，而是人和萬物所秉承的逃無可逃的使命、責任。這樣的秉承、具有即是性。那麼，此性與通常所說的道又是何種關係呢？《中庸》繼續定義說，遵循這種必然性，承載這種使命、責任即是道。這裡的道似有狹義化的意味，即道變成了人與萬物遵循必然性，承載天命的方式與作為，而沒有涉及人與萬物何所由來的問題。何以如此呢？下面我們會進一步解析其因由，此處暫不深入。此處祇需理會，道被特殊化了，由本原之意志轉而為了物、在的能動原則。如果說命和道對人和萬物言，均有絕對性的話，往下則顯出了人的特異性，或說唯人類才

有的可能為。這個特異性是，人可依主觀能動之智慧去修煉、體悟、知會這個道，以使道成為我們存在和行為的依據。這樣的修煉、體悟、知會便是教，所謂教育之謂即此，儒家之有「大學」之說亦即此。

那麼，《中庸》為何要反轉道呢？這便要說其二。

其二，即體即用，道物不二，道性不二。王弼曾說：「聖人體无，无又不可以訓，故不說也。老子是有者也，故恆言无，所不足」[92]這個說法還有一個版本：「聖人體无，无又不可以訓，故言必及有；老莊未免於有，訓其所不足」[93]。王弼所說的聖人指孔子，大意是說，无是不可以說的，所以孔子不直接說无，而祇以有來顯示无，老莊則不然，他們強說无，其實祇能說有。王弼之於孔子的偏頗是非常明顯的，至於原由，我們後面再說。這裡要說的是，孔子何以要用說有顯无的方法來論道，而老子卻未能如此？有一朋友打了一個比方說，所謂无就猶如房子外面的黑暗，而有則是燈光下的房子之內，明亮的屋內其實即外面黑暗的顯現，然，若要強說外面的黑暗，肯定是無法說的，既然明亮即是黑暗的現顯，那麼，不妨說清楚明亮亦即是說了黑暗。那天，我們正好在清華明理樓的一間會議室中討論老子的有无學說，時值晚上九點左右。這個比方很有道理。黑暗與明亮本是同一的，某一處被點亮（即顯現）了，便有了見、有了感、有了覺，我們的說正是此見、此感、此覺的結果，它與黑暗有關，卻還不能說之是全部黑暗，依此有限之見、覺言，說清楚此見、覺、感，也就是在說黑暗了。想來，這種方式應是孔子之法式，非是老子之法式，老子更在乎外面的黑暗，而輕看明亮，因此他要強說黑暗，說之不清，

---

92 [西晉]何劭：《王弼別傳》，引自《三國志》裴注。
93 [南朝]劉義慶：《世說新語‧文學第四》。

又祇好說明亮。由於老子之明亮不是所意之重心,故其說便落在了明亮如何生成之上,即他以生成之所以去反說黑暗之所以,結果呢,他的體用不二論便狹義化了,成了生成論的體用不二論,或說即有无的生成不二,至於有顯无的他義、他意反被屏掉了。

孔子則不然,他看到了老子的問題所在,他更知道,強行說无(黑暗)行不通,於是,他便別開生面,不說生成問題——那是不言自喻的——而重心說有如何即是无?有如何顯无?這裡的如何顯是動態的,更是主觀能動的,更更是善本質的。亦即,祇有善之有才是本之无的最好顯現,因為,无之為有、有有,全在於它(姑且給一個代稱)為了以實顯示其自我的真,而其真則是全體、全義、全部的完善、圓善。以善說有有如下意義,一是抓住了无本原之意志的質要,二是預設了諸有的價值前提,使善在有中具有廣普性,三是足以成就智慧能動的反轉需求。正是這樣的體會,讓孔子始談性命不二論。這個不二論的要津在於,沒有孤立、單獨、物有之外的體,用顯體是即用即體,亦即體即用,體用不二、體用不分。其中,物是用的形式,性命才是用的本質,因之,扣住了性體(道)不二,命體(道)不二,亦即是實現了可予價值評價的不二目標。而性命不二,是主觀能動的不二,是自覺自主的不二,它是人之所以為人的最高價值實現。

將體用不二轉向為即體即用,進而說為性命不二,這必使道之意涵的反轉,即由本原之生成、主宰、支配義轉而為載體形式之於道的體悟、認同、承載、能動義,轉而為能動參與後的完善、圓善義。可以說,《中庸》之論,正是這一反轉的標誌。《中庸》所以說「率性之謂道」即此。《中庸》之道,既強調了道的廣普性、絕對性、體用不二,亦更而解釋了一種新意義:自覺能動參與後的完善、圓善才是完整的道、全義的道。中國之道論義理以此新標立於世界,真可謂道德理想之終極。

以下諸說即《中庸》、《孟子》相關論說之要略。

「道也者，不可須臾離也，可離非道也。」（《中庸》）

「故君子語大，天下莫能載焉，語小，天下莫能破焉。」（同上）

「道不遠人，人之為道而遠人，不可以為道。」（同上）

「君子之道，造端乎夫婦，及其至也，察乎天地。」（同上）

「鬼神之為德，其盛乎！視之而弗見，聽之而弗聞，體物而不遺。」（同上）

「大哉聖人之道，洋洋乎！發育萬物，峻極於天。」（同上）

「天地之道，博也，厚也，高也，明也，悠也，久也。」（同上）

「是故君子動而世為天下之道，行而世為天下之法，言而世為天下之則。遠之則有望，近之則不厭。」（同上）

「仲尼祖述堯舜，憲章文武，上律天時，下襲水土。辟如天地之無不持載，無不覆幬，辟如四時之錯行，如日月之代明。萬物並育而不相害，道並行而不相悖，小德川流，大德敦化，此天地之所以大也。」（同上）

「唯天下至聖，為能聰明睿智，足以有臨也；寬裕溫柔，足以有容也；發強剛毅，足以有執也；齊莊中正，足以有敬也；文理密察，足以有別也。……唯天下至誠，為能經論天下之大經，立天下之大本，知天地之化育。」（同上）

「孟子曰：萬物皆備於我矣。」（《孟子‧盡心上》）

以上諸說論及了道的廣普性、絕對性，亦顯示了聖人善道、參與的必然性。《中庸》之所謂道除這些涵義外，它還以誠為其變說，以便進而強化反轉之聖道的圓善意義。所謂誠，並非僅誠實、信用之孤義，它更在於萬物、性命的中與和的價值實現。故說：

「誠者，天之道也，誠之者，人之道也。誠者不勉而中，不思而得，從容中道，聖人也。誠之者，擇善而固執之者也。」（《中庸》）

「唯天下至誠，為能盡其性；能盡其性，則能盡人之性；能盡人之性，則能盡物之性，能盡物之性，則可以贊天地之化育；可以贊天地之化育，則可以與天地參矣。」（同上）

「誠者自成也，而道自道也。誠者物之終始，不誠無物。」（同上）

「中也者，天下之大本也，和也者，天下之達道也。致中和，天地位焉。」（同上）

故知，《中庸》之誠是非常重要的概念。一方面它包含了天地萬物和諧秩序的內涵，另一方面它又承載了天道轉人道，以及人道反向完善道之全義的中介之能。是以可說，若無誠為道之承載，說道必得由人道方可完善之、全義化，實在是不可想像的。

其三，修身體道，知天配天。

既已知人的終極價值在於，能動地完成道的圓善和全義，這便必然會對人有特殊要求，即人的完善本身不可避免。修身養性之說是思孟學派的重心所在，這在《中庸》、《孟子》中表示較多，現錄其要。

「修道之謂教。……是故君子戒慎乎其所不睹，恐懼乎其所不聞。莫見乎隱，莫顯乎微，故君子慎其獨也。」（《中庸》）

「上不怨天，下不尤人。故君子居易以俟命，小人行險以徼幸。」（同上）

「故為政在人，取人以身，修身以道，修道以仁。故君子不可以不修身，思修身，不可以不事親，思事親，不可不知人，思知人，不可以不知天。」（同上）

「博學之，審問之，慎思之，明辨之，篤行之。」（同上）

「自誠明，謂之性；自明誠，謂之教。誠則明矣，明則誠矣。」（同上）

「誠者非自成己而已也，所以成物也。成己，仁也；成物，知也。性之德也，合內外之道，故時措之宜也。」（同上）

「故至誠無息。不息則久，久則征，征則悠遠，悠遠則博厚，博厚則高明。」（同上）

「故君子尊德性而道問學，致廣大而盡精微，極高明而道中庸。」（同上）

「我善養吾浩然之氣。……其為氣也，至大至剛，以直養而無害，則塞於天地之間。其為氣也，配義與道；無是，餒也。是集義所生者，非義襲而取之也。」（《孟子·公孫丑上》）

「行有不得者，皆反求諸己，正起身而天下歸之。」（《孟子·離婁上》）

「君子所以異於人者，以其存心也。君子以仁存心，以禮存心。仁者愛人，有禮者敬人。」（《孟子·離婁下》）

「學問之道無他，求其放心而已矣。」（《孟子·告子上》）

「盡其心者，知其性也。知其性，則知天矣。存其心，養其性，

所以事天也。夭壽不二，修身以俟之，所以立命也。」（《孟子・盡
心上》）

「盡其道而死者，正命也。」（同上）

「聖人之於天道也，命也」。（《孟子・盡心下》）

其四，還原證成，盡性同流。

《中庸》最要緊的一段話即前引22章：「唯天下至誠……」。此
段文字中，我們很容易看出其義理的鏈條：至誠 —— 盡性 —— 盡人性
—— 盡物性 —— 贊天地 —— 與天地參。這根鏈條的鍛造，顯然是為了
證明其說體用不二、還原證成的合理性。《中庸》既已用人道成就道
為道之新說，就不可缺失還原證成的能動與主動，唯其如此，才顯出
中庸之道的特定性。這樣的證成是由性與命決定的，而性與命又是道
之必然所在。

中庸的道除卻說能動、主動、自覺的成善還原之外，它還始終有
另一表達，即證成本原終善之成絕非僅人自己成善，同時還包括成物
之善。亦即說，它的終善證成是由成人、成物的「雙成」成就的。這
一視野與涵義確為《中庸》所造，此意是否有對老子之學的回應，不
便明說，然其義理的開展當是不言而喻的。正是這一立意，才有了後
來宋明理學的成己、成人、成物、成天的完整證成說。下面的文字可
明其意。

「博厚，所以載物也；高明，所以覆物也；悠遠，所以成物
也。」（《中庸》）

「致中和，天地位焉，萬物育焉。」（同上）

「夫君子所過者化，所存者神，上下與天地同流，豈曰小補之
哉？」（《孟子・盡心上》）

　　故知，中庸之道即，盡性知命，參贊天地，成人成物，配天同流，至誠中和。其完善之至、道德之至、能動之至、復何加哉！

三、綜合之道

　　戰國時代，中國的學術出現了新氣象，一方面學派日繁，宗流百出，可說無所不用其極，另一方面，一些深刻的思想者已然從這樣的蕪雜中看出了端倪：諸家所論，尤其是相關道這一境域的討論，其實有同質性，故得棄門戶之見，求真理之實。這後一種情形，我們已從莊子那裡看到了表達。不過，比莊子走得更遠，且時間上也要早一些的人，卻也有見，其典型者當數《郭店楚墓竹簡》的作者。這個《郭店楚簡》並非傳世作品，它於1993年才從地下挖出來，方為人們所知。經由考古家們測定，它的入土時間早於莊孟，後於老孔，為戰國中期著作。

　　《郭店楚簡》著述駁雜，以致於今人很難用傳統的儒、道兩家的之類型去分割清晰，我們更容易感覺到的是，它對儒道兩家思想的柔和。所以，它除了對儒道兩家的著作均有收集外，更重要的是，某些篇目之中同時融合了儒道兩家的思想，典型者如《太一生水》，另外在《性自命出》中，也有了道家思想的滲入。若以儒家論，郭簡更親近思孟學派，其義理當屬性命不二論系統，其中的《性自命出》、《聖行》、《天德》諸篇表達得較為充分。這裡，我想稍加討論一下郭店簡的義理精要，以瞭解其合儒道，即體用的學說。或可說，它是中國最早的體用融合論的代表作。

　　為理解方便，我先將《太一生水》的原文抄出：

　　太一生水，水反輔太一，是以成天。天反輔太一，是以成地。天地[復相輔]也，是以成神明。神明復相輔也，是以成陰陽。陰陽復相輔也，是以成四時。四時復[相]輔也，是以成寒熱。寒熱復相輔也，是

以成濕燥。濕燥復相輔也，成歲而止。故歲者，濕燥之所生也。濕燥者，寒熱之所生也。寒熱者，[四時之所生也]。四時者，陰陽之所生[也]。陰陽者，神明之所生也。神明者，天地之所生也。天地者，太一之所生也。是故太一藏於水，行於時，周而又[始，以己為]萬物母；一缺一盈，以己為萬物經。此天之所不能殺，地之所不能埋，陰陽之所不能成。君子知此之謂[□，不知者謂□]。

天道貴弱，削成者以益生者，伐於強，責於[□；□於弱，□於□]。下，土也，而謂之地。上，氣也，而謂之天。道亦其字也，青昏（清渾）其名。以道從事者必託其名，故事成而身長。聖人之從事也，亦託其名，故功成而身不傷。

天地名字並立，故訕其方，不思相[當，天不足]於西北，其下高以強。地不足於東南，其上[□以□。不足於上]者，有餘於下。不足於下者，有餘於上。[94]

首先，必須強調，如同所有古代哲家一樣，《太一生水》作者所使用的體、相概念，絕非指存在世界中的任一實在或實物。這些概念祇是作者表達其體悟、靈感而勉為其難的假借符號。[95] 在我看來，「太一生水」的本體論、存在論共講了三個層次的問題。

94　這篇引文主要採自李零：《郭店楚簡校讀記》，載《道家文化研究》第17輯。根據我的理解有三處變動：a.「大一」改為「太一」；b.兩段改為三段；c.「青昏」擬可釋為「清渾」，亦即「天地」的別名。

95　如若以為「水」就是H_2O或water，「天」就是天空或sky，「地」就是大地或earth，「神」就是上帝或God，「明」就是日月、光亮或sun、light，「四時」就是春夏秋冬或spring、summer、autumn、winter，「冷熱」、「濕燥」就是四種氣候現象或cold、heat、damp、dry論，那可能就無法進入本體論和存在論的境地，因而必無正確的結論。依上文已知，用某些存在中的現象（無論它是天地，還是塵埃）去比附體、相，實是人之理智的有限性和形殘的拘束所致，縱是老子、楚簡的主人也不會例外。此中的困境是，設若我們放棄比附、類擬，恐是連話都無得說。所以，與其不說，不如勉強說說。哲家們的說說，本意是祈於人們明白一些深奧的覺悟、真念，無奈，它表現的後果卻是，按所借代的實在、實物去理解，更容易迎合人們的思維模式。

第一層，世界之構成學說。

大體上，世界由三界同構而成。第一界為「太一」和「水」，第二界為「天地」、「神明」、「陰陽」、「四時」、「冷熱」、「濕燥」，第三界則為「歲」、「事」、「萬物」、「身」。用現代語言翻譯一下，它們分別相當於體、相、用或體、存、在。

「太一」和「水」雖同為體，卻並非一回事。「太一」應是原體、本體、空體、无體、虛體，她寂然不動、混元無分，什麼都不是。「水」則是有體、在體、形體、性體、用體、相體、心體，她亦無所不在、無所不能、無所不是、無處不是、什麼都是、什麼都不是。後世，以此意立論的，有《鶡冠子》的「太一」、「元氣」說，《列子》和《易緯·乾鑿度》的「太易（一）」、「太初」說，周敦頤的「无極」、「太極」說等。

「太一」本身是無意義的，所以也有哲家名之為空、无、寂寥。「水」是世界有意義的開始，她將一混元的動原分致為具體的質素、要件、動因。這樣，體的世界就演化出了相或存的世界。以「水」為有體、在體、相體、性體、心體、形體、用體言，並不代表什麼特別的意思，通常與她可並等的概念有：能量[96]、太極[97]、元氣[98]、太初[99]。應該說，這中間「水」並不是最好的。也許在先秦時代，有些哲人（如老子）認為，水具有活力、衝力、動力、暴力，且柔軟無比，而氣則過於安靜（氣與風為二物），故樂意用水而不用氣。

---

96 參見[德]卡·海尼格：《F.W.奧斯特瓦爾德》，《自然科學哲學問題叢刊》1995，2期。

97 參見[明]黃宗羲：《宋元學案　濂溪學案》（一），北京，中華書局，1986，497～498頁。

98 參見《鶡冠子·泰鴻、泰錄》。

99 參見《列子·天瑞》、《易緯·乾鑿度》。

　　第二界是相界或存界。相是體的分致，但不可理解為體被分成了這一堆、那一堆，或這一片、那一片。它們仍然雜處無分，祇是具備了「各自」的可能性，這種「各自」的可能性祇有同構為在以後才會表現出來。相又名為存。此名為後來的王弼所發揮，他說：存而不有，沒而不无，有无莫測，故曰似存。[100] 相就是這種非无（體）、非有（在、用）的中間者，或體、用兩界的過渡者。它們是世界之為世界、存在之為存在的具體動因、質素、要件。

　　古代有一個時期，哲人們對相的感悟特別豐富，如古希臘的諸元素說，中國的「五行」說、陰陽說均屬此。然而，相的奇異性，是古代哲人不易駕馭的，結果出現了許多相似又相非的概念。為了使問題簡明，這裡不妨羅列一些中國古代的主要概念：

　　《老子・四十二章》：「……一生二，二生三，三生萬物，萬物負陰而抱陽，沖氣以為和」。

　　《莊子・知北遊》：「人之生，氣之聚也。聚而為生，散則為死」。

　　《禮記・禮運》：「是故夫禮必本於太一，分而為天地，轉而為陰陽，變而為四時，列而為鬼神，其降曰命，其官於天也。」

　　《呂氏春秋・大樂篇》：「樂者所由來者遠矣，生於度量，本於太一。太一生兩儀，兩儀出陰陽……。」

　　《黃帝四經・十大經・觀第二》：「……今始制為兩，分為陰陽，離為四[時]，……下會於地，上會於天。」

　　《鶡冠子・度萬》：「氣由神生，道由神成」，「神化者，定天地，豫四時，拔陰陽，移寒暑。」《泰錄》：「故天地陰陽之受命，

---

100 [晉]王弼：《王弼集・老子道德經注》上篇，13頁，北京，中華書局，1980年。

取象於神明之效，……天者氣之所總出也，地者理之必然也」，「神明者，積精微金粹之所成也。」

《文子·道原》：「以天為蓋，以地為車，以四時為馬，以陰陽為禦，行乎無路，遊乎無怠，出乎無門。」

《易緯·乾鑿度》：「有形生於無形，……故曰，有太易（一），有太初，有太始，有太素。太易者，未見氣也。太初者，氣之始也。太始者，形之始也。太素者，質之始也。」「孔子曰，易始於太極，太極分而為二，故生天地，天地有春秋冬夏之節，故生四時，四時各有陰陽剛柔之分，故生八卦。八卦成列，天地之道定。」

《列子·天瑞》：「夫有形生於無形，則天地安從生？故曰，有太易（一），有太初，有太始，有太素。太易者，未見氣也。太初者，氣之始也。太始者，形之始也。太素者，質之始也。」「易無形埒，易變而為一，一變而為七，七變而為九，九變者究也，乃復變而為一。」

周敦頤《太極圖說》：「无極而太極。太極動而生陽；動極而靜，靜而生陰。靜極復動。一動一靜，互為其根。分陰分陽，兩儀立焉。陽變陰合，而生水火木金土。五氣布順，四時行焉。」

《易大傳·繫辭》：「易有太極，是生兩儀，兩儀生四象，四象生八卦。」「一陰一陽之謂道」，「乾坤，其易之門邪。……陰陽合德，而剛柔有體。以體天地之撰，以通神明之德。」

《淮南子·本經訓》：「秉太一者，牢籠天地，彈壓山川，含吐陰陽，伸曳四時，紀綱八極，經緯六合……。」

上面引文中出現的：二、三、陰陽（老子），氣、神明（莊子），天地、陰陽、四時、鬼神（禮運），兩儀、陰陽、四時、暑

寒、柔剛（呂氏春秋），兩、陰陽、四時、地天（黃帝四經），天地、陰陽、神明、四時、寒暑（鶡冠子），天地、四時、陰陽（文子），太始、太素、太易（列子、乾鑿度），陰陽、動靜、水火木金土、乾坤、男女（周敦頤），天地、乾坤、動靜、剛柔、陰陽、闔辟、神明、兩儀、四象、八卦（易大傳），天地、山川、陰陽、四時、八極、六合（淮南子），均是相的不同稱謂。從中不難看出，這是一個極為複雜的概念域。原因不外兩點，一是相本非一相，而是諸相並存；二是各家的把握有差，統一不易。

不過觀其主要，也看得出有幾個概念出現的頻率較高，如陰陽、天地、神明、兩儀、四時、寒暑、乾坤等。恰好這幾個概念在《太一生水》中也同樣出現。這說明，中國古代哲人是有相同之處的。

值得思考的另一個問題是，相之為哲學論題，在中國學術中啟於老子，興盛於戰國，後世所宗者多是與道家有各種關聯的人或著作，而在儒家，則少顧及，《繫辭》和《禮運》應當視為特例。相形之下，「太一生水」以南方儒者特有的敏銳和氣勢，並利用南方的道學資源，將儒家的倫理學和政治哲學置一於本體論和存在論的框架之中，以求得解釋的完滿和充分。這對儒學本身是有建構意義的。它使儒學得以豐滿；它亦使道儒兩家在學理構層上的衝突得以緩解。如果我們把《周易傳》、《太一生水》和《中庸》、《孟子》聯為一體，則已可清晰把握先秦儒家豐厚的本體論和存在論。此一學問資源或待繼續開發。

第三界是用界或在界。在是諸相的同構與同一，也就是《太一生水》所提到的「萬物」。若就《太一生水》本身論，有關在或用是論述最少的，僅「萬物」、「事者」、「身」、「西北」、「東南」而已。似乎可以認為，這位（些）哲家不太在乎在或用，其實不然。如前所言，《太一生水》實乃作者思想體系的一個總綱，而且，寫這

總綱還不是他的目的，他的目的在《性自命出》、《六德》、《五行》、《成之聞之》、《尊德義》諸篇中。這些篇章（除天、心、性、命屬人化的相論概念外）幾乎均屬於在或用的範疇。不論其比例，還是其用心程度，作者顯然更鍾情於後者。這種現象當這樣解釋，作者所以要討論「太一生水」，其用意是為後面所討論的天、命、心、性、情、氣、物、教、知、大常、天德、六德、五行之類的天道、人道、人倫，提供一個終極的根據。

第二層，世界之「生成」的學說。

這篇簡文中，作者揭示了一種循環論（亦《鶡冠子》所論的「環流」論）思想。他認為，循環是世界之為世界的主要表現方式，幾乎無所不在：原體（太一）和有體（水）之間（反輔），體與相之間（天反輔太一），諸相之間（天地相輔、神明復相輔、陰陽復相輔、四時復相輔……），在與體之間（是故太一……行於時，周而又[始]），均循環不已。正是這種無已、複合多維的循環，使在成其為在（歲、萬物）。這種超級的循環模式，與平常人們所說的循環大為別致。它讓體、相、用或體、存、在多維、複合、正反、順逆、立體、全方位地循環起來，滿足了同構、自足、互助的需求，故在今天仍有特別的意義。因為在愛因斯坦看來，質量與能量是某的兩種不同的表現形式（$E=mc^2$），[101] 此與霍金所說的黑洞與白洞的交替亦相關，[102] 均可視為相與相的循環；而霍金所探討的「嬰兒宇宙」（「虛宇宙」與「實宇宙」、「虛時間」與「實時間」），則是體與相與在，或在與相與體的循環。[103]

101　參見愛因斯坦：《愛因斯坦文集·物理學和實在、$E=mc^2$:我們時代最緊迫的問題》（第一卷），341～373、428～431頁，北京，商務印書館，1976年。

102　參見史·霍金：《霍金講演錄——黑洞、嬰兒宇宙及其他》，長沙，湖南科學技術出版社，1994，84～90頁；史·霍金、羅·彭羅斯：《時空本性》，114～120頁，長沙，湖南科學技術出版社，1996年。

103　參見史·霍金：《霍金講演錄——黑洞、嬰兒宇宙及其他》，84～90頁，長

　　《太一生水》的宇宙「生成」學說，除循環的無所不在外，還有一重要處，這就是「太一生水」之「生」的概念。如龐樸所言，這個「生」不能解釋為「生產」、「發生」。[104] 此處之「生」，當與周敦頤的「无極而太極」之「而」字同義。比較一下，「而」字用得更好，它充分表達了不可言說的意義。而「生」的確有歧義之際。那麼，「生」或「而」的準確涵義又是什麼呢？其意會義應是「變轉」、「創化」，或與「生活」、「生意」沾染，略如古人云「天生烝民」[105]、「天生德於予」[106] 之「生」。鑒於體、相、在關係的非清晰性，我們認為不宜用「生成」這種概念去表達所謂「宇宙生成」這樣的命題。對體、相、在言，實在不是一個生成問題，它首先是「變轉」（或「而」），其次便是同構、互助。始終沒有此生出彼或母生出子的意義。

　　第三層，「天道」學說。

　　中國之體論與相論相合的最重大成果，是「天道」觀念的生成。所謂天道，即世界的所然、所以然、所當然、所必然、法則、規定性、必然性。甚為奇異的是，幾乎所有中國學者（連老子都未能例外）有關天道的討論，其實祇是虛晃一槍，最終必然出現的重頭戲還是「人道」。《性自命出》已將此意昭示無遺：「道四術，唯人道可道」。這讓我們看出，無論正統還是非正統，中國學人的「人」情節之厚重，已是無可復加了。祇是這個「人」並不若現代人所主張的個人，而是「群人」、社會人、人類。這一個「人」，既壓垮了中國學術之於自然之解析、追究的學問，也壓制了個人的嚮往。兩千年才一

　　　沙，湖南科學技術出版社，1994年；史・霍金、羅・彭羅斯：《時空本性》，114～120頁，長沙，湖南科學技術出版社，1996年。

104　龐樸：《「太一生水」說》，載《中國哲學》第21輯。

105　《詩經・大雅・蕩》。

106　《論語・述而》。

個「人」，而今反兩廂受挫，豈不沉思乎！

查《太一生水》，「天」的概念出現並不多，然其涵義卻異常豐富，大抵有三義。一為宇宙、世界義。如「天道貴弱」之「天」。它含蓋上述體、相、用或體、存、在三界，所謂「天道」實乃三界通行周流之道。

二為相、存之義。如「水反輔太一，是以成天」之「天」。乃指諸相之一相，與「地」對舉，別為一類相或存。

三為天空義。如「天地名字並立，……[天不足]於西北」之「天」。意為天文學中的天空和外太空，也就是我們所說的在。

有此一辨，或能免去不少糾葛。這裡，我們當重視世界或宇宙（第一義）之天和它的道。

「天道」是一個很中國化的概念。它的意義有二：

一者，表明中國古代哲人對高遠博大的天有深刻的體悟和真覺，是其智慧的標識，最終臻於了「天人合一」、「物我一體」的境地。此一理路實在是後人不得不尊重的。除卻早期的「天道」論者外，戰國時代的諸論者，已可詳「天道」為「天道」、「地道」、「物道」和「人道」的分殊之理，[107] 這意味著這一學說的進化和成熟。然而，「理一分殊」祇是智慧的淺嘗即止，哲家們並不真的在乎分殊著的「天道」、「地道」、「物道」，究為何物。更多的人恰是所謂「所為道者四，唯人道為可道也」[108]。那麼，這些哲家托出一個「天道」的大牌，究欲何為呢？這就是

---

107 《性自命出》兩次言及「道」四，但未明確指定四「道」分別為何，根據郭店簡其他篇章並參酌戰國其他相關文獻，且擬認為四「道」指「天道」、「地道」、「物道」、「人道」。

108 《郭店楚簡·性自命出》。

　　二者，表明中國哲人之於「人道」（社會的合理性，群域秩序、倫常、綱紀，個人的人格完善、精神完滿）不僅有強烈的興趣、認同，且執有了一無限和終極的根據，這個根據就是「天道」。進一步的觀點是，「人道」依據「天道」而行，更是「天道」的組成內涵。

　　儘管如此，「太一生水」還是給我們提供了一些非「人道」意義上的「天道」內容。這些內容包括：

　　a.循環的必然性、無所不在性，所謂「天之所不能殺，地之所不能埋，陰陽之所不能成」。

　　b.分類的觀念，如「下，土也，而謂之地；上，氣也，而謂之天。」分類不僅在用、在的世界中出現，在相、存的世界中亦然，故「水」被分成為天地、神明、陰陽、四時、寒熱、濕燥諸相。

　　c.損有餘補不足的思想，所謂「天道貴弱，削成者以益生者，伐於強，責於□；□於弱，□於□]」，「[不足於上]者，有餘於下；不足於下者，有餘於上」。

　　d.依道而行，所謂「以道從事者必託其名，故事成而身長；聖人之從事也，亦託其名，故功成而身不傷」。「託其名」，即依道而行之義。

　　至此，作者完成了他作是文的目的。首先說關於世界、宇宙之構成的看法，而後再說所謂「生成」的思想，最後指出「天道」之所以。而落腳點卻在最後之最後：「以道從事者必託其名，故事成而身長；聖人之從事也，亦託其名，故功成而身不傷」。

　　第四層，天、命、心、性，人化的道德存有論。

　　這個所謂的第四層，其實已出了《太一生水》之外，祇可究之於楚簡中的《性自命出》、《六德》、《五行》、《成之聞之》、《尊

德義》諸篇了。其中《性自命出》、《成之聞之》的思想基本可以說沿著《中庸》的思路而來，故與孟子一同組成了此派的基調思想。因此之故，這裡我主要就《性自命出》一篇作出相關討論，其他暫略。

楚簡提出了一系列的概念，構成了由天致人，亦由人致天的體相論、存在論、道德論的內涵，因而為儒家造就了一個有體、有相、有用的哲學構架，並以此論證了儒家道德理論的正當性和終極價值，使體相用為一，亦即天人合一，互相涵攝，互為補養，以此開出了人的存在與價值同一的道路。

《中庸》言：天命之謂性。後儒解說「在天為命，在人為性」。《性自命出》言：性自命出，命自天降，「凡人雖有性，心無奠志」，「凡人雖有性，心弗取不出」。在此我們看到，天為一切生化之大本，但它並非是自然之天，而是具有含養、攝化、生發、保育、護佑功能的最高本體，是命、性、心、秩序、規範的總根據，既寂然不動又生生不息。命、性、心正是由天即體分致而來，與天同體。諸相即性、命、心的互助、互養、同構、同一，才使在或用即人呈顯出來，所以，我們無法清楚地界定和研究性、命、心，而必須借助於它們同構互助所顯出的在（人），通過對在的研究、理解和把握，從而理解性、命、心。正是通過諸相同構和相養而達於對本體的體悟，故祗有把命、性、心看成體的分殊，我們方可理解為何存心養性即可知天？為何率性之謂道？

楚簡已經提示了這樣的必然性和可能性。《中庸》說的「率性之謂道」，《性自命出》則說：「氣，性也，及其見於外，則物取之也」，「道始於情，情生於性」，「好惡，性也。所好所惡，物也」，「善不善，□，所善所不善，勢也」，「凡性為主，物取之也」，「凡人雖有性，心無奠志，待物而後作，待悅而後行，待習而後奠」。性、心皆為相，發而為在，為氣、情，為好、惡，為善、不

善，亦即為諸在和諸用。性為心所主，情依性而生，但都需待物而後作，即需諸相的同構同一，諸在的互攝互養。我們也祇有通過對性、物、氣的把握來存心養性，即通過性智和理智來把握諸在即性、物、氣，使人與體同一，復歸於本原本身。換句話說，人是通過而且祇有通過對諸在的貫透才能參贊天地之化育。而人之所以具有這種能力則在於，其稟賦來之於天，即人是性、命、心之互助同構的形在，其中情、物、氣，無非是人因各種環境條件不同而得的表現，是性的呈顯。故人必須在同構自足的過程中攝、養、斂、聚、歷、煉諸相，以達到以相養在，以相養相，最終復歸於本體，達至天人合一。

雖然人為諸相（氣、性、命）所同構，且因自足而獲呈顯，然其呈顯卻各有差別。這裡，楚簡已經體會到了人之在的紛繁複雜，它是諸相同構所呈顯出的不同結果。其原因在於：「凡物無不異也者。剛之□也，剛取之也，柔之約也，柔取之也，四海之內其性一也。其用心各異，教使然也」。即人之構成質素沒有差別，祇是其所自足、同構的方向各異，這是人所受教育而心之呈顯不同造成的。以此我們可以會知，楚簡將諸人心特別提出，使教直接作用於心，心之趨向又決定著性之呈顯，因而心在這裡獲得了空前的重要性。教也成為了最重要的歷煉手段，它關乎其用心的方向。所以楚簡尤其重視通過各種方法來陶冶諸相。《性自命出》言曰：

「凡性或動之，或逆之，或交之，或屬之，或出之，或養之，或亡之。凡動性者，物也；逆性者，悅也；交性者，故也；屬性者，義也；出性者，勢也；養性者，習也；長性者，道也。

……習也者，有以習性也。道者，群物之道：凡道，心術為主。道四術，為唯人道為可道也。……教，所以生德於中者也。」

由此，我們可看出，道、教、習無非是煉性、化性之方法，詩、

書、禮、樂即是施教、道（導）心的重要規範，所期望者在於「生德於中」。德生於中，便可以存心養性，便可能「其性一也」。因為「人之雖有性，心弗取不出」，故煉心為歷性的重要一步。是以有說，「凡學者，求其心為難，從其所為，近得之矣，不如以樂之速也。雖能其事，不能其心，不貴」。此之歷性、煉心，其旨在於自我的揚棄、超越，而有與諸在俱大、俱同、俱一、俱化、俱成的造就。這即是楚簡的用心所在：通過性、心的修煉而達於與天合一。

在楚簡看來，「道始於情，情生於性。始者近情，終者近義」。其規範直接節制人情，是期望以理其情，以動其心而達於復其性與天合一之境。所謂「天降大常，以理人倫」，且為人之性智覺悟和理智能力所把握和會得，發為人間秩序，這便是參贊化育之道。故此，「詩、書、禮、樂，其始出皆生於人。詩，有為為之也。書，有為言之也。禮、樂，有為舉之也，聖人比其類而論會之，觀其先後而逆訓之，體其義而節度之，理其情而出入之，然後復以教。教，所以生德於中者也。禮作於情或興之也，當事因方而制之」。同時，儒家並未單純將人看作一個感性的存在，而且將其看作一個社會存在和精神存在。即人同時為三種存在，三個方面都是其性、心的呈顯，而以情繫之，因情之不同，故有不同的倫理規範。

楚簡認為倫理之來源本諸體變相養用顯之必然本身，非由外來，所以不論人以何種方式存在，其倫理之根據則是同一的。因而楚簡指出，「仁形於內，謂之德之行，不形於內，謂之行；義形於內，謂之德之行，不形於內，謂之行；禮形於內，謂之德之行，不形於內，謂之行；智形於內，謂之德之行，不形於內，謂之行。聖形於內，謂之德之行；不形於內，謂之德之行；德之行五，和謂之德，四行和謂之善。善，人道也；德，天道也」。其根本用意在於，人循此系列倫理方可修身、存心、養性、復歸於本體。同時，這一系列倫理是本身所

具有的，並非外鑠。所以仁義禮智聖之行行於內，謂之德之行，而不形於內，謂之行。

據此，我們可以瞭解，楚簡不祇是將道德倫理置於俗世人間，而且經過內化，使之向上連接，以之與天相續，進而將天抽象為宇宙本體，同時將性、命、心相化，而以情、物、氣等作為人之在的呈顯，採取了以道德、教化為煉相的修養方法，以此說明，六德、五行本諸天，而人則通過攝、創、歷、煉、化的方式達於與體相一，即天人合一。此提示了人在宇宙大化中之能參贊化育的理論根據，故而可以引導人走上通過善、德而趨真的還原之路。

從本於人的內在性而給出天人合一的可能性，同時指出了人之所以為人的真意義，這是楚簡的一種義理彰顯。可說，天、命、性、心、情、氣、物、道、教，所共同形成的較為嚴密的理論構架，突出了人在世界運行中的積極作用，並為禮樂制度、道德教化、日用倫常找到了本體論、認識論和價值論的根據，使宇宙、人生、規範、秩序、價值在人參與、創化過程中獲得了同一性。

戰國時代，中國思想界已有了一種宗派融合或綜合的新學風，當是不移的事實，除郭店簡、莊子之外，黃老學派亦有這方面的貢獻，祇是本書不打算專述，留存待論好了。因循本原義理所固有的內部化及其還原證成之說，中國之綜合真理最完備且優先者，當數王弼的義理學。這樣我們就來到了魏晉時代。

說王弼（226～249）哲學是先秦儒道兩家道論之真理學說的綜合，而不說是融合，顯然是從體系的深刻和邏輯的完整性而言的。王弼之說從老子論道說无開頭，終歸結論為名教本於自然，完成了用義理及邏輯穿透儒道兩家道理論的整合與同構，其創化與境界實非常言可論。並且，他的貢獻還不止在此，他對无本原的再解釋，他對名

教人道之自然體質的剝實，他對體用不二的再定義，如此之類，最終影響了漢化佛學及宋明理學。當然，他的世代具有相同想法的人還有他者，如何晏之流，不過論其傑出者，唯王弼莫屬。王弼生年有限，留下的著作不多，有些還散失了，現存主要有《老子注》、《周易注》、《老子指略》（輯佚）、《周易略例》、《論語釋疑》（輯佚），共五種，樓宇烈先生集成並校釋了這些作品，名為《王弼集校釋》由中華書局出版，時間是1980年。

王弼之學，應說與其祖籍（山東，或說河南）並無關係，與前此道家、黃老學、郭店楚簡一樣，均是南方文化的產物，故有說他是荊州學派的傑出代表。[109] 南方之學所強長者在自然的終極探究和自然法則的絕對性方面，這在王弼身上表現突出，與傳統的北方學說形成了鮮明的對比。本書此處，我不打算論及王弼思想的全部，祇想說及他的本原義理學說。要約言之，王弼的相關本原義理約可說為四個方面：一、本體論，其下又可分疏為无本論、道體說、存相說及規範說四個論域；二、有生於无論，其下亦可進而說為生成說、構成說、價值說及本末、母子說諸論域；三、體用不二論，他於此論中分述了道物不二論和道事不二論，並綜合之；四、還原證成論，亦有生成式的返還和價值的顯化還原兩說，同樣以綜合之為依歸。

王弼義理的要害是體用不二，或有无不二。這樣的不二論從字面觀察，似乎立意平常，並不駭人聽聞，而若瞭解了他對體論的貢獻，從老子的有體上昇到了无體，亦瞭解了他對用論的貢獻，從老子的物用說走向了孔子的道德之用、價值之用說，則知，這在西元3世紀以前的中國，實在是破天荒之論。以下，我們從上述四方面來看王弼的綜合義理。

109　參見湯用彤：《魏晉玄學論稿　魏晉玄學流別略論》，石家莊，河北人民出版社，1999年。

A.本體的格式與格義。

王弼之本體論，說及了四個方面的問題，一是无的本體問題，二是道的本體問題，三是存相說，四是道德的規範性問題。這四個問題中，道本題問題、道德的規範性問題，屬於老子哲學的老問題，或說，相關這兩個問題王弼的新意並不多，頗多新意或另有新說的當是无本體問題和存相說，是以，我想以此來跟進他的思路。

无之名稱，由老子最先提出，他說「有生於无」（四十章）。祇是老子除此名稱外，並無更多的說辭，轉而去說有、萬物了，以致王弼批評說老子是有的哲家。王弼既已看到了這個重要的概念和老子的問題，他當然不會放過，於是，他在注釋《老子》時，便作了肆意的發揮，從而使无成了一個真正的哲學範疇。其實，无本身並不是一個名詞，它先是動詞或形容詞，之為名詞，恰是由形容詞轉化來的。王弼說：「夫物之所以生，功之所以成，必先於無形，由乎無名。無形無名者，萬物之宗也」（《老子指略》）。這個說法導出了无之為名詞的轉化，它由無形無名而來的。此无「無狀無象，無聲無響，故能無所不通，無所不住。不得而知，更以我身、目、體不知為名，故不可致詰，……無形無名者，萬物之宗也」（《老子‧十四章注》）。所謂無名無形，即無法描述，無法形容、無法定義、無限無對、無所不在、無所不是。如此的一個某，它便是這個世界的本原、本根、本體。「欲言无邪，而物由以成，欲言有邪，而不見其形。故曰：無狀之狀，無物之象也」（同上）。亦如前說，這就是本體論中第一層義所指的本體：空體、原體、无體、虛體。

循由老子所言，這個无也可成為自然。對此，王弼便有了相關自然的特殊定義；「自然者，無稱之言，窮極之辭也」（《老子‧二十五章》注）。這個注是老子之「四法」臺階之終級臺階自然的注釋，他用「無稱」、「窮極」來描述，是以知它與下位臺階的道不相

同。所以他進而注釋說：「用智不及無知，而形魄不及精象，精象不及無形，有儀不及無儀，故轉相法也」（同上）。這個注釋已道出了道與自然的差別，不過，根據另一處資料，似乎此處所說之差別還不夠明顯，故進而有更到位的說法：「自然無稱窮極之辭，道是智慧靈巧之號」[110] 樓宇烈所轉引的這個王弼注之外，還轉引了另一個相關的注：「自然，無義之言，窮極之辭也」（《文選・遊天臺山賦》李善注引）。很顯然，在王弼眼裡，自然是超越道的，當屬无體之原。這種超越道（有體）的表達，還有一處，見王弼的《論語釋疑》有關《述而》的注：「道者，无之稱也，無不通也，無不由也。次之曰道，寂然無體，不可為象」（《邢疏》引）。這一段話也是區分道與无的。它的意思說，道祇是无的一種稱名，並不即是无本身，所以是「次之曰道」，而道本身是不可為體的。這個可為體之體，當即无體，而非有體。无體乃寂然、不可象的，而道體恰是可道的。

有此无體說，才有與之相對應的有體道論。這個道在王弼的解釋中，源之於无，卻又生出了相存，進而散發為了萬物。此道亦是萬物與人類事功之法則、規矩之所在。王弼的解釋還認為，道為有體，可與玄、深、大、微、遠諸概念相類，對此他有一段話說得很透徹：「夫道也者，取乎萬物之所由也；玄也者，取乎幽冥之所出也；深也者，取乎探賾而不可究也；大也者，取乎彌綸而不可極也；遠也者，取乎綿邈而不可及也；微也者，取乎幽微而不可睹也。然則，道、玄、深、大、微、遠之言，各有其義，為盡其極者也。然彌綸無極，不可名細，微妙無形，不可名大，是以篇云：『字之曰道』、『謂之曰玄』，而不名也」（《老子指略》）。道作為有體說的核心概念，它由无混然化出，萬物由之以成，自己卻寂寥無形、無體，唯以空

---

110 洪頤煊：《讀書從錄》說：「《辯正論》卷七引《老子》『人法地、地法天』四句，王弼云」，轉引自樓宇烈：《王弼集校釋》，68頁，北京，中華書局，1980年。

為德，以無為為心，以無名為常，若為物之樸，故守道即若守樸。這個道，也可稱為一。王弼說：「一，數之始而物之極也。名是一物之生，所以為主也。物皆各得此一以成，……各以其一，致此清、寧、靈、盈、生、貞。用一以致清耳，非用清以清也。守一則清不失，用清則恐裂也。故為功之母不可言也」（《老子·三十九章注》）。又說：「萬物萬形，其歸一也。何由致一？由於无也。由无乃一，一可謂无？已謂之一，豈得無言乎？」（《老子·四十二章注》）這個道淡而無味，視之不見，卻是自然所出示的最好法則，唯其同於道者，才有物的最佳狀態。

　　王弼之於本體所分述的无體與有體之說，完成了本體論的學理建構，使我們之於世界的解釋更合理。非唯如此，他還進一步探討了本體下位的另一個重要概念：存。存之為說，亦出老子：「綿綿若存」（六章）、「湛兮似或存」（四章），不過，老子依然沒有解釋與說法，這個難題又留給了王弼。他的解釋是：「存而不有，沒而不无，有无莫測，故曰似存」[111]。這個存，它不无不有，亦即說它是有无之間的中介者。有无之中介者的設置，可解決有之為有、物之為物的構成問題，此存即印度義理中的法義，或法相義，亦稱相。它表明，物是由道生成的，然道不可直接生物，而是道得先分殊為存、相，然後，諸相、諸存才有可能同構為物、為在。反之可說，人類智慧若冀理解物、在，必得先要理解構成物、在的相、存。這個相、存也即是物的因，而物當然就是果了。果由因出，因由原化，道、无即原。故知，完整的世界是原、因、果三界同構，不當執一為說。王弼之說存，雖未見充分、完整，而其意已出示，且其抽象性較之《郭店楚簡》的陰陽、天地、神明、四時、寒暑、乾坤之相說，要成熟得多。相論本應單獨成說，不當置之體論之下，然，王弼之相論過於單薄，我祗得如此掛聯。

---

111 [元]趙秉文：《道藏·道德真經集解》引王弼注。

王弼本體論的最後一個話題，即是道的規範價值。這一討論在其著作中較豐富，如《老子》十七章注、十八章注、二十四章注、二十九章注、七十章注，還如《周易略例》之《明象》等，都有非常明確的說辭，這裡就不一一引述，讀者諸君可去自行閱讀。

B. 无有之化，有生於无。

有生於无，是王弼繼承老子論說進而高擎的義理大旗。他在《老子注》的第一章即說：「凡有皆始於无，故未形無名之時，則為物之始。……其為母也，言道以無形無名始成萬物，[萬物]以始以成而不知其所以[然]」。這樣的言論有很多處，如十六章注云：「凡有起於虛，動起於靜，故萬物雖並動作，卒復歸於虛靜，是物之極篤也」，又如《老子指略》：「夫物之所以生，功之所以成，必生乎無形，由乎無名。無名無形、萬物之宗也」。其他還有老子二十一章注、《周易‧屯卦》注等。王弼說有生於无，除了強調无的絕對之外，還有一深層用意，即是說有祗是无的有形、有名，而非另外的他者。這個說法為下面的體用不二論鋪墊了前提。所以，我們不可僅從生成論的角度去理解有生於无之說，它更多地包含了物的構成、物的價值內涵，同時也為本末、母子之喻提供了預設。

C. 體用不二，綜合生成不二與性命不二的新體用說。

王弼哲學出自老子，如无體說、道體論，如有生於无等，可他不限於老子學說，進而大有更張，最突出者，是他的體用論不滿足老子的生成體用說，亦即，所謂用，當不限於物，更有物之聯帶者，如事、如性、如命、如情，還有更進而的智慧與文化現象如仁義禮智信之類。這樣，王弼所謂用便突破了老子的概念邊界，由物在而進入了價值之用的論域。我們亦知，價值之用向為儒家所主張，這說明王弼哲學已非原狀的道家哲學，而是道儒貫通的哲學。這是其一。

　　其二，非但儒道可以貫通、綜合，王弼更而認為，孔子學說優於老子學說。這個說法已見前引王弼回答裴徽（吏部郎）的提問：「弼未弱冠，往造焉。徽一見而異之，問弼曰：『夫无者誠萬物之所資也，然聖人莫肯致言，而《老子》申之无已者何？』弼曰：『聖人體无，无又不可以訓，故不說也；《老子》是有者也，故恒言无所不足。』」那麼，孔子的優何在呢？理解何在，得先完整地理解王弼的體用不二。

　　體用不二之始發者，當屬《周易》，所謂「元亨利貞」是其說，惜乎《周易》未有展開。再後，老子以无、道為體，以物、有為用，以生成論說其同一性，此論域得以開展。然，僅以生成論體用，實顯得單一，以致價值和意義缺損。再後來，《易傳》復倡體用同一說，如《象》說：「乾道變化，各正性命」，則將體用引入了性命之境，開出了價值之用說。這些前啟的體用不二說，各有別域，以致體用不二本身要被分隔開來，實在有義理的無奈與遺憾。王弼臨世，敏銳地覺察到了這樣的滑稽現象，既是不二，何來有生成說和性命說之分？這促使他要改觀前此分殊義理的不合理，將其統一為一種真正的體用不二說。

　　王弼論體用不二，先是論及基本原理，這個原理是由老子哲學引發的，輔以了《易傳》的道理，然後，他再將其引入性命、社會、政治領域，以此凸顯體用不二的無所不在特徵。《老子指略》文中有一段他總結老子哲學的話，便是對老子的生成不二說的引申和發揮：「然則，《老子》之文，欲辯而詰者，則失其旨也；欲名而責者，則違其義也。故其大歸也，論太始之原以明自然之性，演幽冥之極以定惑罔之迷。因而不為，損而不施，崇本息末，守母以存子；賤夫巧術，為在未有；無責於人，必求諸己，此其大要也」。這裡，所謂「論原明性」、「演幽定惑」、「因而不為」、「崇本息末」、「守

母存子」諸語，講的便是體用不二的各種要義，祗是，王氏如此描述已明顯遠離了生成之不二論域，轉向了不二的普遍性之理喻。這是一種矯正。同樣的矯正也出現在了他對《易傳》的注釋中：「天也者形之名也，健也者，用形者也，夫形也者，物之累也。有天之形，而能永保無虧，為物之首，統之者豈非至健哉！」又說：「夫乾者，統行四事者也」（《乾卦注》）。體用不二，亦即无有不二，故說「夫无不可以無明，必因於有，故常於有物之極，而必明其所由之宗也」（《繫辭韓康伯注》引王弼語）。

王弼注老子書，最長的一個注當是第三十八章注，在本注中，他對體用不二有充分的表達：「是以天地雖廣，以无為心，聖王雖大，以虛為主。故曰以復而視，則天地之心見，至日而思之，則先王至覩也。……故雖[德]盛業大，富（而）有萬物，猶各得其德，[而為能自周也。故天不能為載，地不能為覆，人不能為贍。萬物]雖貴，以无為用，不能合无以為體也。……守母以存其子，崇本以舉其末，則形名俱有而邪不生，大美配天而華不作」。很明顯，王氏此注中要達到的目的已非老子的「崇本息末」、「守母存子」。

那麼這個「末」，這個「子」又是什麼呢？顯然所指已非物，那是不言而喻的，而當是仁義禮智信，甚或官制之類。所以他在這個《三十八章注》中還有說：「故苟得其為功之母，則萬物做焉而不辭也，萬事存焉而不勞也。用不以形，禦不以名，故（名）仁義可顯，禮敬可彰也。夫載之以大道，鎮之以無名，則物無所尚，志無所營，各任其貞事，用其誠，則仁德厚焉，行義正焉，禮敬清焉。……故母不可遠，本不可失。仁義，母之所生，非可以為母，形器，匠之所成，非可以為匠也」。

仁義禮教與天道是母子關係，同理推之，官制府爵亦當乃母之子：「始制，謂樸散始為官長之時也。始制官長，不可不立名分以定

尊卑，故始制有名也」（老子二十二章注）。又說：「無形無名者，萬物之宗也。雖今古不同，時移俗易，故莫不由乎此以成器治者也。故可執古之道以禦今之有。上古雖遠，其道存焉，故雖在今可以知古始也。」（老子十四章注）

王氏不但以為官制尊卑為天道之所出，亦以為有此體道之能者，當為人中之殊秀，即聖人。所以，他常以聖人立教制分定名來說體用不二之義。

「聖人因其分散，故為之立官長。以善為師，不善為資，移風易俗，復使歸於一也」。（老子二十八章注）

「聖人達自然之[性]，暢萬物之情，故因而不為，順而不施。」（老子二十九章注）

「道洽，則聖人亦不傷人，聖人不傷人，則[亦]不知聖人之為聖也。………使不知神聖之為神聖，道之極也」。（老子六十章注）

「故立天子，置三公，尊其位，重其人，所以為道也」。（老子六十二章注）

「宗，萬物之[主]也，君，萬[事]之主也」。（老子七十章注）

「聖人有則天之德。所以稱唯幾則之者，唯堯於時全則天之道也。」（《論語釋疑・泰伯》）

王弼以名教（仁義禮敬官長名制）顯自然，顯无本道體，說明它們之間的同一關係，故知其所謂體用不二是超越道家的。王弼又說體乃无本，道祗是无本的說法，以此虛无定義世界之原之本，而不以陽動為終極說，亦知其所謂本原是超越儒家和《周易》之王道的。這兩個超越定義了王弼學理的價值和地位。說得簡略些，他實是東方文化中綜合生成不二論、性命不二論之第一人。

D. 還原證成，諸用的歸依。

諸有還原歸根之說，為老子哲學首先倡導：「夫物芸芸，各復歸其根」（十六章）。然老子所謂歸根，基本上可視線性返還運動，它不附帶價值與意義的內涵。王弼認同還原歸根學說，可他進而認為，還原並非線性返還，而當是大德盛業的同化，或即說以大德之窮極去彰顯虛无的窮極。這一思路顯見也是他綜合儒家陽動哲學之後所作出的歸置反應，其新意不用置疑。

下面我先將其要說引出，以供檢視。

「以虛靜觀其反復。凡有起於虛，動起於靜，故萬物雖並動作，卒復歸於虛靜，是物之極篤也。各返其所始。歸根則靜，故曰靜。靜則復命，故曰復命也。復命則得性命之常，故曰常也。」（老子十六章注）

「與天合德，體道大通，則乃至於[窮]極虛无也。窮極虛无，得道之常，則乃至於不窮極也。」（同上）

「天下之物，皆以有為生。有之所始，以无為本。將欲全有，必反於无也。」（老子四十章注）

「事有宗而物有主，途雖殊而[其]歸[同]也，慮雖百而其致一也。道有大常，理有大致。執古之道，可以禦今；雖處於今，可以知古始。」（老子四十七章注）

「復者，返本之謂也。天地以本為心者也。……然則天地雖大，富有萬物，雷動風行，運行變化，寂然至无，是其本矣。……故為復，則至於寂然大靜。先王則天地而行者也，動復則靜，行復則止，事復則無事也。」（《周易注・復》

「自生則與物爭，不自生則物歸也。無私者，無為於身也。身先身存，故曰能成其私也。」（老子七章注）

上列引文中，王弼反復用了幾個特別的概念：靜、復命、性命之常、合德、體道、大通、窮極虛无、得道、全有、殊途同歸、百慮一致、大常、動復靜、行復止、事復無事、不自生、無私、成私，等等。認真思考這些概念，可看出，他所說的復返還原，並非絕對直線返回虛无，而是人類存在狀態中的體道合德、無私一致，這才是他所說的還原。即本質的回歸，而非形式的還原。這一理路後來被宋明理學家們發揚光大，成了宏大的成天學說。

綜上而觀，王弼之學真可謂合老孔—儒道，傳中國文化之真精神。

第三節　理氣心性之終極

儒家的道理學，經思孟學派引導，終於踏入了性命不二的真理之境，然而，性命之學或心身性命之學並非說之就可以成就的學問，除了道理的晰透、縝密、有體有系之外，它更要求有說者的價值真實化與倫理實踐的配合，這無疑給許多知識人造成了雙重困境，結果是，孟子之後，這個學問幾乎斷絕。嚴格說，思孟學派的性命不二論祗算是開了一種義理學的頭，不可說為大觀。其後，王弼體用不二論的崛起，讓儒學更是相形見絀了。順便得申述，王弼學的本意在合儒道，其動機實不在道家——人們說他和彼時的相關學者、學問為玄學，是就他們討論的話題而言的——可惜的是，諸儒者並不領情，相反直接排斥他在儒家之外。如此窘境，大約與王弼所憑藉的學理資源源出道

家相關，特別是其中的本體論諸說，幾乎是儒家所不能沾染的。這也從一個側面看出儒家後學的心胸與懷腹，或是門派戶見過甚，難容他者高明。

儒家不能容納王弼，佛家卻拿王弼之學作為了進入中國格義定型的依憑，可以說，這是佛學所以能夠在中國恢弘發達的一個重要前提。而此，讓儒者更加難堪了。現在，由於他們自為壁壘，反致樹立了兩個強大敵手：自產的道家（王弼被押入其中），外來的佛家。除非他們能自我覺悟並自我突圍，否則，儒學之死，祗是個時間問題。應該說，韓愈們對此有比我們更強的感受。

儒家的突圍——假想的文化控制權之爭——還是要依賴憑藉，否則幾無可能。這個憑藉仍然要從道家——不是原始道家，而是王弼之後的所謂道家——那裡借過，以此，周敦頤成為了儒家重新崛起的開山人物，因為，他從一個所謂的道家前輩（說王弼以後的這類人物為所謂道家，實在是儒家強加之辭，他們多以《周易》為看家絕活，這與原始道家有何干係？）陳搏那裡學會了「无極生太極」的大道理，然後，他以之嫁接了儒家的性命之學，是以開創了一場新學術運動：宋明理學。

宋明理學，儒家人物自為的一場性命真理的探求運動，其宏闊與駁雜，真可謂為一千多年來的儒學揚眉吐氣了，雖然其中仍然有強烈的門戶之見、山頭之域、不容別見的弊端，然其對性命不二、心理同一之真理的闡述，實在是獨步天下，或可說是對正統的中國義理學集了一大成。這一學術運動是由一系列人物共同接續完成的，他們是：邵雍、周敦頤、張載、程顥、程頤、朱熹、陸九淵、王陽明等。通常情形下，這一學術運動被分說為兩個派別：程朱理學、陸王心學。依此舊規，本節所論將分別進行。

　　唯得進而說明的是，宋明理學完成了性命不二真理學的體系建構，將孔子的道德本質論的道說出了整套的因為、所以，可問題並非不存在。就使理學家雖然主觀上極不情願，而事實上他們卻幾乎全盤接受了王弼的體用不二論，以致其所謂性命不二論實是融合了生成不二、構成不二與價值不二的多重不二論，可其缺失依然存在著，這便是佛學所貢獻的智慧不二論如何安放的問題。表面看，陸王心學有明顯的吸納佛學之作為，可幾乎應當說，王陽明並不太理解佛學之智慧的本義，他不以為然地將此智慧引入了性命心知之域，從而成就了心即性、心即理的又一種表達的性命不二論，然其智慧本身卻遭遇了放棄。對佛家智慧不二論的理解之於儒者言，還要等待。差不多四百餘年後，這個人物終於登場了，他便是熊十力。十力先生一生經營儒學，興志倔傲，終以《新唯識論》登臺亮相，結果是，佛家不以為然，儒者不以為首。何也？究其實，他的作為是合儒佛，將兩個常人看來不相干的學問歸之於同一：智慧不二＋性命不二。這是人類文化史中的一大創舉，其價值同於王弼，衹是俗中諸學人宥於門派之見和不可見之見，將其棄之不問。以此，本節還將描述熊十力的新體用不二論。

一、理氣不二論

　　理氣不二，是宋明理學中最核心的論題。圍繞這個論題，先有邵雍（1012～1077）、周敦頤（1017～1073）、張載（1020～1077）、程顥（1032～1085）、程頤（1033～1107），後有朱熹（1130～1200），紛紛入陣，共同精研理氣不二話題，以及與此相關的无極、太極、理、氣、仁、性、心諸概念，從而形成了博大精深的理學體系，因而也是宋明理學中陣容最大的派別。這些人的著述基本完整保留至今，主要有《周子全書》（周敦頤，特別是其中的《通書》）、《皇極經世書》（邵雍）、《張載集》、《二程集》、

《朱子文集》、《朱子語類》、《四書章句集注》等。這一派別中，朱子出世最晚，且是整個理學的集大成者，所以，我這裡打算以朱子思想為描述之主要，輔以他人的相關思想。

說理學的核心是理氣不二，這是以概念而言的，就整個理學體系論，它的重心應當還是孔孟所確定的性命不二論，或叫價值不二論，祇是，他們不單一論述性命或價值本身，而是置性命、價值於世界所以生成、所以構成的要害——理氣之中，並經由生成論、構成論而進入價值論、實踐論，從而形成了所謂先以體貫通用，復以用還原體的復式不二論義理體系。

我們知道，先秦時代孔子及思孟學派的性命不二論，重在討論性命之用如何向體還原，即價值的完善問題，反致不太重視世界的生成、構成之論，以致道家在此域有重大建構。這便出現了一種論域的對壘：道家重體，儒家重用。且這個體與這個用之間似乎不達界，幾乎沒有人看出它們之間有內在的聯繫。造成這種印象的原因應當是，至《易傳》開始有談體的問題，《中庸》也因之談道，然此體此道似乎有所專指，僅為價值的完善提供說明，而於世界何來？何態？並不太用心。相反，道家說體，又一意祇在說世界何來？何態？反而嚴重忽視了性命的價值與完善，其用幾乎可說為僅祇一物理之用。人或者服從物理之意志返還本原，從而實現體用不二，或者被擱下，聽憑自生自滅，以致因人而有的特殊的體用不二論未見周章。

王弼看出了問題所在，所以他力倡新的綜合的體用不二說：以道家之體去同一儒家的性命與價值之用。王弼有此心，也有此作為，惜乎對用，特別是因人而有的特殊的用解釋不力——這成了後來儒者不認他為儒家成員的主要理由——所以，他的新體用不二應該算是不完全合格產品。的確，非以生命本身為儒家之心性，斷難以貫通因人而有的特殊的體用不二。

周敦頤當是有此完整立場的第一人，他以從先師陳摶處所獲得的太極圖為立說之根基，開始了這一新的，即著力於貫穿因人而有的特殊的體用不二學說。綜合其所著的解釋《周易》的《通書》與《太極圖說》，可見出此意圖的大概。不過，問題並非沒有，一是這《通書》和《太極圖》似乎不達界，以致有人懷疑《太極圖》是否為周氏所作；二是他之後，理學的重鎮人物二程兄弟（此二人還是他的學生）均不提《太極圖》之事，依然如先秦儒家那樣，重心討論性命理氣的價值問題，特殊者祇有張載，分說氣為太虛之氣、太和之氣，亦分殊性為二：天命本然之性、氣質之性。或可以說，這似乎有說構成之不二的意圖。這個局面延至朱子，已然差不多百年過去了，是朱子出世，重新翻出了周氏的《太極圖》，並為之張本說法，這才最終成就了理學體系的終極構圖。

朱子的理氣不二義理體系，可約略從三個層面描述：世界之生成的不二，世界之構成或結構的不二，因人而有的特殊的價值不二。

現依次備說。

生成不二，是老話題，首開啟者是老子：有生於无。如前述，儒者向來不以此論為然，至理學時代，朱子前面的理學者，尤其是二程仍然不論此題。這樣的不論早已變成了一種傳統，以致朱子論《太極圖》時，引發了普遍的懷疑，認為這是朱熹無端生事，改變了儒家的套路。其批評最激烈者當數陸九淵。在他看來，說「无極而太極」，完全是朱熹多此一舉，退一萬步，就算周子說過太極，一定不應該附著「无極」一詞，這無異於「屋中架屋」，「床上疊床」。所以他認為這很可能是朱熹篡改妄加之詞，否則，二程師從周子，一定會有說。進而，他甚至於表達，如若周敦頤確有此說，那也是錯誤的，應當拋棄，因為「太極圖」較之《易傳》、孔孟之先聖及經典，是不值一提的。

這個關於「无極」的攻擊，其實是朱子與陸九淵分道揚鑣的開端，在陸九淵眼裡，朱熹是多事之人，是妄改聖論經典的自以為是者[112]。那麼，朱熹為了何事，招至了陸九淵的撻伐呢？事端所由是，朱熹向外界宣佈，他發現了理學先師周敦頤的一篇秘藏不宣的作品《太極圖說》，為了明示此作的重大義理意義，朱熹先後為此圖作《解義》和《太極圖說》作《解附》。朱熹所發現的歸之為周敦頤的《太極圖》及《說》，其核心是其中的一句話，也是第一句話：「无極而太極」。這句話據說已非原句所示，原句當為「自无極而為太極」（宋史館當時所撰國史周氏本傳引作此）。無論原句還是刪改句，其意應當很明確：太極由无極而來。

以此為說，或說當初朱子拿周敦頤的《太極圖說》來說事，其用意相當明確：解決儒家義理學有尾無頭的問題，或有末無本的問題。這一工作最早的著力者當是王弼，然在儒者看來，王非自家人物，所以不認帳；而一般庸儒又理會不得如此高難論題，等到朱子臨世，自覺儒學有此殘缺、不充足，決心補救之，為避免落王弼巢臼，他便自尋方案，於是找上了周敦頤。周氏的《太極圖》及《說》在道家看來不是什麼新玩意，不過是舊說重提而已，但周是儒家自己人，這讓朱子心有所安。於是，他便依著《太極圖》及《說》大做文章，試圖補足儒家義理學的頭和本，以使之稱為完整的體用不二義理體系，且還是自家品牌的產品。

朱子的良苦用心在外人或心地正常的人看來，是一個大功德，於儒家可謂無量功德，他終於把王弼的外人製作變成了自家製作，且更宏大輝煌。然，不買帳者大有人在，上面說的陸九淵即是其代表。

---

112 以上諸說見陸九淵給朱熹的信，此時陸50歲，朱59歲，這些信，二人的著作集中均由刊載，另見[清]李紱：《朱子晚年全論》中相關的書信和注釋，北京，中華書局，2000年。

在陸氏眼裡，首先，儒家必須保持純粹、正統，故不應以道家之法義去參合儒家之法義，若反之，便是大逆不道，道統和家法讓他牛氣沖天；其次，就算說太極可等於道，因為《易傳》說過「易有太極」語，那有太極也足矣（陸氏本意是无極、太極一併驅除），再說无極，便是謬儒之罪。後來，朱子在陸氏的強攻之下，祗好改言說：所謂極，非極端之極，而是執中義。這又招來陸氏的進一步攻擊，說他妄解。

從他們的爭論中可以看出，朱子差不多成了一隻風箱中的耗子，兩頭受氣。若不說无極、太極，則理學義理不完整，終不能抗道佛兩家義理之高標；若堅持說无極、太極，則又不免自家同人的門規家法攻擊。結果他祗有步步退縮，亦步步為營，負隅死抗，亦作無端牽就。依朱子原意，他是從「自无極而為太極」之說的，因為這才是相關生成的真理解，老子、王弼等人均有證明，佛家的空、色說亦有證明。而後，他怕自己道家色彩太過，自找麻煩，便告訴陸九淵說，「不言无極，則太極同於一物，而不足為萬化根本；不言太極，則无極論於虛寂，而不能為萬化（物）根本」。這個說法，顯見是想淡化一下名稱，而強調其真理義。可陸家二兄弟（九淵的弟弟子美亦參加了論戰）均不以為然，繼續攻詰，認為自家倉庫中沒有的東西，不可作說。無奈之下，朱子便說，儒家自身先無後有之事例頗多，如伏羲不有文王有，文王不有孔子有，現在是孔子不有而周子有，這有什麼奇怪！往來久攻之下，逼得朱子祗好不顧語法規則，繆認所謂「无極而太極」，即「无極就是太極」。而此前，他還想堅持說：「无極即是無形，太極即是有理，周先生恐學者錯認太極別為一物，故著无極二字以明之」（見上言書信）。

這個爭論除了看出朱子的求真理艱難外，本身沒有太多學術意義，所以，可以置之不理。在朱子，他的用心可說昭然若揭：自己說

出儒家的完整真理。他對同門的畏懼與退縮的確有軟弱的一面，但他的堅守也可圈可點。

簡要說，朱子認為，要完善和完整表達儒家的真理之道，就是要融合道家學說，否則無路可行。這樣，他的體系便可作如下表達。

无極是世界的本原之終極，亦即无體、原體，他從无中轉化出了非无非有的自己，這便是太極，亦老子所說的道，這個太極即有體、性體、道體。太極與无極、自然、无並無本質性不同，因為它們本身即同一，然則，之為有體，太極確表現出了意志和形化功能，於是，太極便自為轉化，以陰、陽兩種功能方式及金木水火土五種顯化方式來造就有形的世界，這樣，世界創生出來了。至此是朱子之於周敦頤《太極圖》及《說》所作的引申解釋。這個解釋可謂說明了世界之生成的不二道理，祇是這個道理過於道家化，還難以與儒家本有之真理合鉚，這要求朱子要繼續解釋。

上言的生成論不二論雖說源自道家，可它有基設性的意義。接下朱子要做的文章可說是構成的不二論。所謂構成的不二論，是說，世界何以如此存在？其結構法式何在？

先前，道家說有生於无，人法地，地法天，天法道，道法自然，其理並無問題，問題出在，這些理祇是物之理，以及由物而有之本然道理，其中看不到人的意味，而其實，這個世界有所謂意義、價值，並非物可如此，而是這物中出了一個特殊的物——人，人因為有智慧（心），所以才反轉讓這個物的世界具出了價值與意義。以此言，沒有智慧參與、反轉感應的世界，可說一無所有。智慧的人可以創造出意義和價值，它也需要意義和價值，這才能讓人成為人。所以，全部世界的道理、真理，如果不能價值化、意義化，終不是真正的道理、真理。這可謂是一條真理原則，特別是儒者所奉行的原則。以此故，

僅以物為理，顯然不足以說儒家之理。為此，朱子還得做轉換和嫁接工作。

上文說太極為有體，它有意志和轉化能力，這意志和轉化能力之中當然包含了法則、規則的涵義。這意志、能力、法則之綜合，若要給予一個名稱，便是道。而道，則具有人的特定的意味和涵義。本來，自周敦頤至朱熹，均是以道為核心概念來討論不二之真理的；如果上溯源淵，也可見證先秦原始儒家時代也多以道來說性命之真理，以此，說宋代的儒學為道學當無不妥。無奈，儒者的某些小氣又有表達，它們以為道之為學，甚至於以道為家，已有人佔了先機，而這個先佔者復是與儒家對壘的一群人，這便是道家，所以，不願食人牙慧的心態，最終讓他們要另尋稱謂，以避嫌疑。可說，這是宋人變道為理的理數，正確與否，就不去論了。結果是，宋代的儒學被稱為了理學，現在我們祇能以理來說事了。

有體的意志、能力、法則之綜合，從此便稱其為理，亦即，理即本體。這理有一個隨生的附子，它名為氣。這樣，相關世界的本體就有了兩個概念：理氣。它們是何種關係，其實很難定論。朱子和他的學生們於此論題討論之多，也屬罕見（《語類》中有多達近40頁的討論，現代印刷體本的容量），可結果卻依然不明確。大約可說，邏輯上，理在先，氣在後，而事實確是理離不開氣，氣離不開理。至於說氣是不是理所發，或問氣何來？這似乎是一沒有答案的問題。先不去糾它的說法當否，可肯定的是，理氣不二是肯定的。

理氣之大道理是不二，可其各自仍有功能和小道理的分說。先看氣，這氣是存在、是物、是理的承載，所以從構成言，世界上的萬事萬物均是由氣組成的。然氣卻有清濁之分，得清氣而組成者，為存在中的高等級存在，如天，得濁氣而組成者，則為存在中的低等級存在，如地。此外，還有一些存在居於氣之清濁的過渡或中間狀態，是

為生物。它們之間也因為清濁等級的差別而有了存在等級的不同。比若人，便是得清氣較多之生物，故高於其他生物，是為萬物之靈秀。

然而，氣之構物，氣之成形，氣分等級，卻無法改變一個事實，氣是被動、使動的，它的主動者是理，氣由理而在，而為，而功，亦即說，這個世界上理才是根本的。理之能根本，在於它是原，是體，所以它支配氣。那麼理如何支配氣呢？這便有了關於理的說法了。

其一，理，可以是一個想像的一（所謂想像是，因為理無所不在，無處不在，不能用量詞來描述它，祗是為了表達的方便，將其說為一，是為了方便後面的說話），這個一之於所有的在均有分殊或被具有的事實，所以伊川說：「理一分殊」。這分殊後的理可以有一個新名稱：性。性的出現很關鍵，從構成上講，性是所有存在的根本構成元素、原因，故說沒有性就沒有在、沒有物，這說明理與物、在在構成上是同一的——理以性的樣態與在、與物同一；而從價值的角度言，理氣之構成說便通過此性與先秦儒家的性命不二說相掛聯了——性命不二源之於理氣的構成不二。

依朱子所見，理一分殊含有二義，一是說萬物所共者，唯理，二是說一物有一物之理。其實，後面這個理便是性。進而，性進而又有兩種分類，一種是物所具有之性與人所具有之性的差別；第二種是張載所分的性：天命本然之性、氣質之性。這兩個分類在理學中都很重要。第一個分類重在說人與物的差別。前說物之構成有氣之清濁之差，人是這種差異中的靈秀者，理學所講的這個靈秀者不唯氣之構成的優秀，也不僅在於性之殊異的優秀，而是說二者所共的優秀。或即說，人之為靈秀其實是兩種優選的質素、原因共同建構的結果。這說明，人之特殊是由構成決定的。這個靈秀論之目的後面我們會繼續討論。

　　第二個分類與第一個分類相關，或可說它是在第一個分類基礎上進而的分類。所謂進而的分類是說，構成人之性所以優選於構成物之性，乃因為構成物之性基本上祗是氣質之性，所以物無逃氣質之匡限，祗能是物，而人則不然，它除了氣質之性外，還有一種物所沒有的性，這便是天命本然之性，這個性才是理的真實。說性即理，主要是就天命本然之性而言的。性即理，而理的真實又是天命本然之性，這便為人類還原證成理的完滿、終善設定了前提，人之所以為人的真實即在於它是理分殊為性，而性又是天命本然之特定，進而為人所具有，所以，人便當然地成了理本原創維世界，復還原證成自己的唯獨載體。

　　其二，將理說為性，甚或天命本然之性，亦為人類所獨有，依構成言，此不二之論當非常完滿，然則，它還有欠缺。這欠缺是，一、依世界的意義與價值言，非人不為存在，所以，我們所討論的不二主要應是在人的特殊的不二處著力，而性，畢竟聯著物了，不能為人所獨有，即便說為天命本然之性，也還是性，其人的特定性顯現不充分；二、先聖有言，仁為道之本質，道尚且依人而說為仁，況理、性乎，所以，為繼先聖之學，仁之說得有彰顯。於是便有了關於性、理的另外一種表達：理即仁。仁即理，讓仁有了本體的意涵與價值，同時還高揚了人的特殊所在，更因之聯通了先秦儒學，讓理學有正統性、合法化之利，可謂一舉數得之為。

　　說仁即理之外，還有一個概念也同理一道有了理學的不二意義，這便是命。命本為《中庸》的範疇：天命之謂性。即說人性乃道之必然性的承載。理學中，他們將此意直述為天命本然之性，這便比承載說更進了一步：不是承載問題，而是說命即性本身，且是最真實的性。

　　命之外，還有一個重要概念：心。心本是氣質的結果，唯其承

載的特殊，所以它極不同於一般的物，以致可以與所承載的性、理同一，故有說：心統性情，心者性之浮廓。意即，理、性、情具為心所承載，所以心的特殊性就不言自明，其所發動的是理、性，還是情慾，以此它決定人的行為和存在價值的質地。人之所為，當是使心充滿理、性，而非情慾，所謂滿心是理，故心即理。以此故知，心便由之成了性命不二、價值不二、覺悟還原理本體的決定者，或機樞所在。後來，陸王心學之於心、仁兩概念又有更特殊的發揮。

從上可知，理學講構成不二，並非意在講物理的構成，而是講意義的構成、價值的構成，目的是以意義者的不二之見來說明世界的不二意義。有此理解，我們方可進一步理解理學所建構的價值不二。

價值不二，因人類而有，更因人類而有價值。此是理學的論域重心，他們借助上述已經鋪墊好的基本概念，如理、氣、性、仁、心、命，全面建構價值不二的學理體系，最終成就了理學之大觀。

理學家認為，人之所以從構成上講是靈秀者，絕非是它可因此享有更多的權利，相反，這個靈秀之創化是為了盡世界之責任。所謂靈秀是指心性的完善性特別，它特別到近於理本身，所以，理本原若得讓萬物、世界還原為自身，其先鋒者非人類這個靈秀莫屬。可說，帶領物形世界還原的完善，是人類當仁不讓的使命與責任，正是此命所特定的性，方使人成為了人，亦說人是天命本然之性的承載者。然而，此大前提的釐定，並非就可以一定了事，後面的問題還相當複雜與麻煩。何以有此說呢？

因為，人依然是氣質的造物，它無法不受氣質的匡限。正是這氣質的組合與限制，致使天命之性不得完全展開，亦即是不能讓心盡顯天命本然之性，反而要常態化地顯示氣質的情慾，而此情慾恰好是與天命之性或理對抗、衝突著的。結果是，人非但沒有如願成為承擔還

原理本身的責任者、先鋒者，反致成為了理氣衝突、性情對壘的承載者，人祇能生活在這衝突與對壘的痛苦之中，無法自拔。從此著眼，人的偉大、價值之類不知所蹤，留在面前的恰祇有掙扎、衝突、痛苦諸無奈之為。這種狀態如果不改變，不要說引領世界還原、就是自身生存也難以為繼。於是，理學家們決心改變人類的這種不幸狀態，讓人類重新振作起來，回歸引領者的位置。這樣的回歸是一長程、卓絕、艱難的善化過程，它首先要求行為者自善，然後由完善的自己去成就他善，終成世界諸用的大善。這過程的概要表達可說是：成己、成人、成物、成天。故亦可說，理學即此成己、成人、成物、成天之學。

人的困境是被情慾所困，人的歸宿是天理的還原，這便讓理學有了一著名的口號：存天理、滅人慾。這樣的一存一滅便至了價值的不二。那麼，該如何存？如何滅呢？按說有三條可為之路，然理學作為中國文化的典型代表，它祇選取了其中的一條路線，這就是倫理道德的完善之路。

依理學之於世界的構成解釋，我們得知，人由氣和理共同構成，理即性，故又說由性和氣二者合成。依據性又分為天命之性、氣質之性言，人性實此二性混合而成。人之有情慾，原因在於氣質所拘，亦為氣質之性所使，或說，是氣質的需求支配了人心的向背、是非。據現下之知識，要解決氣質的需求拘限，可行三種方案，一是物理方案，用物理方式和功能改變需求對象或改變需求者之慾望，使之無需求；二是道德方案，讓善的意志控制需求，甚至於控制需求者，使之少或無需求；三是智慧方案，此方案與上言兩方案均相關，同時也別出異能，它是說，用貫透本原的智慧覺悟去解脫獲取需求的智慧，使需求成為不必須。理學家幾乎不可能在彼時刻想到第一方案，也不曾追尋第三種方案，他們所長亦如先輩所長，用道德完善之法去限制需

求，進而期望於滅去人慾的可能性。

路徑的選定，當然會影響具體方法的使用。不過，客觀評論，理學所選用的方法多少還是有開放性的，或說從某種意義上講，這些方法有通向方案一和方案三的可能性。它們主要有：

格物致知、存心養性、尊德性、道問學、敬內方外、窮理盡性、顯仁藏用。這些方法在朱子學說中均是圍繞那個近體的特殊概念仁來展開的，而縱觀朱子學說中的這個仁，它至少有11層以上的涵義[113]。可以說，仁之意義與價值在理學的價值不二論和人的還原證成大命中，有舟載之喻。這是一心舟，亦精神性命之舟。上言的方法既是成舟、成仁還原之法式，亦是因仁、因舟而至於還原所能憑藉之依託。人之所以為人，全在於人性由仁而有，乘仁而成，守仁而在，成仁而德。此表明，人之還原天理仁本並沒有任何邏輯問題，更無有過程路徑上的障礙，雖有氣質所拘，可此拘祇是外在形載，依仁之格致、存善、敬方、窮盡、顯藏、尊道功夫，可漸次化除，終至存天理，滅人慾，成就人之所以為人的大命：成天不二。

至此，先秦儒家由孔至孟所開創的性命不二的道德陽動義理，終於得到了更為弘闊、駁雜的論說。它上貫世界之生成、構成的不二，下通人之所以為人的價值的不二，使世界是內部化的，世界亦是還原證成的兩大本原論主題得以充分展現，構築了東方文化的宏博與輝煌。張載說：「太虛無形，氣之本體，其聚其散，變化之客形爾」，

---

113 這11層涵義是：1、理氣兼包的本體，2、生生不息的世界必然性，亦生成、永久、光昌之生理，3、物理運行規則，如春夏秋冬、金木水火土、仁義禮智信，4、天地生物之心，5、天地的無心（盡發盡盛），天地的有心（收斂終藏），或說顯諸仁、藏諸用的一體兩面，6、萬物共此一仁，仁使萬物各得其所，7、人得仁以生，得仁以成心，仁是人道之本，或人成自仁，守其仁，成其仁，8、仁是人心內化的規範，無私慾而後仁，9、仁是人類合群的規範，10、仁是全體事事自強不息的規定，11、仁是世界和合諧一的規範，乃為學之要。參見朱子：《仁說》，及相關書信、《語類》。

「太和所謂道，中涵浮沉、升降、動靜、相感之性，是生氤氳、相蕩、勝負、屈伸之始」[114]，「故天地之塞，吾其體；天地之帥，吾其性。民吾同胞，物吾與也。……存，吾順事，沒，吾寧也」[115]。

這就是天人合一。

二、心性不二

朱子建構了宏大的理氣不二體系，集成了理學的義理精要，或可說是中國性命不二學說的終結，然，幾乎就在他建造體系之時，反對者就已出現，其中以陸九淵為甚。陸氏與朱子的對抗主要有，一是反對朱子的无極說，或說他認為性命不二究之自身即可，無需附贅懸疣，拉道家生成不二為其接續；二是他主張頓悟靈感，反對朱子的格物致知。孰是孰非，先且不說，其中可看出，同道之內的反對有時較之外面的反對更灼人心肺，朱子為此還遠赴鵝湖與陸論辯，最後卻無果而終。巧的是，朱子過世幾百年後，又一位同道反對者站了出來，廣論朱子之非，並最終因陸九淵之名聯合之成立了理學中的反朱派：陸王心學。這位後來的反對者便是王陽明（王守仁，1472～1529）。

以今天的眼光來看，陸王的反對並不十分重要。若陸九淵的第一個反對，去生成、構成之不二，祗論價值的不二，無疑有狹隘、偏激的缺憾，而第二個反對，祗重頓悟、靈覺，不事閱讀研究，他自己晚年已覺其非。如此之類，足見其情。王陽明反對什麼呢？主要還是朱子的格物致知。現在看來，王反對的原因還在他自身，他未理解朱子格物的意思，僅從字面上去認為，且有年輕時因錯識而有的錯誤（格竹子）行為的教訓，所以他反對朱子之學，後來他還搞了一個所謂《朱子晚年定論》，來說明自己的正確。的確，朱王是有差別的，朱

---

114 《張子正蒙·太和篇第一》。
115 《張子正蒙·乾稱篇第十七》。

子以生成、構成和價值三者所同構的不二成就其建構，此建構的意義旨在世界的完整與真實，他是在此完整與真實的基礎上強調人的特殊性、使命責任的。在他看來，人之性命的殊異不是孤立的，它必得與整個世界的構成、發生緊密關係，正因為相關，人的價值與意義才特殊、才重要。王陽明則不然，從路徑上講，他與陸九淵相近，不二僅祇是價值的不二，其他可不涉及（或是默認，或是不承認有其他），既然僅是價值的不二，則知，承載此價值的載體心就是絕對的了。正是這一邏輯預設，才致使了王氏主張心性不二、知行合一、至良知諸說。或可說，王氏說理祇及了人心，乃因為心是那本原意志的顯化，也是自證其成的關鍵所在，所以，說清楚了心性不二，一切不二均不說自通。從邏輯上講，也許有道理，然，心不祇是裸心前往不二之境的，它必須要帶著物、帶著事前往，若此所帶之物、事不得其解、不得化為不二，心之不二何往？故知，心性不二說將人心拔至無尚之境地，高揚了人的意義和自覺能動性，卻也有了淨身還原的不可能。

有了上述的理解，我們再來看王陽明的心學義理究竟是何等樣態？

王氏之學號為心學，即是以心為中心來建構的義理學問。整個學問與本書相關者，大概可說為三個方面：一是心即性，二是知行合一，三是致良知。現略備其說。

王氏說心即性，或即理，其實是針對理學講性即理而言的。將性、理同一，是宋代理學的一項貢獻。它的意義在於將人的特異靈秀的原因說清楚了。從此我們知道，人類之所以靈秀殊異，全在於人類所秉之性與天理同一，當下有問題，是因為這同一於天理的性為氣質所拘，所以，人之所以為人便是要解除氣質的拘限，盡顯天命之性的真實。至王陽明，則認為，這個道理沒有錯，祇是道理沒說到位，有不隱之憾。何以說呢？因為他深入思考後發現，說人太泛了，人由身

心合構而成，身祇是物質載體，它祇可載心，而心才是人的主宰，所謂性之所是心，而非身，因此，講人之靈秀，祇要講清楚心就足矣，人身可以不顧及。於是，他全力去講心，認為是心的特殊才使理、性與人有關係。故他說：「心即理也。天下又有心外之事，心外之理乎？」（《傳習錄・一》）

心即理，即設定了心的價值與地位，可，至少還有兩個問題必須要回答，一是理和心的關係，二是心和慾的關係。

第一個問題的答案是，心雖然是王氏學說的中心，然心並非本體，理或性才是心之本體，心祇是這體在人處的承載者。由於此承載者是靈性之顯，所以它有同於性、理的可能性。正是依於此，故他說：「心，一也，未雜於人為謂之道心，雜以人為謂之人心：人心之得其正者即道心，道心之失其正者即人心，初非有二心也。」（同上）結論即：「心之本體，天理也」（同上）。性即理，理即性，這是宋代理學已明確的命題，王氏照舊，唯其接著說有自己的表達：「心之體，性也，性即理也。」（《傳習錄・二》）

第二個問題的結論是，心失去本體，便是慾，便是惡。綜合一、二問題的結論可知，心其實是載體，承天理，便是心即理，去天理，便是心即慾。所以，人心求正、求中、求善，便即存天理，滅人慾。心之所以可以承天理，以至於等同天理，在於心有知理、覺理的特殊功能。這個特殊性，即知理、覺理的能力何來？王氏沒有交待。因為沒有交待，可說心何以同一於天理之說，並沒有真正解答。沒有解答而說心即理，是一武斷之辭，不足以道理。

心之能覺的原因並不難理解，如果認為心（智慧）即是本原之意志——以實自證其真的意志——的顯化，則心與本原的同一關係就無可疑問；因為是本身，所以同一。這裡，心之為本原意志的顯化，並

不排除物亦是本原的顯化的結論，唯其心之顯化旨意於意志本身，而物之顯化則祇滿足形載與物理表達而已。有此定說，方能解答王氏的心理一體、一體之仁、性命不二的真實內涵。

　　陽明講心理一體、心性不二，落實下來便是一體之仁：「仁是造化生生不息之理」，「仁者以天地萬物為一體，使有一物失所，便是吾仁未有盡處」（《傳習錄·二》）。這個提法倒是間接說明了上言本原有意以實證真、自證其成的意思。因為有意（仁），故所有的在，無論為生命、還是非生命均是其生化流行、自證其成的表達。此表明，心學與理學所說的世界內部化，是意志的內部化，這種意志的必然，才有性、命之後續。

　　陽明心學的第二個論題是知行合一。

　　前說心之殊異，在於它有知、覺之能力，以此，就不能不論及知的問題。何為知？應該說知有二義，一為智慧的知識與把握能力、方式方法，二為智慧的動機與目的。依第一義，智慧可出科學、物理、邏輯、功利；依第二義，智慧既為本原意志的顯化，當然就祇以自證其成為動機與目的，而此動機與目的恰是非實在化的，它祇是完善之所在。很顯然，理學心學之知其要當是第二義的知，第一義的知祇有輔助義。正是基於第二義的知，我們才可理解陽明先生所說的知行合一。亦即，他所說的知是心的覺悟本體、感悟本體的能力，而行則是這種能力的發動和運作。有此運作，知的能力才真實，無此運作，知便不存在。所以才說知行合一：合一了，知才是真知，才是天理；不合一，心是死寂，虛無。

　　知行合一，是由一組概念共同支撐起來的。這些概念包括身、心、意、知、物：「耳目口鼻四肢，身也，……心欲視聽言動，無耳目口鼻四肢，亦不能，……但指充塞處言之謂之身，指氣主宰處言之

謂之心,指心之發動處謂之意,指意之靈明處謂之知,指意之涉著處
謂之物:祗是一件」(《語錄》)。心為身主,心之靈明是知,知之
發動是意,意之所著為物,這樣的關聯關係和運作方式,便是知行合
一的真意,它與我們俗說的言行合一還不是一回事。依形式言,它說
的是求知覺悟的路徑與方法,而其實,它是以這種方式談論性命不二
的道理。何知呢?我們來看陽明先生的第三大論題:致良知。

致良知說為王學晚年成就。青年時代的格竹子經歷給了王陽明
慘痛教訓,自此以後,他一生都在思考「致知」問題,以致最後有了
「致良知」的出脫。相關良知,他有一個定義:「良知者,孟子所謂
是非之心,人皆有之也。是非之心,不待慮而知,不待學而能,是
故謂之良知,是乃天命之性,吾心之本體,自然靈昭明覺者也。」
(《大學問》)這個定義已非常明確,良知是不需思考和學習的,為
心之本體,為天命之性,亦即心本具有,所待為者,是昭明之、覺
之。所謂昭明,即存養、盡性、尊德性、敬集格致之義。它表達了心
性的終極,亦即世界的總根據所在。由之,亦明確了所謂知識的意
涵:存天理,滅人慾,本原之命通過心性而至還原證成。這個還原是
倫理、道德的,而非知識、物理的,當然也就不是智慧化的,雖然良
知也是一種知識,致良知也是一種智慧,可它卻是在排斥了他知識、
他智慧之後的絕對知識與絕對智慧。

王學之大要概說如上,餘者不及。基於此,我們來看一下它的意
義和價值。

陽明先生抓住了心(智慧)是人承接本原的樞機之所在,復以
此為論說之綱要,構築了其心學體系。它的要害是排萬物,僅以心載
體,心的滿載即心理不二,亦即體用不二,從而將性命不二的論題落
實到了最實的實處。要完整理解王學之心性不二的意義,我們還得回
頭檢視一下性命話題的由來所以。

性命之說，最早由天命引出，語出周文王。他為了姬周人的政治夙願設定了一個不可不為、志在必得的名稱，這便是天命——天所賦予周人的使命。以此，便有了文武革命之舉。稍後，《周易》將此意建構成了意識形態，提出了更加弘闊的革命、德政說，並在不經意中提出了陽動哲學的學理根據。這可視為天命的第一階段，這個階段祇有命而不涉及性。且周人要的是政治統治權，又以具有算占功能的《周易》為之立說，這便使天命說與算命拉上了關係。

第二個階段是由《易傳》開啟的。《乾·彖》說：「乾道變化，各正性命」，開始將命與性連貫，使性命為一。這是一個開闢式的創新，它說明，命並非憑空而有，它由性充斥內涵。各正性命說，除了強調了性命同一之外，還表明了後世所言的「理一分殊」的義理立意以及命的規範性涵義。不過「乾道變化，各正性命」的命題，並不特別偏頗人類，它更多是在說世界的大道理。

第三個階段同樣開始於《易傳》，其中的《說卦》有言：「和順於道德而理於義，窮理盡性以至於命，……將以順性命之理，是以立天之道……立人之道曰仁與義，兼三才而兩之」。這段話不祇是將性命聯義，更重要的是它以之分析為三才，其中包括人道。此表明，人道亦是性命之所在。這是一個特別的引入，它為儒家的性命不二預設了平臺，此後《中庸》說：「天命之謂性，率性之謂道，修道之謂教」，《孟子》說：「盡其心者，知其性也，知其性，則知天矣。存其心，善其性，所以事天」（《盡心上》），「盡其道而死者，正命也」，「聖人之於天道也，命也」（《盡心下》），均是在《說卦》的基礎上所強化的性命不二義理，從而使性命之說成為了人道的核心。

第四個階段是宋明理學。性命雖然成為了人道的核心，可此前所說之性命其實祇是理的分殊之殊意義上的概念，它與體有關係，可

還不能說是體本身，所以更多地被解釋為了規則、命令、必然性的代稱，所以孟子祇能用知天、事天這類語言來說不二的意義，其欠缺和不足十分明顯。

我們知道，關於命，老子曾講過一句話：「歸根曰靜，是謂復命，復命曰常，知常曰明」（十六章）。這句話中有二義：一是說萬物必歸根，二是說歸根即命。這兩層意思合之即：還原是無可抗拒的必然命運。老子說的還原是一種無價值、被動的還原，所以為儒者所不取，然則，還原卻無可迴避，所異者，儒者變被動為主動、能動、自覺的還原，這就讓還原成了證明式的還原，而且是自證其成、以實證真的還原。那麼，要實現如此宏大理路的還原，分殊之性命說顯然不足為解，必須要提升性命的級次，使之與本原完全等一，方可說自證其成的話題。於是，周、二程、張、朱，乃至後來的王諸賢哲，便共同作了一篇文章：讓性命等同於理、道，讓心等同於理體。祇有說智慧是理本身，人的主觀能動、自覺靈明才可自證其真，才有真正的還原。

理學說性即理，說天命本然之性，說人為萬物之靈秀，目的即在於先要證明人是那本體理的顯化，理的意志便是人的意志，所謂智慧，即心性是理本身。進而以此喻言，還原證成是自家活計，非是被迫作為，自家的活自家幹，幹好就是完善，就真了。以此心態看存天理，滅人慾，我們就不足為怪了。王學與理學本質是一致的，它無非是將性即理更具體地落實為了心即理的層次。因為人的要樞是心（智慧），它才是本原意志顯化的結果，別者乃受使而已。故知，心若完全理化了，則還原的意義就彰顯了。這便是致良知說的理由。

性命不二，這篇文章做得夠大，前後歷時三千多年，由命運的思考而為以德造命的思考，由以德造命而為性命的思考，而為使命的思

考，最終才將還原證成說成了自家活計，自己就是本原自身（萬物皆備於我也）。這樣的理路歷程，環觀世界，何處可堪！你能不嘆服？

三、即體即用，智性不二

心學、理學功高德重，集成了中國文化，明代以後，幾乎沒有人可以過其頸項，然則，外來的佛學卻依然可以聳立不倒，或可說，它全然不以理學為意，這又是為何呢？佛學之堅立，其實是有原因的。

前論言及，佛學之興，乃秉承了印度文化之特性——智慧主導。智慧之說於印度非常有來歷，早在《奧義書》時代，智慧就已成為了仙人們討論的重要話題。後來《薄伽梵歌》更是有智慧還原、智慧瑜伽的命題，這一傳說一直延續到了佛教，至大乘佛學，其有宗的唯識派索性完全以智識來解釋世界，說明世界所以有、所以生，所以為和所以歸。如此之沿革，足見智慧對印度文化意味著什麼！

印度人講智慧，首先是使之有本原的意義，其次是構成的意義，最後還有價值的意義。簡說其意，可作如下表達。

本原有意志，它的意志使自己由虛无顯現為了有形或物在的世界。這裡，本原的意志和其業願即是智慧。這個智慧在不同的義理中有不同的名表，如真如、法性之類是其名。真如的念作（業願）使自己形顯，於是可以說，世界之在亦是智慧本身。祗是，智慧的形化也必是固化的開始，這便帶來了負面的效果。這樣的負面可說為三義：一是執假為真，二是執暫且為永恆，三是執自我為絕對。

世界的構成即智慧的假顯，這便讓智慧因之成為了諸假、形、在的構成本身，其中，智慧中的部份也隨之假化，成為了固化、助成、執著此暫且、自我、假顯的方式和手段。這個說法表明，世界之有形不僅源之於智慧，或即智慧本身的顯現，而且人類現狀中的智慧亦是

那本原智慧的扭曲、歪曲。這兩種歪曲、假化便是世界的當下，它表達了世界的殘缺、不真實、不完整，同時亦意味著，世界亦因此有了還原真實的必然性。

世界的前途是還原智慧的真實，此真實智慧即本原智慧本身，從本原智慧自我顯化、假化的邏輯言，讓諸假還原歸真是必然的，此必然為不可逆、不可動搖、不可變更之必然，甚或說連討論的必要都沒有。然而，人在這樣的必然性中具有了雙重性，一方面它是那本原智慧為其存在的方式；另一方面，它又是假化、形化的載體，且還有扭曲之智慧支持的形載，所以，它亦會儘量彰顯這種扭曲的動能和勢能，使扭曲、歪曲更加極致化。這一世界現象意味著，在本原智慧的絕對必然性之外，人和它的智慧便有了一項不得不為的使命，如何變扭曲、歪曲為真實，如何回歸還原本原智的真必然。

唯識宗創「八識」學說，其實即有此雙重解釋的意頭。從世界所以創生言，有漏種子是其源，它使世界萬象競榮，物物自在；而從智慧的向路言，前五識向第六識、第七識，以至第八識，恰是一攀昇、回歸的過程，諸智終將回復為無漏之境，成為本原智本身的絕對真。

這樣的還原、回歸，以其方式言，在印度已被稱為「以智去智」；而其本態則是體用不二。嘗言佛學論空說虛，不要大用。這是理學、心學之於佛學最常見的批評，可從其體用不二、以智去智言，如何可以此之評價去定論呢？或許應當說，有宋以來的理學、心學家們於佛學並沒有真正理解，他們祇會得了皮毛，便因其來自域外，而奮力排斥之，其實是心懷有礙，故理會偏頗。

延至當代，終於有一人對此佛家的智慧學，也對自家的性命學有了真正的理解、把握，於是，他驚呼，二者原來同一！以此，他始倡合儒佛，建立新的不二之論。他便是熊十力。

　　十力先生的作為、功德，其實很難簡單評價，我們由下面這個判斷可略說一二。向來，東方文化及其義理多傾向世界的不二之論，是以構築了諸多的不二論，經過分別釐析，我們會發現，這些不二論大約可分為兩大類型：「不二而二」的不二論；「不二而不二」的不二論。何以說呢？

　　要回答這個問題，先得理解一下為什麼要講不二。所謂不二，即體用不二。依據前說，用是體自我實現的顯化，或說是其以實證真的方式，目的是要還原。然，顯化即意味著形物、各自的出現，即表明世界因此有了分割、對抗、衝突，這不利於還原的流向，所以又有了如何消解、化除的問題。一般而言，此消除、化除得由在自行承擔，沒有他者分擔。當然，本原既運用顯化之法來自證其真，即不會置之不理，不聞不問，它會用規則之法式限制諸在之間的對抗、紛爭、衝突，使過界者退出顯化程式。然而，僅此還不夠，這樣的消解和化除亦期待在者的自覺覺悟。

　　何以在者會有此自覺覺悟呢？這是因為，顯化與自證是本原意志的使動，此意志在使動的過程中必然會造就出顯化的智慧者，此智慧者既是在之形式，亦是本原智慧之顯化，所以，它是世界自證其成過程中的關鍵所在。所謂化除、消解存在世界的各自、衝突紛爭、對抗之說，即取決於此智慧者的智慧覺悟——覺悟即智慧對本原意志的自我記憶及其完整；而所謂自證，亦即此各自的消解、化除。

　　那麼，該如何覺悟和消解、化除呢？對智慧者言，它得有道理、義理的發明與建構，這是智慧之為智慧的特性，否則，無法承履如此重大的責任和使命。亦即說，道理上的體用不二的認知、把握，是智慧者成為自覺者、承擔者、自證者的必備程式，而後方可進入實踐與承擔的實境。

　　自解釋哲學以來，東方文化和智慧便以追求不二為義理之高標，不幸的是，這一追求過程中也出現了怪異現象。其中的許多人認知了某種不二義理，卻會因此故步自封，執己說以排他見，於是便出現了不二之間的對峙、爭論。這種現象從結果言，他並沒有消除二，反是強化了二，所以說之為「不二而二」的現象。當然，相反的情形也有，一些人為了不二，致力於將不同的不二綜合起來，建立更廣普化的不二義理，是為「不二而不二」。祗是，縱觀幾千年的解釋哲學，後者永遠是居於少數或罕見狀態，甚或屈指可數。我前面提到過的龍樹、王弼和這裡要說的十力先生當屬此屈指可計之列，他們是真正的不二而不二者。

　　現在，我們來簡要看一下十力先生（1885～1968）的新不二論。

　　十力先生的著作已然很多，較全者有湖北教育出版社出版的《熊十力全集》（十卷本），不過，論及其不二，大約瞭解其《新唯識論》（語體文本，1944年）足矣。十力先生的特色是綜合佛儒兩家義理，提出了相關體用不二的新主張，這樣的綜合實在是罕見。有人謂他以儒入佛，十力先生自己不太同意這個評論。的確，如果一定要在佛、儒兩者間找一個主要的話，應該說十力先生的主者是儒，佛當為可合之的外援。大要言，十力先生主宗是《易》，特別是《易傳》，其中的陽動哲學，是他的體系的主心骨，其次是大乘佛學空宗的遮詮本體論，然後，他改造了大乘有宗的唯識論，使之更接近王陽明的心識說，最後成就即體即用，大用顯全體的學說。或說，依十力先生見，儒家義理缺失宇宙論（生成論、構成論）、知識論，而佛家義理則未成就價值論，所以他要全此二家之說，成就一完整、通透的生成論、構成論、知識論、價值論的同構體系。十力先生的體系駁雜宏大，非此處所能完全展開，現擇其要略加說明。

　　十力先生義理之要是即體即用，大用顯全體。這個即體即用包

含的意思是，用本身是體的顯現。說用是體的顯現，即意味著以下見解，一是說沒有用外之體，所以，他反對有生於无說，更反對用之外有一個空洞的无（參見第三章《唯識下》）。此處，他不同意老子的觀點，也反對王弼的觀點，同時還反對了空宗的色空說，走的是儒家老路，有即體，用即體，體本身是什麼不用去深究。不過，十力先生還是與古來的儒家有所不同，他對有、用用了一個詞：「詐現」。這個詞的使用顯見是受了佛學之影響，空宗之色空說，即是表明，色是空的假象、假化。十力先生沒有用假象、假化之說，乃因為儒者崇實有，重主觀能動，尊陽動主導，故不可以假描述之。不能以假定其說，然假卻又是事實，所以他折其中，用了「詐現」一詞以兼顧之。

　　二是他所說的用是體的功用。這個定義實是將體用不二引向了價值論方向，而排斥了構成論之說。依常見，用既有功用，也有構成，還有相互關係之域，若說構成，當說在，若說關係，當說養育。無疑此二義在十力先生的書中是被排除的，在論翕闢關係時，略有沾聯在的話題，惜乎簡略過頭，幾乎可說為膚淺。將用局限於功用，足以論及價值，這有利於回歸儒家的義理，卻還是未避免構成論的缺失。

　　三是他說用是體的流行，那麼，體為何要流行？他認為是體的「動勢」使然，這種動勢他命名為闢。這種表達沒有什麼問題，問題在於為何要有動勢或闢？對此，佛學是有解釋的：有意志的本原以其智慧化起了顯化、形化之必然，故有假化之事實。可十力先生似乎對這個有意志的本體不以為然，他祇承認以下意義的本體：一、備萬理、含萬德、肇萬化、法爾清淨本然；二、是絕對的；三、是幽隱的、無形相的，即沒有空間性的；四、是恒久的，無始無終的，即沒有時間性的；五、是全的，圓滿無缺的，不可剖割的；六、若說本體是不變易的，便已涵著變易了，若說變易的，便是不變易了。這些特徵性描述表明，本體無所不能，而此無所不能者卻又不是神，它的能

是非意志現象。那麼,這個非意志的無所不能又是何能呢?十力先生沒有交待。

十力先生之於本體的這種定性,除了得出結論說本體是無意志的無所不能外,還有一些別的問題也隱藏在了他的說法中。比如他說大用顯全體,這顯然是用顯體的結果,而若謂本體沒有意志,則此大用顯全體就祗是一純粹的現象事實,它其實是與善的價值無關的。因為無所不能的本體自我詐現為大用,就是世界的全部,至於此大用是善是惡,就沒得說了。也就是說,大用如何要顯全體?是沒有價值的答案的,它祗有事實答案。若說體用不二的義理祗描述了即體即用、大用顯全體的事實,卻又找不出其中的價值內質,人又何為?何用?何往?很顯然,這個事實化的不二表達會讓這些問題虛化。他的這個結論也與他極力將體用不二說引向體的功用流行方向,以便連通傳統中國義理學的價值不二論,恰是相矛盾的,也許,這對他來講是無解的矛盾。

十力先生放棄了本體的智慧說,還帶出了一個問題,便是心。縱觀先生之《新唯識論》,心其實應是他討論的重心之一,原因在於,一是佛學有宗之唯識派是以心識揚名立萬的,以此,他們幾乎壟斷了古代的智慧學,十力先生要綜合佛儒,就不能不在此處著力;另則,自家先賢中,說心之人愆是不少,遠有孟子,近有陸王心學,特別是陽明之後,論心之義理恰是有明一代學人的特色。基於此兩個理由,十力先生不可不談心。《新唯識論》專門論心的章節有第二、三、八、九四章,其他地方也偶有涉及。大體言,十力之心是改造唯識之識而來的,他將八識、四緣、生滅中的大部份放逐了,然後定義說,心即體詐現用中的翕闢之闢:「我把這個闢,說名宇宙的心」(《變轉》章)。從這個定義或可推想,十力先生有了認為闢變流行是有意志的行為,不過,他本人從來不曾有此明確表達,或許他害怕被歸之

唯心主義陣營。心之闢說到此為止，沒有下文，直至最後的《明心》章中，心又重新出現，這時的心就成了人的特殊秉賦了。

依人的心而論，他將此心分為二層義，一為本心，二為習心，約可等同於理學家說的天命本然之性與氣質之性。而其重心是本心，此本心與本體無異，所以又稱為道心、法性，此心的全部意義是直覺本體、回歸本體。為此，他極力襃揚了陽明先生的良知說和一體之仁說。應該說，本心的價值他說得很清楚，可說幾乎與還原證成說沒有二致，可問題在於，此本心何來？以及此本心之還原與大用顯全體是何關係，他沒有給予解答。

十力先生解釋得最透徹的學說，是他的翕闢成變說，他以此（見《變轉》章）說成功地將即體即用、即用即體和大用顯全體的命題予以了解說。這個解說之成功，應當說與《周易》的陽動哲學密切相關，幾乎可說他是將《易》之陽動哲學予以了重述。其所謂翕闢，即《易》之坤乾。翕以成物，闢以建功，其交互作用被他說成是一動勢或勢用，是此勢用和交互作用成就了大用顯全體。當然，除了繼承《易》的陽動哲理外，他的一個例外突破是如上言的將闢說成為宇宙的心。這明顯是在引入佛家之思想，惜乎未能展開。

十力先生心高志大，試圖用佛學之所謂宇宙論和知識論補充儒學的不足，從而成就更廣普意義的價值不二論。這個用心用意是非常明顯的，而且，他的確是看到了儒佛於其不二的義理恰是可以貫通的特別哲人。不過，同樣明顯的是，他的努力被他自己制限了，以致最終的效果沒有成就，且還留下了諸多漏洞。比如他說西方的實在論為樸素的體用不二說，比如他說本體為實有，比如他說不能說宇宙中有空洞的无，等等。這些漏洞有些幾乎是開黃腔。西方的實在論與本體何干？那完全是斷根之說。宇宙即實有，何來本體反要置於實有之下求其所以？

　　總觀十力先生學說，所以有如此缺憾，不外兩個理由，一是他太過執著即體即用，用外無體說，所以就全盤否定了有生於无說，終是有限代替了無限，即體即用成了有限的體用論。其實，體是無限的，有是有限的，有无之說多不排斥即體即用、大用顯全體。

　　二是，他多少受了西方實在論，特別是唯物主義的影響，不願擔唯心主義之名，故完全放棄了本體意志說，祇以客觀描述本體，結果其動變成了為動而動，更是沒有價值取向的動，世界祇是傻動傻成，而沒有完善問題。以此言，他堅守了世界的內部化原則，卻幾乎丟失了還原證成原則。他亦極力拿「關心」說和「本心」說來救濟自己的學說，可終因砍了腦袋，故不能自圓其說。

　　當然，十力先生的問題昭然在茲，不用多言，我所重者是他為儒佛的不二所貢獻的智慧和心力。可以說，是他開出了智慧與性命不二的新境地，亦是他以特定的方式求索了即體即用、即用即體的新義理。

第 十 章

物理論

　　東方哲學自來認定世界是內部的，亦堅守還原證成的理念。這樣的認定和堅守彙聚其精要，即體用不二。說為體用不二，可其表達卻還是差別殊異，回觀過往以來，我們看到的「不二」有數十種之多，下面便是其要。

　　最早出現的是印度的梵我不二，它由《奧義書》和《薄伽梵歌》所發，其後，佛學小乘有色我不二，吠檀多派有摩幻不二，佛學大乘中觀派有色空不二，《大乘起信論》則說真幻不二，唯識宗強調智慧不二，老子重有无不二，莊子說道物不二，孔子講道德不二，思孟學派持性命不二，王弼張體用不二，宋明理學建理氣不二、心性不二，十力先生也有即體即用的不二，西方自因論者另有一種主張，可說為上帝不二……如此之類，共同構成了不二論體系的洋洋大觀。這其中，像老子的不二亦可解說為生成的不二，佛學的不二亦可解釋為智慧不二。如果要說不二的完整和周延，實並非一家之論足以至標，至少其完整表達要包括生成不二、智慧不二、性命不二，然後還要加上一個物理不二或存在不二，方可。即完整的體用不二是：生成不二+智慧不二+性命不二+物理不二=體用不二。

　　這裡出現了一個新概念：物理或存在不二。一般說，這個概念在東方話語中並不太多出現，也許，此概念的涵義的確有過，比如老子常言的物即是，然而，涵義相同並不意味著這不是新問題。因為，物理或存在是西方話語，無論從物理學還是哲學角度看，它所包含的意義遠遠超出了老子的概念，或說不可同語。正因為此，所以我認為它是新問題，是東方義理中的缺失。因為這個缺失，我們不能融並西方文化和哲學；也因為這個缺失，至今還讓西方人認為，他們的哲學、物理與本原無關，繼續自大在斷根文化的盲娛之中。以此，我們看到了論域和論義，也看到了我等的責任和使命。

　　物理和存在，在西方是兩個不同的概念，如何讓兩個不同的概念成為同一話題的表達呢？這是必須要說明的。這裡所說的物理，即物之理，或說在之理，故知，此物理是廣義物理：既是自然物理，也是社會物理。自然物理有數學、物理學、化學、天文學、生物學、地理學、人類學、心理學之類，社會物理則有經濟學、社會學、法學、政治學、宗教學之類。不過，我在本章中祇打算主要涉及自然物理。一是因為自然物理更近於本原之延繹，而社會物理中較多人為別出，與本原之本意相去較遠；二是社會物理的近似話題我已在我的另一本書《公共社會論》中有部份涉及，所以這裡先且不說。當然，自然物理也非面面俱到，還要擇相關者而論。

　　存在一語在西方同樣流行，它的另一稱呼叫在，或說稱在更準確些，因為存在實是存與在兩個概念的合稱，而又用其指在的一個概念。可說它是一個因習俗而有的概念，然此習稱中卻將存隱去了。這個在在西方又有兩種表達，一是物之義，這是較為普遍的說法；而另一說法則用來指人，這是存在主義者的特殊用法。現在，我祇以第一義為說，不介入第二義。

　　物或在是有形的，這個形源自本原或原意志的顯化自證方式。所以，對物或在的理解不能就物說物，以在說在，必得要進入其所以成為物、成為在的前因之中，方有其說。那麼這個前因是什麼呢？按照前文所言，我們的世界是由體、相、在三界同構而成的，其中，每個物、每個在之所以成了在，成了物，便在於它們是由作為因的相的同構而有的，沒有諸相的同構與暫且，在便不為在，物亦不為物。此表明，所謂形化、顯化，即諸因、諸相的暫且與同構。

　　所有的在本身都不具有永恆性、終極性，然換言之亦可說，所有的在亦即永恆、終極本身。這個貌似完全對抗的評論之能成立，關鍵要看你如何理解和看待在和物，視之為自我，則祇是白駒過隙，一切

如行雲流水；而若視之為大用的流行不息，視之為本原的顯化與還原自證，則所有的在、物均永恆無竭。

現在，我們有了一些物理觀的基本原則：世界是內部的，世界也是還原證成的；物理正是這內部化世界中的顯化、物化之理。以此，我們先來回憶一下西方物理之於宇宙起源、物質構成和作用方式的歷史沿革及成就，然後再看，真正的物理應當如何言說？

第一節　物的構成與物理

物理學是成熟的人類智慧試圖解釋物的生成、構成和作用方式之道理的集結，所以，它不能依賴諸如靈感、直覺、夢幻、通靈等方式為說。其所興起，除了有系統的說法之外，還得有相關說法的規則。這些規則告訴我們，其所說可以放之四海而皆準。此外，如果人們對物祇是熟視無睹，而沒有解釋的興趣和衝動，對宇宙何以起源、何以作為等沒有理解的衝動，則知，物理亦很難成為學問，充其量祇是一些技術手段和功利方式。如此之類的前提、條件、環境共同指向了一個文明體，這便是希臘文明。更準確地說，是希臘人在西亞的殖民地愛奧尼亞最早表達了人類的物理熱情和解說樣式。[116]

西元前6世紀初葉的愛奧尼亞，更具體說首先是其中的米利都和以弗所兩城邦的哲人，為人類打開了物理之門，他們一出手的問題便是：宇宙如何生成？

---

116 以下相關古希臘的資料，參見[古希臘]第·拉爾修：《名哲言行錄》（上、下），長春，吉林人民出版社，2003年；亦可參見[美]喬·薩頓：《希臘革命時代的古代科學》，特別是第七～二十三章，鄭州，大象出版社，2010年。

第一個出場者，人們叫他泰勒斯（約前624～約前545年），被尊為希臘七賢之首。泰勒斯思考的結論是：宇宙起源於水，或反過來說，水是萬物之源。這個說法形式上有與《太一生水》的作者相似處，也許，那個時代各文明體中的哲人們懷有這樣看法的不在少數。泰勒斯知識淵博，學養豐厚，所以他成了古希臘解釋哲學的開啟者。這個意義與他的萬物生於水說相比，應該更重要。他之後，首先是愛奧尼亞，後來又是埃利亞（今義大利南部，希臘的又一個殖民地），最後是希臘本土，接踵而至的學人、哲人可謂雨後春筍，希臘文化由是蔚為大觀。

第二個重要的自然哲學家叫阿那克西曼德（約前610～前545），仍然出生在米利都，並被認為是泰勒斯的門徒。他寫過一部《論自然》的著作，據說是人類歷史上第一部自然哲學的專著，不過今天祇剩下了幾行字。相關宇宙起源於何的學說，這位阿那克西曼德與他的老師泰勒斯可謂大相徑庭。他想像了一種「無定形」（apeiron）的東西，認為它是萬物之所源。這個無定形，意味著無限、不確定、無形，它創化了萬物，又潛藏在萬物中。據說，他是世界上第一個使用本原（archē）這個詞的人。所謂不定型即本原。不定形的本原說，在古希臘可謂獨樹一幟，也幾乎後無來者，它太像老子的无說，也像印度《奧義書》的无有說。物理上它不能被繼承，是因為彼時的物理尚在萌芽狀態，不可能被用來說无；而哲學上不能被繼承，則在於西方文化於此前業已斷裂了自然本根，也不可能再有人會對那個已斷裂了的本原有興趣。以此，阿那克西曼德是空炫了一回直覺，結果是連一個氣泡都沒有冒起來。

第三位米利都自然哲學家叫阿那克西米尼（？～約前525）。阿那克西米尼就是第一個離開阿那克西曼德無定形說的人，他回歸了泰勒

斯的路線，祗是換了一種原初物質，這個被更換的物質叫空氣。他認為，萬物統一於空氣。

此後，有一位愛奧尼亞的學者值得提及，雖然他並不是自然哲學家，而且他關於宇宙起源的答案幾乎與物理無關。他叫色諾芬尼（約前570～前470），科洛豐人。他主張說，神是一，也是一切，是運動的起因。這又是一個典型的東方觀點。他的本意應該是與阿那克西曼德相通的，祗是各人使用了不同的表達。所以從後果看，他的關於宇宙起源和世界本原的學說，最終在西方物理中亦絕種了。

接下來是大名鼎鼎的畢達哥拉斯（約前566前後～前497），他是薩摩斯島人，離米利都很近。畢達哥拉斯學識淵博，知識面廣，在很多領域都有建樹，因此，他被認為是古希臘最後一位通才型的哲學家。更重要的是，他是古希臘時代理解了若干東方（印度）思想，且有融並發揮的哲學家。畢達哥拉斯的核心觀點是，萬物起源於數，或說萬物的本質是數，所以，理解了數，就理解了宇宙。作為科學家，他率先實踐自己的學說，以數建構了音樂、天文學、醫學、算術、幾何，乃至政治、法律、稅收諸多的實用門類，祗是他斷言說，科學具有與實用無關的價值，它是最好的冥想和理解的方式。他這話的意思，祗有到了今天，才有可能被人們慢慢理解。

赫拉克利特（約前530～前470）可能是留下殘篇最多的一位古希臘自然哲學家，他的著名觀點有四，一是說萬物皆由火構成，或說是火的變換，萬物亦會復歸於火，這裡，火是物質的基質；二是說萬物皆由對立面的衝突而生成，這樣的生成就像水流一樣；三是說存在的一切都是有限的，統一的世界是由這些有限的存在共同構成的；四是說萬物充滿了靈魂和神性，它們才是世界的控制者。物質統一於火，物質因對立面衝突而生成變動，流化不息，然，物之所以者卻是靈魂或神，這便是赫拉克利特著名的二元論哲學。放下二元論不說，基質

元素火及對立衝突而變動不息，這兩說法，確已有了陽動的意思與感悟，所以值得人們理解。

據說愛奧尼亞學派的最後一位著名人物叫阿那克薩戈拉（前500～前428），他的學說表明了另一種形式的二元論。他認為萬物是由無數的要素粒子或同質分子混合而成，而心靈則是萬物得以運行和形成秩序的原因。以此可知，阿那克薩戈拉的宇宙沒有生成，也沒有毀滅，祇有混合與分解。萬物之間的差異在於構成的輕重，重者居下，輕者居上，其餘居中間。

離開阿那克薩戈拉，我們進入埃利亞時期，這是古希臘自然哲學的第二個時代。它的特色是，物理之論更加專門化，不再如從前那樣包羅萬象。埃利亞即今天義大利半島的南端，那裡是希臘繼愛奧尼亞之後又開闢的新殖民地。之所以有這一新的開墾，是因為東方的居魯士、大流士們將希臘人在亞洲的地盤剝奪了，他們祇好另尋他途。

埃利亞的第一個哲學家是巴門尼德（約前515～前5世紀中葉），他更像是一位抽象哲學家，所以他創造了相關在（onto）的學說。這個學說強調，無論世界本身是什麼，我們祇需要關注是或在本身就足矣。這是一種人為預設的真理觀，它影響了柏拉圖，也影響了後來的整個西方哲學。巴門尼德之所以要人為預設真理，其背景在於，前此早已斷裂了自然本根的西方文化，很難再追尋本原去講道理，這已由前面的阿那克西曼德和色諾芬尼等人的思想遭遇，表示了明證。而於哲學言，完全依從物理去講道理，又會前途岔道紛亂，幾乎無法前行，二元論或多元論之爭，如畢達哥拉斯和赫拉克利特的二元論之困，亦是哲學道理的死敵。正是在這樣的背景和需求之下，巴門尼德橫空出世，公開表明哲學就是預設真理。於是，是或在（onto）即是世界的基設，一切道理依之而講，一切邏輯由此而設，就成了哲學的基本原則。

當然，這個主要的哲學貢獻之外，巴門尼德也有相關宇宙構成的說法，比如他說火和土是兩種基質元素，火擔負工匠的職能，土是其質料，它們共同創就了宇宙。

恩培多克勒（約前492～前430）是出生在西西里的哲學家，他假設四種元素：火、氣、水、土共同合成了物，不過，這四種元素是受另外兩種力控制的，它們是，向心力或愛，離心力或爭。萬物變化，然構成萬物的元素卻永恆不變。而宇宙或因愛而結合，或因爭而分化、分解。

接下來我們要瞭解的便是原子論學說。原子論的基本學說認為，世界是由兩部份組成的：充實和虛空。其中，充實部份可以分割為微小的粒，這就是原子（atomon）。原子是不可分的，其數量無限，時間永恆且絕對簡單，性質相同，不同的祗是形狀、次序和位置。每一種物質或每一個單體都是由這些原子構成的。換句話說，原子聚集在一起，便有物質，一旦分離，物質便不存在。可見，實在或在物的變是由原子的聚合與分離決定的。

非常值得提出的是，原子論者如德謨克里特（約前460～約前357）進而認為，原子團中有一類最輕和精神化的原子團，它們即宇宙的靈魂、心靈，並充滿了整個宇宙，是宇宙的影像，影響著我們的生命。

這便是原子論的基本學說，它最先由留基伯提出，後來又由德謨克利特發展定型。不過，考察德謨克利特的原子論，顯然受到了東方即印度《奧義書》中的原子論影響，傳說他去過印度，當然就會受到印度義理中該類思想的影響。這從他的原子論涉及了靈魂、心靈之意義，可見一斑，因此，這個說法亦最為西方人所不理解。

原子論之後，我們要提及一下亞里士多德。他從運動入手，認為

有一個不動的推動者進行了第一推動，然後，經由形式因、質料因、目的因、動力因的共同作用，物質世界發生了。物質世界的發生與毀滅是由相對立的冷與熱、濕與燥原則相互作用產生的，在此相互作用的過程中，產生了火、氣、土、水四種元素，然後還有以太，以太作圓周運動，於是就形成了完善而不朽的天體。從內涵看，號稱《物理學》的亞里士多德的相關學說並不比原子論對後世更有影響，相反，他更像是一個哲學家在講物理——祇是形而上的物理。

亞里士多德之後是希臘化時期，這時期的物理討論不是文化重心，祇有非常少的人在做一些相關的工作，如原子論者伊壁鳩魯，理學家阿基米德和歐幾里德，還有亞歷山大里亞著名的天文學家托勒密（約90～168），其餘就無需提及了。

中世紀，阿拉伯人做了一些承傳和翻譯工作，而要找到真正的物理學，那要等到現代大學的出現。13世紀以後，物理學的情形有了根本性的改觀，隨著亞里士多德全集的發現，歐洲的主要大學開始捲入了一場真正的科學研究過程之中。湯瑪斯·阿奎那的理性真理說、羅吉爾·培根（1210～1294）的——祇有試驗方法才能給予科學以確實性——試驗方法論，奠定了新時代物理思想的基礎。而後續而來的加入者，如鄧·司各脫、威廉·奧卡姆等人，則更加推演了歐洲思想的復興。

15世紀開始，歐洲復興的高潮迭起，科學研究走在了潮頭之上。達·芬奇（1452～1519）、哥白尼（1473～1543）、法蘭西斯·培根（1561～1626）、開普勒（1571～1630）、伽利略（1564～1642）、笛卡爾（1596～1650）、波義耳（1627～1691？）等人先後出場，讓科學、物理成為了有效、可感知的知識體系。最後，這個經過200年構造的物理學，終於迎來了它的集成大師——牛頓，他在17世紀下半葉登場了。

　　牛頓（1642～1727）的物理貢獻是多方面的：提出了萬有引力
的概念，建構了物質運動三大定律，與萊布尼茨同時發現了微積分學
說，建構了光學理論，設置了宇宙秩序，等等。這些成就表明，幾百
年來，科學家們依據觀察和實驗所揭示的事實，就是世界本身，它們
與神聖性沒有關係；而且，這些依據實驗和經驗所獲得的定律可以通
行於地球之外的宇宙，因為絕對時間和絕對空間的觀念足以支援他的
定律放之四海而皆準。牛頓的宇宙秩序是一種數學秩序，也是一種機
械秩序，它沒有參照系，因而很容易滿足斷根文化中人們的觀念與心
理需求——一個完美的、有序的、和諧的世界。這是牛頓在他的社群
中獲得極高榮譽的根本原因。後來奧地利人馬赫對牛頓的力學、運動
定律、宇宙秩序的批判，恰是非常準確和合理的，他認為，力學絕不
是像有人所相信的那樣是自然界的最後真理，而祇是觀察上述模型的
一個角度。其他角度，如化學、生理學之類，也同樣是基本的與重要
的。我們無權假定我們對於絕對空間或時間有所認識，因為空與時僅
僅是一種感覺。[117]

　　18世紀的物理學沒有很特別的進展，人們還沉浸在牛頓思想的輝
煌中，竭力在消化他的智慧和真理。牛頓的繼承者盡力讓牛頓更加有
影響，如拉普拉斯，更有法國的百科全書派，他們認為整個世界就是
一部機械裝置，最後清晰的日子已經不遠了。與此相適應，一種哲學
上的唯物主義思潮也甚囂塵上，認為世界就是實在，可以用機械決定
論去解釋一切，更認為《人是機器》（德·拉·梅特利）。

　　19世紀是古典物理最後的年代，新的發明與發現在數學、物理、
化學、生物學、人類學等多領域層出不窮，知識的積累達至了臨界狀

117　參見[奧]Dr Ernst Mach, *Die Mechanik in ihrer Entwickelung historisch-
　　Kritisch dargestellt（《力學發展述評》），1st ed. 1883, Eng. Trans.
　　T.J.McCormack,1883,2nd ed. London,1902。

態。其中，這些科學發現和成就直接引出了一種附出現象，這便是技術的應用，接踵而至的是現代化工業的興起。比如法拉第的電磁實驗、麥克斯韋的電磁波理論、巴斯德的微生物學研究、孟德爾的遺傳試驗之類，其意義一直持續至今。

19世紀最值得提及的科學成就應當是道爾頓（1766～1844）的新原子論、門捷列夫（1834～1907）的元素週期表、達爾文（1809～1882）的進化論。此外，還有一些理論對社會的實際意義非常重要，它們是法拉第的電磁理論、湯瑪斯·楊的光波動說、焦耳和克勞胥斯等人的氣體運動論、卡諾的熱力學、麥克斯韋的電波（電磁場）理論、有機化合物等。19世紀的科學快速發展，除了物理學、化學、生物學等知識領域的成長而外，還有兩樣後果同樣矚目，一是歐洲幾個大國的科學研究活動成為了人類文化和知識體系的絕對領域，德國的大學，法國的科學院、英國的個人實驗室都是彼時科學研究的重要基地，而巴黎則成了世界的科學中心；二是科學幾乎斬斷了與哲學的聯繫，日益自行其是，世界成了物理的世界。

物理世界徹底改變了人們的世界觀與生存方式。原子理論、電磁現象的數學定律化、光的波動說、光譜分析進而揭示太陽與恒星的組成成分、用構造式解釋大群有機物的結構、新化合物與新元素的發現……所有這些成就，讓人們產生了一種壓倒一切的感覺：人類解釋自然與控制自然力的力量不斷增加，物質與力的解釋就是最後的解釋。這種感覺太重要了，幾千年前，西方強盜社會中的強者們、英雄們，就因為自我的強勢，因而祛魅，使原神退出了歷史舞臺，從而有了自為的城邦世界，而那僅僅是力能的成就，而今，物理學、物質與力的解釋更讓人們興奮不已，我們可以掌控宇宙了！

20世紀是一個新時代，它的物理成就不衹是讓19世紀以前的知識和觀念顯得狹隘、膚淺，更重要的是，物理開始了一種——雖然不

自覺的——回歸。這種回歸表明，物理不祗是物質和力的道理，更是物質何以為物質，力何以是力的道理。正如丹皮爾所言：現今所謂物質，祗是時—空中發生的一串事件，以未知的或有因果關係的方式相聯繫。[118]

　　新物理時代是從1895年開始的，這一年德國人琴倫發現了X射線。從此以後，一發不可收拾，洛侖茲的電子學說、盧瑟福的輻射研究、普朗克提出的量子論、原子結構、波爾與薛定諤等人的量子力學、海森堡的測不准原理、德布羅意的波粒二象性、愛因斯坦的相對論、超統一場論、基本粒子理論、有機化學、伽莫夫的大爆炸、古斯的暴脹宇宙論、超弦理論、暗物質與暗能量假說、恒星理論、錢德拉的黑洞說、泡利的不相容原理……無數的新思想、新學說、新發現、新假說充斥了這個世界，令人應接不暇，不要說普通民眾，既令是某一領域的專家，要想理解本領域的全部知識，似乎也有奢望之嫌。基於這樣的前提，我幾乎沒有能力去說清楚任何一個領域。為求其簡便，以及與本書主題相關的需要，我祗打算略微說及四個問題：宇宙的創生、物質結構、生命與智慧問題、人擇原理。

一、宇宙的創生與起源

　　宇宙何來？首先得有一個相關宇宙的定義。

　　宇宙並非世界的全部，它祗是世界的一部份，說得準確點，宇宙即顯化成形的世界，亦即可說是物的世界、在的世界、形的世界。這個說法表明，宇宙之外還有別的世界，它是非在、非物、非形、非有的世界。一般說，宇宙世界祗是一顯化的結果，既是結果，當然就有原因，而且，結果本身不能是原因，所以，宇宙之為宇宙的原因不能

---

118 [英]W.C.丹皮爾：《科學史——及其與哲學和宗教的關係·物理學的新時代》，第533頁，中文版，北京，商務印書館，1975年。

在宇宙本身尋找，它要到「宇宙之外」去尋找，注意，這裡所說的之外，是就宇宙是物、形、在、有而言的，即以此在、此有、此物、此形而言的外，此外不在世界之外，祇是形、物之外。那麼，宇宙的原因是什麼？那便是剛才說的非在、非物、非形、非有的那個世界。這個什麼都沒有、什麼都不是的世界，現代物理學認可為「无」。此概念展開表達即：宇宙是由无轉化出來的。說到這兒，我們便無法不想起老子的話：有生於无。的確，現代物理學折騰了一百多年，不過是在理解老子的哲學命題。

現下，我等需要先略要描述一下現代物理學所言說的宇宙創生與起源的知識，而不必忙於哲學的解釋。

宇宙創生[119] 之前，被稱為无。這個无在物理學中有三層意思；一是代表取走了一切物質之後的一種「空的空間」，即「真空」；二是指時空不存在的无；三是指「零」，如說基本粒子的大小為零。第二種指意與老子所說的无最為接近，其他兩種意思屬物理學的定義，並非真正的无。說宇宙誕生於无，應該是就第二種意思而言的，美國物理學家亞歷山大維蘭金好像是持此說的。

物理學分判了一個時間界限，這個界限是10^{-43}秒（亦說10^{-44}秒），此前為普朗克時代。

據說普朗克時代有一種原始力，它是後來四種相互作用（力）的母源。這個原始力在10^{-43}秒時發生了第一次相變，分化出了引力，這是物體間不受距離限制的相互吸引力。

119 相關宇宙創生的理論可參見《科學世界》刊載的下列文章：《「无」的物理學》2010，3期，《宇宙創生》2013年，7期，《宇宙：事件大穿越》2012，3期，《時空幻象》（上、下）2010，9期、10期，《探索四種基本力的本原》2009，11期，《宇宙誕生的頭一秒鐘》，2010，12期，《宇宙有邊嗎？》，2012，9期，《超弦理論》，2013，3期，《暗能量》，2013，1期。本節行文中不再具體標明出處，特此說明。

10^{-36}秒，原始力發生第二次相變，分化出了「強力」，強力是一種把質子和中子結合在一起形成原子核的力，也是把誇克結合在一起的力。

10^{-36}秒～10^{-34}秒，宇宙開始暴脹，其體積擴大了10^{30}倍，此時亦是超弦發生的時代。超弦是20世紀80年代提出的一種物質起源，亦宇宙創生的理論，該理論認為，所謂基本粒子其實即是祇有長度沒有寬度的弦的不同振動方式的結果，弦分為開弦和閉弦，開弦合成基本粒子，假象中的引力子則為閉弦生成。超弦理論預言世界有9～11個維度，而現實宇宙祇有4個維度，這被說成是其他的維度被隱藏起來了。

與超弦理論相左的是一種量子「場」理論。該理論認為，所謂基本粒子應該是彌漫在一種未知的「場」中的能量集中表達的現象，或說，所謂基本粒子並不是存在於空間的「堅實顆粒」，而是充滿空間的「場」的特殊狀態（能量集中的狀態），這種狀態的表現形式就是基本粒子。不過，從時下趨勢觀察，較多的物理學家更傾向於接受超弦理論，因為這個理論有可能統一量子論和廣義相對論，並且，更有人依此進而提出了「膜宇宙」、「火宇宙」等相關宇宙假說。

10^{-27}秒，宇宙暴脹之時，即物質出現之始，此後，基本粒子充斥了宇宙，以致灼熱高溫，隨之發生了所謂大爆炸。此時的宇宙約為1000公里，然後是慢漲的過程。

10^{-11}秒，發生了第三次相變，電弱力分離為電磁力和弱力，此時傳遞弱力的弱波色子開始有質量，質量的出現是因為宇宙中形成了希格斯場，它由「希格斯子」[120]組成，功能是賦予基本粒子以質量。至此，四種基本力（基本相互作用）分離完成，物理法則開始顯化。現

120　據日內瓦大型強子對撞機（LHC）國際合作發言人2012年7月4日宣佈，他們已抓到了這個被成為"上帝粒子"的希格斯粒子。這個結果令全世界的物理學家們激動不已。

代物理學將基本粒子分為兩大類型：費米子、波色子。前者為物質或材料粒子，後者為媒介粒子。屬於費米子的有如誇克、電子之類，而波色子則有光子、膠子、引力子、弱波色子四種。此外，還有一種賦予物質以質量的基本粒子叫希格斯粒子。

10^{-10}秒後，粒子、反粒子成對產生，碰撞後復成對湮滅，而後，進一步的降溫，粒子便不再成對生成，祇有湮滅。不過，根據計算，今天的宇宙之所以存在著，乃是因為每10億對正反粒子中會多出一個粒子，是這些多餘者構成了後來的宇宙。

10^{-6}秒後，數萬億攝氏度的超高溫，以致彼時祇有電子、誇克和它們的反粒子飛來飛去，是為基本粒子的海洋。

10^{-4}秒（或說10^{-5}秒），溫度下降到了1萬億℃，基本粒子運動減慢，發生了第四次相變，這次相變實現了誇克之間的強力結合，即「誇克禁閉」，每3個誇克結合成一個質子或中子，從而形成了物質材料的構件：質子、中子。質子由2個上誇克，1個下誇克組成，中子由1個上誇克，2個下誇克組成。上誇克電荷為正2/3，下誇克電荷為負1/3，故質子電荷為1，中子電荷為0。

1秒後，誇克的反粒子已完全消失，但還有殘留的正電子。

4秒後，所有的反粒子都消失了，故宇宙中沒有反粒子。

3分鐘後，質子、中子結合起來，形成原子核，此後，電子又被原子核俘獲，從而有了原子。從此，光不再碰撞電子，可以直線行進，宇宙放晴，其大小為現在的1/1000。那些可以直線行進的光被稱為宇宙最古老的光，學名叫宇宙微波背景輻射。說我們的宇宙有137億年，便是由這宇宙微波背景輻射從各處發生時到達地球的距離而言的，它不是宇宙的實際年齡，實際年齡應當比這古老得多，比如有說470億年。

38萬年後，氫原子誕生，此時的宇宙溫度為2700℃，大約同時，氦也生成了。根據計算，宇宙間的元素豐度為：氫92.4%，氦7.5%，其餘80多種元素合計約佔0.1%。

此後3億年內，宇宙處於沒有天體的「黑暗時期」。

3億年後，第一代恒星出現，此時的宇宙約為現在的1/15左右。第一批恒星進行的是氫和氦聚變的核反應，這便合成出了碳及其他元素，直至合成出鐵元素，之後核聚變便停止。

再往後，是「超新星爆發」，第一代恒星死亡，其所爆發的物質再形成第二代、第三代……恒星，其餘的後序元素亦相繼製造出來。

至此，我等已大致描述了宇宙創生的簡史。這完全是一種物理性的描述，幾乎不帶任何哲學的思考。由此描述很容易預言宇宙的前景。如愛因斯坦的廣義相對論所預言的，或者是膨脹到極限後，再收縮回來，重回奇點；或者無限膨脹下去，最後量子化。不過，十幾年前，這樣的預言有了重大的改觀，物理學家們聲稱發現或預計了新的宇宙現象，這就是70億年之後的宇宙，正在加速膨脹，哈勃望遠鏡（1988年）的觀測結果支持了這一說法。加速膨脹，這意味著宇宙的前景同原來所說的無限膨脹直至量子化的結果不大一樣，這個加速膨脹是說，星系和星系團之間在分離、在擴大距離，而無關星系內部所有物質狀態的分離，即星系內部一切照常，祗是星系疏遠了。那麼，是什麼力量或原因在決定了這種現象呢？物理學家們提出了暗能量假說，認為是一種不可見、不可測、不可觸的能量在決定著星系的膨脹、分離，並進而決定宇宙的命運。據估算，宇宙中，可見物質僅佔不到4%，還有一種暗物質約佔23%，其餘的72%以上全部為暗能量。這個假說攪翻了所有的物理理論，因此，至今物理學尚無完整的說法。

　　這些理論之外，與宇宙的創生或狀態相關的假說、說法還有，黑洞學說、白洞說、暗物質說、虛數時間說、真空漲落說、膜宇宙說，等等。這些理論和假說非常大膽且新穎，卻無有例外，均為物理之說，基本上無有本然性的覺悟和理解。比如著名的奇點說。這個說法認為，宇宙開始於一個大小為0的奇點，此奇點有無限的物質密度，與此相仿，黑洞的中心也有這樣的奇點，而按照某種理論預言，宇宙最終也會收縮為這樣的一個奇點。這裡的要害是，所有的物質都被包含在這個奇點之內。這顯然是一個絕對的物理之見。物質的確可以被高壓至非常緊密的狀態，如中子星之類，然，物質的收縮與緊致也有臨界線，一過臨界線，物質便不再是物質，而是轉換為了能量（這由愛因斯坦的質能關係公式可知），而能量則可以與壓力無關，它還原為了無時無空的本原狀態，因之也就不存在奇點之可能了。如此之類，物理學其實有很多值得檢討的地方，下一節我將有更多的相關說明。

二、物質結構[121]

　　物質結構，有時也可表述為物體結構。所謂物體是指由物質基本單元——基本粒子所同構的物質體。以此言，質子、中子均可稱為物體。當然，日常經驗中所指的物體，顯然要大於質子、中子，至少是在分子以上的層次來指謂的概念，更多時候，我們說的物體是指肉眼可視的物質。

　　分子是我們所知最基本的物體（暫不說及質子、中子），此外還有稱為原子團、原子晶體的物體。這裡需要理解的是，原子如何形成為分子（包括原子團、原子晶體）的？物理學的解釋認為，電子是原

121　本小節的知識和理論可參見《科學世界》刊載的下列文章：《元素——穿越時空的派對》，2011，3期，《基本粒子：物質的本源》，2011，7期，《原子結合力：構成萬物之因》，2011，11期，《基本粒子》（上、下），2012，10期、11期，行文中不再另行注明。

子之間發生同構關係、相互作用關係的關鍵所在，其中，一種稱為價電子的電子是原子間的粘合劑，所謂價電子是電子之間的一種化學反應。其說法如下。

一個原子是由原子核和電子共同組成的，其中，電子圍繞原子核作旋轉運動，根據波爾提出的原子模型，電子的旋轉運動並非混亂無序，而是軌道被分成若干組（殼層），如K殼層、L殼層、M殼層、N殼層。又根據量子力學，每兩個電子可形成1種類型的電子雲，電子雲據其形狀和方向可定義為四個類型：s型、p型、d型、f型。已知原子間的結合即是一種化學反應，這種化學反應通過化學鍵把原子結合在一起，從而形成分子。此中，化學鍵的本質便是電子雲重疊所產生的電磁力。它是說，當兩個原子（如氫原子）靠近到一定距離時，兩原子中的電子雲就會相互干擾，發生變形重疊，產生電磁吸引力。隨著原子相互吸引進一步靠近，電子雲會交疊合併，形成一個新的可覆蓋兩個原子的大電子雲，此時，原子核帶正電的核之間會產生排斥力，最終抵消電子雲重疊所產生的吸引力，達於距離和作用關係的平衡，這就成就了兩個原子之間的結合（也就是形成氫分子）。此中，兩核之間的距離不能大於、小於0.074納米。這裡，導致兩個（氫）原子結合的電子雲就是所謂的共價鍵，它被兩個原子核所共用（共用電子對）。共價鍵的兩個電子的自旋必須相反才能形成電子雲，故知，兩個原子之能被粘連在一起，正是電子雲共價作用的結果。

依據此相互作用的原則，我們的世界便出現了無數的化合現象。所謂化合現象是指，兩個不同類型的原子之間發生了共價關係，從而產生出新的物體。如鈉原子和氯原子，通過鈉原子最外殼層電子轉移，氯原子獲得了一個多餘的電子，這樣，便產生了鈉離子帶正電荷，而氯離子帶負電荷，從而相互吸引，結果是產生了氯化鈉（NaCl），也就是鹽。

　　當然，也可以是同類原子發生這樣的共價關係，形成原子團或原子晶體之類的物體。總之，原子間的結合是多種多樣的、複雜化的，結合方式稍有差別，物體就會表現出不同的性質。此即是物質世界千差萬別的原因。

　　我等知道，原子基本上沒有單獨存在的，原子結合為分子是為了達到一種相對穩定的狀態，而追求穩定的狀態，又是一種能量的釋放過程。一般說，釋放的能量越多，分子內的結合能越大，結構越穩定。當然，這祇是原子們的一廂情願，物質世界沒有絕對穩定的東西，原子間的結合也會分分合合，處於不斷的變化之中。即便所謂最穩定的原子，如氦、氖、氬、氪、氙等稀有氣體（曾被稱為「惰性氣體」），由於它們最外殼層的電子已經排滿，沒有要單的電子，所以沒有配對的願望，可也祇有在極低溫的條件下才能保持為氣體。

　　原子間的連接不同，會出現不同的物質性質，是常見化學現象，現代化學工業正是利用了這一物性而大有作為。化學家們根據相同原子的連接方式、位置、方向等差異，將其歸類說明，得出了同分異構體（指具有相同種類和相同數目的元素，但原子連接的方式不同，因而具有不同性質的分子（亦稱構造異構體））、主體異構體（構成分子的原子種類和數目相同，連接方式也相同，但連接的「方向」不同）等分類稱謂。說物質世界複雜，其實也很簡單，我們所說的有機物、無機物之間並沒有明顯界限，而金屬與非金屬之別，可究之於外殼層電子的多少之差，少者為金屬，多者為非金屬。進而甚至可以說，10種左右的元素幾乎可以構成全世界。

　　瞭解了分子的形成和結構性質，我們還得進而瞭解元素是何物？

　　元素是一種物質形態，它由原子核所含質子數決定，如果質子數被改變，則一種元素便會變成另一種元素。正因為是質子數決定元

素的物態性狀，所以，元素現象就變得有規律可循，依此，門捷列夫發現了元素週期表。當然，原子核的改變不唯質子數，它的夥伴中子數亦會有改變的可能，祇是，這種改變的結果，被稱為了同位素現象。剛才說過，構成全部物質世界的元素其實也就10種左右，大多數元素有其名，而實際佔有量卻少的驚人，有些元素甚至產生即逝（衰變）。所以，元素週期表中所排列的113號元素，除去人造元素和那些幾乎不可持續的元素，真正的天然元素祇有80種左右。

相對而言，元素是原子的固定形態，也是進而形成化合物、原子團、原子晶體的基本單元，所以，相關元素的理解和研究是物質世界不可缺失的重要環節。

物理學的研究結論認為，元素並非原來就有，而是「製造」出來的。當然，這裡說的製造並非人工製造，主要是法爾功德的結果。現在的說法大意如下。

最初原子核捕獲到電子，從而形成了第一代原子，此原子主要是氫。依其豐度言，氫佔有了宇宙總量的92.4%，大約同時，氫的同位素氘聚變合成出了氦，其豐度為7.5%左右。這兩種元素在宇宙中佔有絕對比例，故可說是構成宇宙的主要元素。根據伽莫夫的說法，氫、氦，以及後序的鋰（最輕的金屬），是在所謂「火球宇宙」（大爆炸）中合成的，很短的時間之後，火球宇宙隨著膨脹很快冷卻，核聚變反應中止，原子核的合成過程也隨之終結，所以質量數為9及更大的重原子核不能出現。更要命的是，此後3億年，宇宙處於沒有天體的「黑暗時期」，一切聚變合成均處於休止中。若要產生出新的重元素，必須要等待第一代恒星產生，並且進入死亡狀態，發生超新星爆發，才有可能。

伽莫夫的反對者霍伊爾對重元素的聚變合成提出自己的說法。他的意思是，在恒星爆發之時，3個質量數為4的氦原子核幾乎同時碰

撞，這樣可以合成出質量數為12的碳原子核。這種核反應他命之為「三α反應」。重元素的聚變合成要依賴更高的溫度，如超過1000萬攝氏度，這樣的高溫祗有恒星的中心部份才有可能。而步入晚年的恒星，其中心溫度可達到2億攝氏度，這正是「三α反應」所需的合適溫度，也是進而合成氧的溫度。據認為，碳、氧、氮等元素是小質量或中等質量恒星死亡時所遺留下來的「渣滓」，它們成了後來構成我們生命的主要材料。相應地更大質量數的元素的合成，則需要質量更大的恒星。

　　所謂質量更大的恒星，是指質量超過太陽質量8倍的恒星，它們的中心先燃燒氫（原子序數1），生成氦（原子序數2），氫耗盡後，就燃燒氦，生成碳（原子序數6）和氧（原子序數8）。一旦氦也耗盡，其中心溫度可達8億攝氏度，便開始燃燒碳，生成氖（原子序數10）、鈉（原子序數11）、鎂（原子序數12）、鋁（原子序數13）等元素。如若恒星質量超過太陽質量10倍，則中心部份可點燃更大原子序數的元素，直至最後生成鐵（原子序數26）。鐵是恒星內部通過核聚變反應所能合成的原子序數最大的元素，它是一種難以發生核聚變反應的元素，即它不能成為核燃料。

　　那麼，鐵以後的元素又是如何合成的呢？

　　超新星爆發，除了上述的單顆恒星大爆炸外，還有「聚星系」爆發。所謂聚星系是指兩顆及以上的恒星聚集一處所形成的天體系統。一般情形是，太陽質量1.4倍的恒星最終會成為白矮星，如若它的旁邊還有一顆恒星，白矮星會吸入恒星流出的氣體以增加自己的質量，當白矮星質量大到某個上限時，其內部會突然發生非常強烈的核反應而引起星體大爆發。這種爆發會將整個星體吹散，不留痕跡，故被稱為「雪崩式核反應型」爆發。這種爆發也會合成出新元素，如鐵序元素（鉻（原子序數24）、錳（原子序數25）、鈷（原子序數27）、鎳

（原子序數28））。不過，宇宙中「雪崩式核反應型」爆發的現象少見，祇有常態引力崩塌型超新星爆發的幾分之一，所以，以此種方式散佈於空間的元素相對較少。

　　一般言，比鐵更重的元素不是上述方式合成的，它們另有門徑。這種另外的方式叫「原子核吸收中子」方式。大意是說，中子是一種電中性的粒子，不會被帶正電的原子核排斥，反而容易被吸引。原子核多次吸收中子，最後致使原子核中的中子相對於質子出現過剩，為了保持平衡，中子過剩的原子將會將其中的中子轉變為質子。這種現象叫「β衰變」。β衰變的結果，是原來的原子核變成了其原子序數（質子數）增加1的其他原子核。這樣的過程反復地進行，便會有更重的元素被合成出來。紅巨星（質量超過太陽質量的恒星）或紅超巨星中所發生的核聚變就會有β衰變的現象發生。不過紅巨星中的這個過程進行的十分緩慢，故其合成被稱為「s過程」。這裡的s即slow（慢）的首字母。由s過程合成的元素非常多，如鍶（原子序數38）、鋇（原子序數56）、鉛（原子序數82）還有原子序數83的鉍等。

　　s過程之外，還有一種猜想的「r過程」（r即rapid（快）的首字母）。這個過程所要解釋的是像金、銀、鉑、鈾這類重元素的起源，它們不服從s過程。r過程大意是說，在極短的時間內，大量的中子撞擊原子核，使其中的中子數增加非常多，暫時形成中子數極端過剩的原子核，然後發生中子向質子的轉變，從而形成超重元素。不過，r過程的發生有條件要求，即①發生在引力坍塌型超新星大爆發的中心附近，或②由中子星形成的聚星中兩顆中子星發生碰撞的地點。理論預測認為，引力坍塌型超新星爆發時，其中心核心部份不會被吹散，而是遺留下了一顆中子星。原恒星核心在變成中子星時，會噴射出大量的中子，這些中子被恒星中的鐵所吸收，從而合成出更重的原子核（其合成時間僅需1秒）。

而兩顆中子星慢慢靠近時，最終會合二為一，這樣的合是一種嚴重的碰撞現象，從而噴射出大量的中子。由於中子星的表面會有殘留的碳等原子核，它們吸收中子後也會變成重元素。

理解了元素聚變合成的機理，我們便可進一步去理解基本粒子現象。

所謂基本粒子是指不可再分割或分解的物質基本單元。上面提到的質子、中子不被稱為基本粒子，即是因為它們可以進一步分解，而被它們捕獲的電子則是一種基本粒子。理論上，基本粒子是大小為零的一個「點」。

根據基本粒子的功能價值，有理論認為，自然界其實是由3種基本粒子構成的，它們是電子、上誇克、下誇克，質子是由2個上誇克、1個下誇克組成，中子則反之，1個上誇克、2個下誇克組成。這種說法似乎不錯，卻過於簡略，以至忽略了其他基本粒子的價值。亦即說，構成自然世界的的確是3種粒子，然，如若無有其他基本粒子的功能支持，自然世界照樣不能存在。

今天的基本粒子物理學已將基本粒子予以了功能與作用的分類，大致可說為五個類型：a.物質粒子或稱材料粒子，b.媒介粒子或傳遞基本相互作用（力）的粒子，c.希格斯粒子或稱質量粒子，d.反粒子，e.超對稱性粒子（一種假想的暗物質構成單元）。

構成物質的基本粒子可進而分為兩個類型：誇克類、電子及中微子類。誇克類包括：構成原子的粒子上誇克（正電荷2/3）、下誇克（負電荷1/3），此外還有可以構成奇異粒子的粲誇克、奇異誇克，以及頂誇克、底誇克等，其中，電荷性質，粲誇克、頂誇克同於上誇克，奇異誇克、底誇克同於下誇克。電子及中微子類則包括：電子中微子、μ中微子、τ中微子（它們的電荷均為中性）和它們的對應者電子（構成原子的粒子）、μ子、τ子（它們的電荷為-1）。

　　傳遞力或媒介的基本粒子包括：傳遞電磁力的光子（中性），傳遞弱力的弱波色子（它有3種樣態：W^+ 弱波色子（+1）、W^- 弱波色子（−1）、z弱波色子（中性）、傳遞強力的膠子（中性）、傳遞引力的引力子（中性，尚未發現）。

　　賦予一切粒子以質量的粒子叫希格斯粒子。這是一種理論預言應該存在的粒子，現已為歐洲強子對撞機（LHC）所謹慎證實。希格斯粒子的意義在於，基本粒子因為加速度難度限制，即希格斯場的形成，讓粒子（光子除外）不再可能自由地飛來飛去，這便為原子的聚集合成創造了前提，是以才有了後來的物質世界，才有了我們出現的可能性。希格斯粒子（更準確的表達應該是希格斯場）所強加的加速度難度，即我們通常所言的質量。質量是度量運動方式難易程度的量，沒有質量的粒子（如光子）它會自由地飛去，不可構成複合的物質體。據說，宇宙誕生10^{-11}秒時，發生了真空相變，希格斯場出現，原來的光子、電子、上誇克、w粒子之類的粒子均沒有質量，故能以光速飛行，自有了希格斯場之後，電子、上誇克、w粒子等粒子開始有了質量，唯光子例外，於是，質子、中子形成的條件出現了，進而便有了原子的誕生。故知，質量是物質世界不可缺少的相維。

　　所謂反粒子是指與基本粒子的質量相同，而其電荷相反的粒子，如電子的反電子是正電子。據此理論，所有的粒子都有反粒子，反粒子組成的物質，即反物質，它們不能與粒子及由粒子形成的物質相遇，否則會發生「湮滅」。所謂「湮滅」是說，正反粒子、物質均消失，變成了能量，故其後果驚人。反粒子包括反頂誇克、反底誇克、反粲誇克，反奇異誇克、反上誇克、反下誇克，還有反τ中微子、反τ子，反μ子、反電子中微子、正電子等。

　　至於暗物質的單元材料，目前還祇是設想的說法。一般理論認為，標準模型中的基本粒子都有其對稱的粒子，這些超對稱的粒子便

是暗物質單元材料的候選者，它們是，誇克類的超對稱粒子：標量上誇克、標量下誇克、標量粲誇克、標量奇異誇克、標量頂誇克、標量底誇克；電子類的超對稱粒子：標量電子中微子、標量電子、標量μ中微子、標量μ子、標量τ中微子、標量τ子；傳遞力的基本粒子的超對稱例子：光微子、W微子、Z微子、膠微子、引力微子；還有質量粒子的超對稱粒子希格斯微子。

瞭解了基本粒子的類型和形態，我們還得順勢理解物質世界的基本相互作用的情態。

依實情論，基本粒子祇是舞臺上的角色，如果不交流，便不會衍繹出豐富多彩的自然故事。那麼基本粒子之間為什麼會有交流呢？乃是因為這些角色彼此都被施加了影響，這種影響在物理學中叫做基本相互作用，也稱為基本相互作用力。在物理學眼中，這些基本相互作用被分為四類：強力、弱力、電磁力、引力。與之相適應，有四種基本粒子分別充當了這四種力的載體，從而成為了上言的媒介粒子（傳遞力的粒子）。強力的作用、功能是粘合誇克，使之形成質子和中子。據認為，誇克的運行速度極快，或接近光速，而媒介粒子膠子能把上誇克、下誇克粘連起來，限制其飛行，結果便有了質子和中子這類複合粒子。強力也叫核力，它可以在質子、中子之間交換膠子，從而實現相互作用（力）的傳遞。不過，強力雖然異常強大，可起作用距離卻非常有限，祇能在質子大小的區域內，否則就會被「拉斷」。這裡，還有一奇異的物理現象，強力（類似於連接誇克的膠帶）被拉斷後，它會成為兩個斷片，此時，會在每一個斷片的一端生成誇克，而在另一端生成反誇克。這種現象的意思是說，不可能通過斷開強力而得到單獨的誇克。強力是誇克「禁閉」的主要作用者，正是這樣的禁閉，才有了我們現在看到的宇宙世界。故知，強力之功非同尋常。

　　弱力則是一種通過交換弱波色子，改變基本粒子種類的相互作用（力）。它可以作用於誇克，也可以作用於電子。這裡所說的弱波色子有三種：帶正電荷的W⁺、帶負電荷的W⁻、中性電荷的Z。弱波色子的質量非常大，約為質子質量的100倍，這恰是它們作用方式「很弱」的原因。以此，它們作用範圍不會超過質子大小的數百分之一。弱力的一項主要功能是通過交換弱波色子，使一種基本粒子變成另一種基本粒子（有時例外）。最典型者是上面提及的「β衰變」。它是一種使中子變為質子的核反應現象，其過程中，雖然不交換粒子，然卻是一種同弱波色子有關的反應，因而是屬於弱力（弱相互作用）反應的例子。其反應方式是，中子內的下誇克釋放出弱波色子W⁻，結果是中子變成了質子，而弱波色子本身變成了電子和反電子中微子。

　　強力和弱力是兩種祇可能在基本粒子世界中出現的相互作用方式，它們對物質世界的形成以及能量的轉換、物質構成的演變等有絕對的意義和價值。此外還有兩種基本相互作用，是我們這個世界所以存在的依據。

　　通常所說的電磁力，是電場力和磁場力的合稱，它的基本涵義是，原子的中心有一個帶正電的原子核，它的周圍分佈著一些帶負電的電子，電磁力便是使原子核和這些電子保持為一個整體的作用力，或說，將原子結合在一起的力，便是電磁力。電磁力也由一種媒介粒子來承載，它叫光子。現在有理論認為，所謂電磁相互作用是說，在電子之間彼此施加電磁力時，並不是一方電子在「有意」向另一方電子投擲光子，而是帶電的電子總是不停地反復「吸入和吐出」光子，而這些不停地被「吸入和吐出」的光子一旦被別的電子吸收，兩者之間就會發生電磁相互作用。據認為，剛誕生時的宇宙並沒有電磁力和弱力的區別，彼時的光子和弱波色子都能以光速運動。後來，出現了希格斯場，質量為零的光子繼續如故，而弱波色子則因為產生了質量

（為質子的86～97倍之間），於是，這兩種相互作用方式便分離了。

最後一種相互作用或力是引力（重力），它由一種假定的引力子傳遞。比較而言，引力是最弱的一種力，卻是傳播或影響距離最為「無限」的一種力（其強度隨距離而變化）。不過，引力的實驗證據尚不完整。此外，根據愛因斯坦的廣義相對論，他認為引力現象其實是一種「空間彎曲」。這個說法有些含混，關鍵是「空間」的定義。空間是指物質的形體佔有量？還是物質之間的空間距離？還是指決定所有物質之所來的因？定義不同，會改變或產生完全不同的結論。如若說此處所謂「空間」指為無限的能量（如暗能量），則所謂空間彎曲，便如物體拋入空氣（或水）中一樣，會對空氣（水）產生變形壓力，而一切他物便會因自身大小不同作出相關反應，這種反應便是所謂引力。引力究竟是由引力子傳遞的一種相互作用現象，還是能量受重壓所產生的一種彎曲現象，目前不能定論，或兩者均是，亦未可知。相關引力問題，還有一種超弦傳遞論，此說約可理解為「引力子」說的更進一層。

據前文已知，四種基本相互作用是宇宙誕生10^{-44}秒時開始分化的現象，即原本是一種力。為此，現代物理學便要致力於重新將此四種相互作用統一起來，這個理想叫終極統一理論。

依據物理學的慣常思路，所有的相互作用（力），亦即其他所有的宇宙現象必定是由具體的實物來承載的，沒有實物來承載的現象是不可理喻的（暗能量，乃至暗物質便是這種不可理喻的場境中假定的實在、實物）。那麼，四種相互作用的終極統一又如何呢？現在有一種理論叫「超弦理論」，它不僅成為了所有基本粒子的終極之因，也是四種相互作用的統一者。該理論認為，萬物起源於超弦，超弦起源於无。无的真空發生了振盪，於是振盪出了祇有長度沒有大小的弦，這些弦是高緯（10～11維）合相的。弦還有開弦和閉弦之分，開弦轉

變成了如誇克這樣的基本粒子，閉弦則成了引力子，於是這個宇宙開端了。超弦理論目前完全是以物理模型說事，故其局限性很大，若有所開放，以本然之理合而解釋之，或許有學理的前景。

三、生命起源與智慧之靈

我們現在要理解的第三個重要領域是生命現象與智慧的由來，這是最直接關乎我們自己的知識及理論所在，今天的學說已經有比較真實的描述，故值得我們轉述。

生命現象的道理，一直是人們關注的論域，不過，直到1943年薛定諤發表「生命是什麼？」的演講前，人們對此道理的理解多半衹能說是現象觀察。薛定諤的講演將問題引入了分子世界，從此，所謂生命問題，如生命是什麼？生命的起源、生命的構成之類，均由分子生物學來主導，至少，在物理世界中，分子生物學是最前沿、尖端的理論領域之一。正因為有物理學、化學，甚至地質、生物考古學的介入，生命科學獲得了良好的發展條件和基礎，故而有了成熟的學說體系。這裡，根據本書主題所需，我將簡略重述一些相關生命現象的物理知識。[122]

生命是什麼？

今天的生命科學對此問題的回答主要從兩方面入手，一是生命的特徵，二是生命形成的基礎，亦即構成生命的基礎性要素或條件。

生命的特徵被表述為兩點：一是可以自我複製，二是能夠新陳代謝。而代謝又有內外之分：對外可以獲取支援生命存續的養資源；對

---

122 以下內容可參見《科學世界》下列各期：《生命究竟來自哪裡？》，2011，2期，《基因上的生物進化》，2008，3期，《DNA——人之所以成為人，魚之所以成為魚的「設計圖」》，2012，1期，《四價碳演繹有機化學》，2009，7期，本節行文中不再一一引注，特此說明。

內其機能足以將攝入的養資源製造為細胞能夠利用的能量，即食物轉化為大分子ATP（腺苷三磷酸）。這兩大特徵不衹是將生命同非生命劃分開來，更在於它暗示了，所謂生命即具有能動性的物體的要害。

　　生命的基礎性構成要素有三種：DNA、蛋白質、膜。

　　DNA是生命設計信息（圖）的掌控者，由它決定生命的複製、延續。構成DNA的基本單元是核苷酸，其中包括一個五碳糖（去氧核糖）、一個磷酸基因、一個城基。城基共有4種：胞嘧啶（C）、胸腺嘧啶（T）、腺嘌呤（A）、鳥嘌呤（G），它們之間A–T、G–C構成配對關係，從而形成信息密碼。

　　蛋白質是生命體構成的基本材料，或說是萬能材料，它由20種氨基酸構成（氨基酸本身有多達50～2000種之多，其中衹有20種可以合成生命所需的蛋白質），這20種氨基酸可以合成出人體內約10萬種蛋白質。蛋白質是一切生物所具有的不可少的共同物質。

　　膜或包膜即細胞的包裝物或包裹物，它由脂質（磷脂）分子雙層排列構成，其中親水的頭部向外，構成膜內膜外的表面，恐水的尾頭向內，相互粘在一起，形成膜的內部。膜為細胞提供了封閉的場所和環境，細胞正因為有包膜的包裹，才成為一個相對獨立的構件，可以自行處理、完成生命行為。

　　正是這三種基礎性的生命要素組建了（如人體）約60萬億個細胞，這些細胞均由一個受精卵分裂而成，並且依其功能作用不同，可分為270多種類型。故依物理所見，所謂生命，即完整具備了這三大基礎性生命要素的物體。

　　瞭解了生命構成要素，接著我們便要問生命是如何起源的？這是一個尚未有答案的問題。問生命如何起源，而生命又是由DNA、蛋白

質、包膜三者構成，勢必就得進而追問，此三者誰先產生？抑且同時產生？特別是蛋白質與DNA誰先產生的問題，更為重要。

現代分子生物學認為，生命的誕生必有四個步驟：a.甲烷等簡單有機分子的大量存在，b.這些簡單分子足以形成氨基酸等複雜分子，c.出現了DNA、蛋白質等構成生命的物質，d.這些物質組合起來，形成了最初的生命。這四個步驟中，a、b這兩步並不太困難，古代海洋、灘塗、火山爆發、隕石諸環境、條件均可大量製造出甲烷，甚至於氨基酸，問題在於c、d兩步中，最初的氨基酸如何合成為了蛋白質？DNA又是如何掌控了生命信息的？相關此種難以解釋和說明的難題，學者們提出了四種假說，現羅列如下。

假說一，RNA起源說。該說認為，最早產生了一種核酶，它承載了設計圖與製造裝置的兩種功能，從而實現了代謝和自我複製。

假說二，蛋白質起源說。世界上蛋白質的種類非常多，絕大多數是無用的，有用者僅佔1/千億，RNA借無用的蛋白質複製出了有用的蛋白質。

假說三，RNA、蛋白質各自獨立起源，後來聚到了一起，組合出了生命，進而分工，RNA傳遞信息，蛋白質製造裝置。

假說四，生命在包膜內部進化完成，即由磷脂分子相互結合，形成封閉的膜圈，此膜包裹進了RNA和蛋白質，它們在此封閉實驗室中相互作用，最終實現了衍化。

假說四其實是在假說三的基礎上延伸出來的，所以二者相近。這四種假說都有些道理及孤立的證據，故很難抉擇，也許假說四的道理要充分一些。一般認為，DNA與RNA是同類物質，且RNA先於DNA產生，後來（具體時間不定）它們之間開始分工，DNA祗掌握生命設計圖（信息）本身，RNA則充當信使和執行者。它們所要做的工作就是

組裝蛋白質，使生命在蛋白質的承載中延續。這樣，我們便需要理解生命的複製程序。

　　生命的複製程序包括兩大方面，一是DNA複製新生命者，二是DNA指令製造蛋白質，以形成生命構成的載體材料。

　　DNA複製生命的程序開始於自我拆開程序。

　　DNA是由四個城基相連的雙鏈結構，一當需要複製新生命，該雙鏈就會被一種DNA解旋酶拆開，成為兩個單鏈（此時還有幾種酶參與此過程，一種是防止DNA再度結合成雙鏈的蛋白質，一種是防止DNA聚合酶從DNA上滑落的蛋白質，這幾種酶施加了對DNA的控制，而後被控制的單鏈DNA進入聚合酶中），每個單鏈便會各自與周圍漂浮的大量核苷酸結合，形成新的雙鏈。所形成的新鏈與原單鏈一模一樣，於是就有了兩條雙鏈DNA。這就是所謂DNA複製。DNA在細胞分裂前就開始複製，以此，46條染色體變成了92條，然後細胞分出兩個中心體，染色體被拉向兩極，最終就分裂為了兩個細胞。此過程的完成，即新生命體的開始。

　　DNA製造蛋白質的程序與方式。

　　DNA是常住細胞核內的複雜大分子，它不能自由行動，而蛋白質則生活在核外，二者之間有距離。蛋白質不能自己生成，它得接受來自DNA的指令，然後被製造。在距離一定的前提下，這項工作得由中介者來完成，這個中介者是RNA。RNA本質上與DNA屬同類物質，然構造和功能有別。其構造差別有二，一是所含糖分子中，RNA多了一個氧原子，這致使它在化學上極不穩定，所以不能成為決定者；二是四個城基中，RNA用尿嘧啶（U）代替了胸腺嘧啶（T）。功能的差別更為明顯，要之，DNA是設計者、主宰者，而RNA則祗是信使、傳遞者及操作者。

完整的製造蛋白質的方式約略如下。

第一是設計命令的傳遞和修正程序。DNA的雙螺旋結構在RNA聚合酶中被解開，對應一條DNA鏈形成一條RNA鏈，並從此DNA鏈上獲得設計信息，此即轉錄成功。然後，獲得信息的RNA與DNA脫離（以單鏈方式），進入下一道程序——基因剪接。此程序是由一種叫「剪接體」的裝置（由蛋白質和RNA組成，附著在RNA上）負責剪除無用的基因（人體中有75%的基因被剪接過）。除去的部份稱為「內顯子」，保留的部份稱為「外顯子」。經過剪接後的RNA即可指揮合成蛋白質，故此RNA被成為信使RNA（mRNA）。蛋白質的合成是在核外的合成工廠——核糖體中進行的。

第二是蛋白質的製造程序。蛋白質是由20種氨基酸合成的，它們得由RNA從中挑選出與設計方案相對應的氨基酸，並將其連接起來，才能形成所需蛋白質。這一選擇氨基酸並逐個排列它們的工作是由另一種RNA完成的，這種RNA叫轉運RNA（tRNA）。tRNA的一頭有三個特定的氨基酸（反密碼子）與mRNA的三個氨基酸（密碼子）相連接，另一頭則去挑選相對應的氨基酸，然後依次進入核糖體內，將自己挑選的氨基酸添加在前面搬運來的氨基酸尾端，這個氨基酸鏈最後就形成為了蛋白質。完成工作後，tRNA就離開核糖體。

第三是折疊程序。由tRNA選擇和排列的蛋白質還祗是初級產品，要成為成品，還得經過一個加工程序，這便是蛋白質的折疊。為什麼要折疊呢？因為，蛋白質的性狀取決於氨基酸的排列方式，而蛋白質的性狀則決定蛋白質的功能，所以，依據不同性狀需求，必須要對蛋白質進行折疊加工，以成就終極產品。蛋白質的折疊工作有些可以自行完成，有些則不能自行完成，它們要依賴一種叫HSP60（熱休克蛋白60，也稱分子伴侶）的幫助，才能完成折疊。即使如此，也有可能出廢品，廢品蛋白質會被打上泛素標記，送入蛋白酶體中切碎，回爐

為氨基酸。祗有折疊正確且成功的氨基酸鏈才能成為真正的蛋白質。

其實，還有一個非常重要的程序我們沒有說到，這個程序是生命複製程序和製造蛋白質程序所共有的一個前序程序，可稱為DNA的纏緊與鬆弛程序。

這個程序的前提是，生活在細胞核中的DNA呈長鏈結構，可長達2m，它不是亂雜無章地堆在細胞核內，而是纏繞著一種叫做「組蛋白」的軸芯上，形成一個個線軸，這些線軸再折疊在一起。這樣，長長的DNA就被非常緊湊地安放在細胞核內了（細胞核為細胞的1/10至數分之一大，細胞的個頭約0.002～0.1毫米）。DNA在每個組蛋白上祗纏繞1.7周，再接著去纏繞下一組蛋白（組蛋白為直徑11納米的圓基蛋白質，由8個蛋白質單體（A2A、H2B、H3、 H4，每種各2個）集成的聚合體，帶正電荷，DNA帶負電荷，所以很容易附著在一起）。這樣的纏繞和折疊存放在複製生命和製造蛋白質時是需要解開的，於是就產生了這裡所說的緊致與鬆弛程序。該程序的大意是，如若要使DNA纏緊組蛋白，便讓DNA甲基化，即在胞嘧啶（C）上結合一個甲基，甲基化的DNA是不會被RNA轉錄的。而如若要鬆弛則有多種方式：a.除去組蛋白，b.將與DNA結合的組蛋白的一部份更換為另一種較為鬆弛的組蛋白部件，c.在組蛋白上貼附一種特殊分子（官能團），改變DNA與組蛋白的結合強度，使之鬆弛。經過這些方法處理，DNA即被轉錄。

瞭解生命的複製程序，最後我們還得稍稍理解一下有關生命現象的幾個基本命題。

現代分子生物學理論確認了如下命題：

命題一，地球上所有的生命者均是最早的那個DNA的複製品。這可視為一個非常重要的命題。在此命題之下，還有下列相關命題亦得重視。

命題二，單細胞已經準備了後來多細胞生物差不多全部的基因。

命題三，基因突變有三種可能性：有利於生存、不利於生存、中性的，而推動生物進化的主要是有利於生存和中性的突變。

命題四，與腦功能相關的某些基因在產生腦和神經系統之前就已經存在了。如8億年前的真渦蟲（最早的具有原始腦的動物）有116個特定的腦基因，而人腦與之相同者多達95%以上。

命題五，包括生命物在內的有機物其實祗是10種左右前序元素的產物，它們以碳為「骨架」，構造出了有機物及生命者，有機者所表現出來的性質不是由所含的元素種類不同（無機物正是如此）決定的，而是由於這些元素結合的方式不同決定的。

上述這些命題有很多特殊的意義包含其中，我將在下一節中給予相應的回應。

理解了生命現象，接著我們要瞭解現代生物學及心理學相關大腦或智慧現象的知識表達。

大腦是智慧的載體，智慧是什麼？恐非物理所能解答，然載體之理卻還是頗有說法。[123] 廣義的大腦專指人腦而言，而在構造學上，大腦祗是人腦的組成部份之一。人腦總計平均重量1200～1500克（或1400毫升），它由大腦、小腦、腦幹、間腦、腦梁、腦室，以及尾狀核、殼核等組織構成。其中的大腦又由大腦皮層（灰質）、白質、大腦基底核諸組織架構。再其中，大腦皮層是大腦的主導部份，它由兩類細胞構成，一是神經細胞，也稱神經元，二是神經膠質細胞。神經膠質細胞實由四種細胞構成：星狀膠質細胞，負責向神經細胞提供營

---

123 相關大腦的知識、學說可參見《科學世界》以下文章：《人腦：自然搭建的智慧網路》，2011，5期，《潛入大腦》，2010，11期，《意識：無形自有形》，2012，6期，行文中不再一一引注，特此說明。

養物質，清除細胞外側多餘的離子，輔助神經細胞活動；小膠質細胞，負責診斷神經細胞的健康狀態，修復受損神經細胞，清除損壞的神經細胞；另外還有兩種功能不明細胞：少突膠質細胞、施萬細胞。

大腦皮層（灰質）約幾毫米厚，呈褶皺狀鋪在腦的表面，解剖得知，大腦皮層是由若干感覺柱排列組成的。感覺柱可分為六個層次，神經元就在這些感覺柱中，每個圓柱中約有2500個神經元。神經元是大腦的主要功能體，它由胞體、樹突、軸突、突觸等部件組成。胞體作為功能主體，負責信息的接收及處理，而樹突、軸突、突觸則負責傳遞信息、交換信息。人腦中總共有1000億個以上神經細胞，每一個都與其他數個或數萬個神經細胞相連，從而形成大腦的網絡結構。神經元內部的信息傳遞是由電傳遞完成的，相互之間的信息傳遞則是另外的化學傳遞實現。這種化學傳遞的使者是一種叫「神經遞質」的化學物質。造成這種結果的原因，乃是細胞之間的連接點「突觸」間有微小的間際，電信號無法通過，祇有化學傳遞才有可能。

大腦皮層之外，大腦組織還包括白質和大腦基底核。白質位於皮層內側，它沒有神經細胞，但有從胞體延伸出來的軸突（神經纖維），軸突是神經元傳遞信號的回路。

腦的其他組織，如腦幹（包括延髓、橋腦、中腦、間腦等）小腦、腦梁之類，這裡就不一一說明了。

有了大腦構造的基本瞭解，我們可以進而觀察和理解人腦究竟有何特別處？為簡明見，我先羅列人腦的特別處。

1、容量大，人腦平均重量約1200～1500克，或1400毫升，這是其他靈長類沒有的構造（能人600毫升，直立人950毫升，尼安德特人1500毫升（它們的消失是個謎））。而根據另一種評價指標，即腦體比（體重與腦重比，取動物平均標準計）看，人的指數是7（海豚5，黑猩猩3、烏鴉2、鯨魚和大象1）。

2、大腦皮層變厚，面積增加。

3、神經元多，達1000億以上，其中非常特別的是一種巨型紡錘神經元，人腦中有90個之多（倭猩猩70個，黑猩猩40個，大猩猩20個）。

4、基因特殊，人腦中有一些獨有或其他動物少有的基因，如FOXP2（語言能力基因）、MYH16（咀嚼肌變小基因）、MCPH1（腦變大基因）等。

5、神經元呈網絡結構，這種結構非唯人腦獨有，然其網路結構的複雜程度，相互連線數量的爆發式增加，卻是人腦之特出，它強化了人腦的信息處理能力。

6、大腦皮層中有四個特別發達的區域，或為人腦獨有，或為人腦更加特別。這四個區域是：

頂下小葉（布洛德曼40區），具有抽象能力，提供概念；

布若卡氏區（布洛德曼44、45區），負責語言交流，是人類文明的前提，

額葉前端（布洛德曼10區），大腦司令部，具有控制大腦、自我抑制、解決問題的能力；

帶狀前回（布洛德曼32區），具有站在他人的立場上思考，以及交流、互助、溝通的能力。

以上六種特別處，可分為兩類，其中，1～4為物質化的特殊，5、6則為功能化的特殊。一般說，功能化的特殊雖以物質化的特殊為基礎，可其進向更能代表特殊的本質。從中我們似乎感覺到，大腦更傾向於向溝通、理解、互助、公共方向演進。若此，這則在更深層意義上提出並回答了一個問題：各種動物的腦主要用來滿足個體生存及

種的繁衍之需，而大腦之特出則在極力隱藏和消解此種私利功能、價值，反向呈出公共、互助、交通、理解之功能與價值。既為人，何所往！

四、人擇原理

　　人擇原理，亦稱「人的宇宙學理論」，為上世紀60年代末創說於西方的一種新興的人類中心主義學說。這個學說的核心觀點是：宇宙是為人類製作的。它最早由美國科學家R.H.迪克提出，他認為，宇宙在某種意義上湊合著創造了我們，祗要某些物理常數稍有輕微不同，我們將不會在這裡。他的理論通常被稱為「弱人擇原理」；1973年，卡特在紀念哥白尼誕辰500周年的一次學術討論會上（這非常有趣，哥白尼是最後一個把人類中心主義趕出科學界的人），又發展出了一種「強人擇原理」：宇宙之所以存在，是因為我們存在。現在，這一理論獲得了快速發展，已出版了一百多篇文章和幾本學術專著，並超出了自然科學的範圍，在哲學、宗教、文化等領域引起了廣泛的討論。一些新的提法如「設計論證」、「參與論證」、「自組織宇宙」等已呈示出來。他們都試圖回答：為什麼宇宙恰恰這樣安排，而不是別的安排？讀者對此學說如欲獲得進一步的理解，可閱讀：J.Gribbin、M.Ress：《宇宙的巧合》（《世界科學》，1990，11期）；M.D.Lemonick：《人又回到了宇宙中心嗎？》（《世界科學》，1987，9期）；Ю.B.瓦拉紹夫：《現代宇宙學中的人的論證》（《自然科學哲學問題》，1989，1期）；D.萊澤：《宇宙中序的增長》（邱仁宗主編：《國外科學哲學問題》，中國社會科學出版社，1991，P216～236）。

　　為人擇原理尋找證據是非常容易的事，我們先姑且一睹宇宙中的

事實。

在可視宇宙中，稱為輕元素的氫和氦佔了宇宙總質量的99.9%，重元素即氦以下的全部元素祗佔了0.1%。氫和氦的分別豐度為75%和25%。輕元素不斷向重元素經爆炸機制衰變轉化。組成行星和生命同構的主要成分如氧、碳等元素正是這些輕元素轉化的結果。早期宇宙學認為，最初的大爆炸至多祗能加工成鋰元素（序數號為3），這是因為它的能量級太高，不能生成序號3以後的其他元素。在超高溫、超高壓的條件下，氫必然地轉化為氦，但這一結果不是能量交互作用的唯一形式，至多祗是三種可能結果中的一種。這三種可能的結果分別是：全部轉化為氦；根本不產生氦；轉化生成正確比例（如現在看到的這樣）的氦。那麼，現行宇宙的結果，即正確比例的氦又是如何製作的呢？科學家經過長期的探索，終於找到了內中的原秩序機制——弱相互作用的制約。也就是說，當弱相互作用適中時，便生成比例適當的氦。非此的另外兩種情形分別是，弱則全部轉化為氦，強則根本不生成氦。強調適當比例氦的意義是，因為氦是生成碳的主要前序元素，而碳又是生命構成的骨架元素。如果恒星全部由氦組成，它們就要迅速燃盡，很可能沒有足夠的時間形成行星雲，當然更沒有時間形成行星和演化生命。這也許是第一個（？）可被考察的人的宇宙秩序解。

元素還在繼續向後序生成轉化，但它的能級已經降低——恒星生成的能級。一般說，在這種溫度條件下，兩個原子核碰撞並膠粘在一起便可以形成新核：核子共振。然而，這種碰撞的結果也不是唯一形式的，它至少也有三種可能的形態。其一，如果射入核的能量過大，將導致被撞核的爆炸，不出現新核；其二，如果射入的能量太小，兩核會一擦而過，也不發生任何實質關係；其三，祗有射入核的能量適中，才能發生共振，產生新核。這意味著，兩核的能量總數祗有恰好

和新核的一個自然能級（每個元素核都代表一個自然能級）相等，新核才會產生。物理學家把這叫做能量匹配。生成新核是嬗變後序元素的根本前提。

就生命現象所依賴的必要條件言，這一理論所要求的宇宙條件是：能夠合成生命的重要元素碳–12是由氦–4和鈹–8實現共振或能量匹配而嬗變成的。實驗顯示，兩個氦–4核碰撞會嬗變出鈹–8，但鈹–8是一種特別不穩定的元素，其核的生存期祗有10^{-4}秒，且會在這期間內分裂成較輕的粒子。所以必須在它衰變前就要受到第三個氦–4的撞擊，並保證它們能膠粘在一起，否則，就不會有碳–12嬗變生成。

共振理論還認為，核都有自己的能量臺階，一個核撞擊另一個核的結果祗符合第三種可能的條件，即組合能正好相當於新核的能級時，新核才會產生。實驗中的氦–4和鈹–8相撞的結果比碳–12所要求的能級差4%。除非有足夠的動能在兩核碰撞的過程中補足之，否則碳–12仍是難以生成的（碳–12和氦–4可以生成氧–16，由於它們的碰撞高出氧–16能級1%，所以不發生共振。否則，所有的碳都會被加工嬗變成更重的元素，生命依然不會呈顯）。如何補充這4%的能量呢？非常簡單的解釋說，氦燃燒的恒星中心是如此地熾熱，以致那裡的熱運動能提供這一微小的差額。共振就在那裡發生，從而保證了足夠的氦核嬗變成碳核。很顯然，一種於人擇有利、有序的原秩序機制又在這一過程中發揮了作用。

當然，任何一個孤立的碳–12都不會發生什麼特殊的後果，任何新核也不是一個一個地生成的。上述理論祗是簡略地描述了新核生成的一般機理，尚不足以解釋何以形成以碳為骨架的生命現象。生命同構的自足、互助過程如果沒有前此的若干恒星像超新星一樣爆炸，摧發難以勝計的重元素隨著爆炸波一齊向外擴散，形成重元素塵暴，進而形成行星和生命，那麼，現時空的一切現象都是不可能的，包括你我

在內的生命同構亦無以呈顯。然而，這種偉大的爆炸、擴散也不是某種能量同構交互作用的唯一結果，至少也有三種可能性在理論上已被指示出來。

一個相當於太陽質量20倍或20倍以上的恒星在燃盡燃料時，其上面的物質會形成向心的巨大壓力，並以15%的光速垂直下落向中心擠壓，使內部結實。這時，電子和質子便大量地合併形成為中子。新核材料迅猛地重新結合，同時向外散發激波，飛速反穿通過恒星。然而，這種反穿並不容易成功，由於恒星物質的密聚和厚度，通常會使激波受阻。受阻的激波大量聚結後（尤如洪水被攔在了水庫內），試圖通過移動整個恒星質量來釋放其聚結的能量。不過，如果沒有其他能量的幫助，激波的這一企圖肯定要失敗。幸運的是，受阻重元素激波的逃逸和擴散企圖，輕易地找到了能量幫助（就像一座嚴重超載的水庫恰好又遇上了颱風一樣）。這種幫助來源於該恒星核心受壓力時產生的中微子——它是一種幾乎不願意和任何東西發生相互作用的輕子，常被戲稱為「自由粒子」，它可以不受影響地通過填滿地球到太陽之間這麼厚的鉛層（鉛的密度是11.34g/cm^3，扔過鉛球的人都有關於鉛的體會）。受阻減慢的重元素激波的質體是如此密集，以致大量的自由粒子中微子也被擠夾在它們中間，於是，中微子的穿透能量加強了激波。現在，經中微子加強後的激波可以把恒星外層沖散（狂風巨浪中，水庫的堤壩衝破了）：恒星爆炸了，重元素隨之形成塵暴擴散到宇宙之中。

這種爆炸和擴散也取決於弱相互作用。它的弱、中、強三種程度，恰是決定重元素是否能夠擴散的機制。當它弱的時候，中微子會穿透密集的激波，透過恒星，自行逃逸，去享受它的自由去了，結果當然不會幫助重元素擴散，更不會有由重元素組成的行星和生命；如果強，中微子會被強制捲進恒星核心的核反應，無法逃逸，在那裡，

非但重元素激波因缺少幫助難以擴散、逃逸，而且整個星體也有可能繼續坍塌，形成黑洞；祇有弱相互作用強弱適中，才會有足夠的中微子從核心逃離出來，並連帶推進激波擴散，最後導致超新星爆炸。

以上是由天文學和物理學共同發展並得到了部份觀測證實的理論。人擇原理學說統合宇宙學、星體物理學、分子物理學、粒子物理學、有機化學、生物學、人類學，從一個角度解釋了一條比較清晰的人類之產生、自足的真必然與非真必然，或必然性與或然性交互作用的邏輯關係鏈。其基本結論是，宇宙在自足的過程中，其互助作用的機制必然要創造出它的觀察者；這一必然是一系列隨機性巧合的結果。

該理論的後半節可以這樣描述：

超新星爆炸，使空間彌漫著大量的重元素塵暴，並在相互作用的環境中形成為行星。通常情形下，早期的行星結構是稀疏和不穩定的，在自轉和公轉的過程中，產生了向心力收縮，致使質量較輕的元素、分子逃逸到星體的週邊，形成行星的大氣層。這時的行星被厚厚的雲霧所覆蓋，不見天日。如果溫度、氣壓、磁場等條件合適，這些雲霧就會形成降水，長時間的降水，使行星上的低窪地區變成了永久性水域——海洋。至此，那些飄浮在超新星塵暴中構成生命的必要元素如碳、氫、氮、氧等便在合適的陽光、溫度、氣壓、磁場，特別是海洋的條件下互助、斂聚、攝相、自足，終至生命現象呈顯出來。

最早的生命現象可能是厭氧的。很顯然，這對一切動物言，不是好先兆。由於突變，一種生活在溫暖淺水中的藍綠藻形成並繁衍開來，它們將過量的甲烷、二氧化碳、碳水化合物轉變成氧，最後造就了富氧的大氣，為高級生命提供了生存的條件、環境。

依西方物理之見，生命是互助、自足、交流的必然所呈顯現象，

它除了呈顯本身以外，沒有任何具體目的。現代分子生物學甚至認為，地球上的全部生命現象均不過是最初那個DNA（脫氧核糖核酸）生命同構的複製和複雜化，不論變形蟲，還是萬有之靈的人類。所有在這一過程中具出的各種功能、屬性，都是生命呈顯的副產品。

這的確是一偉大的聚煉、會聚、耗散、攝相、歷煉、煉化的互助自足過程，其間，生命出現的可能性不是唯一或絕對的，這種或那種條件的缺失、偏差，都有可能導致完全不同的結果。比如在地球上，當我們回憶或研究生命現象時，幾乎可以結論說，每一環節都是巧合，這些巧合所構成的鏈條便是生命現象呈顯的必然。

理解宇宙行為和其過程，的確很容易發現它最終指向了人類，這在研究現代物理學、天文學、生物學的學者們那裡，幾乎是不言而喻的，[124] 問題是，為什麼指向了或選擇了人類？是為了人類成為這個宇宙的中心嗎？

第二節　以物化物，使物善於物

1713年，牛頓在他的大作《自然哲學之數學原理》（簡稱《原理》）第二版中，增加了一個著名的「總釋」，1725年第三版時，他又對「總釋」作了補充。這個「總釋」中，他有如下之說：上帝以一種完全不屬於人類的方式，一種完全不屬於物質的方式，一種我們絕對不可知的方式行事。……我們祇能通過他對事物的最聰明、最卓越的設計，以及終極的原因來認識他；……我們隨時隨地可以見到的各種自然事物，祇能來自一個必然存在著的存在物的觀念和意志。……

124　參見[美]比‧布萊森：《萬物簡史》，第8～9頁，南寧，接力出版社，2005年。

而要做到通過事物的現象瞭解上帝，實在是非自然哲學莫屬。1730年再出版的他的另一部名著《光學》，其附加的「疑問」中，亦有近似的看法。牛頓說：自然哲學的主要任務是不用虛構的假說而從現象來論證，並從結果中導出其原因，直到我們找到最先的原因為止，而這原因一定不是力學的。……那麼，我們在宇宙中看到的一切秩序和完美又從何而來？……從現象看，豈不就有一位沒有形體的、活的、智慧的、無所不在的上帝，他在無限空間中，像在他的感覺中一樣，洞察地看到諸事物本身，深刻地理解並全面地領會直接呈現在他面前的事物！（疑問28）。

　　牛頓之言，道出了一個真相，那就是物理的有限性，而世界恰是無限的。這樣的真相即使在今天這樣物理理論飛速發展的時代，也照樣直面逼人，無法逃避。牛頓當年引出上帝，正是他想以此來救濟他窘迫的心態。牛頓的遭遇不是個別性的非典型事件，反而是整個物理理論體系（包含社會物理在內）逃無可逃的事實。何以致此呢？

　　物理，不論它研究何領域，祇要是物理，就一定帶有先天的局限性，這就是它祇是在之理、物之理，沒有實在的承載，物理即不存在。因之，縱然是研究整個宇宙完整之理，亦還是此宇宙之理。問題就出在這此宇宙上。我們的宇宙祇是世界的組成部份之一，而且是其中的一小局域，或形化之局域，除此之外，還有相的世界、原的世界（並非真實的分割，祇是概念上的分殊）。更重要的是，這個形化的小局域，在因果關係中，它處於果的位置，它的前面有因，還有原，不識因與原，斷難知會果。因此，道理之說，當然就應該包括實在之理，非實在之理，有之理，亦无之理。或說真正的理是有无貫通、在不在穿透之理，這恰是物理所不能的。離開物就沒有理，早已成為了物理的死原則。因此之故，時值至今，相關所謂暗能量、超弦之理，仍然祇能用物理去解說的根本原因，即此。

　　物理的困境在於，既不能棄物去說理，而不棄物又說不出真理。於是，所說之理就祗能是暫且之理、相對之理、可證偽之理。當然，從過程講，此種窘境也無大礙，一當時過境遷，它自動會成為歷史和過往，故無需過於慮憂，祗是，明瞭此意與此境當是智慧之應然。

　　本書所論為自然神，此神之意志創化了宇宙世界，因之也有了我們。我們之為我們，在於我們有智慧的特定。而其實，智慧之所由，恰是原意志的顯化，我們碰巧成了這顯化的載體。顯與隱的邏輯是，承載智慧的我們必得要去記憶出原意志的完整與全義。這樣的記憶是從個別、具體、感覺和物化開始的，這是實在世界的現實。無論出於什麼動機——如本書前面所說——各種、各個文化域都有返還、追索神的衝動與傾向，唯其關於神是什麼，以及返還過程中如何超越之類，相互間有著巨大的差異。有的視神為圖騰、物、靈，有的視神為位格主體或主宰者，有的視神為有意志而無位格的決定者，有的則視神為義理的絕對，也有視之為理性的裁決者，如此之類，大可見出進階的差異。不過，這裡要理解的，已非上述這些神態類型，而是物理世界中予神以物理解釋的衝動。

　　我們已知，文化或文明的過程意義在於，它能不斷地給予各種物化的、具體的、個別性的、地域性的、群域性的神以抽象，以便從中尋找出共通性。這一過程的現代結果，是神的義理化。義理化使個別性丟失，亦使神的本義漸顯。至今，我們注意到，無論現代宗教，還是世俗的理智體系，抑或性智體系，都表達了此過程中的特性：既綜合了古來之神意的共通性，又保留了難以失去的地域或群域文化的拖贅，使相關神的理解和解釋本身成為了對抗、紛爭的由頭。與這些體系相比較，相關神的物理解釋祗能算是間接解釋。此解釋的本意旨在解釋世界的物象或現象，可結果卻大出意外，最終歸向了神。當物理學宣佈宇宙起源於无時，當宇宙論宣佈有形宇宙實際上被「暗能量」

所主宰之時，我們已不可疑慮地知曉，物理進入了神的懷抱。

物理是物之理、在之理、事之理，而非世界完整之理，所以它無法解釋世界之整體與完整，更無法還原世界的全義。而若當物理還有自我中心、功利至尚諸俗套枷鎖之時，則物理非但不能解釋世界的完整與全義，抑且也解釋不了局域性的全體與完整。

世界之理本為物理加本然之理，二理之合即完整之理、全義之理。故知，以物之理說世界，世界必不得真說，以事之理為世界，世界必然起紛爭，以在之理安頓世界，世界無法不他因化、異鄉化。以在或實在為說，祗能有自我、有感覺，以及有理性，有物理，此外難有他想。而其實，在非孤在，實非真實，它們由之非在，由之不實。所以，為理之要不當祗說在，祗說實，那些終是非理之說。所謂理，當貫通在與非在，實與非實。如此之理，是貫通之理，是同一之理。

在非孤在，實非真實，顯見實在之理是無終之理。所以如此，乃是此在與非在、此實與非實有二義無法迴避：一是在和實由之无而顯，所謂實在即无所顯的結果；二是說，所謂在非孤在，恰是要理解宇宙是共在、是互顯。此二義表明，說世界之理，不當離无、沒原而說理，也不應祗說個體、點－子自在之理，而當說有无之通理，群有之共理。

說有无之通理，就必得說无之理，而此理又是無說之理，不可說之理，或說離開了有或在便無法說无本身之理，亦或說它必得要借助有才可說的理。足見，物理祗說物本身之理，而不能從中引出无之理，非在、非實之理，實非真正的物理。正是這個原因，導致東方義理說理之時，均堅守有无不二為說理之不二法式，以求從不二中說出貫通之理。如前文提及的梵我不二、色空不二、智慧不二、自然不二、性命不二、道德不二、心性不二、體用不二諸論，貌似差別，其

實一也。自來，東方之義理即死扣此貫通之理，求不二之解，而相應之西方義理，則因斷裂本原之故，其理多不求貫通，更無不二之訴求，祗好自為自畫，走上了自在為理、以實為理之路，不通不解之下，便不免外求他因，以為援助，於是便有了上帝之理、他因之理，或強設的人為之理。

實在之中，理性與物理為最高之理，它們的缺失之所共者，是沒有貫通有无，然其理之應然，並非孤立之在理，反而應是群有萬在諧和之理。目下，此理膠著於形、物、因、滯之限，不得解脫，而其必然則恰會解脫他去。何以會至此和如此呢？至此之因乃在於，此理發端於自我，或說為自我之爭、之需而為的解救之說，漸後，變慾望為理性，變感覺為共識，是以方成就了理性之大義。故知，自我實乃理性生發之因。那麼，自我何來呢？它恰是世界因形固、物滯而有的必然現象，此其一。其二，此現象復又被智慧所修飾、所作用，進而成為了觀念、文化和意識形態體系，以此，自我終告成立。當然，自我要成為義理和實在的主導意涵，還得有第三個條件，即自我者其存在或生存環境是惡態化的，生存或存在的不易，會強化自我的文化進動。此表明，以形物固滯之設去理解世界、感覺世界，必致自我為大、為先，祗是無計的爭端紛擾中，諸自我才會為長久計，為好的生存狀況計，趨於妥協、合意，於是，理性才得以臨世。理性之理在險惡、不利的生境中是一種有效、公平的理（必包含制度支援），卻非是世界之真理，而祗是形物固滯的救濟之理。

何以說此理必得解脫他去呢？這首先是因為世界不是形物固滯的，反而是流轉變換的，既使物在，也在流化之中，因之，暫且之理，一時之理當不得真理。既是流化不居，所謂真理當然祗能是貫通之理，非自我之理。以此則知，諸在諸有是其實而非其真，真者乃虛无本原，它意欲以實證其真，所以才有了我們的顯化。進而亦知，顯

化本身並非目的，而是手段和過程，終極恰是還原本原本身。此還原有二義，一是由有而歸无，二是形物自化，有其顯而無其我。在不為我，不是說沒有在，而是說在不囿於在，不困於在，不滯於在，不礙於在。這意味著，我們要超越以在養在的巢臼，步入以相養在的境域（詳後）。一當以相養在，自我、自在之類的在見、在識、在念、在慾均會自行消解，世界盡顯即體即用之不二真義。

以物理言，此理已不期而至。何說呢？所謂在、形、物之說，是從所來至當下言的結果：本原相化，諸相同構。我們為此結果本身，我們亦受著此同構方式和局限性的壓迫，所以我們多祗會以此結果為說。其中，除了因智慧所產生的觀念和感覺支持的此固、滯的需求外，我們還有一不得不承受的缺損，這就是我們因物、形所固，致使其化物、化形的能力不充分，不能以構成之因（相）去滿足我們的養需求，反而祗能被動地囚困在以在養在、以物養物的窘境中。這讓物、在之間形成了直接的對抗、衝突關係，而將其所來、所源的共因、共由、和諧之義排斥出了感覺之外。這樣的缺損是顯化過程的缺損，它得在過程中漸慢修補。那麼，該如何修補呢？這就涉及了物理的意義和價值問題。如若物理是貫通之理，是還原求因之理，則知，我們所承受的缺損、不足，均將由物理的還原方式予以解脫。以此，我們方可去以在養在、以物養物的初級與簡陋，而進入以相養在的勝境。

這裡所說的還原，其實是物理進路的不二法門。所謂還原是指，物由何來，便由何化去。或即說，我們由之諸相同構，則諸相乃是我們得以成形、成物之因，我們之所需，實即此諸因之需，而非它們的結果諸物、諸在之需。因此，若能以諸因為養，則諸物、諸在之間便無由衝突、對抗、紛爭。此意亦表明，物理何以成為物理，即它是物之構成之理，物之所因之理，物之功能之理，物之價值之理，更是諸

因關係之理。今日之物理已探知了此進路的門檻：量子為基礎，超弦為啟發，相互作用趨於終極統一，有生於无。從中，我們發現，所謂還原，其理路正是通過解物、化物而實現的。因解物、化物而發現物的奧秘，亦發現物的功能、價值，更漸近了物之為物的因境。如此之類，可以說是現代物理盲動演化的意外所得，而此得，恰正是還原證成原意志的必由之路。在這樣的發現中，我們已隱約地察覺到，我們所需之養，其實並非你所佔有、使用、消費、把握的那個物、那個在、那個寶件，而是那物、那在、那件的因，即相。可說，唯相才是真正的養源。我們素知，凡是可佔有、可使用之物都是有限的，故總有資源稀缺的問題，而其實，這是假象，真相是，養源無限，唯其入相界。所以我們得化物入相，解物還相，以此可在無限的養中生存、存在。

依上言道理之說，物理應當是人類完整智慧的映顯，這種智慧既包括理智，也包括性智，而其實，我們的物理基本上祇是理智的結論，幾乎與性智無關，以致物理成了觀察者之理，而非參與者之理。觀察者是不同於參與者的一種角色，他是外在者。作為外在者，他的長處是，方法上客觀，以此可形成真實、具體、詳實的知識，而其不足則在於，預設的虛假、錯誤，以致其知識成了主詞性的知識，目的是為了自我和功利，終致世界的割裂。參與者則不然，他是自身，其己我不能成為目的，他得以能動與自覺的方式去踐履自己本身的使命和責任，所以，他是性智主導的，理智祇是過程中的手段和憑藉，故其知識是關聯化的知識。

據此分判，回觀現代物理，它的觀察者體系是非常強勢的，因而其缺失也是非常明顯的。

若暗能量之說。將暗能量完全物理化，實難以解釋出真實。物理學認為，凡能量是一定要作功的，所以暗能量具所負壓力，所以可以

用以解釋宇宙膨脹的原因，所以暗能量是可以計量的（佔宇宙成份的72%，〈更精確的數值是72.1%〉），所以暗能量的作用是可以加強的，等等。如此諸說，貌似物理，其實不然。

現在已知，宇宙（在的世界）是很小的世界，充其量祗相當於汪洋中的氣（肥皂）泡，而且是汪洋內部的（肥皂）泡。這汪洋便是能量。它無所不在、無所不是、無處不在、無處不是。它可以變轉為相或存，進而同構出在、宇宙（超弦、粒子、原子……）。這樣的變轉興許是非常激烈的行為，如暴脹、爆炸、碰撞之類。正是在這樣的激烈行為中，極高的溫度（物理說2萬億度以上）使諸相同構為了超弦。而隨著溫度的降低，進而便有了粒子、離子體、原子等宇宙現象。

問題是，為什麼能量要發生轉變？這似乎是很難解說的，不妨先且存疑。

變轉的劇烈，導致了極高的溫度，必致出現膨脹，這是應然的。這就猶如一個氣泡的出現，它由「无」而為泡，是一劇烈的膨脹過程。然而，無論氣泡膨脹多快、多大，它始終祗是能量中間的泡，周圍為能量所包裹，而這能量又是無限的。基於此，物理學說，「暗能量是空間（真空）自身具有的一種性質，因此，即使宇宙在膨脹，暗能量也不會變得『越來越稀薄』」，是一接近真理的說法。

不過，說及膨脹，還有一種形式，即宇宙出現後，它以結構的方式在著。這意味著，這個氣泡不是一個完整的組織，而祗是一個想像的泡。這個想像的泡在膨脹祗是其一，還有一種膨脹方式是，對每個生者來說，他在在遠離自己而去。後一種離去也貌似膨脹，即所謂「紅移」。其實，後一種「離去」是很複雜的宇宙現象。一方面，它的確是前一種膨脹的組成部份、參與者；另一方面，它也是一種在的「漲落」或「振盪」現象。所謂「在的漲落」是說，在是各自的（此

乃世界的假象，此處且不說），每個在亦如同整宇宙一樣，均漂浮在能量之中。原初的劇烈變轉，甚或後來次級、次次級的爆發行為，均是諸在在能量中「漲落」「振盪」的原因。這表明，所謂膨脹即是在在能量中的漲落或振盪行為。同理反逆，所謂引力現象，是這種漲落現象的另一面。是引力還是膨脹，得依在者的視點而定。由此而知，何來「引力子」之說！

上言存疑的「變轉」，並非奇點的大爆炸，而是諸相維紐結的爆發。爆發必有在的膨脹，必有在或結構的振盪，必有各向同性的呈顯。然而，這不即意味著膨脹的無限。原因很簡單，宇宙祇是宇宙態能量變轉的一小結果，而宇宙態能量又祇是能量態能量之無限的小小局部，如此小之又小，何來無限之說！祇是因為我們的心不同此原、此根、此本、此體，自視為外在觀察者，故不通此理，對不知、不可視之在，判為無限。真孩童稚見。若自視為同一、同態、同根、內部，不為對象之見，則不會有此愚說。

可見，暗能量之類問題，非是物理問題，它屬於性智覺的把握。物理可襯點邊，但終不得其要領。

能量之外，物理還常言及「點–子」，此亦值得思考。「點–子」者，一維之謂也，故為物理所起。的的確確，在宇宙或在之內，用「點」作為解釋的起點，非常有效，特別是解釋自然之理，更是如此。不過，即使在宇宙的範圍內，以點或子來解釋一切，則是難以成效的。若醫學（西醫）之於身體的解釋（病灶），難免過於簡單；若物理學之於結構的解釋，最後不得不用波–粒二象性來救濟；若政治、法律以主體、個體來解釋社會結構，導致了人的絕對……如此之類，可說未得要領。

其實，「點–子」祇是世界的假象。這表明，它祇可能在世界的局部和表層有效，一當進入深層世界，或交感複雜的世界，它的有效

就失闊了。當然，「點－子」具有直觀和簡潔的特徵，容易把握和描述，所以人們樂意追隨。正是在這樣的觀念籠罩下，才有了宇宙起源於大爆炸前的「奇點」、黑洞奇點、引力子諸假說。也正是這樣的假說，才能滿足物理有起點，有終點，可以量化說明的需求。我們不必囿於奇點的大爆炸。宇宙之有，祗是諸相紐結、振盪的爆發，是一種非常激烈的行為，然後諸相自為設限，把自己禁錮在了自己之中，這便是在。以狀態言，這樣的自為禁錮，其實是一種諸相的同構現象。故說，在即同構——諸相的同構。

以此有知，理智並不能說明一切，它祗能對假象的世界作出解說和判斷，一旦涉及真理、真如，理智的粗淺、表象化便會顯露出來。宇宙或許可以用點來解釋它的開始，但這個宇宙是攔截後的宇宙，而非與世界連貫為一的宇宙。若要對世界做完整、連貫的解釋，斷不可依點而論。故知，物理以點為始，其合理性在於，在攔截後的宇宙世界中，它可以作出一些合理、有效的解釋；如果試圖突破攔截，進入世界之整，則知，物理解釋是失效的。

性智則不然。性智以混元為真理、真如之宗，沒有起點、終點的絕對模型限制，所謂點、子在混元的真如中，祗是假象和形式，祗具有暫且的意義和價值。這意味著，在性智之中，宇宙並不是邊限。它所感悟到的，是无有的循環、有對无的實現、覺悟對體用不二的把握，如此之類。這更意味著，物理如果試圖以固有之方式、模式超出宇宙之外，對世界作出更多的解釋，恐是天難的一廂情願，除非它放棄圖謀或改弦易轍。即使它祗想搭起物理與哲學，或理智與性智的橋樑，亦如是。

綜上諸說可知，物理的不足，首先是性智覺的缺失，事事處處以理智為承擔，終是出不了智慧的條條框框的局限；其次，物理之失，亦在世界的外在化、客觀化：自我不是世界的本身，而是與世界對抗

的兩在；再次，物理之失，也失之於世界解釋的「點－子」模式，極端化的「點－子」解說，以致忽視了世界的本質所在，相的無界域性、體的混元性均致失落。

諸相混元，諸相關聯無礙，諸相互養、互助、同構，世界自足往復，是物理學很容易放棄的真如、真理。結果，世界不是內部，而是主、客兩在；進而，性智被埋葬，覺悟被放逐。

據此分判和掂量，我們得簡約論及世界的界層關係和它的價值趨向。

世界並無分別，即體即用、體用不二，然以我們當下智慧之所能言，分殊解釋似乎更為有效，故以學理方式，竊將世界分說為體相用三界。此三界的另外表達還可以是體、存、在，或原、因、果。

依前文所言，世界衍化的路線圖可說之如下：陰本（无）→有體（或陽體）→陽動→（想像地分致為）諸相→振盪捲入超弦→同構為在……

前說本體即能量，而能量依我們的理解和描述之可能，或可作分別的表述：與宇宙有直接關係系者，名為宇宙態能量，而與宇宙有間接關係系者，名為能量態能量。前者即哲學上的有體、在體、心體、性體、形體；後者為哲學上的无體、空體、虛體、原體。這裡，宇宙態能量與能量態能量並非兩個東西，可分離開來，而是說，那些變轉出了相或存的能量，我們稱它為宇宙態能量，其實，它們仍然是一回事。或說，兩種能量祇是說法而已。不過，這一說法很重要，它有助於問題的明晰，有助於論說的邏輯演繹。能量的更為簡潔的表述是无、空、虛。複雜化的，或人為義理化的表述則有：大梵、神我、太一、太極、无極、天、水、道、德、仁、誠、善、良知、絕對精神諸類。此處不詳設議論。

　　體祇是世界的原，所以不能直接出示在或宇宙，它得有相的過渡，方可為在。相，又稱為存，是在之構成的因。所謂原因原因，其實意指原與因兩層意義，非特指因，祇是約定縮成，成了口舌之快而已。相、存、因所指，非單一，而是多維。若性相、質相、形相、時相、空相、能相、法相等。相之與在，是因果關係。得明瞭者，這因果非單因單果，而是多因而果。即諸相的同構，方得在之果。故知，所謂在，即諸相或諸因的同構。以此言，可說，所有的在，不論其大、不論其小，不論其簡，不論其繁，不論其粗，不論其細，不論其優，不論其劣，其原、其因均是相同的，所別者，是相量和作為方式的不同而已。這樣的差別，既有初始構合之別，更有過程中的互養、互助、攝斂的差別。比若智慧，它的原初僅為性相，而其終，確有了人類的性智覺，是其例。

　　同構一語，說之簡潔，而其涵義卻異常複雜。所謂互養、互助、攝斂之意，首先當包括諸相紐結、振盪成超弦的初步，其中，不同的振盪方式，生成不同的超弦；其次，超弦的不同振盪方式，結果就出現了我們所知的各種基本粒子。這裡，所謂振盪，也包括溫度等環境、條件之類。

　　若此，可強說超弦乃宇宙之始，亦物理之始。始是相對的，諸在與宇宙之整的始是同步的；進而，此在或本宇宙之起、之有，並不排斥彼在、他宇宙的起與有。或即說，世界的「氣泡」，可能是多發的。

　　無論以什麼方式演化、衍繹，或以什麼方式顯化，相互作用（同構、互助、互養）是在之為在的必須前提，進而亦知，這樣的互養、互助、同構的本質是諸相的互養，而非在本身為養。此理映之量子、原子、分子、物態、種群、星系、星系團、宇宙均無例外。

　　當然，既已為在，在也有其異化的能力和顯現衝動，於是，我們亦看到，相同構為在之始，亦出現了相象。所謂相象，即相的顯性表徵趨向專門化，亦物理學所認為的功能、職能、作用的載體化。這樣的功能、職能專門化現象幾乎掩蓋了相的真實性，故稱此為相象現象。比如，質量相轉化為希格斯場，使諸在（特別以子為突出的表達方式）因之有了不同質量的承擔；還如功能相的強化，在量子化初期便出了四種相互作用（力），這又使諸量子之間的作用關係及後來的物質結構關係成為事實；還如性相的專門化，終使智慧的顯化成為事實，大腦成為了這一顯化的載體；還如法相，它的規則化及規範化顯示，最終成就了存在的廣普化。如此之類，足見相既為因，又為果所裹脅，有自為異化的傾向。這種現象，可視為相的雙面性。

　　相源之無限，卻同構出有限，所以它有有限、無限的兩面，亦是顯與隱的二重：顯之則為在，隱之則為相。所顯者，即是定、是固、是滯、是礙。是以即知凡在為什麼必然有限的原由。因為，定、固、滯、礙是非主流，祇是假象，主流是體變相養用顯的過程，它是流、變、通、往，主流才是無限的。因之，相作為本身，它無限無礙，而一旦同構為在，使流顯為滯礙，便祇能是有限了，故它還得回歸無限的大流，也祇有回歸為隱的大流，它才是無限的。

　　是以知聞，世界若得定在，它便祇能有限、有煩憂；若得無限或解除煩憂，就得回歸相、體本身。雖然，定、滯、礙、固亦是體、亦是相，以此說即體即用、即體即相，然而，在的定、滯、礙、固必然會出現阻隔、分離、對抗、衝突的結果，不容忽視。這一結果有二重意義。

　　其一，因為定、滯、礙、固（諸相同構），使世界得以完整；在體界和相界之外，又有了在界，從而使世界成了體、相、在，或體、存、用三界的同構。或說，世界因之獲得了完整、複雜、多樣化的樣

態，也使過程成為了事實。以此言，抽象的在，也是無限的。它是過程與完整的無限。

其二，在的呈顯、複雜與多樣化的必然，必致在的特化，其實是相的特化，當相經歷過程的特化之後，特殊的相、特殊的在便有可能呈顯，以至於在能洞穿固、定、滯、礙的限制，而貫體、相、在於一。這是世界通過在的煉化、歷劫過程所獲得的豐厚回報。即是說，如果沒有在的固、滯、礙、定的經歷，在就不會自足，世界亦不會自足，而自足，才有真正的體用不二。當然，對任何具體的在言，這樣煉化、歷劫是痛苦和不幸的，它意味著搏擊、衝突、競爭、艱困、逆受。所以，以此意論，在不能是無限無制的，那將會導致無限的災難。而一當某在通過這樣的煉化、歷劫之後，獲得了性智覺的完整，足以洞穿、化除障隔之時，在的無限即是事實。

相之為因，以之結出了在之果，果其然乎？這很容易引出人們對相之真實性的質疑，現作解說如下。

何以在是由相同構而成的呢？又何以知相為時、空、質、能、形、法、性諸維呢？其意可由在的構成去反證。

首先，諸在是由若干因或質素共同構成的，這由因果關係可知，當不需疑慮。唯其第二問，即何以知相為時、空、性、形、質、能、法？可由反證得知。故其次，在的反證，可知相的近似。

在即是物，物皆有損益，故知物是有形的，而此形，即在其構成的因中已命了形，一旦成物，形即顯現，是以知有形相。有形才有爆發、才有撞擊、才有侵佔、才有毀損、才有成長。

物皆有時限。不論其長，若質子者，其半衰期達10^{33}年以上，也不論其短，若朝菌之輩，更甚者如正電子，即生即逝，亦皆為時限所制，故知，時間亦為在之先，是以成為了諸在之因。

又，不論其長、大，也不論其小、短，亦皆佔據一定空間位置，若宇宙，亦若誇克，無不如此。故說，空間又為在之構成的因素或質素，即諸在之因。

物皆有屬性、功能。正是不同的屬性、功能，才發生不同的相互作用，才構成不同的物，故說，屬性、功能亦為諸在之先，為其因由所以。

物皆有質量。正是質量的具有，才使物聚為物，使宇宙成為實在，亦使之與虛无區別開來。質量不祗使物有了重量，更使物有了顧絆，不能無所不為，無所顧及，於是才有了專注和貞定。故知，質量亦是諸在之因由。

物皆有法。正是法的具有，故一旦為物，即有規則和秩序，而非混亂、無序。是以說物皆有法相。

一般說，形是物的外在，但並非不重要，若無有形的禁錮，物便難成其為物，是以物皆有形。時是物的過程，它是有限的表達，凡物皆有時限，故物皆有時。空是物之位，有位便有了物的確定，有了物的處所，知其長短粗細。性為物的內涵、內質，是物之為物的標識，它決定物的彼此、別致，故物皆有性。能是物的表現，與性成內外之意，故物皆有功，唯其先識得性，而後才能得其功。質是物的駐定，可知虛空之別，可知物以類物，故物皆有質。法是物之則，故有物有則。

凡此諸意，均明瞭相之與在，乃因果之謂。故說，知其在，便會得相。常說，聚則為物，散則為相。此亦說明，相是不可以直接知識的，它得通過理會物而理會之。一旦物散，相便是抽象之相、虛无之相，全不由理智去論說。而祗有物在之時，相以物的方式表現出來，相亦被暫且限定、固化，由是，理智才可去知相。此時之相，雖為具

體物之相，但它畢竟是相，具有相之所共，其所推究者，即共相。與之相對者，便是此物彼物各自所具有之特定相，稱為殊相。殊相可察究，共相可理會。前者為理智，後者為性智；前者是分析、比較、歸納、演繹，後者是直覺、靈感、體悟。或說，前者為物理之學，後者為哲思之學。

物有其形、物有其時、物有其位、物有其秉、物有其功、物有其定、物有其則，是以有物、有在，缺一不可為物。故究物不能不悟相，不能不察因。物的暫且與相的無限是不對稱的，故知，物理不能終結世界，完整的世界把握必須有物理之外的知識和智慧。

依前所言，是物皆有限，所謂時限、邊限、能限、形限、性限、量限、規限是也。若物都受所限，又說體用不二，即體即用，豈不矛盾！故當有解說。

其一，物乃諸相的同一同構，這是說，物即是相，即是體，祗是固化著的相或體。

其二，所謂固化，非是說靜止不動的固定，而祗是相對的固化，其實，諸相依然在互養、互助、自足。

其三，具體的物一經經歷有限，便要回歸為相，所以，物不論它多麼有限，依然是相的同構，或體的形式，所謂有限是說形式的有限，而非原因的有限。形式與因、原的同一，不是有限、無限的同一，而是因果的同一。

其四，諸相之中，性相有其獨特性，經聚、斂、攝、煉、歷、化、成的充分過程後，它能顯現在或物的特有意義和價值，即通過靈覺、集義、修敬、體悟的功夫，可洞穿物的形、時、空、質、能、法的障隔，還原為物的真實。或說，突破形式而直達體、相之境。

　　故知，物的有限是由物的表面化所決定的，一當我們穿越了物的表面，其有限亦將被超越。

　　凡物均有限，這是物的原則。然而，原則之下，亦見得，簡單的物，若質子、中子、誇克等，其時程的有限較之複雜的物，要長久得多。大抵上，較為複雜的生命物，其時程都相對短暫。若僅以此為說，似乎容易為結論所制，人對自己的價值的理解會陷入功利祈求的窠臼。這說明，我們在理解這一物的原則時，被原則的外表所限，未能理會得原則的精妙所在。這一原則其實同時亦意味著，如果物由複雜而更為複雜，以至複雜到了與相相一的地步（相具有無限性，這是世界的另一更重要的原則），那麼，有限就會同一於無限。問題在於，作為物的我們，有沒有足夠複雜化的意識和嚮往，以及如何才能實現這樣的複雜化。如果我們實現了這樣的複雜化，結果就是，我們便與相同一不二，亦與體同一不二，便是無限的了。

　　這裡，諸相的意義和價值，已指明了導向複雜化的前景，我們得去理會之，即通過改善時、空、性、能、質、形、法的狀態、作用方式，使之有更好、更合理的養，終至可以超越「使物用於物」的膚淺，進入「使物善於物」的新境，更而再遞入「使物善於善」的無限。於是，物的暫且便被放逐，物便成為非物，人成為非人，我們的有限亦成了無限。

　　可見，局限於「使物用於物」時，我們祗能見得功利和簡單地改造物、利用物，此時祗能是對有限原則的誤解和悲哀。究其實，相有二重性。其一依體而來，它是體的變異，為體的異化，所以同構成在，故為諸在的因，無因則無果，說明相之於在的世界，有獨有的意義。然而其二，依在的角度看，相亦是在之為在的禁錮，使在有了時、空、性、形、質、能、法的限制和被動，憑添了世界的麻煩和困擾。

　　我們的問題就出在這限制上。如何解脫這樣的限制和煩擾呢？解鈴還須繫鈴人。也即是說，是相導致了在的限制和麻煩，所以還得由相去解除在的麻煩和限制。而這，得有雙重的路徑和方式去實現。一是覺在，特別是此在的覺悟、靈智是非常重要的，它（性智覺）的成熟和完整即在於可以洞穿、化除諸般限制和煩擾，而且，它是第一重要的途徑；二是知在；通過知在而去把握理解在，因為祇有把握和理解了在，才能解脫在，而知在，則必得要知相，知道相的價值、功能、方式等等，祇有真正地知道了相之為相，才能知道在之為在，如此才可能知道如何去擺脫相的限制、麻煩。若有幸跳出「用於物」的樊籬，至於「使物善於物」，則知，物有趨向無限的可能性。其價值是，物的放棄和改變，使物與相、體的隔閡漸至消弭，從而使「自我」揚棄。當物之間相互為善之時，物的狹義或表面義就被超越了，彼時之物，已漸至非物之物，物不為形殘所桎，不為自我所限，於是，「善於善」的世界便可以顯現出來。

　　物的解除和虛化被稱為善。這樣的善有過程和結果的兩層面：體悟、靈感、直覺是過程的善；諸在、物失去自我，與體同一不二，歸之一體之仁，是結果的善。經過過程去成就結果，是一種「以善成善」的通途，向為東方智慧所推崇。唯其體悟、靈感、直覺的方式容易流於空疏，常人不易把握，所以行之不實。為此，需要考慮過程之善的細節。

　　碰巧，西方智慧中，向來於物有專攻，目的在於「使物用於物」（物作用於物，利用物的功能作用），這種智慧的原本動機是功利和物理癖好，而其不經意之處，卻有理解物、認知物、把握物的後果。若得合理引導，可致結果變異：使「使物用於物」而致「使物善於物」。一當顯現了「使物善於物」的態勢，則物的真實意義和價值可望展現，即「使物善於善」。

　　當然，由「使物用於物」而至「使物善於物」，是一相當長程的行進過程，它要有充分的分析物、研究物、經驗物的準備，這便是物理學的意義和價值。祇是，我們必須理會得，知物不過其一，其二是要成物，祇有成物，才能使物善於物。否則，知物的結果祇能是使物用於物。

　　物有大小，事有繁簡，觀有深淺，德有精粗，見淺得粗，見深得精。睹物之殊，會相之所共，均在功德修為之列。故為人得培根固本，洞穿物意，見微知著，以此即可明瞭物之善和物之所以善。當物得以「善於善」時，「以善成善」的終極便是實境。

　　現在，把「用於物」的智慧稱為理智，把體悟善的智慧稱為性智，而終善的成就，必得是理智與性智的同一不二，分離則無所善。這便是嘗說的「一體之仁」。有此把握，便無有東西方文化的衝突與對抗，而不過是同一劇情的兩個場景而已。

　　如是可知，在的意義和價值；亦知，人之所以為人的價值、意義何在。這意義、價值之最大者在於：世界的同一不二，不祇是抽象的體變相養用顯，即原、因、果的同一，更在於在的自覺洞穿了在的限制、障隔，使在本身足以與體、相同一不二。所以，它不是簡單的同一不二，而是複雜化之後的同一不二。前者的同是原、因衍繹果的同一，是質素、構成的同一；而後者的同則是果還原為因、原的同一，是創化、覺悟、自足的同一。

　　性相的洞穿、化除意義，須得人類去理會。故說，哲學、物理學是智慧的不同界面，而非對抗的知識。唯有哲學，才能「使物善於物」，進而為「使物善於善」。以此故知，智慧即是形物世界還原證成的結紐，所以，我們得認真理解智慧。

　　智慧的物理研究已見上文，祇是不便接續，我們得另尋說法。智

慧何來？應說其來有二，一是說，智慧是宇宙諸在在其顯化的過程中互養、互助、共同造就的公產品，祇是碰巧被我們承載了；二是這個共同的造就其實也祇是形式，其所本，則來之於原意志自身，是它的殊異顯化，或說是顯化中的原意志。有此二說，方能明瞭智慧的因為所以。

原意志，即本原意志，是世界的決定者、主宰者，所以異於上帝者，它不是外在的決定者、主宰者，而是自己主宰自己、自己決定自己。原意志本來虛无寂寥，無形無載，一念之下，它決意以有形實體之法式來證明自己的真，於是，自己便開始了形化、在化的歷程。這是宇宙緣起的根本之所在。

一當念起，諸在的演化、衍繹便由設定之程序進行。形式上講，這過程的演化、衍繹是複雜化、多樣化，而其實，不過是執行程序的具體方式與手段而已。至於演化、衍繹本身留待將來再說，這裡我們特別要關注的是這演化、衍繹中的最殊異者——智慧的造就。

依剛才所言，智慧乃殊異或靈秀之在，其靈秀即在於，它是諸在中唯一可以記憶出原意志自身的在象，且會漸近同一於原意志本身，從而引領諸在還原證成原意志，以成就原意志以實證其真的大願。智慧之為殊異與靈秀，乃是因為它是原意志的直接顯現，而別的在則可說為間接顯現。所謂直接是說，它就是原意志本身，是顯化的原意志，而間接則是說，顯現者變異為了形式上的非原意志者。以此言，智慧於當下，並沒有完成其衍繹的過程（主要是功能和價值的衍繹），它還祇是顯化之原意志的初級態，可以說，它與8億年前的原始腦的功能狀態處在衍繹的同態過程中，祇有量的差別，而其質變尚需等待。智慧所向，是其引領諸在還原證成，所以它必得成為存在世界中的承擔者、覺悟者、能動者、引領者。而此，從它顯化之時起，就已經注就為了不可逆的必然性。

　　原意志為了自證其真，在實化、顯化自己之前及過程中，早就佈局了若干必然性，後來的所謂物理、形物（特別是生物）的演化、衍繹、進化之諸端，均祇是這些必然性的實踐、實現或充實豐富。這樣的證據，物理已為我們提供了大量的例證。

　　如單細胞就已經準備了後來多細胞差不多全部的基因，結果是，多細胞的發展，無論它發展出了什麼種類，甚或人類，也無論基因突變或別的什麼表象，其實都祇是單細胞所具備的必然性的充實與完善。而且，這樣的充實和完善是由許多規定程序相續而成的，如DNA、RNA的程序化。

　　如腦功能的相關基因，早在8億多年前甚或更久遠的年代就已經存在了，後來的所謂演化、進化，其本意是說，由於某些環境條件要素的作用，使這些基因以新的方式加以了利用、完善，並最終出現了大腦。原始腦起源於8億年前的真渦蟲，一種扁平狀的動物，它有116個特定的腦基因，而現下，分子生物學發現，在人和老鼠身上，與之相同者多達95%。再往前找，還有其他相關證據。以此足見，生物學家為什麼不願意把進化定義為發展、進步之涵義，而要說，退化也是進化。個中意味實在令人省悟。

　　宇宙世間，必然性是不可逆的，然則，必然性更是由法則和程序支援、操控的，否則，必然性有可能變樣走岔。縱觀宇宙演化的過程，我們會發現這樣的法則、程序控制有明顯的時程特徵和對象控制特徵。這應當是原意志自顯化的意願安排與控制。這樣的時程特徵和對象控特徵極其豐富，這裡略舉三例。

　　其一，宇宙初始之時，特別是量子時代，其規則多以限制為主導。這是因為量子的行為太過自由且速度極快，如若不加限制，則不會出現後來的物質宇宙。其中如四種相互作用的施加，特別是強力和

弱力作用使自由的量子聚集成核，進而結合成原子，最典型者是「誇克禁閉」，它終成就了質子、中子的聚合；還如希格斯場的限制，使所有以光速飛行的基本粒子（光子除外）因為希格斯場而有了移動的難度，於是宇宙中出現了質量，這是物之能成為物的機樞所在，否則我們何來？還如諸相弦化，更可視為有形世界限制的開始，它將本原所分殊的相再以超弦的方式予以約束起來，使之同構為基本粒子，從而開啟形在世界。如此之類，原意志正是通過限制、設定、攔截，使物之構成的基礎材料得以形成，是為第一種時程法則類型。

其二，物之為物，物有衍繹、演化，全在於諸在、諸物有互助、互養、同構法則的規置。有了基礎材料，接著便是造物，此之後的原意志的規置方式便有所改變，限制當然還在繼續，且常規化，而更重要的規置法則是物、在的同構、互助、互養的實現。因為，物之為物，源之於諸相的同構，而相已在物起之時被約束成了基礎材料本身。此表明，同構、互養、互助的實質是諸相的養育，而其顯恰是物的結合、交換、吞併、爆發。相的養育為物的重組、結合、碰撞、吞噬、爆發、交換等承載，這是普遍的宇宙現象，它意涵了煉化、歷煉、化成的意義和價值，也是選擇的手段與方式。無論形式多麼激烈、強暴、殘酷，而其實祇是諸相的煉化方式，在、物充當的不過是角色、假託而已。正是在這樣法則的作用之下，我們才看到核與電子的同構而有原子，原子之間的同構或互助而有分子，其中最典型的如共價鍵同構的分子，它們是各種物態的直接貢獻者，還有蛋白質、膜、DNA同構、互助、互養而有生命現象，等等。

其三，生命現象出現後，原意志的表達方式和規置又有變化，它現在把選擇當作了主要動機，而選擇復由兩種方式實現，一是物種的多樣化、複雜化，二是對多餘、無用、別出者實施剪除、滅失、毀敗之法，以減省過程的多餘和衍繹成本的高昂。這樣的實例非常多，

現略舉幾例。若生命之由來，祗源於以碳為「骨架」的10餘種輕質或前序元素，它們的特定同構、互助方式是其要。如按實驗室的隨機組合方式實驗生命，要做完全部試驗，約需要1500億年的時間，而實際上，地球在38億年前就出現了生命；如RNA轉錄DNA信息時，它會對無用的基因施行剪除；還有如大腦神經元的巨型紡錘體的出現，神經元網路化連線功能的開發，大腦皮層四個特別發達區域的形成與功能特化，小膠質細胞對神經元的診斷、修復和損壞的清除之類，無一不在表達著選擇的意向。

可以說，正是原意志的必然性設定和法則規置的共同主宰，才使人類大腦和它的智慧成為了事實。這就是我們成為我們的原與因。當然，這祗是初步，原意志的必然性和法則規置所主宰的未來趨向，無異是智慧的類化和記憶自身的完整。

前已言明，智慧之有，除了原意志的顯化之外，還有宇宙顯化過程中的互助、互養作用及同構關係的共造，是複雜的演化、衍繹過程所成就的，絕非你我的突然承有。這樣的演化、衍繹方式、過程的艱難、曲折，也是我們不能失去的回憶。以此言，可說智慧、大腦是宇宙的公共產品，一點也不為過——從超弦之啟到大腦之成就，天地萬物都是參與者、貢獻者、作用者。其間有多少無名英雄，有多少犧牲者，有多少被淘汰出局，有多少邊緣者，真是難以計數。為了這個公共產品的造就，諸在付出了多大的代價，實在不可言說。下面的故事可從側面說明選擇的絕對性。

人是由蟲變來的，這是生物考古學較近期研究的結論。這個蟲現在已命名為「雲南蟲」。此前已有「海口蟲」、「海口魚」之說。時間上，「雲南蟲」最早，約5.3億年前，「海口蟲」稍晚，約5.1億年前。學者們研究後認為，「雲南蟲」進化出了「海口蟲」，爾後又進化出了「海口魚」，由此便有了脊索類動物、爬行類動物、哺乳類動

物、靈長類動物、人類。

這根鏈條的形成與清理，是動物學家、考古學家們非常熱衷的事，它的意義自不待言。祇是，我從這些材料中獲得了另外的信息。

學者們告知說，在「雲南蟲」生活的年代，它們是海洋中的弱者，受著肉食動物（節肢動物、棘皮動物）的攻擊，無奈之下，它們祇得聚居成球狀，以求生存。非常意外的是，這些弱小的蟲們，最後居然勝出了，它們戰勝了強勢的棘皮類動物、節肢類動物，成為了所有脊椎類動物、爬行類動物、哺乳類動物的共同祖先。

回顧生物的演化史，這樣的以弱勝強事例似乎並非孤立，再往後，我們還看到了靈長類（的祖先）勝出的故事。靈長類的祖先樹鼩（鼩鼱）是恐龍時代的弱者，它們害怕巨大且霸道的恐龍，常常躲在森林深處，以求苟活。後來，恐龍滅絕了，樹鼩中的一些試著走出森林，由素食者成為了食蟲者、雜食者，最後演出了靈長類的大家族，包括人類。

其實，人類之中，男人是相對女人的強者，為了種類的繁衍，女人做出了兩樣選擇。其一是從自身分化出了男人（這裡用廣義之人說，兩性分化的故事其實比「雲南蟲」還要早），亦即製造了自己的對應者；其二是女性要屈服於男性的暴力與權威。作為弱者的女性，到目前為止，看似處於劣勢，其實不然。根據已有知識和發展邏輯推斷，若干世代之後，男人這個強者將會歸於消亡，世界仍然由母性來控制。這個以弱勝強的故事，可能對我們男人更有衝擊性。無論我們是否能看到結果，我們的推理不難讓我們理解這種大勢所趨。

如果我們放開視野，進而會發現，這樣的以弱勝強故事不祇是生物世界的特產，宇宙之中，打自它起源之時起，其衍繹就未曾停息過。若无中生有、因虛而實、暗物質的無影之功、暗能量的絕對性、

黑洞的吞噬之為、引力的超距作用、質子中子的碰撞逃離（核裂變、聚變）、水滴石穿⋯⋯這樣的現象充斥了宇宙和我們的視界。一般說，凡屬以弱勝強的事件，大都具有特別重大的開啟意義。老子深得其要，所以他極力鼓吹了一套柔順哲學，以此說明世界容易為人們所忽視的另一面的重要性（典見「商容學舌」）。

問題是，老子的陰柔或陰本學說到位了嗎？

自有世間以來，在界充滿了以弱勝強的故事，另外，還應當包括西方人所發現的「人的宇宙學原理」或「人擇原理」的現象，然，我們精思冥悟之後，更會覺得，其本意既非為了弱，也非為了人，而是世界之於在的調整。調整什麼呢？調整在對原的還原之由路與承擔。這樣的調整是由一次又一次的選擇與放棄實現的。其必然所在，是要從中找出顯現世界全義的承載者，以實現在對原的還原證成。於此，人類的覺悟必得有願：還原證成的過程和必然是不以個體、種類，甚至於在的意志為轉移的，除非你理解並認同了這樣的必然，否則，沒有前景可言。即，除非我們去承載世界的全義，去實現還原證成，否則，我們也祇會被放棄和消亡。而全義和還原證成即是自我的化除。這便是道之所謂也。

可見，老子的陰本哲學並不到位，有現象觀察之嫌；而西方人的人本哲學則有歪曲之意，偏了方向。故知，得還原見底和調整取向。

智慧的來之不易，意含的是其為公共產品的本質。既為公共產品，當然得公產公用。而其公用之要，便是如原意志之願，引領諸在還原證成自己的真。若說還原證成、即體即用、體用不二是善，則知，智慧之所用便是這善的實現。作為此公共產品的承載者，我們記憶神、求本原、探物理、立善道、別異同、講理性、啟覺悟，竟為何意呢？不正是冥冥之中在作此還原證成的諸般準備嗎？

公共產品價值的真是實踐、實現，還有一智慧質地變更的必然性，這便是智慧的類化，結果即類的智慧。我們固知，我們的智慧至當下為止，全然是個體化的。這是因為大腦作為智慧的承載和發動器官正好為每個個體所負載。近水樓臺先得月，於是我們自然法爾，不用疑問地就用了這大腦的功能，就用了這智慧。這種情況也是當然，因為大腦功能的開發實肇自狩獵時代的生存困厄之時，彼時，以智慧為求生存之憑藉，正好啟發了大腦的功能和物理進化，以此它才成為了真正的大腦，所以，這個邏輯的延續是當然之事。這便是我們至今尚在公產私用的原因與理由。然則，過往與由來祇是事實的因為，並不代表可以永遠的所以。智慧既是原意志的顯化，同時還是宇宙衍繹過程的公共產品，當然不可永久性地為我們個體私有私用，它的回歸與質蛻是必然之事。更重要的是，既使以我們的生存、存在為要說，衍繹的邏輯和必然必致這樣的結果，任何個體無論他怎樣智慧，都難以自行解決生存與存在之困。比如我們當下碰到的環境與生態、能源、養資源諸多難題，不是任何一個大腦，也不是一群大腦所能化解的，它必待我們智慧的類化，才有解厄的可能性。類的智慧其本意是中轉進入原意志自身之境，不過，其顯示過程中，它亦會為承載者解難去惑。這樣的解去，表面看是讓我們失去了自我，而其實，它是讓我們的品質質變，由人而成為非人。非人的存在是以相養在的存在，故會無有物的慾求與必須，以此，智慧的質地會自然地去我去利去慾，從而彰顯原意志的本旨。

現在，我們漸以明白了還原證成的真義。以下之說，或許更有利於我們清晰理路。

在是本原的殊異和顯化，而之所以顯化，恰是為了還原證成。在既是原的顯化，即為陽假現象，故別異於原與相，以此，我們可以獲得一陽假中的常見現象：愈是簡單的在愈接近真實，而愈複雜的在，

便愈遠離真實；其逆則有：愈是簡單的在其證成能力愈低下，愈是高級、複雜的在，其證成能力愈強。比如，植物能直接進行光合作用，以獲得在下去的能量，比它們複雜的動物則無此能力，它們得敗毀他在、他生命者，方能獲得在下去的能量。其中，食草動物較之食肉動物又有差別，前者祇需吃植物即可化合出所需能量，而食肉者卻要通過食肉來轉換能量（所有生物所共的能量載體是一種叫腺苷三磷酸（ATP）的大分子）。很顯然，食肉者與食草者的轉換，其本質是一樣的，即獲取ATP，可其外在形式卻差異非常，導致了完全不同的結果。這個結果的最明顯處在於，高級捕食者更容易面臨食物稀缺的可能。於是，它帶來了高級捕食者比低級捕食者更麻煩的問題：養資源的稀缺。

然而，此困境又恰是生命世界的轉機所在。當高級捕食者面臨攝養困境之時，祇要它足夠高級，如人類，它一定會用智慧去解決這樣的困境，結果是在人類群體中出現了生產養資源的現象，從而導出了養資源產業。養資源的產業化必致人類走上一條不歸路——漸次步入還原證成之旅。

面對養資源的稀缺，人類首先的作為亦如動物那般，佔有有限的養資源，個體佔有不足，便組織起來共同佔有（如國家、共同體、種群之類），目前正處在這樣佔有的極致時段。其次，它也會慢慢地覺得，僅祇是佔有終非良策，智慧的潛意告訴人類，可能得創獲新興的養資源，以便養源豐富，從而緩解稀缺的壓力。復次，在探究新養資源的過程中，其對養源構成、結構的研究亦會改變人類的世界觀念：養資源的有限，全在於人類所攝之對象的既定和特定，此意味著，如果作出兩種改變，則有限之困可破局。這兩種改變是：一、攝養能力與方式的改變；二、攝養對象的改變。這兩種改變都具有意料之外的價值和意義。

　　第一種改變勢將意味著人類體質的改變，以致人會因此而成為非人；第二種改變的後果則是，可直接利用的養資源（生命者、物等）原來祇是假象，有供養作用的並非那有形的在，並非那生命者，而是成就此在、此生命者的因，即相或存。是以得知，世界的真實在於以相養在，而非以在養在，更非以生命養生命。於是，需求和動機所致的結果不是固化了在，而是解構了在，還原了因。以此而論，人類的生存方式和產業現象，正可見出此還原的不二法門。

　　從狩獵時代起，人類一直都致力於物體產業──獵獲、分配、佔有、生產、加工、設計、製造、消費、流通、交換──這一產業方式一直持續至今；爾後，我們有了分子產業，這在當下正方興未艾；再往後，我們會進入量子產業，這是一個正在期待中的產業，它的前景不可估量，若核聚變，若量子傳真（因量子糾纏而用之）之類；再往後呢？就應當是相產業（相產業祇是說法而已，彼時，當無產業可言），至彼境，在不再由在，或不再由物來養育，而是直接攝相以為養。如此，自我消解，界域彌失，爭之無由，智慧漸入原意志自身的真境，是謂還原證成。一經這樣的還原成立，則知，世界的陽動、在、自我均為假象，所謂困境更是假中之假。進而，自我的特定也解構了，世界的還原趨真了。

　　以此固知，陽假是一個天大的假，我們為假、是假、在假之中，如若渾然不覺，則為物，為動物；如若覺悟之，則為人，為非人。

　　這一幾於盲動的過程中，唯人因了原意志所賦予的智慧有能力超出攝食的單一，將養行為轉換成無所不及的利益、功利、得失之域，其充分，其誇張無不在強化人類的存在困境，而其困，復又成為了解脫的轉機，最終會啟動自我、養源解構的天徑。悲乎？偉哉！

智慧的還原由記憶啟發為端，祗是此記憶好像在開啟時有些怪異，多以神靈為說。這亦說明，我們的智慧並不是完成品，反而它一直處在自足的狀態中，當然難免有錯判、錯為的結果，也難免此種記憶被扭曲時作出了討好虛假對象或物化虛假對象的詭行，甚至於科學物理亦曾以為，地球就是世界的中心，人類就是世界的目的。記憶的完善與智慧的歸真是同步現象，其所共者是對世界全義的完整理解、把握，是體用不二的真實。啟發和完整之間有巨大的時空歷程，這便為文化的演進預製了場所，我們需要用物理的機敏、巧作去充實這演進的場所，我們亦要有本然的性智覺去引領這演進的去向。這樣的聚合與同構，便是本然與物理的同一不二。

嘗說世界的全義。何謂全義？即體相用同一不二之義。

世界之全義，由體原所推，相因所轉，物在所載。這一推二轉三載便引出了許多問題。

在本是載義的，無奈各自為在，且得攝養以為在，而所攝之養又諸多在化，故復得攝在為養。這便使載義之為轉變成了諸在的衝突、對抗、紛爭之為，反致其當載之義隱中不發。此外，各自為在，也是對全義的分殊。即在之各自，慣於以慣用之法去理解世界的意義，結果是，全義隱諸幕後，人們祗能見著、感覺著直接及與自我有關的意義，這便導出了世界的歧義、殊義。而其實，這樣的暫且與歧義、殊義，並非真實，它祗是過程中的現象或表象，可以理解、持待，不可執著。因為，在必然，也祗有去認同、理解世界的全義，方可為在，否則，在則為之不繼。全義的真實，歧義、殊義的假妄，猶若體的真實與在的虛假一樣，也若諸在得還原為體一樣，諸在均有趨真、去假的原性衝動，有認同、理解全義的必然意志。

當然，趨真去假是過程性的，也是漸行漸進的。這與各自為在的界域有關。在是各自的，它由界域來匡限。所謂歧義之說，即世界的全義被這在的界域分解、分割。本來，分解者亦是全義，唯其在界域的狀態中或條件下，它變異為了各自的殊義，祗對界域有意義和價值。故知，其所分割者，非是全義本身，而是界域對全義的限制、歪曲。此意味著，在若得認同、理解世界的全義，首先得破除各自的界域。破得一界域方得趨真一階位；一當破除了所有的界域，世界的全義便自顯無遺。

然而，破除界域有能力問題，其原因乃在於諸相所同構的在有量維和方式的差異，這樣的差異決定了諸在的能動、潛能。有的在能夠經由漸聚的能覺去認同世界的全義、本體，有的則不能。這種能與不能正好具出了階位結構。同構之相維更合理、恰當者，其能動能力更強，以致可以具出理智能力，甚或性智能力，而有不同瑕疵者，則祗能有感覺智，甚或感覺、本能，甚至更低級。不過，具有是一回事，覺悟則又是一回事。即是說，具有不等於具出。具出者，得聚、攝、歷、斂、煉、化、成，經過這樣的過程和出脫，方有可能破解界域的制限、束縛，而有全義的認同、理解、把握。

是以，我們之於全義，目前祗具有認同的可能性，而尚無認同的現實性。這便是人之所以為人的要義所在。

下 編 結 語

　　人是智慧之在，它的成功在於它拿智慧做了實現生存的手段和依憑，以此，它勝出了，成為了能動者、主動者。這個成功者比之他者，卻多出了一樣特性，這便是人的自我。自我何來呢？可說它是智慧之載體和智慧被私用、竊用的混合物。其中，載體劃出了邊界，而私用的那個智慧則全力去固化這個邊界，以至可以絕對化。

　　很顯然，自我的出現，超出了原有世界的可能性，它必有難以言說的使命與價值，然，其真實性尚待歷煉、鍛造。以此，農業文明中期以來，（姑且說）人類相繼建立了三個實驗室（這祇是一個打比方的說法），對自我的各種可能性予以實驗、驗證，以便最終格定此業究為何然。

　　第一個可稱為哲學實驗室，它的選址在印度（大印度），第二個可稱為道德實驗室，它的選址在中國，第三個可稱為自我（實在）實驗室，它的選址在文明帶西段（廣義的西方）。現在，我們簡略地描述一下這三個實驗室的實驗狀況及其產品情況。

　　哲學實驗室，第一是要理解此哲學之意。或可說它所指的是：人類依憑智慧覺悟本意所獲得的超越實在的知識和觀念體系，或說本原的智慧化。人為智慧之在，卻在不經意中拿公共的智慧作為了私有品，從而獲得了生存的成功。依理言，此是假借，非是正當。至於正當為何？人類一開始毫無知曉，一味祇在迷濛中，該如何開發正當呢？這得有恰當的路徑，而哲學乃最直接的通途。然則，哲學的通途並非招之即來，它需要有外部環境和條件的負壓配合，方有可能。印度之為哲學試驗之地，正好符合此負壓之需。它的生態環境和條件的惡劣，讓有智慧的人充滿了痛苦、不幸感，於是，人們便有了如何解苦、去痛的強烈願望。解苦是其誘因，智慧之潛能卻非祇是解苦而已，它進而會思考苦之何來？苦之何往？何謂苦之類的深層、抽象問題，結果便借苦的橋搭，它越出了苦，還越出了自我，越出了物，進

而還越出了法，直奔了本原。由此往復沉思冥想，哲學實驗的終極成果出來了：世界之因為、所以，在於本原的意動與顯化，而被動者之所往，祇在還原合一。此是一種解脫、我空、還原的哲學，般若是其所能成就者。

哲學實驗及其產品的出示，並非印度實驗室的唯一，它一開始所依賴的解苦、去我方式，其實充滿了宗教傾向和形式、方式品格，是以，本實驗的副產品當然就有了宗教，祇是這是一個人的宗教，是義理神的宗教，與位格神無干係（尤其在實驗的中後期）。

道德實驗室，這裡的道德亦有說法。它是指，人類依智慧的能動去參與世界還原證成的過程，以至於終善的使命與責任。其中，智慧依然是核心前提：因為有智慧，才會有使命和責任。這個說法暗示了智慧公共的邏輯。何以中國實驗室能有此種課題和思考呢？這首先也與其地域環境有關係。本地域是良好的農業區，從一開始農業的生成與發育均為良境，由此而成就了單一的農業文明。這個單一性告訴我們，農民與法爾之間有一種默契和協調的合作，其默契與協調程度的高低，決定合作成果的大小。正是由此前提，故當本域中有聖哲之人始得思考抽象問題之時，他們對世界本原的探究會受制於這種契合、協調的慣性，以至洞穿本原之大意後，其對自身價值、使命的思考亦會迎原而上，直附本原之必然。結果是，相關世界之內部化、還原證成的體悟，不祇是乾癟的自然過程與現象，同時也是或更應該是人類參贊化育、開物成務、守成開新、自覺匡扶、能動履命、成人成天的道德實踐。

道德主題的終極化建構，同樣也產出了它的副產品，如哲學，還如政治之道統。其中，哲學上的陰本陽動之論，其意境，其超拔亦可與印度哲學比肩；相對而言，政治產品卻墮入了異化的結果，前期的道統宏說最終成了犧牲品。

　　西方的自我實驗當然也有講究。前說自我是智慧載體與被私用智慧的混合物，這個自我並非西方所獨有，亦為印度、中國所共持，然則，此自我在別兩域中，或者因為太過痛苦而壓制成為了解脫對象，故印度有空我說，這說明，自我在印度主流文化中被負面化了，所以很難為害、為礙；或者環境佳良，自我無需過濾自身即可滿足其基本所需，而在血親倫理、人域公共倫理、天道法則的共同引導、作用下，自我終被引入了與社會、與自然，甚或與本原、與相因協調、契合之境，以至放淡或趨於最低限度，結果亦不為大害，縱有自我的小惡，社會與群體或國家的懲誡與教化方式、手段即杜止。西方則不然，農業文明中期開始，本地域不利於主導性農業發育的脆弱防線最終被突破，潮水般的遷徙與入侵事件從此成為常態，所有的自我被迫直接暴露在暴力、衝突、競爭、搏殺、搶奪之類的高強生存負壓面前，基於本能驅使，沒有任何自我會不尋找固化、極化之法去作為、去思考。觀念的整體脅迫，終致自我成為了文化基設，並因此斷裂了他者、他群，以至自然和自然本根，結果他們祇能在在的界域中做智慧文章，最終成就了一種以自我為核心和目的價值的文化。

　　以自我為實驗對象，而又置自我於高強的暴力負壓之下，其弊不言自明。個中最大者是對智慧品質的扭曲和變態。本來，假智慧為自我私用已是過錯在先，而扭曲後的智慧，其負面影響和結果就更加不可理喻了。所幸本域中的哲人還算有些超越能力，他們在競爭及與同宗的合作中發現了智慧的一種潛能：理性，然後依理性攀緣超拔，進而發現了理性之所共者理念，便以此確立了人之所以為人的根據——一種相當於相因的根據——理性主義哲學。這也算是給予了強盜社會中的自我一個安頓和出脫。故知，理性、理念是自我實驗室的最高產品。

　　這個實驗室當然也產出了許多副產品。本質上講，理性、理念是自我或人的物理性結論，而非本然性結論，所以，該實驗室以此有了一強項的研究：世界的物理及其品性。人的物理是理性、理智、理念，與之相對應，物的物理也會依理而成，於是，有智慧的人在興趣的驅使下，隨之捲入了對物之世界的物理研究，從而有了自然哲學的副產品——宇宙是規則、定律、公式、數學、邏輯。

　　這個副產品的開發在後世，特別在當下石破天驚，竟至踏上了不期而然的還原證成、以物化物的物理之道，它的未來，是以物理的方式消解自我。

　　該實驗室還有一個副產品，這便是依理性支援，於社會組織和自我歸置的制度體系的發明。他們以理性為內核所設計的主體制度和政治體制，號為主體構成性的法律體系。

　　不過，上述緣自我而有的理性哲學、實在論哲學、自然物理、社會與個體物理及主體體制諸產品，既使在文明帶西段地域中也非具有廣普性，認真追究起來，它祇能算是強盜社會中強者人群的智慧成果（尤其在早期），幾乎與同域的弱者人群無關，而弱者人群同樣為自我所困，甚至更為強盜社會的負面高壓所欺榨。祇是這些弱者人群有其特殊性。首先，他們未能像印度人那樣，主要是面對自然方面的壓力，以至祇能設定自我為苦之源，從而解脫自我，最終成就了本原的絕對性。其次，他們也不能像他們的敵手強者那樣，可以理性且自信地去人為設定特權，從而固化自我。這些弱者人群當然也是在固化自我，可現實讓他們的自我抗爭無力，或至崩潰之幾。當此情形下，某些特殊的弱者們便祇好外求他者來救濟、拯救了，這便又讓這個實驗室中人為設出了一位救世主：上帝。此即宗教的副產品。

　　上帝的人為設置與前此的原神傳統有直接關係。為了自保，為了苟活，弱者中的智者從原神中拉出了一位可信賴者，以之奉為絕對，用以安撫、慰藉血淋淋殘破的自我，其功利動機不言自明。祗可惜，這個他因者終將不會與這個世界合二為一。

　　上述三個實驗室給了我們明顯差異的印象，可這卻是假象。從現象看，此三實驗室的緣起與動機其實同一：自我，祗是因時、因勢、因域而漸至差別，從而才有了不同的結論。這還是其次，主要者則是，此三者更應該理解為人類文化演繹的同構與互補。我們注意到，三者之中，無論正產品，還是副產品，都有向其所以之原追究的共同性，至於說追得正確還是錯誤，那也是次要的問題。因為，一者，以固化自我（性趣與福利）為主流價值的西方理性、實在及物理，依然露出端倪：自我的合理處置、安頓，不在簡單的物理福利和技術固化，而在世界的還原求證，或說以物化物、以物解物、使物善於物的反向回歸中；二者，至於理性，祗有破了界的理性，才會呈出更好的自我保障，絕非限於自我而止，所以我們已然觀足了理性從族群至國家、從國家至人類、從人域至人際的演繹與破界，而破了界的理性，其實已非理性，它的前途是更接近性智覺。

　　如若我們進而觀察西方的物理成就、主體構成性制度及理性精神之於東方社會的影響，更會感覺到近200年來人類的同質化、同型化、公共化潮流。這些現象足見出人類的同構價值與互補意義。

　　分別實驗有利於獲得專向的成就和成果，而交通與交流則是人類同構的真正實踐。

　　本編至此告終，所說之要，是自然神的義理概觀。從中，我們目睹了人類智慧的高妙、精微與駁雜，也理解了差異及別見，這是財富，也是臺階，由此而觀未來，可期待，可奮勉，故不失為人類轉型

期的清理與企向。過去10000年來,我們一直在成為人,那些偉人與思想家是我們的引路人,而今以後,我們當成為非人,更得期待策引與扶助,而此,正是我們參與還原證成的起步之機。

國家圖書館出版品預行編目（CIP）資料

自然神論 ／ 江山著. -- 初版. -- 新北市：
世界宗教博物館基金會, 2013.12
面； 公分. --（江山著作集；13）
ISBN 978-986-89839-2-2 （精裝）
1.文化 2.憲政主義 3.法律哲學
541.2　　　　　　　102015710

自然神論

作　　　者	江　山
責　　編	吳若昕
封 面 設 計	宋明展
內 頁 編 排	黃智華
出 版 發 行	財團法人世界宗教博物館發展基金會附設出版社
地　　　址	23444新北市永和區保生路2號21樓
電　　　話	（02）2232-1008
傳　　　真	（02）2232-1010
網　　　址	www.093books.com.tw
讀 者 信 箱	books@ljm.org.tw
法 律 顧 問	永然聯合法律事務所
印　　　刷	鴻霖印刷傳媒股份有限公司
初 版 一 刷	2013年12月
定　　　價	新臺幣550元
Ｉ Ｓ Ｂ Ｎ	978-986-89839-2-2